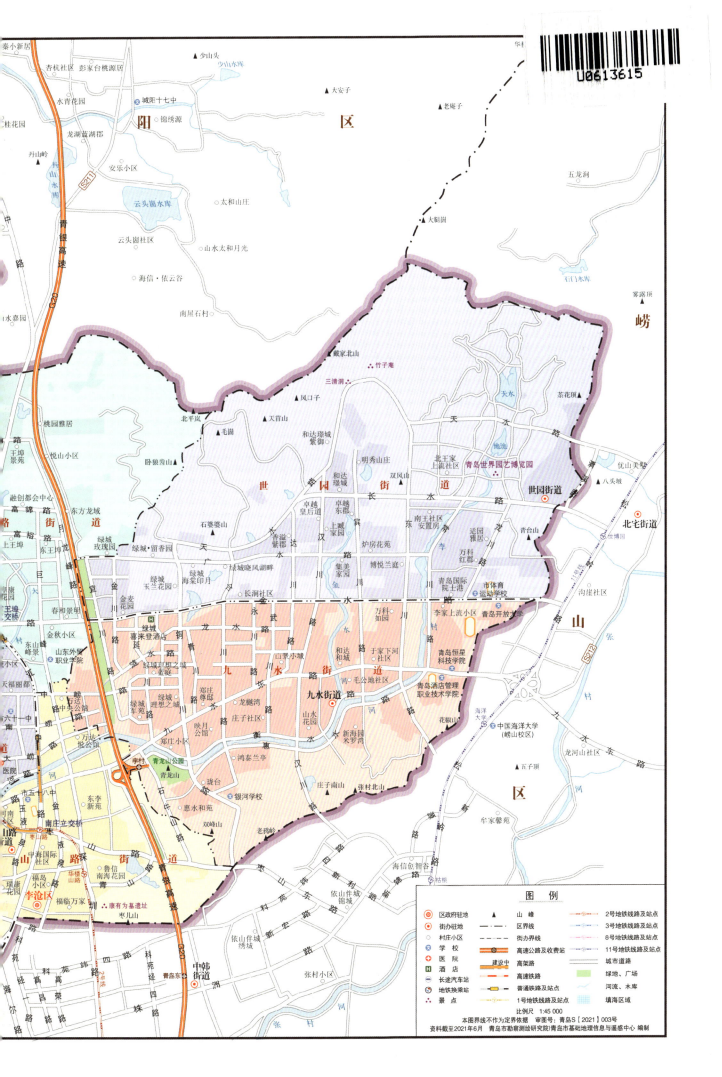

李沧年鉴

LICANG YEARBOOK

2024

中国共产党青岛市李沧区委员会　主办

中共青岛市李沧区委党史研究中心
（青岛市李沧区地方史志研究中心）　编

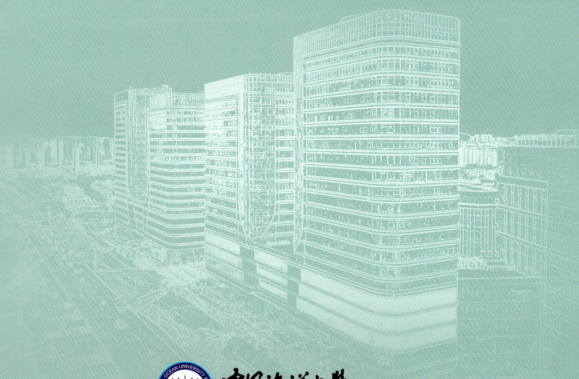

中国海洋大学出版社
CHINA OCEAN UNIVERSITY PRESS

·青岛·

图书在版编目（CIP）数据

李沧年鉴．2024 / 中共青岛市李沧区委党史研究中心（青岛市李沧区地方史志研究中心）编．-- 青岛：中国海洋大学出版社，2024.12．-- ISBN 978-7-5670-4081-6

Ⅰ．Z525.24

中国国家版本馆 CIP 数据核字第 2024GW2215 号

出版发行	中国海洋大学出版社
社　　址	青岛市香港东路 23 号　　邮政编码　266071
出 版 人	刘文菁
网　　址	http://pub.ouc.edu.cn
订购电话	0532-82032573（传真）
责任编辑	郝倩倩　杨亦飞
照　　排	中闻集团青岛印务有限公司
印　　制	中闻集团青岛印务有限公司
版　　次	2024 年 12 月第 1 版
印　　次	2024 年 12 月第 1 次印刷
成品尺寸	210 mm × 285 mm
印　　张	27.5
印　　数	1~1300
字　　数	635 千
定　　价	200.00 元

发现印装质量问题，请致电 0532-87662626，由印刷厂负责调换。

动能转换推进

- 产业发展
- 项目建设
- 招商引资

2023年，李沧区数字经济产业量质齐升，青岛中瑞车云工业互联网科技有限公司等8家企业获评全省首批优秀产品培育项目。图为中瑞车云公司展厅。（区工业和信息化局供图）

2023年，李沧区优化布局金水·创新产业园等15个重点产业园区，建强产业发展"主阵地"，打造经济发展"主战场"。图为金水·创新产业园。（青岛金水集团有限公司供图）

2023年2月8日，李沧区中化·云谷项目加紧推进。（张鹰摄影）

2023年11月10日，位于李沧区十梅庵片区的联东U谷·青岛科创中心工业楼宇项目加紧施工。（张鹰摄影）

2023年4月26日，李沧区"粤美好，赢满沧"广东招商专场推介会在广州市举行。（区招商投资促进中心供图）

　　2023年，李沧区签约投资额430亿元的十梅庵片区改造项目，与中国能源建设集团有限公司联手打造"青岛生态创享新城"。图为湘潭路街道十梅庵社区旧村改造拆迁签约启动仪式。（湘潭路街道供图）

发展活力增强

- 主动创新
- 深化改革
- 强化服务

2023年，李沧区新增省级博士后创新实践基地1家、市级博士后创新实践基地2家。图为市级博士后创新实践基地——青岛明思为科技有限公司展厅。（区人力资源社会保障局供图）

2023年，青岛海通制动器有限公司等24家企业的97个项目入选青岛市技术创新重点项目。图为青岛海通制动器有限公司生产车间。（区工业和信息化局供图）

2023年，李沧区推动传统产业再造升级，提升企业市场竞争力，青岛啤酒股份有限公司青岛啤酒二厂等2家企业获评国家级"水效领跑者"。图为青岛啤酒二厂生产车间。（区工业和信息化局供图）

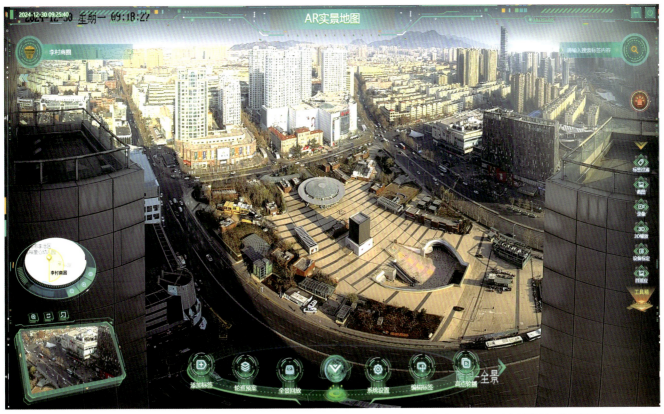

2023年，李沧区加快建设总投资额5.3亿元的数字李沧和智慧城市项目，获评全省唯一"2023中国领军智慧城区"。图为李沧商圈的高点监控图像。（区大数据局供图）

2023年，李沧区向营商环境要发展，完善企业服务专员等惠企制度，解决发展难题510个。图为企业服务专员在青岛泰德汽车轴承股份有限公司生产车间调研。（区委宣传部供图）

2023年，李沧区人力资源共享服务等工作入选省级试点。图为位于李沧区的全省首家人力资源共享服务中心举行政策宣讲。（区人力资源社会保障局供图）

形象品质改善

- 人居环境提升
- 基础设施完善
- 城区生态改善

2023年，李沧区改造老旧小区33个，加装电梯20部，惠及居民5317户。图为浮山路街道福临社区加装电梯施工现场。（区委宣传部供图）

2023年，李沧区稳妥推进旧城旧村改造，世园街道戴家社区12栋安置房主体封顶。（张鹰摄影）

2023年，李沧区巩固提升交通枢纽功能，完成重庆高架路、唐山路快速路征迁任务。图为建设中的重庆高架路（李沧段）。（张鹰摄影）

2023年，李沧区全力保障地铁三期项目建设，10个站点全部启动施工。图为地铁2号线二期工程（东延段）施工现场。（区委宣传部供图）

2023年，李沧区加快推进公园城市建设，双峰山公园山体绿道实现全线贯通。图为双峰山公园景观绿地建设现场。（青岛华奕城市建设集团有限公司供图）

2023年，李村河入选全国美丽河湖优秀案例，李沧区成功创建"国家生态文明建设示范区"。图为李村河中游景观。（丁之摄影）

共同富裕加速

- 社会保障提质
- 公共服务升级
- 文体事业出彩

2023年，李沧区持续保障老有所养，建成养老服务站41处。图为李沧区社会福利院老人参加文体活动。（张鹰摄影）

2023年，李沧区开展"乐业李沧"十大行动，新增就业2.6万人。图为青岛市首届青年创业市集在李沧区举办。（区委宣传部供图）

2023年，李沧区坚持教育优先发展，启用青岛枣山中学（青岛五十八中附属初中）等6所中小学、幼儿园。（区教体局供图）

2023年，青岛市第八人民医院东院区竣工交付，填补了李沧区东部三级综合医院的空白。（区卫生健康局供图）

2023年，李沧区"学雷锋　当先锋　我与城市共提升"志愿服务主题活动举行。图为志愿者为市民介绍"Hi小邻"志愿服务点单系统。（区委宣传部供图）

2023年，李沧区深入践行社会主义核心价值观，常态长效创建全国文明城市。图为青年志愿者在铁路青岛北站为旅客讲解李沧区文旅资源。（区委宣传部供图）

2023年，李沧区实施文化惠民工程，举办青岛梅花节、青岛世博园啤酒节等节会活动。图为青岛世博园狂欢嘉年华启动仪式。（区委宣传部供图）

2023年7月1日，我们的舞台——2023李沧全民文化艺术节暨上流佳苑庆祝中国共产党成立102周年文艺晚会举行。（区委宣传部供图）

2023年7月11日，市民在李村河畔骑行。（区委宣传部供图）

2023年，李沧区营造全民健身良好氛围，新建大枣园体育公园等健身场地60处。图为大枣园体育公园。（区教体局供图）

安全基石牢固

- 社会大局有序
- 平安建设发力
- 治理效能提升

　　2023年，李沧区创新打造"层级过滤解纷法"，区、街两级"一站式"矛盾纠纷调解中心化解矛盾纠纷2万件。图为湘潭路街道相关个案分析专题会议举行。（区委政法委供图）

　　2023年，李沧区依法依规、用心用情解决群众诉求，获评全市唯一"全国信访工作示范区"。图为虎山路街道百通馨苑社区在红心议事角组织居民"有事好商量"。（区信访局供图）

2023年，李沧区深化"食安李沧"建设，重点集体用餐单位全部达到"清洁厨房"标准。图为区市场监管局执法人员检查学校食堂。（区市场监管局供图）

2023年，李沧区严密社会治安防控，构建全时立体巡防治理体系。图为青岛市公安局李沧分局民警举行升警旗仪式。（区委宣传部供图）

　　2023年，李沧区坚持法治李沧、法治政府、法治社会一体建设，全市首个市级社区矫正标准化试点通过验收。图为区司法局对社区矫正对象开展集中教育。（区司法局供图）

　　2023年，李沧区湘潭路街道湘东社区"促融合343"工作法获评全省优秀社区工作法。图为湘东社区"微团队"志愿者清扫积雪。（湘潭路街道供图）

编辑说明

一、《李沧年鉴》是中国共产党青岛市李沧区委员会主办、中共青岛市李沧区委党史研究中心（青岛市李沧区地方史志研究中心）编纂、中国海洋大学出版社出版发行的综合性年刊。2010 年创刊，每年出版一卷。旨在逐年记录上一年度李沧区自然、经济、政治、文化、社会、生态文明等方面的基本情况，为各级领导实施科学决策提供资料支持，为国内外广大读者了解、认识、研究李沧提供信息服务。

二、《李沧年鉴》的编纂坚持以马克思列宁主义、毛泽东思想、邓小平理论、"三个代表"重要思想、科学发展观、习近平新时代中国特色社会主义思想为指导，坚持辩证唯物主义和历史唯物主义的立场、观点、方法，全面、客观、系统地记述和反映经济社会发展中取得的经验和存在的问题，体现时代特征、地方特色和年度特点。

三、《李沧年鉴 2024》为本年鉴总第十五卷。记述时间起讫于 2023 年 1 月 1 日至 2023 年 12 月 31 日（部分内容适当上溯下延）。全书正文总量 63.5 万字。分设 19 个栏目：1. 特载；2. 专记；3. 李沧概况；4.2023 年李沧区大事记；5. 政治；6. 经济管理与服务；7. 工业；8. 现代服务业；9. 金融业；10. 国内贸易·开放型经济；11. 城市建设与管理；12. 生态环境建设；13. 交通；14. 教育·科学·文化·卫生·体育；15. 社会事务·人民生活；16. 街道概况；17. 人物；18. 统计资料；19. 附录。前环衬页插附李沧区地图；卷首设"动能转换推进""发展活力增强""形象品质改善""共同富裕加速""安全基石牢固"5 个卷首专题图片专栏；正文含随文图片 181 幅、表格 42 张，均按照出现的顺序分别标明序号，便于统计、检索、使用。收录的一级文献为保持原貌，不做编辑规范方面的处理。

四、《李沧年鉴 2024》由全区各部门、单位及驻区有关单位撰稿，并经各部门、单位审核，中共青岛市李沧区委党史研究中心（青岛市李沧区地方史志研究中心）组织编纂，中国共产党青岛市李沧区委员会审定。由于统计来源、口径、方法和时间不同，正文数据尚有部分出入，使用时以统计部门数据为准，统计资料数据均使用法定计量单位。所述货币名称，人民币直书"元"，其他货币采用通用名称。条目署供稿单位或撰稿人名字，连续多个条目由同一单位供稿时通常仅在最后一个条目末尾署名。

五、《李沧年鉴 2024》配备双重检索系统，卷首刊有中文目录，卷末配有主题索引，索引范围涵盖文字、图照和表格中具有独立意义的内容主题。

目　录

2023 年李沧区大事记

政　治

中国共产党青岛市李沧区委员会

青岛市李沧区人民代表大会常务委员会

青岛市李沧区人民政府

中国人民政治协商会议青岛市李沧区委员会

中共青岛市李沧区纪律检查委员会李沧区监察委员会

民主党派

群众团体

经济管理与服务

金 融 业

国内贸易·开放型经济

城市建设与管理

生态环境建设

人　物

统计资料

附　录

索　引

特　　载

中共青岛市李沧区委书记张友玉
在中共青岛市李沧区第七届委员会
第五次全体会议上的讲话

（2023 年 12 月 29 日）

区委第七届第五次全会听取和讨论了区委常委会工作报告，书面审议了《关于全区深入开展学习贯彻习近平新时代中国特色社会主义思想主题教育工作情况的报告》，圆满完成各项议程。会议开得很成功，大家要切实抓好贯彻落实。

在深入开展主题教育的关键节点，区委召开这次全会，就是要引导全区广大党员干部进一步学懂弄通做实习近平新时代中国特色社会主义思想，坚持学思用贯通、知信行统一，切实把学习成果转化为服务发展的能力本领，转化为加快打造全市新旧动能转换示范区的实际成效，努力在推进中国式现代化李沧实践中展现新担当、实现新作为。

区第七次党代会提出了"一四四六六"的工作目标和思路举措。两年来，全区上下团结担当、实干争先，形成了良好发展局面，取得了较好发展成绩。两年攀登，经济实力持续增强。加快打造"3+2+4"现代产业体系，布局金水·信联天地等 15 个重点产业园区，开工建设 3081 亩（1 亩 = 666.67 平方米）的新旧动能转换产业示范片区。总投资 1139.3 亿元的 113 个省、市、区重点项目加速推进，54 个项目竣工交付。把招商引资作为突破发展瓶颈的关键一招，累计落地超过 1 亿元项目 267 个。获评全省唯一"2023 中国领军智慧城

区"。两年攻坚，城区形象加速蝶变。187 个城市建设项目实现开工，全市 TOD "一号工程"破土动工。加大拆迁工作力度，圆满完成安顺路、重庆高架路拆迁保障任务。戴家、东南渠等 4 个旧村项目启动改造。拆除违法建设 149.3 万平方米，新增共享停车泊位 1.8 万个。老虎山公园获评"国家优质工程奖"，我区获评"国家生态文明建设示范区"。两年拼搏，民生福祉不断增进。高质量完成区办实事 32 项，民生支出占一般公共预算支出比重达到 78.8%。新增就业 5.3 万人，扶持创业 8183 人。建成学校幼儿园 16 所，引进山大基础教育集团、青岛第五十八中学等一批优质教

育资源。市八医东院区竣工交付，区中心医院开工建设。获评"全国信访工作示范区"。两年磨砺，作风能力显著改善。树牢实干实绩鲜明导向，出台"李沧实干家"干部队伍建设规划等制度23项，注重从招商引资、项目建设等工作一线选拔干部，干部队伍结构不断优化。干部"叫醒""叫停"经验被中组部推广，想干事、能干事、干成事的氛围更加浓厚。

2024年是中华人民共和国成立75周年，是实现"十四五"规划目标任务的关键一年，也是推动李沧经济社会高质量发展的重要一年，做好各项工作意义重大。习近平总书记强调，团结就是力量，有多大担当才能干多大事业。过去工作中取得的一切成绩，都是靠团结担当得来的。新征程上，面对新形势、新任务、新挑战，我们要把团结担当作为推进事业发展的"重要法宝"，用共同的奋斗目标鼓舞人、激励人、感召人，做到心往一处想、劲往一处使、事往一处做，接受任务不讲条件、执行任务不找借口、完成任务不打折扣，调动一切可以调动的因素，团结一切可以团结的力量，一步一个脚印把中国式现代化李沧实践的"设计图"细化为"施工图"、转化为"实景图"。下面，我讲几点意见。

一、坚定理想信念，在开展主题教育中锤炼政治忠诚

离主题教育结束还有1个月，要牢牢把握主题教育总要求，坚持慎终如始，持续用劲用力，确保善始善终、善作善成。

一要在理论学习上持续用力。"学思想"是主题教育的重中之重，必须作为首要任务贯穿始终。要做到深学细悟。坚持真学真懂真信真用，采取集体学习和个人自学相结合等方式，通读规定篇目，掌握核心要义，坚持不懈用习近平新时代中国特色社会主义思想凝心铸魂。要做到对标对表。认真对照习近平总书记对山东、对青岛工作的重要指示要求，主动开展政治体检，打扫政治灰尘、纠正行为偏差，坚定拥护"两个确立"、坚决做到"两个维护"。要做到学以致用。深刻理解这一思想的道理学理哲理，切实做好深化内化转化工作，不断汲取奋发进取的智慧和力量。

二要在调查研究上持续用力。把大兴调查研究作为重要内容，是这次主题教育的一个鲜明特色。要坚持问题导向。敢于正视问题，善于发现问题，既看"高楼大厦"，又看"背阴胡同"；既听工作建议，又听批评意见，在解剖麻雀中摸清高质量发展的真实情况。要改进调研方式。既要"身入"基层，更要"心到"基层，真诚倾听群众呼声、真实反映群众愿望、真情关心群众疾苦，确保各方面决策和工作符合实际情况、符合客观规律、符合群众意愿。要注重成果转化。在调查的基础上深化研究，提高调研成果质量，切实将其转化为解决问题、改进工作的实际举措，实现"发现一个问题、完善一套机制、堵塞一批漏洞、治理一个领域"。

三要在推动发展上持续用力。坚持发展是第一要务，把主题教育成果体现到高质量发展的成效上。要践行正确政绩观。深入查纠政绩观错位问题，教育引导党员干部打基础利长远、办实事出实效，反对贪大求全、盲目蛮干，反对竭泽而渔、劳民伤财。要以重点突破带动整体提升。突出抓好实体经济、城市建设、民生保障、债务化解等重点工作，引领带动稳增长、促发展、防风险、保稳定、惠民生等各项工作不断取得新突破。要树牢实干实绩导向。坚持教育和实践两手抓、两不误、两促进，持续打好能力提升"组合拳"，深入开展"我为发展献良策、解难题、建新功"系列活动，更好地激励干部担当作为、建功立业。

四要在检视整改上持续用力。发扬自我革命精神，对标党风要求找差距、对表党性要求查根源、对照党纪要求明举措。要全面梳理问题。坚持广开言路，整合政务热线、"李即办"、问政青岛等发现的问题，巡视巡察、审计监督等反馈的问题，确保问题梳理横向到边、纵向到底。要深刻检视剖析。对照梳理出来的问题，既要从理论修养、政治素质等方面找短板，又要从成果转化、推动发展等方面析不足，做到精心"号准脉"、细心"查病灶"、走心"开良方"。要严实整改整治。建立工作台账，细化工作措施，坚持"当下改"与"长久立"相结合，整改一个、销号一个，及时把好的经验做法上升到制度层面，推动学习贯彻党的创新理论常态长效。

二、加快动能转换，在推动高质量发展中实现转型跨越

坚持把发展经济的着力点放在实体经济上，将发挥政策效力和激发市场活力结合起来，加快形成推动高质量发展的强大动力。

一要把准经济运行总基调。 把学习贯彻中央经济工作会议精神作为当前一项重大政治任务，准确把握党中央对明年经济工作的总体要求、政策取向和重大部署。要深刻领会党中央对经济形势的科学判断。全面强化对"五个必须"的规律性认识，将其作为做好当前和今后一个时期经济工作的"金钥匙"，贯穿到经济工作各方面、全过程，提升决策的科学性、政策的稳定性、干部的积极性，以自身工作的确定性引导市场主体和社会各界坚定发展信心、稳定发展预期。要全面贯彻"稳中求进、以进促稳、先立后破"的重要要求。准确理解"稳"与"进""立"与"破"的辩证关系，既要坚持"稳中求进"，多出稳预期、稳增长、稳就业的政策，不断巩固回升向好的态势；

又要坚持"以进促稳"，强化科技创新引领、数字经济赋能、绿色低碳转型，不断增强竞争优势；还要坚持"先立后破"，稳妥有序调整政策和推动改革，不断积累更多积极因素。要准确把握明年经济工作的政策取向。全面落实明年经济工作9项重点任务，积极抢抓政策机遇，灵活运用政策工具，不断释放政策红利。全力争取国家万亿国债、专项债项目资金支持，扎实推进保障性住房、城中村改造和"平急两用"公共基础设施等"三大工程"，深入实施"恢复和扩大消费20条"，更好地赋能高质量发展。

二要构筑产业发展新优势。 聚焦绿色低碳高质量发展，加快构建"3+2+4"现代产业体系。要巩固提升优势产业。大力实施"商贸兴区"行动，扎实推进智慧商圈建设，积极培育沉浸式、体验式、互动式消费新场景。加快发展科技金融、绿色金融、普惠金融，鼓励兴华基金、鲲鹏基金等金融机构组团发展，充分发挥金融服务全产业链的"加速器"作用。要培育壮大新兴产业。聚力发展智能制造、生物医药、新一代信息技术、新能源新材料等新质生产力，提档升级耀洲·新经济等15个重点产业园区，竣工投产智慧建造产业园、盛邦文化产业园等特色园区，启动运营中国农发青岛中心、福瑞达医药等总部项目，加快产业融合集群发展。要前瞻布局未来产

业。聚焦虚拟现实、人工智能、高端软件等前沿科技和产业变革领域，打造一批未来工厂和未来业态。实施数字经济核心产业倍增行动，推动数字经济与实体经济深度融合，努力在数字经济新赛道上跑出好成绩。

三要夯实重大项目硬支撑。 坚持"抓项目就是抓发展，谋项目就是谋未来"，始终把重大项目建设作为高质量发展的关键抓手。要提质项目招引。瞄准产业链核心节点和关键环节，大力开展定向招商、以商招商、驻外招商，聚力引进一批投资规模大、创新能力高、引领示范强的大项目、好项目。要加快项目建设。坚持"以亩产论英雄"，健全完善"六个一"要素服务保障体系，深入落实全周期、全流程闭环管理推进机制，深挖投资存量、抓实投资增量，确保重点项目早落地、早开工、早建成、早达效。要强化项目谋划。聚焦国家战略、未来所向，突出税收、投资强度、社会贡献等评价指标，强化项目策划、对接、争取力度，推动青岛交通商务区等7个项目纳入省级重点项目"大盘子"。

三、全面深化改革，在强化高水平创新中塑造发展优势

坚持以新思路破解新问题，持续优化营商环境，增强市场主体信心，不断激发高质量发展"源头活水"。

一要抓住创新赋能关键点。坚持把创新摆在更加突出位置，积极识变、应变、求变，全力赢得发展主动。要建好平台载体。加快推进山东省中子科学技术重点实验室，建设省市级创新平台 5 家以上，进一步提升规上工业企业研发机构覆盖率。打造"科技孵化联盟"，支持金海牛、青岛现代金融·科技产业园争创国家级孵化器品牌。要育强创新主体。探索建立"产学研创新发展联盟"，促进资本、技术等创新要素加速向企业聚集。打好梯次培育、创新协同、专项服务"整体战"，着力培育一批雏鹰、瞪羚、独角兽、专精特新"小巨人"企业。要厚植人才沃土。实施人才"破冰"工程，构建"三式三化"人才服务体系，做到真心爱才、悉心育才、倾心引才、精心用才，力争引进各类人才 1 万人以上。

二要找准改革攻坚突破口。坚持向改革要出路，大胆地试、勇敢地闯，不断突破发展瓶颈。要深化国企改革。实施新一轮国企改革深化提升行动，统筹推进企业发展和债务化解，做专发展定位、做活运营机制、做大经营规模，全面提升核心竞争力。要深化市场化改革。坚持"两个毫不动摇""三个没有变"，放宽市场准入、消除隐性壁垒，一视同仁、平等对待各类所有制企业。完善金融服务体系，加大"转企升规""股改上市"支持力度，充分激发市场主体活力。要深化数字化改革。发挥数字技术赋能作用，不断革新治理手段，力争智慧社区覆盖率超过 50%。培育一批"数据赋能"优秀产品，打造数字应用典型案例 10 个以上，推动数字李沧建设走深走实。

三要打开营商环境新局面。聚焦最优最好，着力打造市场化、法治化、国际化一流营商环境。要让惠企服务更暖心。坚持有需必应、无事不扰，"量身定制"惠企举措、"闭环办理"企业诉求，全方位、全周期强化惠企服务，让企业放开手脚干事业、心无旁骛谋发展。要让政务服务更高效。坚持用户思维、需求导向，拓展"小智e办"服务品类，探索"云见证"服务模式，扩大跨层级"全域通办"服务覆盖，加快实现政务服务"一窗、一网、一门、一次"通办。要让激励保障更有力。加大要素供给力度，健全"纪企直通车"机制，扩大轻微免罚事项范围，全力保障企业合法权益。坚持尊商、重商、亲商、爱商，大张旗鼓地表彰一批优秀民营企业家，真正让企业家在事业上有成就、政治上有荣誉、社会上有地位。

四、强化内外兼修，在打造高品质环境中彰显主城魅力

树牢经营城市理念，既要"面子"，更要"里子"，着力打造宜居、韧性、智慧的现代化城区。

一要让城区环境更具品质。践行人民城市重要理念，加快建设精致城区。要加快"通路"速度。坚持大干交通、干大交通，服务保障唐山路快速路市级重点项目竣工通车，推动枣山路二期、遵义路等一批市政道路如期打通，让群众出行更快捷、更舒心。要提升"旧改"温度。坚持问计于民、问需于民，按照商品房品质规划建设好东南渠、十梅庵、长涧等安置房项目，推动戴家安置房竣工，实施 60 个老旧小区改造提升工程。要加大"护绿"力度。统筹构建公园城市发展格局，高标准建成双峰山公园，"见缝插绿"再造一批口袋公园、城市绿道。要打好污染防治攻坚战，狠抓李村河、十梅庵片区等重要点位环境治理，巩固提升"国家生态文明建设示范区"创建成效。

二要让城区管理更加高效。下足"绣花"功夫，完善长效机制，着力提升城区管理水平。要在科学化上下功夫。充分发挥网格员、志愿者、各类媒体作用，广泛动员社会各界参与，吸纳民意、汇聚民智，不断推动管理手段、管理模式、管理理念创新和转型。要在智能化上下功夫。将数字化应用与城市建设有机融合，推动智慧停车场等应用场景建设，强化公

共基础设施数字化、网络化、智能化改造，让城区变得更"智慧"。要在精细化上下功夫。坚持全域覆盖、常态创建、对标提升，加强城区执法管理，重拳打击违法建设、架空缆线、市容秩序、"插花地"等13个方面的突出问题，全面提升城市文明水平。

三要让城区空间更富价值。锚定"一站一圈两区多组团"全域发展战略，经营好重点板块，培育壮大区域发展增长极。北站片区要立足"青岛门户·城市客厅"功能定位，发挥好"临海、连空、接地"的交通优势，加快推进北站TOD综合开发，打造枢纽力极强的"交通新港"。楼山片区要坚持产城融合、职住平衡，优化青钢、碱厂片区生产生活空间，建强新旧动能转换产业示范片区，打造承载力极强的"产业新城"。东部片区要用好王府井集团等行业领军企业资源，吸引一批总部企业和全球营运商入驻，有效盘活东部楼宇载体，打造生产力极强的"总部新区"。李村商圈要加快建设特色商业集聚区，大力培植首店经济、品牌经济、夜间经济，打造消费力极强的"商业新地标"。

五、坚持人民至上，在优化高效能治理中增进民生福祉

始终树牢造福人民的政绩观，深入落实领导干部"四下基层"制度，切实把好事办好、实事办实、难事办妥，确保群众安康、社会安宁、发展安全。

一要富裕富足群众生活。坚持为民生福祉"加码"，解决好群众最关心、最直接、最现实的利益问题。要提升教育教学水平。深入实施基础教育优质资源倍增行动，加快建设枣山中学等一批学校和幼儿园，持续深化名校集团化办学，打造更多"家门口的好学校"。要完善医疗资源布局。推进区中心医院建成启用，探索共建紧密型城市医疗集团，不断提高医疗资源的可得性、普及性和便利性。要抓好文化惠民工程。加快建设文化馆、城市书房等文化场所，高水平举办"全民艺术节"等文化活动，丰富全民健身赛事形式，不断满足群众日益增长的精神文化需求。

二要兜准兜牢民生底线。始终把群众放在心中最高位置，站稳群众立场，厚植为民情怀。要突出就业优先。深入开展"乐业李沧"十大行动，抓好高校毕业生、退役军人等重点群体就业，加强新就业形态劳动者权益保障，多措并举构建和谐劳动关系。要优化养老服务。坚持以居家为基础、社区为依托、机构为补充，大力发展银发经济，支持社会资本参与养老机构建设，不断提升养老服务水平。要保障基本民生。健

全完善分层分类的社会救助体系，稳步提高低保、残疾人等困难群体保障水平，在实现共同富裕的道路上，坚决不让一名群众掉队。

三要做深做细社会治理。保持"时时放心不下"的责任感，健全安全体系、增强安全能力，着力实现高质量发展和高水平安全良性互动。要夯实基层治理底座。坚持党建引领基层治理，健全完善"红管家""微网格"治理体系，对各类风险隐患做到科学预判、提前准备、掌握主动。要强化平安稳定底线。加快社会治安防控体系建设，常态化开展扫黑除恶斗争，深入开展食药隐患排查专项行动，构建矛盾纠纷多元化解体系，努力营造平稳有序、安定祥和的社会环境。要加固公共安全底板。强化底线思维、极限思维，深入排查重点行业领域风险隐患，完善应急预案和防范措施，以万全准备应对万一可能，以万全之策确保万无一失。

六、坚持党的领导，在锻造高素质队伍中激发干部活力

全区上下要时刻保持奋发有为的精神状态，把思想和行动统一到党中央决策部署和省委、市委、区委工作要求上来，不折不扣、雷厉风行，扎实推动各项工作取得实效。

一要提高站位，增强政治能力。 在干好工作所需的各种能力中，政治能力是第一位的。要提高政治判断力。思想统一是政治统一、行动统一的基础。要坚持不懈用习近平新时代中国特色社会主义思想凝心铸魂，科学把握形势变化、精准识别现象本质、清醒明辨行为是非，做到头脑特别清醒、眼睛特别明亮、立场特别坚定。要提高政治领悟力。善于从政治上分析形势的发展变化和趋势，准确识别时与势、危与机、利与弊，全面领会"国之大者"的政治内涵，确保各项事业始终沿着正确政治方向前进。要提高政治执行力。经常同党中央对标对表，校准自身的思想与行动，自觉做到党中央提倡的坚决响应、党中央决定的坚决执行、党中央禁止的坚决不做。

二要解放思想，树牢争先意识。 思想上破冰，行动上才能突围。要拉高标杆。坚决破除"过关思想""守摊心理"，把"争"的坐标定得更高、"进"的眼光放得更远，提高标准找差距、有的放矢补短板。要加强研究。时刻保持"空杯心态"，加强经济、科技、金融等方面知识学习，及时跟进研究上级政策和行业领域最新动态，最大限度争取国家和省、市政策支持。要敢于创新。克服"小富即安、小进则满"的保守心态，打破惯性思维和路径依赖，

以敢为人先的锐气，勇于探索新举措新方法，不断开辟新领域新赛道，创造更多工作特色、工作亮点。

三要真抓实干，鼓足发展干劲儿。 干事业不能做样子，必须脚踏实地抓落实。要肯干快干。坚持定了就办、说了就干，谋实事、出实招、求实效，拿出和时间赛跑的劲头，分秒必争推动各项工作，以快节奏抢抓发展先机。要巧干会干。善用"十个指头弹钢琴"，讲求工作方式方法、合理布局工作力量、精准掌控关键环节，确保干就干成、干就干好。要压实责任。把责任落实到具体岗位、具体人员，明确时间节点、加强过程控制、实行闭环管理，以目标倒逼责任、以时限倒逼进度，确保抓一项成一项、实施一项见效一项。

四要团结担当，汇聚强大合力。 团结出干部，团结出战斗力。要站稳立场。始终站在区委、区政府的立场上想问题、做决策、办事情，多算大账、算长远账，忠于事业、忠于岗位，做到既为一域增光，又为全局添彩。要团结协作。树牢全区"一盘棋"思想，锚定工作大局，既各司其职、各负其责，又密切配合、通力合作，切实做到彼此成就、共同出彩，形成齐心协力干事创业的良好氛围。要主动担当。领导干部要扛牢责任、做好表率，抓好班子、

带好队伍，做到重要任务亲自部署、关键环节亲自把关、落实情况亲自督查，努力以一流担当创造一流业绩。

最后强调一下岁末年初的几项工作：一要圆满收官全年工作。各街道、各部门要对照年初目标任务，全面盘点、查漏补缺，确保项目建设、民生保障等各项工作实现全年目标任务。二要全力护航"双节"保供。元旦、春节即将到来，要扎实做好能源保障、市场保供稳价等工作，确保市场平稳有序。三要扎实抓好安全生产。压紧、压实安全生产责任，强化危化品、道路交通、油气管道、建筑施工等领域监管，最大限度降低安全风险。四要切实守住民生底线。做好困难群体救助、农民工工资发放、群众温暖过冬等工作，不断改善群众生活。五要积极谋划明年工作。结合工作实际，认真研究部署明年的工作思路、政策举措等，全力奋战"开门红"、力争"全年红"。

同志们，只有干出来的精彩，没有等出来的辉煌。让我们更加紧密地团结在以习近平同志为核心的党中央周围，坚持以习近平新时代中国特色社会主义思想为指导，在省委、市委的坚强领导下，保持定力、加压奋进，团结担当、实干争先，奋力谱写中国式现代化李沧实践新篇章，以优异成绩迎接中华人民共和国成立 75 周年！

（区委办公室供稿）

政府工作报告
——2024年1月9日在青岛市李沧区第七届人民代表大会第三次会议上

青岛市李沧区人民政府区长　魏瑞雪

各位代表：

现在，我代表李沧区人民政府，向大会报告工作，请予审议，并请各位政协委员和其他列席人员提出意见。

一、2023年工作回顾

2023年是全面贯彻党的二十大精神的开局之年，是三年新冠疫情防控转段后经济恢复发展的一年。我们坚持以习近平新时代中国特色社会主义思想为指导，全面贯彻党的二十大和二十届二中全会精神，深入贯彻落实习近平总书记对山东、对青岛工作的重要指示要求，在市委、市政府和区委的坚强领导下，在区人大、区政协以及社会各界的监督支持下，持续用力推进实体经济和招商引资、城市更新和城市建设、提升作风能力和优化营商环境等重点工作，经济社会实现平稳健康发展，全市新旧动能转换示范区建设迈出坚实步伐。预计全区生产总值、固定资产投资保持稳定增长，社会消费品零售总额增长7%。实现一般公共预算收入增长14.87%。

一年来，我们聚焦重点、合力攻坚，发展动能实现更新突破

重点片区成势见效。总投资557.4亿元的48个片区更新项目全面建设，11宗445.8亩低效土地实现高效再利用，城市更新"主战场"形象不断彰显。楼山南片区加快产业重塑，新旧动能转换产业示范片区腾空发展用地1700亩，粤浦科技·青岛创新中心、中建嘉业等产业项目加快建设。青岛北站TOD项目全速推进，引进全省首家"超极合生汇"，中铁二局、中铁二十五局等区域总部顺利落户。世博园片区蓄势待发，签约王府井世博园小镇项目。十梅庵片区创新"央地联合、四级联动"开发模式，携手中国能建集团打造总投资额430亿元的青岛生态创享新城。

重点产业逐步壮大。坚持产业立区不动摇，15个特色产业园区新入驻企业173家、利用载体14.3万平方米。数字经

2023年，铁路青岛北站TOD项目引进全省首家"超极合生汇"。图为青岛创新创业活力区推介会暨"青铁·超极合生汇"品牌发布会现场。
（区委宣传部供图）

济蓬勃发展，青岛石化入选全省"晨星工厂"培育库，中瑞车云等8家企业获评省级数字经济奖项。新能源新材料产业提质升级，落地全球首个海水淡化浓盐水提锂项目，佳百特新材料入选省新材料领军企业培育库。生物医药产业蓄能成势，浩海光杰检测实验室获美国FDA注册认证，福瑞达智美小镇吸引医美上下游企业15家。金融产业加速集聚，北京银行李沧支行、鲲鹏基金等8家金融机构落户我区，兴华基金管理规模最高突破100亿元。

重点项目全面发力。坚持大抓项目、抓大项目鲜明导向，总投资312.4亿元的19个省市重点项目全部开工建设，完成年度投资计划的143%。完善项目全周期服务机制，推动青啤百万千升纯生基地等25个项目顺利开工，盛邦文化产业园等12个项目主体封顶，上流金诺商务中心等19个项目竣工交付。打响"来李沧·赢满仓"招商品牌，签约过百亿元项目2个、过50亿元项目3个，引进区域总部4个、过亿元项目118个。签约总投资160亿元的嘉业智能制造项目，打造智能制造产业示范基地。与世界500强魏桥创业集团牵手合作，引进新能源汽车管理总部和汽车产业研究院。

一年来，我们锐意改革、科技赋能，区域经济展现创新活力

科创驱动力日益强劲。出台支持科技创新发展的若干政策措施，科技型中小企业入库677家，创历年最高水平。方天科技、朝辉自动化获评省瞪羚企业，新增市"专精特新"、雏鹰企业30家。国科中子能备案省级新型研发机构，71个项目列入市技术创新重点项目计划，全区技术合同成交额增长30.4%。金海牛获评省科技企业孵化器，市级优秀等级孵化器占全市总数的40%，居全市首位。新增省级院士工作站1家、博士后创新实践基地1家，成功引进各类人才1.4万人，比上年（下同）增长22.6%。

商贸拉动力持续增强。发挥消费拉动经济增长的基础性作用，发放消费券2.1万张，带动销售额2.5亿元，全区限额以上餐饮业营业额增长50%以上。打造新能源汽车消费特色街区，汇集汽车品牌50余个，年销售额超30亿元。落地云正达供应链等外贸龙头企业，全区跨境电商进出口额增长9倍，外贸出口额预计增长8%。精心打造City Walk全域文旅路线11条，举办梅花节、世博园啤酒嘉年华等系列活动，全年接待游客184万人次，增长52%。向阳路少山路步行街获评全市夜间消费特色街区，《李沧奇幻夜》系列主题宣传片全网点击量突破8000万次。

营商软实力显著提升。开展"深化作风能力 优化营商环境"专项行动，健全完善企业服务专员、营商效能督办"直通车"等制度，解决企业发展难题600余个，助力企业融资超100亿元。在全省率先实施人力资源共享计划，帮助企业节约人力成本2100万元。加快"无证明城市"建设，1151个政务服务事项实现"网上办"。扎实推进"服务型执法"，轻微违法案件免罚247.6万元。开展第五次全国经济普查，281家企业实现"升规纳统"，增长17.1%，规模以上企业总量突破1000家。"个转企"直接变更登记新模式列入省级试点，市场主体总量达到17.4万户，增长6.6%，增幅居全市首位。

国企内驱力不断激活。开展新一轮国企改革深化提升行动，出台融资管理、外部董事管理等制度文件，推动区属国企做强主责主业，国企营业收入实现稳定增长，园区楼宇地上地下综合利用率达到61.3%。积极协调东鼎集团落户李沧，助推区属国企高质量发展。在市委、市政府领导支持下，采取新增融资、展期调整、压息降本等一系列有效措施，全力以赴抓好区属国企债务化解工作，牢牢守住了不发生系统性风险底线。

一年来，我们建管并举、精益求精，城区品质加快焕新升级

基础设施更加完善。中心

城区立体交通新走廊——重庆高架路主线通车，亚洲最大跨度公路隧道——唐山路隧道有序推进，遵义路等23条道路开工建设，枣园路等12条道路实现通车。2号线东延段等3条地铁线路加快施工，常川路站等4个站点实现封顶。建成停车泊位2230个，开放共享泊位6400个，5.5万个泊位接入"全市一个停车场"平台，启用新能源汽车充电桩1725个。青银高速段、文昌路段高压线缆入地3.8千米。建成启用广水路等口袋公园8处、林荫绿道16千米，双峰山山体绿道全线贯通，城区绿化覆盖率提升至45.3%。

人居环境更加舒适。东南渠、十梅庵旧村改造正式启动，1931处房屋征收基本完成，经验做法在央视新闻专题报道。苏家、石沟等4个社区的1095户居民乔迁新居，全区超期未回迁项目全面清零。强力破解5161户历史遗留不动产权证办理难题。西山花苑等11个老旧片区完成改造，惠及居民4377户。完成既有住宅节能保暖改造5.1万平方米。改造无障碍设施125处，安装窨井防坠网5202套。创建市级垃圾分类五星示范小区21个，新增24小时开放公厕20座。深入推进拆违治乱，拆除"插花地"等重点区域违法建筑75.9万平方米。新建智慧社区35个，上流佳苑获评全省首批标杆型智慧社区。

城区生态更加优良。中央、省生态环保督察反馈问题整改扎实推进。热力公司"煤改气"工程圆满收官，全域实现无煤化集中供热。实施废气治理工程400个，空气质量改善率居全市前列。强化土壤污染源头防控，修复污染土壤400亩，重点建设用地安全利用率保持100%。新建改建雨污管网13千米，实现城市雨污合流管网全面清零。启动娄山河污水处理厂提标扩建工程。高标准实施李村河流域生态综合治理，李村河成为淮河流域幸福河湖"样板河道"并入选全国第二批美丽河湖优秀案例。我区获评国家生态文明建设示范区。

一年来，我们固本强基、普惠均衡，民生服务交出全新答卷

基本保障坚实有力。坚持以人民为中心的发展思想，高效办成15件区办实事，民生支出占一般公共预算支出的比重达78.8%。深入开展"乐业李沧"十大行动，新增就业2.6万人，扶持创业4616人。建成退役军人就业创业工作室19个。发放助老、助困等各类民生补贴5037万元，惠及群众27万人次，"善政惟民"获评省优秀社会救助品牌。完善提升街道综合养老服务中心2处，建成社区养老服务站41处。康复救助残疾儿童837人次，实现困难残疾人托养全覆盖。成立全市首个"医育联盟"，34家幼儿

园将3岁以下婴幼儿纳入托育招生范围。

公共服务日趋完善。落实优质教育资源倍增计划，引进山大基础教育集团、青岛五十八中北校区，启用重庆中路学校等6所学校、幼儿园，新增学位8310个。中考成绩连续第五年提升，普高录取率再创历史新高，成为全市唯一通过国家"两县"认定的区市。百果山青少年教育基地获评省关心下一代教育基地。与青大附院、海慈医院共建医联体，整合各类医疗机构285家。总投资3.7亿元的区中心医院迁建项目顺利推进。市八医东院区竣工交付，填补了李沧东部三级综合医院的空白。

文体事业蓬勃发展。深入践行社会主义核心价值观，8人获评"山东好人"，12人获评"文明市民"。高质量组织"我们的舞台"等文化惠民活动892场次。区工人文化宫服务职工群众75万人次，获评全国工会职工书屋示范点。举办群众文艺原创作品大赛，挖掘民间优秀原创作品145件。老沧口食品等3家企业入选市级非遗工坊。全区52所中小学室外运动场地对外开放，建设大枣园体育公园等健身场地62处，人均体育场地面积提升45%。沧口学校女排获全省中小学生排球比赛冠军，湘潭路小学足球队获"市长杯"足球比赛冠军。

社会治理持续加强。坚持和发展新时代"枫桥经验"，启用区社会治理指挥中心，全市城乡社区治理工作现场会在我区召开，省委主要领导莅临上流佳苑调研指导。湘东社区"促融合343"工作法获评全省优秀社区工作法。区、街两级"一站式"矛盾纠纷调解中心化解矛盾纠纷2万余件，获评全市唯一"全国信访工作示范区"。深化"食安李沧"建设，完成食品安全定性定量检测3050批次、食用农产品快检20万批次。常态化推进扫黑除恶，打掉涉黑组织1个、涉恶集团1个、涉恶团伙8个。扎实开展重大事故隐患专项排查整治等行动，整改安全隐患4500余项。森林防火、防汛防雪、防灾减灾等各项工作有序推进。

一年来，我们求真务实、提效争先，自身建设呈现崭新面貌

党的领导全面加强。始终把党的政治建设摆在首位，扎实开展学习贯彻习近平新时代中国特色社会主义思想主题教育，认真落实意识形态工作责任制，坚定拥护"两个确立"，坚决做到"两个维护"。

依法行政扎实推进。自觉接受区人大及其常委会法律监督、工作监督和区政协民主监督，办理人大代表建议和政协提案240件。健全合同审查机制，高效审查各类合同、协议2900余件。深化政务公开，主动公开政府信息1.9万条，组织新闻发布活动182场次，政府公信力和工作透明度进一步增强。

作风能力不断提升。从严抓好省委巡视反馈问题整改，积极推进"高效办成一件事"改革，政府系统实干实绩导向更加鲜明。打造"李即办"诉求解决平台，协同12345热线积极回应群众、企业关切27.9万件，问题解决率、满意率居全市前列。

廉政建设持续深化。全面推进政府系统党风廉政建设和反腐败斗争，严格落实中央八项规定及其实施细则精神，持之以恒地纠"四风"、树新风。坚决落实过"紧日子"要求，"五项经费"下降42%。加大国有资产资源审计力度，促进全区国有资产资源家底清、情况明、收益实。

同时，共青团、妇联、文联、科协、工商联、红十字、慈善、民族宗教、港澳台侨、档案、国防动员、双拥共建、东西协作、爱国卫生等工作均取得新成效。

各位代表！成绩的取得，根本在于以习近平同志为核心的党中央的坚强领导，根本在于习近平新时代中国特色社会主义思想的科学指引，是市委、市政府和区委正确领导的结果，是区人大、区政协和社会各界监督支持的结果，是全区上下齐心协力、团结奋进的结果。在此，我代表区政府，向全区人民，向人大代表和政协委员，向民主党派、工商联、无党派人士和人民团体，向社会各界人士和离退休老同志，向驻区单位、部队和武警官兵，向所有关心、支持李沧发展的朋友们，致以崇高的敬意和衷心的感谢！

总结成绩的同时，我们还清醒地看到，在前进的道路上，仍面临不少困难和问题。主要表现在：稳定经济增长的基础不够牢固，引领绿色低碳高质量发展的大项目还不够多；财政收支矛盾突出，优质公共服务供给、城市精细管理与群众期盼还有差距；国企改革还需纵深推进，债务化解依然任重道远；政府系统自身建设有待进一步加强。对这些问题，我们将高度重视，在今后工作中认真加以解决，努力让人民群众感受到实实在在的变化。

二、2024年工作安排

2024年是中华人民共和国成立75周年，是实施"十四五"规划的关键一年，也是推动李沧经济社会高质量发展的重要一年，做好各项工作意义重大而深远。总体工作思路是：以习近平新时代中国特色社会主义思想为指导，全面贯彻落实党的二十大和二十届二中全会精神，深入贯彻落实习近平总书记对山东、对青岛工作的重要指示要求，锚定"走在前、开新局"，坚持稳中求进工作总基调，完整、准确、全面贯彻新发展理念，主动服务和融入新发展格局，着力推动高质量发展，紧紧围绕区第七次党代会提出的"一四四六六"工作目标和思路举措，切实增强经济活力、防范化解风险、改善社会预期，推动经济社会发展，各项工作创先争优，全面展现李沧区干事创业新形象，奋力谱写中国式现代化李沧实践新篇章。

综合考虑各种因素，2024年全区经济社会发展的主要预期目标是：区内生产总值增长5.5%以上，区级一般公共预算收入增长5%以上，固定资产投资增长5%以上，社会消费品零售总额增长6%以上，完成节能减排降碳任务和环境质量改善目标。

围绕实现预期目标，我们将重点在5个方面攻坚突破。

（一）坚持产业牵引、项目带动，在实体经济发展上攻坚突破

做实"转、育、引、聚"文章，加快构建"3+2+4"现代产业体系，不断发展壮大新质生产力。

加快产业结构转型升级。广泛应用数智技术，推动辖区产业实现迭代升级。锚定数字经济主赛道，大力实施数字经济核心产业倍增行动，培育规上数字企业7家、"智改数转"服务商3家，数字经济核心产

2023年，李沧区推动产业聚链成群，魏桥汽车项目、杰正科创中心项目等落户华澜·数智港。　　（区委办公室供图）

业增加值增长12%以上。鼓励传统产业数字化转型，重点推进工业企业技改项目5个，支持国源通、仟象春等直播电商基地做大做强。聚焦虚拟现实、人工智能、高端软件等前沿科技和产业变革领域，打造一批未来工厂和未来业态。

加快产业链群培育壮大。精准做好建链、延链、补链、强链，推动产业聚链成群。培优做强智能制造产业，推动中特智能制造基地开工建设，高水平规划建设2处千亩产业园，鼓励先进制造业企业"入园上楼"。深耕生物医药产业，加快漱玉药业综合体、华奥健康细胞小镇等建设运营，助力彩晖生物、丰嘉生物等成长为行业领军企业。不断壮大新能源新材料产业，支持海卓动力、恩典之路

等氢能储能、环保建材企业发展，打造绿帆零碳产业园等一批"双碳"示范项目。扩容提质金融产业，推动潍坊银行李沧支行、日照银行李沧支行开业运营，服务联合创显、众淼创科境外上市，全区"公募+私募"基金管理规模突破300亿元。

加快产业项目招引落地。优化"全员招商、全域招商"工作格局，完善重大项目协同保障机制，不断提升招商引资质效。聚焦重点片区、特色产业、专业园区招大引强，力争全年签约落地过百亿元项目2个、过30亿元项目5个。依托魏桥创业集团等龙头企业，以及驻区高校、科研院所等优质资源，聚力引进新能源汽车、海洋装备等产业配套项目。巩固欧美

日韩传统市场，积极对接"一带一路"共建国家、RCEP国家等新兴市场，更大力度招引外资外贸项目，推动外资外贸量稳质升。

加快产业园区集聚发展。把园区作为产业发展"主战场"，落实"5个1"工作机制，推动政策、资金、人才等资源向园区集聚。超前谋划在建园区产业方向，做好链主企业储备，高品质建设海创·都市产业园、融合创新产业园等7个产业园区。积极盘活老旧厂房资源，加快信宝数字经济产业园、兴聚源智慧产业园等升级改造。优化"国企平台＋专业机构"运营模式，与慧云智能科技、联合优创等机构深度合作，推动园区规范化、专业化、生态化发展。

（二）坚持创新引领、改革驱动，在激发经济新活力上攻坚突破

始终把创新作为引领发展的第一动力，以更大力度深化改革、扩大内需、优化环境，促进经济活力全面迸发。

大力推动科技创新。深入实施"沃土计划"，健全科技型企业梯次培育机制，培育瞪羚、"专精特新"等企业10家以上。打造科技创业孵化联盟，支持金海牛、青岛现代金融·科技产业园争创国家级孵化器。建强用好科技金融服务站，引导金融资本精准扶持科技创新，推动

形成"科技—产业—金融"良性循环。强化企业科技创新主体地位，鼓励优质企业建设重点实验室、工程研究中心等10家以上，力争实现规上工业企业研发机构全覆盖。

着力释放内需潜力。突出抓好中化·云谷等总投资780.5亿元的95个省市区重点项目，争取更多项目纳入政府专项债、增发国债等资金盘子，不断扩大有效投资。办好梅花节、啤酒嘉年华等系列活动，安排发放汽车、家电等领域消费券，积极促进住房消费，持续激发消费潜能。推动王府井喜悦购物中心、新城吾悦广场等商业综合体建设。积极探索李村商圈景区化管理模式，对标国家示范步行街标准，推动"形象、业态、人文、消费"全面升级，打造兼具现代感和烟火气、年轻人最喜欢的"时尚活力新地标"。

聚力深化国企改革。扎实开展国有企业改革深化提升行动，持续完善人事管理、薪酬分配等制度，激发企业内生动力。合理优化国有资本布局，明确区属国企主营业务不超过3项，在管理层级上整合压减三级以上企业20家，实现国有企业"瘦身健体"。完善国有企业监管体系，严控融资成本，有序化解债务。坚持市场化思维，加快存量资产高效利用，实现国有资产保值增值。

全力优化营商环境。把优化营商环境作为"头号工程"，深化企业服务专员制度，加强政企常态化沟通，完善涉企诉求"马上就办、限时办结、及时反馈"机制，持续擦亮"营在李沧"惠企服务品牌。全面开展第五次全国经济普查。实施民营企业"金种子"梯度培育工程，鼓励和支持"个转企""小升规"，不断增强企业发展能级。落实公平竞争审查制度，加强知识产权保护，切实保障各类市场主体合法权益。深化审批服务流程再造，扎实推进"一件事一次办"改革，最大限度为企业和群众办事提供便利。

（三）坚持科学规划、系统布局，在打造产城融合示范样板上攻坚突破

秉持城市有机更新理念，统筹生产、生活、生态，加快构建形成"以产立城、以城聚人、以人兴业"的发展格局。

夯实产业基础立城。加快完善片区城市设计和产业规划，全面搭建高附加值的城市产业体系。青岛北站片区加快TOD综合开发，集聚设计、智慧、数字等产业，吸引更多央企和上市公司总部落户，打造枢纽力极强的"交通新港"。楼山南片区推动众聚创新产业园、楼山创忆空间建设，实现粤浦科技·青岛创新中心主体封顶，打造承载力极强的"产业

新城"。东部片区利用优质环境和载体资源，吸引一批总部企业和全球营运商入驻，打造生产力极强的"总部新区"。十梅庵片区加快中国能建集团优势产业落地，推动联东U谷·青岛科创中心竣工交付，打造高品质都市产业园区。世博园片区积极推进与首旅集团等企业合作，重点导入高端文旅产业，打造青岛文旅商游新地标。

完善基础配套聚人。统筹土地资源配置和公共资源供给，全要素建设美丽宜居的生产生活空间。坚持土地供需平衡和职住平衡，加快创新创业活力区等土地整理收储，推动铜川路以东等20宗土地出让。持续完善基础设施配套，启动智慧湾滨海绿道二期、山海通廊等项目，推进青钢公园建设，配建楼山二支路等片区道路15条。不断优化公共服务供给，启动青岛五十八中北校区建设，实现青钢幼儿园竣工交付，建设集商业商务、生活配套、产业服务于一体的瑞金路新型工业邻里中心，打造多元融合的产业社区。

强化人才支撑兴业。推进区域人才链与产业链深度融合，不断为城市发展注入人才活力。实施"李遇人才"计划，引才聚才1万人以上。构建高层次人才服务"绿色通道"，加快人才创新创业基地建设，新增博士后创新实践基地等市级以上

平台5家。实施技能人才培养工程，开展技能培训2000人次以上，培养高技能人才200人以上。加快青年发展友好型城区建设，积极推动"保障性租赁住房＋青年人才驿站"试点，持续完善教育医疗、休闲娱乐等精准服务体系，让各类人才在李沧心有所向、身有所归、业有所成。

（四）坚持完善功能、精细管理，在美丽李沧建设上攻坚突破

树牢"城市是人民的城市"重要理念，不断提高城市规划、建设、治理水平，全面构建宜居、韧性、智慧的现代化城区。

提升城市品质能级。持续巩固交通枢纽功能，推动唐山路快速路等在建道路全速施工，实现枣山路二期等4条道路全面贯通。新建正定三路等公共停车场4处，新增新能源汽车充电桩980个。实施城市"微更新"，推进月龙峰路等15处口袋公园建设，新增林荫绿道10千米。开展"未来街区＋智慧社区"建设试点。加快东南渠、十梅庵、长涧安置房建设，推动戴家安置房建成完工。高质量实施60个老旧小区改造提升，加装电梯70部以上，惠及居民1.1万户。

加强城区精细管理。持续抓好城市管理重点领域专项攻坚，加快形成城市管理长效机制。深化"多网合一、一网统筹"

网格化管理改革，整合下沉专业工作力量，激活城市管理"神经末梢"。探索在大崂路等20个片区开展"大物管"治理试点，导入优质物业公司，不断提高开放式楼院管理水平。聚焦"十乱"顽瘴痼疾整治，创建市容秩序示范街20条。深化交通安全综合整治，优化道路拥堵点位16处。始终保持拆违治乱高压态势，实现新增违建动态清零。

打造宜居生态环境。牢固树立和践行"绿水青山就是金山银山"理念，深入打好污染防治攻坚战，推动新一轮"四减四增"三年行动目标任务顺利完成。加强星河湾片区等重点区域扬尘防控，空气质量稳定保持国家二级标准。持续推进李村河流域生态综合治理，君峰路至重庆路段建成开放。实施李村河北岸水质净化厂提标工程，不断提升国、省控断面水环境质量。强化土壤污染防治和安全利用，推动碱厂片区等557亩土壤修复。全域推进"无废城市"建设，倡导绿色低碳生活方式。

（五）坚持尽力而为、量力而行，在精准保障和改善民生上攻坚突破

始终把人民对美好生活的向往作为奋斗目标，办好10件区办实事，努力创造更多看得见、摸得着、感受得到的共同富裕成果。

强化民生兜底保障。更加突出就业优先导向，统筹抓好高校毕业生、退役军人、新业态人员等重点群体就业，实现新增就业 2.2 万人以上，扶持创业 2800 人以上。开展"社区微业"三年行动，提供更多"家门口"就业创业机会。创新困难群众主动发现、动态监测和及时救助工作模式，不断健全分层分类社会救助体系。持续实施"阳光家园计划"，稳步提高残疾人托养服务水平。新增社区养老服务站 16 处，着力提升养老助餐工作质效。推动学前教育托幼一体化发展，实现全区婴幼儿托位 3000 个以上。

做优基本公共服务。持续扩增基础教育优质资源，新建续建上王埠中学等 6 所中小学，打造一批特色优势鲜明、辐射带动力强的品牌化学校。落实"教育家办学"理念，打造高素质教师队伍，推动李沧教育高质量内涵式发展。完成区中心医院迁建工程，积极打造"小综合、有特色"的二级甲等综合医院。加快紧密型城市医疗集团建设，打造资源整合型中医药特色街区。新建鹭洲、庄子社区等新型邻里中心 2 处，建成"一刻钟便民生活圈" 4 个，满足居民多样化生活服务需求。

丰富群众文体生活。深化文明城市创建，全面加强社会主义精神文明建设。实施文化惠民工程，高水平举办全民艺术节等群众文化活动 800 场次。开展第四次全国文物普查，挖掘古城顶遗址、大枣园牌坊等重点文物文化内涵，积极推动鸟虫篆艺术研究院山东分院落地。做实全民健身文章，建设健身路径 10 条，实现双峰山全民健身基地对外开放，举办全民登山节等系列体育活动，助力全民运动健身模范市创建。

守牢安全稳定底线。精准化、精细化推进城市基层治理，深化"一站式"矛盾纠纷调解体系建设，集中攻坚化解信访积案。深入开展食药隐患排查整治，实施食品安全定性定量检测 3100 批次。常态化开展扫黑除恶斗争。扎实推动金融、房地产、地方债务等重点领域风险防范化解。启动安全生产治本攻坚三年行动，深入实施高层民用建筑消防安全等领域专项整治，全面做好森林防火、防汛防雪、防灾减灾等工作。

推动工会、妇联、文联、科协、工商联、红十字、慈善、民族宗教、港澳台侨、档案、国防动员、双拥共建、东西协作、爱国卫生等工作再上新台阶。

三、全面加强政府自身建设

坚持把党的领导贯彻落实到政府工作的全过程各方面，扎实推进机构改革，进一步转变职能、提升效能、改进作风。

（一）强化政治引领，铸牢对党忠诚之魂

坚持不懈用习近平新时代中国特色社会主义思想凝心铸魂，巩固拓展主题教育成果，认真落实意识形态工作责任制，以实际行动坚定拥护"两个确立"，坚决做到"两个维护"。不折不扣贯彻落实党中央决策部署和省、市、区委工作要求，确保政令畅通、令行禁止。

（二）崇尚法治精神，夯实依法行政之基

全面深化法治政府建设，严格落实重大行政决策程序制度。依法接受区人大及其常委会法律监督、工作监督，自觉接受区政协民主监督，不断提高人大代表建议、政协提案办理质量。深入推进政务公开，用好"李即办"、12345 热线等平台，不断提升群众满意度。

（三）注重实干实绩，倡树狠抓落实之风

始终勤勉务实勇担当，坚持不折不扣抓落实、雷厉风行抓落实、求真务实抓落实、敢作善为抓落实，不断激发干部自驱力、协同力、创造力，让"创先争优、走在前列"成为政府鲜明特质。

（四）严格自警自律，绷紧清正廉洁之弦

压紧压实全面从严治党责任，纵深推进政府系统党风廉政建设和反腐败斗争。严格落实中央八项规定及其实施细则精神，驰而不息纠"四风"、树新风。持续加大审计监督和财政监管力度，促进权力规范运行。坚持政府"过紧日子"，勤俭办一切事业，把宝贵资金用在发展紧要处、民生急需上。

各位代表！征程万里阔，立业正当时。让我们更加紧密地团结在以习近平同志为核心的党中央周围，以习近平新时代中国特色社会主义思想为指导，在市委、市政府和区委的坚强领导下，保持定力、加压奋进，团结担当、实干争先，奋力谱写中国式现代化李沧实践新篇章，以优异成绩迎接中华人民共和国成立75周年！

（区政府办公室供稿）

名词解释

TOD　以公共交通为导向的开发模式（transit-oriented development）。

晨星工厂　创新能力突出、典型示范性强、应用成效明显、经济效益显著的数字驱动型数字经济企业。

美国FDA　美国食品药品管理局。

插花地　在城市建成区内，行政区划界线和土地权属界线存在交叉或分属不同城区的用地。

医育联盟　通过搭建医疗机构与托育机构合作发展平台，实现医育有效衔接的"一站式"服务模式。

国家"两县"　全国义务教育优质均衡发展县（区、市）、全国学前教育普及普惠县（区、市）。

"促融合343"工作法　通过发挥"组织融合、阵地聚合、资源整合"三合力，"走出来、聚过来、融进来、议起来"四步走，"未成年成长、中青年展示、老年人参与"三平台，扩展社区服务覆盖面和多样性，实现共建共治共享的社区治理工作法。

五项经费　"三公经费"和会议费、培训费。

智改数转　智能化改造数字化转型，指以数字化技术创新为驱动，促进新一代信息技术与先进制造业融合发展，全面提升企业在设计、生产、管理和服务等环节的智能化水平。

RCEP　由中国、日本、韩国、澳大利亚、新西兰和东盟十国共15方成员签订的《区域全面经济伙伴关系协定》。

沃土计划　全市开展的科技型企业培育三年行动计划，旨在加快推动创新要素向企业集聚，厚植企业成长沃土，壮大科技型中小企业、高新技术企业、科技领军企业队伍，支撑经济高质量发展。

"大物管"治理　通过整合市容环卫、绿化养护、综合治理、垃圾分类等多方面管理服务事项，统一委托物管企业一体化服务的老旧片区治理模式。

十乱　乱摆、乱卖、乱贴、乱画、乱堆、乱放、乱拉、乱挂、乱圈、乱占。

无废城市　以新发展理念为引领，通过推动形成绿色发展方式和生活方式，持续推进固体废物源头减量和资源化利用，最大限度地减少填埋量，将固体废物环境影响降至最低的城市发展模式。

"社区微业"三年行动　以社区为依托，以城乡低技能、低收入、高失业、离校未就业高校毕业生"两低两高"群体为重点，着力健全社区就业促进体系，增强社区吸纳就业能力，推动社区就业全方位扩容提质。

阳光家园计划　为就业年龄段的智力、精神和重度残疾人提供居家托养、社会托养等精准托养服务。

低效片区开发建设

概　况

2023 年，李沧区加快构建"3+2+4"现代产业体系，将低效片区作为重要载体，打造高质量发展新优势。纵深推进楼山区域（南片）、北客站及周边区域、世博园及周边区域 3 个重点低效片区及十梅庵片区 1 个新增低效片区开发建设，低效片区开发全面加速。总投资额 557.38 亿元的 48 个更新项目全面推进，年度计划开工项目 48 个、完工 7 个，投资额 131.08 亿元、纳统 64.55 亿元，全年实际开工建设项目 48 个、完工 9 个，实现投资额 167.49 亿元、纳统 109.87 亿元，分别完成前期计划的 127.8%、170.2%。楼山区域（南片）19

条配套路全部开工建设，其中青钢片区 7 条配套道路中首期 3 条道路基本实现通车；碱厂片区 8 条配套道路全面开工建设，其中 2 条道路基本实现通车。青钢片区青钢公园、配套幼儿园、九年一贯制学校开工建设，引入山东省青岛第五十八中学北校区，片区配套设施日趋完善。碱厂片区粤浦科技青岛创新中心、楼山创忆空间产业项目加速推进实施。瑞金路产业片区完成征迁约 20 万平方米，新型产业类项目陆续签约落地。北客站片区与合生商业集团达成战略合作，打造山东首个"超极合生汇"。世博园片区签约北京首旅集团旗下王府井集团，打造 4A 级微度假文旅商综合体。十梅庵片区重庆路 1001 号联东 U 谷项目推进

主体施工，大枣园配套项目完成地下施工。

做法及成效

统筹编制城市设计

2023 年，李沧区根据市政府工作要求，督促各片区责任单位按照产城融合的理念，以高水平规划为引领，合理谋划片区产业布局和公共服务配套设施，高标准高质量推进城市设计工作。在楼山区域城市设计工作中发挥主导作用，统筹青钢片区、碱厂片区、瑞金路产业片区，率先完成楼山区域（南片）城市设计工作。

加速完善基础配套

2023 年，楼山区域（南片）

2023年，青钢片区首期配套道路项目中3条道路基本实现通车。（区重点低效片区开发建设专业指挥部办公室供图）

配套道路全面启动建设，青钢片区首期3条配套道路基本实现通车，不断推进城市宜居环境改善和功能品质提升。青钢幼儿园、九年制学校、青钢公园等公服配套设施加速建设；世博园片区学校、体育地块项目完成立项及土地手续，进一步加快低效片区公服配套实施进度。

吸引优质资源注入

2023年，青钢片区引入山东省青岛第五十八中学北校区，实现区域优质教育资源扩充；北客站创新创业活力区与合生商业集团达成战略合作，引进"超极合生汇"，另外与山东山大基础教育集团达成合作。进一步优化低效片区优质教育资源布局，不断提升片区品质和城市能级，带动低效片区开发建设

展现新形象，促进低效片区焕新蝶变。

全力保障土地供应

2023年，李沧区低效片区出让北客站及周边区域LC0101-41地块、世博园及周边区域LC0605-26a、世博园及周边区域LC0605-27地块等7宗，面积共计324.6亩。其中包含瑞金路产业片区LC1003-068地块、碱厂片区LC0701-020地块等产业用地4宗，面积共计192.6亩。

楼山区域（南片）

青钢片区

基本情况　青钢片区位于青岛市李沧区遵义路、瑞金路、重庆中路、贵阳路合围区

域，占地面积约2439亩。片区以沿重庆路TOD为地标，3条东西向绿廊为基底，构建标志性的特色空间布局，整体搭建以文教融合为一大核心主题，教育及文化创意为两大主导产业，六大细分产业环节为辅助支撑，N大商务服务为配套的"1+2+6+N"菁英产业生态体系。截至2023年底，青钢主厂区（约1640亩）完成土地平整及土地入储。

项目建设　2023年，青钢片区首期3条配套道路基本完工；中交城投·楼山春晓项目推进组织竣工验收，部分楼座实现交付；青钢公园进行配套服务用房建设施工；二期4条配套道路进行电力管廊沟槽开挖、混凝土垫层、防水、钢筋绑扎施工；九年一贯制学校进行小学部裸土覆盖、初中部及综合楼基坑降排水施工。

优质资源引入　2023年，青岛市教育局、青岛城市建设投资（集团）有限责任公司、青岛市自然资源和规划局、李沧区人民政府、山东省青岛第五十八中学达成合作意向，在青钢片区建设青岛五十八中北校区，同时托管片区内两所九年一贯制义务教育学校。青岛五十八中北校区落地青钢片区是低效片区基础配套的重大进展，进一步优化了青钢片区优质教育资源布局、提升了片区品质。8月8日，青钢片区教育

资源引入暨青岛五十八中战略合作签约仪式举行。

碱厂片区

基本情况 碱厂片区位于胶州湾科创新区核心位置，东至四流北路、西至胶济客专、南至衡阳路、北至楼山河，占地面积约1.6平方千米（2400亩）。

项目建设 7条配套道路启动建设，其中5条新建道路（规划三号线、十一号线、十三号线、十五号线、二十号线）雨污水管线基本完成，进行专业管线铺设施工；2条续建道路（规划十三号线、二十七号线）完工；粤浦科技青岛创新中心项目（粤浦春光产业地）推进主体施工；筒仓地块（楼山创忆空间项目）完成施工许可证办理，实现开工建设。

瑞金路产业片区

基本情况 瑞金路产业片区（2022年被命名为李沧区新旧动能转换产业示范片区，2024年2月改称"李沧区绿色低碳高质量发展产业示范片区"，又称"瑞金路产业片区"）是全区重要的建设片区之一，位于青岛市十大重点低效片区之一的楼山区域，东至安顺路，南至青连铁路，北部和西部均到李沧区与城阳区交界处，占地面积约3081亩，其中瑞金路以南片区约1778亩，瑞金路以北片区约1303亩。青岛金水集团有限公司（简称"金水集团"）根据青岛市城市更新和城市建设三年攻坚行动要求，围绕智能制造装备、人工智能产业方向，全力推进片区建设提速增效。

拆迁腾空土地 2023年，瑞金路产业片区土地一级整理全力推进。金水集团与相关街道、社区密切配合，形成合力，压实责任主体，实施挂图作战，科学合理制订拆迁工作方案，拆除地上附着物20万平方米、腾空土地约1200亩，片区搬迁工作成效明显。推进工业上楼政策，完成3个地块共150亩工业用地出让，节约土地资源，提高土地集约利用率，京城机电智能制造、中建嘉业李沧梦工厂及李沧区智能制造产业园等项目相继落地。

项目建设 2023年，金水集团围绕低效用地盘活，不断优化城市设计，坚持基础配套设施和公共服务配套设施规划建设先行原则，着力解决片区长期存在的空间环境品质低下、基础设施配套严重滞后等问题，全力推动片区开发建设全面提速。金水集团全力推进道路建设，在片区完成配套道路规划后，优先建设已落地企业周边道路，为企业快速建成投产提供保障，已完成15条配套道路的规划选址。片区按照"百年一遇"防洪标准规划排水防内涝方案，完成刘家宋哥庄河河道设计工作，与涉铁路项目管理单位签订穿越铁路排水工段项目管理框架协议，改善该区域历史上排水不畅、大雨内涝

2023年12月15日，碱厂片区配套道路项目加紧施工。
（区重点低效片区开发建设专业指挥部办公室供图）

的状况。

招商引资 2023年，瑞金路产业片区加速更新建设，同步跟进招商引资。片区结合李沧区实际，围绕智能制造和人工智能两个主导产业方向，对外开展招商宣传推广，储备优质资源，全年接待青岛市委、市政府及市、区部门调研观摩活动50余次。区职能部门、辖区主管部门、金水集团及区域参建单位协调联动，形成"全员招商、全域招商"氛围。各条线充分挖掘招商资源，加快招商扩面，全力推动优质项目落地见效。

北客站及周边区域

基本情况

铁路青岛北站（简称"北客站"）及周边区域位于李村河以北，邻近沧口机场，占地面积约6平方千米，其中包括创新创业活力区、青铁智慧湾片区、永平路片区3个片区。

项目建设

2023年，北客站东广场及地下空间项目桩基施工完成，土方外运完成79%；安顺路打通工程（非结建段）推进调流路施工、管线迁改施工；西广场地下空间项目推进编制涉国铁、地铁安全方案；岸线加固（一期）完成施工；41地块于10月

7日完成出让，取得建设用地规划许可证。

优质资源引入

2023年7月18日，青岛创新创业活力区推介会暨"青铁·超极合生汇"品牌发布会举行，李沧区人民政府、青岛地铁集团、合生商业集团共同签订《战略合作协议》。根据协议，青岛地铁集团、合生商业集团将发挥各自优势，打造全国首个非一线城市"超极合生汇"项目，通过引进首店、新业态新模式，举办电竞及极限运动赛事等方式，打造具有"历史感、烟火气、新潮范"的未来商业综合体，为青岛创新创业活力区注入新动力。10月19日，山东大学、李沧区人民政府、青岛地铁集团签订合作框架协议，三方将以基础教

育为重点内容，发挥各自优势，在基础教育、医疗健康、文化艺术领域建立长效合作机制，在创新创业活力区及周边区域展开探索。

世博园及周边区域

基本情况

青岛世界园艺博览园（简称"世博园"）片区位于李沧东部、百果山南侧，该区域包含世博园北园区、南园区、西侧区域，占地面积约2.33平方千米。

项目建设

2023年，世博园西侧一期3宗住宅地块实现主体封顶，进行室内装修；世博园西侧二期2宗住宅地块完成土地

2023年，世博园西侧一期3宗住宅地块实现主体封顶。
[青岛世园（集团）有限公司供图]

出让并开工建设，部分楼座实现主体封顶；世博园西侧学校项目完成立项、选址及划拨手续办理，9月12日举行奠基仪式。

招商引资

2023年，片区世博园超级飞侠创想中心项目完成竣工验收并实现运营。9月21日，李沧区人民政府与首旅集团旗下王府井集团举行合作签约仪式，双方正式签署战略合作框架协议。李沧区政府就王府井世博园小镇项目合作事宜与王府井集团持续对接。

十梅庵片区

基本情况

十梅庵片区位于李沧区北部，总土地面积6.45平方千米（9675亩），剩余可更新用地约3.13平方千米（4700亩），主要涉及十梅庵社区和东南渠社区2个旧村改造区域。

项目建设

2023年，李沧区抢抓城市更新主战场历史机遇，联合中国能源建设集团有限公司对十梅庵片区实施整体开发，启动十梅庵社区、东南渠社区拆迁签约，探索多级联动、全产业导入、共同经营的大片区更新方案，投资额430亿元，将十梅庵片区6.45平方千米打造成"生态魅力与创新智慧于一体的青岛生态创享新城"。十梅庵片区城市更新项目完成融资159亿元，十梅庵社区、东南渠社区基本完成拆迁签约工作，区重点低效片区开发建设专业指挥部办公室加快办理土地供应等方面手续，为项目落地腾挪空间、赢得时间。

（区重点低效片区开发建设专业指挥部办公室）

智慧城市建设

概　况

2023年，李沧区根据山东省《数字强省建设2023年工作要点》、青岛市《数字青岛2023年行动方案》和《数字青岛发展规划（2023—2025年）》目标任务，按照"以统为基、以数为擎、以用为大"的发展思路，制订《数字李沧发展规划（2023—2025年）》，依托总投资额5.3亿元的智慧城市和数字李沧建设项目，聚焦智慧商圈、智慧教育、智慧政务、智慧文旅、智慧医疗、智慧社区等领域，坚持问题导向、目标导向、结果导向，实施挂图作战，不断推进新型智慧城市建设，赋能数字经济发展，推动各领域数字变革创新，获评2023年中国领军智慧城区。

指挥体系健全

成立工作专班

2023年，李沧区加快推进智慧城市建设，成立"李沧区智慧城市建设工作推进专班"，统筹协调新型智慧城市建设目标、实施、监督和评估等各个环节，推动政府多部门联动、业务协同、数据共享、流程再造。各成员单位从自身职能出发，同向发力、汇聚合力，逐一解决建设过程中的问题，稳妥推进全区智慧城市建设工作。

统筹顶层设计

2023年，李沧区深入贯彻

落实数字强省、数字青岛各项规划部署，制订《数字李沧发展规划（2023—2025年）》，加快推进数字李沧建设，围绕夯实数字基础设施新底座、培育数字经济竞争新优势、开创数字政府建设新局面、开启数字社会发展新时代、营造良好数字生态新秩序等重点领域，创造高品质生活、实现高效能治理，提升城市数字服务、数字治理、数字创新、数字竞争等能力。

强化要素保障

2023年，李沧区贯彻落实山东省《关于加快推进新型智慧城市建设的指导意见》《数字强省建设领导小组办公室关于提质提速推进智慧城市建设工作的通知》要求，依托智慧城市和数字李沧建设项目，以政府投入为主，引入社会化资金，提高政务服务、医疗服务、文体服务等全方位、全流程智慧化水平，推动李沧区智慧城市建设取得新成绩、迈上新台阶。

智慧建设亮点

重点措施

抓住专项债机遇 2023年，李沧区坚持"资金跟着项目走"原则，对于智慧城市建设项目通过地方政府专项债入库审批需求金额1.5亿元，多措并举、协作联动，采用工程总承包方式组织实施建设，对项目的设计、施工以招标方式进行总承包发包，项目于2023年1月底完成发包，顺利拨付第一笔专项债资金，保障了智慧城市建设领域的资金需求。

抓紧项目建设 2023年，李沧区加快推进总投资额5.3亿元的智慧城市和数字李沧建设项目，采取施工现场实时调度、每周召开项目例会等方式，及时对接项目单位，提供服务指导，掌握项目建设主动权。全年建成35个智慧社区，为全区15家社区卫生服务中心配备自助体检智能设备，完成李沧区智慧图书馆场馆建设和博物馆数字化提升改造，推进李村商圈智慧化升级。一系列智慧化改造成果不断推动全区智慧城市建设。

抓好媒体宣传 2023年，李沧区在《人民日报》《大众日报》《青岛日报》和青岛市广播电视台等媒体发声，搭建全方位、多层次、立体化宣传阵地，重点围绕智慧社区、政务服务、数据治理整合、便民设施等方面进行宣传，李沧区智慧城市建设工作被国家和省、市级媒体多次报道，营造了良好的宣传氛围。其中，《人民日报》报道的《建设"一刻钟便民生活圈"》以图文形式详细刻画了李沧区居民生活的便捷性；《大众日报》报道的《李沧区优化政务服务"掌上办"，让基层服务办理更好用》《经济日报》报道的《山东青岛市李沧区：政务服务"掌上办"群众办事更方便》展现了李沧区智慧政务服务的优势特色，为民办事更加精准；《青岛日报》报道的《刷脸回家、智能梯控、一键呼叫……》以李沧区世园街道上流佳苑社区为缩影，展现了社区治理数字化、智能化发展成果。

智慧社会服务

智慧教育 2023年，李沧区入选山东省"智慧教育示范区"，9所学校获评2023年青岛市智慧校园建设应用特色学校。全面实现辖区幼儿园招生工作"一网通办"，5500余名家长通过手机端网上报名。依托精准教学云平台，全面提升区域教学质量，使用班级达到643个，平台累计使用活跃度高达3.8万次。

智慧文旅 2023年，李沧区整合全区优质文化旅游资源，上线"云上李沧"数字文旅服务平台，实现线上文化资源和旅游资源的深度融合。建设智慧博物馆，实现藏品全生命周期的标准化、信息化、数字化管理。建设智慧图书馆，打造"一部手机阅李沧"小程序，全面提升李沧区数字文化内容供给能力和数字文化服务

2023 年，李沧区完善城市云脑中枢，汇集创新应用场景 25 项，汇聚视频监控 2 万余路。图为李沧区城市云脑场馆。

（区大数据局供图）

水平，为打造人文智慧阅读提供支撑。

智慧商圈　2023 年，李沧区在李村商圈建设裸眼 3D 大屏、智慧灯杆、智慧许愿树，提升商圈智能化水平。打造智慧商圈小程序为主的软件设施，顺应数字经济特点，引导消费者参与，打造沉浸式、体验式、互动式消费场景。"夜青岛·GO 李沧""李沧奇幻夜"等主题宣传片推介全区文旅资源，擦亮"旅游青岛消费李沧"名片。

智慧民生服务

智慧医疗　2023 年，李沧区 11 家医疗机构接入市级"检验检查结果互认共享平台"，实现检验检查结果跨院共享，减少重复检查，节约医疗资源，提高诊疗效率。全区 15 家社区卫生服务中心配备自助体检智能设备，提供"健康自助检测、健康自我评估、健康指导干预"三大服务，提升基层医疗服务能力和水平。

智慧养老　2023 年，李沧区推动基本养老服务信息化建设，搭建具有李沧特色的智慧化养老服务平台，建立机构养老、居家社区养老、补贴发放等数据库，采集困难家庭老年人和失能老年人信息，为居家老年人提供"线上＋线下"精准高效的养老服务。实现全区养老机构"明厨亮灶"。全年在养老机构公共区域重点部位安装摄像头 28 处，摄像头总数达 336 处，实现了区智慧养老平台 24 小时实时在线监管。

智慧社区　2023 年，李沧区以山东省智慧社区建设指标为指导，建设智慧社区 35 个，合理布建社区公共视频监控点位，补点建设电动车进电梯监测、烟感报警器、消防通道占用监测，建设各类智能设施 2.3 万余个。搭建李沧区智慧社区综合管理平台，汇聚人员信息、房屋信息、人房关系等各种社区基础元素信息，实现社区人、地、事、物、情、组织等信息的整合和管理，为社区工作提供有力数据支撑。助力世园街道上流佳苑社区获评全省首批标杆型智慧社区。

数字政府建设

"一网统管"完善基层治理　2023 年，李沧区完善城市云脑中枢，汇集创新应用场景 25 项，汇聚视频监控 2 万余路。采用视频＋三维可视化地图"动静"结合的方式，立体化呈现李沧区实景，串联全区经济发展、商业贸易、城市更新、地理环境和动态成长。开发李沧区社会治理综合服务平台，融合"李即办"诉求解决、网格化服务、城市数据分析等模块，实现居民身边"难事、烦事、头疼事"线上线下同步办理。打通 12345 政务热线和数字化城管平台壁垒，实现无人机等智能设备及线上投诉举报等多渠道案源整合，提升执法办案智能化水平。

"一网通办"提升政务服务　2023 年，李沧区聚焦重点民生服务领域，开发"小智帮办""预约叫号""养老地图"等 11 个自建服务业务应用，推动服务内容由政务服务领域向城市生活领域拓展。推动"无证明城市"建设，形成"用证"事项 1357 个。在政务办事、医疗健康、门禁通行等 7 类场景实现"爱山东"App 扫码授权和鲁通码亮码取号办事等功能。"爱山东"App 李沧分厅入选全省"爱山东"政务服务平台移动端 50 强。

"一网协同"助力政府运行　2023 年，李沧区优化"山东通"政务运行效能，接入"李沧区一体化大数据平台""李沧区重点项目""李沧区合同审查"等 28 个机关内部信息化系统。打造"数说李沧"领导驾驶舱，加强经济社会运行监测预警，为领导决策提供数据支撑。推出数字机关协同事项"一件事"，上线"李沧区办公设备报修管理系统"，打造政务外网网络保障、办公设备系统运维闭环式服务。

数字经济发展

软件与信息服务业发展

搭建产业联盟　2023 年，李沧区成立李沧区数字经济产业联盟，搭建校企合作、企业合作、地产地用 3 个平台，汇聚多方行业资源与力量，促进产业链各环节交流合作。建立校外实训基地和员工培训基地，吸引 16 家高校和企业入会，助力企业汇资源、拓市场、找订单。全年全区互联网和相关服务、软件和信息技术服务业营业收入同比增长 25.8%。

深化场景对接　2023 年，李沧区举办"数实融合·卡位入链"等场景对接会，采取政府搭台、政企联动、供需对接等形式，有效整合各方力量，引导企业"卡位入链"，促进资源共享。参会企业 50 余家，提供"云""网"类等 17 个云端产品供 15 家企业免费试用，14 家企业纳入李沧移动、李沧联通数字化转型服务商储备库。

夯实发展载体　2023 年，李沧区指导青岛明思为科技有限公司等 2 家企业入选全省首批"数据赋能"优秀产品培育项目，青岛中瑞车云工业互联网科技有限公司等 2 家企业获评第三批山东省软件产业高质量发展重点项目，青岛方天科技股份有限公司入选 2023 年度山东省 DCMM 贯标试点企业，众淼创新科技（青岛）股份有限公司等 3 家企业获评山东省首版次高端软件，青岛中弘数字技术有限公司等 3 家企业获评青岛市软件业务收入上规模项目，众淼创新科技（青岛）股份有限公司等 2 家企业获评 2023 年青岛市服务业创新型示范企业，青岛方天科技股份有限公司获评青岛市优秀软件企业。

产业数字化转型推进

数字基础设施建设　2023 年，李沧区推进高速通信基础设施建设。大力推进 5G 基站建设，协调解决 11 处基站建设、拆除、搬迁问题，加快光纤网络升级改造，全区基本完成 10G-PON 端口升级，智慧城市支撑能力不断提高。集中力量攻克网络覆盖盲点，解决绿城百合花园、侯家庄、福临万家二期等小区地下车库无信号问题，打通信号覆盖"最后一公里"。推进一体化算力基础设施建设，加快企业"上云用数赋智"进程，为各行业提供专业、安全、可靠的云服务。李沧区入选省级算力网络行业节点，中国移动万年泉路数据中心入选 2023 年省级新型数据中心试点建设名单。

企业数字化转型　2023 年，李沧区明确智改数转总目标，制作 2023 年李沧区规模以上工业数字化转型任务分解表。搭建数字化转型供需平台，每季度收集"工业赋能""未来城市"场景开放清单，不断扩大本地数字化应用场景覆盖范围。开展入企诊断深度行，完成企业数字化发展水平测评 27 家，企业数字化改造 30 家，本地企业数字化改造深度进一步深化。

转型示范带动　2023 年，

2023 年，中国石化青岛石油化工有限责任公司入选山东省数字经济"晨星工厂"培育库。图为中国石化青岛石油化工有限责任公司厂区。　　　　　　（区委办公室供图）

中国石化青岛石油化工有限责任公司入选山东省数字经济"晨星工厂"培育库，中闻集团青岛印务有限公司获评自动化生产线，乐星汽车电子（青岛）有限公司等 4 家企业获评两化融合项目。开展"小快轻准"数字化转型服务商征集行动，遴选青岛脚印信息技术有限公司、青岛中联慧云信息科技有限公司等 4 家数字化转型服务商，加快构建本地数字化转型服务支撑体系。

数字生态建设

加强数字强省宣传

2023 年，李沧区组织开展数字强省系列宣传活动。"2023 山东数字强省宣传月"活动期间，李沧区利用青岛新闻网、观海新闻、大众网、青岛新闻广播、闪电新闻、李沧融媒等媒体开展活动、工作亮点等宣传，通过李沧融媒开展"爱山东"功能使用、数字强省知识竞赛，引导社会各界参与数字强省建设，提升全民数字素养，营造数字强省建设浓厚氛围。丰富活动形式，组织辖区企事业单位参与全省"数与数寻"招募令活动，征集优秀活动、应用案例、智慧场景、解决方案、意见建议，选送典型案例 3 个。组织开展网络安全进社区、智慧社区开放日、数字机关建设专题宣传、"爱山东"品牌宣传推广、大数据科普知识竞赛等系列活动，带领群众开启数字生活新体验，共绘数字生活新场景。

大数据人才创新

2023 年，李沧区围绕数据技术管理、数字机器人、数字自动化等企业应用，推动智能机器人在政务服务、企业发展等领域的应用和推广，组织开展数字赋能企业高效发展专题活动，邀请知名企业家和行业代表分享经验和交流思想，为大数据人才提供更多的学习和发展机会。开展以"数字赋能企业人力资源、推动企业高效发展"为主题的大数据人才创新活动，来自大数据、人工智能、人力资源等行业领域的领军人才共同探讨新时代企业人力资源数字化解决方案。

大数据人才储备

2023 年，李沧区推动全区大数据人才参加职称考核和评审，发动全区企事业单位、社会组织的专业技术人员、灵活就业人员以及从事数字经济领域、传统产业数字化转型领域的企事业单位人员参加大数据工程专业职称考试，拓展培养卓越工程师、大数据专业技术人才队伍渠道，增加大数据专业技术人才储备。提升机关干部数字素养能力，面向全区各单位工作人员开展"山东通""鲁通码"应用培训会议；面向全区各单位工作人员举办李沧区一体化大数据平台和数据应用内容的培训，增强运用数据思维解决实际问题的能力。

（区大数据局）

义务教育优质均衡发展区创建

概 况

2023年，李沧区有公办义务教育学校56所，含九年一贯制学校3所、初中10所、小学42所、特殊教育学校1所。民办义务教育学校7所，含小学1所、初中1所、九年一贯制学校3所、十二年一贯制学校2所。在校中小学生7.1万余人。2017年，李沧区启动全国义务教育优质均衡发展区创建工作。2023年，李沧区作为青岛市唯一参评区市接受国家教育部首批义务教育优质均衡发展区实地核查评估，得到教育部评估认定专家组肯定，以全省第一名的成绩通过首批全国义务教育基本均衡区验收。

绘制优质均衡蓝图

落实政府主体责任

自启动创建工作以来，李沧区高度重视教育工作，不断健全教育工作领导组织体系、制度体系和工作机制，使教育领域始终成为坚持党的领导的坚强阵地。发挥区委教育工作领导小组、区委教育工委作用，定期听取和审议义务教育重点工作推进情况，协调解决义务教育改革的重难点问题。

科学规划发展路径

李沧区委、区政府聚焦规划先行，不断强化顶层设计，在《青岛市李沧区国民经济和社会发展第十四个五年规划和2035年远景目标纲要》中，将开展国家义务教育优质均衡发展区创建工作作为建设高质量教育体系、提升公共基础教育水平的重要内容。

推进学校规划建设

2020年，李沧区委、区政府科学规划学校布局，制订《李沧区教育设施布局专项规划（2019—2035年）》，满足人口增长对学校的需求。"十二五"以来，李沧区新建、改建、扩建中小学校35所，新增建筑面积113万平方米，新增学位4.4万个，超过2011年以来全区中小学校学位4万个的总和，相当于再造一个李沧教育。截至2023年底，李沧区在建学校7所，全部建成后将新增学位1.2万个。

搭建优秀教师队伍

搭建教师发展平台

2022年，李沧区实行教师梯队式培养，面向新入职教师开展五年跟踪式培养，面向青年教师开展"菁英计划"精细式培养，面向成长型教师开展"领航工程"提升式培养，面向专业型教师开展"名师工程"进阶式培养，着力打造本土名师。坚持外引借力，名家大讲堂每月一讲，邀请国内著名教育家到李沧区开展讲座。区域层面初步形成了从"有"到"优"、从"集"到"群"的良好生态，李沧区现有市级以上名师名校长从2017年的12人增加到2023年的64人，拥有市级以上骨干教师600余人，市区级名师名班主任工作室309个，辐射带动全区教师共同成长。

干部带头回归课堂

2022年，李沧区印发《李沧区中小学干部上课、听课指导意见》，李沧区中小学校长在全市率先走进课堂听课、评课、上课，校长每学期听评课

2023 年 10 月 26 日，县域义务教育优质均衡发展国家评估认定实地核查座谈会在李沧区举行。李沧区获评首批全国义务教育优质均衡发展县（市、区）。　　　　（区教体局供图）

不少于 40 节，最多的达到 120 节；中层干部除了承担管理任务外，均扎根教学一线承担教学任务，169 人兼任班主任、集备组长、教研组长等。校长干部带头上课、带头出公开课、带头研究课题、带头集备教研、带头听评课等措施，发挥了头雁作用。变"给我上"为"跟我上"，既落实了主责主业，全面提升了干部课程领导力，也带动教师提升整体教育教学水平。

完善协同发展机制

发挥名校带动作用

从 2020 年开始，李沧区在市教育局的大力支持下，推进优质资源扩容行动，引进山东省青岛实验初级中学等优质学校，实现核心校与成员校的资源共建共享、办学质量共提，确保新建学校高起点发展。2023 年，结合城市更新建设，青钢片区建设青岛五十八中北校区和两所九年一贯制学校；引入山东大学优质基础教育资源，在李沧区西片合作创办高水平九年一贯制学校，充分发挥名校辐射带动作用，实现优质资源扩容。

集团化办学均衡发展

李沧区自 2014 年起探索"一长多校"集团化办学改革，截至 2023 年底，"量身定制"12 个区域教育集团，集团化办学覆盖率近 70%。将新开办的小学纳入区域优质教育集团，通过"强校带新校"模式，新起点、高品质，推进新校高位发展行动，实现开办即优质；通过

"名校促老校"模式，实行集团总校长统筹下的各成员学校一体化管理，零距离交流互助使名校擦亮品牌、老校焕发青春，学校品质及声誉普遍提升。

递交亮眼成绩答卷

创新赋能学校发展

从 2022 年开始，李沧区推进初中强校提质行动，推行初小、初高衔接，修改《李沧区中小学教学常规》，连续实施两期教学质量提升三年行动计划，为教学质量提升提供引领，全面推动区域教育均衡。实施分层教学、分层辅导、分科辅导等策略，不让一个学生掉队，促进整体教学质量和教学成绩不断提高。

搭建展示平台

从 2018 年开始，李沧区通过举办全区"教学节"，紧紧围绕"聚焦课堂，提升品质"的管理主线，以"节"促"教"，营造良好教学生态。从校长课堂到教师的岗位技能大练兵，从备课磨课的课堂实践到教学课题研究转化，从学校单一教研教学到区片教研联动，更加注重教学法、教学模式的推广应用，注重对教师学科素养、命题能力的提升，全区上下形成了"聚精会神抓教学，一心一意提质量"的浓厚氛围。

深研课堂管理

从 2018 年开始，李沧区提倡干部任课、领导深入课堂听课评课的同时，鼓励教师积极进行教育微改革，大胆探索符合学生身心特点和成长规律的教学方法。实行教研员"3+2"工作制，教研员每周至少 3 天下沉到学校一线指导教学，通过集体研教、蹲点研教、跟踪研教等形式深入学校、深入课堂，促使教研与学校形成合力。在全市率先设立初小衔接教研员，探讨如何进行知识、能力、素养高效衔接。

厚植良好教育生态

完善保障体制机制

2023 年，李沧区依托《青岛市家校社协同育人工作达标创优学校创建评估实施方案》《关于开展全市中小学、幼儿园家长课程巡课视导工作》两项督导考评制度，制订并出台《关于印发李沧区中小学幼儿园家访工作的实施方案》《关于印发李沧区家校社协同育人三年行动计划》《关于开展 2023 年"家校社协同育人宣传月"活动》等专项活动方案，使工作推动有坚实的体制管理、有坚定的

2023 年 10 月 15 日，"全环境立德树人 精致管理双提升"李沧区第一届家长节开幕式举行。　　　　（区教体局供图）

评估途径、有完善的保障机制。

强化组织引领

从 2020 年开始，李沧区成立区校两级家庭教育讲师团，其中首批李沧区中小学家庭教育讲师团 23 人、家庭教育指导项目组 6 人、全环境立德树人家庭教育宣讲团 5 人，每所学校指派一名区级宣讲团成员，实现全区中小学家庭教育宣讲全覆盖。全区中小学均成立了学校、年级、班级三级家长委员会，李沧区在青岛市率先组织成立了区级家委会。2021 年被评为全国规范化家长学校实践活动实验区。截至 2023 年底，李沧区共有全国优秀家长学校实验基地 3 所，山东省家庭教育示范基地 3 所，青岛市家庭教育示范中小学、家庭教育服务站、示范家长学校 55 所。

家校携手共进

2023 年 10 月 15 日，李沧区组织全区第一届家长节，线上线下相结合，面向全区家长开设四大板块八大主题活动，促进家长与学生共同成长，是全市第一个区级层面的家长节。组建李沧区家校社协同育人顾问团，聘请 7 名各行业领军人物，为孩子健康成长赋能。后期累计开展"走进家门口的初中学校""三长见面会""校长向社会述职""全民进校园"等专题活动 600 余场，6 万余人次走进校园，家长及社会各界人士进一步了解并融入学校教育。

（区教体局）

李 沧 概 况

行 政 区 划

区划调整

1994 年 4 月 23 日，根据国务院文件批复，青岛市进行区划调整，调整后青岛市区级建制为市南区、市北区、四方区、李沧区、崂山区、城阳区、黄岛区。同年 5 月 25 日，李沧区正式成立。由原沧口区李村河以北的四流中路、振华路、晓翁村、西流庄、永安路、营子、板桥坊、楼山后 8 个街道和楼山乡的区域（41.65 平方千米），与原崂山区李村镇张村河以北区域（56.33 平方千米）合并而成。辖楼山乡、李村镇等 8 个街道和李村城区街道管理处，89 个居民（家属）委员会、53 个行政村和晓翁、板桥坊 2 个企业总公司。

1999 年 11 月，李沧区政府提出关于行政区划调整的意见，经李沧区第二届人大常委会第十七次会议审议通过，11 月 30 日上报青岛市政府。12 月 13 日，青岛市政府上报山东省政府。12 月 16 日，山东省政府批复同意。1999 年 12 月至 2000 年 1 月，李沧区对乡、镇和街道进行行政区划调整。撤销楼山乡、李村镇、李村城区街道管理处，全区统一区划调整为 11 个街道；撤销李村镇，将其行政区域设立李村、虎山路、浮山路、九水路 4 个街道；撤销四流中路街道，将其管辖范围划归振华路街道；西流庄街道更名为永清路街道，板桥坊街道更名为兴城路街道，营子街道调整更名为兴华路街道；撤销晓翁村街道，原晓翁村街道的部分居委会和

振华路街道振华路以北的部分居委会划归永安路街道，原晓翁村街道的其他区域划归永清路街道；撤销楼山乡、楼山后街道，设立湘潭路、楼山 2 个街道，原楼山乡的行政区域分别划归湘潭路、永清路、楼山等街道。区划调整后，李沧行政区下辖李村、虎山路、浮山路、永清路、振华路、永安路、兴华路、兴城路、楼山、湘潭路、九水路 11 个街道。

2015 年 7 月，李沧区委、区政府印发《李沧区关于调整部分街道行政区划的实施方案》。同年 9 月，根据《青岛市人民政府关于同意李沧区部分街道更名和行政区划调整的批复》，撤销永清路街道；撤销永安路街道，新设立沧口街道；撤销九水路街道，新设立九水街

道；新设立世园街道。

2023 年，李沧区辖李村、虎山路、浮山路、振华路、沧口、兴华路、兴城路、楼山、湘潭路、九水、世园 11 个街道。有社区居委会 127 个。

面积人口

李沧区位于青岛市中心位置，是青岛市内三区之一。地处东经 120 度 26 分、北纬 36 度 10 分。东部属低山丘陵，中部地势平坦，西部胶州湾沿岸低洼。东沿茶花顶、青台山、花椒山、围子山与崂山区接壤，

李沧区各街道土地面积统计表

街道名称	面积 / 平方千米
李村街道	5.06
虎山路街道	13.08
浮山路街道	8.09
振华路街道	8.51
沧口街道	5.11
兴华路街道	3.32
兴城路街道	7.58
楼山街道	10.27
湘潭路街道	8.30
九水街道	12.00
世园街道	17.78
合计	99.10

注：来源于李沧区第三次国土调查数据，2020 年 10 月通过省级核查并上报国家数据库。

西濒胶州湾，南至李村河与市北区隔水相望，北与城阳区接壤。辖区内海岸线长约 11 千米，与崂山区、市北区、城阳区的边界线分别长 20.2 千米、6 千米、16.5 千米。李沧区的行政区划平面图大体上呈展翅飞舞的蝴蝶形状。最大纵距约 11 千米，最大横距约 14 千米，总面积 99.10 平方千米，占青岛主城区总面积的 51%，在市内区域中面积最大。李沧区是进出青岛市的咽喉之地和 2014 年青岛世界园艺博览会主办地。

截至 2023 年底，李沧区常住人口 77.22 万人。

（区委党史研究中心）

自 然 地 理

自然环境

地貌

李沧区境内地形主要为丘陵地貌类型，可分为丘陵、平原、滨海低洼地 3 种形态。地势东高西低，中部平坦，西部胶州湾沿岸低洼。

地质

青岛地区地处郯庐断裂带、燕山—渤海断裂带及南黄海断裂带的环绕之中，3 条断裂带均属活动断裂带。历史上，活动断裂带曾经发生过多次地震，并且多次波及青岛地区，包括李沧地域。但因青岛位于中朝古陆胶辽地盾之上，缘于其整体上的稳固性，在近代一直未见有较大烈度震中以及较大地震灾害记录，也较少有 4 级以上地震灾害发生。1992 年 1 月 23 日，南黄海发生 5.3 级地震，震中距青岛市区 117 千米，市区震感强烈，影响烈度为 5 度。李沧地域内虽有夏庄—丹山—沧口断裂带和李村—青岛断裂带，但因地质构造不同，地震活动较微弱，小震分布具有随机性，与域内断裂构造无明显关系。在李沧地域有关地震史录中，虽然有过不同等级地震，但也只是小震、弱震。曾有过几次较大地震，但不在震中位置，仅反映了其他地域地壳板块活动过程中给域内断裂生成连带作用。

山脉

概况 李沧地域内有卧狼齿山、老虎山、北平岚山、烟

老虎山　　　　　　　　　　　（张鹰摄影）

墩山、楼山、凤山、枣儿山、牛毛山、东南山、坊子街山、花椒山、双峰山、青台山、戴家山、围子山、绵羊顶山、双龙山、黑石沟山、杨家北山 19 座山丘，均系崂山余脉。其中，卧狼齿山海拔 428 米，是全区海拔最高点。

卧狼齿山　又名恶狼齿山、卧狼匙山，属石门山脉中支，占地面积约 1.5 平方千米，主峰海拔 428 米。山腰种植黑松、刺槐，覆盖率约 80%。山势高陡险峻，峰峦叠嶂，怪石嶙峋，像一只龇牙咧嘴的恶狼卧伏，故名卧狼齿山或恶狼齿山。

老虎山　由 9 个山头组成，山势绵延起伏，古时又称九顶山。占地面积约 6 平方千米，主峰海拔 172 米。山上种植黑松、刺槐，覆盖率约 40%。其中一山头上有一巨石，高约 2 米，上面又摞一石，高约 2.5 米，俗

称"摞摞人"，远看像虎头，故名"虎头石"。

烟墩山　在旧志中，此山只作为楼山一个山头。因位于胶州湾畔，明代建有烽火台，遇倭寇侵犯时，白日举烟，晚间燃火，烽火台俗称"烟墩"，此山以此得名。西临胶州湾，占地面积约 0.11 平方千米，海拔 63 米。1986 年修建烟墩山公园，山顶建亭廊一体的观景亭，环山修车道，入口修景门，同时设"黄道婆"雕塑、喷泉池、小型儿童活动设施等。书法家修德题写"烟墩山公园"牌匾，并题词"烟笼绿阴静，墩辉碧树高"。

楼山　清同治版《即墨县志》中记载其名称，由 4 个山头组成。占地面积约 0.44 平方千米，主峰海拔 98.2 米。1986 年修建楼山公园，为附近居民提供游览、休憩场所。

枣儿山　又名象耳山、凤凰山。属石门山脉南支，山势为东西走向，占地面积约 0.32 平方千米，主峰海拔 162 米。山上主要树种是黑松和刺槐，覆盖率约 40%。山的西麓有中国近代资产阶级改良派领袖康有为原墓墓址。关于该山名称的来历，说法有三：一是早年山上有很多野生山枣，故名"枣儿山"；二是西边山峰从侧面看很像大象耳朵，故而得名"象耳山"；三是整座山好似一只向西飞翔的凤凰，且南北有翅，凤尾朝东，故称"凤凰山"。

花椒山　位于王家下河社区南，属李村南山支脉，是九水街道辖区与崂山区中韩街道、沙子口街道分界山。占地面积约 0.76 平方千米，主峰海拔 139 米。底部为梯田，栽植果树；山上种植黑松、刺槐等，覆盖率在 30% 以上。

双峰山　位于老鸦岭西侧。系李村南山支脉，占地面积约 0.25 平方千米，主峰海拔 153 米。种植黑松、刺槐，覆盖率约 80%，是李村至沙子口、李村至仰口的咽喉要地。该山有两个主峰，故名"双峰山"。

青台山　位于李家上流社区东北方向 1.5 米处。山体为椭圆形，占地面积约 0.24 平方千米，主峰海拔 179 米，种植黑松、板栗、刺槐，覆盖率约 80%。半山腰有一长约 1.3 米、宽 0.7 米的石窝子，石缝内常年渗水，

旱天不枯，清澈甘洌，被称为"凉水窝子"。由此源头出的水流成一条小溪，山坡土层因之湿润，多生青苔，故名青苔山，后演化为青台山。

戴家山　位于李沧区戴家社区北部，当地人叫戴家北山，俗名"红壁子"，属石门山山脉，由7座山峰组成，山势险峻，岩石峭拔，林木茂密，种植有黑松、刺槐、白杨等，植被面积约占50%。生长野生的单叶草、太子参、桔梗等中药材。山上有多处景点，如竹子庵、三清洞、水晶洞、玄阳观、千年银杏树等。

河流

概况　域内河流均为季风雨源型山溪性河流，河流水系的发育和分布明显受地形地貌控制，每逢暴风雨，洪水宣泄，西渐于海。主要河流有李村河、张村河、西流庄河、大村河、楼山河、板桥坊河、湾头河等。其中，李村河流域是青岛市区最大的水系，也是李沧区行洪于海的主要河道。

李村河　市级河道。发源于石门山南侧卧龙沟，向南流经九水东路后折向西南，过重庆中路后向西流入胶州湾。全长16.7千米，流域面积127平方千米，在李沧区河流长度为11.7千米，作为李沧区和市北区界河的长度为5千米。

大村河　李村河一级支流，是李沧区一条重要的泄洪通道。流经区域自上王埠塘坝—李村河，流经广水路、金水路、黑龙江中路、重庆中路，最终沿四流南路进入李村河。河道全长约7.51千米，平均宽度18～30米。

侯家庄河（佛耳崖—李村河）　李村河一级支流，是李沧区一条重要的泄洪通道。流经区域自佛耳崖入李村河口，流经金水路、铜川路、灵川路、延川路、金川路、青银高速路、中崂路。河道全长约1.9千米，平均宽度10～20米。

金水河　李村河一级支流。发源于戴家山南麓，自北向南流经戴家村、上臧村、炉房村。河道全长5.95千米，流域面积8.39平方千米。

南庄河　李村河支流。发源于双峰山南麓，自东向西流入李村河。规划一号线到李村河河口段为市政暗渠，暗渠以上河道全长2.16千米，流域面积1.3平方千米。

楼山后河　楼山河流域主要干流，发源于丹山、围子山，流经湾头社区、东南渠村、楼山后社区、青钢集团原址等，最终汇入胶州湾。河道全长约7.3千米，流域面积17.4平方千米。

楼山河　楼山河流域另一主要干流。发源于老虎山西麓，流经大枣园社区、坊子街社区、青岛红星化工集团原厂区、青

岛碱业集团有限公司原厂区，最终汇入楼山后河。河道全长4.73千米，平均宽度20～30米，流域面积4.54平方千米。

刘家宋哥庄河　宋哥庄河一级支流，是楼山街道一条重要的防洪、排涝河道。发源于刘家宋哥庄村北，自北向南流，于中国石化青岛石油化工有限责任公司西侧汇入宋哥庄河。河道全长3.2千米，流域面积3.3平方千米。

西流庄河　大村河支流。发源于老虎山南麓，自北向南流入大村河。河道全长2.29千米，流域面积1.02平方千米。

晓翁村河　大村河支流。发源于老虎山南麓，自北向南流入大村河。河道全长2.29千米，流域面积1.02平方千米。

胸科医院河　楼山后河一级支流，是湘潭路街道一条重要的防洪、排涝河道。发源于十梅庵村东南山区，自东南流向西北，于原青岛市胸科医院（现为青岛市中心医院北部院区）西侧汇入楼山后河。河道干流长3.61千米，流域面积2.3平方千米。

板桥坊河　李沧区重要水系之一。发源于老虎山，穿过重庆中路、永平路、四流北路、安顺路和环湾路后排入胶州湾。河道全长约4千米（含支流），流域面积5.28平方千米，规划宽度10～25米。春、冬两季水流较少，夏、秋季汛期水流

较大，是李沧区防洪泄洪的重要通道。

永平路支流 板桥坊河一级支流。发源于李沧区兴华路街道沧口公园，自东南向西北汇入板桥坊河。河道全长 0.51 千米，流域面积 0.42 平方千米。

海域

域内海岸线位于西侧，在胶州湾东岸中部地带，南端起始于李村河口中线点，向北至城阳区流亭街道双埠社区前，途经振华路、沧口、兴城路、楼山四个街道。1991 年，海岸线长约 13 千米。由于围堰填海和环胶州湾高速公路建设，海岸线向海内推进而形成明显的人工岸线，2011 年海岸线缩减为 11 千米。海岸人工地貌与海上工程主要有围堰、挡潮墙、防浪堤、胶州湾高速路堤等，形成堤岸埂坝纵横交错的海湾景观。

浅海滩涂

李沧区内浅海滩涂属于胶州湾的东岸带，分布于楼山河口至李村河口之间，多为淤泥质粉砂、粉砂质淤泥，海滩滩涂面积约 997 公顷。

土壤

成土母质主要为中生代花岗岩酸性岩类。主要土壤类型为棕壤、褐土。按质地和结构大致可分为石渣土、岭沙土、砂土、砂壤土、壤土、重壤土、黏土七大类。石渣土、岭沙土主要分布在东部和山区，砂土、砂壤土、壤土主要分布在中部平原地带和沿河流域，黏土分布在西部胶州湾畔。

气候

李沧区 2023 年平均气温、降水量、日照时数统计表

月份	平均气温 / 摄氏度	降水量 / 毫米	日照时数 / 小时
1 月	1.4	4.9	177.2
2 月	3.0	5.9	193.0
3 月	9.1	14.6	237.7
4 月	13.3	64.2	206.1
5 月	18.5	35.2	211.8
6 月	22.5	97.2	230.9
7 月	26.2	93.2	150.5
8 月	26.3	146.8	239.8
9 月	23.1	62	184.6
10 月	18.7	0	228.4
11 月	9.6	10.8	176.6
12 月	1.7	19.1	175.4
全年	14.5	553.9	2412.0

注：以上月平均气温、月累积降水量来自青岛市崂山区气象局李村自动气象观测站，日照时数来自青岛市崂山区国家基本气象观测站。

（区委党史研究中心）

自然资源

土地资源

全区土地总面积 99.10 平方千米。其中，耕地面积 0.34 平方千米，占土地总面积的 0.34%；园地面积 1.34 平方千米，占土地总面积的 1.35%；林地面积 12.23 平方千米，占土地总面积的 12.34%；草地面积 0.46 平方千米，占土地总面积的 0.46%；居民点及工矿用地面积 78.29 平方千米，占土地总面积的 79%；水域面积 4.16 平方千米，占土地总面积的 4.2%；交通运输用地面积 1.66 平方千米，占土地总面积的 1.68%；其他用地面积 0.59 平方千米，占土地总面积的 0.6%。

淡水资源

域内淡水资源丰歉程度随大气降水量多少而变化，因地形地貌造成的差异不大。2023 年，全区年降水量 553.9 毫米。降水多集中在 6 月—9 月，降水量为 399.2 毫米，占年降水量的 72.07%；1 月—3 月春灌期降水量仅为 25.4 毫米，占年降水量的 4.59%；10 月—12 月降水量为 29.9 毫米，占年降水量的 5.4%；形成春旱、夏涝、秋冬又旱的局面。

动物资源

禽类有麻雀、山雀、喜鹊、家燕、鸽子、乌鸦、啄木鸟、燕雀、斑鸠、杜鹃、黄莺、雉鸡、银鸥、红嘴鸥、鹌鹑、黑尾蜡嘴雀、鹰等。兽类主要有野兔、黄鼠狼、刺猬、蝙蝠、田鼠等。爬行类主要有蛇、壁虎、蜥蜴等。昆虫类有蝴蝶、蜻蜓、螳螂、天牛、蝉、蝈、蝗、蚱、蝼蛄、蛴螬、

瓢虫、蚜虫、豆天蛾、地老虎、蟋蟀、枯叶蛾等。淡水鱼类主要有鲤鱼、鲫鱼、草鱼、鲢鱼、泥鳅等。

植物资源

域内林木植被多分布于19座山丘，大部分位于东部、北部，西部城区多为人工造林。木本植物乔木类有柳树、杨树、松树、楸树、柏树、榆树、梧桐、槐树、桑树、柞树等，灌木类有红柳、紫穗槐、杜鹃等。草本植物主要有黄背草、野古草、结缕草、白茅、接骨草、莠草、三棱草、鸡眼草、刺儿菜、蒲公英、苦菜、荠菜、灰菜、地肤、碱蓬、柽柳、獐毛、野艾蒿、蒙古蒿、阴地蒿、荸草等。菌类植物主要有地皮菇、松菇、黄菇等。水生植物主要有浮萍、青苔、凤眼莲等。野生植物中，可入药的有远志、小蓟、丹参、苦参、车前子、蒲公英、茅根、柴胡、牵牛、苦楝皮、苍耳、艾子、地锦、半夏、山姜、黄花蒿等。

（区委党史研究中心）

历　史　沿　革

古　代

李沧地域历史悠久，隶属多变。夏、商、周为莱夷地，春秋时属东莱地，战国时期属齐国。秦朝时属胶东郡不其县，汉朝时先属琅琊郡、后属东莱郡不其县。南北朝时属长广郡不其县。隋、唐、宋时期属莱州即墨县。元朝时先隶胶州、后隶莱州即墨县。明朝初隶青州府即墨县仁化乡，后属莱州府胶州即墨县仁化乡。清朝初隶莱州府胶州即墨县仁化乡，后属胶州直隶州即墨县仁化乡。

近现代

1897年11月，德国出兵侵占胶澳。1898年3月，德国强行迫使清政府签订《胶澳租借条约》，李沧地域被划入胶澳租借地，称作李村区。1914年11月，日本打败德国，武力占领胶澳，李沧地域随之被日本攫为己有。1922年12月，中国收回青岛主权，将胶澳租借地改称胶澳商埠督办公署，李沧地域属李村区和四沧区。1929年4月，南京国民政府接管胶澳商埠，改称青岛特别市，直隶国民政府行政院，李沧地域隶属未变。1938年1月，日本第二次侵占青岛，李沧地域隶属日占伪李村警察分局（支署）和伪沧口警察分局（支署）。1945年8月，日本战败，宣布无条件投降。9月，美国海军在青岛登陆，在美国帮助下，南京国民政府接管青岛市，李沧地域的沧口部分改属市区、李村部分属崂山行政办事处。1949年6月，青岛解放，青岛市人民政府成立，李沧地域分属李村区（农村区）和四沧区（郊区）。1951年4月，原崂山行政办事处（先后隶南海、胶州专区）划归青岛市，李沧地域分属四沧区和崂山行政办事处李村区。7月，沧口地域从四沧区拆出，建立沧口区。1953年6月，崂山行政办事处改称崂山郊区。1958年，李村区改称李村人民公社，隶属崂山郊区。1961年，崂山郊区改称崂山县。1984年，李村人民公社改置李村镇。1994年4月，经国务院批准，青岛市区划调整，撤销沧口区建制，将沧口区大部分与李村镇大部分合并建立李沧区。1994年5月25日，李沧区正式成立。

（区委党史研究中心）

国民经济和社会发展综述

概　况

2023 年，李沧区聚焦实体经济和招商引资、城市更新和城市建设、提升作风能力和优化营商环境"三条线"重点工作，全力打好强信心、稳经济、促发展组合拳，加快打造全市新旧动能转换示范区，经济发展稳中向好、进中提质。地区生产总值、固定资产投资保持稳定增长，社会消费品零售总额比上年（下同）增长 7%，实现一般公共预算收入增长 14.9%。

产业体系做强做优

产业发展聚链成群

2023 年，李沧区坚持把发展经济的着力点放在实体经济上，深入实施"建链补链延链强链"工程，优化布局金水·信联天地等 15 个特色产业园区，打造经济发展主战场。生物医药产业加速集聚，全国百强药企福瑞达落地运营，彩晖生物、九维医学等一批优质企业快速发展。数字经济产业量质齐升，中瑞车云等 8 家企业获评省级数字经济奖项，青岛石化入选全省"晨星工

厂"培育库，国源通、仟象春直播电商基地建成启用。现代金融业持续壮大，全省首家公募基金管理公司——兴华基金管理规模最高突破 100 亿元，北京银行李沧支行、鲲鹏基金等 8 家金融机构落户李沧区，全区私募基金产品 40 只，产品规模达到 150 亿元。新能源新材料产业提质升级，落地全球首个海水淡化浓盐水提锂项目，佳百特新材料入选山东省新材料领军企业培育库。

重点项目加速推进

2023 年，李沧区坚持把项目建设作为推动高质量发展的第一抓手，健全项目全生命周期闭环推进机制，做到资源跟着项目走、要素围着项目转、服务盯着项目干。坚持"大抓项目、抓大项目"，总投资额 312.4 亿元的 19 个省、市重点项目完成年度投资计划的 143%，总投资额 475.5 亿元的 62 个区级重点项目完成年度投资计划的 128%。上流金诺商务中心等 19 个项目竣工交付，盛邦文化产业园等 12 个项目主体封顶。12 个专项债项目通过评审，争取专项债资金 12.9 亿元，带动社会投资额 21.9 亿元。出让东大物流、中特项目等 11 宗土地，新增产业

发展空间 10.2 万平方米。

招商引资全面发力

2023 年，李沧区坚持把招商引资作为突破发展瓶颈的关键一招，完善以商招商、社会化招商等模式，"来李沧·赢满仓"品牌效应日益彰显。设立 3 个驻外招商站，举办广东招商专场推介会，区级领导带队"走出去"招商 53 次，签约超过百亿元项目 2 个、超过 50 亿元项目 3 个，引进区域总部 4 个、超过 1 亿元项目 118 个。签约总投资额 160 亿元的嘉业智能制造项目，打造智能制造产业示范基地。与世界 500 强魏桥创业集团合作，引进新能源汽车管理总部和汽车产业研究院。与王府井集团合作，推动王府井喜悦购物中心、王府井世博园小镇等重大项目加快落地。启动投资额 8 亿元的 100 万千升纯生啤酒项目，打造全球最大纯生啤酒生产基地。

改革创新纵深推进

科技创新加力提速

2023 年，李沧区出台支持科技创新发展的若干政策措施，申报高新技术企业 138 家，科

技型中小企业入库 677 家，创历年最高水平。突出企业创新主体地位，71 个项目列入青岛市技术创新重点项目计划，新增规模以上工业企业研发中心 55 家，全区规模以上工业企业研发机构覆盖率达到 88.6%，新增山东省"瞪羚企业"2 家、青岛市"雏鹰企业"8 家、"专精特新"中小企业 22 家、创新型中小企业 35 家。全区技术合同成交额增长 30.4%。金海牛获评山东省科技企业孵化器，市级优秀等级孵化器占全市总数 40%、居全市首位。新增山东省院士工作站 1 家、山东省博士后创新实践基地 1 家，成功引进各类人才 1.4 万人，比上年（下同）增长 22.6%。

消费市场释放活力

2023 年，李沧区开展"动能强劲·活力迸发"消费扩容行动，举办青岛梅花节、世博园啤酒嘉年华等系列活动，发放消费券 2.1 万张、带动销售额 2.5 亿元。瞄准消费新趋势，培育经济增长点。着力发展首店经济，引入比亚迪方程豹、Nike Rise 750 等青岛首店。智慧商圈优化升级，立体裸眼 3D 大屏亮相李村商圈，精心打造国潮体验馆、特色风情街等 11 条 City Walk 文旅路线，向阳路少山路步行街获评全市夜间消费特色街区。打造新能源汽车消费特色街区，汇集汽车品牌

2023 年，李沧区着力发展首店经济，引入比亚迪方程豹、NikeRise 750 等青岛首店。图为方程豹山东首店开业典礼。

（区商务局供图）

50 余个，年销售额超过 30 亿元。

营商环境优化提升

2023 年，李沧区坚持向营商环境要发展，推出创新举措 199 项，打通问题堵点 334 个。完善企业服务专员、初创企业服务等惠企制度，助力企业融资超过 100 亿元，解决企业发展难题 600 余个。持续深化"放管服"改革，"个转企"直接变更登记新模式列入省级试点。市场主体信心持续增强，市场主体总量达到 17.4 万户、增长 6.6%，增幅居全市首位。在全市率先构建跨层级"全域通办"政务服务体系，1151 个政务服务事项实现"网上办"。开展第五次全国经济普查，281 家企业实现"升规纳统"、增长 17.1%，规模以上企业总量突破 1000 家。纵深推进数字化改革，加快建设总投资额 5.3 亿元的数字李沧和智慧城市项目，2 家企业入选国家级"水效领跑者"。

人居环境优化改善

低效片区焕发生机

2023 年，李沧区聚焦低效片区提档升级，加快推动总投资额 557.4 亿元的 48 个片区更新项目，11 宗共 445.8 亩（1 亩 = 666.67 平方米，下同）低效土地实现高效再利用。加大新旧动能转换产业示范片区建设推进力度，完成拆迁 22 万平方米，腾空土地 1700 亩。楼山创忆空间开工建设，粤浦科技·青岛创新中心加快施工。十梅庵片区创新"央地联合、四级联动"开发模式，携手中国能建集团打造总投资额 430 亿元的青岛生态创享新城。北客站片区携手合生商业集团，引进全省首家"超极合生汇"，中铁二局等区域总部落户李沧区。

城区功能日益完善

2023 年，李沧区践行"人民城市"理念，深入推进城市更新和城市建设三年攻坚行动。路网建设不断优化，唐山路隧道有序推进，遵义路等 23 条道路开工建设，重庆高架路主线实现"当年开工、当年通车"，枣园路等 12 条道路建成通车。融入"全市一个停车场"建设，建成停车泊位 2230 个，开放共享泊位 6400 个，启用新能源汽车充电桩 1725 个，停车难、充电难问题得到有效解决。西山花苑等 11 个老旧片区完成改造，惠及居民 4377 户，群众生活品质及幸福指数得到提升。

生态建设持续增强

2023 年，李沧区坚持绿色为底、山水为形，实现保护与发展共赢，创建国家生态文明建设示范区。空气质量连续 4 年达到国家二级标准，建设用地安全利用率保持 100%，国控、省控地表水断面水质稳定达标。李村河综合治理全面启动，获评淮河流域幸福河湖"样板河道"，入选全国第二批美丽河湖优秀案例。新建、改建广水路、东川路等 8 处口袋公园，建成林荫绿道 16 千米，双峰山山体绿道全线贯通。新增城区立体绿化 10 处，绿化覆盖率达到 45.3%，实现山、海、河、城交相辉映。

民生保障全面提升

基础保障坚实有力

2023 年，李沧区高质量完成 15 件区办实事，各项民生保障支出完成 31.8 亿元，占一般公共预算支出的 78.8%。实施"乐业李沧"十大行动，新增就业 2.6 万人，扶持创业 4616人。建成退役军人就业创业工作室 19 个，设置退役士兵公益性岗位 581 个。持续实施安居工程，苏家、石沟等 4 个社区 1095 户居民乔迁新居，全区超期未回迁项目全面清零。强力破解 5161 户历史遗留不动产权证办理难题。精准兜牢民生底线，发放助老、助困等各类民生补贴 5037 万元，惠及群众27 万人次。康复救助残疾儿童837 人次，实现困难残疾人托养全覆盖。"善政惟民"获评山东省优秀社会救助品牌。

公共服务提质升级

2023 年，李沧区优质教育资源倍增加速推进，引进山东省青岛第五十八中学北校区，普高录取率再创历史新高。启用重庆中路学校等 6 所新建中小学、幼儿园，新增学位 8310个。深入实施健康李沧行动，青岛市第八人民医院东院区竣工交付，总投资额 3.7 亿元的李沧区中心医院迁建项目顺利推进。与青岛大学附属医院、青岛市海慈医疗集团共建医联体，整合各类医疗机构 285 家。完善提升街道综合养老服务中心 2 处，建成社区养老服务站41 处，"颐养李沧"智慧养老服务平台获评全市新型智慧城市优秀建设成果。持续营造良好文化氛围，开展"文化进万家"等各类文化惠民活动 892场次。推动全民健身事业高质量发展，新建大枣园体育公园等健身场地 62 处，52 所中小学室外运动场地对外开放。

社会治理扎实有效

2023 年，李沧区夯实社区治理根基，打造"兴福里""楼光溢彩"等服务品牌，建设完成 7 处新型邻里中心，沧口街道社会工作站获评省级社会工作站示范点。区、街两级"一站式"矛盾纠纷调解中心化解矛盾纠纷 2 万余件。打造社会治理指挥中心和城市云脑中枢，新建智慧社区 35 个，科学决策、高效指挥、协同管理的社会治理格局逐步形成。湘潭路街道湘东社区"促融合 343"工作法获评全省优秀社区工作法。深入开展重大事故隐患专项排查整治等行动，整改安全隐患4500 余项，全区安全生产形势平稳向好。常态化开展扫黑除恶斗争，打掉涉黑组织 1 个、涉恶集团 1 个、涉恶团伙 8 个。

（区发展改革局）

年 度 概 况

经济建设

经济运行回升向好

2023 年，李沧区生产总值比上年（下同）增长 4.5%，社会消费品零售总额增长 7%，一般公共预算收入增长 14.87%。总投资额 312.4 亿元的 19 个省、市级重点项目全部开工建设，完成年度投资计划的 143%，全区建安投资增长 12.1%。落地云正达供应链等外贸龙头企业，全区跨境电商进出口额增长 9 倍，外贸出口额增长 18.4%。发放消费券 2.1 万张、带动销售额 2.5 亿元，全区限额以上餐饮业营业额增长 59.6%。举办梅花节、世博园啤酒嘉年华等系列活动，全年接待游客 184 万人次，增长 52%，向阳路少山路步行街获评全市夜间消费特色街区。

发展后劲不断增强

2023 年，李沧区打响"来李沧·赢满仓"招商品牌，签约超过 100 亿元项目 2 个、超过 50 亿元项目 3 个，引进区域总部 4 个、超过 1 亿元项目 118 个。15 个特色产业园区新入驻企业 173 家、利用载体 14.3 万平方米。与魏桥创业集团合作，引进新能源汽车管理总部和汽车产业研究院。签约总投资额 160 亿元的嘉业智能制造项目，打造智能制造产业示范基地。落地全球首个海水淡化浓盐水提锂项目，佳百特新材料入选山东省新材料领军企业培育库。浩海光杰检测实验室获美国 FDA（食品药品监督管理局）注册认证，福瑞达智美小镇吸引医美上下游企业 15 家。北京银行李沧支行、鲲鹏基金等 8 家金融机构落户李沧区，兴华基金管理规模最高突破 100 亿元。

科创实力日益强劲

2023 年，李沧区科技型中小企业入库 677 家，创历年最高水平。方天科技、朝辉自动化获评山东省"瞪羚企业"，新增青岛市"专精特新"、"雏鹰企业"30 家。中国石化青岛石油化工有限责任公司入选全省"晨星工厂"培育库，8 家企业获评省级数字经济奖项。国科中子能备案省级新型研发机构，71 个项目列入青岛市技术创新重点项目计划，全区技术合同成交额增长 30.4%。金海牛获评山东省科技企业孵化器，市级优秀等级孵化器占全市总数的 40%、居全市首位。新增省级院士工作站 1 家、博士后创新实践基地 1 家，全年引进各类人才 1.4 万人、增长 22.6%。

营商环境持续优化

2023 年，李沧区开展"深化作风能力优化营商环境"专项行动，健全完善企业服务专员、营商效能督办"直通车"等制度，解决企业发展难题 600 余个，助力企业融资超过 100 亿元。在全省率先实施人力资源共享计划，帮助企业节约人力成本 2100 万元。加快"无证明城市"建设，1151 个政务服务事项实现"网上办"。281 家企业实现"升规纳统"、增长 17.1%，规模以上企业总量突破 1000 家。"个转企"直接变更登记新模式列入省级试点，市场主体总量达到 17.4 万户，增长 6.6%，增幅居全市首位。

重点片区全面起势

2023 年，李沧区总投资额 557.4 亿元的 48 个片区更新项目全面建设，11 宗 445.8 亩（1 亩 = 666.67 平方米，下同）低效土地实现高效再利用，城市更新主战场形象不断彰显。楼山南片区加快产业重塑，新旧动能转换产业示范片区腾空发展用地 1700 亩，粤浦科技·青岛创新中心、中建嘉业等产业项目加快建设。铁路青岛北站 TOD 项目全速推进，引进全省首家"超极合生汇"，中铁二局、中铁二十五局等区域总部落户铁路青岛北站。世博园片区蓄势待发，签约王府井世博园小镇项目。十梅庵片区创新"央地联合、四级联动"开发模式，携手中国能建集团打造总投资额 430 亿元的青岛生态创享新城。

（区政府办公室）

政治建设

依法治区建设

加强党对法治建设的领导 2023 年，李沧区坚持以习近平法治思想为指导，认真贯彻落实"一规划两纲要"部署的工作任务，稳步推进全区法治建设工作深入开展。区委理论学习中心组召开集体学习研讨会议，深入学习《习近平法治思想学习纲要》《论坚持全面依法治国》等内容并进行交流。举办"践行习近平法治思想"专题讲座，提高领导干部依法行政工作能力和法治化工作水平。健全完善党委法治建设议事协调工作机构，加强党对执法、

2023 年 8 月 1 日，第七届李沧区委全面依法治区委员会第三次会议举行。
（区委宣传部供图）

司法、守法、普法工作的领导，全年组织召开区委全面依法治区委员会、委员会办公室、各协调小组会议共 9 次，研究议题 35 个，推动依法治区工作全面精准开展。创新推行三级书记述法工作，落实区委、区政府主要负责人向青岛市委全面依法治市委员会述法工作；组织 11 个街道拍摄《书记话法治》栏目，在"李沧电视台"和"法润李沧"公众号同步播出 11 期；组织部分社区书记进行会议述法，推动述法工作向纵深发展。

法治政府建设 2023 年，李沧区优化法治化营商环境，制定出台《李沧区优化法治化营商环境二十四条措施》，印发《李沧区规范涉企行政执法检查办法（试行）》，研究制作《"综合查一次"事项目录清单》。举办"法治是最好的营商环境"交流座谈会，开展优化法治化营商环境"五心行动"，相关经验和做法被《大众日报》《山东法制报》报道。推进行政决策科学化、民主化、法治化，制发《李沧区党政机关合同管理办法》，实现党政机关合同全流程监管。全年完成区政府重大行政决策事项 6 项，审查区政府常务会议议题 150 件、区政府文件及函件 2528 件、行政规范性文件 3 件。坚持严格规范公正文明执法，编印《行政执法人员公共法律知识手册》，选取 11 名特邀行政执法监督员，组织执法案卷交互评查 123 份，提出问题整改建议 150 余条。推动柔性执法，全年"不予处罚"案件数量 142 件，涉及金额 250.73 万元；"减轻处罚"案件数量 39 件，涉及金额 130.95 万元。构建多方联动的非诉纠纷化解机制，依法有效化解社会矛盾，相关经验做法被《工人日报》《人民信访》《山东法制报》《民主与法制》报道。

法治社会建设 2023年，李沧区创新开展"个十百千"普法宣传工程，全年发布云普法短视频12期、书记话法治11期、法治李沧一周概览50期，累计举办法治宣传1300余次，发放各类法治宣传资料12万余份，形成办事依法、遇事找法、解决问题用法、化解矛盾靠法的社会氛围。

干部队伍建设

干部队伍优化 2023年，李沧区树牢"重实绩、重公论、重品行、重能力"鲜明导向，构建"全覆盖调研＋一线调研＋专项调研＋专题调研"的干部工作常态化调研机制，全年共调整176名政治过硬、业绩突出的干部。深化干部"叫醒""叫停"经验，细化5个方面31条不适宜担任现职情形，区分不同性质精准匹配处理方式，63人次不担当、不称职的干部被"叫醒""叫停"。

干部考核管理 2023年，李沧区注重激发全区干部担当作为的内生动力，在全市率先试点推行"全面量化＋绩效管理"的平时考核模式，将政治素质等四大类18方面53项考核指标全部定量赋分到人。试点以来，考核成绩优秀的4名干部被提拔为科室负责人，考核成绩靠后的10名干部被免去现职或调整工作岗位。该项工作获批中共中央组织部、中共山东省委组织部试点。

年轻干部管理 2023年，李沧区不断积蓄后备干部力量，实施"李遇"计划选调工作，面向全国各大高校定向选调事业编制优秀青年人才81人。印发《李沧区优秀年轻干部信息库管理使用办法》，将420名优秀年轻干部纳入信息库动态管理、优进拙退。创立"李沧青年干部学堂"，在全区招募48名导师定期为新入职年轻干部教授通识技能，累计培训年轻干部315人。

干部作风建设 2023年，李沧区注重锤炼干部严实细谨的作风能力，总结"作风能力提升年"活动经验成效，出台《关于推动作风能力提升常态化长效化的意见》。开展"深化作风能力优化营商环境"专项行动，充分发挥专项行动指挥部办公室作用，建立"让干部敢为、地方敢闯、企业敢干、群众敢首创"的良性机制，推出164项创新举措和惠企政策，打通营商环境堵点325个。

党风廉政建设

纠治"四风" 2023年，李沧区重点查处享乐主义、奢靡之风，聚焦易发多发的违规吃喝、违规收送礼品礼金、违规使用公车、违规公款旅游、违规发放津补贴或福利等问题，紧盯元旦、春节、"五一"、端午节等重要节点，实施"节点化＋常态化"专项察访，开展"吃空饷"问题等专项监督检查。全区共查处享乐主义、奢靡之风问题13个，批评教育和处理13人，通报曝光典型案例4起4人。重点纠治形式主义、官僚主义，紧盯"六型问题干部"、干部作风"十类问题"，深入开展基层治理不良现象及不担当不作为乱作为假作为问题专项整治，分层次举办"抵歪风、扬正气——拒做'六型问题干部'"主题宣讲，深入开展干部作风"自画像"活动，督促全区各级党组织1191名中层以上干部开展自查自纠，查摆整改问题2898个。全区共查处形式主义、官僚主义问题16个，批评教育和处理31人，通报曝光典型案例2起3人。

增强纪律自觉 2023年，李沧区组织开展全区党风廉政警示教育月活动，召开全区领导干部党风廉政警示教育大会，组织新任"一把手"配偶参观青岛市清廉家风馆，共同上好廉洁"必修课"。常态化开展"廉润李沧"党风廉政建设和反腐败工作专题通报活动，派出12支宣讲"小分队"，深入全区66个部门（单位），通过列席党组（党委）扩大会议等形式，面向912名中层以上干部，宣讲李沧区纵深推进全面从严治党工作的经验做法，解读近年来查办的典型案例，以案说责、以案明纪、以案释法，同步开展应知应会知识互动答题并收集意见建议 102 条，为推动全区全面从严治党、党风廉政建设和反腐败工作高质量发展提供参考。

提升纪律刚性 2023 年，李沧区坚持执纪必严、违纪必究，督促各级党组织严肃党内政治生活，用好批评和自我批评武器，增强党内政治生活政治性、时代性、原则性、战斗性。综合运用走访调研、会议监督、约谈督促、专项检查等方式，提高监督全覆盖有效性，全区纪检监察机关通过监督检查发现问题线索 141 个。严把党风廉政意见回复关，出具党风廉政意见 2225 人次。

激励担当作为 2023 年，李沧区精准把握政策策略，有力纠治"四种形态"运用不规范等问题，综合运用"四种形态"批评教育和处理 358 人次，分别占比 69%、26%、2.2%、2.8%。严格落实"三个区分开来"，创新"五容"工作法，累计容错纠错党员干部 12 人、党组织 1 个，打击诬告陷害 1 起 2 人，为 3 个党组织和 9 名党员、干部澄清正名，相关经验在《山东纪检监察工作》刊发，被青岛市委改革办作为全市地方改革案例报送山东省委改革办，区委主要领导给予肯定性批示。

（区司法局　区委组织部　区纪委监委机关）

文化建设

节会活动联动

2023 年，李沧区举办第二十三届青岛梅花节、第三十三届青岛国际啤酒节李沧会场、李沧区第十三届茶文化节以及"夜青岛·GO 李沧"文旅推介大会等活动，以梅、茶、啤酒等为媒介，整合文旅商资源，强化区域联动，扩大活动影响，撬动行业发展。

宣传推介拉动

2023 年，李沧区策划推出"春节游玩指南""嗨 FUN 五一乐在李沧""双节趣李沧"等主题，推介文旅资源。推出"云上李沧"数字文旅服务平台，向公众提供信息查询、线上导览和公共服务等数字化服务。青岛梅园景区被中央广播电视总台《新闻直播间》和《生财有道》栏目报道，切实提升李沧文旅影响力。

文化场馆升级

2023 年，李沧区升级建设城市书房 5 处，打造非遗实践基地 1 处，提升基层文化设施 5 处。李沧区图书馆进行智慧化升级，上线运行座位预约程序；李沧区博物馆完成智慧化改造，实现藏品数字化管理；李沧区文化馆推出线上直播、线上慕课、线上领票等服务，满足了人民群众的文化需求。

文化活动丰富

2023 年，李沧区承办梅花清廉书画展、精品舞蹈展演等市级文化活动 10 余场。突出文化惠民精准化、普惠性，开展"文化点单""电影点播""你读书·我买单"活动，举办"李沧之春""纳凉晚会""公益电

2023 年，李沧区推出"云上李沧"数字文旅服务平台，向公众提供数字化服务。

（区文化旅游局供图）

影进社区""社区文化节"等文化惠民活动 800 余场次、公益培训课 1000 余课次，全方位丰富居民的文化体验。

全民阅读活动

2023 年，李沧区依托各类阅读场所借还文献 65 万余册次，读者借还 25 万余人次。开展"李沧阅读生活节"暨全民阅读活动，深入商圈、广场、社区拓展阅读活动空间。常态化开展亲子共读、诗歌朗诵会、读书征文等活动 200 余场次。为街道社区、福利院、警营等配送图书 2 万余册，满足不同人群阅读需求。

文艺作品丰硕

2023 年，李沧区成立李沧区文化馆戏剧社，打造原创小剧、小戏作品 7 件，开展巡演 10 余场次。举办群众文艺原创作品大赛等活动，发挥群众力量，挖掘打造优秀原创作品 240 余件，其中 8 件作品获评市级奖项。

非遗传承保护

2023 年，李沧区 9 家手造企业被认定为市级和区级非遗工坊。开展"非遗在社区"活动 30 余场次、"非遗进校园"公益培训课 400 余课时。打造"山东手造 李沧有礼"展示体验中心、青少年非遗手造实践基地 1 处。非遗代表性项目"鸟虫篆"作品在上合组织民间友

2023 年 12 月 26 日，重庆高架路主线通车。　（张鹰摄影）

好与城市交往成果展上展出。

文物保护利用

2023 年，李沧区对大枣园牌坊和明真观进行维护修缮，对存在火灾和汛情风险的 22 处文物建筑开展专项检查，坚守文物安全底线。开展"李沧史话"系列主题活动、"红色文化主题月"活动和文物修复体验活动，讲好李沧故事。

（区文化和旅游局）

社会建设

基础配套完善

2023 年，位于李沧区的青岛市中心城区立体交通新走廊——重庆高架路主线通车，亚洲最大跨度公路隧道——唐山路隧道有序推进，遵义路等 23 条道路开工建设，枣园路等 12 条

道路实现通车。青岛地铁 2 号线东延段等 3 条地铁线路加快施工，常川路站等 4 个铁线站点实现封顶。西山花苑等 11 个老旧片区完成改造，惠及居民 4377 户。完成既有住宅节能保暖改造 5.1 万平方米。建成停车泊位 2230 个，开放共享泊位 6400 个，5.5 万个泊位接入"全市一个停车场"平台，启用新能源汽车充电桩 1725 个。青银高速段、文昌路段高压线缆入地 3.8 千米。建成启用广水路等口袋公园 8 处、林荫绿道 16 千米，双峰山山体绿道全线贯通，城区绿化覆盖率提升至 45.3%。

人居环境提升

2023 年，李沧区正式启动东南渠、十梅庵旧村改造，1931 处房屋征收基本完成。苏家、石沟等 4 个社区、1095 户居民乔迁新居，全区超期未回

迁项目全面清零。强力破解5161户历史遗留不动产权证办理难题。拆除违法建筑75.9万平方米。新建智慧社区35个，上流佳苑社区获评全省首批标杆型智慧社区。实施废气治理工程400个，空气质量改善率居全市前列。修复污染土壤400亩（1亩＝666.67平方米），重点建设用地安全利用率保持100%。高标准实施李村河流域生态综合治理，李村河成为淮河流域幸福河湖"样板河道"、入选全国第二批美丽河湖优秀案例。李沧区获评国家生态文明建设示范区。

群众生活提高

2023年，李沧区高效办成15件区办实事，民生支出占一般公共预算支出的比重约78.8%。新增就业2.6万人，扶持创业4616人。建成退役军人就业创业工作室19个。发放助老、助困等各类民生补贴5037万元，惠及群众27万人次，"善政惟民"获评山东省优秀社会救助品牌。完善提升街道综合养老服务中心2处，建成社区养老服务站41处。康复救助残疾儿童837人次，实现困难残疾人托养全覆盖。成立全市首个"医育联盟"，34家幼儿园将3岁以下婴幼儿纳入托育招生范围。

公共服务优化

2023年，李沧区引进山大基础教育集团、青岛五十八中北校区，启用重庆中路学校等6所学校、幼儿园，新增学位8310个。中考成绩连续第五年提升，普高录取率再创历史新高，全市唯一通过全国义务教育优质均衡发展县、全国学前教育普及普惠县认定。与青大附院、海慈医院共建医联体，整合各类医疗机构285家。总投资额3.7亿元的区中心医院迁建项目顺利推进。青岛市第八人民医院东院区竣工交付，填补了李沧东部三级综合医院的空白。高质量组织"我们的舞台"等文化惠民活动892场次。全区52所中小学室外运动场地对外开放，建设大枣园体育公园等健身场地62处，人均体育场地面积比上年提升45%。

基层治理稳定

2023年，李沧区坚持和发展新时代"枫桥经验"，启用区社会治理指挥中心，全市城乡社区治理工作现场会在李沧区召开，山东省委主要领导到上流佳苑调研指导。湘东社区"促融合343"工作法获评全省优秀社区工作法。区、街道两级"一站式"矛盾纠纷调解中心化解矛盾纠纷2万余件，获评全市唯一"全国信访工作示范区"。完成食品安全定性定量检测3050批次、食用农产品快检20万批次。常态化推进扫黑除恶斗争，打掉涉黑组织1个、

涉恶集团1个、涉恶团伙8个。扎实开展重大事故隐患专项排查整治等行动，整改安全隐患4500余项。人民群众的获得感、幸福感、安全感不断增强。

（区政府办公室）

生态文明建设

大气环境质量

2023年，李沧区实施子站周边多层防线管控机制，多部门联动发力。坚持科技手段助力，提高精细管理水平，高效解决各类大气污染问题。全年细颗粒物平均浓度32微克/立方米、可吸入颗粒物平均浓度61微克/立方米，空气优良率77.1%，空气质量达到国家二级标准。

水环境质量

2023年，李沧区落实流域巡查、雨后巡查、加密监测、超标预警提醒、现场达标保障、流域治理、湾长巡湾等保障措施，在全市范围内开展首例"管家式"水环境监管模式，对37个入河排污口开展再核实、再溯源和重新分类整治，"湾长APP"巡湾102次，国控、省控地表水断面均实现水质达标，胶州湾李沧段海域水质保持稳定，全年断面达标率全市并列第一名，优良水体比例为100%，李村河获评生

2023年李村河获评生态环境部第二批全国美丽示范河湖优秀案例。图为居民在李村河公园网球场健身。　　　（张鹰摄影）

态环境部第二批全国美丽示范河湖优秀案例。

土壤环境质量

2023年，李沧区全力服务城市更新和城市建设三年攻坚行动，争取上级支持，协调区各专项指挥部，进一步加强部门间配合协作，探索建立土壤监管"查管治护一体推进"基层执法新模式，青钢片区试点等2个地块完成修复并移出风险管控和修复名录，为城市更新项目节省时间10个月。推进6个疑似污染地块进行污染状况调查，3个地块进行风险评估，5个地块开展土壤修复，对正在修复施工的污染地块开展执法检查51处次，督促2家土壤污染重点监管单位开展隐患排查"回头看"，全区建设用地安全利用率保持100%。

环境执法

2023年，李沧区落实"双随机、一公开"执法要求，分批次组织涉VOC（挥发性有机化合物）排放、建材、汽修、加油站、危废等多轮次集中执法，检查企业770家次，查处案件27起、罚款82.9万元，生态损害赔偿3件，免罚企业2家。

环境监测

2023年，李沧区开展环境质量监测、污染源监督监测、信访执法监测、噪声监测，获取有效监测数据8300余个，编制环境监测报告、简报、通报20余份，编制完成《李沧区2022年度环境质量报告书》。加强固定污染源自动监控管理，9家企业23个自动监测点位即时传输率和有效传输率均位居全市前列。每日推送大气子站分析数据，督促各街道时刻关注空气质量变化及时采取应对措施；对11个空气站开展日常巡查，防止人为干扰监测数据行为发生。

环境宣教

2023年，李沧区开展环保宣讲活动20场次，新闻媒体发稿100余篇。围绕世界环境日等重大节日，组织大型公益性环保宣传活动，开展首个"8·15"全国生态日宣传活动10场，开展"古风起清韵，生态馥诗香""世界水日诗海溯源"线上生态古诗词大会，发动群众广泛参与支持环境保护工作。开展"送法入企"普法宣传，与区法院联合开展"企业环保法律服务日"活动，突出李沧特色，宣扬环保正能量。

（市生态环境局李沧分局）

2023 年李沧区大事记

1 月

4 日—6 日

中国人民政治协商会议青岛市李沧区第七届委员会第二次会议举行。应出席委员 221 人，实到 168 人。会议听取和讨论了区委书记张友玉代表中共李沧区委在大会开幕时的讲话，审议通过了高田义代表政协青岛市李沧区第七届委员会常务委员会所做的工作报告、张璞所做的提案工作报告，审议通过了政协青岛市李沧区第七届委员会第二次会议政治决议。会议选举陈黎明为政协青岛市李沧区第七届委员会副主席，张霓、彭永法为政协青岛市李沧区第七届委员会常务委员。

5 日—6 日

青岛市李沧区第七届人民代表大会第二次会议举行。应出席代表 223 人，实到 172 人。会议听取和审议了区委副书记、

区长魏瑞雪所做的《政府工作报告》。审议通过了李沧区人大常委会工作报告、李沧区人民法院工作报告、李沧区人民检察院工作报告、李沧区 2022 年国民经济和社会发展计划执行情况与 2023 年国民经济和社会发展计划的报告、李沧区 2022 年预算执行情况和 2023 年预算的报告，并作出相应决议。增补了区第七届人大常委会委员。

14 日

"青岛有李·乐享民俗·游购李沧"第二十九届"李沧之春"文化惠民活动启动暨"清廉之岛 福进万家"民俗活动举行。10 余项主题活动为市民带来一场文化、休闲、购物相结合的新春盛宴。

19 日

李沧区"作风能力提升年"活动先进事迹报告会举行，对"作风能力提升年"活动先进集体、先进个人、突出贡献单位、

突出贡献个人进行通报表扬。

30 日

我们的中国梦·文化进万家"李沧之春"第二十二届社区文化节颁奖文艺演出举行。

2 月

1 日

青岛市城市更新和城市建设 2023 年一季度集中开工仪式在李沧区举行，394 个城市更新建设项目集中开工。主会场设在青铁·智慧湾项目现场，各区（市）设分会场。

3 日

中国共产党青岛市李沧第七届纪律检查委员会第三次全体会议举行。会议全面贯彻党的二十大及中央和省、市纪委全会精神，总结 2022 年全区全面从严治党工作，部署 2023 年工作任务要求，坚定不移地把全面从严治党推向纵深，推动建设风清气正政

治生态和干事创业良好环境。

4 日

"春风送真情 乐业在李沧"2023 年李沧区春风行动百场招聘暨"四进四送"活动举行。320 余家企业现场提供各类岗位 4300 余个，线上、线下参加人员 4.8 万余人次，现场达成初步就业意向 1170 余人次。

21 日

李沧区城市更新和城市建设 2023 年度动员大会暨一季度开工项目现场观摩会举行。2023 年计划建设城市更新和城市建设项目 125 个，一季度开工 94 个，实现城市更新和城市建设一季度"开门红"。

27 日

山东省公布 2022 年度全省学雷锋志愿服务"四个 100"先进典型名单。李沧区 1 名志愿者获评最美志愿者，2 个社区获评最美志愿服务社区。

3 月

1 日

李沧区城市更新和城市建设招商推介会暨全市社会组织发展大会举行。现场达成合作意向 30 余项。

8 日

全球首个浓盐水提锂项目

签约仪式在李沧区青岛百发海水淡化有限公司举行。项目由青岛水务集团海水淡化公司与礼思（上海）材料科技有限公司共同完成，为提取锂资源开辟了新的路径。

16 日

第二十三届青岛梅花节在青岛市李沧区十梅庵·青岛梅园举行。活动以"来李沧·遇见'梅'好"为主题，涵盖 11 个板块。

29 日

李沧区新增 1 家省级院士工作站，青岛明思为科技有限公司通过 2023 年度第一批山东省院士工作站备案。

31 日

李沧区"作风能力提升年"活动总结暨"深化作风能力优化营商环境"专项行动动员大会举行。

2023 青岛时尚体育消费季举行。活动以"时尚体育'购'精彩！"为主题，从 4 月持续至 10 月，举办赛事 300 余项。

4 月

12 日

2023 年青岛市科技企业培育政策宣讲会专场活动在耀洲·智融大厦举行。全区 100 余家科技型企业 150 余

人参加。

13 日

李沧区印发《关于明确老年人助餐补贴标准的通知》，推出全区 70 周岁以上老年人在青岛市政府补贴 3 元基础上，区政府再增加 1 元区补贴的助餐政策。

15 日

李沧区"4·15"国家安全宣传教育集中宣传暨"百万群众进百园"国家安全大宣讲活动在象耳山总体国家安全观主题公园举行。

25 日

李沧区 2023 年中青年干部培训班开班。中青年干部、2022 年新录用公务员、选调生初任培训研讨班全体学员共 200 余人参加。

26 日

李沧区"粤美好，赢满沧"广东招商专场推介会在广州市举行。活动由李沧区人民政府主办、广东省山东商会等商（协）会协办，吸引了众多医药生物、园区运营等领域企业参会。李沧区与创显科教等企业签约。

5 月

7 日

山东省委第三巡视组巡视李沧区工作动员会议举行。

7日

李沧区 2023 年职工运动会在区工人文化宫运动场举行。运动会共设 19 个比赛项目，全区各行各业各条战线 2300 余名职工参赛。

11日

"弘扬好家风 建设好家庭"——青岛市庆祝 5·15 国际家庭日暨"最美家庭"发布活动举行。李沧区获评山东省"最美家庭"1 户、青岛市"十大最美家庭"1 户、青岛市"十大绿色家庭"1 户、青岛市"最美家庭""绿色家庭"等家庭典型 15 户。

16日

李沧区"企业家有话说"政企恳谈会举行。参会企业家就需要区委、区政府协调解决的问题及意见建议发言。

20日

第四届基层卫生健康发展与传播大会暨基层卫生重点工作交流会举行。李沧区沧口街道社区卫生服务中心入选 2022 年全国基层卫生健康优秀创新案例推选名单和"健康守门人——家医榜样"名单。

6 月

1日

"公共场所卫生许可"数字审批场景在山东政务服务网"智审慧办"模块上线，李沧区开启从"全程网办"向"智慧审批"迭代升级新时代。

11日

全市城乡社区治理工作现场会在李沧区举行。会议深入学习贯彻习近平总书记关于城乡社区治理的重要指示要求，总结工作、交流经验、部署任务，不断开创全市城乡社区治理工作新局面。

15日

2023 年李沧区数字赋能人力资源暨大数据人才创新论坛举行。来自大数据、人工智能、人力资源等行业领域的领军人才齐聚一堂，共同探讨新时代下企业人资数字化解决方案的发展趋势以及创新手段。

李沧区"金融、科技、实业"重点项目签约仪式举行。李沧区政府、中国建设银行股份有限公司青岛市分行、上海粤浦科技有限公司、中国能源建设集团有限公司签署相关合作协议。

16日—18日

李沧区第十三届茶文化节举行。活动以"来李沧·品茶香"为主题，围绕"品茶""斗茶""礼茶"开展多元化活动。现场设置茶道·文化体验区、慢享·品茗体验区、画意·手工体验区、墨韵·书法体验区

等供市民体验参与。

29日

"我们的舞台——2023 李沧全民文化艺术节"群众文艺原创作品大赛颁奖仪式暨专场文艺演出举行。37 件作品获"原创奖"，37 件作品获"最佳创作奖"，87 件作品获"优秀表演奖"。

7 月

3日

李沧区考察团赴山东省菏泽市单县开展省内协作工作。青岛心海公益服务中心向单县志愿者协会捐赠爱心资金。

6日

李沧区新时代文明实践大学生志愿服务联盟暨首批大学生文明实践项目签约仪式在李沧区新时代文明实践中心举行。志愿服务联盟分别与李沧区新时代文明实践中心、李沧 14 个社区签订首批 32 个大学生文明实践志愿服务项目。

7日

山东省政协副主席、民盟山东省委主委王修林率调研组到李沧区调研生物医药产业发展情况，到青岛彩晖生物科技有限公司实地考察和座谈。

12日

李沧·莱西城乡结对共建共

享共富活动在莱西市举行，22个结对镇街签署并交换共建协议书。

13 日

李沧区中心医院建设项目开工仪式在耀洲·新经济产业园举行。该院面积由 1 万平方米扩大到 4.6 万平方米，打造特色二级公立医院，李沧区东部医疗资源提质升级。

15 日

第 33 届青岛国际啤酒节世博园景区会场启幕，世博园国潮赏灯会同步开启。

18 日

李沧区政府与山东魏桥创业集团合作签约仪式举行。双方签署魏桥新能源汽车管理总部、新能源汽车中央研究院等 4 个项目合作协议，携手打造国内领先的新能源汽车研发新高地。

全市首部李村大集档案编研视频——《百年大集变迁记》制作完成。该视频为全市首部介绍李村大集历史沿革的档案编研视频资料，生动展示了百年李村大集的历史风貌和时代变迁。

26 日

李沧区 2022—2023 年度见义勇为模范表彰大会举行。会议表彰了 2022 年度见义勇为模范 4 人、见义勇为模范集体 2

个和 2023 年度见义勇为模范 1人、见义勇为模范集体 3 个。

8 月

4 日

李沧区科学技术协会第四次代表大会举行，会议以习近平新时代中国特色社会主义思想为指导，全面总结李沧区科协近几年工作情况，提出今后 5 年的奋斗目标和任务，选举产生新一届李沧区科协领导机构。

8 日

青钢片区教育资源引入暨青岛五十八中战略合作签约仪式举行。青钢片区设置五十八中北校区、五十八中托管青钢片区内 2 所九年一贯制学校，增加优质教育学位资源供给，促进教育优质资源均衡发展。

18 日

中国共产党青岛市李沧区第七届委员会第四次全体会议举行，区委委员 28 人、候补区委委员 7 人出席。

22 日

"夜青岛·GO 李沧"青岛市夜间文旅消费集聚区创建暨李沧区文旅推介大会在李沧区伟东·乐客城举行。

李沧区召开第五次全国经济普查会议，传达学习国务院

和山东省、青岛市第五次全国经济普查电视电话会议精神，通报全区第五次全国经济普查准备情况和下步工作安排。

30 日

青岛市委副书记、市长赵豪志率市直有关部门负责人到李沧区调研城市更新和城市建设工作。现场察看了戴家社区安置区项目、双峰山公园项目、联东 U 谷青岛科创中心项目、十梅庵低效片区东南渠城中村改造项目、220 千伏电力架空线下地等有关情况并提出工作要求。

9 月

12 日

中共青岛市李沧区委办公室印发《关于在全区大兴调查研究的实施方案》，动员全区念好"深、实、细、准、效"五字诀，统筹用好中央提出的 6 种调研方法，深入一线听民意、摸实情、查症结、谋实策，出实招、破难题，推动李沧区发展迈上新台阶、实现新突破。

15 日

李沧区学习贯彻习近平新时代中国特色社会主义思想主题教育工作会议举行。

21 日

李沧区人民政府与北京首

都旅游集团有限责任公司签署王府井商业街区项目合作协议，共同建设"王府井喜悦购物中心"项目和"王府井世博园小镇"项目，打造涵盖文化、娱乐、休闲、购物、商务、生态等多元化城市功能和优质生活体验的商业综合街区、国家4A级微度假文旅商综合体。

22日

鲲鹏（青岛）私募基金管理有限公司开业，为李沧区重点引入的首家省外私募证券基金管理公司。

10 月

6日

李沧区第二十三届社区文化节——广场舞大赛决赛、合唱展演决赛举行。100余支队伍3000余人参加。

8日

青岛楼山消防器材厂有限公司龙霓灭火器、青岛食品股份有限公司青食钙奶饼干等产品入选第一批"青岛优品"。

李沧区入选第三批山东省"智慧教育示范区"。

12日

李沧区非遗代表性项目——金陵派古琴登上第八届中国成都国际非遗节舞台，传承人崔灏晨现场演奏古琴。

16日

李村河入选生态环境部第二批美丽河湖优秀案例名单，成为全国水生态环境保护样板。

27日

李沧区入选第七批国家生态文明建设示范区。

11 月

9日

李沧区"智慧应急区域中枢"、李沧区"新型智慧城市民生数据安全治理与应急处理服务平台"和青岛地铁"李沧区TOD全民智慧体育运动公园"3个项目入围"2023世界智慧城市大奖"。

11日

"悦读'阅'世界 悦心'悦'未来"——第二届青岛市全民阅读大会李沧分会场启动仪式在青岛市城市书房李沧区宾川路分馆举行。

15日

李沧区获评2023年中国领军智慧城区，成为山东省唯一获评城区。

16日

李沧区红十字会第三次会员代表大会举行。全面回顾和总结李沧红十字会近年工作情况，提出今后5年奋斗目标和

任务，选举产生新一届理事会和监事会。

23日

山东省委书记林武到李沧区世园街道上流佳苑社区调研。强调认真贯彻落实习近平总书记重要讲话重要指示精神，坚持党建引领，持续做强集体经济，不断提升为民服务精准化精细化水平，让人民群众生活得更方便、更幸福。

28日

青岛大学附属医院和李沧区中心医院医疗联合体签约揭牌仪式举行。"青岛大学附属医院医联体单位——青岛市李沧区中心医院""青岛大学附属医院老年病专科联盟毛拥军（团队）工作站""青岛大学附属医院康复专科联盟王强（团队）工作站"同步揭牌。

29日

共青团青岛市李沧区第八次代表大会举行。大会全面回顾了近年李沧区共青团和青年工作，提出今后5年奋斗目标和任务，选举并产生了共青团青岛市李沧区第八届委员会。

30日

李沧区新增1家省级博士后创新实践基地。青岛百发海水淡化有限公司入选2023年山东省博士后创新实践基地名单。

12 月

2 日

全市城市更新和城市建设2023 年四季度重点攻坚项目集中开工仪式在李沧区十梅庵片区安置区建设现场举行，58 个重点项目集中开工。

6 日

李沧区世园街道党工委党校（党员教育中心）入选第二批山东省重点乡镇（街道）党校（党员教育中心）50 个名单。

7 日

司法部、山东省司法厅调研组一行到李沧区开展专题调研，分别到青博律师事务所、李沧区检察院、上流佳苑社区调研考察律所法治人才培养、品牌创建、普法宣传、未成年人权益保护和"未成年人法治教育基地"建设以及"全国民主法治示范社区"民主自治等情况。

11 日

青岛市委副书记、统战部部长张惠到李沧区调研群团工作。

大村河获评 2023 年省级美丽幸福示范河湖。

22 日

李沧区城市医疗集团揭牌仪式举行。青岛市第三人民医院城市医疗集团、青岛市第八人民医院城市医疗集团及首批成员单位同步揭牌。

李沧区上流佳苑社区获评山东省首批标杆型智慧社区。

26 日

重庆高架路主线及匝道正式通车。

李沧区出台《关于进一步支持科技创新发展的若干政策措施》，对在李沧区建设高水平创新平台、培育科技型中小企业、高新技术企业以及辖区内企业研发投入、产业技术攻关、打造专业孵化平台等给予奖励。

29 日

中国共产党青岛市李沧区第七届委员会第五次全体会议举行，区委委员 35 人、候补区委委员 7 人出席。会议传达学习山东省委第十二届第五次全体会议暨省委经济工作会议和青岛市委第十三届第四次全体会议暨市委经济工作会议精神，听取并讨论了张友玉受区委常委会委托做的工作报告，审议了《关于全区深入开展学习贯彻习近平新时代中国特色社会主义思想主题教育工作情况的报告》。

（区委党史研究中心）

政　　治

中国共产党青岛市李沧区委员会

中共青岛市李沧区第七届委员会全体会议

第四次全体会议

2023年8月18日举行，区委委员28人、候补区委委员7人出席。全会以习近平新时代中国特色社会主义思想为指导，传达学习了山东省委第十二届第四次全会精神和青岛市委第十三届第三次全会精神，听取和讨论了张友玉受区委常委会委托做的工作报告。全会决定批准马靖坤辞去第七届李沧区委委员职务。全会按照《中国共产党章程》《中国共产党地方委员会工作条例》规定，决定递补第七届区委候补委员王旭梅为第七届区委委员。

第五次全体会议

2023年12月29日举行，区委委员35人、候补区委委员7人出席。全会以习近平新时代中国特色社会主义思想为指导，深入贯彻党的二十大精神，传达学习了山东省委第十二届第五次全体会议暨省委经济工作会议和青岛市委第十三届第四次全体会议暨市委经济工作会议精神，听取和讨论了张友玉受区委常委会委托做的工作报告，审议了《关于全区深入开展学习贯彻习近平新时代中国特色社会主义思想主题教育工作情况的报告》。

政策研究工作

理论学习

2023年，李沧区政策研究工作坚持以习近平新时代中国特色社会主义思想为指导，全面贯彻落实党的二十大和二十届一中、二中全会精神，深入贯彻落实习近平总书记对山东、对青岛工作的重要指示要求，认真学习领会省、市、区会议精神及工作要求，不断夯实理论武装。围绕主题教育目标任务、重点措施和有关安排，全面把握"学思想、强党性、重实践、建新功"总要求，高起点谋划、高标准推进、高质量落实，坚持不懈深化理论学习，切实推动在以学铸魂、以学增智、以学正风、以学促干方面取得实效。

文稿起草

2023年，李沧区政策研究工作围绕区委中心工作，履行以文辅政和决策服务职能，坚持把文稿服务作为决策参谋的重要抓手，立足李沧发展大局，以起草高质量领导讲话、汇报材料、调研报告等文稿为载体，积极主动为区委重大战略部署建言献策。建立"会商研讨、分级把关、创新总结"行文规范，形成"集体议稿、会前推稿、会后整稿、总结复盘"工作闭环模式，全面提升文稿质量。完成山东省委巡视等重大活动材料调阅、文稿服务保障工作。起草青岛市两会期间李沧代表团全体会议系列材料，区委第七届第四次、第五次全会系列材料，各类会议讲话、汇报材料、工作总结等综合文稿850余篇、230余万字，为区委决策工作提供智力支撑。

调查研究

2023年，李沧区政策研究工作聚焦区委重点工作，坚持在"深、实、细、准、效"上下功夫，围绕项目建设、民生保障、基层治理等领域，扎实开展调查研究，形成一批调研参阅和调研报告，做实调查研究"后半篇文章"。高质量撰写《关于高质量推进李沧区城市更新和城市建设的调研报告》《关于促进李沧区民营经济做大做强的调研报告》等调研报告10余篇，为区委科学决策提供了重要参考依据。

督查工作

督查中心工作落实

2023年，李沧区督查工作围绕区委中心工作，抓好区委决策部署落地落细，以责任促落实、以责任保成效。注重清单化督查重点任务，实行台账式管理，将区委中心工作列入督查台账，按表督查，防止重要事项遗漏。注重责任化督查重点任务，实现责任化管理，将督查清单中的重点任务逐项确定责任人、责任单位、时间节点，督促责任单位倒排工期，按节点开展定期督查。注重动态化调整督查事项，实现闭环管理，对清单进行销号管理，确保形成工作闭环。注重务实化汇报工作，实现有效管理，按月形成重点工作进展情况专报，重要事项形成便笺或专题报告呈送。对重要紧急事项及时调度报告，对尚未办结事项持续跟踪续报。全年重点跟踪开展督查120余次，办理区委主要领导批示533件，编发督查专报104期、呈报督查便笺87期，推动一批省、市重点项目顺利推进，获区委主要领导批示肯定。

督查重点工作成效

2023年，李沧区督查工作坚持把党中央重大方针政策、重要会议精神和山东省委、青岛市委、李沧区委重要专项工作部署的贯彻落实和相关考核要求作为突出任务、重点任务，结合全区实际，落实到具体工作，全力开展督查工作。落实上级对李沧区考核要求，推动做好上级交办事项、履行全面从严治党主体责任等市考核指标相关工作。全年办理落实市委主要负责人交办事项、批示事项以及决策事项90项。做好履行全面从严治党主体责任迎检工作，贯彻执行中央八项规定及其实施细则精神专项工作，做好整治形式主义为基层减负专项工作，做好省委巡视反馈问题整改工作，确保各项工作取得明显成效。抓好"深化作风能力优化营商环境"重点专项工作，组织制定全区营商环境正面清单、负面清单、问题清单"三张清单"，共办理营商环境问题线索21件，有效护航全区营商环境。

督查民生服务质量

2023年，李沧区督查工作持续打造"你来留言 我来办理"服务品牌，以人民网地方领导留言板、市委书记网民信箱等民生问题反映渠道为抓手，高标准规范工作流程，制发李沧区《人民网"领导留言板"留言办理工作规程（试行）》，及时高效解决群众急难愁盼的问题。高标准落实考核督导，增强责任单位工作主动性。高标准运用反馈预警，重点关注群众集中反映事项，向相关主管部门和责任人及时发送提醒通知，迅速调度处理。全年累计办理市委书记网民信箱反映事项 9 件，累计办理人民网网民留言 715 件次，其中市委书记留言板网民留言 420 件次，办结率 100%，满意率 92.85%，居各区（市）前列。区委办公室获评人民网"2023 年度人民网网上群众工作民心汇聚单位"。

强化督查质效

2023 年，李沧区督查工作坚持抓督查就是抓落实，以高质量督查推动上级和区委决策部署高质量落实。用好督查专报、便笺，通过实地督查、书面调度等形式，将工作情况、下步打算、有关建议真实、准确、及时反馈给区委。用好督办通知、督办提示，将上级和区委的工作要求点对点传达至相关部门和单位，督促责任单位按要求落实到位，并提报相关工作进展情况报告。用好督查通报，抓好每月、每季度、每半年等关键节点，对未完成任务的有关单位及时通报，督促有关部门和单位认真落实区委决策部署。创新督查思路打法，针对督查事项特点分类处理，对开工落地项目多采用实地督查，对未落地项目多采用现场督查配合书面调度方式查阅相关数据，对进度滞后或有问题的项目加强跟踪督查，经常性"回头看"，加压责任单位迅速整改问题，加快项目进度。对于专业性较强的

领域及领导交办重点事项，组成联合督查组开展专项督查，形成工作合力，提升督查工作专业性、准确度。

（区委办公室）

组织工作

高素质干部队伍建设

树牢实干实绩导向 2023 年，中共青岛市李沧区委组织部（简称"区委组织部"）树立"重实绩、重公论、重品行、重能力"的用人导向，对承担市、区考核指标获得优秀、良好等次的部门、街道，在干部使用方面予以倾斜，对推进区委交办的重点工作中表现优秀、成绩突出、担当作为的干部，及时提拔使用。全年调整干部 176 人。其中，提拔 8 人，进一步使用 5 人，职级晋升 25 人，交流 138 人，选优配强区直部门、街道一把手 22 人，切实提升干部选用质效。深化干部"叫醒""叫停"经验，细化 5 个方面 31 条不适宜担任现职情形，区分不同性质精准匹配处理方式，全年"叫醒"干部 61 人、"叫停"干部 2 人。出台《李沧区党政领导干部离任交接工作办法》，杜绝"事随人走、工作断档"现象。

年轻干部选拔培养 2023 年，区委组织部印发《李沧区干部工作常态化调研实施办法》，构建"全覆盖调研＋一线调研＋

专项调研＋专题调研"的干部工作常态化调研机制。完善日常发现、跟踪培养、适时使用、从严管理的常态化工作机制，着眼 2 年内可用、5 年内关注、10 年内培养，强化"80 后""90 后"处科级年轻干部的选拔和培养，印发《李沧区优秀年轻干部信息库管理使用办法》，将工作突出、踏实肯干、作风过硬的优秀年轻干部纳入信息库动态管理、优进拙退，在库年轻干部 420 人，为优化干部队伍结构做实源头储备。

锤炼作风能力 2023 年，区委组织部总结"作风能力提升年"活动经验成效，出台《关于推动作风能力提升常态化长效化的意见》。部署开展"深化作风能力优化营商环境"专项行动，聚焦市场化法治化国际化目标、聚焦营商环境建设短板弱项、聚焦企业关切，强化改革创新，完善政策举措，建立"让干部敢为、地方敢闯、企业敢干、群众敢首创"的良性机制。用好"企业认可度、群众满意度"标尺，在担当实干中不断把转变干部作风、优化营商环境引向深入。

平时考核试点 2023 年，区委组织部承接推进全市平时考核试点工作，出台《李沧区平时考核办法》，打造包括本职业务指标、质量效率指标 2 个共性模块，民主测评、加分激励项、减分约束项 3 个加减分项和

各试点单位"N"项个性指标的"2+3+N"指标体系,打破公务员、事业编、政府雇员身份限制,统一考核、分类运用。试点以来,各试点单位月办结事项数量从试点前的7994件增长至15608件,增长95.25%;事项办结时限从试点前的4.5天缩短至2.8天;事项一次性办结率从试点前的60%增长至87.6%,形成实干争先的氛围。

党的基层组织建设

"学习实践"专题行动 2023年,李沧区开展全区学习贯彻习近平新时代中国特色社会主义思想主题教育,举办4期区委专题读书班,细化六大领域基层党组织主题教育重点任务,推动102项民生事项清单落地落实。将开展"党的二十大精神学习实践年"作为主题教育有力抓手,开展"9+N"系列活动,累计开展党性教育528次、

志愿服务256次、解决问题208项。举办五星级基层党组织擂台比武活动,评选出185个区级五星级基层党组织、8个市级五星级基层党组织。高质量推进发展党员工作,建立了675人的入党积极分子信息库,加大在两新组织、新业态新就业群体、高层次人才中发展党员的力度。

"聚力攻坚"专题行动 2023年,李沧区在社区党建方面,组织全区社区"两委"开展"民意大摸排"行动,"一社区一档"建立社会治理信息库。举办社区"两委"负责人培训班,建立261人的社区党组织书记后备人才库。在机关党建方面,制定《区直机关党建工作考核办法》,编印《机关党建工作指导手册》。依托127个共建项目开展"双报到"1258次,组织全区5855名在职党员到居住地社区报到。在两新组织党建方面,在街道两新工委

下设"新锋支部",兜底辖区两新组织发展党员等工作。开展两新组织"提质扩面"专项行动,新单独组建两新组织党组织280个,比上年增长140%。在新兴领域党建方面,放大"党建带工建"优势,完善升级新业态新就业群体服务发展基地功能,开展"暖新行动"服务月等活动30余场次,惠及5万余人次。

"治理提升"专题行动 2023年,区委组织部强化党建工作责任落实,顶格建立党建引领基层治理领导小组,设立5个专项工作组,不断理顺党建引领基层治理体制。抓实党务工作者队伍建设,举办2期党务干部素质能力提升培训班,组织77名党(工)委党建工作分管负责人和党建办负责人参加培训,提升业务能力水平。升级湘东社区、新业态新就业群体服务发展基地等6处党建示范点,中共中央组织部、山东省委组织部等有关领导指导调研;6月11日,全市城乡治理会议在上流佳苑社区召开,青岛市委书记陆治原到场视察。举办"李想汇·书记说"实践课堂2期,开展党建引领基层治理擂台比武活动。完善"区、街、居、网格、楼院、中心户"六级组织链条,实施"1+3+N"党员精准联户机制,全区3082个党员中心户结对联系党员。推广"李即办"诉求解决平台,累计收集解决3类诉求7万余件。

2023年9月14日,李沧区"李想汇·书记说"实践课堂(第八期)举行。

(区委组织部供图)

高层次人才招引

完善党管人才格局 2023年，李沧区出台区委人才工作领导小组2023年工作要点等文件，持续深化人才工作"三级责任体系"，清单化明确主管部门对行业人才引育职责。打造"与党同心·与李同路"人才党建品牌，高标准规划建设李沧区人才创新创业基地。成立"李遇人才"菁英荟党委，开展"凝心铸魂强根基·团结奋进新征程"等"跟党双创"系列人才活动，举办"党管人才·人才向党"高层次人才国情研修班，引导各类人才坚定不移听党话、跟党走。建立涵盖50名优秀人才的"党员种子库"，确定入党积极分子和党员发展对象4人，发展入党高层次人才1人。

健全人才引育体系 2023年，李沧区打造创新创业载体，相关部门打造重点实验室、专家工作站等各类平台11个。大力推进产才融合，建立"双招双引"联动机制，形成涵盖94个人才项目的资源储备库，聚焦17个已投入运营重点项目，挖掘人才储备11人，依托驻外"双招双引"工作站和专场推介会，引入注册落地超过1亿元人才项目113个，推荐4家企业参评第二批市级"产才融合"项目。

壮大人才队伍规模 2023年，李沧区在国家级重点人才引育方面，首次采取市场化引才方式，推荐申报人才16人。在山东省级人才申报方面，通过专家讲座、项目路演等方式，推荐申报11人。到22所高校开展校招活动，打造"乐业李沧""一站式"招聘求职云平台，开展直播带岗6期，引进各类人才13837人。探索"按薪定才""自主荐才"等市场化人才评价机制，充分向用人单位、市场主体授权，5名产业人才凭借实干实绩获评"李沧区产业英才"。

提升人才服务质效 2023年，李沧区开展"人力资源共享服务"省级试点，打造人力资源共享服务中心，开发线上HR共享云平台，为企业智能匹配人力专家，提供政策咨询、人才对接等服务。优化"线上＋线下"人才服务机制，线上开展人才交流服务和云端招聘活动，线下通过人才专员、企业专员"双专员"制度落实三级联动工作体系，走访区内企业园区330余家，切实提升人才服务精准化、精细化水平。依托数智化公共服务平台，持续推进数智化人才服务，《李沧区聚焦"引育留用"创新优化人才数智服务》在山东省委办公厅《今日信息》上刊发。

（区委组织部）

宣传工作

加强理论武装

2023年，中共青岛市李沧区委宣传部（简称"区委宣传部"）开展学习贯彻习近平新时代中国特色社会主义思想主题教育。举办区委理论学习中心组学习22次，对全区56个党委（党组）开展全覆盖列席旁听。打响"理响李沧"基层宣讲品牌，组织宣讲5800余场、受

2023年4月23日，"新融合·In李沧"李沧区正能量品牌发布会举行。
（区委宣传部供图）

众 800 余万人。举办"学习强国"App 推广使用活动 700 余场，在全国平台上线稿件 340 余篇。承办山东省第二十届社科普及周开幕式，活动线上、线下受众人数达到 677 万人次。

新闻宣传

2023 年，区委宣传部在中央、省级主流媒体发稿 550 余篇，市级主流媒体发稿 680 余篇。开设"强信心 稳经济 促发展""优化营商环境李沧在行动"等专题专栏，发布稿件 2000 余篇，组织"走街道看发展"等新闻发布活动 120 余场次。做强李沧融媒"两微一台一端 N 号"全媒体传播矩阵，创新"融媒四季"系列宣传，拓展四级宣发机制覆盖面，推出《来李沧·赢满仓》等阅读量超过 10 万次的产品 200 余个，推动"青岛帅爸"戴志磊正能量事迹澎湃 3 亿大流量。做强"iQingdao"外文平台李沧版块，策划"老外体验非遗"等主题活动 110 余场次，推出外文短视频、图文稿件 700 余件，累计阅读量超过 5000 万次。

社会主义核心价值观建设

2023 年，区委宣传部构建覆盖区、街道、社区的三级文明实践阵地，形成"3177"工作模式，开展活动 7500 余场次，打造示范项目上流佳苑新时代文明实践综合体，承办全市新

时代文明实践工作推进会并做经验推广。培育"缤纷四季·志在李沧"志愿服务项目 200 余个，"礼乐青城"集体婚礼、"一网统筹 五域联动 多点开花"全环境立德树人工作格局有关做法得到青岛市委宣传部肯定。挖掘培育 36 人次获评省市级道德模范、身边好人、新时代好少年等先进典型，王春华、李倩登上中央广播电视总台。探索"信用惠民"机制，发布美德信用积分管理试点街道，授予 82 家企业商户"美德信用示范企业（商户）"称号，8000 余名志愿者享受积分兑换便利。完成 2022 年度全国文明城市测评迎检工作。

促进文化发展

2023 年，区委宣传部以区委深改委文化体制改革专项小组为抓手，统筹文联、文旅、教体等部门召开调度会议 20 余场次。揭牌运营"山东手造，李沧有礼"展示体验中心、产业孵化基地、青少年实践基地，开展展示体验活动 1000 余场次，累计参与群众超过 100 万人次。举办第三届全国大学生曲艺周开幕式、中国·青岛梅花节、我们的舞台、黄河大集、村村有好戏等文化惠民活动 3000 余场次，推送 4 部精品节目参加市级中秋晚会。按照"文化＋旅游＋好品＋传播"相融合的工作思路，推出《在李村大集，见证脂渣的

"诞生"》等网络宣传产品，累计阅读量超过 5000 万次，吸引到李沧区赶集、购物市民超过 700 万人次，《山东手造，李沧有礼》短视频获第二届"美好山东"短视频大赛一等奖。

宣传队伍建设

2023 年，区委宣传部举办全区宣传思想工作暨新闻发言人能力素养提升专题研讨班等，持续推动宣传干部增强脚力、眼力、脑力、笔力。面向全区宣传思想文化战线 5300 余人举办贯穿全年的"业务技能练兵比武"活动。落实青岛市"1+8"宣传思想文化人才建设方案和扶持计划，落实领导干部联系服务宣传思想文化人才工作制度。

（区委宣传部）

统战工作

概况

2023 年，中共青岛市李沧区委统战部（简称"区委统战部"）落实中央统战工作会议精神和《中国共产党统一战线工作条例》，完成中央统战部开展新的社会阶层代表人士第三方测评试点工作，承办全市铸牢中华民族共同体意识教育实践"互观互鉴"暨打造城市民族工作"红石榴"品牌经验交流会并做典型发言。王家下河基督

2023 年 12 月 12 日，全区党外人士座谈会举行。

（区委统战部供图）

教堂入选"全省十大法治宗教活动场所"，上流佳苑社区获评"全省民族团结进步示范单位"，6 家单位获市级荣誉称号。30 余篇经验信息在《中国统一战线》等期刊上刊发。

巩固共同思想政治基础

2023 年，区委统战部把学习宣传贯彻党的二十大精神作为首要政治任务，开展党的二十大精神宣讲 15 场次，受众 600 余人。举办全区党外干部专题研讨班，培训 50 人次，推动全区统一战线学深悟透党的二十大精神。支持各民主党派、无党派人士和党外知识分子、新的社会阶层人士开展"凝心铸魂强根基、团结奋进新征程"主题教育；组织民营经济人士开展"同心建功新时代"理想信念教育；指导宗教界开展"爱党爱国爱社会主义"主题教育；在侨界开展"共筑中国梦"主题教育，筑牢团结奋斗共同思想政治基础。

扎实推进基层统战工作，选优配强基层统战力量，相关经验在《中国统一战线》刊发。

多党合作事业

2023 年，区委统战部开展纪念中共中央发布"五一口号"75 周年系列活动，支持民主党派赴延安、台儿庄等地开展主题教育。制订并实施 2023 年度政党协商计划。举办全区党外人士座谈会，听取党外人士意见建议。组织民主党派、无党派人士深入开展调研，形成调研报告 20 余篇，收集意见建议 200 余条。支持各民主党派加强自身建设，全国政协常委、副秘书长，致公党中央常务副主席张恩迪到青岛致公党员之家（李沧站）指导工作。持续深化民主党派"有事来商量""双社双精"服务品牌，支持开展"青陇一家亲 爱心传书香"等活动，累计捐赠物资价值 100 余万元。

民族和宗教工作

2023 年，区委统战部打造省、市铸牢中华民族共同体意识教育实践基地各 1 个。创建李家上流社区幸福家园、翠湖社区民族团结进步环湖长廊等区级铸牢中华民族共同体意识宣传阵地 23 个。在全区设立各具特色的"品茶论李"茶室 40 余处，省级以上媒体刊发报道"品茶论李"经验做法 6 次。培育的李沧区上流佳苑社区获评全省民族团结进步示范单位。青岛弘德小学获评全市民族团结进步示范单位，青岛弘德小学"民族团结"主题公交装扮活动被中央广播电视总台新闻栏目专题报道。浮山路街道"石榴花开·同心润德"红石榴驿站获评全市民族团结进步示范岗位。李延清、张玉文家庭获评全市民族团结进步和美家庭。培育的王家下河基督教堂入选全省民族宗教法治宣传教育基地。引导基督教建立"阳光守望"志愿者队伍建设经验在全市学习推广。在永清路基督教固定活动场所开设"书香花畦"专题论坛研学中华传统文化。

民营经济统战工作

2023 年，区委统战部打造"来李沧·赢满仓"商会会客厅，建立"警联企 促发展"机制，深入 160 余家企业一对一纾困解难，帮助 25 家企业申报青岛市民营企业 100 强。成立 10 家青年委员会，在青年企业家商会打造"爱心基金"特色公益品牌，评选美德信用示范企业 82 家。

党外知识分子和新的社会阶层人士统战工作

2023 年，区委统战部打造"知联聚力"品牌，强化党外知识分子"爱国奋斗 建功立业"等三大特色阵地建设。建立"443"副会长轮值制度，突出"5A"特色，激发青年党外知识分子创新创造活力。完成新的社会阶层人士联谊会换届和街道新阶层联谊组织全覆盖，加强服务团制度化规范化建设，出台《李沧区新的社会阶层人士服务团工作规程》，开展"六送"服务 10 余次。完成新的社会阶层人士"寻美青岛"主题活动 4 次。"1+4+N"新阶层统战工作等 4 个改革创新案例入选《青岛市地方改革案例》，自由职业人员统战工作相关经验在"中国统一战线杂志"微信公众号上刊发。

对中国港澳台和海外统战工作

2023 年，区委统战部承办青岛欧美同学会"海归圆梦 双创沙龙"活动，促成投资额 40 亿元的"山发展 绿动谷"项目签约李沧区，相关活动信息被《青岛日报》刊发。连续第五年承办全市侨法宣传月启动仪式，并举办侨法宣传和便民服务活动，受益群众 1000 余人次。盛世闽商投资有限公司等两家侨星苑入选青岛市"十佳侨星苑"，受到国务院侨务办公室、山东省委统战部肯定。组织台侨届代表人士赴养老院、学校开展捐助活动，捐赠物资价值约 5 万元。服务台胞典型案例两次获青岛市委台港澳办公室主要负责人肯定性批示。侨务相关经验被青岛市委统战部刊发。

党外代表人士队伍建设

2023 年，区委统战部把党外干部队伍建设纳入全区干部和人才队伍建设总体规划，加大党外代表人士培养使用力度，持续加强党外代表人士队伍建设。有 1 名党外干部担任副区级领导职务、1 名党外干部担任区政府部门正职，5 名党外人士增补为区政协委员，推荐 21 名党外人士担任区青年联合会第五届委员会委员，110 余名党外代表人士在省、市、区统战界别换届中得到安排。

中华职业教育社工作

2023 年，区委统战部秉持"使无业者有业,使有业者乐业"宗旨，以"同心有业、匠心乐业"为工作品牌，聚焦"六心"，夯实"六力"，探索中华职业教育社工作新思路、新途径。承办全市职业指导服务月启动仪式，成立首家园区职业指导工作室。在全区职教社系统开展"思政名师进职校"活动，实现区域全覆盖，加强职业教育领域思想政治引领。充分发挥区职教社作用，引导职业院校参加山东省大学生课外学术科技作品竞赛，获特等奖 3 个。青岛市李沧区中华职业教育社获评全省职教社工作先进单位，相关经验做法被山东省中华职业教育社等刊发。

巩固完善大统战工作格局

2023 年，区委统战部坚持党对统一战线的集中统一领导，认真履行区委统战工作领导小组职责，召开区委统战工作领导小组会议。加强区社会主义学院建设。深化完善民营经济统战工作、民族宗教工作、新的社会阶层人士统战工作、港澳台和海外统战工作等联席会议制度。加强基层统战工作统筹力度，压实基层统战工作主体责任，明确街道班子成员担任统战委员、街道统战干事和社区书记作为统战工作联络员。进一步健全完善区委统一领导、统战部门牵头协调、有关方面各负其责的大统战工作格局。

（区委统战部）

机构编制工作

机构改革筹备

2023 年，区委常委会传达

学习习近平总书记关于深化党和国家机构改革的重要论述和重要指示批示精神、中央《关于做好地方机构改革组织实施工作的意见》，以及全省、全市组织编办系统专题会议精神，研究贯彻落实意见。李沧区成立区机构改革工作专班，具体负责机构改革组织实施工作。厘清摸准改革底数，特别是对金融、科技、社会工作、数据管理、综合执法等重点领域，摸清机构、人员编制现状，找准体制机制运行和机构设置等方面存在的堵点和问题，建立问题清单、工作台账，为进一步深化改革树立靶向。坚持先行谋划，研究改革举措，对照《党和国家机构改革方案》相关事项，逐项进行分析研究，分专题拟订落实措施，对疑难问题及时对接请示上级部门，拟订机构改革方案（草稿）、议事协调机构优化调整方案（草稿）和"10+N"领域改革初步意见。

疾病预防控制体系改革

2023 年，中共青岛市李沧区委机构编制委员会办公室（简称"区委编办"）印发《关于区卫生健康局加挂区疾病预防控制局牌子的通知》，督促区卫生健康局按期加挂区疾病预防控制局牌子。印发《关于调整区卫生健康局（区疾病预防控制局）及所属事业单位机构编制事项的批复》，调整区卫生健康局机构职能设置，撤销区卫

生健康局人口监测与家庭发展科（法制宣教科），增设疾病预防控制科，具体负责疾病预防控制相关工作。整合区疾病预防控制中心、区卫生计生综合监督执法局，重新组建区疾病预防控制中心，机构规格为副处级。调整区委重大疾病和传染病防治工作机制，区委重大疾病和传染病（艾滋病）防治工作领导小组办公室改设在区卫生健康局，日常工作由区卫生健康局承担，不再实行集中办公和实体化运行。

防震减灾机构职能调整优化

2023 年，区委编办根据山东省委编办、山东省地震局、山东省应急管理厅《关于进一步加强市县防震减灾机构职能有关事宜的通知》要求，以区委编委名义向青岛市委编委提出申请，经青岛市委编委批复后按程序研究落实各项任务。明确区应急局加挂区地震局牌子，为区抗震救灾指挥机构的办事机构和防震减灾救灾工作主管部门，承担编制本行政区域防震减灾规划、权责清单并组织实施以及地震台网规划和管理、地震监测设施和观测环境保护、建设工程抗震设防要求事中事后监管、地震活动和异常信息核实报送等相关工作。为区应急救援中心加挂区防震减灾中心牌子，人员编制由 21 人调整至 25 人，增加编制专门用于加强地震专业力量。

中小学教职工编制增核

2023 年，李沧区新成立青岛枣山中学、青岛重庆中路学校、青岛武川路小学、青岛富文路小学 4 所学校。其中，青岛枣山中学加挂青岛五十八中附属初中牌子；青岛国际院士港实验学校（青岛二中院士港分校）更名为青岛世园学校，加挂青岛二中附属李沧学校牌子。继 2022 年全市普通中小学教职工统一核编后，针对 2023 年李沧区小学入学高峰，青岛市委编办批准李沧区普通中小学教职工再次核编，核增 434 人，其中市级统筹解决 408 人，核增后，李沧区普通中小学教职工可使用编制 3765 人。2023 年李沧区执行普通中小学教职工用编进人计划 47 人。组织申报 2024 年普通中小学教职工编制使用计划 280 人，先行使用 30 名公开招聘 2024 届国家公费师范毕业生。

公办幼儿园及特教学校教职工编制重新核定

2023 年，区委编办重新核定公办幼儿园及特教学校教职工编制，有效缓解了教职工编制短缺问题。其中，区教体局所属公办幼儿园 22 所，增加人员控制总量备案数 766 人；特教学校 1 所，核增事业编制 51 人。会同区教体局开展全区公办幼儿园和特教学校机构职能编制规定制定工作，按程序印发 22 所

公办幼儿园和1所特教学校"三定"规定，明确编制、职能及领导职数，科学规范管理全区公办幼儿园、特教学校机构编制，为推进教育改革创新、办好人民满意的教育提供坚实保障。

医疗卫生机构编制资源配置优化

2023年，区委编办根据近年来区中心医院业务工作发展实际，经与青岛市委编办、李沧区区卫生健康局多次对接，确定区中心医院向老年病医院方向发展，改革转型为二级专科医院，更名为区老年病医院，并加挂区中心医院牌子。优化公立社区卫生服务机构布局，新设立青岛市李沧区兴城路社区卫生服务中心，核定人员编制26人，有效服务兴城路街道、兴华路街道和楼山街道辖区居民。

权责清单和行政处罚权调整

2023年，区委编办对2019年以来全区政府部门权责事项动态调整情况进行总结分析，对区市场监管局、区行政审批局、区综合执法局等部门的权责清单调整和认领情况进行综合分析，及时提醒各部门根据上级要求认领和调整权责清单，并配合区司法局做好权责清单公开公示等工作。根据山东省委编办、山东省司法厅《关于加强行业监管与综合行政执法协作配合的若干措施》及相关

部门"三定"规定，将区综合执法局承担的价格领域行政处罚事项划转至区市场监管局统一行使，进一步规范价格领域执法行为，提高行政效率，树立政府良好形象。

（区委编办）

机关党建

机关政治建设

压实党建责任 2023年，中共青岛市李沧区委区直机关工作委员会（简称"区委区直机关工委"）把党的政治建设贯穿机关党建全过程，印发《2023年度区直机关党的工作要点》，统筹推进机关党建工作。通过参加基层党组织生活和制发机关党组织工作考核细则等方式，指导基层党组织把党的建设与经济社会发展、主责业务同谋划、同部署、同推进、同考核。压实各级机关党组织书记责任，定期开展"书记面对面"交流，指导各级机关党组织落实抓基层党建整改清单，组织开展党建专员和组织委员等分类培训7次，切实提升履职能力。

建强模范机关 2023年，区委区直机关工委发挥机关党建引领作用，创新开展"建设模范机关、争做先锋党员"系列活动。组织2023年度模范机关建设推进会，初步培育模范机关示范单位10个，督促机关党组织

严格落实全面从严治党要求，形成工作合力，获评全市2023年度机关党建工作创新"最佳案例"。开展"初心闪耀·党代表在行动"实践活动，建立区直机关党代表工作室15个，制定印发《关于在全区机关深化模范机关建设的实施意见》，推动34名生产和工作一线机关党代表履职尽责，搭建服务群众"连心桥"，实现服务群众"零距离"。深化"工委牵头、支部策划、突出特色、强化锻炼"联合开展"主题党日＋"活动机制，20个党支部结合各自工作特点，策划开展联合主题党日活动30余次。

开展主题教育 2023年，区委区直机关工委印发《区直机关工委关于深入开展学习贯彻习近平新时代中国特色社会主义思想主题教育的实施方案》，成立主题教育领导小组，设立办公室。坚持"一岗双责"，调度主题教育工作20余次，加强与区委主题教育指导组的请示汇报，按时收集上报主题教育工作材料，围绕理论学习、调查研究、推动发展、检视整改等工作开展情况进行统计上报40余轮次。配合主题教育调度督导所属机关党组织书记宣讲团和领导干部宣讲团基层理论宣讲3次，列席旁听10个单位理论学习中心组学习，调度并参与指导50个基层党组织书记讲党课、主题教育专题组织生活会等工作。到所属机关基层党组织、"双报到"社区

开展调研活动 10 次，形成高质量调研报告 2 篇。

机关思想建设

加强理论学习 2023 年，区委区直机关工委深入学习贯彻习近平总书记关于党的建设的重要思想，特别是关于机关党建的重要讲话和重要指示精神，进一步强化"抓党建就是抓全局"的理念，切实增强广大机关党员干部的政治判断力、政治领悟力、政治执行力。严格落实"第一议题"制度，理论学习中心组学习研讨 13 次。组织引领各直属机关基层党组织围绕庆祝中国共产党成立 102 周年开展"牢记嘱托 欢庆七一"主题党日活动 60 余场次。

开展理论宣讲 2023 年，区委区直机关工委组织机关党组织宣传委员工作培训，统筹开展宣讲 320 余场次。旁听部分党组（党委）理论学习中心组学习，组织"学用新思想、建功新时代、努力建设模范机关"知识竞赛，获评全市"学思想强党性共奋斗"知识挑战赛"最佳组织奖"。发挥"李沧机关党建"阵地作用，严格落实民族宗教工作要求。

强化党性修养 2023 年，区委区直机关工委把学习党的二十大报告、党章、《习近平新时代中国特色社会主义思想专题摘编》作为党员集中培训的必学内容。组织各机关基层党组织组织委员赴莱西党校现场学习，组织各机关基层党组织纪检委员、党建专员赴崂山道廉文化馆现场学习参观。增强依法行政和法治意识，指导督促主责机关党组织将学法普法纳入重要工作日程。

基层党组织建设

基层组织全面过硬 2023 年，区委区直机关工委在全市率先制发机关党建工作指导手册，开展机关党组织换届专项督查，支部标准化规范化建设全面提质提效。承办党建引领基层治理暨基层党组织"评星亮星"擂台比武，指导区民政局机关党支部获评青岛市五星级基层党组织、上流佳苑社区获评青岛市第二批市直机关党建"第一课堂"，培育区级五星级基层党组织 42 个。组织区直机关党组织书记"提能力·促融合"专题研讨班，提升书记抓机关党建业务能力。深化党组织党员"双报到"工作，在服务民生、解决急难愁盼问题、志愿服务、环境卫生整治等方面持续用心用情用力，解决各类问题 200 余个。高质量组织"牢记嘱托 欢庆七一""学思想·强党性"等主题党日活动 106 场次。创新开展"先锋力量'声'动李沧"发现榜样活动，推荐全市党员教育师资及现场教学点 6 处，相关经验做法在《大众日报》等媒体上刊发 30 余篇。

党建特色品牌创建 2023 年，区委区直机关工委打造"幸福党建""链上党建"品牌工程，发挥机关各领域党组织作用，打造"党建链"，在产业发展、城市更新和城市建设、招商引资、金融、民生等领域举办"第一课堂"。梳理建立区直机关党组织党建品牌台账，深

2023 年 5 月 18 日，李沧区委区直机关工委组织入党积极分子培训班学员参观中共青岛党史纪念馆。

（区委区直机关工委供图）

化"一支部一品牌"行动，初步培育区民政局、区行政审批局等模范机关示范单位10个，有29个机关党组织明确打造29个党建品牌，党建引领作用更加明显。开展"提升作风能力优化营商环境"专项行动，到机关党组织调研10次，破解瓶颈问题。打造"暖心"志愿服务品牌，实现共建社区群众"微心愿"300余个，"听民声、察民意、解民忧"党代表作用进一步彰显。

党员及党务干部队伍培训 2023年，区委区直机关工委参加50个机关党组织书记党课，对2900余名党员集中培训，推动党的理论入脑入心。建强30名机关工委兼职组织员队伍，严把发展党员政治标准，全年接收预备党员36人，培训入党积极分子144人。建立党员发展组织员队伍，在11个直属机关党委建立党员发展组织员队伍，加强对本党委党员发展工作的全程指导，严格标准程序、严肃认真把关，提升党员发展质量。每月通报"灯塔—党建在线"系统使用情况，全面提升标准化、规范化水平。开展"听党课、勇实践、做表率"活动，党务干部队伍专业化建设工作抓紧抓实。

党风廉政建设

党风廉政建设责任制落实 2023年，区委区直机关工委学

习贯彻《中国共产党纪律处分条例》，推动全面从严治党向纵深发展。大力深化清廉机关建设，严肃工作纪律，持续整治形式主义、官僚主义。将制度治党贯穿全面从严治党全过程，规范"三重一大"等制度落实，召开党风廉政建设专题会议4次，开展廉政谈话23人次。

机关廉洁文化教育 2023年，区委区直机关工委发挥廉洁文化示范基地作用，突出党性教育、政德教育、警示教育和家风教育，围绕"廉润李沧"开展系列参观学习和警示教育。推进清廉机关建设，组织100余名纪检委员和青年干部到青岛市清廉家风馆等场所参观。开展"六型问题干部"自查自纠，以问题整改促机关作风提升。

加强督查和考核 2023年，区委区直机关工委通过日常督查考核和到机关基层党组织调研指导等途径，及时发现问题，研究解决办法，不断夯实基础，提高机关党建工作的规范化、标准化、科学化水平。结合组工干部联系生产和工作一线党代表工作，以"深化作风能力优化营商环境"专项行动为契机，组织参加调查研究、座谈交流、"听民声、察民意、解民忧"系列活动，指导区直机关党代表认真履行职责，邀请党代表列席重要会议、参加书记抓基层党建述职评议考核。

（区委区直机关工委）

巡察工作

政治巡察

压实主体责任 2023年，中共青岛市李沧区委巡察机构（简称"区委巡察机构"）围绕党中央重大决策部署和山东省委、青岛市委、李沧区委重点工作开展巡察。区委常委会专题研究年度区委巡察工作总体开展以及巡察整改和成果运用情况、全区社区党组织分类情况等工作，书记专题会议研究部署社区巡察工作，听取每轮巡察工作情况汇报。区委巡察工作领导小组扎实履职，研判分析巡察工作情况，研究体制机制建设，领导小组成员深入一线调研，现场办公指导工作。区委巡察机构认真履行具体落实责任，推动巡察向深拓展、向专发力、向下延伸。

运用多种方式 2023年，区委巡察机构组织开展3轮巡察，以常规巡察、营商环境专项巡察、机动式巡察等方式，对12个区直部门、4个街道及所辖48个社区党组织、2个区直国有企业进行巡察，对4个区直部门进行巡察"回头看"。配合做好山东省委第三轮巡视期间巡视巡察上下联动工作，重点围绕优化营商环境等党中央重大决策部署在基层落实情况联动开展监督，工作成果得到山东省委巡视组肯定性评价。

"一把手"监督　2023年，区委巡察机构出台《关于加强对"一把手"巡察监督的实施办法》，结合李沧区实际，按领域细化监督重点内容清单，围绕社区"一把手"政治素养、领导能力等10个方面，列出45项典型问题表现，助力巡察组精准查找问题。共对18个被巡察党组织"一把手"进行了政治画像，为区委识别使用干部提供重要参考依据。

社区巡察

完善工作机制　2023年，区委巡察机构出台《关于高质量推进对社区巡察全覆盖的实施意见（试行）》《李沧区社区巡察业务指导员工作规范（试行）》《对社区巡察重点内容及操作参考手册》《社区"一把手"巡察监督重点内容清单》，对社区巡察方式方法、工作流程和监督重点进行详细部署，为社区巡察提供靶向指引。

匹配合理方式　2023年，区委巡察机构全覆盖完成127个社区的巡前调研摸底工作，系统分析社区基层组织建设、资产监管等情况，构建街道社区面上共性、个性问题"双台账"。确定"示范""创优""强基"社区，合理匹配街道社区一体巡、直接巡等方式，经区委常委会审定实施。区委第五轮巡察完成了对4个街道所辖48个社区党组织的巡察任务，社区

巡察覆盖率达37.8%。

专业监督力量　2023年，区委巡察机构分类建立社区巡察人才库，吸纳街道及纪检、组织、审计、民政、信访等与街道社区业务联系密切部门的业务骨干。实行社区巡察业务指导员制度，由区委组织部、区民政局等与社区管理密切相关的部门单位选派各自领域业务骨干，充实对社区巡察监督的专业力量。

巡察质效

推行"码上巡"　2023年，区委巡察机构发挥"互联网＋巡察"优势，探索使用"码上巡"小程序，自区委第五轮巡察开始，通过定制专属二维码，实现群众在线填写问卷调查、反映具体问题，让民意"一键直达"，进一步以信息化助力巡察拓宽社情民意收集渠道新路径，"码上巡"接收信访量较以往同期传统方式明显提升。

强化立行立改　2023年，区委巡察机构紧盯基层治理"神经末梢"，聚焦发生在群众身边的难点、痛点、堵点问题，将巡察期间群众反映强烈、明显违反规定且能及时解决的突出问题及时移交，并督促被巡察党组织立行立改。全年累计完成立行立改事项50件，"短平快"地解决社区消防设施严重缺失、"僵尸车"长期占据消防通道等事关群众切身利益问题。

办好培训宣讲　2023年，

区委巡察机构把巡察理论知识及实践经验常态化融入区委党校培训课程安排，作为党员干部教育培训的重要内容，以"正确认识和严肃对待巡察工作"为题，累计在中青年干部培训班、社区"两委"负责人专题研讨班等进行集中授课宣讲5次，营造了解支持巡察工作的良好氛围，强化未巡先改的责任意识。

巡察标本兼治

强化跟踪问效　2023年，区委巡察机构统筹抓好区委第二、三、四轮巡察反馈问题集中整改，大力推行巡察整改"再监督""再治理"，会同区纪委监委纪检监察室、派驻纪检监察组和区委组织部相关科室组建3个巡察整改成效评估组，对22个单位落实巡察整改情况进行"四方联审"，聚焦"责任、整改、成果、满意度、创新"开展百分制"五评"，有关做法在《中国纪检监察报》、中央纪委国家监委网站等刊发。

深化成果运用　2023年，区委巡察机构把巡察整改和深化标本兼治有机结合起来，充分发挥制度在治理中的保障性作用，推动健全补齐制度短板，累计推动被巡察党组织健全完善制度机制228项，用制度建设固化巡察整改成效。根据巡察发现问题，提报区委专题报告20份、移交相关职能部门巡察建议书5份，从全区层面推动模范机

关建设、强化公共法律服务工作站建设、规范完善政府购买服务相关制度等，系统性强化巡察整改及成果运用。

（区委巡察办）

老干部工作

概况

2023 年，李沧区离退休干部工作突出抓好离退休干部党建引领、作用发挥、精准服务、文化养老等重点任务，中共青岛市李沧区委老干部局（简称"区委老干部局"）获评全省调研信息宣传先进单位，各项工作一体坚持、一体推进、一体落实，整体实现了新突破，取得了新成效。截至 2023 年底，李沧区共有离退休干部 2954 人，其中离休干部 68 人。

离退休干部党建工作

2023 年，区委老干部局以"省市县合力解题"——建好用好离退休干部党建活动阵地试点任务为契机，持续强化"四型"（"示范型、融合型、银领型、服务型"）离退休干部党建活动阵地建设，探索离退休干部党建活动阵地建设新路径。工作经验在山东省委老干部局《情况反映》上刊登。深化区街居三级老干部融合共建工作站阵地体系建设，成立 11 个街道级阵地、80 个社区级阵地，形成阵地联盟，点亮"党建地图"。在全区创建 10 处老党员工作室，分别培育了志愿服务型、关爱未来型、文化传承型等党员先锋阵地，形成选准一人、引领一批、带动一片的示范效应。其中，鲍秀兰工作室、戴秀丽工作室被青岛市委老干部局命名为首批青岛市示范老党员工作室。发挥区委离退休干部工委党校作用，举办全区离退休干部党组织书记培训班、"领航之声"大讲堂等，离退休党员干部在学党史中坚定理想信念、在悟思想中感知真理伟力。在基层设立"领航之声、学习有声"学习站，开展党的基本理论原文导读、有声伴学等活动。组织离退休干部党组织书记和党员骨干通过抖音平台宣讲初心微党课 26 期，点击量突破 150 万次。围绕"党的二十大精神学习实践年"等系列主题活动，组织"舞台上的党课"、朗诵宣讲"声情告白"等党组织活动 100 余场。

精准化服务

2023 年，区委老干部局联合区民政局与区内 7 家四星级以上养老服务机构建立合作关系，为离休干部提供入住手续简化办理、建立专属服务团队等特色优质服务。依托离休干部居家服务基地，为老干部提供家政保洁、中医保健、精神慰藉等上门服务 385 人次。依托李沧区永清路社区卫生服务中心建立医疗保健基地，完成 4 轮离休干部登门健康巡诊。春节、"七一"、中秋等节日期间开展走访慰问，落实"六必访"制度，为 20 名老干部生日祝寿，走访看望 10 名生病住院老干部。协调解决老干部提出的涉及医疗保健、居家照护、抚恤金办理等问题诉求 103 件。举办老干部区情通报会、重点项目参观考察活动，鼓励引导老同志为李沧区建设发展建言献策。落实"为老干部办实事"制度，14 个成员单位推出为老干部办实事项目，拓展延伸老干部服务工作新内涵。推进老干部联络员工作，组织老干部开展"典亮航程 法治同行"普法宣传等活动。落实居住地联系报到制度，增进社区与老干部的感情，为老干部发挥作用奉献社区搭建平台、创造机会。

关心下一代工作

2023 年，李沧区关心下一代工作委员会打造"3+3N+ 互联网"老专家创新创业服务平台，助力老专家和青年人才创新创业。截至 2023 年底，有 12 家企业入驻平台，引进青岛市高层次人才 1 人。组织区关工委全环境立德树人"五老"宣讲团走进学校、社区，开展"传承红色基因·争做时代新人"等红色主题宣讲 11 场次，累计受益青少年 800 余人次。开展法治宣讲、法律咨询、禁毒宣传等各项普法活动8场次，参与青少年及家长480余人次。"老少携手行·法治伴成长"项目入选2023年度李沧区依法治区十大示范项目。开展"家庭教育大讲堂"主题宣讲11场次，累计受众达1200余人次。王思勤等4人获评2023年度青岛市"五老传承好家风"最美家庭、优秀志愿者。累计关爱帮扶青少年130余人，开展公益课堂550余场次，受益青少年9100余人。举办"同心绘祖国·共筑中国梦"青少年绘画比赛，吸引辖区60余所中小学240余名选手参赛。建立健全"五老"参与学校食堂食品安全义务监督检查工作机制，坚持每月一次深入区属中小学开展监督检查，到青岛市第六十三中学、李沧区实验小学等11所学校实地开展监督检查，维护校园食安，守护青少年健康成长。

老年大学发展

2023年，区委老干部局深入推进合作办学，"联建共享 启智重阳"合作办学品牌获评全省第一批合作办学特色品牌。成立颐福养老院分校，开设书画班、声乐班、手机应用班3个教学班，优质老年教育资源惠及更多老年人。老年大学西部校区"夕阳湖畔直播间"开通校园广播，为学员搭建专属"空中"学习平台。推进校园文化建设，发挥班级文化建设的育人功能，73个班级完成"和谐快乐"班级文化建设活动的创建工作。组织老年大学学员志愿者发挥社团优势服务社会，共享精彩人生。相关工作经验获山东省委老干部局主要领导肯定性批示。搭建学员风采展示平台，组织各类书画摄影作品展16期，组织"初心映夕阳 情深颂党恩"专场文艺演

2023年12月13日，李沧区老年大学艺术节暨2023年教学成果展演举行。
（区委老干部局供图）

出，联合青岛工贸职业学校和青岛永安路小学举办"老少同乐·爱在重阳"活动，举办纪念抗美援朝战争胜利70周年暨"八一"建军节96周年诗词诵读会。参加"加膳"杯第四届山东省老年大学文艺展演，7个节目获奖并进入决赛。参加全市老年大学首届艺术节，书画、摄影作品共21人次获奖。

老干部文化养老

2023年，区委老干部局组织老干部参加"学习二十大·颂歌新时代"第十届全省老干部艺术节和"学思想·见行动"全市老干部艺术节、全市退休干部乒乓球比赛等，获得优异比赛成绩，展现老干部健康向上的精神风貌。举办"童心向党·爱在夕阳"迎"七一"文艺展演等各类演出活动4场，组织开展"悦心情 享健康"健步行活动、"学党史 铭初心"观摩学习活动、"迎国庆 爱祖国"暨李沧区老干部协会第八届书画、剪纸展等活动，夯实老干部思想基础，丰富精神文化生活，增强协会组织凝聚力。依托青岛市第三人民医院联合开通老年活动中心应急医疗救护绿色通道，组织中心工作人员开展急救知识培训和应急救治演练，为老年学员举办健康知识讲座，为老同志学习活动保驾护航。关注老年人精神和心理健康，在老干部活动中心和

老年活动中心各建立一处心理咨询室，为老干部及老年人做好心理咨询服务。

老干部作用发挥

2023年，区委老干部局健全"区总队—街道服务队—社区服务分队"三级组织体系，老干部志愿服务内容涵盖文艺表演、助老助残、邻里纠纷、文明城市创建等14个方向。依托"山东老干部"App，累计参与志愿服务爱心小时数12.5万小时，完成线上兑换下单1500余人次。在沧口街道、湘潭路街道新建成两处爱心银行"分行"，为志愿者就近兑换提供便利条件。加强对老干部志愿者的人文关怀，推出"感恩奉献、与爱同行"系列主题活动，让志愿者的无私奉献得到认可、受到鼓舞。组织优秀老干部志愿者代表参与"德耀青岛·礼赞模范"青岛市道德模范故事汇基层巡讲李沧专场10场。李沧区老干部志愿者服务总队获评省、市"最美老干部志愿服务组织"，童城驿站——戴秀丽"银龄手牵手"志愿服务项目获评省、市级"最佳老干部志愿服务项目"，老干部鲍秀兰获评省、市级"最美老干部志愿者"，3名老干部获评市级"最美老干部志愿者"。创新实施"银领人才"行动，建设银领人才先锋智库，首批入库成员50人。组织老干部发挥专业优势特长，

开展传播优秀文化、宣传健康知识等活动10余场，受益人群500余人。区老干部协会宣讲团坚持深入社区、学校、企业和机关单位，开展党史、法律、国学和卫生健康等宣讲活动，累计宣讲46场，受益人数2000余人。

（区委老干部局）

保密工作

保密宣传教育

2023年，青岛市李沧区国家保密局（简称"区国家保密局"）举办保密宣传教育月等特色活动，坚持筑牢安全保密基础，全面深化保密宣传教育。采取多渠道投放保密公益宣传片、宣传海报等方式扩大受众覆盖面，广泛开展保密宣传。在李沧政务网开设"4·15"国家安全日暨保密宣传教育专栏，利用机关单位电子屏幕、宣传栏等多种方式开展保密宣传教育，拓展了全区保密教育的方式和渠道。联合区委宣传部、区司法局、区金融局等部门在象耳山公园举行保密宣传教育宣传展览活动，采取悬挂横幅、摆设宣传展板、发放宣传手册、播放宣传视频、现场答疑等方式，向市民宣传有关保密知识，营造全民积极学习保密知识、增强保密意识的浓厚氛围。多次到机关单位开展保密教育培

训送教上门活动，依托青岛市保密教育实训平台，组织机关单位相关人员实地开展安全警示教育和保密优良传统教育，取得良好教育效果。

保密监督管理

2023年，区国家保密局持续加强保密行政管理工作，指导全区各单位规范国家秘密管理，健全保密工作制度，进一步落实保密工作职责，严格和规范出国（境）人员保密审查，完善涉密人员全流程闭环管理机制。继续部署开展保密监督检查工作，结合自查自纠，推动各机关单位履行保密工作职责，保障各项任务和措施要求落实到位，推动机关单位保密管理能力整体提升。

（区委办公室）

党校教育工作

概况

2023年，中共青岛市李沧区委党校（简称"区委党校"）服务全区发展大局，全面提升办学治校能力水平。"创新'实践特色'教学版块 切实提升干部教育培训质效"创新案例获评2023年全省县（市、区）委党校改革创新优秀案例。教学培训工作分别在青岛市委党校教研工作座谈会和全市党校系统教学工作会议上做经验交流，

2023 年 7 月 18 日，李沧区 2023 年中青年干部培训班学员参观 "曙光——中共青岛组织创建档案文献" 专题展。

（区档案馆供图）

1 堂课获全省党校系统优秀教学奖，1 堂课获全市社会主义学院系统精品课程评选一等奖，1 堂微课发布在 "学习强国" 和 "青岛宣讲" 公众号上，1 堂微课获青岛市百姓宣讲大赛理论类二等奖，1 篇讲稿获青岛市 2023 年 "基层理论宣讲" 优秀理论宣讲报告。1 篇咨政报告获青岛市委常委、政法委书记肯定性批示，5 篇咨政报告获区委常委肯定性批示，1 项改革建议被《改革创新建议》采纳，发表科研论文 6 篇，获奖理论文章 12 篇，市级课题结项 2 项，获市级课题立项 2 项。2022 年度在李沧区科学发展综合考核中获评优秀等次。

干部教育培训

概况 2023 年，区委党校聚焦目标导向、需求导向、质量导向，优化业务流程，培训工作有章有序、持续创新。全年举办为期三个月的中青年干部培训班、处级干部能力提升进修班、社区 "两委" 负责人 "提能力强素质" 专题研讨班等主体班次 13 期，培训学员 767 人次。35 篇工作信息在市级宣传平台发布 56 次。

突出培训重点 2023 年，区委党校以深入学习贯彻习近平新时代中国特色社会主义思想为主题主线，以党的理论教育、党性教育和履职能力培训为重点，注重知识培训，全面提高干部素质和能力。党的理论教育方面，把习近平新时代中国特色社会主义思想作为教学的首要任务，进行总论、分论、方法论、专题、特色、案例等体系化培训，创新建立 "'读原著学原文悟原理' 特色课程＋读书沙龙＋读书笔记" 联动式学习模式，开展集中授课 62 堂、视频教学 43 堂。党性教育方面，把党性教育作为教学的主要内容，探索全链条教育模式，开展党性教育课程 41 堂、现场教学 18 次、活动 23 场、学员微课 74 次，形成党性分析报告 77 份。履职能力培训方面，以组织需求、岗位需求、个人需求为导向，引导学员向中心聚焦、为大局聚力，拓宽工作视野，打开工作格局，提升专业化水平。围绕作风能力建设、招商引资等区委重点工作，开设能力培训课程 40 余堂。

创新实践教学 2023 年，区委党校在抓实课堂教学的基础上，创新六类实践教学，推动实践教学体系化构建。开展好严守纪律规矩类实践教学，将严格的纪律贯穿培训始终；开展好政策业务类实践教学，开设领导讲堂，讲政策、讲业务、讲案例、讲情境，让学员在沉浸体验中拓宽视野、提升本领；开展好跟岗实训类实践教学，组织学员深入社区、企业一线深度体悟实践工作；开展好社会调查类实践教学，组织学员深入 50 余个调研点，形成高质量调研报告；开展好业务技能类实践教学，定制营商环境、办文办会等课程，帮助学员拉长工作短板，提升业务技能；开展好自我突破类实践教学，多种形式搭建学员讲台，让学员在微课、论坛、沙龙中突破自己。

教学科研

开发课程　2023 年，区委党校把服务大局、服务基层作为教学科研工作目标和重要抓手，成立"十二人讲党的二十大报告"原文导学组，全员参与，紧扣原文、逐段逐句对报告进行解读，已在多个班次进行了导学。设有"习近平新时代中国特色社会主义思想""党的二十大精神""追随总书记的足迹""经典著作导读""理想信念教育"5 个系列教学专题23 门课，其中当年新开发课程7 门。举办主体班次 24 次，进基层宣讲 91 场，线上、线下累计受众 7300 余人次。

理论成果　2023 年，区委党校 1 门微党课发布在"学习强国"平台及"青岛宣讲"公众号，1 门课获全省党校系统优秀教学奖，1 门课获全市社会主义学院系统精品课程一等奖，1门课获评"基层理论宣讲"优秀理论宣讲报告，1 门课获市委宣传部等部门主办的百姓宣讲大赛理论类二等奖。1 篇咨政报告获市委常委、政法委书记肯定性批示，6 篇理论性文章在《省委党校报》《青岛日报》等报纸发表。多名教师参加市级学术研讨会，撰写的 10 篇文章分别获一、二、三等奖。

党校系统融合发展

2023 年，区委党校贯彻落实青岛市委党校《关于深化全市党校系统融合发展的 18 条措施》，与市委党校党史党建与党性教育教研部、学员工作部签订了党建共建协议并开展共建活动；承办了市委党校第 54 期处级干部进修班和第 27 期青年干部进修班到李沧区现场教学工作；邀请市委党校教授 70 人次到区委党校开展授课、新课题试讲点评、调研报告写作指导等。邀请城阳区委党校、崂山区委党校优秀教师到校授课，达到了纵向、横向全方位融合发展的目的。

师资培养

2023 年，区委党校提升青年干部能力素养，为青年干部压担子、带路子、教法子、搭平台，打造"青蓝工程"。成立"青年干部培养计划"领导小组，研究制订了《李沧区委党校青年干部培养计划》，制定"五个一"工作举措，为每名青年干部请一名导师，向市委党校教授拜师学艺；每月带青年干部外出调研一次，帮助青年干部认识李沧区、熟悉李沧区；每月组织一场享·读会，定制必读菜单；备好一门课，帮助青年干部确定研究方向，青年干部全部完成新课试讲；写好 1 篇咨政报告，组织带领青年干部到其他区（市）委党校进行调研，学习好经验、好做法，撰写的咨政报告获青岛市委常委、政法委书记肯定性批

示。在《青岛日报》《辽宁党校报》等发表理论文章 4 篇，1 名青年干部获全市社会主义学院系统精品课程一等奖、青岛市百姓宣讲大赛理论类二等奖，1 项课题获立项。

办学保障

2023 年，区委党校加大场所共享、合作办学力度，克服场地、人员不足等限制，为全区各街道、各部门培训办班，在课程安排、学员用餐、后勤保障等方面提供周到服务。全年共举办主体班次 13 期，培训学员 767 人次，协助 13 个部门办班 23 期，培训学员 4200 人次，培训期数和人数比上年翻一番。以打造"小而美，小而精"校园为目标，打造安全校园、智慧校园、书香校园，提高后勤管理工作水平。实行学员满意度测评，听取学员意见和要求，做到因班而异，开展人性化、个性化服务。践行事事精细、处处温馨的工作标准，加强智慧校园、安全校园建设，细化完善校园安全工作流程，严格落实各项规定要求，建立横向到边，纵向到底的安全工作责任体系。

（区委党校）

党史和地方史志工作

编纂研究

编写出版《中共李沧区组

织史资料》 2023 年，中共青岛李沧区委党史研究中心（简称"区委党史研究中心"）编写出版《中共李沧区组织史资料》，遵循"尊重历史、存真求实、实事求是"的编纂原则，按照"广征、核准、精编、严审"的编审标准，采用文字叙述、组织机构和领导成员名录、图表相结合的编纂体例，全面记述了 2011 年 12 月至 2022 年 12 月李沧区党的组织以及政权、军事、统战、群众团体、区直单位的组织机构沿革和领导名录等情况，对了解李沧区组织机构沿革、干部队伍和党员队伍建设发展具有重要的查阅参考价值，对研究总结新时期李沧区党建工作经验，促进李沧区经济社会持续健康发展提供了重要参考资料。

编纂出版《李沧年鉴 2023》 2023 年，区委党史研究中心高质量编纂出版了《李沧年鉴 2023》，紧紧围绕党的二十大精神在李沧区落地生根的生动实践，突出实体经济和招商引资、城市更新和城市建设、作风能力提升和营商环境等工作主线，设 17 个类目、93 个分目、206 个条目，收录图片 185 幅、表格 46 张，形成版面文字 60.8 万字，反映了李沧区城市发展脉络和轨迹，突出时代特征、年度特点和地域特色。

研究编纂地方史三卷 2023 年，区委党史研究中心高标准研究《中共李沧地方史》第三卷的编写工作，加强谋划落实，深入学习中央和省、市、区已出版的党史著作，修改完善编写大纲，做好《中共李沧地方史》（第三卷）资料征编工作。

宣传教育

开展宣教活动 2023 年，区委党史研究中心开拓党史宣教工作新格局，组织了"百年奋斗 初心弥坚——中共青岛地方组织成立 100 周年"在李沧区巡展，累计参观学习人员 1600 人次。以"践行二十大，奋进新征程"为主题，会同区文旅局组织基层党组织举办红色文化主题月活动。

开展基层宣讲 2023 年，区委党史研究中心举办"党史大讲堂"，为 300 余名机关、社区党员干部群众进行宣讲。打造党史学习图书角，向区图书馆赠书 100 余册，组织"学党史红色阅读推广"活动。指导虎山路街道制作完成"心手相牵、火炬相传"短视频，在齐鲁晚报齐鲁壹点网络平台进行展播。

成果转化

2023 年，区委党史研究中心做好工作成果转化，在 2020—2022 年度全省党史史志系统优秀科研成果评选中，李沧区 4 项成果获奖，获奖数量居 10 个区（市）前列。其中，《李沧年鉴 2022》是 10 个区（市）唯一获奖年鉴。青岛市委党史研究院主要负责人对李沧区党史史志编研、宣教等工作给予肯定性批示。

（区委党史研究中心）

档案工作

概况

2023 年，李沧区档案馆（简称"区档案馆"）推动涉民档案资源开放共享，加快推进"馆际通办"建设，满足群众查档需求，提高人民群众的获得感和幸福感。深入挖掘馆藏资源，切实发挥好服务中心、服务大局作用，整合馆藏照片、音像档案，为青岛梅花节、李沧区智慧商圈项目等重要活动提供大量素材支持。获评"青岛市三八红旗集体"。

档案建设

建成国产化电子档案中心系统 2023 年，区档案馆全力推进李沧区档案数字化建设，将档案数据资源全面融入全区数字资源体系建设，申报"智慧档案馆"项目。在"青岛市电子档案中心"平台基础上克服电子档案中心系统国产化兼容适配等技术性难题，在全市率先建成首家国产环境下的电子档案中心系统。经过 3 轮系统测试及功能完善，面向全区立档单位推广使用，提供了安全、可靠、便捷的档案资源管理共享平台。建成后的电子档案中心系统网络覆盖全区，自上而下联通街道、沟通社区，实现跨区域档案信息快捷共享，解决了民生档案查询利用"难、繁、慢"的问题，补齐服务群众的短板。实现电子档案中心系统与行政审批业务系统无缝对接，档案辅助优化行政审批流程，助力营商环境优化。

档案指导　2023年，区档案馆协助李沧区档案局全面开展监督指导检查工作，在强化指导、优化服务上积极探索，不断增强依法治档能力。组成档案监督检查工作小组，对区内56家立档单位进行现场监督检查。通过查阅资料、实地检查、现场反馈等形式，着重对档案工作机构设置和人员管理、档案工作责任制和管理制度、档案基础业务等开展专项监督检查。根据检查结果，汇总形成检查通报，向立档单位负责人逐一反馈检查整改意见书，促进李沧区档案管理制度化、规范化、标准化。

档案接收　2023年，区档案馆深化数字档案资源库建设，推进重要专题档案资源深度聚合。加强民生档案资源接收，完成2001—2019年1021卷的婚姻档案进馆及数字化工作，进馆年份、数量居全市区级综合档案馆首位。拓展档案征集收集范围，主动对接对全区有重大影响的档案及时进馆，在全市首家完成辖区23株古树名木档案资料进馆及数字化管理工作。对馆藏照片档案进行全面梳理，多途径、大范围征集接收照片档案1400件，整理照片档案7500件，完成纸质照片数字化262张，照片档案内容涵盖李沧区古迹、风景、人文、民俗、建筑风貌和活动场景，浓缩李沧区的发展脉络。

档案宣传

2023年，区档案馆利用"国际档案日"宣传周，全面加强档案宣传、解读和引导，运用新媒体和各种宣传形式普及档案知识，传播档案文化。举办"档鉴李沧 多彩非遗"晚清民国剪纸刺绣展、"曙光——中共青岛组织创建档案文献"专题展，指导编研展现李村大集历史的影像视频"百年大集变迁记"，让档案"走出来""活起来""亮起来"。挖掘馆藏档案资源，编写《忆青钢》《档案中的老沧口魅力品牌》《青岛耐火材料厂的百年历程》《重回国棉八厂》等资政文章，展现李沧区社会发展历程。开展"档案规范化"共建项目，帮助社区建设规范化档案室；深入社区搭建"兰台课堂"，利用周末时间进行授课；为社区赠送书籍、张贴档案宣传海报，组织社区党员群众参观档案专题展览。"档案进社区"系列活动让档案走出馆藏、走向基层、走进民心。

档案安全

2023年，区档案馆做好防范工作，提升档案管理能力。对工作中可能存在的安全隐患进行集体审议，研究制定解决办法和措施，开展多轮次、全领域的安全大检查。与保密主管部门对接，接受保密指导，提升保密意识，杜绝失泄密，对照相应管理制度，进一步完善馆内工作秘密管理制度和工作秘密事项清单。加大档案资源保管保护力度，按期升级智慧档案系统、档案信息化设备，安装更新杀毒软件，配发专用移动存储介质，做好重要数据备份工作。下功夫保护实体档案安全，增加24台加湿除湿一体机设备，智能化控制库房温湿度，保障纸质档案安全。

（区档案馆）

青岛市李沧区人民代表大会常务委员会

综　述

概况

基本情况 2023 年，青岛市李沧区人民代表大会常务委员会（简称"区人大常委会"）坚持以习近平新时代中国特色社会主义思想为指导，全面贯彻党的二十大和二十届二中全会精神，深入贯彻落实习近平总书记对山东、对青岛工作的重要指示要求，完整、准确、全面贯彻新发展理念，紧扣区委工作部署，紧贴群众所需所盼，依靠全体人大代表，践行全过程人民民主，依法履职、积极作为，聚焦重点、务实求实，为加快打造全市新旧动能转换示范区作出贡献。

开展主题教育 2023 年，区人大常委会把开展好主题教育作为重大政治任务，把理论学习、调查研究、推动发展、检视整改贯通起来、一体推进，与区委专题读书班同步举办常委会机关读书班 4 期，开展专题研讨 4 次，党组成员领题调研 6 项、讲专题党课 6 次、开展基层宣讲 6 次、牵头整改问题 7 项。坚持学思用贯通、知信行统一，深切感悟习近平新时代中国特色社会主义思想的真理力量，切实把主题教育成果转化为工作实效。全年召开常委会会议 7 次，听取审议专项工作报告 21 项，对审议意见办理情况进行满意度票决 17 次，开展专题询问 1 次，开展视察调研 53 次。

助力招商引资和优化营商环境 2023 年，区人大常委会开展人大代表助力招商引资专项行动，建立人大代表招商信息与区招商部门对接机制，青岛联合大厦、恒晟源人力资源产业园、洁神智慧产业园等人大代表招商引资平台发挥了引领示范作用。市、区两级人大代表所在企业贡献区级税收 7.1 亿元，其中超过 1 亿元企业 1 个、超过 1000 万元企业 13 个。开展招商引资和优化营商环境专题询问，聚焦楼宇招商、大项目招引、壮大工业增量等，提出工作建议 28 项。组织市人大代表开展针对性调研，提出《关于调整土地开发政策全部返还李沧区土地出让收益等政府性基金收入的建议》，作为闭会期间的代表建议提报市人大常委会。

为民办实事 2023 年，区人大常委会以习近平总书记视察上流佳苑社区 5 周年为契机，举办人大代表"为民办实事"现场观摩会，重点推介了上流佳苑"幸福街""有梦·有为"困

2023 年 6 月 21 日，区人大常委会举办人大代表"为民办实事"现场观摩会。
（区人大常委会办公室供图）

境未成年人帮扶项目、"一念·日善堂"助老公益餐厅等市、区人大代表为民办实事的典型案例。出台《关于发挥区人大各专门委员会作用促进"李沧为群众办实事"高质量发展的意见》，选取群众反映意见比较集中的问题，依托"人大代表会客厅"等代表履职平台，组织开展"微询问""恳谈会"，推动解决了老城区地下排水管网不畅、校园周边交通拥堵等问题。

街道人大工作　2023年，区委高度重视人大代表队伍建设，区人大代表履职能力提升培训班培训代表70人。开展人大代表联络站点建设使用观摩交流活动6次，各街道组织开展代表活动271次，比上年提高130%。人大代表投身招商引资、城市更新建设、东西部协作、扶危济困等各领域，展现了履职担当。

坚持党的领导

聚焦区委重点工作　2023年，区人大常委会紧跟区委工作部署，聚焦实体经济和招商引资、城市更新和城市建设、提升作风能力和优化营商环境等重点工作线，组织开展相关领域视察调研占比达60%。组织住区市人大代表开展招商引资、城市更新建设集中视察2次。与青岛市人大常委会联动，开展"十四五"规划和2035年远景目标纲要实施中期评估报告审

议、国有企业债务管理和专项债项目建设专题视察，实施爱老助老五项行动议案督办，对区监委整治群众身边不正之风和腐败问题工作进行专项调研。

建言献策　2023年，区人大常委会贯彻落实党中央关于大兴调查研究的决策部署，聚焦经济社会发展和群众关注的热点问题，领导干部领题调研，区人大常委会各专门委员会和常委会机关开展专题调研，向区委报送调研报告7篇，其中关于剩余城中村改造安置房处置、劳动纠纷多元调处化解、中小学生体质健康3篇获区委主要领导批示。关于李沧区老年助餐工作的调研报告和关于李沧区公共卫生服务体系建设情况的调研报告分别获青岛市人大常委会理论研究会研究成果二、三等奖。

向区委请示报告　2023年，区人大常委会及时将重要会议、重点工作、重大事项向区委请示报告，并按照区委要求和法定程序抓好贯彻落实。配合省委巡视工作。坚持党管干部与依法任免相统一，任免地方国家机关工作人员54人次。

自身建设

常委会建设　2023年，区人大常委会加强党的创新理论武装，及时跟进学习习近平总书记最新重要讲话精神，开展"第一议题"学习和理论学习中

心组学习研讨28次。开展党风廉政警示教育月活动，召开"廉润李沧"党风廉政建设和反腐败工作专题通报会，持续巩固风清气正的政治生态。加强机关党建，开展主题党日活动12次、"双报到"志愿服务9次。精心做好老干部服务工作，持续打造"党旗飞扬、余热永燃"老干部党建品牌，充分发挥老干部传帮带作用。

专门委员会建设　2023年，区人大常委会充分发挥专门委员会作用，依托"人大代表会客厅"开展视察调研和联系选民活动，提高专委会委员履职能力。监察司法委员会充分发挥法律界委员作用，助力基层立法联系点建设。财政经济委员会加强调研能力建设，开展地下空间利用等专题调研。城建环资委员会着力打造老旧小区改造、停车难问题基层调研联系点。教科文卫委员会着力加强专业代表小组建设。社会建设委员会建立了专委会视察调研专项工作意见卡制度。

指导街道人大工作　2023年，区人大常委会推动专门委员会与街道人大工作室联动，促进各街道人大工作特色更加显著。李村街道用好代表联络平台，搭建履职考核平台，在道路建设征迁、老旧小区改造等方面发挥代表作用。虎山路街道深化选民代表议事会制度，拓宽基层民主渠道，代表为民

办实事成效显著。浮山路街道建立企业代表联络站，完善代表履职阵地，街道代表之家被确立为青岛市人大常委会基层立法联系点。振华路街道组织代表视察调研进园区，打造"锦秀有约"为民服务品牌。沧口街道持续跟进永安路55号老旧楼院改造项目，施工期间多次组织代表实地调研，倾听居民心声，反馈居民意见。兴华路街道引导代表在社区治理、志愿服务中发挥作用。兴城路街道以"兴享事成"协商议事工作机制为抓手，引导代表广泛参与社区活动，助力基层治理。楼山街道充分发挥代表在新旧动能转换产业示范片区征迁和项目招引中的作用。湘潭路街道组织代表调研辖区重点项目10余次，助推辖区经济社会发展。九水街道发挥代表作用，助力双峰山公园项目拆违治乱等工作有序推进。世园街道设立幸福街"民情驿站"，促进代表联系选民"零距离"。

监督工作

经济领域监督

2023年，区人大常委会依法审查批准区政府2022年财政决算、2023年预算调整和2024年预算草案初步方案，加强对预算执行、审计和审计查出问题整改工作的监督。重点开展

了城市更新和城市建设2022年度攻坚行动项目建设审计监督工作视察、区属国有企业国有资产管理和地下空间载体利用情况专题调研，推动监督工作走深走实。围绕数字经济、楼宇经济、金融服务全产业链、高新技术产业发展等，开展专题视察和调研。经常性走访人大代表企业，收集招商引资和优化营商环境"金点子"，向区委报送《代表声音》2期，获区委主要领导批示肯定。

城市更新建设领域监督

2023年，区人大常委会围绕城市更新和城市建设三年攻坚行动，聚焦群众"急难愁盼"问题，发挥专门委员会作用，回应群众诉求取得实效。开展老旧小区改造专题询问"回头看"，关注老旧小区改造后长效管理工作，听取审议物业管理工作报告，推动探索"大物管"模式。坚持以点带面，聚焦中西部老城区专用排水设施不畅问题，选择4处代表性点位开展"微询问"，推动解决了振华路78号小区与市政道路结合部排水管道不畅问题、胜利花园小区排水设施塌陷冒溢问题、夏庄路150号汛期积水问题、裕丰小区专用排水设施淤堵问题，推动厘清了部门和街道的责任边界。持续跟进推动城中村改造剩余安置房处置、批而未供土地处置工作。针对问政

青岛《亮剑·拆违治乱》节目曝光问题开展监督，及时跟进视察违建问题整改工作，提出意见建议。

民生事业领域监督

2023年，区人大常委会聚焦"一老一小"重点群体，开展公共服务供给重点监督。持续推进办理青岛市人大常委会《关于实施爱老助老五项行动的议案》，推动老年助餐服务扩面提质。开展校园周边交通拥堵整治工作专项视察，推动交警部门对青岛崇礼小学、青岛铜川路小学等处实行限时停车、增设临时停车泊位，推动山东省青岛实验初级中学李沧分校北校区门口路段实现通车。持续关注幼儿托育，对托育一体园、纯托育中心、社区托育点、家庭托育点4种类型开展调研，推动34家幼儿园将3岁以下婴幼儿纳入托育招生范围，促进托育服务供给增长。推动城市阅读公共设施建设，促成宾川路等5处城市书房建设。围绕依法保障妇女儿童权益、残疾人权益及加强未成年人保护工作等开展视察调研，促进重点社会群体权益保护工作。针对受疫情影响劳动纠纷增长的实际，及时开展劳动纠纷多元化解专题调研，开展"微询问"，促进部门联动"多元共治"，助力优化营商环境。听取审议双拥工作专项报告，促进双拥共

建事业。

法治建设领域监督

2023年，区人大常委会视察区法院知识产权审判工作、服务小微企业工作，促进司法服务助力优化营商环境。视察区检察院公益诉讼检察工作，以环湾路入海沟渠污染海洋一案为切口，促进检察机关与相关部门联动，推动相关企业采取措施，解决污水入海问题。围绕智慧公安建设、交通拥堵治理、人民调解等工作开展视察调研，促进工作提质增效。推进基层立法联系点建设，新增1家市级基层立法联系点，省级、市级联系点达到3家，累计征集上报立法意见建议20余条，开展普法宣传活动70余次。全年承接青岛市人大常委会开展的立法调研、执法检查、视察调研等活动18次，涉及重点低效片区开发建设、国有企业债务管理和专项债项目建设、山头公园保护立法、停车场建设、科技创新、民族团结进步等工作。

2023年11月22日，李沧区人大代表议事厅启用。

（区人大常委会办公室供图）

国际教育科技有限公司设立2处专业代表联络站。拓宽人大代表履职学习和知情知政渠道，组织代表300余人次参加区人大有关会议、调研视察、执法检查、专题询问等履职活动。全面推进人大核心业务、工作力量"双下沉"，代表活动进家进站常态化。人大代表为民办实事累计200余件。在"李沧人大"微信公众号开设《为民办实事》《人大代表风采》《代表的一天》等栏目，宣传代表为民履职典型。

代表工作

基层民主单元

2023年，区人大常委会出台《关于提升人大代表联络平台建管用一体化质效的十项措施》，迭代升级代表联络站，发挥"小单元"助推大治理作用。在青岛联合大厦、青岛市九力

代表建议办理

2023年，区人大常委会优化代表建议提出和办理工作管理服务，依托青岛市人大常委会"代表履职通"数字化平台，区第七届人大第二次会议的代表建议全部在线上提交、审核、分办，共形成代表建议128件，通过重点督办、专项督办等方

式，落实或长期推进124件，落实率96.9%，老旧小区整治、道路交通、养老托育等一批群众关注的问题得到解决。重视代表建议二次办理，对18件首次办理进度未达预期的代表建议，由各专门委员会逐一到现场察看，督促承办部门单位采取措施，实现了代表建议落实率稳中有升。发挥先进典型引领示范作用，评选出优秀代表建议15件、代表建议办理先进单位6个。

主要会议

李沧区第七届人民代表大会第二次会议

2023年1月5日—6日举行。会议应出席代表223人，实到174人。会议听取和审议了青岛市李沧区人民政府工作报告；审议了青岛市李沧区2022年国民

2023年1月5日，李沧区第七届人民代表大会第二次会议开幕。

（区人大常委会办公室供图）

经济和社会发展计划执行情况与2023年国民经济和社会发展计划草案的报告，审查和批准了青岛市李沧区2023年国民经济和社会发展计划；审议了青岛市李沧区2022年预算执行情况和2023年预算草案的报告，审查和批准了青岛市李沧区2023年预算；听取和审议了李沧区人民代表大会常务委员会工作报告、李沧区人民法院工作报告和李沧区人民检察院工作报告，并作出相应的决议；会议增补了马会周、王书汉、王纳新、王俊宪、闫博、孙华、李绍海、李革、李振洪、柳凯、戚振香为李沧区第七届人民代表大会常务委员会委员。

李沧区第七届人民代表大会常务委员会会议

第八次会议 2023年2月21日举行。会议学习了山东省第十四届人大第一次会议、青岛市第十七届人大第二次会议精神；审议了区政府关于法治政府建设情况的报告；听取并审议表决了区法院、区检察院、公安李沧分局、区司法局关于区第七届人大常委会第五次会议对《关于巩固政法队伍教育整顿成果，强化队伍建设，确保严格执法公正司法工作情况的报告》审议意见办理情况的报告；表决通过了关于任命李沧区第七届人民代表大会部分专门委员会组成人员的议案、关于任命李沧区第七届人民代表大会常务委员会代表资格审查委员会委员的议案、关于接受代表辞职请求的决定和人事任免事项；举行了向宪法宣誓仪式。

第九次会议 2023年4月26日举行。会议听取审议了区政府关于2021年度区级预算执行和其他财政收支审计查出问

题整改情况的报告和关于物业管理工作情况的报告；听取并审议表决区第七届人大常委会第六次会议对区政府《关于李沧区老旧小区改造工作情况的报告》审议意见办理情况的报告；书面印发区人大常委会代表资格审查委员会关于部分代表资格终止的报告；表决通过了关于接受辞职请求的决定和人事任免事项，举行了向宪法宣誓仪式。

第十次会议 2023年6月30日举行。会议听取并审议了区政府关于2022年度行政事业性国有资产管理情况的专项报告、关于双拥工作情况的报告；听取审议了关于李沧区2023年新增政府债务限额（第二批）预算调整方案草案的报告，审查批准了预算调整方案；审议了区政府关于2022年度国有资产管理情况的综合报告；书面印发了关于个别区人大代表代表资格终止的报告；表决通过了人事任免事项，举行了向宪法宣誓仪式。

第十一次会议 2023年8月31日举行。会议听取审议了区政府关于区第七届人大第二次会议代表建议办理情况的报告、2023年上半年国民经济和社会发展计划执行情况的报告、高新技术产业发展情况的报告、人民调解工作情况的报告、2023年上半年预算执行情况的报告、2022年度区级预算执行和其他财政收支情况的审计工作报告和土壤污染防治工作情

况的报告；听取并审议了区政府关于2022年财政决算草案的报告，审查并批准了2022年财政决算；听取并审议表决了区政府《关于李沧区2021年度区级预算执行和其他财政收支审计查出问题整改情况的报告》审议意见办理情况的报告。

第十二次会议　2023年9月27日举行。会议听取并审议表决了区政府《关于2022年度行政事业性国有资产管理情况的专项报告》审议意见办理情况的报告、《关于物业管理工作情况的报告》审议意见办理情况的报告和《关于双拥工作情况的报告》审议意见办理情况的报告；表决通过了人事任免事项，举行了向宪法宣誓仪式。

第十三次会议　2023年12月1日举行。会议对招商引资和优化营商环境工作进行专题询问。专题询问中，听取了区政府关于招商引资工作情况的报告、关于优化营商环境工作情况的报告。8位常委会委员、财经委员会委员、人大代表围绕大项目招引、楼宇载体去化、楼宇经济发展、工业增量培育、行政执法、提高行政审批效率等问题进行了针对性提问。7位应询单位负责人对题答询，实事求是，就下步工作提出了明确改进措施。询问结束后，现场测评应询情况，当场公布测评结果。3位常委会成员进行重点审议发言。区政府副区长王

永刚代表区政府做了表态发言。

第十四次会议　2023年12月27日举行。会议听取并审议了区政府关于《青岛市李沧区国民经济和社会发展第十四个五年规划和2035年远景目标纲要》实施中期评估报告，关于2022年度区级预算执行和其他财政收支审计查出问题整改情况的报告；听取并审议了区政府2023年财政预算调整方案草案的报告，表决通过了关于批准李沧区2023年预算调整方案的决议；听取并审议了区政府关于2024年财政预算草案初步方案的报告，表决通过了《关于李沧区2024年预算草案初步方案的报告》的初步审查意见；听取并审议表决了区第七届人大常委会第十一次会议对区政府《关于区七届人大二次会议代表建议办理情况的报告》《关于李沧区2023年上半年国民经济和社会发展计划执行情况的报告》《关于李沧区2022年财政决算草案的报告》《关于李沧区2023年上半年预算执行情况的报告》《关于李沧区2022年度区级预算执行和其他财政收支情况的审计工作报告》《关于人民调解工作情况的报告》《关于李沧区高新技术产业发展情况的报告》的审议意见办理情况的报告；表决通过了区第七届人大常委会2024年工作要点（草案）；审议了关于规范性文件备案审查工作情况的报告；书面印发了区第

七届人民代表大会代表资格审查的报告，关于表彰2023年度优秀人大代表建议和先进承办单位的通报。

李沧区第七届人民代表大会常务委员会主任会议

第十二次主任会议　2023年2月17日举行。会议听取了拟提请区人大常委会任免干部情况汇报、关于区第七届人大第二次会议代表建议分办情况的汇报、关于确定2023年重点督办建议的汇报、关于任命李沧区第七届人民代表大会部分专门委员会组成人员议案（草案）的汇报、关于任命李沧区第七届人民代表大会常务委员会代表资格审查委员会委员议案（草案）的汇报、关于接受代表辞职请求决定（草案）的汇报、关于区第七届人大常委会第八次会议筹备有关事宜的汇报、机关各部门2023年工作计划清单的汇报。

第十三次主任会议　2023年4月7日举行。会议听取了关于李沧区劳动纠纷多元化解工作情况专题调研方案的汇报、关于开展"人大代表助力招商引资"专项行动实施方案的汇报、关于充分发挥区人大各专门委员会作用和促进"李沧为群众办实事"高质量发展意见的汇报。

第十四次主任会议　2023年4月21日举行。会议听取了

拟提请区人大常委会任免干部情况的汇报、各街道人大工作室关于"人大代表助力招商引资"专项行动开展情况的汇报、关于对区政府《关于2021年度区级预算执行和其他财政收支审计查出问题整改情况的报告》初步审议意见的汇报、关于对区政府《关于李沧区物业管理工作情况的报告》初步审议意见的汇报、关于区第七届人大常委会第九次会议筹备事宜的汇报、机关各工委关于发挥专门委员会作用"为民办实事"工作设想的汇报。

第十五次主任会议 2023年4月26日举行。会议研究通过了拟提请区人大常委会会议审议表决的人事任命议案（草案）。

第十六次主任会议 2023年5月23日举行。会议听取了关于对区政府《关于李沧区2021年度区级预算执行和其他财政收支审计查出问题整改情况的报告》审议意见（草案）的汇报、关于对区政府《关于李沧区物业管理工作情况的报告》审议意见（草案）的汇报、关于李沧区旧村改造工作开展情况专题调研方案（草案）的汇报、关于李沧区中小学生体质健康状况专题调研方案（草案）的汇报。

第十七次主任会议 2023年6月19日举行。会议听取了拟提请区人大常委会任免干部

情况的汇报、关于李沧区2023年新增政府债务限额（第二批）预算调整方案草案的报告、关于对区政府《关于2022年度行政事业性国有资产管理情况的专项报告》初步审议意见的汇报、关于对区政府《关于李沧区双拥工作情况的报告》初步审议意见的汇报、关于区第七届人大常委会第十次会议筹备事宜的汇报、关于举办人大代表"为民办实事"现场观摩会方案（草案）的汇报、关于提升人大代表联络平台建管用一体化质效10项措施的汇报、关于开展"人大代表助力招商引资"专项视察方案（草案）的汇报、关于闭会期间代表建议的汇报。

第十八次主任会议 2023年7月19日举行。会议听取了关于对区政府《关于2022年度行政事业性国有资产管理情况的专项报告》审议意见（草案）的汇报、关于对区政府《关于李沧区双拥工作情况的报告》审议意见（草案）的汇报、关于区监委整治群众身边不正之风和腐败问题工作情况专题调研方案（草案）的汇报、关于闭会期间代表建议的汇报。

第十九次主任会议 2023年8月28日举行。会议听取了关于对区政府《关于区七届人大二次会议代表建议办理情况的报告》初步审议意见的汇报、关于对区政府《关于人民

调解工作情况的报告》初步审议意见的汇报、关于对区政府《关于李沧区2023年上半年国民经济和社会发展计划执行情况的报告》初步审议意见的汇报、关于对区政府《关于李沧区2022年财政决算草案的报告》《关于李沧区2023年上半年预算执行情况的报告》《关于李沧区2022年度区级预算执行和其他财政收支情况的审计工作报告》初步审议意见的汇报、关于对区政府《关于李沧区土壤污染防治工作情况的报告》初步审议意见的汇报、关于对区政府《关于李沧区高新技术产业发展情况的报告》初步审议意见的汇报、关于区第七届人大常委会第十一次会议筹备事宜的汇报、关于对李沧区"金融服务全产业链"情况开展专题调研方案（草案）的汇报、关于举办代表履职能力提升专题培训班方案（草案）的汇报。

第二十次主任会议 2023年9月21日举行。会议听取了拟提请区人大常委会任免干部情况的汇报、关于对区政府《关于区七届人大二次会议代表建议办理情况的报告》审议意见（草案）的汇报、关于对区政府《关于人民调解工作情况的报告》审议意见（草案）的汇报、关于对区政府《关于李沧区2023年上半年国民经济和社会发展计划执行情况的报告》审

议意见（草案）的汇报、关于对区政府《关于李沧区 2022 年财政决算草案的报告》《关于李沧区 2023 年上半年预算执行情况的报告》《关于李沧区 2022 年度区级预算执行和其他财政收支情况的审计工作报告》审议意见（草案）的汇报、关于对区政府《关于李沧区土壤污染防治工作情况的报告》审议意见（草案）的汇报、关于对区政府《关于李沧区高新技术产业发展情况的报告》审议意见（草案）的汇报、关于区第七届人大常委会第十二次会议筹备事宜的汇报、关于对李沧区招商引资和优化营商环境工作情况开展专题询问工作方案（草案）的汇报、关于李沧区行政事业性国有资产监督管理情况专题调研方案（草案）的汇报。

第二十一次主任会议 2023 年 10 月 30 日举行。会议听取了关于正在落实的区第七届人大第二次会议代表建议最新办理情况的汇报、关于对区政府《关于李沧区招商引资工作情况的报告》和《关对于李沧区优化营商环境工作情况的报告》初步审议意见的汇报、关于李沧区区属国有企业国有资产监督管理情况专题调研方案（草案）的汇报。

第二十二次主任会议 2023 年 11 月 13 日举行。会议听取了关于拟接受部分代表辞职情

况的汇报、关于补选代表情况的汇报、关于区第七届人大常委会第十三次会议筹备有关事宜的汇报、关于青岛市李沧区第七届人民代表大会第三次会议筹备工作方案（草案）的汇报、关于招商引资和优化营商环境工作情况专题询问拟提问题方向的汇报。

第二十三次主任会议 2023 年 12 月 25 日举行。会议听取了区政府区属国有企业债务有关情况的报告、区政府政府债务情况的报告、区政府政府隐性债务化解情况的报告、区政府 2023 年财政预算调整方案草案的报告、关于评选优秀代表建议和优秀承办单位的汇报、关于规范性文件备案审查工作情况的汇报、关于对区政府《关于李沧区招商引资工作情况的报告》和《关于李沧区优化营商环境工作情况的报告》审议意见（草案）的汇报、关于对区政府《〈青岛市李沧区国民经济和社会发展第十四个五年规划和 2035 年远景目标纲要〉实施中期评估报告》初步审议意见的汇报、关于对区政府《关于李沧区 2022 年度区级预算执行和其他财政收支审计查出问题整改情况的报告》初步审议意见的汇报、关于区人大常委会 2024 年工作要点（草案）的汇报、关于区第七届人大常委会第十四次会议筹备事宜的汇报。

主要活动

2023 年 2 月 8 日，区人大常委会视察李沧区重污染天气应急减排响应工作。

2023 年 2 月 22 日，区人大常委会调研李沧区部分下水管网情况。

2023 年 2 月 27 日，青岛市人大常委会党组书记、主任王鲁明率队到李沧区督导检查全国文明典范城市创建工作。

2023 年 3 月 2 日，青岛市人大常委会到李沧区调研城市更新和城市建设工作。

2023 年 3 月 3 日，青岛市人大社会建设委员会到李沧区调研老年人助餐工作。

2023 年 3 月 3 日，区人大常委会调研李沧区规范性文件备案审查工作。

2023 年 3 月 16 日，区人大常委会视察区法院知识产权审判工作。

2023 年 3 月 17 日—21 日，区人大常委会班子成员实地督导全国文明典范城市创建工作。

2023 年 3 月 22 日，青岛市人大教科文卫委员会到李沧区调研青岛市乡村旅游工作情况。

2023 年 3 月 23 日，青岛市人大常委会到李沧区调研青岛市铸牢中华民族共同体意识，贯彻落实《山东省民族工作条例》，促进民族团结进步工作情况。

2023年5月16日，区人大常委会调研民事检察工作座谈会举行。
（区人大常委会办公室供图）

2023年3月26日—31日，区人大常委会到浙江省杭州市、宁波市考察学习全过程人民民主基层单元建设和代表履职先进经验。

2023年4月7日，区人大常委会开展老旧小区改造工作专题询问"回头看"。

2023年4月11日，区人大常委会视察李沧区物业管理工作情况。

2023年4月14日，青岛市民政局调研李沧区日善堂老年人助餐工作。

2023年4月19日，区人大常委会调研李沧区2021年度区级预算执行和其他财政收支审计查出问题整改情况。

2023年4月21日，区人大常委会调研李沧区劳动纠纷多元化解工作。

2023年5月6日，区人大常委会组织召开"人大代表助力招商引资"现场观摩会。

2023年5月8日，青岛市人大常委会到李沧区调研山头公园保护立法工作。

2023年5月10日，青岛市人大常委会到李沧区对国有企业债务管理和专项债项目建设情况开展视察。

2023年5月11日，海南省人大常委会一行到李沧区考察调研未成年人保护和预防犯罪工作。

2023年5月11日，区人大常委会视察李沧区数字经济产业发展情况。

2023年5月16日，区人大常委会视察区检察院民事检察工作。

2023年5月16日，区人大常委会视察李沧区学校、幼儿园和养老机构食堂"互联网＋明厨亮灶"建设工作情况。

2023年5月16日，区人大常委会视察李沧区未贯通道路建设工作。

2023年5月17日，青岛市人大常委会到李沧区调研山头公园整治、重点低效片区（园区）开发建设工作。

2023年5月18日，江苏省新沂市人大常委会一行到李沧区考察多层次养老服务体系建设工作。

2023年5月19日，山东省潍坊市寒亭区人大常委会一行到李沧区考察基层立法联系点建设工作。

2023年5月24日，区人大常委会视察李沧区城市更新和城市建设2022年度攻坚行动项目建设审计监督工作情况。

2023年5月25日，区人大常委会视察李沧区楼宇经济发展情况。

2023年5月26日，区人大常委会视察李沧区"数字危化"建设工作。

2023年5月31日，区人大常委会到青岛恒晟源人力资源管理有限公司走访调研。

2023年5月31日，青岛市人大社会建设委员会到李沧区就《中华人民共和国劳动法》贯彻实施情况进行执法检查。

2023年6月2日，区人大常委会在虎山路街道人大代表会客厅召开人大代表"家站点"建设工作现场调度会。

2023年6月6日，区人大常委会调研李沧区中小学生体质健康提升工作。

2023年6月8日，区人大常委会调研李沧区旧村改造工作情况。

2023年6月8日，内蒙古自治区巴彦淖尔市人大常委会一行到李沧区考察人大代表联络站建设和社区治理创新工作。

2023年6月8日，区人大常委会视察区检察院生态环境保护公益诉讼检察工作。

2023年6月9日，区人大常委会走访调研辖区侠客科技、中信恒智能科技、福瑞达医药、德辉财税、彩晖生物科技5家企业。

2023年6月9日，区人大常委会视察李沧区双拥工作开展情况。

2023年6月14日，区人大常委会调研李沧区2022年度行政事业性国有资产管理（专项）情况和国有资产管理（综合）情况。

2023年6月15日，区人大常委会调研李沧区托育服务工作情况。

2023年6月20日，区人大常委会调研李沧区拆违治乱工作情况。

2023年6月20日，青岛市人大常委会到李沧区视察青岛市停车场建设管理工作情况。

2023年6月21日，区人大常委会以"践行全过程人民民主、促进为民服务精准化精细化"为主题，举办人大代表"为民办实事"现场观摩会。

2023年7月5日—6日，区人大常委会督导李沧区2023年托育机构建设推进情况。

2023年7月11日，区人大常委会视察李沧区土壤污染防治工作。

2023年7月12日，区人大常委会调研李沧区妇幼健康服务能力建设情况。

2023年7月13日，区人大常委会调研李沧区非遗文化保护与传承工作开展情况。

2023年7月18日，区人大常委会调研李沧区侨务工作。

2023年7月19日，区人大常委会机关和各街道人大工作室2023年上半年工作述职评议会举行。区人大常委会党组书记、主任于洋出席会议并讲话。

2023年7月20日，住李沧区市人大代表开展招商引资视察活动。

2023年7月27日，区人大常委会视察区第七届人大第二次会议代表建议办理情况。

2023年8月1日，青岛市人大常委会到李沧区对《青岛市物业管理条例》实施情况开展执法检查。

2023年8月2日，区人大常委会视察李沧区高新技术产业发展情况。

2023年8月2日，区人大常委会视察浮山路街道辖区企业生产运营情况。

2023年8月2日，青岛市人大常委会对《关于娄山片区滨海路36号周边断头路打通的建议》办理情况、2023年城建环资类市办实事进展情况进行实地督办。

2023年8月3日，区人大常委会召开2023年上半年国民经济和社会发展计划执行情况调研座谈会。

2023年8月9日，区人大常委会调研李沧区人民调解工作情况。

2023年8月9日，区人大常委会调研李沧区2022年财政决算、2023年上半年预算执行情况及2022年度区级预算执行和其他财政收支审计工作情况。

2023年8月10日，区人大常委会到青岛工大乐高机器人科技有限公司走访调研。

2023年8月16日，区人大常委会到青岛海诺学校调研。

2023年8月16日—17日，区人大常委会到山东广义工程项目管理有限公司、青岛金海牛能源科技产业园走访调研，并召开座谈会。

2023年8月16日，内蒙古自治区乌海市乌达区人大常委会一行到李沧区考察代表工作、司法监督等工作。

2023年8月23日，区人大常委会视察李沧区未成年人保护工作。

2023年8月31日，甘肃省

碌曲县人大常委会一行到李沧区考察全过程人民民主基层实践和基层立法联系点建设工作。

2023 年 9 月 7 日，区人大常委会调研区监委整治群众身边不正之风和腐败问题等工作情况。

2023 年 9 月 7 日，区人大常委会视察李沧区校园周边交通拥堵情况。

2023 年 9 月 21 日，区人大常委会专题调研李沧区金融服务全产业链工作情况。

2023 年 9 月 28 日，区人大常委会视察李沧区工人文化宫运营工作情况。

2023 年 10 月 9 日，区人大常委会召开区招商引资工作情况调研座谈会。

2023 年 10 月 9 日，区人大常委会党组书记、主任于洋到浮山路街道旭东社区走访青岛市人大代表、社区党委书记赵建，调研社区代表联络站建设和代表作用发挥情况。

2023 年 10 月 10 日，区人大常委会视察李沧区街道便民服务中心标杆型大厅建设工作。

2023 年 10 月 10 日，区人大常委会召开区优化营商环境工作情况调研座谈会。

2023 年 10 月 10 日，区人大常委会党组书记、主任于洋到振华路街道调研人大代表联络站活动开展情况，走访青岛洁神智慧产业园区。

2023 年 10 月 17 日，区人大常委会督导为民办实事项目进展情况。

2023 年 10 月 19 日，区人大常委会调研李沧区民营企业发展情况。

2023 年 10 月 20 日，区人大常委会调研李沧区学校管理、教学质量、中小学生体质健康状况等情况。

2023 年 10 月 24 日，区人大常委会视察李沧区社区卫生服务机构建设情况。

2023 年 11 月 1 日，区人大常委会视察交警李沧大队治理交通拥堵工作情况。

2023 年 11 月 9 日，区人大常委会视察李沧区妇女儿童权益保护工作情况。

2023 年 11 月 14 日，区人大常委会调研李沧区批而未供和闲置土地情况。

2023 年 11 月 15 日，区人大常委会调研李沧区区属国有企业国有资产管理情况。

2023 年 11 月 17 日，区人大常委会视察李沧区公共文化服务设施建设情况。

2023 年 11 月 22 日，区人大常委会调研李沧区残疾人保障及政府实事办理工作。

2023 年 11 月 22 日，面向企业界人大代表的区人大代表议事厅在青岛联合大厦正式启用。

2023 年 11 月 23 日，区人大常委会调研李沧区国民经济和社会发展第十四个五年规划纲要实施情况中期评估工作情况。

2023 年 11 月 28 日，区人大常委会到世园街道毕家上流社区参加居民房产证办理启动仪式，对回迁房屋产权证办理情况进行调研。

2023 年 12 月 7 日，区人大常委会视察公安李沧分局智慧公安建设工作情况。

2023 年 12 月 8 日，区人大常委会组织住区市人大代表开展会前集中视察。

2023 年 12 月 12 日，区人大常委会调研李沧区义务教育集团化办学工作。

2023 年 12 月 18 日，区人大常委会调研李沧区 2022 年度区级预算执行和其他财政收支审计查出问题整改情况。

2023 年 12 月 18 日，区人大常委会对李沧区 2024 年预算草案初步方案进行初审调研。

2023 年 12 月 20 日，区人大常委会到振华路街道开展服务小微企业工作情况调研，与企业代表及部分人大代表座谈交流。

（区人大常委会办公室）

青岛市李沧区人民政府

2023 年区政府确定重点办好的实事

2023 年 15 件区办实事完成情况如下：

1.启用 4 所学校、2 所幼儿园。

完成情况：启用重庆中路学校、九水东路小学、李家庵第二小学、李沧路小学改扩建项目 4 所学校以及铜川路幼儿园、东川路第二幼儿园 2 所幼儿园。

2.对 11 个片区老旧小区进行改造提升；实施节能保暖工程约 5 万平方米。

完成情况：完成 11 个片区老旧小区改造提升，惠及居民 4377 户；完成节能保暖改造工程 5.1 万平方米。

3.启动双峰山公园整治；实施李村河上游环境整治提升，建设李村河省级美丽幸福示范河湖。

完成情况：启动双峰山公园整治提升工程，完成工程总量的 20%；李村河上游环境整治提升工程竣工验收，修复铺装面积 5800 平方米，建设滨水绿道长约 10 千米，绿化补植面积 5.65 万平方米，更换老旧设施 180 套，建设提升铜川路便民服务空间、武川路儿童游乐空间、彩虹桥北活动广场、东川路口袋公园阅读空间 4 处节点景观；完成李村河省级美丽幸福示范河湖项目建设，已通过验收。

4.新增、改建部分停车泊位 1000 个以上；加设窨井盖防坠网 1000 套；补充部分城市道路照明设施。

完成情况：建成停车泊位 2230 个；完成窨井盖防坠网安装 5202 套；补充完善城市道路缺失照明设施 41 盏。

5.安排老旧楼院应急性维修资金，解决老旧小区公共设施维护、失修等问题。

完成情况：累计使用资金约 188.5 万元用于老旧小区应急性维修维护。

6.为全区居民家庭和行政区域内的自然人购买政府综合保险。

完成情况：共计出险 362 起，理赔金额 271 万元。

7.完成食品安全定性定量检测 3000 批次，开展食用农产品快速检测 20 万批次。

完成情况：完成食品安全定性定量检测 3050 批次，开展食用农产品快速检测 20 万批次。

8.提升公共文化设施建设水平，举办文化活动不少于 800 场次，开展公益文化培训课 800 课次等。

完成情况：完成安顺路社区文化中心、百通花园社区文

2023 年，城市书房宾川路分馆建设完成。

（区文化和旅游局供图）

化中心、金水东社区图书分馆、鹭洲社区图书分馆、湘东社区图书分馆 5 处基层文化设施提升工作；完成城市书房宾川路分馆建设，区文化馆挂牌"山东手造·李沧有礼"青少年实践基地，对市民免费开放；举办第二十三届"中国·青岛梅花节"、第二十九届"'李沧之春'福进万家"等文化活动 892 场次；开展线上、线下公益文化培训课 830 课次；区文化馆组织开展小剧小戏互动展演 13 场次；开展"你读书·我买单"活动，借阅图书 2546 册。

9. 建设体育公园 1 处；新建健身路径 10 条，开展"体育大篷车进社区"活动 100 场次。

完成情况：完成大枣园社区体育公园建设；完成虎山路街道上王埠花园一区文化广场、九水街道庄子社区小区广场等 10 条健身路径建设；完成"体育大篷车进社区"活动 100 场次。

10. 扶持创业 2800 人；实现城镇新增就业 2.2 万人；开展城镇公益性岗位扩容提质行动。

完成情况：通过政策扶持以及开展创业培训等形式，扶持创业 4616 人；实现城镇新增就业 2.6 万人；1250 个公益性岗位人员已上岗。

11. 为计生特殊家庭购买医疗住院陪护保险；为符合手术指征的李沧区户籍白内障患者实施复明手术困难救助 1200 例。

完成情况：完成计生特殊家庭医疗住院陪护保险赔付 452 人次，赔付金额 103.5 万元；完成白内障康复手术救助 2066 例。

12. 为李沧区 0～18 岁残疾儿童提供康复救助服务；为李沧区符合条件的困难残疾人实施托养服务全覆盖；为李沧区就业年龄段符合条件的残疾人提供集中就业服务。

完成情况：实施全区 18 周岁以下残疾儿童、青少年康复救助 837 人次；实施困难残疾人托养服务 1455 人次；实现 5 处辅助性就业机构就业 768 人次。

13. 免费为 60 周岁以上老年人进行健康体检（其中 60～64 周岁老年人为李沧区户籍）；为 70 周岁及以上李沧区户籍老年人发放高龄补贴。

完成情况：免费为 7.7 万名 60 周岁以上老年人查体，其中为 60～64 周岁户籍老年人查体 1 万人次。为 4.6 万名 70 周岁及以上老年人发放高龄补贴 1025.4 万元。

14. 实施智慧文旅、智慧商圈、智慧社区等智慧化建设，提升李沧区智慧城市水平。

完成情况：完成 18 个智慧城市建设项目施工和设备安装，提升智慧文旅、智慧商圈、智慧社区等智慧化建设水平。

15. 全年拆除存量违法建设 30 万平方米。

完成情况：拆除存量违法建设 75.9 万平方米。

（区政府办公室）

政务会议

李沧区第七届人民政府常务会议

第十八次常务会议 2023 年 1 月 10 日举行。听取并原则同意关于 2023 年区政府工作报告确定事项分解督办有关情况的汇报、关于区第七届人大第二次会议代表建议和区政协第七届第二次会议政协提案受理分办情况的汇报、关于《青岛市李沧区人民政府 中铁二局集团有限公司战略合作框架协议》起草情况的汇报、关于《青岛市李沧区人民政府 中交投资有限公司合作框架协议》起草情况的汇报、关于《青岛市李沧区人民政府 中国能源建设集团华东建设投资有限公司战略合作框架协议》起草情况的汇报、关于融海公司变更办公场所相关情况的汇报等。

第十九次常务会议 2023 年 2 月 11 日举行。听取并原则同意关于《李沧区 2022 年度法治政府建设报告》起草情况的汇报、关于 2023 年区级重点项目相关情况的汇报、关于《李沧区违法建设治理"黄牌警告"实施办法》起草情况的汇报、关于《李沧区关于支持商贸流通行业促进居民消费、大力提振文化和旅游消费的政策措施（汇报稿）》起草情况的汇报、关于确定青岛市李沧园林绿化工程有限公司为双峰山公园建设项目实施主体事宜的汇报、关于确定李沧区天茶山路以南地块土地收储整理单位事宜的汇报、关于果园路27号园区情况的汇报、关于采购新冠感染医疗急救设备和药品的汇报、关于庄子社区旧村改造资金问题的汇报、关于引进北京汽车制造厂研究院及二一二越野车项目有关情况的汇报、关于华澜集团与青岛人才发展集团成立合资公司相关事宜的汇报、关于引进杰正金融科创中心项目有关情况的汇报、关于华澜集团与浙江创源公司成立合资公司有关情况的汇报，并对招商引资项目相关事宜进行了部署安排。

第二十次常务会议　2023年4月3日举行。传达学习了全国两会精神听取并原则同意关于传达学习《青岛市安全生产问题隐患整改治理责任追究办法》及李沧区贯彻落实意见的汇报、关于传达学习习近平总书记对统计造假屡禁难绝的批示和国家省市统计造假屡禁难绝专项治理行动动员部署视频会议精神的汇报、关于《李沧区深化新旧动能转换推动绿色低碳高质量发展三年行动计划（2023—2025年）（汇报稿）》起草情况的汇报、关于《李沧区党政机关合同管理办法（汇报稿）》起草情况的汇报、关于

调整李沧区遵义路西段道路工程项目总投资的汇报、关于拟将八医项目配套工程规划1号线等项目列入区政府投资建设项目计划的汇报、关于网格化服务管理工作有关情况的汇报，并对清明节期间森林防灭火工作进行了部署安排。

第二十一次常务会议　2023年4月17日举行。传达学习了中央、省、市乡村振兴工作精神听取并原则同意关于《李沧区推动黄河流域生态保护和高质量发展2023年工作要点》起草情况的汇报、关于《2023年李沧协作康县工作要点》起草情况的汇报、关于确定十梅庵片区城市更新项目土地收储整理单位事宜的汇报、关于《李沧区2021年度区级预算执行和其他财政收支审计查出问题整改情况的报告》起草情况的汇报、关于对李沧区卫生计生专职工作者薪酬进行调整的汇报等。

第二十二次常务会议　2023年4月23日举行。听取并原则同意关于近期安全生产有关情况的汇报、关于《李沧区物业管理工作情况的报告》起草情况的汇报、关于《李沧区招商引资项目全周期推进机制》起草情况的汇报、关于九水路2号甲有关情况的汇报。

第二十三次常务会议　2023年5月20日举行。听取并原则同意关于《李沧区"全员招商"

工作激励暂行办法》起草情况的汇报、关于区医疗卫生安全生产专业委员会安全生产工作情况的汇报、关于第五次全国经济普查工作情况的汇报和关于申请第五次全国经济普查2023年度工作经费的汇报、关于申请追加区属企业离休干部补贴的汇报、关于确定李村河流域生态环境综合治理和开发建设项目实施主体事宜的汇报、关于弘信投资公司建设保证金事宜的汇报、关于《李沧区商务局、上海粤浦科技有限公司项目合作协议》和《青岛信利汇成商务服务有限公司、上海粤浦科技有限公司、青岛市李沧区楼山街道刘家社区居民委员会、青岛市李沧区商务局合作协议》起草情况的汇报。

第二十四次常务会议　2023年6月9日举行。听取并原则同意关于学习《防范和处置非法集资条例》的汇报、关于全区消防安全工作开展情况的汇报、关于李沧区自建房安全专项整治工作情况的汇报、关于《建设中医药强区的若干措施》起草情况的汇报、关于《李沧区人民政府关于2022年度国有资产管理情况的综合报告》起草情况的汇报、关于《李沧区人民政府关于2022年度行政事业性资产管理情况的专项报告》起草情况的汇报、关于成立土地资源议事工作专班有关事宜的汇报等。

第二十五次常务会议 2023年7月8日举行。区委副书记、区长魏瑞雪对深入学习贯彻习近平总书记关于安全生产重要论述进行集体宣讲，会议听取并原则同意关于《区政府领导班子成员2023年安全生产重点工作清单》起草情况的汇报、关于调整价格领域行政处罚权的汇报、关于申请追加市办实事区级专项资金预算的汇报、关于为青岛海湾集团有限公司申请企业扶持资金的汇报，并对抓好经济运行工作进行了安排部署。

第二十六次常务会议 2023年7月29日举行。听取并原则同意关于传达学习《青岛市违法建设治理条例》的汇报、关于区燃气安全生产专业委员会安全生产工作情况的汇报、关于李沧区2023年部分新增供热项目推进相关事宜的汇报、关于《李沧区供热项目管理细则》修订工作的汇报、关于《李沧区加快清洁能源供热发展若干政策措施》起草情况的汇报、关于《李沧区青钢片区引入青岛五十八中办学战略合作框架协议》相关情况的汇报、关于引进创显科教上市公司总部项目有关情况的汇报、关于李沧区中心医院建设项目的汇报等。

第二十七次常务会议 2023年8月7日举行。听取并原则同意关于传达学习习近平总书记在二十届中央审计委员会第一次会议上的重要讲话精神的汇报、关于李沧区"无废城市"建设工作进展情况的汇报、关于《区七届人大二次会议代表建议、批评和意见办理情况的报告》起草情况的汇报、关于《李沧区2023年上半年国民经济和社会发展执行情况的报告》起草情况的汇报、关于《李沧区高新技术产业发展情况的报告》起草情况的汇报、关于《李沧区人民调解工作情况的报告》起草情况的汇报、关于《李沧区2022年财政决算草案的报告》起草情况的汇报、关于《李沧区2023年上半年预算执行情况的报告》起草情况的汇报、关于《李沧区2022年区级预算执行和其他财政收支情况的审计工作报告》起草情况的汇报、关于《李沧区土壤污染防治工作情况的报告》起草情况的汇报、关于《李沧区化工行业安全生产整治提升专项行动工作实施方案（汇报稿）》起草情况的汇报、关于世园集团投资中铁建金融租赁有限公司股权事宜的汇报。

第二十八次常务会议 2023年9月2日举行。听取并原则同意关于区建筑施工安全生产专业委员会安全生产工作情况的汇报、关于卓越集团建设保证金事宜的汇报、关于青银高速公路东侧高压走廊绿化综合整治工程代建费用相关事宜的汇报、关于《青岛市李沧区人民政府、深圳嘉业实业集团有限公司战略合作框架协议》起草情况的汇报，并对抓好经济运行工作进行了安排部署。

第二十九次常务会议 2023年9月27日举行。听取并原则同意关于李沧区自然资源利用和保护"守底线、促发展"土地问题治理整顿工作情况的汇报、关于确定李沧区源头路改造项目地块土地收储整理单位事宜的汇报、关于将金水集团部分股权上划至青岛市国资委有关情况的汇报、关于引进魏桥新能源汽车管理总部及新能源汽车中央研究院等4个项目有关情况的汇报、关于卫生健康系统事业单位招聘相关工作的汇报。

第三十次常务会议 2023年10月26日举行。听取并原则同意关于学习《国家标准管理办法》的汇报、关于学习《中华人民共和国外商投资法》的汇报、关于《李沧区招商引资工作情况的报告》起草情况的汇报、关于李沧区少山路夜市（古镇路—峰山路）市场化运营事宜的汇报、关于2023年拟新增列入政府投资建设项目计划有关情况的汇报、关于解决交警李沧大队车管分所和交警天水路中队办公营房事宜的汇报、关于由华奕城建公司（李沧市政公司）与青岛城投集团成立曲戈庄城中村改造配套工程项目合资公司的汇报等。

第三十一次常务会议　2023年11月4日举行。听取并原则同意关于学习《医疗机构管理条例》的汇报、关于"高效办成一件事"系列配套文件起草情况的汇报、关于《数字李沧发展规划》起草情况的汇报、关于《李沧区城市管理专项规划》起草情况的汇报、关于《〈青岛市李沧区国民经济和社会发展第十四个五年规划和2035年远景目标纲要〉实施中期评估报告》起草情况的汇报、关于《李沧区优化营商环境工作情况的报告》起草情况的汇报、关于留存企业总部及优质招商企业集中办公及配套服务有关情况的汇报、关于陈璞院士生物医药项目转股有关情况的汇报、关于青岛华澜发展集团有限公司转让科创云谷3栋楼宇相关情况的汇报。

第三十二次常务会议　2023年11月25日举行。听取并原则同意关于加强知识产权保护和运用相关工作的汇报、关于2023年李沧区食品药品安全工作情况及下一步工作安排的汇报、关于区民政安全生产专业委员会安全生产工作情况的汇报、关于《李沧区推进基本养老服务体系建设的实施意见》起草情况的汇报、关于《李沧区优化生育政策促进人口长期均衡发展实施意见》起草情况的汇报、关于《进一步支持科技创新发展的若干政策措施》

起草情况的汇报、关于世博园西侧体育和学校地块相关事宜的汇报、关于青岛华澜餐饮有限公司转让青岛华澜度假村有限公司股权相关情况的汇报。

第三十三次常务会议　2023年12月16日举行。听取并原则同意关于区油气管道保护专业委员会安全生产工作情况的汇报、关于为空档期内"四上"企业发放纳统奖励的汇报、关于上王埠小学建设项目、李家庵小学建设项目追加政府投资情况的汇报、关于融海公司与北京王府井购物中心管理有限责任公司合作共建"王府井喜悦购物中心"项目有关情况的汇报、关于坊子街社区旧村改造补亏资金情况的汇报、关于《李沧区2022年度区级预算执行和其他财政收支审计查出问题整改情况的报告》起草情况的汇报，并对岁末年初相关工作进行了部署安排。

第三十四次常务会议　2023年12月23日举行。听取并原则同意关于学习《中华人民共和国退役军人保障法》的汇报、关于学习《安全生产严重失信主体名单管理办法》的汇报、关于《青岛市李沧区2023年财政预算调整方案草案的报告》起草情况的汇报、关于《青岛市李沧区2024年预算草案初步方案的报告》起草情况的汇报、关于《青岛市李沧区商务局 青岛联合优创园区运营管理有限

公司合作协议》起草情况的汇报、关于青岛能环实验室模型处置工作有关情况的汇报。

区政府专题会议

新旧动能转换产业示范片区专题调度会议　2023年2月26日举行。会议专题研究了片区拆迁进展、社区土地出让收益平衡以及项目落地等事宜。会议强调，在大片区开发建设过程中，要善于运用市场化手段，将基础设施建设等纳入项目范围，减轻财政资金投入压力。同时，在研究产业招商和项目落地过程中，各部门要协同配合，形成工作合力。

十梅庵片区规划方案专题调度会议　2023年7月22日举行。会议听取了十梅庵片区规划方案的汇报。强调各单位应根据会议确定内容，加快推进各项工作实施。

中特智能制造基地项目专题调度会议　2023年7月24日举行。会议听取了中特智能制造基地项目进展情况的汇报。

"插花地"整治提升专题调度会议　2023年9月2日举行。会议专题研究"插花地"整治提升工作。

税收收入专题调度会议　2023年11月24日举行。会议专题研究税收收入相关工作。

国有企业融资管理办法专题调度会议　2023年11月30日举行。会议专题研究《李沧

区国有企业融资管理办法（试行）》相关事宜。

（区政府办公室）

政务调研

参政辅政

2023年，李沧区政务调研工作紧盯全区工作重点、经济发展热点、群众关注焦点，撰写政府工作报告、讲话、汇报等各类综合性文稿1100余篇，全面展现全区亮点工作、提出下步务实举措，为全区经济社会发展提供了强大智力支持。牵头形成项目招引全周期推进机制、"高效办成一件事"若干措施等制度文件，为优化全区重点工作流程提供智力支持。以调研辅政工作的经验在《办公室工作研究》上刊发。做好《问政青岛》《行风在线》《民生在线》等栏目的上线服务，梳理解决全区热点难点问题150余个，节目效果得到好评。

调查研究

2023年，李沧区政务调研工作坚持奔着问题去、带着良策回，围绕全区重点工作、中心任务，组织政府各部门，形成《"产—城—人"深度融合蹚出低效片区开发新路径》等调研报告46篇、参政信息11篇，在《李沧改革》上刊发《关于在全市建设社会体育指导员服务驿站的建议》。其中，《青岛世博园园区改造提升及业态定位调研报告》获2023年度全市政府系统优秀调研成果三等奖。

信息服务

2023年，李沧区政务信息工作紧扣大方向、找准小切口，深入挖掘全区推动经济社会发展的一些好的经验做法，编发《李沧政务信息》27期，上报各类信息1200余条，切实反映李沧动态、推广李沧经验、发出李沧声音。《山东省政务信息》采用李沧区信息6篇，《市专报信息》刊发李沧区信息6篇，《以"三放"促"两化"谱写社区治理现代化新篇章》获青岛市副市长肯定批示，推动《热线暖民心 服务无止境 架起利企便民"连心桥"》在青岛市政府呈阅件专题刊发，获得市政府秘书长肯定批示。区委区政府主要领导对信息工作给予高度肯定。

（区政府办公室）

大数据发展

数字李沧建设

科学布局 2023年，李沧区召开数字李沧建设领导小组会议，顶格推进数字李沧建设工作及目标任务，一体化统筹全区数字化转型。充分发挥数字李沧建设领导小组办公室作用，制订《数字李沧发展规划》，明确数字李沧发展现状与面临形势、总体要求、主要任务、重点行动、保障措施5个方面内容，奋力打造宜居、韧性、智慧城市标杆。

数字赋能民生 2023年，李沧区推进数字李沧建设，建成区社会治理指挥中心，接待浙江省杭州市、河北省邢台市、甘肃省陇南市、山东省枣庄市等地相关单位、区政协委员等观摩活动。打造406个智慧安防小区，交通主干道加装智慧天眼，社区内部刑事发案率比上年下降36.6%。推进智慧城市建设，对李沧商圈、图书馆、工人文化宫、15个社区卫生服务中心等场所进行数字化升级。

智慧场景建设 2023年，李沧区组织智慧城市、数据应用创新等优秀案例推介，打造"智慧图书馆让阅读变'悦读'"等11个场景，"向海洋'要水喝'——智慧海水淡化助力培育海洋新兴产业"获评2023年青岛新型智慧城市优秀建设成果，TOD智慧体育运动公园入选2023全国新型智慧城市建设百佳案例，李沧区智慧应急区域中枢等3个场景获2023全球智慧城市大奖入围奖。

数字政务服务

数字机关服务 2023年，李沧区提升"山东通"政务运行效能，印发《关于推动"山东通"应用支持"高效办成一件事"若干措施》，开展"山东通"云文档与省公文交换系统应用培训，累计接入"李沧区一体化大数据平台""李沧区合同审查""李沧区重点项目"等28个机关内部信息化系统。打造"数说李沧"领导驾驶舱，加强经济社会运行监测预警，为领导决策提供数据支撑。推出数字机关协同事项"一件事"，上线"李沧区办公设备报修管理系统"，打造政务外网网络保障、办公设备系统运维闭环式服务。

"爱山东"李沧分厅建设 2023年，李沧区聚焦重点民生服务领域，上线"小智帮办""预约叫号""养老地图"等11个自建服务业务应用，推动服务内容由政务服务领域向城市生活领域拓展。开展"爱山东"线上线下宣传推广，李沧融媒等媒体及时转发《给娃娃报名上幼儿园，就用"爱山东"App！》《"码"上生活，有"爱山东"——第二期"你说我办"活动来啦！》等宣传文章，持续增加"爱山东"App曝光量。"爱山东"App李沧分厅入选全省"爱山东"政务服务平台移动端50强。

"无证明城市"建设 2023年，李沧区梳理食品小作坊登记、分公司备案、灵活就业人员就业登记等政务服务用证事项1151个。持续丰富电子证照应用场景，在区政务服务中心、

2023年，李沧区打造新型智慧社区35个，其中上流佳苑社区获评山东省首批标杆型智慧社区。图为上流佳苑社区智慧平台。

（区大数据局供图）

各街道办事处便民服务中心、各街道社区卫生服务中心等89个场所，实现"爱山东"App扫码授权和鲁通码亮码取号办事等功能，涵盖政务办事、医疗健康、门禁通行等场景。选聘"无证明之省"观察员30人，充分发挥群众评价和社会监督的促进作用，提高企业和群众的获得感和满意度。

数字城市治理

城市"大脑"建设 2023年，李沧区构建"1+5+N"总体架构（1为全景李沧；5为数字经济、数字政府、数字社会、数字基础设施、数字生态；N为N个场景，如工业生产、消费市场、企业经济、经济运行、宏观经济、固定投资等）。接入李沧区智慧社区、智慧执法、民政局养老服务监管等25个数字应用场景，汇聚2万余路视频监控。

采用视频+三维可视化地图"动静"结合的方式，立体化呈现李沧实景，串联全区经济发展、商业贸易、城市更新、地理环境，精细化管理不断向城市"神经末梢"延伸。

智慧社区建设 2023年，李沧区打造35个新型智慧社区，包括27个基础型智慧社区、7个成长型智慧社区、1个标杆型智慧社区。建设各类智能设施2.3万余个，增设火灾自动报警设备1.9万余个、高空抛物监控1500余个、电动车进电梯报警设备1400余个，提升社区治安管理水平。探索上流佳苑社区数字家庭建设试点，依托上流佳苑数字家庭智慧电视服务平台，拓展52项服务功能，提升居民生活幸福指数。上流佳苑社区获评山东省首批标杆型智慧社区。

数字基础建设 2023年，

李沧区加快企业"上云用数赋智"进程，为各行业提供专业、安全、可靠的云服务。李沧区入选省级算力网络行业节点，中国移动万年泉路数据中心入选 2023 年省级新型数据中心试点建设名单。在电子政务云上为全区 30 个部门部署 70 余个信息系统，涵盖政府办公、公共服务、监管执法等多个领域，提高了政府工作效率。全年共开展 15 次漏洞扫描，针对漏洞及时进行修复和处理，确保全区信息系统的安全稳定运行。

数据治理

数据共享应用 2023 年，李沧区建设李沧区一体化大数据平台，数据直连青岛市大数据一体化大数据平台，打通省、市、县数据贯通。李沧区被纳入山东省一体化大数据平台县级节点建设名单，被列为提升档次。打造数据创新应用场景 140 个，市级重点数据创新应用场景 7 个。推动数据返还直达基层应用，全年各单位累计调用营业执照、婚姻登记等数据 90.5 万次。

视频汇聚治理 2023 年，李沧区加强全域视联网平台建设，整合全区各项业务资源，实现城市管理、社会治理、应急管理等部门业务协同和智慧化管理运行，汇聚区级平台视频监控 2 万余路，推送市级平台 1.5 万余路，为区委宣传部、

区应急局、市生态环境局李沧分局、区综合执法局、区消防救援大队等 9 个重点部门分配平台使用账号和权限，通过共享赋能各部门各领域，对社会治安、森林防火、防汛减灾等场景进行有效监控。

数据要素价值释放 2023 年，李沧区深化公共数据归集和深度治理，建立李沧区公共数据资产台账，完善公共数据资源的分类分级管理，更新数据资源目录清单 303 项。根据目录清单，按照"按需汇聚、应汇尽汇"的原则将数据汇聚至李沧区一体化大数据平台，数据汇聚共计 6104 万条。加强与数据要素型企业的沟通交流，发挥汽车协会行业优势，挖掘交通行业数据赋能场景。

（区大数据局）

应急管理

突发事件应急处置

应急联动体系完善 2023 年，李沧区应急管理局（简称"区应急局"）以"统一指挥、分级负责、属地管理、高效运转"为工作目标，持续加强立体联动指挥体系建设，做到对接联动事项高效办理。与辖区公安、消防、医疗急救等部门建立了"职责明晰、优势互补、科技支撑、高效便捷"的对接联动机制，遇有重要紧急情况

做到同步响应、同步处置。重点时期、重要节点就森林防火、防汛防雪等安全防范工作视频调度街道、部门 20 余次。

应急值守能力建设 2023 年，区应急局坚持科学化、规范化、标准化目标，注重研发相关培训课程，提升应急值守人员值守应急、信息汇总、综合协调、督导落实和服务监督水平。全年法定节假日及特殊时期前组织应急值守人员开展岗前业务培训 8 次。严格落实《李沧区突发事件信息接报及处置工作规程》要求，全年区应急局指挥中心共接报处理突发事件 316 起，向青岛市应急指挥中心报送突发事件信息 15 起，未发生较大及以上突发事件。

应急信息系统完善

2023 年，区应急局在青岛市应急委办公室统筹部署基础上，结合国家和山东省关于加强应急信息系统建设各项要求，充分整合区应急局指挥中心 18 个平台及各类应急信息系统，确保全区发生或即将发生灾害事故时，能实现快速反应、辅助决策、辅助会商、统一指挥。全年李沧区指挥中心部署有视频监控平台（天网系统）视频监控资源 1300 余路、区融合视频平台视频监控资源 1.7 万余路。装备恩科视频会议终端 3 套、华为视频会议终端 3 套，实现了与青岛市委总值班室、

市政府总值班室和上级应急部门音视频互联互通。

监测预警及响应

预警响应及时 2023 年，李沧区指挥中心加强森林防火期管理，通过天网系统持续关注各山头及防火重点区域，区森林防火应急中队全天 24 小时备勤，护林员全天 24 小时值守在各个护林点，持续监测森林防火形势，随时准备扑火应急处置，确保了全区 2.81 万亩（1 亩 = 666.67 平方米）森林防火安全，实现了"零火情"工作目标。区应急局加强防汛关键期管理，构建了"1+11+N"临灾预警"叫应"体系，即 1 个区级临灾预警"叫应"规定，11 个街道临灾预警"叫应"方案，N 个临灾预警"叫应"网格，打通预警信息传递"最后一公里"。全年发出各类预警信息 400 余条，全区安全形势保持平稳。

提高实战能力 2023 年，李沧区完善李沧区森林火灾"一区一策"救援方案和重要山体"一山一案"森林灭火方案。组织相关单位开展李沧森林防灭火实战演练，进一步检验了森林灭火队伍快速响应时效，提高了森林灭火队伍协同扑救和综合实战能力，确保一旦发生火情即可迅速投入灭火救援工作。各涉林街道按照"一山一案"森林灭火方案开展 11 次应急演练。落实领导带班和全天 24 小时值班制度。分别与城阳区、崂山区组织跨区域演练防灭火实战，进一步强化双方信息共享、队伍联动等联防联控合作机制，提升了跨区域森林防灭火合作能力。

预案修编与演练

2023 年，区应急局聚焦本辖区重点领域、薄弱环节，制订了《李沧区年度应急预案演练计划》，督促指导各相关单位按计划开展预案修编和应急演练工作。全年修编完成区级专项预案 12 个，开展区级演练 20 余场，组织安全生产事故、山林防火、城市防汛、交通事故、火灾事故、公共卫生事件等多项应急预案演练 700 余场，参演人数 7.6 万余人次，进一步强化了基层应急救援队伍的实战化水平。

应急救援队伍建设

2023 年，区应急局加强应急救援队伍建设，组织各街道、各相关单位整合本辖区、本行业内重点企业、各类专（兼）职力量，形成"横纵结合"（横向为综合、专业、社会救援力量；纵向为区、街、社区三级救援力量）应急救援队伍体系；登记备案应急救援队伍 160 余支、3700 余人。其中，依托李沧区消防救援大队成立的李沧区应急救援大队 100 余人，街道应急救援队（兼职）11 支 360 余人，区森林防火应急中队队伍 1 支 30 余人，社区和其他应急抢险队伍（兼职）150 余支 3100 余人。

应急救援物资保障

2023 年，区应急局制发《李

2023 年 12 月，区应急局检查湘潭路街道应急物资储备情况。
（区应急局供图）

沧区应急物资保障领导小组工作规则》《李沧区应急物资储备调拨机制》等文件，进一步压实责任、规范流程、明确措施。建立"实物＋协议"的应急物资储备体系，其中实物储备重点物资三大类（生活保障类、抢险救援类、公共卫生类）200余种。

（区应急局）

12345 政务服务便民热线

全年受理情况

2023 年，李沧区依托 12345 热线和"李即办"平台，回应企业、群众关切问题 27.9 万件，满意率和解决率位居全市前列，相关工作得到青岛市政府领导批示肯定，相关工作经验被《光明日报》《大众日报》《齐鲁晚报》等媒体刊登。

破解民生难题

2023 年，李沧区政务服务便民热线聚焦"事要解决、群众满意"，推动诉求高效办理。坚持"快速响应、限时办结"，健全工单全流程办理机制，确保企业群众诉求即转即办。精准化派单，确保"分得更准"，针对职责边界界定不清、部门协调配合困难大等事项，联合区委编办、区司法局等部门，厘清企业群众诉求中部门职能

交叉事项 36 项，为工单分配"精准导航"。规范化转办，确保"转得更快"，坚持"首次转办、全程跟踪、负责到底"原则，对各类投诉、咨询的受理、转办、督办、反馈等，必须在规定时限内及时完成，确保一单到底、提质增效。强攻坚解决，确保"办得更实"，对历史遗留问题或短时间难以有效解决的难点问题，区级办理团队抽调 10 名业务骨干，成立疑难件攻坚小组，建立攻坚台账，实行"带件走访"办理、逐一明确解决路径。全年组织各类工作调度 200 余次，现场联合办公 150 余次，破解了小区供暖及消防安全、居家社区养老服务站设置等民生难题 700 余件。

注重提质增效

2023 年，李沧区政务服务便民热线聚焦数智赋能、督考一体，推动"四率"持续提升。本着"把实际情况查清、将政策依据找清、向人民群众讲清"原则，不断优化办理程序、升级改造系统，扎实推进各类诉求办理。细化回访制度，在全市率先启动"智能回访"试点工作，在话术设置、提前督办等方面进行积极探索，创新推动 12345 热线和"李即办"工作由"经验处置"向"数字化转型"。坚持每周通报，将 12345 热线和"李即办"办理情况纳入综合考核，压实"管

业务必须管民生诉求办理"责任，每周对全区各承办单位的"四率"进行排名，区委、区政府领导对排名倒数前 2 名的单位进行约谈，传导压力、倒逼提效。创新联合督办，建立 12345 热线和"李即办"与政府督查的协同联动，对涉及旧村改造、营商环境等重点领域的工单，联合"两办"督查部门现场巡查办理，现场解决、定期反馈，有效推动各承办单位及时解决各类诉求。2023 年区级办理团队和平台获评"青岛市巾帼建功先进集体""李沧区改革创新团队""李沧区十大法治示范项目"等。

（区政府办公室）

行政审批服务

概况

2023 年，李沧区行政审批服务局（简称"区行政审批局"）以"深化作风能力优化营商环境"活动为抓手，以优化企业和群众办事流程为出发点和落脚点，通过塑形象、促改革、强服务，创新流程再造，提升服务效能，着力构建具有吸引力和竞争力的优质营商环境。全年办结各类行政审批服务事项 8.5 万余件，受理电话咨询 10.4 万余次，服务群众 15.4 万人次。全区完成公共资源交易项目 42 个，累计交

易额 1.02 亿元，节约财政资金 208.05 万元。

审批提质增效

企业全生命周期服务 2023 年，区行政审批局通过推广"集中办公区"注册、"地址库备案制度"，推出简易注销、代位注销、除名等准入退出便利举措，真正让企业进得来、出得去。其中"个转企"直接变更登记、市场主体数据分析应用列入省级试点，在全市率先试点上线"个体工商户极简登记"系统，精准助力个体工商户做大做强。截至 2023 年底，全区有市场主体 17.4 万户，比上年增长 6.6%，列十区（市）第一位。

重点建设项目快速审批 2023 年，区行政审批局组建"金牌团队"，采取容缺受理、并联审批、跨部门协调等举措推进项目快速审批，做到企业投资项目核准"即报即办"。全年保障枣山路打通等重点项目 22 个，走访恒晟源等园区企业 513 家，解决企业反馈诉求 58 项，省、市重点项目施工许可证办结完成率达到 100%。

打造全流程审批新模式 2023 年，区行政审批局在全省率先上线民办幼儿园"一事全办"智慧审批场景，依托数字化审批平台建设，对开办民办幼儿园审批关联事项提供集成式服务"打包"办理，由原来的 2 个事项 4 个审批环节优化

为 1 个事项 2 个审批环节；申请材料由 29 件精简为 12 件，精简率 58.6%，时限压缩 50%，实现一次申请、并联审批、同步办结、双证齐发。

"证照分离"改革 2023 年，区行政审批局贯彻落实《诊所备案管理暂行办法》，压缩办理时限、简化办理流程、优化备案服务，全面推动诊所备案工作，实现一件事一次办，提升企业群众办事便利度、获得感。诊所备案改革后，新备案诊所取消现场勘验、年度校验，办理环节压缩 50%，办理时限压缩 90%，辖区诊所备案完成率达 100%。

塑造窗口服务形象 2023 年，区行政审批局以第二批学习贯彻习近平新时代中国特色社会主义思想主题教育的开展为契机，推动党建与政务服务工作深度融合，树立"围绕政务抓党建，抓好党建强政务"的服务理念，以党建引领基层

政务服务新格局，通过"拜师请教"跟班学、"结对帮扶"轮岗学、"集体讲堂"研讨学，开展"学业务、强素质、提质效、促改革"等活动，设立"党员先锋岗""服务明星岗"，打造为民、务实、清廉的政务服务窗口形象。

优化政务服务

基层政务服务协同发展 2023 年，区行政审批局坚持统筹推进政务服务能力提升，以"六个统一"夯实标杆创建基础，统一机制推进、统一配备窗口人员、统一建设标准、统一规则管理、统一事项清单、统一服务标准，推动街道便民服务中心持续优化升级。区街同向发力、共商问题、共享经验，多途径加强监督管理，实施品牌特色服务建设，形成"一街一品牌"集群效应。选取上流佳苑社区便民服务站作为改革示范点，把更多资源、服务、

2023 年，李沧区升级智能服务体验专区，打造区"全维度数字化智慧中心"。

（区行政审批局供图）

管理放到社区，将 70 项高频政务服务事项延伸至社区便民服务站办理。全区 9 个街道被评为标杆型便民服务中心，标杆率达 81.82%，位列全市第一。

打造基层数字化服务体系 2023 年，区行政审批局完善政务服务智能化服务手段，运用人工智能技术，建设排队叫号系统，开发"三屏两区"（即扫码互动屏、信息展示屏、查询服务屏以及智能服务体验区、数字化智慧中心区）工作软件，升级智能服务体验专区，打造区"全维度数字化智慧中心"，同步开展数据运用和政务服务态势分析，汇聚大厅各时段各区域办件情况、高频事项等信息，分时段、分热度进行多维度分析，实现窗口实时监控和忙闲情况预警，变经验管理为数据管理，为全区政务服务管理工作提供有力抓手。

构建帮办代办服务圈 2023 年，区行政审批局主动将服务窗口、服务阵地进一步前移，全区组建 285 人的"营在李沧"惠企服务团，构建以区服务大厅为中心、街道便民中心、产业园区、校园、楼宇为触角的"15 分钟帮办代办服务圈"，延伸"政务服务＋帮办代办"服务半径，打通服务群众"最后一米"。

打造"融合服务专区" 2023 年，区行政审批局在全市首推"融合式"服务新模式，选取股权变更、"个转企"等过程繁、耗时长的 10 余项业务，发布"融合式"服务清单。选拔业务能力和服务意识较强的"融合式"服务专员，通过多途径培训强化服务能力，实现从传统的"依申请综窗"服务向"零距离互动式"服务模式转变，一对一"会诊式"帮办代办服务不断增强群众办事体验感和满意度。推行"融合式"服务以来，共为企业群众办理业务 2700 余件，综合受理窗口平均等待时间压缩 21% 以上。

构建审批数字生态 2023 年，区行政审批局上线公共卫生许可等 10 个全流程数字化审批场景，核发全市首张电子城市建筑垃圾处置许可证，实现数据共享一键填报，申请材料 70% 以上"免提交"，申请表单 80% 以上"免填报"，在全市推广应用。研发"小智提醒""小智帮办""小智好差评"等 7 项原创服务应用，压缩办件时限 50%、精简申请材料 60%。

优化营商环境

建立"初创企业服务制" 2023 年，区行政审批局针对初创企业高频需求，建立初创企业微信服务群，联合全区 21 个高频涉企部门，提供办事咨询、政策推送、诉求对接等综合服务，累计服务初创企业 4200 余户，解答问题 1 万余条，相关做法被省、市推广宣传。

提升政策知晓度 2023 年，区行政审批局全面梳理惠企政策清单 200 条，线上通过"青岛政策通"、政府门户网站等平台定期更新推送各级惠企政策及解读信息；线下每月常态化组织举办"营在李沧"等政策宣传解读活动，统筹各部门、街道及商协会组织，强化政策集成供给，促进政策落地见效。全年举办各类政策宣传活动 12 场，参与人数约 600 人。在发放证照、赠送四枚印章的基础上，印制"营在李沧"手提袋、"'码'上兑现"宣传册，累计发放"初创企业大礼包"7500 余套。

多元化营商融合机制 2023 年，区行政审批局组织民营企业家、高校科研院所专家、新闻媒体记者 35 人，成立李沧区营商环境"专家委员会""媒体观察员""体验官"3 支队伍，全力营造重商、亲商、安商、富商的浓厚氛围。全年组织"政府开放日""进大厅、话营商、优服务"座谈会等特色活动 6 次，收集意见建议 18 条。

涉企法律服务精准 2023 年，区行政审批局成立李沧区优化营商环境法律服务工作站，设置"法律服务"窗口，为 3300 家企业、群众提供法律咨询、法律风险提示、惠企政策等"一站式"公益性法律服务。依托山东政务服务网、李沧政务网等多个平台，将职权范围内 84 个许可及关联事项的办理条件、流程等信息准确公开，让权力在"阳光"下运行。

（区行政审批局）

人力资源管理

人才服务

概况 2023 年，青岛市李沧区人力资源和社会保障局（简称"区人力资源社会保障局"）聚焦人才"引育留用"瓶颈，通过改革举措聚人才、助企业、优服务、提质效，打造"近悦远来"的人才生态。全年引进各类人才 13837 人。其中，引进硕博、高级职称及高技能人才 792 人，引进本、专科学历及其他专业技术人才 13045 人；全年累计发放住房补贴、一次性安家费等人才补贴 2870 万元。人才服务工作相关做法被《人民日报》《中国人才》等媒体报道。

吸纳高端人才 2023 年，区人力资源社会保障局建立"政校企协"协同联动工作机制，定期召开"政校企协"就业保障方桌会议，交换"产学研促"合作需求清单，联动开展见习实训、人岗匹配、就业创业指导、技术合作攻关等活动。打造"乐业李沧""一站式"招聘求职云平台，推动实现人岗相配、人尽其才，为"专精特新"企业、重点招才引智项目等开通专属通道，助力企业"大引才""引大才"。推荐 1 家单位设立山东省博士后创新实践基地，2 家单位设立青岛市博士后创新实践基地，6 家单位设立青岛市专家工作站，1 家单位获评青岛市专家工作站优秀科研成果，2 个项目入选全市首批专业技术人才示范项目。

人力资源共享服务 2023 年，区人力资源社会保障局坚持有效市场和有为政府相结合，高标准推进山东省人社厅人力资源共享服务试点，首批遴选 3 家优质市场主体作为人力资源共享服务阵地，设置服务"正面清单"和"负面清单"，培养 10 名共享 HR（人力资源），为企业提供政策咨询、人才推介、创业指导等公共服务及特色服务。打造人力资源共享服务中心，切实推动"一窗办""一次办"。开发线上 HR 共享云平台，打通行政审批数据接口，自动获取新成立市场主体信息，为全区 400 家中小微企业提供共享服务 800 余次，每年可为企业节约人力成本约 2000 万元，该项工作被纳入山东省人社厅绿色低碳高质量发展三年行动方案（2023—2025 年），相关经验做法在山东省委办公厅《今日信息》专报刊发，在《人民日报》《经济日报》等媒体宣传推广。

推动产才融合 2023 年，区人力资源社会保障局深入实施"李遇人才"计划，印发《鼓励企业引进青年人才奖励办法》《区级优秀专家工作站评选办法》等配套细则，促动产才融合发展。以产业园区人才服务需求为导向，进一步拓展"定制化"服务范围，为人才乐业

2023 年 8 月 18 日，"李遇人才 沧器待时"人才服务政策宣讲活动举行，工作人员讲解专业技术人员相关政策。

（区人力资源社会保障局供图）

李沧开辟"绿色通道"。全年为重点产业园区定向开展"李遇人才'沧'器待时"人才服务政策宣讲、"创业有李"主题创业课堂等各类大型活动10余场，助推产业园区人才、项目、企业集聚发展。聚力推进技能培训不断扩面提质，扎实开展职业技能培训工作，依托区内30余家职业培训机构和32家自主评价企业，探索成立李沧区职业技能培训评价联合体，整合区域技能培训资源，梳理培训到鉴定流程堵点，畅通职业技能培训全流程渠道。

事业单位管理工作

2023年，区人力资源社会保障局严把全区事业干部调整关口，完善选人用人机制，规范选拔任用流程，指导开展政府口所属事业单位科级干部调整、全区事业单位专业技术岗位竞聘上岗工作。加强事业单位干部教育培训，大力锻造"实干家"干部队伍。全力提高事业人员理论水平和履职能力，加强干部队伍建设，举办李沧区2023年事业单位新聘用工作人员初任培训专题研讨班、李沧区2023年事业单位科级干部培训班，着力锻造高素质专业化事业单位干部队伍。规范开展事业单位人员考核工作，对878名2022年度考核优秀的事业人员给予嘉奖，对56名连续3年考核优秀的事业人员记功。

全年共审核备案事业单位招聘简章6个，招聘事业单位工作人员88人、控制总量备案管理102人。

（区人力资源社会保障局）

信访工作

信访工作统筹

强化组织领导 2023年，李沧区委、区政府全面统筹党建、经济发展、城市更新和信访工作，始终把信访工作作为"送上门的群众工作"高位推进，协同发力。区委、区政府针对疫情防控政策调整、青岛城市更新建设加快和经济发展难题等情况给信访稳定工作带来的重大变化，常抓常议、科学统筹、合理部署，区领导对突出信访问题和隐患逐案调度、逐事研析、逐人约谈、逐点督查，问题不解决不放过，牢牢把握工作主动权，为信访工作平稳发展提供有力保障。

强化示范带动 2023年，李沧区针对信访矛盾隐患多发的实际，践行"浦江经验""四下基层"，区级领导公开坐班接访、下访走访、调度约访、包案化案，调度各类信访事项，接待来访群众；街道、区直部门单位主要负责人落实"第一责任人"责任，妥善处置商品房项目延期交付、"双拖欠"等重大群体访，一批事关群众切身利益的信访问题得到妥善解决。

强化实绩导向 2023年，李沧区坚持激励和约束并重，把信访工作成效纳入全区每季度"摘星夺旗"擂台赛的重要内容，街道、部门"一把手"打擂台、晒成绩、比高下。完善《李沧区领导干部公开接访暂行办法》，细化完善信访工作"三函"制度，对因工作不到位而引发的重要信访事项及时启动复盘倒查、逐一落实责任查究，有效锁紧责任落实闭环。

信访源头治理

坚持预防在先 2023年，李沧区坚持抓基层、打基础，防风险、控变量，深入开展《信访工作条例》落实年活动和信访问题源头治理三年攻坚行动，扎实推进新时代"枫桥经验"的李沧实践。充分发挥群众的主体作用，完善"社会稳定风险评估信息平台"，完善"1+N+1"稳评新模式，群众代表全程参与监督，提前听取意见建议，有效防范群体性涉访事项。开展群众法规宣传活动，在《信访工作条例》实施1周年主题宣传活动中，组织信访干部进街道、进社区、进企业、进学校、进楼院的"五进"行动，"一对一"面对面互动教育，推动信访工作行为和信访行动"双规范"。

坚持发现在早 2023年，李沧区发挥区、街道信访工作联席会议的协调作用，构建以社区源头受理、部门协同街道助力解决、区级提级研判为主线的层级过滤的三级联动"一站式"矛盾纠纷多元化解体系，打造"九岗一室"，组建部门职能网格员队伍，与社区专职网格员形成有效对接，通过"线上＋线下"渠道，就近化解群众诉求。把信访隐患排查纳入基层专职网格员工作职责清单，全区专职网格员以"入户走访""街坊拉呱"等方式，落实每日巡查报送、每周分析汇总、逐月总结通报等制度，全面掌握基层动态。

坚持化解在小　2023年，李沧区聚焦初信初访，推行"13620"快速回应工作法，即接即转、快办快结、快结快复，同时建立交办转办、答复预审、回访核实、督查督办等闭环管理机制，有效提高化解质效，群众满意度持续提升，年度位列全市第一位。聚焦矛盾纠纷，立足就地调解，先后培树社区品牌调解室，培育了一大批金牌、银牌调解员，涉物业、涉家庭、涉教育纠纷得到有效化解。

信访难题破解

推动多元化解　2023年，李沧区从问题"有解""能解"入手，坚持法、理、情并重，依法解决问题，真情服务群众。按照"三到位一处理"要求，整合资源，充分发挥"两代表一委员""五老三师"和"一队

三会"的作用，推动问题解决。全年包案区领导召开信访调度会178次，约见信访人161人次，协调市级层面调度"三跨"积案21件，召开信访局部门、责任单位碰头会、通气会223次，组织听证会、说理会、评理会176场，有效推进信访事项化解。

严把化解质量　2023年，李沧区在化解信访难题过程中，牢牢把住化解矛盾关、化解方案关、案件出口关、结案验收关"四个关口"，既倒排工期，每天一上报、每周一汇总、每月一点评，推动化解进度，又强化依法办理，在全区集中开展"提升信访工作法治化水平"主题活动，组织专业化培训，提高领导干部依法解决信访问题的能力，同时在提交认定前一案一审查、一事一回访，保证质量，确保"事心双解"，年度信访重复率同比下降6.3%。

扩大化解成效　2023年，李沧区注重举一反三，通过化解一个案子、打造一条路径、解决一批问题，以点带面提升信访工作质效。针对不动产"办证难"、回迁安置、欠薪欠费和延期交房等重点领域难题，成立工作专班，开展专项治理，多个超期未回迁项目等困扰群众多年的历史问题得到根本解决。深化"治理重复事项，化解信访积案"活动，下半年集中开展信访积案攻坚化解行动，化解重难点重复信访事项108件。

信访秩序规范

2023年，李沧区扛牢维护稳定的政治责任，做好信访稳定工作。建立经常性信访研判会商机制，根据阶段性信访情况，责任单位逐一落实分类管理；对排查出的信访隐患，推行信访隐患"高、中、低"分级管控和重点人员落实"专人专班专责"，形成区、街道、社区领导三级责任体系。建立日常"四个及时"工作机制（及时接待处理来访事项、及时调度约谈交办信访事项、及时调处重大信访隐患、及时疏导访民情绪），妥善调处化解信访隐患和突出问题。健全信访稳定服务保障方案，完善信息预警平台，丰富信息渠道，优化重要时期值班队伍，建立信访稳定工作一体化指挥体系，形成多地多方高效联动的服务保障工作模式，保持了和谐有序的信访环境。

（区信访局）

东西部协作

组织领导

压实责任　2023年，李沧区委、区政府召开区委常委会会议、区政府常务会议及领导小组会议各1次，专题学习习近平总书记关于深化东西部协作工作重要指示精神及山东

省、青岛市专题会议精神，研究部署2023年度东西部协作工作任务。印发《2023年李沧区协作康县工作要点》，把各项任务层层分解到各成员单位，明确完成时限。同时将东西部协作工作列入区委、区政府年度高质量发展综合绩效考核指标体系，通过月调度、季汇报等措施，督促各成员单位加快工作进度。

加强工作交流　2023年4月20日—21日，康县县委书记张书怀带领康县考察团到李沧区对接东西部协作工作。2023年7月19日，李沧区委副书记、区长魏瑞雪带领考察团到康县开展东西部协作交流活动。互访期间召开李沧康县东西部协作联席会议2次，双方就深化结对帮扶、强化产业帮扶、加强就业帮扶和消费帮扶，助推各层级各领域深入对接进行座谈交流，研究解决问题、推动工作落实。

推进结对帮扶　2023年，李沧区组织辖区10个街道、10个社区、6所学校、6家医院、4家企业、1个社会组织，与康县开展结对帮扶，签订帮扶协议，制订帮扶工作方案，开展帮扶活动。

巩固拓展脱贫攻坚成果

劳务协作　2023年，李沧区举办中式烹调、金属摆件制作等劳务技能培训2期，康县202名脱贫劳动力参加培训。全年康县到甘肃省外转移就业的农村劳动力434人（其中脱贫劳动力391人）；在甘肃省内就近就业的农村劳动力624人（其中脱贫劳动力404人）。持续扶持建办、认定帮扶车间28家（其中易地扶贫搬迁点帮扶车间2家），吸纳农村劳动力就业624人，其中脱贫劳动力404人。

消费协作　2023年，李沧区持续组织开展"甘货入青"系列活动，畅通协作地农特产品在李沧区销售渠道。借助线上、线下等销售模式，加大协作地农特产品销售力度，共采购、帮助销售农副产品1.06亿元，其中，组织购买甘肃省农副产品2052万元，帮扶康县销售农副产品8541万元。

加强区域协作

企业投资合作　2023年，李沧区结合协作双方资源禀赋和产业发展需求，组织青岛融源影视传媒有限公司、青岛芋丰农业科技有限公司、青岛花田食品科技有限公司、李沧区青年企业家商会等6家企业参加"鲁企走进协作地·甘肃行"活动。其中青岛芋丰农业科技有限公司在康县设立公司，投入资金1300万元，实施魔芋全产业链项目，项目带动农户50人（其中脱贫劳动力32人）发展生产。

帮扶企业落地　2023年，李沧区帮扶引导落地投产企业7家，到位投资6585万元，吸纳农村劳动力380人。其中青岛芋丰农业科技有限公司、康县鲜意浓农业开发有限公司、甘肃千帆韵农业科技有限公司、甘肃天福源农业发展有限公司、陇南联陇玩具有限责任公司等5家企业完成投资1000万元以上，共吸纳农村劳动力308人。

打造产业园区　2023年，李沧区帮扶建成康县工业园区产业孵化园，陇南康瑞文化旅游公司、甘肃椒房殿农业科技有限公司、甘肃千帆韵农业科技有限公司3家企业入驻，入驻企业吸纳农村劳动力38人。帮扶建设康县东西部协作乡村振兴示范建设二期项目（东西部协作文化旅游产业示范园区建设项目），通过发展旅游服务，带动125户507人就近就地就业、提高收入。帮扶建设集生态农业观光、教育科普、产业培育、农业技术培训为一体的东西部协作福坝现代生态农业示范园，发展壮大村集体经济，吸纳农村劳动力35人。

助推乡村全面振兴

干部人才交流　2023年，李沧区选派副处级挂职干部1人，挂职期2年（2022年6月至2024年5月）。全年选派司法、文旅、教育、医疗等各类专技人才21人（其中帮扶12个月以上专技人员 2 人）。李沧区医疗专家组赴康县开展义诊帮扶活动期间，共接待义诊群众 220 余人次，提供健康咨询 180 余人次，发放宣传资料 400 余份，培训县乡卫生专业技术人员 120 人次。接收康县教育、卫健、司法等领域专技人才 42 人到李沧区学习交流。

干部及专技人才培训　2023 年，李沧区紧扣康县县域经济发展模式和乡村振兴实际需求开展人才培训，全年举办各类培训班 7 期，参与培训 1250 人次，提高了康县各类人才队伍的技能水平。

资金保障　2023 年，李沧区安排青岛市级及李沧区级财政帮扶资金 5530 万元援助康县，其中李沧区拨付康县自筹区财政资金 1135 万元。动员社会力量开展捐款捐物，共发动社会力量捐款捐物价值 507.34 万元，其中捐款 147.53 万元、物资价值 359.81 万元。

打造乡村振兴示范村　2023 年，李沧区利用协作帮扶资金，助力建设康县豆坝镇栗子平村乡村振兴示范村，持续改善人居环境，推进文旅融合，发展壮大村集体经济。

乡村振兴成果

教育帮扶开花结果　2023 年，李沧区立足教育资源优势、持续发力结对帮扶，多措并举、创新方式，促进了青岛铜川路

2023 年，李沧区帮扶建成康县工业园区产业孵化园，3 家企业入驻，吸纳农村劳动力 38 人。图为园区场景。　（区发展改革局供图）

小学和康县长坝镇中心小学的深层次的教育实践交流学习，让大山里的孩子更多地享受到公平、高质量的教育资源，让结对帮扶落地生根，开花结果。铜川路小学为长坝镇中心小学捐赠冲锋衣一批，价值约 1.4 万元；寄送《教育的情调》《班主任微创意》等书籍 20 多本；为班主任工作室联盟活动中 4 位康县班主任寄活动奖品；为结对学校学生寄送作业本 200 册，作为学生平时活动奖品；发动爱心家长为长坝镇中心小学学生杨瑞强进行资助；开展学生教育与转化线上专题研讨活动、班级文化建设专题研讨、班队会活动及班级管理专题活动等特色教研，提升结对学校的教学水平。

深化人才交流　2023 年，李沧区充分利用东西协作帮扶资源，围绕选派挂职、学习考察、专题培训等与陇南市康县沟通对接，续写了"山海"人才交流新篇章。党政干部互通打基础，充分发挥两地党政干部"牵线搭桥"的重要作用，加强与康县沟通对接，研究解决问题、推动工作落实。专技人才互派强技能，协助康县专技人才"走出去学"和"请进来教"相结合的帮带模式，选派 21 名专业技术人才赴康县开展技术指导和帮扶培训，接收康县教育、卫健、文旅、司法、环保领域 42 名专业技术人才到区对口单位开展为期 1 到 6 个月的学习交流。协作培训互促提能力，紧扣康县县域经济发展模式和乡村振兴实际需求，开展"李康"两地协作培训，举办各类培训 7 期，参训人数约 1250 人次，提高了康县各类人才队伍的技能水平。

（区发展改革局）

机关事务

办公用房管理

2023 年，李沧区机关事务服务中心（简称"区机关事务服务中心"）贯彻落实中央八项规定精神，规范办公用房使用管理，加强政策解读，定期组织开展全区党政机关办公用房使用管理督导检查，督促抓好整改落实，形成闭环管理。调研全区党政机关办公用房使用现状，研究制订办公用房保障方案，通过动态管理台账，全面掌握各单位办公用房使用状态，在严格使用标准前提下，推动集中办公区会议室等服务用房一室多能、共享共用，实现办公用房资源统筹高效利用。

公务用车管理

2023 年，区机关事务服务中心稳步推进公务用车管理规范运行，常态化开展用车检查，切实把"严"字落实到公务用车"全生命周期"管理的各环节。按照"过紧日子"的要求，从严公务用车购置、处置审批，集中公务用车管理使用，定点加油、定点保险、定点维修，实现成本节约，并全部纳入信息化平台，用车情况全方位、动态实时监管，有效杜绝公车私用、私车公养，避免"车轮"

上的腐败和浪费。开展公务用车突出问题整治，对发现的问题限期整改落实，坚持"回头看"复查验收。

公共机构节能

2023 年，区机关事务服务中心发挥绿色低碳示范引领作用，组织召开全区公共机构节水型示范单位创建工作会议，开展"让垃圾分类成为新时尚"主题宣教活动和公共机构绿色低碳讲堂，覆盖 300 余人。加强多样化、常态化的节约教育，充分利用电子屏、宣传牌等阵地，做好反食品浪费、节水、节电、节油、节能的宣传引导。在机关餐厅组织开展一系列厉行节约的实践活动，营造"人人讲节约、处处见行动"的氛围。发挥公共机构示范引领作用，通过机关党建"第一课堂"、垃圾分类观摩学习、节能宣传周、世界地球日等活动，引导

干部职工树牢节约理念。区机关事务服务中心获评国家四部委颁发的"节约型机关"称号。

后勤保障服务

2023 年，区机关事务服务中心坚持"勤俭办一切事业"的工作要求，突出保障为本、节俭为要、创新为先，不断提升后勤保障服务质效。聚焦节约型食堂建设，严格进货把关，持续提高成菜率。开展"光盘行动"，实行"大碗小碗"分餐、少量多次取餐，鼓励利用原材料边角余料开发菜品。区机关事务服务中心负责管理的 2 处机关食堂获评"山东省营养健康食堂"。聚焦节能降耗，将办公区域走廊、楼梯照明改为感应开关，有效降低照明能耗。设置高效喷淋装置，实现机械化和自动化、节省劳动力的同时，大幅降低灌溉用水量。安装雨水、净水机废水收

2023 年，区机关事务服务中心发挥公共机构示范引领作用，开展"节能降碳 机关先行"活动。
（区机关事务服务中心供图）

集器，实现水循环二次利用。聚焦会务服务"标准化"，使服务人员的职责更加清晰、操作流程更加规范，完成山东省委巡视组驻李沧区工作场地服务保障、全市城乡社区治理工作李沧现场会等会务工作。聚焦"机关事务＋信息化"，整合机关大院车辆道闸、人脸识别门禁等系统，打造"智慧安防"平台。在机关大院、区图书馆、区市民公共服务中心等停车区域拓展机动车位，安装充电桩，为群众共享停车、新能源充电提供便利。聚焦群众生命安全，围绕心肺复苏术、AED 使用、救火救援等开展应急培训，提升后勤服务人员应急救护能力。

节能监管系统试点建设

2023 年，区机关事务服务中心争创省试点任务，推动节能"一张网"建设。探索采取合同能源管理模式，在实施节能技术改造的同时，搭建起区级节能监管平台，对区域公共机构进行宏观节能监管、自动节能诊断，实时动态监测用电、用水、用气以及热力能耗等数据信息，通过大数据智能分析，深挖各环节、各部位、各设备

节能潜力，为节能工作科学决策、精准施策提供有力的数据支撑。2023 年 6 月份通过山东省公共机构节能监管系统建设试点验收，获得山东省财政厅拨付专项奖补资金。试点项目入选青岛市大数据创新应用 100个典型应用场景案例。

（区机关事务服务中心）

国防动员

人防工程管理

2023 年，李沧区加大对各类人防工程日常维护管理及安全检查巡查，严格落实单建人防工程安全检查"驻点"工作，全年共出动 85 人次，排查隐患12 处，整改完成 12 处，整改率为 100%；完成对李沧区原碱厂地块等 16 个新建项目地块内早期人防工程及设施调查，严格按照程序办理防空地下室建设项目竣工备案 14 个，回应和解决市民诉求，办理涉及人防工程诉求 100 余件。

指挥系统建设

2023 年，李沧区按照统一领导、统一规划、统一使用，归口建设、归口管理、归口保

障的要求，调整优化抢险抢修、医疗救护等 10 余种专业队伍；根据防空警报器布局规划，增设、更新电声警报器 5 台。完成了《街道、社区居民疏散安置接收方案》《人防工程应急处置专项预案》等 4 个预案修订；组织参加国防动员指挥信息化集训、跨区支援协同、"青盾—2023"重要经济目标防护实战化演练 10 余次；完成"金盾—2023"青岛市防空防灾警报试鸣演练 5 次。组织中防商街等重点场所应急处置疏散演练、防汛演练、有限空间处突演练。

宣传教育

2023 年，李沧区把人民防空宣传教育纳入国防教育、法制教育、爱国主义教育和安全应急教育体系，统一部署，统筹安排。深化人防宣传教育"六进"工作，完成了国际民防日、防灾减灾日、"11·14"警报试鸣日等进广场、进社区、进企业、进机关宣传活动，发放宣传材料 5000 余份、悬挂结建防空地下室宣传教育知识挂图 300 余幅，播放《生命之盾》《防空防灾警报信号的辨别与行动》等宣传片。

（区发展改革局）

中国人民政治协商会议青岛市李沧区委员会

综　述

工作概况

2023 年，中国人民政治协商会议青岛市李沧区委员会（简称"区政协"）以学习贯彻习近平新时代中国特色社会主义思想为主线，学思想、强党性、重实践、建新功，坚持"一个统领、双向发力"，着力新中心、着眼新未来，有序推进政治协商、民主监督、参政议政，更好地凝聚共识，全年开展重要协商活动 7 次，调研视察 45 次，报送协商议政报告、社情民意专报 23 期，提交提案 129 件，为加快打造全市新旧动能转换示范区、奋力谱写中国式现代化李沧实践新篇章贡献了政协智慧与力量。

提案工作

2023 年，全区政协委员坚持以习近平新时代中国特色社会主义思想为指导，深入学习贯彻中共二十大精神，紧紧围绕区委、区政府中心工作和人民群众普遍关心的热点难点问题，深入调查研究，积极建言献策，共提出提案 129 件。

经审查立案 119 件，确定全会建议案 2 件，立案率 92.2%。经过全区 44 个承办单位认真办理，全部提案均已办结，实现了提案面复率、答复满意率均 100%。

团结联谊

团结合作筑同心　2023 年，区政协坚持党组主席会议成员联系民主党派、工商联工作机制，召开各民主党派、工商联代表座谈会 8 次，畅通了交流渠道。各党派、人民团体参加协商活动 58 人次，提交大会发言 30 篇。扩大与非公有制经济人士交往，到民营企业调研 46 次，推动构建亲清政商关系。发挥政协界别优势，支持委员参与有关部门开展的交流恳谈会等活动，新打造社会福利界、工商联界 2 处界别委员工作室，更好地汇识、汇智、汇力。

广泛联谊聚人心　2023 年，区政协探索构建全国、省、市、区"四级"委员联动履职机制，邀请 18 名住区委员出席政协常委会、专题协商等活动，推动李沧区议题在市级以上层面获得更多关注。积极与上级对接，加强对外联络，进一步加强与全国、省、市政协专委

会、各界别活动组和先进地区政协的联系，与上海市、江西省等 7 地地方政协开展互动交流，组织赴杭州市、西安市等地政协考察学习，接待省内外政协考察团组 15 个、191 人次，推介李沧区在教育、城市更新、未成年人保护等方面经验，扩大李沧影响力，提升李沧区的美誉度。

文史宣传强信心　2023 年，区政协开展迎旅发大会——"来李沧遇见'梅'好"文创活动，邀请青岛市政协书画院 20 名知名书画家到李沧区挥毫泼墨，绘就美好李沧。组织区政协书画联谊会开展活动 7 次，做好文史编辑工作。用好政协多媒体传播渠道，全年推送信息 208 条，展示政协委员履职风采，展现李沧政协履职实践。

政治协商

着力商要事

2023 年，区政协围绕如何彰显青岛中心城区的区位优势、交通优势、空间优势与人力资源优势，着力在"3+2+4"现代产业体系等重点领域，以建设新旧动能转换产业示范区、青

2023 年 8 月 29 日，区政协组织部分政协委员围绕"城市更新和城市建设三年攻坚行动"开展专项视察活动。

（区政协办公室供图）

岛创新创业活力示范区为题进行协商，赋能李沧蝶变升级。着眼提升李沧高质量发展综合竞争力，围绕数字李沧建设开展协商式调研。深入十梅庵城中村改造项目、重庆高架路项目和双峰山公园项目现场视察调研，看变化、增信心、解难题、献良策。协同青岛市政协、青岛市广播电视台"委员直通车"栏目组走进新旧动能转换示范区楼山后片区开发现场，展现李沧区发展潜力，相关报道全媒体播放量达 50 万次。

专题议大事

2023 年，区政协抓住人才、实体经济两项引领李沧迈向新未来的关键大事，召开实施人才强区战略专题议政性常委会，13 名正能量"四团"特邀顾问、委员就人才培养引进、创业平台搭建等方面，提出 51 条具体建议。聚焦发挥李沧青年人才汇集优势，围绕打造青年创新创业新高地专题协商，助力青年发展友好型城区建设。围绕发展园区实体经济，委员们主动调研，积极建言，形成了一批高质量的协商成果。全年开展"倾听与商量" 4 次、视察监督 6 次、调研活动 39 次、形成发言材料 72 篇、专报 17 篇。

用心办好事

2023 年，区政协开展推进区域教育教学水平提升专题调研，围绕中华优秀传统文化创造性转化、创新性发展进行专题协商，举办"推动传统文化'两创'弘扬社会正能量"专题讲座，助力厚植李沧文化底蕴。组织开展 0 ～ 3 岁婴幼儿照护、农贸市场智能化运营视察调研，倾听多方声音，商量解决之道，让高质量生活品质成为吸引青年人才的重要加分项。

合力干实事

2023 年，区政协深入开展"我为发展献良策、解难题、建新功"活动，就"挖掘港澳台侨外资源优势，着力推动李沧区'双招双引'工作"进行专题调研，组织召开部分委员座谈会，为招商引资牵线搭桥。广大委员响应"立足岗位作贡献"活动号召，投身"双招双引"主战场，以委员行动力共添李沧新活力。全年共新引进项目 66 个，其中超过 1 亿元项目 6 个。

参政议政

正能量"四团"强引领

2023 年，区政协推动政协正能量"四团"制度化、规范化建设。119 名特邀顾问、425 名团员提出"金点子"，在青岛市政协等市级以上平台发言 17 人次，更加彰显履职成效。发挥特邀顾问作用，邀请 40 名专家学者、实干家参加协商活动 25 场次，提出"发挥李沧主城区位优势，打造青岛新中心、新未来"等方面意见 100 余条，编印的《凝智集（2023 版）》受到好评。正能量团员参加"双招双引""五进五送"等活动，开展调研视察、走访慰问 2700 场次，彰显履职正能量。

构建立体化协商新体系

2023 年，区政协立足发展所要、党政所需、群众所盼、政协所能，把握政协协商工作主线，构建起以"2+4+N"协商平台为基础、社区"三室一站"为延伸、"四级"委员联动协商为拓展、数字赋能全天候协商为保障的协商新体系。完善"三步走"重点提案工作法、"七步"协商工作法，在倾听中广集众智、寻求最大公约数，在商量中深谋良策、提出最佳建议案。

打造"智 +"履职新模式

2023 年，区政协持续推进"数字政协"建设，"智 + 平台"搭建云商载体，打通政协组织、政协委员与界别群众联系的"最后一公里"，丰富了"委员就在身边，政协离自己很近"的实践路径。"智 + 应用"拓展服务场景，"数字政协"服务保障会议活动 77 次，"委员提案""社情民意"数字板块为委员建言资政开通了"直通车"。"智 + 数据"掌握履职动态，客观展现委员关注热点、履职重

点等内容，推动委员服务管理更加精准、科学、有效。

履职为民

开展"五进五送"公益活动

2023 年，区政协鼓励委员进机关、进学校、进社区、进商超、进企业，送科技、送文化、送法律、送健康、送爱心。委员们走基层、访群众、惠民生，超额完成 500 场公益活动，共开展 1907 场次，服务群众 1.5 万余人次，捐款捐物价值 276 万元，以实际行动增进了人民福祉。

激励委员尽责

2023 年，区政协学深悟透习近平总书记关于政协工作的 8 个方面指示要求，贯彻落实"懂政协、会协商、善议政，守纪律、讲规矩、重品行"十八字重要指示，以政治培训为主线，组织"学习新思想 践行新使命"政协委员履职能力培训班 3 期，委员们立足"双岗"，践行"双责"，展现"双作为"，涌现出"双岗双责双作为"突出贡献奖获得者 30 人和优秀政协委员 56 人。14 名委员被有关部门聘为监督员，28 名委员获得区级以上表彰奖励 41 项，3 名委员获批国家发明专利 26 项，2 名委员被推荐为青岛市政协"杰出政协委员"。

主要会议

政协青岛市李沧区第七届委员会第二次会议

2023 年 1 月 4 日—6 日举行。会议应到委员 221 人，实到 168 人。与会人员听取和讨论了区委书记张友玉在开幕会议上的讲话；审议通过了区政协主席高田义代表第七届区政协常委会所做的工作报告和区政协副主席张璞所做的提案工作报告；补选陈黎明为区政协副主席，补选张霓、彭永法为区政协常务委员。与会委员列席区第七届人大第二次会议，听取和讨论了区政府区长魏瑞雪所做的政府工作报告，听取和讨论了区法院工作报告、区检察院工作报告及其他有关报告。委员们认真履职尽责、积极议政建言，圆满完成各项任务。会议期间共收到提案 129 件，审查立案 119 件。会议通过政协李沧区第七届委员会第二次会议政治决议；表彰了 2022 年度"双岗双责双作为"突出贡献奖获得者、优秀政协委员和区政协第七届第一次会议以来的优秀提案、提案承办先进单位。

政协青岛市李沧区第七届委员会常务委员会会议

第六次会议 2023 年 2 月 22 日举行。会议审议通过了政

协李沧区委员会 2023 年工作要点和区政协正能量"四团"特邀顾问调整名单。

第七次会议　2023 年 6 月 13 日举行。会议传达学习李沧区委《关于加强和改进新时代政协工作的实施意见》，审议通过政协委员调整名单，审议通过政协专委会主任、副主任调整名单，审议通过政协正能量"四团"特邀顾问调整名单，会议还审议了其他事项。

第八次会议暨"大力实施人才强区战略，加快新旧动能转换示范区建设"专题协商会议　2023 年 7 月 26 日举行。会议传达学习了习近平总书记在中央人才工作会议上的重要讲话精神和全国政协第十四届常委会第二次会议精神，听取上半年全区经济社会发展情况和 2023 年区办实事进展情况通报，6 名政协特邀顾问、委员代表围绕"大力实施人才强区战略，加快新旧动能转换示范区建设"建言议政，区委书记张友玉出席会议并讲话。

第九次会议　2023 年 8 月 15 日举行。会议传达学习 7 月 24 日中共中央政治局会议精神，审议通过政协专委会组成人员调整名单，审议通过政协正能量"四团"特邀顾问调整名单，审议通过政协正能量"四团"组成人员调整名单。会议还审议了其他事项。

第十次会议暨"大力发展

2023 年 1 月 4 日，中国人民政治协商会议青岛市李沧区第七届委员会第二次会议举行。　　　　（区政协办公室供图）

园区实体经济，加快推动经济高质量发展"专题协商会议　2023 年 12 月 13 日举行。会议传达学习了习近平总书记在第二十届中央财经委员会第一次会议上的重要讲话精神和有关会议精神，听取了区政府关于区政协第七届第二次会议提案办理情况的通报，8 名政协委员围绕"大力发展园区实体经济，加快推动经济高质量发展"建言议政。

主要活动

2023 年 2 月 10 日，区政协举办党组理论学习中心组（扩大）读书会，围绕"加强沟通艺术性、增强工作协同性、强化组织纪律性，推动'政通协和'机关建设再上新水平"集体学习交流。

2023 年 3 月 16 日，区政协党组书记、主席高田义在沧口街道紫荆苑社区实地督导检查全国文明典范城市创建工作。

2023 年 3 月 17 日，青岛市政协书画院到李沧区开展迎"旅发大会""来李沧遇见'梅'好"文化活动。

2023 年 3 月 24 日，区第七届政协党组理论学习中心组进行集体学习研讨，深入贯彻落实党的二十大和全国两会精神，传达学习新修订的《中国人民政治协商会议章程》，深化理解政协章程修改作出的新要求。

2023 年 3 月 30 日，区政协举办【倾听与商量】"加快青岛创新创业活力示范区建设，打造火车北站交通商务增长极"专题协商座谈会。

2023 年 4 月 4 日，区政协组织召开"智能化文明农贸市场创建工作"专题视察座谈会。

2023 年 4 月 16 日—28 日，区政协举办 2 期政协委员"学

习新思想 践行新使命"培训班，推动政协委员切实担负起新时代人民政协的使命责任，更好围绕中心、服务大局，推动李沧区经济社会高质量发展。

2023 年 5 月 10 日，区政协召开"倾听与商量"专题协商会，围绕"聚焦新中心新未来、着力打造青年人创新创业新高地"建言议政。

2023 年 5 月 11 日，区政协组织召开"后疫情时代科技赋能传统行业趋势"科技界别委员座谈会。

2023 年 5 月 25 日，区政协围绕"规划建设胶州湾科创新城，打造青岛未来产业增长极"开展视察。

2023 年 5 月 30 日—31 日，区政协党组书记、主席高田义到青岛海诺学校、李沧区夏庄路幼儿园、青岛李沧区第二实验小学开展慰问活动，给少年儿童送去节日问候，感谢广大教师辛勤付出。

2023 年 5 月 31 日，区政协组织港澳台侨外和民宗委的委员到李沧区华泰老年护理院开展公益活动。

2023 年 6 月 8 日，区政协召开【有事多商量】"倾听与商量"专题协商会，围绕"健全学校家庭社会育人机制，推进区域教育教学水平提升"建言议政。

2023 年 6 月 9 日，区政协

到世园街道上流佳苑社区开展集体学习研讨，传达学习习近平总书记在文化传承发展座谈会上重要讲话精神。

2023 年 6 月 20 日，区政协离退休干部喜庆中国共产党华诞暨"光荣在党 50 年"纪念章颁发仪式在世园街道上流佳苑社区举行。

2023 年 6 月 27 日，区政协文化文史和学习委组织特邀二组委员视察上流佳苑社区卫生服务中心。

2023 年 7 月 12 日，各街道政协委员联络室座谈会在沧口街道紫荆苑社区"有事多商量"——"三室一站"示范点召开。

2023 年 7 月 27 日—28 日，区政协组织机关干部和部分政协委员到临沂市举办"传承红色薪火、赓续红色血脉"主题培训班。

2023 年 8 月 17 日，区政协港澳台侨外事和民族宗教专委会组织特邀一组委员到青岛市离退休干部党建基地融合共建示范点、李沧区青岛现代金融·科技产业园开展视察活动。

2023 年 8 月 29 日，区政协党组书记、主席高田义带队到东南渠城中村改造项目、重庆路高架桥项目和双峰山公园城市项目开展"城市更新和城市建设三年攻坚行动"专项视察活动。

2023 年 8 月 30 日，区政协港澳台侨外事和民族宗教专委

会组织开展委员企业走访活动。

2023 年 8 月 31 日，区政协组织开展【倾听与商量】"规划建设新旧动能转换产业示范区，打造青岛未来产业增长极"专题协商活动。

2023 年 9 月 6 日—8 日，区政协党组书记、主席高田义到金川路幼儿园、徐水路小学、山东外贸职业学院、青岛工贸职业学校、青岛三中、永安路小学、沧海路小学、恒星科技学院走访调研，看望部分教育界委员，致以教师节问候。

2023 年 10 月 24 日，区政协港澳台侨外事和民族宗教专委会组织专委会委员围绕"挖掘港澳台侨外资源优势，着力推动李沧区'双招双引'工作"开展专题调研。

2023 年 11 月 2 日，区政协社会法制委员会组织部分委员参加交警李沧大队"听民声、解民忧、办实事、创满意"恳谈活动。

2023 年 11 月 15 日，区政协在沧口街道紫荆苑社区"有事多商量""三室一站"示范点围绕提案质量提升、港澳台侨外事和民族宗教工作高质量发展开展调研活动。

2023 年 12 月 1 日，"推动传统文化'两创'，弘扬社会正能量"专题讲座举行，区政协党组书记、主席高田义出席活动。

（区政协办公室）

中共青岛市李沧区纪律检查委员会李沧区监察委员会

政治监督

做实政治监督

2023 年，中共青岛市李沧区纪律检查委员会李沧区监察委员会（简称"区纪委监委机关"）聚焦习近平总书记重要指示批示，健全台账管理、督查问责、"回头看"等制度，检视进展，持续跟踪落实，坚定不移地督促推动执行不偏向、不变通、不走样，确保件件有成效。健全政治监督总台账，出台"小切口、大整治"专项监督实施方案，选取 8 个"小切口"建立"子台账"，建成区、街道两级政治监督活页 65 个。持续深化巡察整改和成果运用，做实巡察整改日常监督，严把整改监督关口，做实整改成效评估，督促 4 轮巡察 30 个被巡察党组织全面完成巡察整改任务，整改完成率达 100%。

做细专项监督

2023 年，区纪委监委机关深入落实"一台账、两清单、双责任、双问责"监督机制，监督关口前移，"室组地"贯通协同实施项目化监督，督促职能部门防范化解风险隐患。统筹开展黄河重大国家战略、森林防灭火、老旧小区改造责任落实等专项监督，配合主题教育开展政府拖欠账款问题等专项整治，严肃查处背后的责任、腐败和作风问题，累计发现并督促整改立行立改问题 300 余个。

拓展"护航行动"

2023 年，区纪委监委机关开展"精准监督护航、优化营商环境——纪委监委在行动"，开展走访项目企业"敲门行动"，发布护航动漫征集令，组织"办不成、我来帮"活动，搭建"纪企直通车"相关平台，摸排涉企问题；召开"协同监督、精准护航"系列活动启动仪式，强化与涉企部门协作配合，协同区人大常委会、区政协机关选聘 20 名"营在李沧护航员"，联合相关职能部门打造"营在李沧 清风护航"公益讲座，推动健全"大护航"机制；针对路牌变更导致企业"多跑腿"问题，协调公安李沧分局与李沧区行政审批服务局移交共享路牌变更信息并推广至全市，带动 600 余条道路完成数据变更。全年累计受理处置损害营商环境问题线索 72 件，批评教育和处理 94 人、9 个党组织，督促为企业解决问题 134 个，优化体制

2023 年 2 月 3 日，中国共产党青岛市李沧区第七届纪律检查委员会第三次全体会议召开。　　　　（区纪委监委机关供图）

机制 9 项，推动政商交往"亲而有度、清而有为"。

高压反腐

推进反腐败斗争

2023 年，全区纪检监察机关共处置问题线索 368 件、立案 93 件、给予党纪政务处分 111 人，审查调查工作获青岛市纪委主要领导肯定性批示 4 次。完成区委交办的市级国有直管非住宅房屋监管、双招双引、营商环境等重点任务，获区委主要领导肯定性批示 5 次。抓好案件质量常态化评查工作，制发审查调查工作提示，构建案件质量共同体。创设"李大清""沧小廉"IP 形象，创制"走读式"谈话安全动漫短视频专辑库，经常性开展办案安全实地检查，守牢案件质量和办案安全底线。区纪委监委获评"2022 年度山东省反洗钱工作先进集体"，1 人获评"2022 年度山东省反洗钱工作先进工作者"。

整治"蝇贪蚁腐"

2023 年，区纪委监委机关深化"群众点题整治"工作机制，围绕 8 个领域 22 项重点深入开展专项整治，在"清廉李沧"微信公众号公布举报方式，受理群众急难愁盼问题；发布 6 期点题整治成果，让群众全程参与整治过程，累计查处群众身边不正之风和腐败问题 30 起，批评教育和处理 35 人，通报曝光典型案例 5 起 6 人。深入开展房屋产权确权颁证历史遗留问题专项整治，推动全区列入整治台账的 37 个项目全部化解，为 16016 户居民打通了办证路径。

净化政治生态

2023 年，区纪委监委机关将正风肃纪反腐与深化改革、完善制度、促进治理、推动发展贯通起来，精准提出纪检监察建议 30 件。推进新时代廉洁文化建设和清廉建设，分领域创建"清廉润教""温馨清廉医院"等清廉建设子品牌 15 个，拍摄短视频"她的样子"，展现各领域清廉人物风采，制作《节气话廉》等新媒体产品 8 部，联合多部门开展"清风拂红梅·廉画绘李沧"清廉主题书画展等特色廉洁文化活动 9 场，在《中国纪检监察报》《中国纪检监察》杂志、《大众日报》等媒体刊发稿件 70 篇次，推动形成廉洁文化建设全域推进、全面共建态势。

党风廉政建设

（见第 39 页）

政治巡察

推进政治巡察

2023 年，区纪委监委机关配合做好山东省委第三轮巡视期间巡视巡察上下联动工作，工作成果得到山东省委巡视组肯定性评价。分 3 轮对 12 个区直部门、4 个街道及所辖 48 个社区党组织、2 个区直国有

2023 年 6 月 29 日，李沧区"精准容错纠错、激励担当作为"动员部署会议举行。
（区纪委监委机关供图）

企业开展巡察，对4个区直部门进行巡察"回头看"，累计发现面上问题1157个，推动被巡察党组织健全完善制度机制193项。制定对"一把手"巡察监督实施办法，为18个被巡察党组织"一把手"进行政治画像。

推进社区巡察

2023年，区纪委监委机关完成127个社区调研摸底工作，建立街道、社区面上共性问题和具体个性问题"双台账"。出台高质量推进对社区巡察全覆盖的实施意见，制发社区巡察重点内容及操作参考手册，建立社区巡察人才库，创新实行社区巡察业务指导员制度。坚持"开门办巡察"，探索开发"码上巡"小程序，拓宽社情民意收集渠道，及时移交突出问题，督促被巡察党组织立行立改，"短平快"解决个别社区消防设施严重缺失等32件群众反映强烈的难办事、堵心事，收到居民致谢锦旗。

强化巡察整改监督

2023年，区纪委监委机关出台巡察整改成效评估实施办法，创新构建"联动—联督—联审—联评—联治"机制，接续对4轮巡察30个单位开展联动监督，对30个单位集中整改情况报告开展"四方联审"，对11个单位开展巡察整改成效"三方联评"，持续督促被巡察党组织全面完成巡察整改任务720项，相关经验在中央纪委国家监委网站、《中国纪检监察报》等媒体刊发。推动标本兼治，根据巡察发现问题提报专题报告20份、制发巡察建议书5份，在全区层面督促完善了模范机关建设、街道公共法律服务监督考核等制度机制，有效提升工作规范化水平。

健全体系

健全全面从严治党责任体系

2023年，区纪委监委机关巩固并深化领导班子民主生活会督导、政治生态分析研判、全面从严治党责任落实检查考核等有效载体和工作机制，促进党委（党组）主体责任、书记第一责任人责任、班子成员"一岗双责"、纪委监督责任"四责协同"。全区纪检监察机关共对各级"一把手"和同级党委管理的领导干部开展"四谈四促"党内谈话47人次，着力增强对"一把手"和领导班子的监督实效。

完善党和国家监督体系

2023年，区纪委监委机关深化落实全面从严治党政治责任，以资源"大整合"助力监督"大贯通"，强化"室组地"联动、"四项监督"统筹衔接，打造"多维"监督矩阵。加强与督查、财政、审计、机关事务等职能部门的沟通协调，完善力量统筹、线索移交、成果共享等机制，形成常态长效的监督合力。健全"纪巡联动""舆纪联动""督帮一体"等点对点联动监督机制，促进各类监督力量整合、程序契合、工作融合，着力打造具有李沧特色的协同监督工作品牌。

健全纪检监察制度规范体系

2023年，区纪委监委机关一体推进"三项改革"，创新制定失实检举控告澄清正名工作办法、加强街道纪检监察机构审查调查能力建设意见等制度机制。深化派驻机构改革，出台派驻机构综合考核办法、月工作例会制度，坚持平时考核、年度述职、民主测评"三位一体"，推动派驻机构认真履职。稳妥有序组织开展监察官等级确定工作，全区116名纪检监察干部首次确定监察官等级。

（区纪委监委机关）

民 主 党 派

中国国民党革命委员会青岛市委员会李沧区基层委员会

参政议政

2023年，中国国民党革命委员会青岛市委员会李沧区基层委员会（简称"民革李沧区基层委"）加强履职能力建设，做好参政议政、调研、社会服务等各项工作。积极与其他党派和其他区市基层委或总支交流学习履职经验，通过开展社情民意工作学习培训班、参政议政工作交流座谈，切实提高党员建言献策的意识和能力，取得了显著的成果。民革李沧基层委全年完成社情民意40余篇，《环保督察压力之下部分地方超需求建设污水处理设施的情况亟待整顿》《加快制定马铃薯加工肥水还田全国标准，助力中西部农民增收和产业发展的建议》被全国政协采纳，《关于妥善解决建成区内水域综合治理用地问题的建议》被赵豪志市长批示；多篇社情民意被山东省政协、民革山东省委采用；7篇建议提案被区人大、区政协采纳。另有多篇社情民意被青岛市政协、青岛市委统战部、民革青岛市委采用并上报。基层委一、三支部分别承担了青岛市委会重点调研课题"农村生活污水收集和处理""关于城市更新中存量资产的社会效益和经济效益协同发展问题调研"工作、参加了区政协"倾听与商量"火车北站专题调研活动，选派党员参加民革青岛市委会"乡村振兴"专题调研活动。4名党员分别参加区政协法制委员会、城建委员会重点提案办理协商会议。以大力服务"城市更新和城市建设三年攻坚行动"为着力点，发挥支部自身界别优势，针对招商引资、经济普查、垃圾分类、水污染防治、法律服务等方面，立足本职工作，开展调研和社会服务工作。

思想建设

2023年，民革李沧区基层委坚持以习近平新时代中国特色社会主义思想为指导，紧抓思想建设不放松，依据《示范支部创建活动指南》《思想建设考核标准》制订思想学习计划。指导各支部开展"凝心铸魂强根基、团结奋进新征程"主题教育，承接青岛市委会拟发展新党员的理论课程和社会服务方面的授课任务，组织参加区政协"学习新思想 践行新使命"委员培训班、"2023年李沧区党外干部素质能力提升专题研讨班、民革山东省委会骨干党员培训、民革青岛市委会学习二十大精神培训班等，部分人大代表、政协委员和监督员党员参加了区政协座谈会、区法院和区检察院会议，开展"五一口号"征文、文明青岛随手拍等活动，党员的思想与区委保持高度一致，全面打造政治立场坚定、理论本领过硬、干事创业的党员队伍。

社会服务

2023年，民革李沧区基层委巩固发展社会服务。基层委党员长期与甘肃省陇南市开展东西部协作工作，陪同青岛市总工会赴陇南市开展合作签约，组织陇南市中小学生到青岛市开展研学；对口联系青岛市农科院赴定西，针对当归种植重茬、马铃薯加工尾水处理等课题开展科技帮扶。党员们与区内杨哥庄社区、建水兰庭社区和东南渠社区结对，帮扶社区困难群众生活，帮助社区开展水环境保护知识科普、排水管线排查维护等工作。打造"博爱山水"环保公益品牌，开展以生态环境保护、垃圾分类和义务植树为主题的入校园、入社区活动7次，协助青岛市人大常委会、青岛市水务管理局开展了"世界水日"宣传活动。联合李沧区台港澳办公室开展公益助学、慰问敬老院等活动。联合致公党李沧基层委等参加植树节活动。参加市、区台联组织的外出考察活动，走访慰问区台联困难台胞台属等。持续打造"益路同心"公益品牌，开展"逆风飞翔·寒门学子助学"等活动。组织党员采购陇南市地方特产，在李沧区快递物流行业团工委成立仪式暨李沧区"暖蜂驿站"快递小哥关爱活动中，为快递从业者捐赠爱心运动毛巾60条。发动23名零售客户加入爱心服务驿站建设，为辖区内快递行业青年提供临时休息、免费饮水、充电上网、应急救助、雨伞借用等暖心服务。慰问驻区部队、区社会福利院，对留青过年的特殊市政工人群体开展困难帮扶和慰问等活动。相关生态环境保护、农村污水治理工作意见建议被《人民政协报》"统战新闻"版报道。

组织建设

2023年，民革李沧基层委转入党员1人，发展新党员5人，共有党员41人，人员组成进一步年轻化。基层委主委组织基层委工作会议3次、民主生活会2次。3个支部共召开支部全体会8次，支委班子会议12次，开展民主生活会3次。坚持关心老党员生活，春节、端午节、重阳节，支部骨干和青年党员走访慰问退休老党员。配合完成青岛市委会基层组织调研和青岛市委会监督委示范支部、党员之家专项监督工作。不断加强党员自身建设，截至2023年底，民革李沧区基层委有青岛市政协委员1人、区政协委员和人大代表9人。

重要成果

民革李沧区基层委在民革山东省委会的相关评比中，2人获评"2023年度反映社情民意工作先进个人"。在民革青岛市委会的相关评比中，一支部、三支部获评2023年优秀支部；1人获评青岛市政协"2023年度优秀社情民意信息员"。2名委员党员获评区政协优秀政协委员；2名委员党员被区政协授予"双岗双责双作为"突出贡献奖；2名委员党员获评区政协"反映社情民意工作先进个人"。

（民革李沧区基层委）

中国民主同盟青岛市委员会李沧区工作委员会

参政议政

2023年，中国民主同盟青岛市委员会李沧区工作委员会（简称"民盟李沧区工委"）履行参政党职责，积极建言献策，围绕市委、市政府关于"深化作风能力，优化营商环境"的部署安排，撰写的《助力李沧区"深化作风能力 优化营商环境"专项民主监督工作报告》获市长肯定性批示，主委马改蓉撰写的《非员额法官、检察官不应继续担任审委会及检委会委员》的意见被民盟中央采用；从司法实践困境入手，合作撰写的《恶意串通型虚假司法确认民事检察监督方式》一文在《中国检察官》上发表；三医支部撰写的《疫情防控建议》多次获评优秀提案及社情民意信息；酒店管理学院支部积极参加李沧区人力资源社会保障局组织的创业沙龙和创业咨询活动，为广大创业者答疑解惑；联合支部撰写的提案被区政协评为优秀提案。盟员累计提交社情民意20余篇。

社会服务

2023年，民盟李沧区工委倾听广大盟员的意见建议，加强对基层支部工作指导，加强与对口联系单位沟通协作，密切与盟员所在单位的联系，为全区盟员开展盟务工作营造良好环境，引导盟员立足本职、建功立业。开展了"三八"国际妇女节、重阳节、春节走访慰问等活动，为创城等工作捐款捐物，东西部协作采购扶贫产品价值 3 万余元。盟员们立足岗位，发挥优势，突出特色，创新社会服务形式，社会服务工作有成效。盟员高守凯被青岛大学聘为首届青岛市青年教师"菁英计划"导师，入选青岛市物理学会第十二次会员代表大会常务理事，张全政入选李沧区第五届青年联合会常委。教育支部迟玉成发挥专业特长，到莱西市、莱阳市等地免费为当地农民赠送花生良种、开展花生病虫害防治讲座；艺校支部邝建设发挥书法特长参加社区"墨香迎新春·同心送祝福"活动；教育总支李延敏参加中秋、国庆等社区活动演出；三医支部盟员参与救治与各项应急保障任务。政协委员杨玉芳、王新玲、顾一聪被区政协授予"双岗双责双作为"突出贡献奖，李修枫、顾一聪、王冲等被评为优秀政协委员。

思想宣传

2023 年，民盟李沧区工委组织各支部盟员开展中共二十大精神学习，以多种形式学习宣传中共二十大精神；发挥自身优势和作用，通过开展主题教育等多种形式，让盟员更好地理解和掌握习近平新时代中国特色社会主义思想的精髓和核心要义。参与社会实践和调研活动，组织盟员到平度市红色教育基地大泽山抗战纪念馆开展"凝心铸魂强根基、团结奋

进新征程"等调研活动。

组织建设

2023 年，民盟李沧区工委班子结合"基层组织建设年"活动，围绕加强基层组织建设主题，落实班子成员尤其是主委、副主委联系基层支部制度，各支部按照活动实施方案要求，突出加强基层组织建设主题，建设班子有影响力、组织有凝聚力、活动有号召力、盟员有向心力的"四有基层组织"。全年发展新盟员 7 人，完成了青岛酒店管理职业技术学院支部换届工作，为组织注入新生力量。

（民盟李沧区工委）

中国民主建国会青岛市李沧区基层委员会

思想建设

2023 年，中国民主建国会青岛市李沧区基层委员会（简称"民建李沧区基层委"）贯彻中共二十大和二十届二中全会精神，通过集体学习、交流研讨等多种形式，引导和推动各支部开展相关政治理论学习活动，进一步强化会员的政党意识，不断提升民建作为习近平新时代中国特色社会主义参政党的建设水平。通过政治理论学习，广大会员及时、全面地

了解党和国家制定的各项方针、政策，增强会员的政治意识和责任意识，提高基层会员的政治敏锐性和政治鉴别力。

参政议政

2023 年，民建李沧区基层委积极建言献策，切实履行参政党职能，基层组织的参政议政能力进一步增强，不断完善工作机制，深入开展课题调研，课题调研提质增量。发挥基层会员作用，深入调查研究，广泛收集相关信息，认真进行分类整理、提炼，积极建言献策，多渠道收集信息，重视社情民意上报工作。全年组织参政议政专题培训 1 次，分支部组织骨干会员交流参政议政经验。落实班子成员分工负责参政议政工作，全年民建李沧区基层委提交社情民意信息 20 余篇，部分参政议政成果获政协采纳报道。组织青岛市政协经济委、民建界别联合市民营经济局开展"进企业送政策"界别活动。青岛市政协领导、部分民建会员中的青岛市政协民建界别委员及会员企业家参加活动。

社会服务

2023 年，民建李沧区基层委围绕助力"专精特新"企业发展等开展调研，创新开展"重阳敬老""思源·助学圆梦"等社会服务活动，获评民建山东省委 2023 年度全省基层组织先

进集体、民建青岛市委2023年度新闻宣传工作先进单位等。参与市政协经济委、民建界别联合市民营经济局开展的"进企业送政策"界别活动，重阳节开展敬老助老活动，走访民建老会员，送去组织的关心和慰问。心海公益开展了"心海敬老小饭桌之我请老人吃顿饭"项目，弘扬爱老敬老的社会公德。擦亮"思源·助学圆梦"社会服务品牌，民建支部会员全年走访慰问中小学校和特教学校10余所，长期持续对困难家庭孩子进行助学，全年累计捐款捐物价值20余万元。在第三十三次"全国助残日"和"六一"儿童节到来之际，民建李沧基层委到李沧区德瑞康复中心看望慰问残障儿童，送上关怀和温暖。到即墨区鳌山卫镇方正、场元小学，青岛沧口学校等，开展"民建行爱心、喜善暖童心、奋斗中国心"慰问活动，为在校学生送去祝福。东西部协作、扶贫等活动捐款捐物累计价值24.38万元。

（民建李沧区基层委）

中国民主促进会青岛市李沧区基层委员会

参政议政

2023年，中国民主促进会青岛市李沧区基层委员会（简称"民进李沧区基层委"）深入贯彻落实中共中央和省、市、区委决策部署，不断加强基层组织建设，增强组织活力，提高履职能力，强化"和谐共振、助推民生"社会服务品牌，全力助推经济社会发展，切实履行参政党职能。会员提交《关于加强西部老工业区产业转型升级的建议》《关于提高社区文化活动空间利用率的建议》等提案9篇。"创新发展工业设计产业，赋能我市实体经济高质量发展的调研"课题列入青岛市委统战部专题汇报。集体提交青岛市委会社情民意15篇，采用6篇。

社会服务

2023年，民进李沧区基层委深入开展东西部协作文化交流，联合李沧区文化和旅游局、李沧区红十字会开展"青陇一家亲 爱心传书香"图书捐赠与漂流文化活动，该活动也是青岛市2023年度全民阅读重点活动之一。会员周京会牵头组织召开8次活动动员说明会，协调、组织全市60余家爱心企业、50多个爱心捐赠点，向甘肃陇南（康县）地区捐赠爱心图书1.3万余册、价值25万余元，免费发放文旅活动12生肖纪念卡3万多张。市、区两级文旅局、图书馆及青岛市委会官微、大众网、青岛市广播电视台等给予宣传报道。开展文

化进校园公益活动，在青岛市李沧区实验小学、青岛李沧路小学、青岛虎山路小学等10余所学校开展"桔灯共读"进校园公益活动，捐助图书3000余册、价值6万余元，开展阅读专题讲座60余场次，受益学生3000余人次。会员刘媛在青岛永和路小学开展"马勺"非遗社团课程，举办"世界儿童日 绘就儿童梦"主题手工创作活动，受到学生喜爱，人民网、《光明日报》、中国教育新闻网、中国山东网予以宣传报道。会员赵建飞参加校园应急培训等社会活动，被聘为山东轻工工程学校应急安全校外辅导员。会员汤云青开展法律援助案件33件，为社区提供免费法律服务10次，每周五参加李沧区法院案件调解，多次参加法院、检察院案件听证会及李沧区政协组织的法院执行案件社会监督。会员臧家平参加区企业家联谊会社区敬老活动。会员赵建飞参加河北水灾救援志愿活动等。

思想宣传

2023年，民进李沧区基层委深入学习贯彻习近平新时代中国特色社会主义思想，进一步增进道路认同、理论认同和文化认同，激励广大会员"凝心铸魂强根基 团结奋进新征程"。召开学习贯彻中共二十大和全国两会精神专题学习会。开展"凝心铸魂强根基、团结奋

进新征程"主题教育培训，组织会员到胶州市河西郭村艾山红色纪念馆聆听革命故事、缅怀先烈、参观革命老物件，重温英雄事迹和洋河发展历程，感受时代变迁，感悟革命英雄英勇无畏、顽强奋斗的精神，传承红色基因，赓续红色血脉，以实际行动助力李沧区经济社会发展。

组织建设

2023年9月8日，中国民主促进会青岛市李沧区会员代表大会召开。全国政协常委、民进山东省委会主委、青岛市人大常委会副主任、民进青岛市委会主委栾新出席会议并讲话。民进青岛市委会专职副主委、二级巡视员黄勇出席会议并宣读换届决定。中共青岛市李沧区委常委、组织部部长、党校校长石小峰出席会议并讲话。民进李沧区支部主委王岩做工作报告。选举王岩为主委，选举王滨范、汤云清、臧家平为副主委，选举周京会、赵建飞、苗光增、袁少伟、刘媛为委员，组成第一届李沧区基层委员会。10月30日，召开"凝心铸魂强根基、团结奋进新征程"主题教育会议，集体学习《习近平新时代中国特色社会主义思想专题摘编》，传达学习民进中央和省、市开展主题教育指示精神，结合基层委实际情况开展"凝心铸魂强根基、团结奋

进新征程"主题教育。王岩做重点工作部署，结合主题教育对组织发展、基层委特色活动、能力提升、建章立制、"青岛民进"App使用等工作提出要求，根据基层委工作要求和委员自身优势进行了分工，研究并制订了下一步工作计划。

（民进李沧区基层委）

中国农工民主党青岛市李沧区基层委员会

参政议政

2023年，中国农工民主党青岛市李沧区基层委员会（简称"农工党李沧区基层委"）组织党员参加青岛市委会和李沧区的各类会议、培训，提升政治素质和参政议政能力。调动党员参政议政的积极性和主动性，参政议政能力不断提高。区政协第七届第一次会议提交提案7篇，其中1篇获评优秀政协提案。组织全体党员参与山东省委统战部关于大兴调查研究之风、中国新型政党制度发展路径等调研和调查问卷2次，撰写社情民意5篇。

思想建设

2023年，农工党李沧区基层委组织党员开展"凝心铸魂强根基、团结奋进新征程"主题教育，进一步统一思想、坚

定正确政治方向、筑牢共同思想政治基础，强化使命担当，不断提升能力素质。贯彻落实中共二十大决策部署精神，组织党员到台儿庄开展红色主题教育，重温革命历史，瞻仰革命先烈，激发广大党员以革命先辈为榜样，为新时代经济社会高质量发展贡献智慧和力量的信心和决心。

社会服务

2023年，农工党李沧区基层委发挥医药卫生领域骨干力量，积极开展医疗服务、困难帮扶等工作。组织专家志愿者到大枣园社区、九水广场等开展义诊活动，为300余名居民提供诊脉、治疗方案咨询、报告解读、健康宣传、免费测量血压等服务，为2名急性肾衰和长期卧床的患者进行了入户诊疗，受到社区居民好评。到振华路街道四流中路一社区慰问困难群众10余户，捐赠米面油价值3000元。看望慰问农工党老党员并送去慰问金1000元。开展东西部协作购买甘肃省康县农产品价值2万余元，捐款5000元。举办"美丽青岛农工行"送文化进乡村活动，现场创作书画文艺作品20余幅，助力乡村文化建设。

组织建设

2023年，农工党李沧区基层委用好"党员之家"，筑牢基

层组织。重视后备干部培养，向农工党青岛市委推荐政治素质好、业务技能强、热心党派工作的积极分子加入农工党组织。全年发展新党员4人，党员总人数达到89人。农工党李沧区基层委获评农工党山东省委社会服务实践基地、农工党青岛市委先进组织等，二、三支部获评农工党青岛市委先进组织，6名党员被评为农工党青岛市委先进个人。

（农工党李沧区基层委）

中国致公党青岛市委员会李沧区基层委员会

参政议政

2023年，中国致公党青岛市委员会李沧区基层委员会（简称"致公党李沧区基层委"）把社情民意工作作为参政履职的基础性工作来抓，培育人才力量，梳理建言重点，完善激励机制，推进社情民意工作的扎实开展。组织党员开展促进民营经济发展、区办实事推进情况等调研活动，为推动李沧区经济社会发展出实招、献良计。青岛市两会期间，提交的提案、建议获立案6件；李沧区两会期间，基层组织提交组织提案1件，提交个人提案、建议12件。全年撰写社情民意60余篇，调研报告9篇，其中关于青年科技人才引进培育的调研报告经致公党中央报国务院后获国务院有关领导批示。发挥民主监督作用，全年3人次被评为特约监督员。

思想建设

2023年，致公党李沧区基层委扎实开展"凝心铸魂强根基、团结奋进新征程"主题教育，围绕中心大局，认真履职尽责，秉承"致力为公 侨海报国"的精神，学习宣传贯彻中共二十大精神和致公党中央和省、市相关文件，第一时间传达学习各级会议精神。开展学习宣传贯彻中共二十大精神系列活动3次。参加青岛新华书店有限责任公司秋季采购洽谈会，为党员订购4000余元学习书籍；围绕打造"书香支部"，全年线上分享书籍4部，组织线下读书会5次。

社会服务

2023年，致公党李沧区基层委开展"凝心聚力·共建共享"活动、学雷锋志愿服务活动及植树节、送"福"字、走访慰问困难家庭等活动，形成常态化和制度化。组织党员赴结对社区，有计划开展送课、送医、送文化、送科技等惠民服务和国学、天文、法律科普等活动。持续开展优秀传统文化"进社区、进企业、进校园"活动，组织党内艺术家到工业园区、大中小学，服务实体经济，传播优秀文化，向青岛徐水路小学捐赠图书，开展爱国教育进校园活动。在兴城路街道四流北路社区开展健康养生知识讲座。参与全国文明典范城市创建，走访慰问"创城"一线工作人员。参加"同心参与·携手禁毒"公益活动，制作宣传海报，做客公益讲堂。参加消防安全宣传"进地铁"活动，开展民法典和宪法普及讲座，举办未成年人元宵探月研学等活动。在7个社区结对帮扶困难家庭、残疾人的生活。举办"非遗在社区"手造课堂，重阳节走访慰问了李沧区社会福利院和基层委老党员。完成东西部协作任务。

组织建设

2023年，致公党李沧区基层委严格坚持领导班子议事制度，召开主委会3次，学习区第七届第四次全委（扩大）会议精神专题会议和开展"凝心铸魂强根基、团结奋进新征程"主题教育部署会和推进会、党员迎新活动等，决策议事部署活动能力进一步增强。领导班子成员带头抓工作、促落实，坚持下基层、解难题，发挥模范引领作用。提升组织建设，不断完善"致公党员之家"建设，成为基层委加强思想建设的引擎、推进参政履职的平台、服务基层党员的园地、展示党员形象的窗口。致公党中央常务副主席张恩迪，山东省副省长、致公党省委会主委王桂英，省委统战部调研组一行和致公党广西区委会、无锡市委会、鞍山市委会等到"致公党员之家"考察调研。邀请致公党莱阳支部到"致公党员之家"调研，结为友好支部。全年转入和新进致公党党员5人，共有党员44人。

主要成果

2023年，致公党李沧区基层委获评致公党山东省委会2023年度"创先争优"社会服务工作先进集体、致公党青岛市委会2023年度"创先争优"反映社情民意信息工作优秀组织，获评致公党山东省委会2023年度"创先争优"优秀党员5人、致公党青岛市委会2023年度"创先争优"优秀党员11人，获评致公党青岛市委会2023年度参政议政工作突出贡献奖4人、致公党青岛市委会2023年度社会服务工作突出贡献奖9人、致公党青岛市委会2023年度对外联络工作突出贡献奖1人、致公党青岛市委会2023年度老龄工作突出贡献奖3人。

（致公党李沧区基层委）

九三学社青岛市
李沧区委员会

参政议政

2023年，九三学社青岛市李沧区委员会（简称"九三学社李沧区委"）践行民主党派参政议政职能，通过举办"议政日"活动、参政议政积极分子与老社员座谈活动等，交流社会热点问题及信息写作方向、心得、技巧等。全年上报九三学社青岛市委信息10篇，2023年区两会提报提案7篇。

社会服务

2023年，九三学社李沧区委组织以青岛市农业科学院为主的技术团队科技下乡活动，到平度市古岘镇盛世桃林农产品基地进行现场指导，并赠送特效农药。九三学社李沧区委社员中的医务工作者，到平度市蓼兰村为村民义诊。专家们针对常见病、慢性病等展开咨询，叮嘱村民冬季注意保暖，做好防护，合理饮食，对于疾病做到早发现、早治疗、科学就医。全年参与东西部协作，购买陇南农产品价值6000余元。

思想宣传

2023年，九三学社李沧区委深入学习习近平关于做好新时代党的统一战线工作的重要思想，推进"凝心铸魂强根基、团结奋进新征程"主题教育走深走实，全年共举行班子集体学习、支社分组学习活动4次。团结带领社员发挥九三学社社员医师、教师、工程师等高级知识分子群体的专业特长，投身建设教育强国、科技强国、人才强国，在不断完善科技创新体系、提升国家创新体系整体效能的进程中，为加快实现高水平科技自立自强、增强自主创新能力贡献智慧和力量。

组织建设

2023年，九三学社李沧区委新发展社员4人，外地转入2人，社员总数62人。根据九三学社组织章程，经九三学社青岛市委批准，九三学社李沧区委成立3个支社。安排社员积极分子参加区委统战部组织的培训班，提高年轻社员的政治水平。关怀老社员身体健康情况，看望3名高龄老社员，重阳节组织慰问15名退休社员并送去慰问品。

（九三学社李沧区委）

群 众 团 体

李沧区总工会

党工共建

服务新就业形态劳动者
2023年，李沧区总工会（简称"区总工会"）坚持"党建带工建、工建促党建"，推进以党工共建服务新就业形态劳动者相关工作，做到党建引领、凝心聚力、赋能发展。通过对全区1400余名新就业形态劳动者需求摸排，会同区委组织部联合打造了新就业形态劳动者"红色新锋"服务发展基地，突出"服务凝聚"，建立李沧区新就业形态劳动者综合服务园、司机快递员之家等，设立了智慧充电、自助洗车、洗澡、就餐、理发、休息、全平台注册、车辆租赁等十大类60多项暖心、暖胃、暖颜服务项目。新就业形态劳动者"累了可以进来歇歇脚，饿了可以进来吃上热乎饭"，平均每天服务新就业形态劳动者500人次以上。

建设基层服务矩阵 2023年，区总工会依托社区党群服务中心、新时代共享职工之家、户外劳动者驿站等阵地配套建设了102处"红色新锋"新就业形态劳动者服务驿站，形成"1+N"服务矩阵，初步构建起以"政策输出站、舒心避风港、技能训练营、社交新平台、温暖大家庭"为主要内容的服务体系，把服务新就业形态劳动者落到实处，起到了联系新就业群体的桥梁纽带作用。李沧区党工共建服务新就业群体相关经验获得全国人大常委会副委员长、中华全国总工会主席王东明的肯定性批示。

工人文化宫阵地建设

2023年，区总工会以职工需求为立足点，以赋能增效打造服务职工综合体为基础，不断优化空间布局，拓展工人文化宫服务项目，逐步提升职工生活品质。区工人文化宫坚持公益性＋市场化原则，不断探索可持续发展的"四建四管"运营模式和"三化增效"管理体系，用公共资源撬动市场力量，建立了公益联盟组织和国学、书法、绘画、摄影等12个专业委员会；着力打造"赋能李沧，'益'路同行"品牌，向广大职工提供包含古琴、茶艺、香文化、围棋、心理、精油等相关课程和服务，全年举办赋能课堂102场，服务职工1354人次。赋能课堂扩大赋能覆盖面，2023年7月升级了"你来点，我来送"点单式送课活动，课程涵盖茶艺、精油护理、手造、

2023年5月7日，李沧区职工运动会在区工人文化宫举行。图为职工参加趣味运动比赛。 （区委宣传部供图）

心理等内容，受到了职工群众以及"点单"工会好评。举办了全区女职工趣味运动会、全区第十一届职工运动会、全区职工篮球、羽毛球、足球比赛，协办了青岛市职工篮球比赛、青岛市公安系统足球比赛等体育赛事20余场次。工人文化宫自启用以来社会效益持续放大，服务职工群众75万人次，年度月均客流量位居全省前列。李沧区工人文化宫运营管理模式作为青岛市地方改革案例报至山东省委改革办。

基层组织建设

2023年，区总工会围绕新就业形态劳动者、社会组织建会入会重点，扩大工会组织覆盖面。建立了与平台沟通联合建会、与新就业形态劳动者沟通入会的"双沟通"机制，通过"单独建、行业建、兜底建"和"行业覆盖、区域兜底"的原则，探索建立了"街道＋社区＋区域＋行业"工会之间横到边、纵到底的网格建会入会模式，优化入会工作流程和审核程序，新就业形态劳动者凭身份证号、手机号就能"一键入会、立享普惠"。通过推广"点"上有企业带、"线"上有行业牵、"面"上有社区联合组建模式，发挥区域性、行业性工会联合会和楼宇工会、村（社区）联合工会兜底作用，把更多平台经济、数字经济

企业职工、无法单独建会企业职工和"十大群体"职工、农民工更加便捷地组织到基层工会中来。全年新建基层工会组织71家，发展会员5155人，会员实名认证率达到100%。探索工会联系引导社会组织"1+2+4"新模式，指导15家社会组织建立工会，吸纳会员350人。新建新时代区域共享职工之家5家、职工书屋7个、青岛·惠工家5家。

维护职工合法权益

2023年，区总工会以区职工法律服务中心为主阵地，设立了2个服务窗口，由律师坐班，采取"您来选、我来帮"模式，有序受理、办理职工维权诉求，办理过程和办理结果实行"闭环"管理，帮助职工维护合法权益。建立了区人民法院巡回庭、区仲裁派驻庭，有效缩短职工维权时效；推进劳动用工法治体检，从用工内容性指导扩大到流程指导，全年新服务企业50家，提出整改建议107条。建立工会劳动法律监督委员会777家，开展工会普法大讲堂10场次，组织职工参加线上安全生产知识及法律法规知识有奖答题活动3次，有效参与答题职工2万余人次。全年受理职工信访、劳动争议调解1081件，调解结案率100%；受理法律援助36件，为职工挽回经济损失130.5万元。

服务职工需求

2023年，区总工会聚焦职工需求，以助力职工享有更丰富的精神文化生活为切入口，因地制宜丰富活动载体，推动职工生活品质提升。在区工人文化宫建立了职工心理健康服务中心，关爱服务职工1982人；协调青岛市总工会出动健康查体直通车6次，为职工提供免费查体服务1682人次；为2854名患病职工发放保障金69.09万元。开展"惠工赏灯"活动，向职工发放赏灯门票3万余张；推出"惠工观影"活动，向职工发放观影券1.5万余张；推出"惠工有礼"活动，向职工发放工人文化宫场馆活动券1万余张。开展线上"夏季送清凉"活动，惠及职工2万余人；举办了"缘系一线、会聚良缘"单身青年联谊活动4场次，惠及大龄青年180余人；实施"求学圆梦"行动，组织职工170人报读；建立了李沧区职工子女爱心托育托管中心，为200余名职工子女提供了"惠工普惠不普通"的服务，中心获评山东省爱心托育机构，代表青岛市参加全国工会工作微视频展播，获三等奖。

服务大局助企惠工

2023年，区总工会围绕中心，服务大局，锚定高质量发展首要任务，不断优化服务举

措，营造良好发展环境，按照"需求在哪里，服务就跟进到哪里"的服务理念，到企业、单位进行劳模、工匠精神宣讲 15 次；联合区人社局在区职工服务中心建立"零工超市"，开展"春风送岗乐业李沧"活动，为职工提供就业指导、就业培训、就业岗位 700 余个；联合街道、卫健、税务、财政等单位举办了全区物流运输、护理、财会等行业性职工技能大赛 10 场次、劳动竞赛 5 场次，参与职工 2 万余人，为职工搭建"以赛促学、以赛促训、以赛促建"的成长平台。联合区家电、加油站、影院等行业通过"齐鲁工惠"App 开展线上惠工业务拓展活动 4 次，"齐鲁工惠"App 活跃度连续 3 个月保持全市第一位。参与全区招商引资工作，引进市场主体，实现区级财政收入 10 万余元。

（区总工会）

中国共产主义青年团青岛市李沧区委员会

突出政治引领

理论武装　2023 年，中国共产主义青年团青岛市李沧区委员会（简称"团区委"）深入开展团员青年主题教育，利用"青年大学习""青年讲师团""青联思享汇"等学习平

2023 年 4 月 28 日，李沧区"燃青春梦想 聚时代力量"纪念五四运动 104 周年文艺汇演暨青年先锋典型事迹分享会在青岛恒星科技学院国际交流中心举行。

（区委宣传部供图）

台，完成党的二十大精神线下宣讲 30 余场，线上主题教育专题学习实现 100% 覆盖、100% 完成。举办李沧区"燃青春梦想·聚时代力量"纪念五四运动 104 周年文艺汇演暨青年先锋典型事迹分享会，以"青言青语"推动党史、团史学习青年化阐释和可视化传播，《人民日报》《中国青年报》等媒体给予刊发。

评先树优　2023 年，团区委选树市级"五四典型"23 人（个），区级"五四典型"、青年先锋（岗）80 人（个），3 名团干部在全国青年演说大赛、第二批"全国红领巾巡讲团"、全国少先队辅导员专业技能大赛中荣全国前三名，6 个中队获评"全国红领巾中队"。

教育培训　2023 年，团区委紧扣共青团员先进性定位，抓实全面从严治团、严肃发展团员工作，组织参与中央和省、

市团校专题培训 20 余人次，区级团员团干培训 3000 余人次。利用"智慧团建""学习强国""青春李沧"等平台打造青年学习培训云媒体矩阵，持续推动团员教育走深走实、入脑入心。

服务青年发展

助推高质量发展　2023 年，团区委完成区青年联合会换届，召开区青联"争做招商先锋·争创开放形象"助力李沧高质量发展座谈会，以 22 名青联常委、38 名从事企业经营的委员为龙头，签订"招商引资工作承诺书"，带动 10 个界别、110 名青联委员参与招商和纳统工作。号召和动员青联委员培育 2 家符合纳统条件的服务业企业，招引预计年纳税 100 万元以上的 3 家外地企业落户李沧区。加快推动帮扶甘肃省陇南市康县工作，开展消费协作 27.5 万

元，捐款、捐物价值 3 万元。

服务青年创新创业 2023 年，团区委参与举办"青鸟计划·唯才唯青岛"招聘会、青年创意市集、"大学生返家乡看家乡"社会实践活动等人才招引活动，精准对接应、往届大学毕业生求职者 800 余人，组织李沧籍大学生参与党政机关实习、重点项目观摩 150 余人次。落实"青年优居计划"，设立高品质青年人才驿站 5 处、"优徕社区" 1 处，为来李沧区求职的青年学子提供免费住宿、文旅资源导游、人才政策宣传等暖心服务。组织青年企业、加速器、创新创业团队报名"青创齐鲁"省赛、"创青春"国赛，获银奖、铜奖各 1 枚。

助力优化营商环境 2023 年，团区委依托"青年会客厅"，组织青年与局长面对面、青年创业企业研学行等活动 20 余场，畅通青年诉求表达渠道，提升青年群体对政务服务满意度。围绕青年发展友好型产业园区建设，出台"1+10+N"扶持政策，在金水·信联天地、青岛现代金融·科技产业园等重点园区开展青年趣味活动；举办"国潮传情·沧海有你"等青年交友联谊会 10 余场；启动"青年乐活·遇见美好"产业园区青年社团活动，帮助重点园区、企业提升对青年职工的吸引力和凝聚力。招募 50 家爱心企业、商家挂牌成立"暖蜂驿站"，提升新业态就

业青年满意度、幸福感。

深度融入社会治理 2023 年，团区委筹集资金 10 万余元参与全省"青春社区·伙伴计划"青年社会组织参与基层社会治理创新服务项目，2 个社区入选省首批试点，获共青团山东省委通报表扬。创新实施"逐梦李沧星计划"，校地合作签约 38 个服务项目，开辟高校学子参与社区治理新路径。推进志愿服务常态化、项目化开展，围绕满意度调查、文旅资源推介、文明城市创建、垃圾分类等重点工作，开展相关志愿活动 20 余场，"童心筑梦·青心有爱""孝老爱亲·青心有责"等志愿服务品牌内涵不断深化。

加强组织建设

骨干力量充实 2023 年，团区委机关转岗 1 名干部、新调入 3 名干部，编制干部全部配备到位，配备率 100%；选派 4 名企事业单位、高校领域年轻骨干担任团区委挂兼职副书记，团区委班子工作力量较改革前增加 2 倍；完成辖区 11 个街道、46 个企事业单位专兼职团干部更新，人员队伍不断优化锤炼。

目标责任激励约束 2023 年，团区委将党建、队建工作纳入党建工作规划和全区高质量发展综合考核，实行"团建不合格、党建不评优"；制定并印发《李沧团区委机关挂兼职

团干部选任管理办法》《李沧区团干部目标责任制考核实施办法》，组织全区各团（工）委负责人签署目标责任书，明确奖优罚劣具体措施，激发团干部工作内生动力。

党、团、队育人贯通 2023 年，团区委会同区委组织部、区委编办、区财政局印发《关于进一步加强全区党建带团建工作的若干措施》，明确推优入党办法和团工作保障措施。设置区少先队总辅导员正科级编制并明确人选，少先队大队辅导员人选调整后，党、团员比例达到 100%。将团员和青年主题教育纳入全区主题教育实施方案，区委主要领导在全区主题教育动员部署会上专门作出安排，区委主题教育领导小组办公室全程跟踪指导，全区各级党组织逐级落实"党建带团建"工作机制，形成"党委牵头管总、团委主抓落实、部门协调推进"的工作格局。

推进改革攻坚 2023 年，团区委召开区第八次团代会，以纵深推进县域共青团基层组织改革为契机，将团建工作纳入党建工作规划和全区高质量发展综合考核，实行"团建不合格、党建不评优"。把握好各领域团干部既是党的第二批主题教育的参与者受教育者，又是团员和青年主题教育的组织者实施者的"双重身份"，将团员和青年主题教育开展情况作

为 2023 年度团组织书记述职评议的"首问考题"，帮助团干部积极链接青商企业、青年集聚地、青年社群等社会资源，为团干部履职尽责赋能鼓劲。

（团区委）

李沧区妇女联合会

妇联组织建设

妇联组织改革 2023 年，李沧区妇女联合会（简称"区妇联"）争创山东省妇联组织建设改革创新先行示范点，全区 1 个街道、7 个社区妇联入选。延伸妇女工作触角，采取单独创建、行业统建、区域联建等形式，成立新联会妇联等新领域妇女组织 16 家，顺丰同城新业态新就业群体妇女小组等 5 个，建设妇女微家 15 个。制订加强区属国有企业妇女组织实施方案，不断扩大妇联组织覆盖面。

发挥执委作用 2023 年，区妇联发挥基层妇联组织兼职副主席和执委作用，研究探索资源整合协同发力服务模式，更好地联系服务妇女，打造符合新时代群众工作要求的妇联干部队伍。访妇情、听意见，与执委联系走访困难妇女儿童 120 余人次。

履职能力建设 2023 年，区妇联按照"学思想、强党性、重实践、建新功"的总要求，推动开展学习贯彻习近平新时代中国特色社会主义思想主题教育走深走实。举办纪念"三八"国际妇女节 113 周年系列活动，与区总工会联合举办女职工趣味运动会。举办全区妇联干部"头雁"履职能力提升培训班、工作交流会、亮绩赛绩等，组织妇联干部、执委走进李沧区和其他区（市）先进社区和"两新"组织，通过看、听、议、讲，进一步提升专业化水平。选树青岛市"三八"红旗手（集体）、李沧区"最美基层妇联人""最美执委"等 37 个。

推动巾帼建功 2023 年，区妇联开展"巾帼情暖促发展"春节企业走访慰问活动，召开巾帼科创人才座谈会，组织企业参加山东省巾帼创新创业大赛，7 名优秀女性获评青岛市"最美巾帼科创人""巾帼工匠"。市、区女企业家协会联合在区工人文化宫举办会员企业产品推介，召开区女企业家协会会员大会，联合区人力资源和社会保障局解读人才政策和用工风险防范，赋能企业发展，助力营商环境。探索建立"妇女微家＋家政企业＋巾帼服务站"模式，举办家政服务进社区活动，促进培训就业，惠及更多家庭。

文明家庭创建

弘扬好家风 2023 年，区妇联承办青岛市庆祝 5·15 国际家庭日暨"最美家庭"发布活动。与区委宣传部、区文明办联合开展寻找"最美家庭"活动，命名区级"最美家庭"等 60 户，获评省"最美家庭"1 户、青岛市"十大最美家庭""最美家庭"等 17 户。组建家庭教育指导专家团、"李沧好家风"宣讲团，参加全市家庭家教家风巡讲、全环境立德树人家教家风主题宣讲 22 场次，3 个家庭分别

2023 年 1 月 13 日，"书香润万家 悦读'悦'成长"李沧区"明德阳光"杯首届家庭诵读大赛举行。　（区妇联供图）

获青岛市第十届家庭美文诵读大赛三等奖和优秀奖。通过"文明李沧""李沧女性"融媒体等讲好最美家庭故事，放大"家能量"。开展"我们的节日"七夕文明家庭礼赞庆典、联谊交友、迎中秋游园等活动。举办"书香润万家 悦读'悦'成长"李沧区"明德阳光"杯首届家庭诵读大赛，2组家庭获一等奖，5组家庭获二等奖，7组家庭获三等奖，24组家庭获优秀奖，14个单位获优秀组织奖。

深化家庭教育 2023年，区妇联创新开展"心陪伴 新成长"家庭教育进社区主题活动，采取社区点单、妇联派单模式，举办公益讲座等19场次，让好家风成为社会治理的"稳定器"。开展关爱暑期儿童服务活动，举办各类托管班36期。打造"青岛市家庭家教家风建设教育基地"1处、区级家校社共育基地1处，选树市级最受欢迎家长学校6个、区级8个。

巾帼志愿服务 2023年，区妇联承办"赓续雷锋精神 巾帼与爱同行"青岛市暨李沧区巾帼志愿服务大集活动，挖掘培育"微笑彩虹"家庭教育志愿服务队伍2支，开展服务35场次、1100余人次。打造省级巾帼志愿服务站1个、市级2个，作为全市唯一服务项目申报全国巾帼志愿服务十佳优秀项目。

儿童友好城市建设 2023年，区妇联打造青岛市儿童友好图书馆1个、儿童友好项目5个。实施"益"家"童"行——儿童友好社区综合服务项目，开展亲子活动55场，服务社区儿童6700余人次。

妇女权益维护

联动汇聚合力 2023年，区妇联与区检察院携手出台《关于建立共同推动保护妇女儿童权益工作合作的机制意见》，与区司法局联合打造"法润李沧·幸福家"维权服务站点13个，用法治护航"幸福家"。与李沧区禁毒办联合走进高校、青岛市强制隔离戒毒所教育基地，组织开展禁毒教育活动。

妇女维权服务 2023年，区妇联通过线上线下宣传妇女权益保障法、家庭教育促进法等，发放宣传品1.53万余份，服务居民1600余人次。与区直机关工委联合开展"与法同行，关注妇女儿童权益"知识竞赛。开展婚姻家庭隐患大排查，逐一建档回访。区婚姻家庭辅导中心开展婚姻矛盾调解1500余人次、宣讲80余场次。畅通"12338"维权服务热线，接待调处来电来访50余起。选树市级"法律明白人"10人。

帮扶解困救助

关爱救助 2023年，区妇联关心关爱困难妇女和"春蕾女童"救助，筹集救助款76400元，走访慰问困难妇女、"春蕾女童"268人次、发放救助物资90483元。联合快乐沙社会组织为22名"春蕾女童"实现了微心愿，联合女企业家协会看望孤独症儿童并送去"六一"儿童节礼物。

救助贫困"两癌"妇女 2023年，区妇联为贫困"两癌"妇女发放救助金1万元，春节、中秋节期间，与困难妇女面对面进行沟通，为其送去慰问物资和节日祝福。

（区妇联）

李沧区文学艺术界联合会

文艺活动开展

2023年，李沧区文联（简称"区文联"）组织开展翰墨李沧迎春展、李沧春节民俗摄影展、"三八"国际妇女节美术作品网络微展、"扇抚清风·庆国庆"2023年李沧区书法篆刻扇面精品展及李沧区秋季黄河大集·琴棋书画茶雅集专场等文艺活动40余次，指导协会会员开展个人创作展、进社区、进校园、进军营等活动60余次。迎接第二十三届中国青岛梅花节开幕，举办"傲骨迎春，妙笔'梅'好"梅花节主题笔会、"清风拂红梅 廉画绘李沧"第二届青岛市梅花清廉主题书画展，举办"来李沧·遇见梅好"十梅庵梅花节拍摄活动。承办

2023 年春节前，区书法家协会到虎山路街道顺河路社区开展"笔墨传廉洁 福字进万家"活动。
（区文联供图）

第三届大学生曲艺周开幕式暨全国道德模范故事汇基层巡演活动，邀请国内知名曲艺家 40 余人到场；推动著名曲艺家走进大枣园社区，举办了中国曲协曲艺名家新秀"送欢笑"走进李沧专场演出。邀请山东省作协副主席许晨深入上流佳苑采风，创作的《我们的中国梦》《走在幸福的大街上》2 篇作品在《大众日报》《首都文学》等刊物发表。邀请青岛市文联和青岛市书法家协会、美术家协会等 12 人走进上流佳苑，现场为群众挥毫泼墨，让群众近距离感受书画的艺术魅力。2023 年 7 月 6 日，李沧画院揭牌。"七一"建党节前夕，李沧画院举办"永远跟党走 奋进新征程"——庆"七一"李沧区书画展，收到参展作品 110 余幅，收藏精品作品 30 余幅。举办"致敬经典 走近大师"——李沧区第三届中外名家名作（小品）临摹展。2024 年第十三届山东省文联新时代文明实践"百县千村"书法惠民活动暨青岛市文联元旦春节期间文艺惠民活动启动仪式（青岛市李沧区）举行。书法家们书写"福"字 400 余个、春联 100 余副，为市民送上新春祝福，丰富了人民群众的文化生活。

文艺志愿服务

2023 年，区文联开展"艺润万家"文化志愿服务活动，增强文艺志愿服务覆盖面。扩大区"艺润万家"文艺志愿服务队规模，组织志愿者在区新时代文明实践中心开展文艺志愿宣讲的同时，再次征召 20 余名文艺志愿者，在青岛东川路小学启动"艺润万家"文艺志愿者进校园活动，利用每天下午 4—5 点的课外时间，入校园讲授优秀传统文化。"艺润万家"文化志愿服务队进社区、

进企业、进学校宣讲 110 余次，辅导群众 7000 余人次。区文联与青岛酒店管理职业技术学院、青岛恒星科技学院等 5 所区内高校成立校地艺术服务联盟，发挥高校文艺团体活力，推动高校、社区、企业多方联动，增强全区文化服务活动的多样性、多彩化。

服务文艺家

2023 年，区文联与区红十字会成立机关联合党支部，进一步强化党的基层组织建设和党员管理。落实"谈心谈话"制度，同党员干部面对面深入开展谈心谈话 60 余人次，通过深入谈心谈话找问题、转作风、见实效。落实"一岗双责"，把制度建设贯穿其中，起草《李沧文联直属协会管理章程》。定期实地走访文艺家和会员企业、会员工作室，提高文艺家走访覆盖率。按照"四进四问"要求，不定期走访基层文艺协会、文艺家 40 余次，通过电话、微信联系慰问基层文艺志愿者 60 余次。

（区文联）

李沧区科学技术协会

科普阵地建设

2023 年，李沧区科学技术协会（简称"区科协"）挖掘社会资源，探索"政府推动＋社工立项＋志愿服务"服务模式，

新建1处海洋特色鲜明、互动体验感强的科普馆——安顺路社区科普馆，科普服务有效辐射范围持续扩大。开展基层科普行动计划和科普示范工程创建工作，落实山东省、青岛市科普资金29万元。安顺路社区科普馆获评山东省基层科普行动计划项目，李沧区科普志愿服务队获评山东省科普示范工程项目，李沧区青少年发展中心和李沧区新时代文明实践中心获评青岛市科普示范工程项目，青岛海水稻研究发展中心科普基地、青岛饽饽榼子博物馆获评青岛市"蒲公英"科普教育基地，基层科普场馆供给质量更加优化。

科普活动开展

大型科普活动 2023年，区科协重点围绕科技周、全国科普日、"5·30全国科技工作者日"等主题宣传节点，构建多渠道、多层次的科普惠民活动。全国科普日活动期间，区科协组织全民科学素质成员单位、科研院所、高校、企业、街道、社区和科普教育基地，围绕群众喜闻乐见的科普主题，通过线上、线下融合及优质资源整合的方式，开展系列科普活动和主题讲座454场次，为群众提供"家门口"的科普盛宴，被中国科协评为2023年度全国科普日活动优秀组织单位。

银龄科普大讲堂 2023年，

2023年8月31日，"科学家精神"主题教育展在青岛徐水路小学举行。　　　　　　（区科协供图）

区科协继续发挥社区科普大学（大讲堂）在提升全民科学素质中的引领作用，整合新时代文明实践站和党群服务中心等宣传阵地资源，形成科普合力，建立社区点单、科普上门的菜单化、精准化服务机制，围绕社区百姓关心的健康知识、食品安全、反诈骗、智能手机应用等紧贴百姓生活需求的内容，举办科普讲座377场次，让"银龄科普课堂"成为李沧区老年人生活新时尚，获青岛市科协活动奖补资金7.6万元。

科普进校园 2023年，区科协通过"开学第一课"让科学家精神进驻课堂，走进青岛徐水路小学、青岛枣山小学、青岛书院路小学等10余所学校，开展"科学家精神"主题教育展进校园系列活动，举办《点亮精神火炬——李沧区"科学家精神"宣传教育读本》读书分享会，在青少年心中种下"科技报国"的种子。相关活动信息在《山东新闻》栏目宣传报道。在青少年群体中开展以"放'肆'趣编程——探索科技世界"为主题的科技课堂、"珍爱地球，人与自然和谐共生"科普宣讲活动、"海洋百科"AR阅读推广活动、"筑梦深空 探索苍穹"科普阅读体验活动、"探索科学奥秘之径"科普活动、"漫游科学世界之旅"科普悦读会等主题科普活动，助力青少年科学素质提升。

服务科技工作者

2023年，区科协把政治引领和搭建人才成长平台工作有机结合，拓宽人才举荐渠道，依托街道科协、企业科协密切与科技工作者联系，定期走访科技工作者、举办科技工作者座谈会，举荐优秀科技人才参加青岛市"青年科技奖"和"最美科技工作者"评选，组织开展"送科技进企业""5·30全国科技工作者日""科创中国"系列活动、"节能有我，绿色共享"节能环保科技交流会、"世界蜜蜂日"科普宣传以及"海外专利信息资源库"平台推广应用培训、"最美科技工作者"主题图片展等活动，营造识才、爱才、敬才、用才的浓厚氛围。

科普队伍建设

2023年8月4日，李沧区科学技术协会第四次代表大会举行，选举产生了新一届区科协领导机构。通过换届，将科研院所、高校、企业、街道、社区中的科普力量有效凝聚起来，有效接长基层科协服务手臂，形成工作链条。重新梳理科普队伍组织架构，壮大李沧区各科普教育基地科普志愿者队伍，使其成为开展全民科学素质提升工作的重要力量。

科普信息化

2023年，区科协充分运用"互联网＋科普"思维，发挥主流媒体平台作用，唱响科普宣传主旋律，通过青岛新闻网、网易、《半岛都市报》、李沧电视台、李沧融媒等加大宣传力度，在"家在李沧"App开辟了《每日科普》专栏，结合防灾减灾、反邪教宣传等热点主题，开展科普知识精准推送，优质科普内容传播更加广泛。

（区科协）

李沧区工商业联合会

经济服务

2023年，李沧区工商业联合会（简称"区工商联"）组织3次大型招商推介活动，采取以情招商、以商招商等方式，上半年洽谈项目9个，年销售额10亿元的内蒙古润滑油销售总部项目落户李村街道，内蒙古商会、江苏商会大厦等项目在谈。3次组织乌兹别克斯坦、塔桑尼亚和东南亚商会与会员企业进行"一带一路"商务交流洽谈，沂水县花生酱、压榨机和打井机出口到乌兹别克斯坦，青岛第六印染厂面纱出口到俄罗斯，为全区经济发展作出了贡献。

服务民营企业

2023年，区工商联开展大走访大调研活动，制订《李沧区工商联提升作风能力联优化营商环境工作方案》，班子成员每周到会员企业常态化，了解民营企业生产经营状况和困难诉求，梳理相关政策，协调搭建政、银、企对接平台，提振民营企业信心。全年走访企业54次，协调解决困难和问题27件，形成专题调研报告4篇。

助推民企高质量发展，制订《李沧区工商联"两送一防"活动实施方案》，联合区金融局组织7家国有银行、股份银行与商协会会员面对面对接，为会员企业融资1000万余元；组织邮政储蓄银行到金海牛产业园，为小微企业信誉贷融资23笔5000余万元，解决了中小企业融资难问题。

设立商会会客厅

2023年，区工商联结合党的二十大提出的促进"两个健康"新思路新举措，致力于提升民营企业发展软环境，在李沧区商会大厦设立"来李沧·赢满仓"商会会客厅，架起政企沟通的"连心桥"，通过建立"三项制度"、开展"三项活动"，服务企业家经营上放心、生活上舒心、服务上贴心。区政府主要领导及公安李沧分局等13个区职能部门15次做客会客厅，现场解决企业困难和问题53件。商会会客厅统筹推进红色理论宣讲、商务交流等，引领企业家不断提升素质。开展异地商会、国际商会间交流对接，与沂水县工商联缔结友好工商联，乌兹别克斯坦共和国中国华人商会落户李沧区商会大厦。以商招商，引进年销售额10亿元的内蒙古润滑油销售总部项目。云南省工商联、重庆市工商联和青岛市其他区市到会客厅观摩指导，《青岛日报》《大众日报》等予以报道。

社会服务

2023年，区工商联持续组织企业奉献爱心、回馈社会，元旦、春节、中秋节、重阳节、"七一"等重要节庆时期，爱心企业到社区、学校慰问孤寡老人、残疾家庭、老党员、困难群众和困难学生，带去党和政府的温暖。全年爱心会员企业捐助3.2万元走访慰问困难家庭21户。助力社会稳定和创城等工作，与检察院签订多元化救助机制，帮扶2个涉案困难家庭，帮扶资金1.8万元；重大活动期间走访公安李沧分局，赠送慰问品价值5万余元；创城期间走访慰问公安干警和消防李沧大队官兵，赠送慰问品价值8万余元。助力东西协作工作，与甘肃省陇南市康县王坝镇何家庄村、鸡山坝村、李家庄村

及山东省菏泽市单县苏门楼村签订结对帮扶协议，为4个村的幼儿园和小学的孩子捐赠300套书包、文具和水杯等用品，价值3.8万元；爱心企业青岛九维集团捐款6.7万元，帮扶康县45名高中学历以上困难学生。和青岛心海公益一起捐助康县价值43万元的医疗设备，展现出企业家应有的社会担当。

（区工商联）

李沧区残疾人联合会

康复服务

2023年，李沧区残疾人联合会（简称"区残联"）着力推进残疾人康复服务。康复机构定期更新专业康复设备，提升康复服务硬件水平。提升康复服务机构师资力量，区残联组织各康复机构进行培训，主要

2023年8月3日，区工商联联合区委统战部、区机关工委、区餐饮行业商会到交警李沧大队开展"警企共建 共创畅安李沧"走访慰问活动。
（区工商联供图）

包括业务培训、儿童心理疏导等，组织残疾儿童康复机构参加"全国残疾预防日"讲座，邀请专职心理咨询师为残疾儿童康复机构和残疾人辅助性就业机构负责人、工作人员开展心理健康常识讲座，提升康复机构教师的业务能力。加强定点康复机构监管和业务指导，建立不定期、不定时现场检查制度，重点检查定点康复机构规范内部管理、改善服务质量、儿童实名制康复和安全生产等，对存在的问题及时印发整改通知，确保残疾儿童康复效果及质量，区残联为18周岁以下残疾儿童提供康复救助840人次。优化辅具适配，区残联为出行不便的残疾人上门提供辅助器具服务，及时满足残疾人多元化、个性化、智能化辅具需求，为35名残疾人适配辅助器具，残疾人生活、出行更便捷。实施抑郁精神残疾人救助41人次。

教育就业

2023年，区残联对全区符合助学和奖励申报的残疾学生及贫困残疾人家庭子女进行调查摸底，对收集上报的材料逐一核实，为符合助学申报的及时发放资金，帮助完成学业，保障残疾学生和贫困残疾人家庭子女受教育权益。及时将救助、奖励金发放至受益对象，全年救助困难残疾学生及奖励残疾大学生133人。当年毕业

残疾人大学生全部就业，全年新就业残疾人 141 人。完成残疾人就业状况认定企业 265 家，受益残疾人 555 人。为 154 名残疾人个体户发放养老保险和医疗补贴。残疾人辅助性就业机构安置残疾人就业 193 人。

社会保障

2023 年，区残联及时精准落实残疾人各项救助政策，全年为 331 名非低保重度残疾人发放居民医疗保险补贴，提供残疾人托养服务 370 人。扩大惠残政策宣传面，发放便民服务手册 9000 余份，通过区残联微信公众号及时发布惠残政策、补贴申领程序和工作动态等信息 300 余篇，提高残疾人惠残政策知晓率。开展残联系统"千人连万家"问需纾困大调研活动。建立健全《空挂户名单》《督导检查工作细则》等制度、措施 9 项。坚持"每周一调度"工作机制，组织专题调度部署会 27 次。做好"讲政策、解难题、送服务"活动，摸清 8926 名残疾人基本状况和诉求，现场答疑解惑 5100 余次。

办证服务

2023 年，区残联实现残疾人证"上门办好"。组织评残专家入户，为重度残疾人现场诊疗，查看病历资料，进行残疾评定，给予康复建议和指导，入户评残 155 人，为 672 名残

2023 年 9 月 28 日，李沧区残联参加青岛市第十七届残疾人运动会并获得体育道德风尚奖。　　　　　　　（区残联供图）

疾人办理残疾证。推进残疾人证"跨省通办"。在残疾人服务大厅设立服务窗口，为李沧区户籍以外残疾人办证 156 人次，办结率 100%，解决异地办证"多地跑""折返跑"等问题。

文体活动

2023 年，区残联开展各项活动丰富残疾人精神文化生活。组织开展"庆端午"观影周活动、举办李沧区第十二届残疾人文艺汇演和"迎中秋、庆国庆"文艺演出。选送节目参加青岛市第十八届残疾人艺术展演，获一等奖 1 个、二等奖 1 个、三等奖 3 个。组织 20 名运动员参加第十七届青岛市残运会，展现残疾人自强不息的精神风貌。组织开展扶持残疾人特殊艺术人才培养基地建设工作，发现、培养残疾人特殊艺术人才。打造残疾人特殊艺术人才培养基地 1 处，为 10 家残疾人

服务机构开展"送古琴艺术培训进机构"活动。组织参与"99公益日，一起做好事"助力建设"如康家园"活动，筹集捐款 45 万元。打造世园街道常青树如康家园、兴华路街道喵星如康家园 2 处残疾人之家项目，为残疾人就近就便参加康复、辅助性就业和文体生活等搭建平台。做好"感动青岛"道德模范王春华等残疾人自强典型宣传工作，推荐王春华家庭参加区、市两级"最美家庭"评选并当选。

信访维稳

2023 年，区残联在残疾人信访维权工作中实行重大信访事件及时报告制度，及时掌握危害残疾人利益的重要事件，做好超前排查工作。对于出现的矛盾问题及时化解，真正把矛盾纠纷问题化解在基层，解决在萌芽状态。全年区、街两

级共办理残疾人来信来访 219 件次，其中区残联办理 170 件次，全部按时按质办结。全年受理政务转办单 213 件次。其中，回复青岛市残联转办件 5 件，回复办理 12345 热线反映的残疾人问题 208 个。

（区残联）

李沧区红十字会

基层组织建设

增强组织力量 2023 年 11 月，李沧区红十字会（简称"区红十字会"）第三次会员代表大会举行，选举产生第三届理事会、监事会。区委书记、区长受邀担任名誉会长，区人大常委会副主任、区政协副主席受邀担任名誉副会长，配备兼职副会长 4 人、兼职监事长 1 人、兼职副监事长 1 人、兼职副秘书长 1 人。在全区 11 个街道建立红十字会的基础上，完善全区 127 个社区红十字会，新增红十字会会员 2020 人、新增志愿者队伍 12 支、志愿者 869 人。举办李沧区红十字会基层组织业务能力培训班。

"博爱家园"建设 2023 年，区红十字会新增红十字博爱家园 2 个。世园街道上流佳苑社区博爱家园承接全市红十字系统基层组织观摩。2 个社区红十字工作站获评青岛市基层组织建设示范点，1 个社区获评山东省红十字会城市社区博爱家园示范点。

基层宣教调研 2023 年，区红十字会承办青岛市红十字会"红十字文化进社区活动"，联合举办"世界骨髓捐献者日""生命教育进校园"宣传活动 4 场次。承接中国红十字会总会、青岛市人大常委会专题调研，对李村街道青峰路社区"日善堂"助老项目进行实地调研。

应急救护培训

2023 年，区红十字会开展重点领域应急救护培训工程，突出以环卫公司、卫健系统、校园保卫"三卫并进"，以社区、校区、园区"三区并举"，以公共交通行业、家政服务行业、建筑施工行业"三业并推"，举办各类应急救护培训班 90 期，2846 人取得应急救护员合格证书。虎山路街道等 4 个单位获评青岛市红十字应急救护培训工作先进单位。区红十字会获评 2023 年度山东省红十字应急救护培训工作先进单位、全省红十字应急救护综合能力先进单位。

人道救助

2023 年，区红十字会在"5·8 红十字博爱周"期间筹资捐款 5.1 万元，完成博爱齐鲁行、山东省温暖家庭箱项目，实现近年来该项工作历史新高，获青岛市红十字会表彰。帮助患有先天性心脏病、白血病等疾病的 3 名贫困儿童家庭申请救助金 9 万元；为东西协作地区甘肃省陇南市康县捐赠图书约 2000 册，价值 10 万元；协调爱心企业定向捐款 10 万元用于李沧区社区建设；鼓励爱心企业帮扶困难群众，惠及困难群

2023 年 5 月 22 日—26 日，区红十字会在铁路青岛北站举办应急救护培训班。

（区红十字会供图）

体 1100 人次。区红十字会获评 2023 年"5·8 人道公益日"众筹工作成绩突出单位。

捐献服务

无偿献血　2023 年，区红十字会组织全区红十字会基层组织和志愿者服务队围绕"3·5 学雷锋日""5·12 防灾减灾日""6·14 世界献血日"等主题活动开展红十字精神宣传、应急救护知识普及和"三献知识"宣传等活动 73 场次，惠及 14.7 万人次。组织开展无偿献血推动月、公务员献血日等活动 3 场次。

遗体器官捐献　2023 年，李沧区新增遗体器官、角膜登记捐献志愿者 31 人，实现遗体和角膜捐献 3 例。

造血干细胞捐献　2023 年，李沧区新增造血干细胞血样采集登记 80 人。全年 5 名造血干细胞捐献者捐献成功。将捐献造血干细胞行为纳入李沧区见义勇为表彰，全区 11 名造血干细胞捐献者首次获评"李沧区见义勇为模范集体"。4 名造血干细胞捐献者分别获评山东省"山东好人"、青岛市"最美家庭"、青岛市"文明市民"等。区红十字会公众号、李沧融媒、李沧区机关党建等媒体发布信息 80 余篇，山东省、青岛市红十字会官网发布李沧信息 7 篇。区红十字会获评 2023 年度山东省造血干细胞捐献工作先进单位、2021—2022 年度山东省造血干细胞捐献表现突出单位等。被政协李沧区委员会评为 2023 年度提案承办先进单位。

（区红十字会）

李沧区法学会

法治思想

2023 年，李沧区法学会（简称"区法学会"）组织参加"学习贯彻习近平法治思想"培训班，将其精神内涵体现到具体工作中，确保以学铸魂、以学增智、以学正风、以学促干。组织实施"百名法学家百场报告会"、青年普法志愿者法治文化基层行活动等，扎实做好法学研究、服务法治实践、开展法学交流、培养法治人才等工作，为建设高质量的"平安李沧""法治李沧"贡献力量。

法治服务

2023 年，区法学会推进首席法律咨询专家队伍扩容提质，高起点谋划、高标准推进，协调各会员单位推选法律咨询专家，组建 10 人的李沧区法学会首席法律咨询专家库。举办首届检察官、律师辩论赛，展现检察队伍、律师队伍良好形象。推动智库建设，探索组建法学法律人才库，为群众提供法律咨询，丰富法学工作者实训阵地。以"深化作风能力优化营商环境"专项行动为契机，举办李沧区律师行业优化法治营商环境座谈会，法律咨询专家、律师事务所主任、合伙人、党务工作者共计 30 余人参加。邀请区法学会首席法律咨询专家库成员参与李沧区优化营商环境法律服务工作站揭牌仪式、参加相关论证会等，让首席法律咨询专家制度成为服务法治实践的有效途径。发挥法治固本、稳预期、利长远的保障作用。

法治宣传

2023 年，区法学会常态化开展普法宣传，联合李沧区司法局、金水路北社区共同开展以"美好生活·民法典相伴"为主题的《中华人民共和国民法典》普法宣传活动，让民法典"典"亮群众生活。开展"青年普法志愿者法治文化基层行"活动，组织法律服务类普法志愿者培训会，共 30 余人参加，提高李沧区法律服务类普法志愿者政治素养、理论水平、业务能力，多方面全维度凝聚法治共识。发挥新媒体传播优势，建立区法学会公众号，与青岛市法学会对接，丰富宣传载体，创新宣传形式，在山东省法学会公众号刊发李沧区法学会工作动态，在青岛市法学会公众号发布活动信息和李沧区首席法律咨询专家工作经验，提升法治宣传传播力和引导力。

（区法学会）

法　　　治

政法委与综治

政治建设

2023年，李沧区坚持"党对政法工作的绝对领导"，深入贯彻《中国共产党政法工作条例》，定期召开区委政法委员会全体会议，推动公检法"三长"兼任区委政法委员会副书记，调整优化区委政法委员会人员组成，"大政法"格局坚强有力。深入推动全面从严管党治警，巩固深化政法队伍教育的整顿成果，开展政法队伍教育整顿成果展，全区30余个部门集中观展，在政法各单位巡回展览，时刻筑牢拒腐防变防线。一体抓好新时代政法干警"十个严禁"、防止干预司法"三个规定"执行，规范政法干警违法违纪案例报告和通报制度，严格落实派员列席政法单位党组（党委）民主生活会制度，政法干警纪律更加严明、作风持续提升。

平安建设

深化平安创建　2023年，李沧区持续深化"平安李沧"建设工作，守牢重要时期全区安全稳定，被平安山东建设领导小组办公室授予平安山东创建示范活动中表现突出的县（市、区）。深化平安创建，创新打造"平安北站"，严守全省最大铁路客运站——铁路青岛北站的平安稳定，整合公安、交警、执法等49家单位力量，整治营运乱象、排查涉稳隐患，斩断风险外溢上行通道，工作获青岛市委常委、政法委书记肯定批示；打造特色"平安商圈"，在全省最大的李村商圈设立集分析研判、指挥调度于一体的平安商圈指挥中心，8个社区、4家社会组织、3300余家商户组成商圈联盟共同体，派出所、执法中队、市场监管所等职能力量实现"八所联动"，党建引领、治安守护、数字赋能、治理提升"四大行动"卓有成效，商圈治安警情下降51.49%。

加强社会治理　2023年，中共青岛市李沧区委政法委（简称"区委政法委"）聚焦"一站式"矛盾纠纷调解中心建设，创新打造社区源头受理、部门下沉协同、区级提级研判的"层级过滤解纷法"，受理各类矛盾纠纷诉求2.88万件，创新做法上报山东省委改革办，《山东法制报》《民主与法制》等媒体专题报道；网格化服务管理增添新动能，734个城乡社区网格均设立党支部、配强专职网格员，高标准完成区社会治理指挥中心建设，升级社会治理综合服务平台，工作经验入选《青岛市地方改革案例》。

常态化开展扫黑除恶斗争　2023年，区委政法委建立重点案件一体化指挥专班，政法各单位提前介入、集中研判，成为全市唯一打掉黑社会性质组织的区（市），打掉涉恶犯罪集团1个、涉恶犯罪团伙8个，时刻保持扫黑除恶高压态势。

整肃社会治安　2023年，区委政法委持续开展社会治安集中治理和五类突出违法犯罪专项整治，破获各类重点案件488起，抓获犯罪嫌疑人590人，全区刑事案件发案数同比下降18.7%，专班助推、矛盾纠纷调解创新等4项经验被青岛市委平安青岛建设领导小组办公室通报表扬。

服务发展大局

优化营商环境　2023年，区委政法委开展政法领域优化提升法治营商环境"五心行动"，出台实施方案锚定38项举措，组织政法单位开展"与企有约，政法有为"系列座谈会 52 次，发布《李沧区优化法治营商环境典型案例汇编》，全区法治营商环境考核指标全市居前列。

保障重点工程　2023 年，区委政法委深化"1+N+1"稳评机制，制定《关于加强新形势下重大决策社会稳定风险评估机制建设的实施意见》，聚焦服务保障唐山路打通、低效能片区升级等市级重点项目，前置评估并滚动筛查涉稳隐患，581 个已报备事项无一涉稳案事件发生。

推进大案要案　2023 年，区委政法委以专案专班模式汇聚政法力量，推进多起上级关注的重点案件，推动实现"三个效果"相统一。

作风能力提升

练兵备战提能力　2023 年，区委政法委以开展"深化作风能力优化营商环境"活动为契机，坚持实干实绩鲜明导向，全力推进全区政法队伍革命化、正规化、专业化、职业化。组织开展政法干部提升平安建设现代化水平研讨班、提升信访维稳专业化能力培训班，推动建立青年工作委员会、青年理论学习小组等青年干警能力提升平台，不断提升政法干警干事创业的能力、动力。

推广典型扬正气　2023 年，区委政法委策划见义勇为典型

2023 年 5 月 23 日，李沧区政法机关优化提升法治营商环境企业家座谈会举行。　　　　　　　　　（区委政法委供图）

戴志磊、翟元敏事迹推广宣传，戴志磊事迹获人民网、《法治日报》等中央媒体宣传，全网展现量超过 5000 万条，翟元敏被中央政法委评为全国见义勇为勇士。

正向引导树形象　2023 年，区委政法委在全网助推公安民警宫小勇人性化执法正向舆评，相关信息全网浏览量超过 3 亿次、点赞量突破 10 万次，获青岛市委常委、政法委书记程德智肯定批示，《新华每日电讯》等中央媒体予以报道。

（区委政法委）

法治政府建设

优化法治化营商环境

2023 年，李沧区出台《李沧区优化法治化营商环境二十四条措施》，印发《李沧区规范涉

企行政执法检查办法（试行）》，研究制定《"综合查一次"事项目录清单》，减少对企业的多头检查、重复检查。搭建政企交流平台，策划举办"法治是最好的营商环境"交流座谈会，深入开展优化法治化营商环境"五心行动"，为改善提升区域营商环境、打造全市新旧动能转换示范区提供有力法治支撑，相关经验做法被《大众日报》《山东法制报》报道。

法治工作项目化

2023 年，李沧区司法局（简称"区司法局"）组建李沧区法治示范项目库，聚焦优化营商环境、法治宣传教育、矛盾纠纷化解等重点领域，推动法治工作项目化，促进 31 个单位、打造 35 个示范项目，通过项目化，促进法治工作常态化、实效化、品牌化，扎实推进法治

政府建设。

推进行政决策

2023年，区司法局梳理全区各部门、单位近年来对外合作协议履约情况，制定《李沧区党政机关合同管理办法》，优化完善合同审查线上系统，实现党政机关合同全流程监管。严格落实重大行政决策公众参与、专家论证、风险评估、合法性审查和集体讨论决定程序，提高决策的民主性、科学性、合法性。全年规范制定并完成区政府重大行政决策事项6项。对政府文件函件、行政规范性文件等进行合法性审查，全年共审查区政府常务会议议题150件、区政府文件及函件2528件、行政规范性文件3件。

规范公正文明执法

2023年，区司法局编印《行政执法人员公共法律知识手册》，组织开展提升执法能力专题培训班，组织新增行政执法人员培训81人次，新增听证主持人培训9人次。选取11名特邀行政执法监督员，组织执法案卷交互评查123份，提出问题整改建议150余条，推动执法和监督工作"双提升"。致力优化法治化营商环境，推动柔性执法，全年全区"不予处罚"案件数量142件，涉及金额250.73万元；"减轻处罚"案件数量39件，涉及金额130.95万元。

行政权力制约监督

2023年，李沧区自觉接受党内监督、人大法律监督、政协民主监督，作出重大决策前认真听取人大代表意见，邀请区人大常委会、区政协有关领导和部分人大代表、政协委员列席区政府全体会议、常务会议和有关专题会议等，并向区

2023年10月26日，区政府第七届第三十次常务会议收看《中华人民共和国外商投资法》专题讲座。　　（区司法局供图）

政协通报情况。

社会矛盾化解

2023年，李沧区坚持和发展新时代"枫桥经验"，依托区公共法律服务中心建成区"一站式"矛盾纠纷调解中心，建立专职调解员、调解专家库"两专"队伍，构建多方联动的非诉纠纷化解机制。发挥"1+1+N"矛盾纠纷调处机制作用，加强"山东智慧调解"系统数据分析研判，力求调解工作前置。全年排查矛盾纠纷4542次，调处4306件。相关经验做法在《工人日报》《人民信访》《山东法制报》《民主与法制》报道。

法治思维提升

2023年，李沧区落实区政府常务会议会前学法制度，全年开展会前学法8次，其中采取法治专题讲座形式2次，组织学习《中华人民共和国外商投资法》《国家标准管理办法》等相关法律法规。针对全区各社区"法治带头人""法律明白人"举办普法业务能力提升培训班，增强基层工作人员法律素养，强化法治观念，提升社会治理法治化水平。推动落实被诉行政机关负责人出庭应诉制度，全年行政案件负责人出庭应诉61次，行政案件机关负责人出庭应诉率连续4年保持100%。

普法宣传

2023 年，李沧区举办一次区委理论学习中心组习近平法治思想讲座，组织 10 个"法治主题"系列宣讲活动，组建百名法律精英成员宣讲团队，开展千次法治宣传活动。全年共发布云普法短视频 12 期、书记话法治 11 期、法治李沧一周概览 50 期，累计举办法治宣传活动 1300 余次，发放各类法治宣传资料 12 万余份，形成办事依法、遇事找法、解决问题用法、化解矛盾靠法的社会氛围，为李沧区加快打造全市新旧动能转换示范区提供优质的法治环境保障。

党政主要负责人述法

学习贯彻习近平法治思想

2023 年，李沧区委理论学习中心组召开第四次集体学习研讨会议，深入学习《习近平法治思想学习纲要》《论坚持全面依法治国》等内容。区委理论学习中心组举办法治专题讲座，邀请全国人大代表、山东省律师协会监事长张巧良围绕"运用法治思维，践行习近平法治思想"做专题辅导。落实街道、部门学法制度，提高领导干部依法行政工作能力和法治化工作水平。

党委法治建设议事

2023 年，李沧区加强党对执法、司法、守法、普法工作的领导，年初制订依法治区委员会会议工作计划并抓好组织实施。区委法治议事协调机构规范有序运转，推动依法治区工作全面、精准开展，全年组织召开区委全面依法治区委员会会议 1 次、委员会办公室会议 4 次、执法协调小组会议 2 次、司法协调小组会议 1 次、守法普法协调小组会议 1 次，共研究议题 35 个。

法治政府建设组织保障

2023 年，李沧区规范区政府法治建设，全面精准推进依法行政，政府常务会研究法治领域相关工作 4 次，听取法治政府建设工作报告、人民调解工作报告、价格领域行政处罚权工作汇报，研究通过了《李沧区党政机关合同管理办法》，坚持把依法治区与区政府中心工作同谋划、同部署、同推进。将法治建设成效纳入全区高质量发展综合绩效考核，强化法治政府考评和督察，逐级压实工作责任，做到年初有计划、年中有督察、全年有考核。

三级书记述法

2023 年，李沧区压实党政主要负责人履行推进法治建设第一责任人职责，每年高标准严要求落实区委、区政府党政主要负责人向青岛市委全面依法治市委员会述法工作；创新开设"书记话法治"栏目，组织各街道党工委书记通过短视频的方式讲述本街道推进法治建设的工作举措、经验做法及思路打算，在"李沧电视台"和"法润李沧"同步播出 11 期；召开"民主法治示范社区"工作推进会议，组织国家级、省级"民主法治示范社区"的社区书记进行会议述法，组织现场评议，推动述法工作向纵深发展。

（区司法局）

公　安

概况

2023 年，青岛市公安局李沧分局（简称"公安李沧分局"）开展基础排查攻坚、安全隐患清场、整治各类风险隐患和不稳定因素，全区社会大局和社会治安秩序稳定，区委、区政府主要领导给予批示肯定。公安李沧分局被评为青岛市优秀公安局。开展"春季攻势""夏季行动"和"秋冬严打"等系列专项行动，现行命案破案率保持 100%，八类严重暴力案件破案率 86.7%，破获传统"盗抢骗"案件 470 余起，抓获各类嫌疑人 460 余人，同比分别上升 49.5%、61%，发案率下降 19.1%。严打经济金融领域违法犯罪，发起公安部云端集群战役 2 起，破获案件 50 余起，移送起诉嫌疑人 130 余人，冻结涉案资产 5 亿余元。开展"昆仑"专项行动，打掉制假售假、非法狩猎团伙 16 个，捣毁窝点 18 处。缉毒绩效位居全省县级公安机关第三序列前列。在

2023 年 1 月 11 日，公安李沧分局"冬季精准打击重点整治专项行动暨破案攻坚大会战赃物集中发还仪式"举行。

（公安李沧分局供图）

2023 年"智慧公安我先行"全市公安基层技术革新专项活动中，公安李沧分局参选的项目"AI 警务视图精灵"获三等奖。山东省公安厅推送的 180 余起执法"双清"案件全部结清；青岛市公安局未结信访案件结化解率 88.4%，提质增效专项行动交办案件化解率 71%，均居全市前列。"宫小勇柔性执法"做法受到青岛市政法委主要领导批示肯定，被新华社每日电讯等媒体转发。

情报预警

2023 年，公安李沧分局严格落实情报预警研判、风险隐患源头管控等情报预警机制，对各类涉稳情报线索坚持实时反馈全时派发、"不过夜"落地处置。全年累计向区政府有关部门推送线索 450 余条，全部第一时间落实核查稳控措施，确保了"零漏管""零失控"。

反恐演练

2023 年，公安李沧分局落实全区 50 余处重点单位反恐防范主体责任，责任书签订率 100%；开展督导检查 250 余次，发现整改各类隐患 50 余处，组织加油（气）站、学校等单位开展反恐演练 560 余次、反恐知识培训 30 余次、应急拉动演练 8 次，在商圈、广场等人员密集场所发放宣传手册、滚动播放宣传视频，强化全民反恐的参与度和防范意识。

严打黑恶团伙

2023 年，公安李沧分局开展扫黑除恶斗争，铲除盘踞茶叶市场的黑社会性质组织 1 个，查实破获关联案件 30 余起，移送起诉团伙成员 20 余人。查封扣押涉案财产 2800 余万元。侦破敲诈勒索、寻衅滋事等群众反映强烈的 10 类涉黑恶案件

30 余起，打掉涉恶类团伙 8 个，采取刑事强制措施 80 余人、移送审查起诉 110 余人。

打击网络犯罪

2023 年，公安李沧分局侦破全省首起盗窃比特币案件，追回被盗比特币 90 余个，为群众挽回经济损失 2350 余万元；破获"4·11 开设赌场非法利用信息网络案"，抓获犯罪嫌疑人 18 人，追缴涉案资金 5000 余万元，该案被山东省公安厅纳入经典案例上报公安部。开展"净网""护网"专项行动，24 小时不间断开展互联网监控巡查，封堵删除网络谣言、有害信息 940 余条，循线打掉非法牟利"网络水军"团伙 2 个，捣毁窝点 3 处，查封扣押涉案手机 1200 余部，研判发现重要破案线索 60 余条，支撑破案 280 余起、抓获嫌疑人 160 余人。

打击电信诈骗

2023 年，公安李沧分局开展打击治理电信网络诈骗攻坚战，破获案件 540 余起，抓获嫌疑人 670 人，比上年分别上升 118%、327%。与电信、银行网点成立反诈联盟，开展线下线上集中反诈预警，预警劝阻 20.3 万余人次，止付冻结银行账户 1.3 万余个、资金 4.2 亿余元，开展反诈宣传 930 余场次，发放各类宣传品 2 万余份，受教育群众 10 万余人。

治安管理

2023 年，公安李沧分局组织派出所对全区"九小场所"、社区居委会和物业服务企业常态化开展消防和危爆物品管理安全检查，发现整改安全隐患670 余处，全区未发生有影响的火灾和治安安全事故。"智慧内保"系统覆盖率、完善率均达100%，信息录入率、完整率和检查信息录入率均居全市第一。组织开展专项集中清查行动80 余次，出动警力4700 余人次，核查流动人口 16.1 万余人、出租房屋 3.2 万余户，清查公共娱乐场所 2.6 万余家次，清除隐患300 余处。开展标准地址智慧门牌采集核实工作，核实门牌37.2 万余块，安装 34.8 万余块。

民意 110

2023 年，公安李沧分局贯彻落实 12345 政务热线与 110 报警服务台对接联要求，建立 110 与 12345 等政府职能公共服务平台双向联动和会商交流机制。落实警务回访机制，通过"民意 110"、12345、12389 等民生警务平台，跟踪回访 12.2 万余人次，受理、办结群众意见诉求1.6 万余件，全年受理 12389 投诉量比上年（下同）下降 58%，初信初访量下降 12.2%。

营商环境

2023 年，公安李沧分局开展"优化营商环境"专项行动，出台优化法治营商环境 25 条措施，搭建"警联企·护发展"协作机制，主动"问需、问策、问难"，走访重点项目企业 280 余家次，化解涉企矛盾纠纷 100 余起，为企业挽回经济损失 9800余万元。落实"一窗通办"、延时服务、预约服务、特殊群体上门服务等举措，设立驻企流动人口服务站 80 余个，为企业、群众提供户政服务 15.6 万余次，群众现场评价满意度达 100%。

全警大走访

2023 年，公安李沧分局开展"百万警进千万家"活动，开展"警营开放日""请进恳谈"等主题活动 220 余场次，开展防盗、防骗、防毒、防矛盾纠纷、防治安灾害事故"五防"宣传5950 余次。走访社区群众 19.2万余人次，向群众报告 810 余次，社区民警加入小区微信群400 余个，进群率达 98.3%，社区民警与辖区群众"双向"熟悉率进一步提高。

（公安李沧分局）

检　察

概述

2023 年，青岛市李沧区人民检察院（简称"区检察院"）高质效履行法律监督主责主业，全部 47 项业务评价指标中有 43项居全市首位，获评全国打击骗取留抵退税违法犯罪成绩突出集体等集体荣誉 7 项，山东省反洗钱工作先进个人等个人荣誉 8项。10 余项工作经验被最高人民检察院、山东省检察院转发推广，30 余项工作被《法治日报》《检察日报》等报道，11 项工作获各级领导批示肯定。获评省、市典型案事例 5 件。2 项工作在全国、全省会议做经验介绍。

平安李沧建设

维护国家政治安全和公共安全　2023 年，区检察院坚持总体国家安全观，全力以赴防风险、保安全、护稳定。严惩故意杀人、抢劫等犯罪 21 人，打击盗抢骗等多发性侵财犯罪219 人。办理的周某故意杀人案获评全省检察机关侵犯公民人身权利、民主权利犯罪典型案例。开展"断卡""断流""拔钉"专项行动，从快起诉电信网络诈骗、网络传销等犯罪 124 人。

落实宽严相济刑事政策　2023 年，区检察院对自愿认罪、悔罪的 993 人适用认罪认罚从宽制度，认罪认罚适用率达 93%。对 412 名犯罪情节轻微的初犯、偶犯等作出不捕不诉决定，从源头上减少社会对抗、增进社会和谐。

常态化推进扫黑除恶斗争　2023 年，区检察院推行专班、专人、专业化办理涉黑恶案件，一体推进"办案、打伞、断财、治源"。全程引导并审查起诉全市关注的戴某等21人黑社会性质组织案，被告人全部认罪认罚、无一上诉，实现了"三个效果"的统一。全年办理各类刑事案件1259件，获评平安青岛建设表现突出集体。

营造法治化营商环境

助力保障市场环境 2023年，区检察院综合运用打击、监督、保护等手段，护航"来李沧·赢满仓"品牌形象。严惩虚开增值税专用发票、生产销售假冒伪劣商品等严重破坏市场经济秩序犯罪175人。稳妥办理对企业生产经营产生重大影响的海尔和青啤两家公司工作人员收受商业贿赂案，维护了公平的市场竞争环境。

助力保障创新环境 2023年，区检察院联合区法院、公安李沧分局出台《知识产权协同保护合作框架协议》，凝聚知识产权司法保护合力。创建"知检维新"工作品牌，建立"一体两翼"履职模式，起诉侵犯知识产权犯罪49人，办理相关民事、行政监督案件218件。全链条打击万某等30余人假冒冠军（champion）服饰注册商标案，涉案金额3000余万元，为商标权人挽回损失500余万元。

助力保障金融环境 2023年，区检察院办理金融诈骗、扰乱金融管理秩序犯罪38人。全程引导侦查，仅用10天时间即

高效完成"翰林金业"传销案审查起诉工作，涉案金额高达5亿元。加大洗钱犯罪打击力度，办理了全市首例职务犯罪洗钱案件。推动金融领域诉源治理，立足办案发现的信贷风险点向农商银行发送检察建议，助推银行贷款监管升级加固。

助力保障政策环境 2023年，区检察院聚焦"假企业"虚开发票、"假申报"骗取补贴等违法行为开展专项监督，保障惠企暖企政策精准落地。打击虚开增值税发票犯罪9件，挽回税款损失560余万元。打击骗取高新技术企业补贴犯罪4件，追赃金额480余万元。全年围绕提升作风能力、优化营商环境，推出务实举措38项，获评全国打击骗取留抵退税违法犯罪成绩突出集体、山东省反洗钱工作先进集体，入选青岛市深化"放管服"改革优化营商环境十大典型案例。山东省检察院知识产权检察专题调研会在李沧区召开。

服务保障实体经济

"5个1"工作机制 2023年，区检察院聚焦保障全区"3+2+4"现代产业体系和15个重点产业园区建设，上前一步、精准履职，助力"动能强劲·活力迸发"新李沧建设。建立"5个1"工作机制，围绕服务保障实体经济高质量发展，创建1个"检护企航"品

牌、开设1条"检企e线"热线、落实1项"产业链长＋链主企业＋检察长"制度、建立1个疑难案件研究基地、开展1项专项行动。依托"来李沧·赢满仓"商会会客厅，与区工商联、各商会座谈10余次，走访企业24次，帮助企业解决涉法诉求40余个。高质效办理1起涉企合同诈骗案，依法审慎作出不捕决定，全额追赃挽损3000余万元，实现"一个案子结了、两家企业活了"，办案效果被青岛市检察院主要领导批示肯定，被《青岛日报》宣传报道。

企业合规改革 2023年，区检察院在全市率先建立涉案企业合规检法协作机制，实现企业合规刑事诉讼全流程适用。办理涉案企业合规案件7件，办理的张某诈骗案，将涉案公司合规整改结果作为从轻处罚情节，量刑建议被法院采纳。以李沧区高发的涉税类案件为切入点，联合第三方管委会、税务机关制定涉税案件企业合规评估标准，严把合规整改"出口关"，相关做法获省、市检察院认可。区检察院作为唯一基层院代表在全省会议上做经验介绍。

重点企业权益保障 2023年，区检察院优化检察环节办案模式，强化对高新技术企业保护力度。办理全市首例侵犯国家级专精特新"小巨人"企业商业秘密案，涉案损失约

1000 万元，检察机关依法追加单位犯罪，有效阻断商业秘密扩大泄露风险，为企业上市保驾护航。全年妥善办理涉企案件 112 件，避免 20 余家企业因案关停，稳定就业 1000 余人，有关工作被青岛市检察院及区委领导批示肯定 4 件次。

参与社会治理

检察建议工作　2023 年，区检察院找准参与社会治理的切入点，争取区委支持，将社会治理类检察建议落实情况纳入区平安考核，提升监督刚性。创建检察建议"案件化"办理模式，推动社会治理"抓前端、治未病"，有关做法被《人民检察》刊发、山东省检察院转发，得到青岛市检察院主要领导批示肯定。针对在涉黑恶案中发现的物业管理混乱、商会被把持、私搭乱建等问题，发出检察建议 8 件，促进堵漏建制。

弘扬法治观念　2023 年，区检察院建立"线上＋线下""菜单＋订单"普法模式。线上，围绕低俗婚闹、家庭暴力等法治热点拍摄"一分钟普法"短片 24 期，13 期被李沧融媒及省、市检察院转发，点击量累计 2.6 万余次。线下，走进商圈、社区开展"菜单式"普法宣传，走进企业"一对一"提供"订单式"法治套餐。全年共制发社会治理类检察建议 17 件，开展普法宣传 40 余次，

获评青岛市"法治宣传教育示范基地"，入选李沧区"十大法治示范项目"。

守护生活品质

守护生态之美　2023 年，区检察院着力解决事关群众生活品质的突出问题，以"民生检察"助力"美丽宜居"新李沧建设。创新完善"河（湖、林、湾）长＋检察长"协作治理机制，与区环保、区水务等行政主管部门会商座谈、联动履职 20 余次，办理生态资源领域案件 9 件，监督整改非法捕捞、非法排污等问题，助力李沧区争创全国生态文明建设示范区。办理的太原路暗渠污染胶州湾海洋环境案彻底解决了长达 10 年的非法排污"老大难"问题，减少海洋污染的同时消除了铁路行车安全隐患。

守护食药安全　2023 年，区检察院按照"四个最严"要求，刑事检察与公益诉讼同向发力，办理食药领域案件 10 件。对一起在中药中添加违禁西药成分的非法制售假药案提起刑事附带民事公益诉讼，请求法院判令支付三倍惩罚性赔偿金 880 余万元，让违法者痛到不敢再犯。

守护生产安全　2023 年，区检察院抓好最高检"八号检察建议"落实，开展安全生产专项监督。督促多部门联合整治消防通道被占用等火灾隐患，

守护公共场所"生命之门"。督促整治建筑施工企业违法分包、违法挂靠等问题，筑牢安全生产"防护网"。全年围绕做实人民群众可感受、能体验、得实惠的检察为民，制定了《"感知式履职"标准体系》，推出 18 项务实措施，工作做法被青岛市检察院和区委政法委主要领导批示肯定。

守护特殊群体

老年人合法权益保障　2023 年，区检察院开展养老诈骗犯罪专项监督，惩治相关犯罪 54 人。办理的一起针对老年群体的非法集资案，涉案金额高达 5 亿余元，是近年来李沧区办理的规模最大、涉案人数最多的养老诈骗案件。会同区民政部门联合开展养老机构安全监管专项监督，督促整治养老机构管理不规范问题，助力"老有颐养"，幸福成色更足。

强化未成年人权益保护　2023 年，区检察院坚持"零容忍"，从严打击侵害未成年人犯罪 16 人。对较严重的未成年人犯罪起诉 8 人，对涉嫌轻微犯罪的未成年人相对不起诉、附条件不起诉 8 人。加强"双向保护"，与区妇联、区团委等 9 部门打造"未爱帮教家"平台，对 8 名涉案未成年人倾心帮教，帮其迷途知返、改过自新；强化未成年被害人权益保护，办理的于某等人一体化帮扶救助案获

2023 年 5 月 25 日，李沧区检察院检察官向参观学生介绍远程庭审室的作用。　　　　　　　　（区委宣传部供图）

评全省典型案例。做实诉源治理，针对辖区网吧、旅馆违规接待未成年人问题制发检察建议、磋商函 6 份；联合区教体局开展反对校园欺凌等主题普法活动 20 余次，区检察院入选"全国少工委红领巾讲解员校外实践基地"。

守护妇女权益　2023 年，区检察院创建"益心为她"妇女权益保护品牌，与区妇联建立线索共享、妇女救助等联动机制。办理的督促整治医疗美容及产后康复机构违法经营行政公益诉讼案，通过公开听证、专家咨询等措施，厘清监管难点、促进行业规范，保护了女性消费者的身体健康权益。

守护新业态劳动者权益　2023年，区检察院针对外卖员、网约车司机等新业态劳动者迅速增多的现状，立足民事支持起诉职能，牵头区法院、区总工会等部门建立全市首个新业态劳动者权益保护协作机制，工作做法被《中国检察官》刊发。全年办理涉特殊群体案件 52 件，中国关工委、山东省妇联领导到院考察时给予肯定。

化解社会矛盾

化解矛盾纠纷　2023 年，区检察院坚持和发展新时代"枫桥经验"，着力推动信访问题法治化解决。深化最高检"基层院领导包案办理首次信访"试点成效，设立"矛盾化解·家"工作室，创立"六个一亲情接访法"，综合运用"领导包案＋公开听证＋N"等措施，实现信访案件"降量退位防变"。10 余件长期信访积案全部化解，信访总量减少约 60%，为李沧区创建全国信访工作示范区贡献了检察力量。工作做法被《中国检察官》转发推广。

刑事申诉案件办理　2023 年，区检察院承担最高检"律师代理刑事申诉、国家赔偿案件"试点，创建"4399 工作机制"，聘任 20 余名律师建立"代理刑事申诉值班律师人才库"，实现刑事申诉案件 100% 由律师代理。化解了"王某某被伤害案"等刑事申诉案件 7 件，实现事心双解、息诉罢访。

司法救助工作　2023 年，区检察院创建"检·暖心"司法救助品牌，建立"六化"工作机制。与区工商联、区妇联、心海公益中心、喜基金、卓润律所 5 家单位建立司法救助与社会救助衔接机制，凝聚"救难解困"合力。对无故被打导致左眼近乎失明的"低保户"刘某某开展多元救助，发放救助金 2.5 万元，并联系眼科专家、爱心企业为其保住眼睛、解决就业，传递了司法温情。全年化解矛盾纠纷 113 件，救助困难当事人 38 人，司法救助工作获区人大、区委政法委主要领导批示肯定。

做优刑事检察

侦查和审判监督　2023 年，区检察院实质化运行侦查监督与协作配合办公室，监督立案、撤案 40 件，追捕追诉 46 人。提出抗诉 4 件，采纳率 100%。着力提高办案效率，会同区法院、交警李沧大队建立危险驾驶速裁案件"一站式"办理机制，危驾案件办案速度由平均10天压缩至3天。

刑事执行监督　2023年，区检察院深化"派驻＋巡回"检察模式，办理刑事执行案件50件。联合区司法局加强"白名单"动态管理，为涉民企社区矫正对象开通外出审批绿色通道13人次，助力民企健康发展。开展减刑案件实质化审查，办理的全省首例社区矫正对象马某某因捐献造血干细胞提请减刑案，入选青岛市检察机关十大法律监督案例。

职务犯罪检察　2023年，区检察院加强监检衔接，办理了青岛市水务局原总工程师孙某某受贿案、平度市人大常委会原主任曹某军受贿案、李沧区科技局原局长曹某德受贿案等案件，提前介入并促其认罪认罚，在反腐败斗争中体现了检察担当。稳妥行使直接立案侦查权，查办辅警李某滥用职权向涉黑恶人员通风报信案，纯洁了政法队伍。

做强民事检察

民事生效裁判结果监督　2023年，区检察院坚持简案快办、繁案精办，与青岛市检察院上下一体办理民事裁判结果监督案件54件。开展金融领域裁判结果专项监督，依法监督"职业放贷人"类案4件。对虚假诉讼"零容忍"，纠正"假官司""假调解"5件。与区法院

合力，改判2件原告、被告双方恶意串通的虚假诉讼案件，为企业挽回损失800万元。建立的虚假司法确认领域检察监督机制被《中国检察官》刊发。

民事执行监督　2023年，区检察院以开展终结本次执行专项检察监督为抓手，运用调查核实权，协助区法院核实执行案件财产线索，深化检法良性互动。办理的1起借款合同纠纷执行监督案件，与区法院合力为相关单位挽回损失200余万元。坚持对人监督与对事监督并重，办理崂山区法院执行局原书记员陈某某挪用公款案，有力惩治执行腐败。

做实行政检察

促进行政争议实质性化解　2023年，区检察院综合运用释法说理、公开听证、司法调解等措施，实质性化解行政争议7件，实现"法结""心结"双解。践行"如我在诉"理念，"府检、法检联动"化解1起长达8年的房屋拆迁补偿安置纠纷案，促成"案结事了"。

推动行刑反向衔接　2023年，区检察院建立"检察监督＋行政执法"联动机制，对不起诉后需行政处罚的案件，及时移送行政机关处理18人，确保"罚当其错"。对刘某虚开发票作出不起诉决定后，及时将线索移送税务机关，促其补缴税款15万元并给予行政罚款11

万元，有效避免了"不刑不罚"。

强制隔离戒毒检察监督试点　2023年，区检察院与青岛市强制戒毒所建立联动工作机制，依托数字模型开展"决定强戒但未送所执行"专项监督，监督32名吸毒人员送所戒治，形成强戒检察监督"李沧样板"。工作做法被最高人民检察院、司法部联合通报肯定，被青岛市检察院主要领导批示肯定，作为全省基层院唯一代表在全国行政检察研讨会上做经验介绍。

做好公益诉讼检察

拓展公益监督领域　2023年，区检察院落实"4+N"法定责任，办理生态环境和资源保护、国有财产保护等传统领域案件5件，办理医疗美容等新领域案件23件。办理的督促整治娱乐场所强制人脸识别认证案，为个人信息扣牢"法治安全锁"。

提高公益守护手段　2023年，区检察院把诉前解决问题视为最佳状态，运用磋商、检察建议等监督方式办理诉前案件28件，占比96.5%，实现双赢多赢共赢。提起民事、行政公益诉讼4件，力求当诉则诉、以诉促改。

建立公益保护大格局　2023年，区检察院建立"特邀检察官助理＋志愿服务"公益保护大格局，选聘行政机关业务骨

干及专家担任特邀检察官助理，邀请社会热心人士 32 人担任"益心为公"云平台志愿者，参与调查核实、公开听证等活动 20 余次。借助"外力外脑"办理 1 起妇女权益保护新领域公益诉讼案件，获评全省检察听证典型案例。

强化检察能力

2023 年，区检察院强化人才兴检，组织"百庭观摩、千庭评议"、公诉人论辩赛、检律辩论赛等活动 26 次。3 项调研成果被全国知名期刊刊发。8 人入选省、市检察机关人才库、标兵能手。优化检务管理，围绕提升办案质量、效率、效果，建立"上前一步"案件质效全过程控制管理机制，评查案件 473 件，工作做法得到青岛市检察院主要领导批示肯定，在全市现场会作经验介绍。深化数字检察，搭建 6 个大数据法律监督模型，其中，研发的 3 个数字模型在全市检察机关数字模型评选中获奖，参与研发的行刑衔接"N+2"监督模型获全省检察机关数字模型评选二等奖。

（区检察院）

法　院

概况

2023 年，青岛市李沧区人民法院（简称"区法院"）全面履行职责，勇于担当作为，受理各类案件 17318 件，审结、执结 17487 件（含旧存）。审执质效位居全市前列、全省前 10 名。省"费"减"累"工作机制作为诉前调解典型经验在全省推广，16 个集体和 37 名个人获省、市级以上表彰。

服务经济社会发展

优化营商环境 2023 年，区法院开展"法治营商环境企业行"活动，问计问需帮企扶企，走访企业 26 家，发出司法建议 25 份。推进 3 起破产案件简易审，畅通破产清算与重整、预重整程序转换渠道，平均审理期限缩短至 92 天。推进产权保护法治化，坚持"一提两协三优化"思路，审结知识产权案件 837 件，召开新闻发布会发布白皮书和典型案例，首次适用"从业禁止"制度，引导社会尊重知识产权、激励创新创造。涉及法院的优化营商环境考核项目获评全市第一，"知产有'李'"法治品牌入选全区十大法治示范项目。

服务城市更新和城市建设 2023 年，区法院坚持能动司法，主动对接全区重点项目，保障十梅庵、东南渠旧村改造及青岛北站 TOD 综合开发等片区更新建设工作。参与房屋产权确权颁证历史遗留问题专项整治活动，探索司法查封土地上已售房屋办证新路径，协助 3 个

项目的 1451 户购房人办理产权证书。强制腾迁土地房屋 8 宗 9.6 万多平方米，为重庆高架路、新能源产业区、唐山路打通工程等重点项目推进疏通堵点、破解难点，获区领导批示肯定。

维护安全稳定 2023 年，区法院常态化开展风险隐患大排查大整治，严格落实重大敏感案件对接汇报和"三同步"机制，提前介入多起涉众型信访矛盾纠纷处置，助推社会安定有序。推广全省法院信访回溯系统，畅通群众诉求表达渠道，做到有信必复、有访必录。开展涉法涉诉信访化解攻坚专项行动，从严落实院长值班接访制度，实现应接尽接。将涉诉信访纳入法治轨道，能终结的提报终结，该打击的坚决打击。中央和省交办信访案件化解率 100%，重点信访人全部息诉罢访。

严格司法公正

刑事审判 2023 年，区法院收案 540 件，结案 518 件，判处罪犯 597 人。审结戴某等 21 人"涉黑"案，中央和省、市、区委高度关注的"翰林黄金"案社会反响效果良好。审结"盗抢骗""食药环"案件 144 件 170 人，电信诈骗、非法集资案件 6 件 26 人，职务犯罪案件 3 件 3 人，发出司法建议 8 份，保障社会安定有序。推进跨部门一体化办案，入矫执行协同

率、涉案财物处置意见协同率均达 100%。对虚假诉讼"叫停说不",移送虚假诉讼线索 4 件,刑事打击和司法处罚 2 件。坚持宽严相济,对 279 人依法适用缓刑。

民事审判　2023 年,区法院收案 12623 件,审结 12717 件(含旧存)。审结家事纠纷 853 件,发出家庭教育指导令 2 份,柔性解纷促进家庭和睦。弘扬契约精神,审结买卖、承揽等合同纠纷 2276 件,民间借贷、金融借款等纠纷 1484 件,涉房屋、建设工程等纠纷 959 件。在全市率先推进环境资源案件"三合一"集中审判改革,为美丽李沧添彩。深化道交事故联调,诉讼转化率不足 4%,在全市最低。发挥司法裁判价值导向作用,依法化解并及时发布住宅改"轰趴"扰民案、朋友圈公开隐私案等典型案例,以案明理、以案释法。

行政审判　2023 年,区法院收案 180 件,审结 178 件,行政审判质效居全市首位。促进行政争议诉前实质性化解,行政争议审前和解撤诉 190 件。支持行政机关依法行使职权,保障市级文昌路高压线入地工程及区级石沟中学建设项目有序推进。协力落实行政败诉案件过错责任追究与容错免责制度,行政机关负责人出庭应诉率连续第 5 年保持 100%,力促从"出庭、出声"走向"出解、

2023 年 8 月 3 日,李沧区人民法院与西北政法大学智慧枫桥诉源治理研究与教学实践基地合作共建签约暨揭牌仪式举行。

（区法院供图）

出治"。助力法治政府建设,开展法治培训、庭审观摩 4 次,发送司法建议 3 份,府院联动提档升级、效能叠加。

案件执行　2023 年,区法院收案 3975 件,结案 4074 件(含旧存),执行到位金额 14.05 亿元。凝聚多方力量共同推动"执行难"综合治理、源头治理,打通查人找物、精准惩戒、财产变现等堵点,减少案件衍生。开展"蓝色风暴"集中执行行动 12 次,对失信被执行人纳入黑名单 14 人次、限制高消费 6272 人次、拘留 26 人次,邀请社会各界人士见证执行 11 次,持续营造高压态势。推进企业信用修复,将 103 家企业移除失信名单。推出执行通知"预告知"、信用惩戒"预警示"等执行措施,加快胜诉权益兑现。

践行司法为民

诉源治理　2023 年,区法院对接区社会治理中心,依托四级网络化服务管理体系搭建"一站式"解纷链条。在 12 个社区设立法官值班室,公开调解 16 次,提供法律咨询 1200 余人次,化解纠纷 651 件。与中国中小企业协会、西北政法大学合作,专业调解机构增加至 26 家。推行双轨制收费模式,减轻当事人经济负担。上线诉前调管理系统,各节点数据自动关联推送,信息全程在线跟踪,调成案件 3496 件,调解成功率位居全市第一,进一步擦亮诉源治理"融·和"工作品牌。山东省法院调研时给予充分肯定。

诉讼便民服务　2023 年,区法院聚焦群众急难愁盼问题,优化为民措施,推进"一站式"、标准化、智能化诉讼服务中心建设,集成六大功能,让群众"一站办理""一次办好"。发挥"12368 诉讼服务热线"联系法

官主渠道作用，建立"接诉即答""接单即办"机制，接听群众来电26172次，反映事项回复率100%。探索适老扶弱助残诉讼机制，推出"帮办"服务，诉服中心志愿者靠前指导，填平"数字鸿沟"，畅通"无障碍"服务。调整法庭布局，优化案由结构，人民法庭成为服务社区群众、参与基层治理的前沿阵地。

全过程司法保护体系构建 2023年，区法院关注群众现实困难，依法减、缓、免诉讼费28.7万余元，提供法律援助170人次，全力保障弱势群体及时有效维权。抓实权利保护，与区妇联、团区委等共建反家暴联动机制，组织法治宣讲4次、模拟法庭3次，开通涉抚养赡养、探视权等纠纷绿色通道，依法严惩侵害残疾人犯罪，妥善处理涉房地产企业票据纠纷639件。开展"根治欠薪"专项行动，支持农民工追讨工资730.5万元。做好帮扶救助，推动完善"司法救助＋社会救助"体系，发放救助金43万元。

提升审执质效

注重能力提升 2023年，区法院开展质效跃升打榜夺标赛，7个奖项每月亮绩赛绩，比学赶超激发活力、转化动能。开展审执质量提升、长期未结和诉前调案件"双清理"等7项活动，法定审限内结案率全

年保持100%，简易程序适用率、服判息诉率和二审改发率实现"两升一降"。举办精品案件、优秀庭审、优秀裁判文书评选活动，激励干警干出更优业绩。

规范审执机制 2023年，区法院优化专业化审判，对12个大类的案由分配至25个审判团队中进行办理，重组14个审判执行团队，实现专门案件有专人办，适岗性更好、专业化更强。抓牢诉前调解，上线诉前调管理系统，在实现调解员有进有出、优胜劣汰、动态管理的基础上，前置送达、鉴定和证据交换等程序，实现立案就能开庭、开庭即可结案。健全长效机制，出台关于诉前调、审执质量提升、审限控制等相关机制6项，工作更趋规范。

加强质效考评 2023年，区法院坚持日分析、周调度、月复盘，二审改发集中评述、问题症结逐一分析。推进审判管理与纪检监察融合开展，发布审管通报11份、审务督察通报6份。成立学习小组12个，召开专业法官会议253次、审委会19次，引导干警在干中学、学中干。优化绩效考核，先后4次调整考核方案，用指标科学衡量、以数据客观评判，对团队的激励鞭策作用更为凸显。严格落实防止干预司法"三个规定"，考核居全市法院第一位。

（区法院）

司法行政

概况

2023年，区司法局坚持树牢法治思维，着重提升服务中心、实干担当、提纲挈领、雷厉风行、学习反思5种能力，推动法治建设、法务服务、法律供给、法律实施4方面工作不断开创新局面。《法治日报》《司法所工作》等司法部主管的报纸杂志刊发法治建设和司法行政工作信息5篇，《青岛改革》刊发改革经验1篇，向省司法厅推荐改革案例1个，成功办理青岛市首例社区矫正对象减刑案例，提报的社区矫正建议作为唯一区市建议在市政协常委会基层治理专题讨论审议。1名司法所长获评青岛市第二届"最美公务员"。区内律所实现建区以来纳统零的突破。

法治建设

法治李沧建设 2023年，李沧区发挥依法治区议事协调机构作用，加强党对执法、司法、守法、普法工作的领导，全年召开区委全面依法治区委员会会议1次、委员会办公室会议4次、执法协调小组会议2次、司法协调小组会议1次、守法普法协调小组会议1次，研究议题35个，区委法治议事协调机构规范有序运转。创新推行

三级书记述法工作，拍摄"书记话法治"栏目11期，召开"民主法治示范社区"工作推进会议，组织国家级、省级"民主法治示范社区"的社区书记进行会议述法，组织现场评议，推动述法工作向纵深发展。

法治政府建设　2023年，李沧区开展"优化法治化营商环境"专项督察2次，"街道法治建设"专项法治督察1次，推进全区法治建设工作深入开展。推动法治工作项目化，促进31个单位、打造35个示范项目，"深化'跨层级一窗'建设，打造法治审批服务新生态""疑难复杂矛盾纠纷'三级预警、三级处置、多元化解'工作机制"等11个项目成效明显，通过项目化，促进法治工作常态化、实效化、品牌化，扎实推进法治政府建设。

法治社会建设　2023年，李沧区实施"个十百千"工程，举办一次区委理论学习中心组习近平法治思想讲座，组织十个"法治主题"系列宣讲活动，组建百名法律精英成员宣讲团队，开展千次法治宣传活动。全年发布云普法短视频12期、举办法治宣传1300余次，发放各类法治宣传资料12万余份。举办12·4法治"宪"普法宣传、民法典宣传月、国家安全教育日普法宣传、党内法规学习周等主题宣传活动，采取广场宣讲、咨询解答、文艺汇演、

2023年12月4日，第十个国家宪法日李沧区12·4法治"宪"普法宣传活动举行。
（区司法局供图）

模拟法庭等方式开展活动1300余场。

法务服务

聚焦服务中心工作　2023年，李沧区制发《李沧区党政机关合同管理办法》《李沧区党政机关法律顾问管理办法》等文件，优化完善合同审查线上系统。审查区政府常务会议议题150件、区政府文件及函件2528件，审查合同3000余件。严格重大行政决策合法性审查，对全区6件重大行政决策进行目录管理并向上级备案，指导完成区政府规范性文件1件并向市政府备案，指导制定部门规范性文件2件。

公共法律服务优化　2023年，李沧区对社区法律顾问进行团队化整合，优选35个团队、89名法律服务工作者服务街道、社区，不断健全公共法律服务

体系，夯实法治根基。发挥律师作用为东南渠等重点低效片区地块征迁和重庆路高架路、唐山路打通工程等重点项目提供法律保障。

法治营商环境提升　2023年，李沧区出台《李沧区优化法治化营商环境二十四条措施》，牵头策划举办"法治是最好的营商环境"交流座谈会，邀请法学大家、行业精英、律界翘楚、企业代表参加，促进政企沟通，坚定维护法治轨道。开展"李沧区律师诚信共同体"提升年活动，组织"三八"妇女节法律公益咨询暨踏青健步行、律师辩论赛等。率先在区行政审批大厅挂牌成立李沧区优化营商环境法律服务工作站，同时在金海牛创业园和百果山实业基地设立2处惠企法律服务工作站联系点，提供惠企法律服务3000余人次。

法律供给

矛盾纠纷多元化解机制 2023年，李沧区融入"一站式"多元矛盾调解机制，发挥好矛盾化解"第一道防线"作用，利用山东智慧调解系统加强纠纷分析研判，排查矛盾纠纷4542次，成功调处4306件。

法律援助"暖心五办" 2023年，李沧区提供特殊群体"优先办"、容缺受理"马上办"、律师指派"点援办"、延时服务"无忧办"、援助申请"网上办"。全年受理法律援助案件1030件，办结997件，为群众挽回损失价值总额750余万元。

"十五分钟"公证法律服务圈 2023年，李沧区在11个街道公共法律服务站设立"公证服务点"，"最多跑一次"公证事项达到121项。

法律实施

复议应诉案件办理 2023年，李沧区行政复议委员会办公室收到行政复议申请168件，受理151件，审结156件（含上一年结转）。其中，维持47件，驳回23件，撤销5件，确认违法7件，责令履职12件，终止62件。全年青岛市政府作为行政复议机关、李沧区政府作为被申请人的行政复议案件共14件，均已审结。其中，驳回2件，确认违法1件，维持6件，终

止5件。

执法监督 2023年，李沧区印发《行政复议典型案例》《行政执法人员公共法律知识手册》，开展护航法治化营商环境专项监督行动，组织行政案件庭审旁听活动和提升执法能力专题培训班。承接行政执法监督与12345政务服务便民热线建立合作机制试点工作。评查行政执法案卷123卷，组织新增行政执法人员培训81人次，新增听证主持人培训9人次，四年年审20人次，两年年审22人次，信息变更、调动、注销等共计154人次，聘任李沧区特邀行政执法监督员11人。

规范刑罚执行 2023年，李沧区完成青岛市首例社区矫正对象减刑案件，对有重大立功表现的社区矫正对象依法予以减刑。梳理社区矫正工作，青岛市李沧区社区矫正社会管理和公共服务标准化试点项目通过验收。打造"法润心矫"心理矫治品牌，从心理把控层面掌握矫正群体思想动态。全年组织公益活动473人次、心理测试460人。

法律保障

坚持党建引领 2023年，李沧区新成立律师党支部1个，发展入党积极分子2人，组织参加全区积极分子培训6人，组织党员干部到一线开展志愿

活动90余人次。开展第二批主题教育，制定学习清单3张，组织10名处级领导干部开展专题读书班4期，全体党员集中培训2期。明确调研选题3项，开展调研10余次，解决问题9个，形成正反面案例2个。

优化干部结构 2023年，李沧区充分发挥青工委组织优势，举办"生而逢其时 青年应有为"交流会、优化营商环境头脑风暴、法律问题专题研究等活动9次，促进青年干部成长成才。

加强警示教育 2023年，李沧区开展岗位廉政风险隐患排查，确保每名党员干部明晰各自岗位存在的廉政风险。建立政治监督活页，不断推进政治监督具体化、常态化、规范化。开展定制化警示教育活动6次。

（区司法局）

交　警

交通秩序管理

交通秩序综合治理 2023年，青岛市公安局交通警察支队李沧大队（简称"交警李沧大队"）依托"大队、中队、岗位"三级指挥调度体系和智能交通指挥体系，实现精准化指挥调度；在完成44个点位、134个电子警察等视频监控设备改造升级的基础上，完成全区视频监控设备改造升级；配合区智

慧城市建设项目推进，完成76处老旧信号灯的维保并网。启动青岛市第一台摩托车车载移动式自动抓拍违法停车设备的安装调试和实地测试。

交通秩序整治 2023年，交警李沧大队组织开展"春雷行动""亮牌行动"等整治行动140余次、联合执法50余次。查处各类交通违法行为108.7万余起，其中酒醉驾921起、货车违法7048起、电动自行车违法13.6万余起、"炸街车"110余起、违法停车38万余起，清理"僵尸车"170余辆、地桩地锁470余件。完成各项交通安保任务260余起，处置突发警情30余起。

交通安全设施完善 2023年，交警李沧大队将全区246个停车场、5.55万个停车泊位联网接入"全市一个停车场"平台。安装、更换、迁移标志标牌等设施660处；安装护栏29处、422节、1223米；施划标线、彩色防滑路面7855.53平方米。

道路交通拥堵治理 2023年，交警李沧大队做好重庆高架路重点项目施工期间的交通保障工作；完成青岛三中等14所校园门前交通组织优化、10所学校门前交通设施改造，5所新（改扩）建学校周边交通设施同步配建；完成九水东路等16处堵点"一点一案"和资金预算，列入2024年度区财政

2023年2月3日，交警李沧大队民警在检查校车安全。

（张鹰摄影）

预算；制订交通组织优化方案16个、优化路口8个、调整信号灯60余个，推动66处信号灯接入"青岛市智能交通管控平台"。

落实"三同时" 2023年，交警李沧大队配合区建管局等单位完成青钢片区、碱厂片区、唐山路快速路等建设项目交通组织方案，指导完成重庆高架路、环湾G匝道拓宽、火车北站地下空间建设等新改扩建项目优化方案；完成青岛绿帆零碳产业园和李沧世LC0605-26a地块2处建设项目的交通影响评价。

交通事故预防处理

安全隐患排查整治 2023年，交警李沧大队深化与区应急管理局的联动机制，牵头开

展交通安全隐患大排查大整改，排查整改各类安全隐患703处，其中排查整改渣土车"右转杀"路口30个，施划右转禁行区20余处、安装"凸透镜"12个。受理一般以上交通事故66起，比上年（下同）下降4.35%；死亡6人，下降14.29%；伤46人，下降4.17%；直接经济损失5.67万元，同比下降28.68%。

交通事故处理 2023年，交警李沧大队建立交通事故视频远程快速处置机制，加强"交管12123"App推广应用，引导轻微交通事故当事人实行快处快赔，其中通过视频远程快处机制处理交通事故3470余起、快速率达50%以上，使用"交管12123"处置简易交通事故3.25万余起；依托"道路交通事故保险理赔联合调解中

心"等平台，为交通事故当事人提供快捷高效的理赔调解和社会救助基金申请服务，调解中心受理调解事故案件231起、结案227起，结案率达95%以上；办理申请社会救助基金案件137起，为事故受害人申请社会救助基金368万余元。

严打危险驾驶及肇事逃逸 2023年，交警李沧大队依法从严打击危险驾驶和交通肇事犯罪嫌疑人，做到快速完成刑拘和送押强制措施，办理危险驾驶交通事故刑事案79起、交通肇事刑事案22起，执行逮捕送押犯罪嫌疑人22人；侦破各类交通肇事逃逸案47起，行政拘留11人；向区应急局通报安全生产事故8起。

交通事故深度调查 2023年，交警李沧大队对全年发生致人死亡的交通事故逐案进行

深度调查，对其中发生100起以上交通事故的36个路口、42处路段逐一制定了精准预防措施。

提升交通事故处理水平 2023年，交警李沧大队定期邀请区法院、区检察院专家授课，提升事故追逃、事故调解、警情研判、风险防控等事故处理工作水平，全力压降事故复核率。

交通案件办理

加强办案中心建设 2023年，交警李沧大队加强办案中心的硬件、软件建设，制定《交警李沧大队刑事案件侦办指导意见》等规章制度、规范10余份，构建起"内容协调、程序严密、配套完备、高质高效"的执法办案体系。

规范办案流程 2023年，交警李沧大队发挥"一站式"

办案优势，重新规范行政、刑事案件办理工作流程，提高了办案效率。

提升办案质量 2023年，交警李沧大队集中清理积压刑事案件、行政案件，立案侦查危险驾驶案244起、侦查终结238起、移送审查起诉200起、在办案件12起，结案率达97.5%；办理各类行政拘留案85起、结案69件，结案率81.2%；清理积案27起，执行逮捕10起，上网追逃并押解逃犯2人。

加强法制监督 2023年，交警李沧大队审批刑事案件399起、行政案件114起；办理行政复议案件91件、非诉执行案件260余件、行政应诉案件10件，实现行政诉讼零败诉；办理信访案件10件，实现目标零失控。

群众安全感和满意度

优化营商环境 2023年，交警李沧大队"优化营商环境"工作专班走访重点企业98个、解决问题43个；推行占用挖掘道路并联审批机制，审批涉及重庆中路等154条道路的占掘路施工行政许可83份。

打造车驾管"红旗窗口" 2023年，交警李沧大队严格落实"一窗办""一证办""网上办"服务举措和群众满意度电话回访机制，全力打造"李沧车管"品牌。办理车驾管业务

2023年3月27日，交警李沧大队交警为小学生讲解佩戴安全头盔知识。

（区委宣传部供图）

19.53 余万笔，其中新车注册 1.14 余万辆。

重点车辆监管　2023 年，交警李沧大队向辖区重点企业下达《隐患整改通知书》150 份，组织驾驶人学习培训 265 场次、受教育 2047 人次。

民生诉求办理　2023 年，交警李沧大队成立"民生警务中心"，集中高效办理并答复群众通过"民意 110"、民生政务热线等渠道反映的各类诉求，受理民生警务 2.83 万件、区热线 3980 件、"民意110" 292 件，群众满意率达90%、解决率达 70%，群众诉求响应率达 100%。

提案建议答复　2023 年，交警李沧大队办理答复区人大代表建议 18 件、区政协委员提案 4 件，面复率、满意率实现"双100%"。

交通安全宣传

开展主题宣传活动　2023年，交警李沧大队开展"优化营商环境"等主题宣传活动，强化"警媒合作"，讲好便民利企的"警察故事"。在媒体刊稿752 篇，其中中央级 46 篇、省级 214 篇、市级 492 篇。

开展交通安全"亮屏行动2023 年，交警李沧大队利用火车北站、李村商圈等 8 处电子显示屏开展交通安全公益宣传"亮屏行动"120 余次；在餐饮娱乐场所设置"酒后禁驾"提

示标语 520 余个；通过《大众日报》客户端等曝光交通违法 30余起。

开展"七进"宣教活动2023 年，交警李沧大队交通安全宣讲团深入辖区学校、企业110 余家，开展宣传活动 220 余次，发放安全头盔 1000 余个，受教育群众 5 万余人。

基层微信群矩阵建设　2023年，交警李沧大队建立完成全区由 11 个街道办组成的"街道微信群"和 121 个社区组成的"社区微信群"，通过对 716 个网格员、社区商户群和业主群的管理，实现交通安全宣传的全覆盖。

（交警李沧大队）

消　防

概况

2023 年，青岛市李沧区消防救援大队（简称"区消防救援大队"）全力维护全区火灾形势稳定。全区消防救援队伍共接警出动 656 起，其中火灾扑救 385 起、社会救助 178起、抢险救援 79 起；出动消防车 1527 辆次、出动人员 693 人次、抢救被困人员 136 人、疏散人员 73 人、抢救财产价值1511.63 万余元；组织开展灭火救援熟悉演练 420 家次、应急通信熟悉演练 263 次、修订灭火救援预案 322 份。

火灾隐患专项整治

2023 年，区消防救援大队深化专项整治，统筹推进仓储物流、高层建筑、燃气安全、逃生通道、冬春消防安全等专项整治，加大各类场所的排查力度，组织各部门、各街道对商场、市场、养老机构、学校、医院、企业等重点区域进行深入检查，有效降低了火灾发生风险，提升了辖区整体的火灾防范能力。全区消防安全重点单位 324 家，消防救援机构检查单位 1806 家次、督促整改火灾隐患和违法行为 513 处、下发责令整改通知书 292 份、下发行政处罚决定书 111 份、下发临时查封决定书 1 份、责令"三停"单位 12 家、罚款143.69 万元。

基层消防救援力量建设

2023 年，区消防救援大队依据全区消防工作形势任务，全方位加强基层消防力量建设，推动东部消防救援站立项建设，构建 5 分钟快速响应综合应急救援圈；强化基层消防安全治理，按照"一办一站"的建设布局充实基层消防力量，筑牢基层防控基础，依托街道应急管理办公室专门安排 2 名工作人员兼职开展防火相关工作，实现有场所、有人员、有制度、有台账，把防灭火工作落实到基层。

2023年5月12日，李沧区消防救援大队工作人员向市民介绍消防设备使用方法。
（区委宣传部供图）

消防宣传教育

2023年，区消防救援大队多元化、全方位开展消防宣传活动，提升辖区居民消防安全意识和应对火灾能力。依托各类平台媒介高频次发布冬季防火以及安全用电、用气等针对性、警示性信息。开展"大宣传、大培训、大演练"活动，提升群众消防安全常识普及率，提升全民消防安全意识，构建起常态化、立体式、全覆盖的消防宣传格局。开展消防宣传"五进"活动，深入辖区学校，开展全区教育行业消防安全集中培训活动4次，受训师生3000余人；组织中小学师生、青年联合委员会青年委员、区委党校中青班学员走进消防站参观学习。结合春节、"3·15"消防产品打假、"5·12"全国防灾减灾日、"11·9"消防宣传日等活动，设置消防咨询台、发放消防宣传手册1万余份、受教育群众1万余人。采取"手把手培训""检查培训""错时培训"等方式，分级对各行业部门、社会单位等重点人群培训，着力培养消防安全"明白人"；运用"全城亮屏"消防宣传、"百店万人"消防演练、"敲门入户"知识普及"三步走"机制做好社会化消防宣传工作，在全区各大商超户外电子屏及重点区域场所多渠道、高频次、高密度循环播放消防知识。

消防队伍建设

2023年，区消防救援大队与楼山街道组织"新锋楼山·樱你而来"区域党建共建联席会议，推动形成共驻共建、互联互动的区域化党建工作新格局，实现"共谋、共建、共管、共平、共享"。坚持"内推外宣"典型培育模式，确定典型学习对象，切实让指战员学有目标、比有标杆。区消防救援大队被国家消防救援局评为"消防安全专项整治三年行动工作先进单位"，获评区级文明单位；区消防救援大队团总支被评为"李沧区五四红旗团委"。楼山消防救援站挂牌成立"青年志愿者示范基地"。区消防救援大队获评全市消防救援队伍改革发展工作突出贡献集体，党支部获评"全省消防救援队伍先进基层党组织"。

（区消防救援大队）

军　　　事

人民武装

思想政治建设

2023年，李沧区人民武装部（简称"区人武部"）聚焦举旗铸魂强固思想根基，不断加强思想政治建设。深入开展"学习强军思想、建功强军事业"教育实践活动，围绕建设"打仗型国防动员"深入开展调查研究，着力为基层办实事、解难事。深化"三学"模式、"四共"机制，开设"强武大讲堂"，组织民兵"四学"活动，深入学习贯彻党的二十大精神，经验做法在警备区做介绍，"三个一百"作品《强军路上民兵不会缺席》入选山东省军区教育资源池。以山东省军区"信仰、信念、信赖、信心"专题教育为牵引，着力在增强"四性"上下功夫，采取"五字诀"模式扎实抓好专题学习、集中教育和个人自学，相关经验做法在警备区基层建设动态刊发。

练兵备战工作

2023年，区人武部组织修订专项任务行动、日常战备等3类战备方案，严格落实战备值班制度，狠抓元旦、春节、"五一"、"十一"等节日战备，滚动修订应急行动方案计划，严密组织拉动、值班备勤，值班分队、人员、装备到位齐全，组织指挥程序规范，保持良好战备秩序，李村街道应急排迎接了警备区检查拉动。完成年度首长机关、基干民兵分队训练任务，为民兵编建和训练打下坚实基础。分两批参加警备区首长机关封闭集训，提高军事训练能力素质；参加警备区群众性岗位练兵比武，取得综合第4名；组织专职民兵教练员参加警备区集中培训，提升教练员教学组训能力。加强军事理论研究，《通用车辆装备在役考核指标体系构建》一文在军事学报发表。

国防动员工作

2023年，区人武部调整区民兵工作领导小组，组织召开任务部署会，督导落实现地调查和集中录入企业数据数上万条，确保潜力调查任务高质量和高标准，在全省民兵整组潜力会审中取得优异成绩。指导各街道依托47家单位，将政治合格、身体过硬的人员充实到基干民兵队伍中。组织基干民兵专业技术岗位培训考核、民兵干部资格认证，着力提高基干民兵编建质量。组织基干民兵入队训练和集合点验，在半年民兵工作检查量化考评中排名第二。及时发布兵役登记通告，兵役登记率100%；建立摸排登记机制、就业激励机制、常态宣传机制，探索"三结合"工作模式，确保征兵工作精准实效。全年完成大学毕业生征集任务。规范组织征兵定兵会议，受到充分肯定。

基层全面建设

2023年，区人武部深入开展"一帮双促"活动，建立健全分工帮抓、首接负责、学习培训、集中办公、工作晾晒、综合考评7项制度，进一步促进机关作风能力提升和基层"三个过硬"建设。以警备区基层武装部规范化建设达优活动为抓手，党委委员划片包干负责，加强一线指导帮抓，促进基层武装部依法抓建、规范运行、高效运转，10个街道武装部实现达优。持续深化党管武装考核，李村街道、湘潭街道、九水街道、世园街道在党管武装考核中排名前列。加强对基层专武干部教育和培训，提升专武干部整体能力素质，年内完成 3 名新任职武装部长和 3 名武装干事调整配备。注重加强典型培养和宣扬，1 人获评青岛市第二届"最美民兵"，2 人获评李沧区道德模范。

党委班子建设

2023 年，区人武部坚持以党的政治建设为统领，严格党委 8 项制度和党支部 7 项组织生活制度落实，突出组织生活会、党课教育和谈心谈话等常态化制度落实，组织召开专题组织生活会 2 次，党委书记、副书记和纪委书记带头讲好党课。抓好军官、文职人员考核晋升，1 人被警备区记三等功，2 人分别被警备区表彰为人武部建设优秀军官、优秀文职人员，8 个单位、7 名个人获市以上表彰。高标准抓好民兵预建党组织建设，指导区应急连党支部开展"理论学习经常化、组织生活规范化、功能作用具体化"试点活动，党支部战斗堡垒、党员先锋模范作用明显加强。牢固树立人民之上理念，全面做好军人子女入学入园协调安置工作，承办军人子女享受中、高考优待政策，确保军人军属待遇应享尽享、应优尽优。

（区人武部）

退役军人事务

权益维护

党建带动志愿服务 2023 年，李沧区退役军人事务局（简称"区退役军人局"）推荐"兵支书"赵鑫参与青岛新闻网首个微党课录制，宣传吴海燕、张强等基层退役军人服务站好站长，形成示范带动效应。壮大"老兵宣讲团"力量，组织开展"老兵永远跟党走·老兵宣讲"活动 15 次，组织李沧区退役士兵、街道社区退役军人代表，参加"最美兵支书"、"最美退役军人"线上思政宣讲课 10 次，引导退役军人退役不褪色，永远跟党走。80 余名公益性岗位老兵在 20 余个重要路口早晚参加文明交通引导，累计服务 138 小时。围绕"管得好、拉得出、用得上"主题，社区党建引领，退役军人党员带头，约 1000 名退役军人志愿者参与文明创城、义务植树公益行动，展现军人本色。

畅通援助渠道 2023 年，区退役军人局创新"12345 热线"办理模式，变"无权"为"分流"。创新"连心、畅心、安心、暖心"四心服务法，专业律师引导投诉人用法维权事项 58 件，保障退役军人获得优质、高效、便捷精准的法律服务。运用老兵调解室和心理咨询室，拉家常暖人心，出主意想办法，帮助解决在就业、创业、养老、医疗等方面的困难。

网格联动解忧 2023 年，区退役军人局发挥区、街道、社区三级退役军人服务保障体系作用，构建退役军人权益维护工作"网格化"，健全常态化联系退役军人机制，采取走访、电话、微信等方式，详细了解服务对象的身体、生活基本情况，倾听困难诉求，当好服务对象的"代办员"。区退役军人局通过常态化联系退役军人制度，发挥三级服务保障体系作用，累计联系退役军人及优抚对象 524 次，上门走访人员 326 人。建立信访代办员台账信息 59 条，有针对性地制订详细化解方案，及时分析研判。

调解信访隐患 2023 年，区退役军人局细致摸排走访，及时发现解决各类涉军信访隐患，用好"五步工作法"，抓好信访源头治理，及时发现、就地化解各类矛盾。全年开展"以小见大"信访化解，针对每件信访事项做到排忧解难有诚心、平息矛盾有恒心、评判是非有公心、说服教育有耐心。深入开展矛盾纠纷排查，用好青岛市信访系统，对接公安机关做到人员信息及时入库、出库，畅通信息。重大活动期间，守牢底线、组建专班、分析研判、入户走访和落实疏导措施，有针对性地制订疏导工作方案。

受理网信（含市民热线）836次，接待涉军来访231人次，提供法律咨询服务211人次，心理咨询6人次，调解法律案件7人次，调解成功率达67%以上。

联动社保服务 2023年，区退役军人局在全市率先成立区级退役军人社保"一站式"服务中心，为退役军人解决工龄认定、社保续保及档案认定等问题。与区社保分中心协同合作，立足退役军人工作实际，推动退役军人业务快捷办理，打造退役军人社保"一站式"服务中心。通过流程再造，以部门协同、数据共享、集成服务等方式，依托线下设置的社保专办窗口，建立线上、线下互补联办服务机制，全面提升退役军人办理社保业务的便捷度，做到退伍参保省时、省力、省心。全年为43名退役军人"一次办好"退休涉及的社保事宜。

安置就业

落实待安置期党员思想教育 2023年，区退役军人局创新开展了"岗位安置有空档 党性教育不断档"2023年度由政府安排工作退役士兵党员学习座谈会，为35名待安置期党员开展先进性、光荣性、使命性教育。

退役军人创业就业 2023年，区退役军人局推进19家退役军人就业创业工作室创建，

2023年6月29日，青岛市第三届退役军人创业创新大赛决赛在李沧区举行。　　　　　　　　　　（区退役军人局供图）

包括院校级1个、军创企业3个、区级1个、街道级11个、社区级3个。多途径促进退役军人就业，全国首个退役军人家政服务进社区项目启动，在8个社区先行先试，200余名退役军人实现家门口就业。挖掘有潜力的退役军人就业创业基地建设，全国职工双创事业部山东省青岛分中心在李沧区正式启用，引入网络安全岗前培训项目为退役军人赋能，为全国职工双创工作提供更好的平台和支持。承办青岛市第三届退役军人创业创新大赛决赛，参赛企业数量创历届大赛之最，王在获评青岛市退役军人创业创新技术能手；军创企业鑫蟹会生态科技股份有限公司代表青岛市参赛，获山东省二等奖。

优待褒扬

优化荣军服务 2023年，区退役军人局承办全市首届

"荣军购物节"，专场为现役军人、退役军人和其他优抚对象提供荣军优惠；及时足额发放667名优抚对象抚恤补助资金1254万元，发放义务兵家庭优待金815万元，为符合申请条件的318名未就业现役军人随军配偶发放地方生活补助金231余万元，为108名立功受奖现役军人发放奖励金9.4万元；全年办理"荣军卡"超过1.7万张，申领优待证超过1.5万张；落实《青岛市军人军属、退役军人和其他优抚对象基本优待目录清单》，建立荣军文化街、荣军商业街，在客流人流密集的李沧商圈、地铁站、火车北站悬挂"李沧荣军地图"。招募679家企事业单位、个体工商户、社会组织等加入"荣军联盟"。在全市首次推出"李遇优待"活动，社会化"李沧荣军"的影响力进一步提升。试点建设全市退役军人优先审批功能

区，在办理涉及税务等28个部门的643项政务服务事项中设置"退役军人优先"标识，提升广大退役军人的荣誉感、自豪感。

营造崇军氛围 2023年，区退役军人局依托青岛荣军联盟成员单位，成立全市首支"健康荣军"志愿服务队，面向退役军人及军烈属首批发放健康诊疗卡5000张，总价值240余万元。严格落实政策，军人军属维权更为有力。持续开展新兵入伍欢送、老兵返乡欢迎、立功受奖军人家庭走访慰问活动，提升军人军属和优抚对象的荣誉感、自豪感。在车站、医院、银行、审批大厅等公共服务场所设置"军人、退役军人优先"标志。公共交通和旅游景点实行现役军人、退役军人免费乘坐、游览，各级公路、收费停车场等实行军车免费优先通行，在全社会营造了崇军荣军氛围。

双拥共建

巩固双拥工作基础 2023年，区退役军人局健全各级双拥组织机构，重新调整双拥工作领导小组成员及职责分工，领导小组办公室设在区退役军人事务局。依托街道、社区退役军人服务站，在全区设立136个双拥工作办公室和双拥工作站，双拥工作上下贯通、纵横成片，层层有人管、事事有人抓。完善双拥工作体制机制，坚持党委议军会议、军地联席会议和军地走访慰问3项制度，定期召开双拥领导小组会议、军政座谈会、双拥专题会商会议。在春节、"八一"建军节、国庆节等重大节日期间，党政主要领导和社会各界对驻军和优抚对象进行走访慰问；各级双拥机构配备联络员270名，双拥工作协调运作机制顺畅。

落实军地互办实事 2023年，李沧区军地互办实事保障有力，每季度召开双拥工作联络员座谈会，收集建立"一事一议"台账，实行销号办理。登记21项军地互办实事，已销号办结21项。解决部队训练场3900多平方米塑胶跑道开裂、鼓包问题，得到部队充分肯定。拥军支前服务保障有力，明确《李沧区拥军支前协调工作领导小组职责》，会同区人武部修订并完善了3项应急方案和行动计划，建立健全了平时服务保障、战时拥军支前的军地协调机制。

军民融合发展 2023年，李沧区军地联合开展军民联欢、军地联谊等共建活动14次。联合青岛优抚医院、山东大学齐鲁医院到部队开展"送健康进军营"大型义诊活动，为官兵提供心理、皮肤、骨科、中医方面健康服务120余人次。举办"牵手八一·缘定军营"军地联谊共建活动，20余对军地青年男女成功牵手。

（区退役军人局）

经济管理与服务

宏观经济运行

经济整体运行

2023 年，李沧区持续推动经济实现质的有效提升和量的合理增长，全区经济运行保持平稳，高质量发展扎实推进。全年全区生产总值 633.5 亿元，按不变价格计算，比上年（下同）增长 4.5%。其中，第二产业增加值为 168.49 亿元，增长 2%；第三产业增加值 465.01 亿元，增长 5.4%。全区二、三产业结构比为 26.6：73.4。

工业经济运行

2023 年，全区 123 家规模以上工业企业累计完成工业总产值 361.02 亿元，下降 11.3%。12 月份当月完成工业总产值 24.33 亿元，下降 25.3%。全区累计产值增长企业 59 家，增长 16.8%，拉动全区规模以上工业产值增长 4.8 个百分点。全年全区规模以上工业增加值下降 10%，低于全市增速 15.8 个百分点，列十区（市）末位。

消费市场运行

2023 年，全区完成社会消费品零售总额 472.2 亿元，增长 7%，低于全市增速 0.3 个百分点，增速列十区（市）第 6 位。全年全区完成限额以上批发零售和住宿餐饮业销售额（营业额）1423.4 亿元，增长 8.3%。分行业看：批发业完成销售额 1247.1 亿元，增长 7.6%；零售业完成销售额 165.8 亿元，增长 11.8%；住宿业完成营业额 3.6 亿元，增长 24.8%；餐饮业完成营业额 6.8 亿元，增长 59.6%。

规模以上营利性服务业企业运行

1 月—11 月，全区完成规模以上营利性服务业营业收入 55.72 亿元，总量列十区（市）第 7 位；增长 16.5%，高于全市增速 2.7 个百分点，增速列十区（市）第 6 位。

财政收入

2023 年，全区完成一般公共预算收入 58.7 亿元，总量列十区（市）末位；增长 14.9%，高于全市增速 9.8 个百分点，列十区（市）第 2 位。

（区发展改革局）

招 商 引 资

概　况

2023 年，李沧区聚焦青岛市 24 条重点产业链和李沧区"3+2+4"现代产业体系，深入开展全民招商、全域招商，推动全区招商引资工作稳步提升。签约十梅庵片区改造、嘉业智能制造超过 100 亿元项目 2 个，超过 50 亿元项目 3 个。开工联东 U 谷、粤浦春光超过 30 亿元项目 2 个。注册落地创显科教上市公司总部、中铁二局青岛公司等超过 1 亿元项目 126 个，计划总投资额 488.5 亿元。

项目招大引强

2023 年，李沧区党政主要

领导带头"走出去"招商，组织 53 个招商团到上海市、深圳市、苏州市等 30 个重点城市开展定向招商；总投资额 30 亿元的联东 U 谷项目、粤浦春光新型产业项目开工建设；总投资额 280 亿元的嘉业智能制造项目、总投资额 50 亿元的中国农发青岛中心项目、总投资额 55 亿元的王府井商业街区项目已签约；储备总投资额 10 亿元以上大项目 6 个。

产业升级招商

2023 年，李沧区充分发挥青岛市城市更新和城市建设主战场优势，提前谋划产业导入，将重点低效片区、重点项目规划设计与产业发展规划同部署

同推进。签约落地总投资额 430 亿元的十梅庵片区改造项目、总投资额 25 亿元的王府井奥莱小镇项目、总投资额 30 亿元的粤浦春光新型产业项目，中建嘉业李沧梦工厂项目开工建设。中铁二局、中铁二十五局等区域总部落户李沧区，实施"商超＋文创＋地下商业"招商思路，与合生创展集团签约，打造"超极合生汇"项目。

产业园区招商

2023 年，李沧区全面梳理楼宇载体，围绕李沧区建成的 15 处国有企业房产、工业园、楼宇，根据"3+2+4"现代产业体系，细化园区内楼宇的产业定位和招商方向。引进总投资额 10 亿元的国工新钻、恩典之路等企业入驻耀洲·新经济产业园。引进福瑞达医疗美学项目、平安创展保险销售服务项目，将耀洲·智美小镇打造为总部经济产业园区。

创新招商模式

培育优质园区

2023 年，李沧区创新招商

2023 年，李沧区将耀洲·智美小镇打造为总部经济产业园区。
（青岛融海国有资本投资运营有限公司供图）

模式，开展市场化招商。与相关单位合作，共同培育优质园区。打造青岛联合大厦，运营以来入驻企业 287 家，计注册资本约 15.91 亿元；打造人力资源产业园区，引进企业 460 家，实现税收超过 2200 万元。

驻外招商

2023 年，李沧区与商（协）会合作，共同推进驻外招商工作。李沧区在广东省山东青岛商会等商（协）会支持下，举办"粤美好，赢满沧"广东招商专场推介会，吸引 200 余家医药生物、园区运营等领域企业参加，其中联合创显总部落地李沧区并筹备上市。

市场化招商

2023 年，李沧区发挥招商公司作用，推进市场化招商。

招商公司引进并落地山东丰嘉生物集团、东部航盛（山东）建设投资公司等项目 19 个，总投资额约 6.07 亿元，去化载体面积约 5.42 万平方米。盘活李沧区果园路 27 号、九水路 2 号和原李沧区科技馆等 4 处运营区内闲置资产，盘活面积 1.05 万平方米。

项目服务保障

服务机制

2023 年，李沧区全力保障项目招引，制定项目全周期推进机制，从洽谈签约、项目落地、开工建设到投产运营 4 个阶段，明确各阶段任务分工及责任体系，配套招商引资项目推进流程，实现项目全过程控制、全周期保障。解决彩晖生物、中

特智能制造等项目落地过程中问题 52 个，协同联动解决在谈项目推进过程中存在的问题 200 余个。

政策扶持

2023 年，李沧区加强政策扶持，提升政府公信力。出台《李沧区平台经济扶持办法》等政策，精准对接市场主体发展诉求，助推企业做大做强。

考核激励

2023 年，李沧区提升服务主动性，制定《李沧区"全员招商"工作激励暂行办法》，在全区形成"全员招商、全域招商"的浓厚氛围。各责任单位引进超过 1 亿元内资项目 56 个，"24 条产业链"大项目 4 个，实现到位内资 37.2 亿元。

（区招商投资促进中心）

营商环境优化

概　况

2023 年，李沧区坚持把优化营商环境作为加快打造全市新旧动能转换示范区的重要支点，聚焦优化政策、服务、要素、市场、法治、人文"六

个环境"，深入开展"深化作风能力优化营商环境"专项行动，加压推动营商环境、作风能力、发展质量"三大提升"，进一步激发市场主体活力，为全区经济社会高质量发展保驾护航。全年新增市场主体 3.09 万户，比上年增长 5.26%。

完善机制

顶格推进

2023 年，李沧区将优化营商环境作为"一把手"工程强力推进。成立以区委书记、区政府区

长为总指挥的"深化作风能力优化营商环境"专项行动指挥部，指挥部下设办公室和迎考评价、督促检查、宣传引导、执纪监督4个工作推进专班，确定10个重点领域及29个参与单位作为专项行动重点对象，围绕优化"六个环境"，深入开展六大专项提升行动。

效能督办

2023年，李沧区围绕提升优化营商环境助推经济发展效能，创新建立"招商引资项目全周期推进"和"营商效能督办直通车"双重保障机制。聚焦重点项目从洽谈签约到投产运营全过程，区政府班子每周例会专题调度项目进展，安排企业服务专员跟踪服务、全程领办，重点攻坚项目问题堵点，协调督促相关部门解决企业需求。

奖优罚劣

2023年，李沧区注重工作实绩，推动营商环境建设工作可量化、可评估、可考核。在全市率先试点推行"全面量化＋绩效管理"的平时考核模式，每季度开展"摘星夺旗"考核和"亮绩、赛绩"擂台赛，形成"以考促改、以考促优"的良性循环。

优化环境

政策环境优化

2023年，李沧区强化政策集成供给，促进惠企政策落地见效。出台《李沧区优化法治化营商环境二十四条措施》等一系列优化营商环境政策举措，编制《李沧区市场主体全生命周期营商环境服务手册·政策篇》《创业微服手册》和《创业地图》，印发"初创企业大礼包"，每月常态化开展"营在李沧"系列政策宣传解读活动，推广"青岛政策通"等平台应用，进一步提升政策匹配速度、精度、广度。

服务环境优化

2023年，李沧区分类施策，提升服务质效。强化"企业服务专员"制度，为规模以上企业匹配专属处科级干部，每月对接需求提供服务。完善"初创企业服务制"，为中小企业搭建线上政企沟通交流平台，综合解答企业各类诉求。推出"集中办公区"注册、地址库备案制度、简易注销、代位注销、除名等准入退出便利举措。打造"民办幼儿园一事全办"等10个全流程数字化审批场景，试点上线"个体工商户极简登记"系统，压减材料、时限，实现"个转企"直接变更。实施基层政务服务标准化创建，9个街道便民服务中心被评为标杆型，达标率位列全市第一。延伸"政务服务＋帮办代办"服务半径，建成"15分钟帮办代办服务圈"。统筹中共党员、志愿者、社区网格员深入摸排居民需求，在全市首创"入户办"模式，为老弱病残孕等特殊群体主动提供暖心服务。打造"创业有李""一站式"创业扶持体系，开发"创业服务一件事"平台，扶持4616人创业，为创业者发放担保贷款4551万元。

要素环境优化

2023年，李沧区全面提升资金、土地、人才等要素保障能力，助力项目早开工、快落地。组建项目保障"金牌团队"，开通重大项目审批服务"绿色通道"，实现项目备案"即报即办"。综合运用政府专项债、银企对接等方式做好资金保障，打造"投融资服务中心"，加快项目落地建设。加速推动铁路青岛北站、世博园等低效片区改造，增强土地要素供给效能。创新实施人力资源共享计划，为全区400余家中小微企业分配共享HR，节约企业用工成本约2000万元。

市场环境优化

2023年，李沧区落实深化市场准入改革部署，坚持"非禁即入"，明确市场主体登记住所"正负面清单"、建立辖区"登记地图"。将促进行业、企业长远发展作为规范市场秩序的落脚点，运用"预收费监管平台"，对涉及未成年人教育的212家校外培训机构实现监管系统全覆盖，监管金额超过

800万元。例行"双随机、一公开"市场检查，事项覆盖率达到100%。创新"温情执法"新模式，实施包容审慎监管，办理轻微免罚案件60件，免处罚款184.52万元，最大限度地为企业创造宽松健康的发展环境。

法治环境优化

2023年，李沧区厚植营商环境法治土壤，实施稳心、安心、放心、暖心、顺心"五心行动"。发放《致企业家的一封信》，建立"五心行动"留言簿，开门纳谏52场次，开展普法宣传120场次。出台《李沧区涉企行政复议案件审理办法》等制度，规范办理行政复议。制作并印发《李沧优化法治营商环境典型案例汇编》，发挥法治指引、预防、示范作用。建立专职调解员、调解专家库"两专"队伍，形成多方联动的非诉纠纷多元化解机制。成立"优化法治营商环境工作站"，提供涉企咨询"优先办""马上办"服务。设立企业立案、诉讼服务咨询、案件审理"绿色通道"，高效审结金融借款、股权等商事纠纷4677件。搭建"警联企护发展"协作机制，化解涉企矛盾纠纷3530余起，为企业挽回经济损失9300余万元。创建"知检维新"知识产权工作品牌，办理侵犯著作权、假冒注册商标案、侵犯商业秘密等一系列知识产权案件，相关案件入选"青

2023年5月31日，李沧区优化营商环境"专家委员会、媒体观察员、体验官"3支队伍成立大会召开。 （区委宣传部供图）

岛市知识产权保护十大典型案例"。建立劳动仲裁、劳动监察"一窗受理、一站维权"联调工作机制，化解劳动纠纷，构建和谐劳动关系。

人文环境优化

2023年，李沧区建立多元化营商融合机制。组织150家企业成立企业家联合会，创新性打造"来李沧·赢满仓"商会会客厅，成立由民营企业家、高校科研院所专家、新闻媒体记者组成的李沧区营商环境"专家委员会""媒体观察员""体验官"3支队伍，成员35人。畅通政企沟通渠道，常态化倾听各方意见，邀请社会各界深入参与全区营商环境建设工作，营造重商、亲商、安商、富商的浓厚氛围。加强基础设施、公共服务设施配套建设，提高宜居品质。完善道路和停

车设施，推进枣园路等5条道路通车，新增停车泊位2220个，新增开放共享停车场38处，释放共享泊位6400余个。推进学校新、改、扩建，启用青岛五十八中附属初中等6所中小学、幼儿园，青钢片区引入五十八中北校区并托管片区内2所九年一贯制学校。当年中考普高录取率和重点高中录取率均创历史新高。健全卫生健康服务体系，启动推进区中心医院建设项目，协助推进青岛市第八人民医院东院区启用。丰富居民文化生活，开展文化惠民活动150余场，惠及群众12万余人次。

深化服务

深化作风能力

2023年，李沧区对重点

项目、重点企业上门"要问题"、协调"解难题"、跟进"督解题"。推行"办不成事窗口"工作机制，严查作风散漫、推诿扯皮问题。贯通三级监督力量，选聘20名营在李沧护航员，开展"引企助航"等护航活动。打造"清廉商会教育实践中心"，构建亲清政商关系。聚焦营商环境中公职人员不作为、慢作为、假作为、乱作为问题开展专项整治。

营商环境宣传

2023年，李沧区开展营商环境"集中宣传月"等宣传推广活动，制作《来李沧·赢满仓》招商宣传片，在"李沧融媒"公众号、"家在李沧"App、李沧新闻等区级融媒体平台开设《营在李沧》《优化营商环境李沧在行动》等专栏、专题，累计发布营商环境工作动态、成果案例约1000篇，并通过新华社、中央广播电视总台新闻频道和《光明日报》《经济日报》《经济参考报》《大众日报》等媒体发稿，加深市场主体对李沧区优化营商环境各项举措的认知和理解，持续增强"营在李沧"认同感。

（区优化营商环境工作专班办公室）

国有资产监督管理

概　况

基本情况

2023年，李沧区有区属国企6家，2023年末资产总额2419.55亿元，比上年增长7.39%。李沧区深入贯彻落实党的二十大精神，坚持党建引领，建立风险防范长效机制，加强国有企业监管，匹配城市发展战略，推进国有企业改革发展，促进区属国企平稳健康发展。

党建引领

2023年，李沧区坚持以习近平新时代中国特色社会主义思想为指导，全面贯彻党的二十大和二十届二中全会精神，加强党建引领，把党的领导深度融入公司治理。坚持第一议题制度，明确国有企业各级党组织把学习习近平新时代中国特色社会主义思想、习近平总书记重要讲话和指示批示作为"第一议题"。贯彻落实"党建入章"，明确国有企业党组织研究讨论是董事会、经理层决策重大经营管理事项的前置程序，进一步把党的领导融入公司治理各环节，确保国有企业党组织在法人治理结构中的法定地位。压实国有企业管党治党主体责任，深入开展廉政警示教育，开展国有企业领域定制化警示教育暨"廉润李沧"党风廉政建设和反腐败工作专题通报会议，强化国企干部廉政意识，提高国企干部政治站位。

国有企业监管

2023年，李沧区加强国有企业重点领域监管，制定《李沧区国有企业融资管理办法（试行）》，对企业融资提级管理，做到"事前、事中、事后"严格把控，各年度融资计划集体研究决策，经国资部门审定后报区委、区政府批准，强化融资总量约束、风险识别和预警监测，全面做好风险管控，进一步规范企业融资行为。出台《关于规范区属国有企业贸易管理严禁各类虚假贸易的通知》，明确国有企业贸易"十不准"，严格规范贸易业务管理。

制定国有企业投资负面清单，坚决遏制部分企业盲目多元化、"铺摊子"倾向。贯彻落实《李沧区区直国有企业"三重一大"决策制度实施办法》，深入推进以管资本为主加快国有资产监管职能转变，依法履行出资人职责，加强对区属国企及控股子企业重大事项的监督管理。依托国资大数据系统等信息化监管平台，对企业财务运行等情况实施动态监测，推动财务管控常态化、精准化。严格落实国有企业违规经营投资责任追究办法，构建分级分层、有效衔接、上下贯通的责任追究工作体系。

国有企业改革

2023年，李沧区持续深化国有企业改革。组织区属国有企业全面梳理主责主业和产业现状，调整优化业务板块，主攻核心业务、深耕专长领域，明确一个企业最多3项主业。压缩区属国有企业管理层级至3级以内，对无实际经营业务、常年亏损的子公司，及时清理退出，全年优化调整子公司49家。加强外部董事队伍建设，制定《李沧区区直企业外部董事管理暂行办法》，充分有效落实董事会职权，建立完善企业法人治理体系。制定《李沧区国有企业负责人考核与薪酬管理办法》，将考核结果与企业管理层薪酬挂钩，激发国企发展活力。全面梳理区属国有企业资产情况，加快闲置资产盘活利用。新引进魏桥汽车、杰正科创、莱特司无极灯、抖音巨量引擎等173家优质企业入驻，盘活利用载体14.3万平方米。推动华澜集团科创云谷项目闲置楼宇资产盘活工作，转让楼宇3栋。加快推进华澜度假村公司市场化股权转让事宜。统筹谋划区属国有企业产业园区，坚持"一园一特色""一楼一产业"，确定15处重要园区名称及产业方向。引进国工新钻等企业，打造耀洲·新经济产业园。引进中国农发青岛中心等项目，在信联天地、创新产业园等打造全省数字经济示范园区。引进福瑞达医疗美学项目等，将耀洲·智美小镇打造为总部经济产业园区。青岛现代金融·科技产业园获颁青岛市（引领型）标杆孵化器牌匾。

国有企业服务

2023年，区属国有企业发挥区域经济社会发展"主力军"和"顶梁柱"作用，主动融入全区发展战略，推进重大项目建设及重点低效片区开发。青岛海创开发建设投资有限公司与青岛地铁集团采取"双主体"模式，共同开发北客站交通商务区，打造创新创业活力区。青岛金水集团有限公司参与李沧区瑞金路片区开发，打造李沧区绿色低碳高质量发展产业示范片区。青岛世园（集团）有限公司与中国能源建设集团合作开发李沧区十梅庵片区，打造青岛生态创享新城。青岛华奕城市建设集团有限公司积极履行社会责任，全力做好市政设施和园林绿化养护管理工作，加快推进李沧区双峰山全民健身活动基地及配套设施建设项目，该项目为2023—2024年青岛市公园城市建设攻坚项目之一，被列入2023年市办实事，将为市民打造一处生态自然、功能完善的综合性山头公园。

（区国有企业服务中心）

区属国有企业简介

青岛海创开发建设投资有限公司

概况　青岛海创开发建设投资有限公司（简称"海创公司"）于2009年9月经青岛市政府批准成立，注册资本额4.25亿元，是主体信用双"AA+"级企业。海创公司成立之初主要负责铁路青岛北站周边区域整理与开发，历经14年的深耕细作，形成了拥有城市更新、新能源产业投资与运营、国有资本投资与运营三大业务板块的综合性国有企业。

业务发展　2023年，海创公司在城市更新板块持续发力。根据青岛城市更新及城市建设三年攻坚行动要求，结合市区

城市更新和城市建设指挥部工作部署，2023 年 7 月 12 日，在青岛市土地储备整理中心、李沧区人民政府和青岛地铁集团有限公司的见证下，海创公司与青岛创新创业活力区投资有限公司签订了"双主体"合作协议，通过发挥双方各自优势共同对片区进行开发建设，加快区域破题起势。片区将以 TOD 引领组团发展，将交通与城市功能结合，实现地上地下空间畅联，构建以"设计产业＋总部经济"为核心的产业高地，打造"设计之城、总部经济、创意之都、活力之区、泛文娱体产业中心"，为赋能城市有机更新、促进城市更高质量转型发展提供重要引擎。在做好片区土地整理的基础上，海创公司以完善城市功能、提升城市品质、打造精品项目（园区）为目标开展项目

建设，加快推进海创·都市产业园项目建设提质增速，通过利用好政策与市场的双轮驱动，引入总部企业、配套仓储、超市等业态，构建地下物流环系统和产业链集聚区，力争打造成为李沧东部创新创业的新增长极。海创公司全面贯彻落实"双碳"战略部署，把推动绿色低碳发展融入发展规划，在新能源产业投资与运营板块塑成新优势，倾力打造海创·新能源产业园。园区围绕"新能源、新材料、高端装备制造、储能"四大板块统筹发展，业务涵盖制氢储氢、燃料电池、汽车及设备制造、核能、新材料等领域，引入了海卓动力（青岛）能源科技有限公司等 17 家企业。园区获评市级小企业产业园、青岛市科普教育基地等称号。园区践行"节能环保、绿色发展"理念，采用"自发自用，余电

上网"模式，利用园区闲置屋顶资源投建了 2.08 兆瓦分布式光伏项目实现并网发电，项目入选《青岛市国资国企社会责任蓝皮书》，园区筹划开展二期分布式光伏项目建设，满足未来不断增长的能源需求，为园区提供更多绿电供应。海创公司结合"3+2+4"现代产业集群定位，以"一楼一产业、一园一特色"为工作目标，进一步梳理明确项目产业定位，以高质量招商激发载体活力，引入了中铁二局在李沧区落户区域总部（中铁二局青岛工程有限公司），为海创·盈丰广场、海创·科创中心引入符合项目优势的运营方，结合各自特色将载体逐步打造成为人工智能产业园及李沧科创中心，实现资产高质量利用盘活。

青岛金水集团有限公司

概况 青岛金水集团有限公司（以下简称"金水集团"）成立于 2010 年 7 月，是李沧区政府最早的直属国有企业之一，注册资本 20 亿元，主体信用评级 AA+，是青岛市属国有企业青岛东鼎产业发展集团有限公司的控股公司。集团下设 11 个职能部门，全资公司 35 家、控股公司 23 家。金水集团秉承"诚至金开 信及水阔"的企业精神，经过 13 年稳健扩张与科学发展，从单一建设公司发展为拥有城市开发、运营服务、投资贸易

海创·科创中心

（青岛海创开发建设投资有限公司供图）

三大核心板块的综合性集团公司。截至 2023 年底，集团资产总额 588 亿元，全年实现营业收入 41 亿元,净利润 0.51 亿元。

业务发展 2023 年，金水集团在城市开发板块方面实施城市运营与产业运营融合发展，打造了以金水城市建设发展有限公司、青岛佳地置业有限公司、青岛跃龙升置业有限公司为主体的城市建设开发板块。业务领域涵盖园区开发建设、土地一级整理、基础设施及公建项目建设、住宅及商业地产开发。累计参与并完成老企业搬迁、旧城改造、城市综合体等 38 个项目的开发建设，总投资额 237 亿元，总建设面积 180 万平方米，项目遍布李沧区域。历时 3 年建成青岛市区内最大的集中配建保障性住房项目文昌路保障房，总体量 30 万平方米。青岛北部城区标志性区域信联天地全部交付运营，总体量 84 万平方米，其中商务办公面积约 20 万平方米。重点推进青岛主城区唯一千亩级产业基地——李沧区绿色低碳高质量发展产业示范片区及源头路项目、区政府南地块、泡花碱片区等开发建设，致力打造李沧区产业发展、税源汇集、人才聚集的产城融合新高地。相关项目被列入省市重点项目，获山东省建筑工程质量最高奖"泰山杯"。金水集团在运营服务板块方面依托近百万平方米资产管

2023 年，青岛金水皇冠假日、套房假日、智选假日 3 家酒店均获洲际集团大中华区年度金龙奖。

（青岛金水集团有限公司供图）

理规模，以青岛金水嘉禾实业有限公司为骨干企业，突出"商办集群、商旅集群、商业集群"运营，通过市场化招商引资、专业化优质服务、数智化物业管理，实现资产再利用和收益最大化。构建起信联天地综合体、创新产业园、文化科技产业园等多层次特色园区体系，物业管理项目涵盖商业综合体、产业园区、企事业单位办公楼、住宅等类型。在管的 8 栋独立办公楼，总体量 36 万平方米，酒店、商业、Loft 和住宅等配套业态同步展开。2016 年打造的亚马逊 AWS 联合创新中心，用时一年多即实现李沧税收"亿元楼"突破。信联天地 5A 商务楼群重点面向"四新"经济总部、龙头企业招大引强。

金水信联天地（洲际）酒店群皇冠假日、套房假日、智选假日和铁路青岛北站重庆中路亚朵酒店 2022 上半年全部开业，涵盖 3 星到 5 星级，客房总量 718 间。青岛金水皇冠假日、套房假日、智选假日 3 家酒店均获洲际集团大中华区 2023 年度金龙奖。Loft 公寓引入全球最大非标住宿运营机构斯维登运营，2023 年底开业，与酒店集群、公共景区、体育康养等板块共同打造青岛北部城区文化旅游新地带。金水集团在投资贸易板块依托市、区两级金融资源和政策支持，打造出拥有私募股权基金管理人、私募证券基金管理人、融资租赁及商业保理多张金融牌照的青岛金水投资控股有限公司，建立起

专业化的风控、投研管理体系。与江浙粤川等地区优质产业资本进行长期合作，深度布局航空领域、生物医药两大产业链。入股航空领域上市公司海特高新；自主发行山东省第一只通用航空产业基金，投资新三板通用航空龙头企业；为航空企业提供飞机、飞行模拟器设备融资租赁服务。投资汇融启德、石药仙瞳、文周瑞玺等知名基金的医药项目，重点投向航空航天、半导体、新能源、医药、智能制造等领域优质子基金，引导其他优秀基金管理人基金及已投项目落地李沧区。金融投资板块发行并管理的 5 只私募股权基金规模达 1.78 亿元，对外投资项目投资额约 16 亿元，1 只自主管理的基金完成清算退出，收益率约 94%，"募、投、管、退"一体化的金融服务产业链条逐步清晰。金水集团内外贸易以青岛腾青进出口贸易有限公司、金水投资控股有限公司、青岛腾达贸易有限公司等为核心企业，坚持"内循环为主体、中外贸易联动"发展思路，深耕国内优质大宗商品市场资源，提供实体贸易供应链管理及优质服务，成为集团近年来异军突起的新兴业务领域之一。公司以央企、国企为目标客户，储备了稳定的上游供应商和下游终端用户资源，取得了业务量较大的年度长协合同，在业务链条中充当了核心企业角色。国内贸易以煤炭贸易为核心，兼涉农产品、钢材贸易业务。先后与国家能源、山西焦煤、宝武钢、厦门象屿等优质企业建立良好业务合作关系。拓展鲁北储煤基地、环渤海港口联储业务、日钢煤炭代采业务，不断扩大贸易规模。新加坡贸易以黑色金属、原油等大宗商品为经营方向，与上海宝钢、山东能源、山东兖矿等企业的海外或香港子公司建立长期业务合作。内外贸易额 5 年累计突破 190 亿元。

青岛融海国有资本投资运营有限公司

概况 青岛融海国有资本投资运营有限公司（简称"融海公司"）成立于 2016 年 4 月 27 日，是李沧区政府直属的国有独资公司。融海公司的主要职能为国有资本运营、股权投资、基础设施和公共服务领域投融资等，围绕"3+2+4"产业体系，整合各类金融资源，实现金融业态及资产良性经营；依托重点项目，引导社会资本对基础设施建设和公共服务配套领域的投融资；以股权投资、基金运作助力区域新旧动能转换和产业升级。公司经过 7 年多的发展，取得 AA+ 主体评级，形成了以母公司为核心、10 个二级全资子公司为支撑的集团化发展架构，构筑了金融控股、实业投资、资产管理三大产业体系。

公司参股了联储证券、齐商银行等优质企业，承担和打造了耀洲·新经济产业园等 4 个省、市、区级重点项目和产业园区，储备持有一批土地、楼宇产业载体，加快新兴产业导入和培育，促进创新要素集聚。以金融服务于实体，实体配置资产管理，资产管理促进金融发展，形成良性发展的生态闭环。获评李沧区突出贡献单位、李沧区精神文明单位、工人先锋号、攻坚克难奖等。

产业体系 2023 年，融海公司拥有金融控股、实业投资、资产管理三大产业体系。融海金控体系已参股齐商银行、联储证券，实现金融业态及金融资产的良性经营。融海公司充分利用金控体系开展资本运作，开辟了融资租赁、金融租赁、信托、债券、PPN、银团贷款等多元化、多渠道融资形式组合，为重点项目、产业运营等储备资金。融海实业体系根据区委、区政府工作部署，承担了耀洲·新经济产业园、耀洲·智能制造产业园两个产业板块，以及融海国际酒店、融海致远居、白果树地块改造（新型智慧城市综合体）、枣山路中学等重点项目，践行国企的担当和责任，其中耀洲·新经济产业园被纳入山东省重大建设项目、新旧动能转换重大项目库。融海资管体系根据区委、区政府关于收储资产、打造产业载体的部署，梳理、收储了鼎世华府、和达璟城、绿城等一批房屋、土地等优质资产，一方面作为重点项目或招商引资、产业平台的载体，另一方面通过资本运作、资产运营等多种办法，强化资产的综合收益，公司资产管理体系持续壮大，运营、融资能力显著提高，并与金控、实业良性互动。

青岛华澜发展集团有限公司

概况　青岛华澜发展集团有限公司（简称"华澜集团"）成立于2018年1月，注册资本50亿元，资产规模501亿元。主营业务包括产业投资、园区运营管理、开发建设等。华澜集团现有载体涵盖华澜·科创云谷、青岛现代金融·科技产业园、数智港&汇智谷、健康小镇、现代工场等优质产业园区，具备了落地都市产业项目、现代服务业项目以及技术中心、大数据中心、信息中心等产业的生态条件。

业务发展　2023年，华澜集团拥有园区现代化科研载体建筑面积200余万平方米，具备集商务办公、研究院、技术中心、工程中心、大数据中心、高新技术工业上楼等功能的国内外一流的科技创新载体集群。其中青岛现代金融·科技产业园区获评国家小型微型企业创业创新示范基地、国家级众创空间、省级知识产权保护工作

站、青岛市中小企业公共服务示范平台以及青岛市标杆孵化器等，是青岛市唯一一家山东省创新创业示范综合体，高端产业、人才、项目集聚效应凸显。华澜集团围绕"3+2+4"现代产业体系，以新一代信息技术、新能源新材料、生物医药、智能制造为主攻方向，招引落地一批优质企业。以永展医药、巽田科技、佰仕顺医药为代表的生物医药集群，以中特科技、华汇光数为代表的高端制造集群，形成协同发展的良性互动生态。产业投资方面，华澜集团围绕李沧区"3+2+4"现代产业体系建设，通过股权投资的方式控股、参股产业项目，涵盖高端装备产业、医药健康产业、新一代信息技术产业、新能源新材料产业等高新技术产业。园区运营管理方面，华澜集团累计建成优质产业载体205万平方米，包括科创云谷、数智港、健康小镇、现代工场等产业园区；具备落地都市工业项目、现代服务业项目以及技术中心、研发中心、贸易金融等产业条件；配套了物业服务、酒店、商业等服务体系，可为落地企业和合作项目提供特色服务。开发建设方面，华澜集团累计投资承建了23所中小学及幼儿园、院士港二期、现代工场、水岸樾园、健康小镇、大枣园地下工程及公园等项目。截至2023年底，华澜集团有3个在

建项目，5个待建项目。

青岛世园（集团）有限公司

概况　青岛世园（集团）有限公司［简称"世园集团"，原为青岛世园投资管理（集团）有限公司］成立于2010年8月，为青岛市国资委出资组建的国有独资公司，初始注册资本为5.5亿元。2012年3月，更名为现名，注册资本增至30亿元。2020年1月，为统筹做好世界园艺博览会片区保护和开发工作，实现园区与城区融合协调发展，世园集团整建制划转至李沧区，现为区属国有企业。世园集团经过不断发展，逐步形成了旅游园区开发运营及配套服务、土地整理及房地产开发、贸易及供应链金融三大主要业务发展方向。截至2023年底，世园集团下辖15家全资子公司、2家控股子公司，资产总额约276亿元，主体信用评级为AA+。世园集团获评C20会议组织保障工作突出贡献单位、厚道鲁商、山东省服务名牌、青岛市文明单位等。承建项目获詹天佑奖、国家优质工程奖等。世园集团凭借丰富的管理经验和运营实力"走出去"，竞标并完成2017阿斯塔纳世博会中国国家馆项目运营，竞标并完成2019北京世界园艺博览会现场统筹管理指导服务项目，具有丰富的运营管理经验和坚实的国际会展运营市场基础，

2023 年，世园集团构建"春看花、夏赏灯、秋观景，冬戏雪"的四季节庆体系，形成特色节庆活动品牌。图为青岛世博园国潮赏灯会。　　　　　　　　　　（区委宣传部供图）

成为第一个走出国门运营海外世博会的中国企业。

业务发展　2023 年，世园集团确立了旅游园区开发运营及配套服务、土地整理及房地产开发、贸易及供应链金融三大主业。旅游园区开发运营和配套服务板块通过打造提升服务品牌、建设智慧园区、按照"2+N+X"业态筛选模式，打造融合参观、考察、研学、教育培训、娱乐等活动于一体的特色创新文旅产业，塑造青岛体验式旅游新名片。世园集团下辖的青岛世界园艺博览园（简称"青岛世博园"）为国家 AAAA 级旅游景区，2023 年获评省级中小学生研学基地。世园集团通过打造研学业态、搭配衍生业态与完善园区配套 3 条路径，将青岛世博园打造成为山东省"一站式"精品研学游目的地。2023 年，青岛世博园引入了"超级飞侠 RIO 创想中心"项目，当年 12 月 30 日试运营；构建了"春看花、夏赏灯、秋观景，冬戏雪"的四季节庆体系，形成了世园特色节庆活动品牌。全年接待入园游客 150 万人次，比上年增长 14.5%。围绕世博园复兴，世园集团持续推进文旅提升工作，重点推进王府井世博园小镇项目。项目以传承世园会"让生活走进自然"为主题，以"保留世园遗存、延续世园文脉、做活世园景区"为发展初衷，以生态、智慧、人文为规划理念，以"跨城市联动、微度假新理念、城市级新地标、潮奢型新消费、有机健康新生活"为产业定位，完善"吃、住、行、游、购、娱"全产业链条，打造成为国家 4A 级微度假文旅商综合体、青岛

新地标、新中心。世园集团在土地整理及房地产开发板块方面深耕世园板块、提升改造世园低效片区，参与十梅庵片区等城市更新项目。2023 年 5 月，世博园西侧两宗地块挂牌出让，由世园集团参股的合资公司成功竞得，土地出让金约 3.6 亿元，其中 LC0605-26a 地块由招商蛇口操盘开发，截至 12 月底实现销售额 2.2 亿元。世园·金茂府项目于 2023 年 1 月 15 日开盘，截至 12 月底实现销售额 22 亿元；教育用地完成土地划拨；体育与绿地混合用地完成项目选址及可研批复。世园集团与市区两级多部门联动，用时 67 天完成前期手续并实现项目纳统，提前 3 个月实现项目开工建设；加快现场施工，2023 年底前实现铜川路至石牛山路段通车；如期实现政府专项债 3.3 亿元到位，确保工程后续顺利实施。世园集团与中国能建联合体共同注册成立的项目公司，负责十梅庵片区内 129 万平方米住宅、33 万平方米商业、168 万平方米新型产业开发等工作。世园集团在贸易及供应链金融板块方面推动世园集团贸易模式升级，通过将"贸易、仓储物流、金融"三者融合，增强贸易板块竞争优势、持续放大对集团资金的支持作用。世园集团旗下公司青岛丝路能交发展有限公司是商务部公布的全国 117 家成品油（燃料油）非

国营贸易进口企业之一，是中石化青岛石化、山东京博石化等的正式供应商。

青岛华奕城市建设集团有限公司

概况 青岛华奕城市建设集团有限公司（简称"华奕城建公司"）前身为青岛市李沧区园林绿化总公司，成立于1998年，为国有独资企业，2018年8月划为区属国有企业，2023年1月调整成立现公司。注册地位于青岛市李沧区永平路51号，隶属于李沧区国有企业服务中心，注册资本2亿元。华奕城建公司致力于提供市政设施和园林绿化精细化养护管理服务，停车设施建设运营服务，市政和园林工程建设服务，着力保障辖区群众出行便利和美好生活环境。公司设立中共青岛华奕城市建设集团有限公司委员会，内设李沧市政公司党支部、李沧园林公司党支部，有党员127人，党组织充分发挥领导核心和政治核心作用，引领企业高质量发展。公司下设青岛市李沧市政工程建设养护有限公司、青岛市李沧园林绿化工程有限公司、青岛畅停泊车管理服务有限公司3个全资子公司。截至2023年底共有职工298人，其中中高级职称专业技术人员130余人。

业务发展 2023年，华奕城建公司主营业务主要有养护管理、工程建设、停车场建设运营三大业务板块，养护管理业务板块主要负责辖区内园林绿化、市政道路、河道及亮化设施养护管理；工程建设业务板块主要承接市政设施及配套工程、道路新建翻建及园林绿化施工等工程项目；停车场建设运营业务板块主要开展利用区内闲置空地及深入挖掘城市空间进行停车设施的统一建设、运营、管理工作。公司还负责辖区内市政设施和园林绿化养护管理迎检考核工作，履行责任区内防汛、防雪、防溺水及森林防火等应急处置职责，承担着重大活动保障、城市管理科学发展观考核指标等任务。2023年，华奕城建公司有序推进重点工程项目建设，扎实做好市政设施和园林绿化养护管理工作。李沧区双峰山全民健身活动基地及配套设施建设项目，为2023—2024年青岛市公园城市建设攻坚项目之一，并列入市办实事，2023年度项目全面开工建设并加快推进，其中整理绿化用地约10.1万平方米，挖土石方约14.8万立方米，整理森林抚育区约1.6万平方米，项目整体计划于2024年底基本完成建设。2023年老旧小区改造工程包括11个老旧片区，涉及楼座71栋，居民4377户，建筑面积约25.9万平方米，工程于2023年3月全面开工建设，2023年9月底全部完成建设。李沧区停车场建设项目，年度实现竣工并投入使用的停车场1处，面积约2000平方米，新增泊车位75个，有效缓解周边居民停车难题；推进4个停车场建设项目手续办理，项目建成后预计将新增停车泊位2600余个。曲戈庄城中村改造配套工程，总投资约7.2亿元，2023年度实现开工建设。园林养护工作完成全区288条主次干道、31处公园广场约1100余万平方米、8.9万余株行道树精细化养护管理，创建中崂路、响水路等达标示范道路4条，"五清"

双峰山全民健身活动基地及配套设施建设项目规划效果图
（青岛华奕城市建设集团有限公司供图）

修剪工法获全市推广，迁移栽植乔灌木 2.5 万株，栽植迁移地被 10.7 万平方米，对金水河公园、卧龙湖公园进行整修、更换及清淤工作；市政养护工作完成车行道养护维修约 11 万平方米，人行道维修约 28.4 万平方米，路缘石维修约 8.9 万平方米，车行道灌缝约 2.7 万平方米，沟槽恢复约 2.2 万平方米，改造无障碍设施 125 处，养护维修桥梁 70 座；河道养护中清理垃圾、水草约 2.1 万立方米，割草约 15.1 万平方米，绿化和地被养护约 3.4 万平方米，维修河道设施 1500 余处，安装防坠网 1000 余套，改造积水点及污水管线 13 处；亮化设施方面，组织不间断亮化设施巡查 370 余次，对全区亮化设施完成年度普查，保障设施平稳运行，建立了亮化安全生产双系统危险评估 LECD。完成迎检考核及重大活动应急保障任务，对环湾路、铁路青岛北站及周边实施路面铣刨盖被、人行道改造、粉刷护栏和箱体、增设亮化设施、增加绿化设施等，进一步提升重要区域节点效果。华奕城建公司及子公司获评青岛市先进标兵单位、青岛市第一届花境大赛方案设计和综合效果一等奖、国家优质工程奖、青岛市园林林业技能大赛团体奖等，涌现出青岛市公园城市专家站专家、青岛市苗木协会优秀党员、青岛市园林林业技能

大赛个人奖、青岛市园林优质工程项目责任人、李沧区优秀政协委员、李沧区优秀民兵等优秀职工。

（区国有企业服务中心）

区属国有企业载体选介

海创·新能源产业园

海创·新能源产业园以新能源产业特别是氢能源产业项目为主要招引方向，入驻 17 家企业，涵盖氢能、储能及核能等领域。氢能领域主要包括制氢、加氢、燃料电池动力系统、氢能整车改装等关键环节产业链，代表企业有海卓动力（青岛）能源科技有限公司、山东能源研究院等；储能电池主要包括二元碳物理电池，应用于通信无线基站、大数据中心、工厂等场景；核能领域主要包含中子能、中子源、液态金属回路等。园区获评市级小企业产业园、青岛市科普教育基地、智慧安防小区等。园区践行"节能环保、绿色发展"理念，采用"自发自用，余电上网"模式，利用园区闲置屋顶资源投建了 2.08 兆瓦分布式光伏项目实现并网发电，项目入选《青岛市国资国企社会责任蓝皮书》。园区二期分布式光伏项目建设启动，将满足未来不断增长的能源需求，为园区提供更

多的绿电供应。2023 年，园区入驻企业海卓动力（青岛）能源科技有限公司获评 2023 年度国家知识产权优势企业，新一代 140 千瓦燃料电池系统参加第十二届亚太经合组织中小企业技术交流暨展览会，获业内好评。氢燃料电池发动机是氢燃料电池车的核心部件，海卓动力（青岛）能源科技有限公司建成年产 5000 台的燃料电池发动机总装工厂生产线，自主研发的燃料电池发动机功率覆盖 60～150 千瓦，关键零部件国产化率达到 100%，自主化率超 60%，申请专利技术 150 余项。完成 12 款燃料电池发动机公告，进入青岛解放、东风、上汽、北汽福田和南京金龙等国内大型整车厂的供应商体系，合作开发完成了 14 款整车和底盘公告。

金水·信联天地

金水·信联天地地处李村商圈中心，致力于打造李沧区核心 CBD，是山东省新旧动能转换优选项目，青岛市、区两级重点项目。占地面积 13.7 万平方米，总建筑面积约 84 万平方米，涵盖 5A 级写字楼、星级酒店群、商业商街、花园住宅、LOFT 公寓、艺术展厅、人才公寓、康养产业八大业态。金水·信联天地酒店综合体地上建筑面积约 10 万平方米，委托洲际酒店管理集团和途家斯维登集团

运营管理，青岛金水皇冠假日酒店群和斯维登精品公寓分别于2022年1月和2023年12月正式开业。金水·信联天地花园住宅地上建筑面积13.27万平方米，于2019年开盘销售（其中2021年位列青岛市住宅销售额第9名、李沧区第1名）；该项目已完成交付且销售12万平方米。金水·信联天地地上商业及老年公寓建筑面积约3万平方米，分别引进鑫复盛集团、圣德康养集团等，打造鑫复盛金水大观酒店、圣德老年医院、云麓维里中心等多个商业案例。金水·信联天地地下建筑面积约37.6万平方米，其中地下商业和社区文化活动站4.93万平方米，其余为停车场和配套用房，已全部投入运营。2023年5月，金水集团将地下商业和社区文化活动站打造为VVland蔚央地购物中心；2024年，金水集团将紧跟商业市场情况、园区入驻率、项目影响力、体量、开业时间等，将蔚央地项目逐序开业，打造城市文化旗帜和策展型商业重要空间。

金水·创新产业园

金水·创新产业园位于青岛市李沧区中心商圈，总建筑面积13万平方米。园区3号楼前身为亚马逊AWS联合创新中心，2017年3月正式启用；1、2号楼前身为青岛国际特别创新区，于2019年3月正式启用。2022年11月起，前亚马逊AWS联合创新中心、前青岛国际特别创新区由金水集团整体接管，转换为市场化招商运营。金水·创新产业园成长为李沧区经济发展的重要增长极。其中，2018年3号楼实现李沧区税收"亿元楼"突破，1、2号楼入驻企业100余家，带动就业逾3000人。2019年获评省级成长型数字经济园区（试点）、青岛市重点数字经济产业集聚区，2020年园区获评青岛市数字经济试点园区、省级示范数字经济园区（试点）、青岛市退役军人就业创业孵化基地、中国产业园区金梧桐奖——创新活力十强，2021年园区获评山东省现代服务业集聚示范区、中国创新创业典型示范基地、青岛人才双创培训基地，获评青岛国家高新区分园区（培育）、2022年度市级现代服务业集聚区、山东省优质产品（大数据服务）创建基地。

耀洲·智美小镇

耀洲·智美小镇位于李沧区金水路以南、延川路以东，定位为总部办公园区，有10栋写字楼。园区分为南北两区，地上建筑面积3.85万平方米，地下车位458个。南区地上部分8栋建筑，地上建筑面积13173.15平方米。北区地上部分2栋建筑，分别为18层和9层，地上建筑面积2.53万平方米。北区依托福瑞达医药集团、融海集团，打造新技术、新产业、新业态、新模式为多点支撑的"福瑞达智美小镇"，项目总投资额1.2亿元，总面积1.8万平方米，旨在打造集轻医美、化妆品等大健康赛道，聚科研、销售、品牌推广和孵化等为一体的生态产业链，2023年7月启动运营。

耀洲·智融大厦

耀洲·智融大厦位于李沧区铜川路216号，系商超办公一体楼，共15层，其中负1至地上3层为丽达购物中心，4层以上为办公层。地上建筑面积1.24万平方米，地下车位125个，由区招商公司青岛信利汇成商务服务有限公司整体运营管理。2023年5月，由李沧区商务局与李沧区企业联合会、青岛市工商管理硕士企业家联合会合作打造，总建筑面积1.2万平方米。园区以李沧区企业联合会为依托，集人大代表、政协委员、工商联人士联合服务工作于一体，围绕青岛市24条产业链及李沧区"3+2+4"现代产业体系，在联合大厦建设3个园中园，即"软件科技园""大宗商品贸易园"和"总部经济园"，明确园区招商定位，以新一代信息技术产业为主，吸引软件信息类企业入驻。

耀洲·新经济产业园

耀洲新经济产业园（原名"生命药洲"）位于李沧区九

水东路 266 号，占地 147 亩（1 亩 = 666.67 平方米，下同），总建筑面积 74.6 万平方米，地上建筑面积 37.3 万平方米，定位为主城区新型产业运营空间，聚焦医药研发生产、医疗器械、医疗技术应用等领域，打造产业链和生态集群。项目按照"产城融合"理念，打造都市工业楼宇、高品质办公和生产空间。园区共 11 栋楼，其中 1 号楼为李沧区中心医院，2～4 号楼侧重于办公研发，5～8 号楼侧重于工业生产，9 号楼为融海耀洲酒店，10 号楼为商务楼宇，11 号楼为会展中心。累计招引 115 家企业。园区定位为主城区新型产业运营空间，聚焦医药研发生产、医疗器械、医疗技术应用等领域，打造产业链和生态集群。与鲁商集团开展合作招商，引进培育了彩晖生物等一系列优质企业，奔

驰汽车、比亚迪汽车销售项目先后营业。园区配套融海耀洲酒店 2023 年 4 月底全面营业。区中心医院迁建耀洲·新经济产业园 1 号楼，总建筑面积 4.6 万平方米，规划床位 320 张，融海公司为项目代建单位，助力打造"小综合、有特色"的二级甲等医院，2023 年 6 月取得施工许可证并全面开工，计划 2024 年 5 月竣工，以点带面推动李沧医疗服务能力整体提升。国工新钻 CVD 金刚石项目装修建设，项目落地产业园 6 号楼，计划使用面积 1.2 万平方米，是目前培育钻石行业中能够覆盖从设备生产、产品生产、终端销售全产业链的头部企业。2023 年 5 月，园区医药检测认证平台青岛浩海光杰检测技术咨询有限公司完成 FDA（美国食品药品监督管理局，下同）现场检查，获得美

国 FDA 注册认证。玉玲珑项目落地耀洲·新经济产业园，玉玲珑公司是集宴会、年会、会展、体验式艺术中心、产品发布中心等于一体的多元化运营主体，项目总投资 5000 万元，使用面积 1.8 万平方米，启动后将带动上下游产业链入驻。

华澜·数智港＆汇智谷

华澜·数智港＆汇智谷位于李沧区李村河以西、九水东路以北、金水路以南、东川路以东，占地 182 亩，总建筑面积约 88 万平方米。2023 年园区招引企业约 100 家。主要落地项目有魏桥汽车项目、杰正科创中心项目和新航道教育项目等。魏桥汽车项目打造新能源汽车管理总部和新能源汽车中央研究院以及北汽制造研究院，预计 2024 年 7 月完成装修入驻。该项目将助力李沧区构建全球领先的千亿级新能源汽车产业集群。杰正科创中心项目通过"园中园"模式开展科技金融、供应链、人工智能、生物医药等 4 大板块招商。项目总投资 1 亿元，项目运营后预计年税收不低于 5000 万元。新航道教育项目总部位于北京海淀区中关村，下设培训学校、前程留学、国际教育、国际研学等板块，青岛新航道锦秋教育科技有限公司从事 A-level（英国高中课程）教育课程培训，预计年度销售收入不低于 1 亿元，年税

耀洲·新经济产业园 　　　　　　　　（区委宣传部供图）

收不低于 1800 万元，该项目于 2023 年 10 月 19 日开学运营。

华澜·科创云谷

园区位于李沧区金水路 171 号，占地 88 亩，建筑面积 20.1 万平方米。重点引进以生物医药、高端制造、新能源新材料等行业为主的高新技术型、高附加值企业。2023 年，园区引入企业有中壹联（青岛）文化传媒有限公司、青岛福人健康科技有限公司、青岛预见美生物科技有限公司等 4 家企业。

青岛现代金融·科技产业园

园区位于青岛市李沧区金水路 187 号，占地面积约 30 亩，地上建筑面积 4.98 万平方米，共分 5 栋楼宇。园区重点聚焦现代金融及类金融机构、高科技类型企业招引及培育，坚持"科技＋资本＋产业"培育模式。2023 年，园区主要围绕重

青岛现代金融·科技产业园　　　　　　（区委办公室供图）

点企业培育、服务平台建设及园区品牌提升等目标，持续发力。新增高新技术企业 4 家、创新型及科技型中小企业 7 家、青岛市雏鹰企业 1 家、青岛市专精特新企业 1 家、青岛市新经济潜力企业 4 家、青岛市企业技术中心 2 家、山东省瞪羚企业 1 家等。园区新增实际入驻企业 13 家，新增注册企业 79 家，全口径税收约 2.32 亿元。园区获青岛市科技局颁发的青岛市（引领型）标杆孵化

器牌匾，为青岛市四家之一，李沧区唯一一家；青岛市科技局公示孵化器 2022 年度绩效考核结果，园区再次获评 A 类优秀，列全市第 2 名；完成省人社厅对山东省创业创新示范综合体 2022 年发展情况现场绩效考核并获优秀等次；园区更名后，再次申请并获批青岛市小微企业创业创新基地，在全市评出的 11 个基地中排名第 2。

（区国有企业服务中心）

财　　政

概　　况

2023 年，青岛市李沧区财政局（简称"区财政局"）牢牢把握高质量发展首要任务，完整、准确、全面贯彻新发展理念，落实积极财政政策，着力深化财政改革。加强财源建设，调整支出结构，集中财力保"三保"、保重点，从严从实防控政府债务风险，持续推进预算一体化管理改革，牢固树立过"紧日子"思想，严肃财经纪律，提升财政治理水平，不断推动财政可持续发展。全年一般公共预算收入完成 58.71 亿元，比上年（下同）增长 14.87%。其中，税收收入完成 51.14 亿元，占一般公共预算收入的 87.11%。一般公共预算支出完成 40.31 亿元。

资金统筹管理

争取上级补助

2023 年，区财政局落实上级各项补助资金 10.73 亿元，有力保障城市更新和城市建设等重点项目资金需求。其中，城市基础设施配套费补助资金 2.98 亿元，未贯通道路补助资金 1.81 亿元，重庆路快速路补助资金 1.50 亿元，李村河张村河生态综合治理工程补助资金 1.50 亿元，城市精细化管理奖补资金 1.21 亿元，唐山路快速路补助资金 1 亿元，双峰山全民健身基地建设补助资金 4000 万元，城市绿道建设补助资金 2050 万元，老旧小区改造中央及市级补助资金 1238 万元。

政府债券支撑

2023 年，区财政局用足政府债务限额，全年新增政府专项债券 12.90 亿元，全力保障 11 个重点城市更新建设项目资金，充分发挥政府债券扩内需、稳投资、补短板、惠民生的作用；发行再融资债券 9.80 亿元，有效平缓了财政短期偿债压力。

统筹资金支出

2023 年，区财政局完善存量资金常态化定期清理机制，全年累计盘活存量资金 5484 万元，统筹用于各项民生保障支出；完善库款保障水平监测预警机制，提高库款保障水平，全力兜牢"三保"底线，确保财政平稳运行。

落实财政政策

精准助企纾困

2023 年，区财政局落实助企惠企各项政策，扶持企业发展、支持产业结构优化升级，审核拨付涉企扶持资金 4.03 亿元；持续落实减税降费政策，累计完成增值税留抵退税 1.15 亿元。

优化营商环境

2023 年，区财政局加强政府采购支持中小企业发展、绿色采购等政策宣传，强化政府采购支持中小企业发展政策执行力度，全区 94.57% 的政府采购合同金额授予中小企业；规范开展政府采购各项工作，提升政府采购规范化、便利化水平，营造竞争有序的政府采购市场环境。

财政支出管理

压减一般性支出

2023 年，区财政局大力压缩行政运转支出，各单位公用经费在现有标准基础上压减 20%；严格控制各项非急需、非必要支出，挤出资金集中用于保民生、办实事。全年"三公"经费和会议费、培训费等"五项经费"支出下降42.03%。

资金直达拨付

2023 年，区财政局落实常态化财政资金直达机制，资金直达基层、直接惠企利民，全年收到上级直达资金 4.88 亿元，资金分配进度 100%，资金支出进度 99.80%，居全市前列。

资金绩效管理

2023 年，区财政局健全完善全方位、全过程、全覆盖的预算绩效管理体系，绩效目标编制实现全覆盖，涉及 503 个项目、22.66 亿元财政资金；绩效理念嵌入预算管理全过程，资金配置效率和使用效益持续优化。

财力保障民生

支持教育事业发展

2023 年，李沧区坚持将有限的资金用于重点民生领域，全年民生支出 31.76 亿元，占一般公共预算支出的比重达78.79%。启用重庆中路学校等6 所学校、幼儿园，新增学位8310 个；教育生均公用经费投入 8657 万元；向普惠托育机构发放补贴，降低多孩家庭养育负担；资助家庭经济困难学生600 余人次。

加大社会帮扶力度

2023 年，李沧区发放助老、助困等各类民生补贴 5037万元；完善提升街道综合养老服务中心 2 处；发放高校毕业生人才住房补贴、一次性安家费 2561 万元；投入 1.30 亿元，开发公益性岗位 3975 个。

加强医疗服务供给

2023 年，李沧区强化基本公共卫生服务保障，将居民医保、基本公共卫生服务人均财政补助标准分别提高 30 元、5元；区中心医院迁建项目顺利推进；青岛市第八人民医院东院区竣工交付。

完善文体服务体系

2023 年，李沧区举办梅花节、茶文化节、够级文化节等各类惠民活动 800 余场次，举办世博园啤酒嘉年华活动，建设大枣园体育公园等健身场地62 处。

助力绿色生态宜居

2023 年，李沧区推进城市更新和城市建设，改造老旧片区 11 个，枣园路等 12 条道路实现通车，新增口袋公园 8 处、林荫绿道 16 千米。

财政管理改革

财政监督管理

2023 年，区财政局开展财经秩序常态化整治，成立

2023 年，李沧区启用重庆中路学校等 6 所学校、幼儿园。

（区委宣传部供图）

预决算公开专项检查工作小组，开展预决算公开情况专项检查；制订《李沧区重点民生资金专项整治行动工作方案》，开展重点民生资金专项整治行动。

防范债务风险

2023 年，区财政局足额编列还本付息预算，全力筹措还债资金，按时偿付政府债务本息；强化债务限额管理，坚决遏制隐性债务增量；全力提高综合财力，降低政府综合债务率，确保政府债务风险可控。

行政事业资产管理

2023 年，区财政局开展全区行政事业单位资产资源清查，对资产位置、使用现状等情况进行全面梳理，切实摸清家底；将资产管理系统接入预算管理一体化平台，实现资产全流程闭环管理，提升资产管理信息化水平。

国有企业监管

2023 年，李沧区健全现代企业制度，印发《李沧区区直企业外部董事管理暂行办法》《关于加强企业融资成本管控防范化解债务风险的通知》《李沧区国有企业融资管理办法（试行）》等文件，进一步规范企业运作。推动特色园区建设，全年新招引173 家企业入驻 15 个特色园区，盘活利用载体 14.3 万平方米。

（区财政局）

税　　　务

概　　况

2023 年，国家税务总局青岛市李沧区税务局（以下简称"李沧区税务局"）聚焦加快构建"3+2+4"现代产业体系，发挥税收职能作用，持续优化税收营商环境，主动服务城市更新和城市建设三年攻坚行动，为打造全市新旧动能转换示范区贡献税务智慧和力量。全年组织各项税费收入 194.42亿元。其中，完成国内税收104.42 亿元，比上年（下同）增长 29.3%；地方级税收完成51.16 亿元，增长 41.5%。全年办理各项退税 21.12 亿元，7.6万笔次，其中办理出口退（免）税 18.10 亿元。

服务大局

依法征税

2023 年，李沧区税务局联合区财政局等多部门成立财源建设工作专班和 11 个工作组，建立健全城市更新和建设项目台账，全面摸清税源底数，做好税源监管。成立欠税工作小组，有序开展"点对点"清欠工作，全年清理欠税 3.74 亿元。发挥土增清算项目组作用，全年完成 14 个土地增值税项目清算工作，形成税款 10.78 亿元，其中已入库 7.73 亿元，增长78.52%。

税费并重

2023 年，李沧区税务局全年完成社保非税收入 90 亿元。建立税务、人社、医保三方联络机制，成立"惠民解费"争议协同化解工作站，协同化解涉费诉求事项 200 余件。建立税务、街道、社区三级联动志愿服务体系，打造"一刻学堂"培训品牌，联合开展社保费政策宣讲 20 余场。统筹做好林草两费划转工作，通过事前监控费源、事中细化辅导、事后跟踪反馈，切实提升土地出让金征缴质效。

税收咨政

2023 年，李沧区税务局发挥税收经济分析人才团队优势，运用税收大数据，精准分析税收形势、税收风险、税收政策效应，形成更多有利于区委、区政府决策的税收经济分析精品，进一步增强服务地方发展的主动性。全年累计向区委、区政府报送《税情快报》12 期、《税务专报》13 期，获区领导肯定批示 13 次。

智税治理

税收征管改革

2023 年，李沧区税务局稳步推进金税四期改革，创新采用"4+1"工作法，完成数电票推广任务。推进全国统一新电子税务局试点上线工作，第一时间编发工作方案、组建测试团队，发现问题数量位居全市前列，确保上线纳税人业务办理更加顺畅高效。

数字化治税

2023 年，李沧区税务局发挥税收大数据优势，创新建立成品油炼化企业涉税风险智控

2023 年 9 月 6 日，中国税务报社通讯员培训班到李沧区税务局进行实践教学，见证回迁居民现场领证。 （李沧区税务局供图）

预警系统，推出"进出率税"四维分析法，实现对辖区成品油炼化企业精准监管。率先建成覆盖全区的加油站液位仪远程监控系统，搭建加油站涉税风险防控模型，实现对辖区内加油站的长期有效监管。先后对 17 户加油站、21 户成品油企业进行风险核查应对，其中加油站项目入库税款及滞纳金 1600 余万元。

加强风险防范

2023 年，李沧区税务局参与市税务局第二稽查局打击普通发票虚开专项行动，获国家税务总局总会计师肯定批示。通过搭建风险模型，依托发票数据实现对异地施工税源的有效监控，防范化解风险，相关企业补缴税款入库 2073.14 万元。开展人力资源行业税收风险分析，辖区 73 户相关企业纳

入整体监控。组建受理、审核、调查评估出口退税"双团队"，完成出口退税风险应对 51 户。

税务服务

税收普法宣传

2023 年，李沧区税务局编写《2023 年税费优惠政策汇编》。结合"便民办税春风行动"、税收宣传月活动以及"深化作风能力 优化营商环境"专项行动，参与"营在李沧"惠企政策公益讲堂 60 余场、进校园宣讲系列活动 20 余次。扎实开展税收普法宣传活动，在驻区高校创建"青税星辰"法治角，获评青岛市法治政府建设示范创建工作先进集体。

优化常态化服务

2023 年，李沧区税务局持

续开展移动办税进社区，创建"移动办税进社区"党建品牌，连续 10 年为 29 个社区近 3 万户回迁居民提供缴税办证"上门"服务。全年为上臧、东李等 8 个社区 7000 余户回迁居民提供家门口"一条龙"服务，南王家上流社区成为全市首个房屋产权确权颁证历史遗留问题化解项目。"首席税务联络员"主动跟踪服务辖区重点项目 14 个，入企调研 36 户次，撰写高质量调研报告 12 篇，为区域经济发展提出可行性税务建议。司法合作机制取得新进展，健全税务与法院不动产拍卖税费征管联动机制，税检合作助力民营企业合规合法经营的做法获国家税务总局《税务简报》采用。

升级税费服务

2023 年，李沧区税务局推出"云税帮"视频直连解纷机制、"简事快办"绿色通道专窗。开展数字人民币缴税退税试点工作，完成青岛市首笔数字人民币二维码缴税业务。退税工作实现"再加速"，一类、二类出口企业正常出口退税平均办理时限压缩至 1.2 个工作日，实现无纸化退税申报全覆盖。加强纳税信用管理，全年受理纳税人信用复评 81 户、补评 15 户、修复 56 户，工作经验获评 2023 年全市社会信用体系建设典型案例，被"信用山东"采用，税收营商环境持续优化。

（李沧区税务局）

金 融 监 管

（见第 210 页）

审 计

概 况

2023 年，李沧区审计局（简称"区审计局"）立足经济监督定位，依法履行审计监督职责，为加快打造全市新旧动能转换示范区贡献审计力量。全年开展审计项目 21 个，查出各类问题 160 个，问题金额 251.09 亿元，提出审计建议 57 条，移送处理事项 3 件，向区委审计委员会提报审计专报 4 件。

财政审计

2023 年，区审计局进一步加强财政审计工作组织领导，统筹配备不同专业的业务骨干组建审计组，配齐配足审计力量；聚焦主责主业，围绕区委区政府工作中心，聚焦地方政府债务、存量资金盘活等重点事项，持续关注财政运行中的风险隐患和体制机制性问题，提高财政资金、国有资产、公共资源配置效率；强化大数据分析运用，制定了涵盖6个方面45个事项的《李沧区审计局2022年度财政审计工作数据分析指引》，提高财政审计精准性。通过审计，推动财政部门加快资金拨付740.16万元，清理存量资金7473.58万元。

国有资产资源审计

2023年，区审计局加大国有资产资源审计力度，促进全区国有资产资源家底清、情况明、收益实。对李沧区市级直管公房管理使用情况进行专项审计调查，发现变更承租单位手续不完备房产39处、违规转租77处、应收未收租金1642.14万元等问题；对行政事业单位、国有企业开展审计时，重点关注土地、房屋等国有资产管理使用情况，推动价值2亿元的5宗土地、87处房产确权入账，促使国资监管部门对因区划、改制、拆迁等原因造成的资产管理不善问题进行全面清查。

经济责任审计

2023年，区审计局围绕上级决策部署、重要任务推进和效果等内容开展经济责任审计，督促领导干部履职尽责、积极作为。全年开展经济责任审计项目8个，涉及领导干部10人，任中审计比例达62.50%。按照领导干部所在部门和单位性质、

2023年8月，李沧区审计局工作人员在东南新苑小区了解老旧小区改造项目进展情况。　　　（区审计局供图）

经济活动复杂程度、任职期限等要素，聚焦经济责任，突出审计重点，分门别类建立经济责任审计对象数据库，对应采取不同审计方式和频次，动态掌握经济责任审计覆盖情况，实现按重点、分步骤科学制定、组织实施审计项目。

国有企业审计

2023年，区审计局围绕"摸底数、揭风险、促发展"工作目标，对融海公司、华澜集团等5家国有企业开展了风险管控情况专项审计调查。重点关注了2021—2022年国有企业融资及负债、投资及资产管理、法人治理等情况，揭示融资、投资、运营等方面风险隐患和突出问题20个，涉及违规及管理不规范资金248.33亿元，提出加强投前调查研究、分类处置资产等9条建议，有力促进

国有资产保值增值，推动区属国有企业高质量发展。

政府投资审计

2023年，区审计局巩固"三个转变"成果，强化审计计划管理，选取重点资金和重点项目开展审计。按照青岛市统计局统一部署开展旧城旧村改造项目推进情况专项审计调查，覆盖已改造的17个小区和2个城中村，涉及7090余户居民，重点对政策落实、建设管理、工程质量、资金使用和建后管护等方面进行审计监督，采用无人机航拍技术，对老旧小区施工内容进行全域航拍记录，对建设内容做到最大范围覆盖。根据区政府工作安排，对校舍建设情况开展审计，以项目审批、工程招投标、物资采购、工程结算、资金管理等关键环节为审计重点，突

出投资审计"全投资范围审计、全流程环节审计"的特点，披露建设项目中存在整体性和基础性问题，通过审计审减投资 680 万元。对全区重点建设项目实施全过程跟踪审计，强化基本建设程序审计，重点做好建设项目全过程业务流和资金流监督，及时发现项目建设单位在建设过程中存在的各类管理问题，促进建设资金高效节约。

审计整改

2023 年，区审计局加大审计查出问题整改督办力度，推进《关于进一步建立健全审计查出问题整改长效机制的意见》，加强与纪检监察、巡察、人大、党政督查等部门在审计线索移送、处理结果反馈、行业专项整治、审计整改问责等沟通、配合，合力推动审计

查出问题整改到位。全面梳理 2021 年以来审计查出问题清单，完善整改台账，对审计查出的 592 个问题整改情况进行分析研究，专人专班负责指导整改，落实好督促检查责任，综合运用区委区政府督查、审委办督察督办单、"回头看"、审计整改约谈等手段，进一步强化整改问效，已整改问题 556 个，整改问题金额 205.71 亿元。

（区审计局）

统　　　计

概　况

2023 年，青岛市李沧区统计局（简称"区统计局"）围绕区委区政府中心工作，聚焦统计职责使命，坚持依法依规统计，服务民生、服务社会、服务决策的能力水平不断提升。获评 2023 年度山东国家调查工作评价"优秀"、青岛国家调查业务先进单位、山东省精神文明单位等。

依法依规统计

优化服务水平

2023 年，区统计局聚焦政

务服务效能提升，推进政务服务事项标准化规范化建设，每月完成政务服务事项办件数据、"好差评"数据系统覆盖录入评价工作。依托 12345 热线、"李即办"诉求办理平台，接收、办理企业民众诉求数十次，答复满意率保持 100%。

夯实数据质量

2023 年，区统计局发挥统计监督职能作用，开展统计造假专项治理行动，制订李沧区统计局《2023 年度"双随机、一公开"抽查工作计划》，规定抽查对象、抽查内容及实施步骤，规范执法流程。依法依规开展统计执法检查工作，全年

完成"双随机、一公开"统计执法检查 50 家，覆盖规模以上工业、投资、建筑业、规上服务业、限额以上批发零售业、劳动工资等 10 个统计专业，进一步夯实了统计数据质量，为全区经济高质量发展提供有力的统计法治保障。

经济运行监测

经济运行监测预警

2023 年，区统计局围绕区委、区政府中心工作，对固定资产投资、工业总产值、批零住餐业销售额、营利性服务业营业收入等主要指标运行情况

进行动态监测，全年整理提供各类经济数据 2000 余笔，将"十强""新经济"等产业纳入统计监测体系，为行业主管部门提供便捷的统计数据服务，助力推动实体经济发展和找准招商引资发力点。

优化统计服务

2023 年，区统计局走进企业 500 余人次，聚焦供给侧结构性改革、新旧动能转换和高质量发展等热点问题，对经济发展中存在的问题开展统计分析研究。编印《2023 青岛李沧统计年鉴》、发布《李沧统计》《统计专报》17 期，撰写改革材料《区统计局以高质量纳统促进高质量发展打造全行业全过程闭环式企业培育体系》在《李沧改革》《青岛改革》发表，对外提供统计数据服务 300 余次，为全区街道、部门、国企提供点对点咨询服务 3000 次以上，为李沧区经济平稳运行贡献统计力量。

高质量纳统服务

2023 年，区统计局对接部门、街道、国企指导纳统业务累计近 80 余次，到拟申报企业实地调研累计 50 余户次，印发纳统专报 17 期。开展统计驿站建设，全区现有统计网格员 169 名，通过青岛智慧平台全年核实准四上库、储备库、

2023 年 11 月 8 日，区统计局到浮山路街道枣山社区调研"五经普"工作开展情况。
（区统计局供图）

种子库企业 1662 家，抽检复核其中 84 家，确保应统尽纳。全年全区新纳入规模以上企业 281 家，其中，月度纳统企业 140 家，年度纳统 141 家。全区规模以上企业首次突破 1000 家，有力推动了全区经济高质量发展。

开展国家调查

1% 人口抽样调查

2023 年，人口变动情况抽样调查涉及全区 10 个街道、57 个社区、333 个调查小区，完成样本调查小区核实、"两员"选聘、业务培训，宣传、核查、正式登记等各项工作。6 月、11 月开展 2 次人口追踪调查，动态监测人口流动

情况。

住户调查

2023 年，全区住户调查涉及 9 个街道 12 个社区，120 户居民样本，全年累计入户 1440 次。针对住户样本点多、面广等特点，通过现场交流、督导检查、入户陪访、联动帮扶等形式，加强对社区业务管理和指导，取得较好成绩，得到市对口部门充分肯定。

劳动力调查

2023 年，全区劳动力调查涉及 5 个街道 10 个社区，每月入户调查 160 户，全年累计入户 1920 多户。调查过程严格落实"八个必须"要求，依法依规开展调查，确保"真入户、入真户、采实数"。

第五次经济普查

2023 年，第五次全国经济普查（简称"五经普"）工作启动。全区划分普查区 127 个、普查小区 584 个，选聘"两员"1100 多名，举办"两员"培训约 1 万人次。开展"五经普"试点工作、"地毯式"单位清查和行业划分赋码审核、查遗补漏和数据核查等工作。在社区宣传栏、商场景点、审批大厅等场所张贴宣传海报，举办统计开放日、"五经普"宣传月活动，线上推送"五经普"宣传片、H5 等，普及经济普查知识，开展普查宣传。根据清查结果，全区"五经普"单位清查共采集调查对象超过 12 万家，其中单位 5 万余家，个体经营户 7 万余家。

（区统计局）

市场监督管理

食品药品安全监管

食品安全监管

2023 年，青岛市李沧区市场监督管理局（简称"区市场监管局"）深化"食安李沧"建设，落实食品安全"党政同责、一岗双责"要求，组织 957 名包保干部匹配全区 1.9 万户包保对象，全年包保督导完成率、问题整改率均为 100%，通过山东省、青岛市"四进"工作组"两个责任"督导检查。针对群众关注的农药残留、重金属超标等问题，组织开展食品抽检 3050 批次、食用农产品快检 20 万批次，倒逼食品生产经营者切实履行主体责任。聚焦群众关注的食品安全问题，持续开展食品安全"守底线、查隐患、保安全"、制止餐饮浪费、群众"急难愁盼"食品安全问题、食品小作坊和小摊点卫生环境问题整治等专项行动 10 余次，学校食堂、养老机构食堂均达到"清洁厨房"标准。深入推进食品安全智慧监管模式，"山餐安"平台覆盖率达 80%，运用"互联网＋明厨亮灶"监管模式，对 243 家学校、托幼养老机构食堂全程监管，实现重点集体用餐单位应用覆盖率、线上巡查率达到 100%，切实保障"一老一小"重点群体就餐安全。全市食品安全"两个责任"现场会、"食品安全进校园"启动仪式在李沧区举办，实地分享经验成果。李沧区连续第 3 年获全市食品安全评议 A 级等次，食品安全监督性抽检合格率达 98% 以上，全区食品安全形势总体稳中向好。

药品、医疗器械、化妆品安全监管

2023 年，区市场监管局聚焦易引发系统性、区域性风险的重点领域、重点环节、重点主体，开展药品安全巩固提升行动等专项整治，深入排查药化械风险隐患，立案 57 件，移送公安机关案件 4 件。加强监督抽检和不良反应监测工作，报告和评价药品不良反应报告总数 1558 例、医疗器械不良事件 659 例、化妆品不良反应 137 例；完成药品、医疗器械、化妆品抽检 119 批。采取"统一标准、宣传发动、实地指导、分批实施"等措施，开展医疗机构药房标准化建设，累计完成药房标准化建设 320 家，提升基层医疗机构药品质量管理水平，全市医疗机构药房标准化建设工作现场观摩会在李沧区召开。

质量监督管理

质量基础设施建设

2023年，李沧区持续健全质量发展组织领导机制，调整领导小组成员，修订完善领导小组工作规则。在全市率先推出质量基础设施"一站式"服务，制定《"一站式"服务中心、驿站管理办法》，编制《"一站式"质量服务手册》，发布全省首个质量基础设施团体标准——《质量基础设施"1+N""一站式"服务规范》，建成1个中心、2个驿站；组建质量发展专家库，成员30人；推出标准、计量、认证认可等8大类"场景化专业服务"，从政策咨询、需求跟办、协调反馈等角度服务企业发展需要；倡导"好品有'李'匠心满'沧'"质量发展思路，构建"企业下单、驿站接单、专家跟单"的"订单式"服务传导模式，"有需求找驿站、质量管家帮您办"理念深入人心，企业质量管理水平全面提升。质量基础设施"一站式"服务通过青岛市社会管理和公共服务标准化试点专家组验收，获批省级标准化试点项目，质量基础设施"一站式"服务工作入选青岛市地方改革案例。

质量品牌培育

2023年，李沧区成立"青岛优品"工程领导小组，健全李沧区质量品牌培育企业库，建立涵盖先进制造业、现代服务业等的各级质量奖、省级高端品牌企业、"青岛优品"品牌培育梯队，挖掘30余家企业参与质量提升和品牌建设。联合团区委、区青联举办品牌培塑与创新培训班，集中培训辖区32家相关企业骨干人员。指导13家企业申报山东省高端品牌，6家企业申报"好品山东"品牌，中特科技（青岛）股份有限公司、山东恒晟源控股集团有限公司入选年度山东省高端品牌培育企业，青岛食品股份有限公司、青岛楼山消防器材厂有限公司入选首届"青岛优品"企业，推动企业从产品竞争、价格竞争向质量竞争、品牌竞争转变。以"服务认证促发展惠民生体验活动"在李沧区举办为契机，持续开展小微企业质量提升行动，助力中特科技（青岛）股份有限公司等3家企业入选青岛市"小微企业质量管理体系认证提升行动"优秀案例，青岛创启信德新能源科技有限公司作为青岛市唯一一家入选国家市场监管总局第三批"小微企业质量管理体系认证提升行动"企业优良案例。

产品质量监督抽查

2023年，区市场监管局围绕与人民群众密切相关的日用消费品开展区级产品质量监督抽查，加大对高风险产品、重要民生产品、重要消费品的监管，强化对不合格产品的后处理。以儿童和学生用品、消防产品、食品相关产品、成品油、日用消费品等为重点，组织生产领域49批次、流通领域221批次产品质量抽检，全区产品质量监督抽查合格率达97%。

2023年9月25日，区市场监督管理执法人员在超市执法检查。

（区委宣传部供图）

产品质量安全监管

2023 年，区市场监管局深入推进质量安全主体责任落实，宣传贯彻《工业产品生产单位落实质量安全主体责任监督管理规定》和《工业产品销售单位落实质量安全主体责任监督管理规定》，督促重点工业产品生产企业配备质量安全员和质量安全总监，制定工业产品质量安全风险管控清单，建立质量安全"日管控、周排查、月调度"机制，落实质量安全总监、质量安全员和相关工作职责，不断提升企业产品质量管理水平。建立健全日常监管与集中整治相结合的质量安全监管长效机制，聚焦危险化学品、儿童学生用品和燃气具等重点产品生产经营单位，开展质量安全排查治理专项行动，加强原材料采购、生产过程和出厂检验等关键环节管控，强化产品质量安全监管。突出问题导向，加大打击制售假冒伪劣商品工作力度，提升质量安全监管效能，净化消费环境、筑牢产

2023 年李沧区生产领域工业产品监督抽查情况统计表

序 号	产 品 分 类	涉及企业 / 家	抽查批次	合格批次	合格率 / %
1	电工及材料	5	5	5	100
2	车用产品	3	6	6	100
3	日用及纺织品	4	5	4	80
4	建筑装饰装修材料	7	8	8	100
5	电子电器	4	4	4	100
6	轻工产品	18	18	18	100
7	食品相关产品	1	1	1	100
8	消防产品	1	2	2	100
合计		43	49	48	97.96

2023 年李沧区流通领域产品质量监督抽查情况统计表

序 号	产 品 分 类	涉及企业 / 家	抽查批次	合格批次	合格率 / %
1	电子电器	3	15	15	100
2	电工及材料	1	1	1	100
3	机械及安防产品	4	5	4	80
4	建筑和装饰装修材料	3	6	6	100
5	轻工产品	6	9	8	88.89
6	日用及纺织品	9	33	29	87.88
7	食品相关产品	6	12	12	100
8	成品油、车用尿素	34	140	140	100
合计		66	221	215	97.29

品质量安全防线，2023 年度全区产品质量安全形势保持稳定。

特种设备安全监管

2023 年，区市场监管局把安全保障放在突出位置，聚焦节假日等重点时段及重点领域，组织电梯、大型游乐设施等专项隐患排查和安全检查 6 轮，开展快开门式压力容器隐患排查、停用锅炉专项清理、电梯安全筑底三年行动、液化石油气瓶充装单位隐患排查等 11 项专项整治，对 1600 余家特种设备单位、1.4 万余台特种设备保持高压严管态势，全区特种设备"定检率"始终动态保持100%，公众聚集场所电梯投保率 100%，防止特种设备"带病"运行，筑牢特种设备安全防线。

价格监督管理

2023 年，区市场监管局开展重点领域涉企违规收费整治、非电网直供环节电价政策落实专项行动、教育收费自查自纠和重点抽查检查专项工作、停车服务收费专项整治行动、节假日重点领域专项检查、医疗卫生行业价格专项检查、药品生产流通领域价格整治行动、旅游市场价格专项检查等 10 余项重点价格专项工作，组织开展价格法律法规大型宣传活动8 次。

重点领域监督管理

农贸市场规范化管理

2023 年，区市场监管局推进全国文明城市创建工作任务，按照"一场一策"原则，督促开办单位动态纠正占道经营、业户吸烟、"三防"设施不到位等动态问题 900 余处，落实"五方责任"，做到重点点位专人负责，重点事项包片跟进，倾情倾力当好"市场管家"。开展"宜居靓家园 健康新生活""人人动手·洁净家园"等活动 20余次，线上、线下全面发动，在微信公众号、微博等平台开设《创城在行动》专栏，编发动态简报 25 期、工作简报 10期，发放随手拍海报 100 张，点对点开展诚信经营培训。以睿星农贸市场等为载体，构建"智慧服务＋智慧监管＋智慧消费"全要素智慧化农贸市场系统，相关工作经验入选山东省市场监管局食品流通领域安全监管经验做法汇编、青岛市地方改革案例，获评 2023 年度青岛市市场监管领域"深化作风能力优化营商环境"金牌案例。组织 20 处农贸市场参与全市规范化农贸市场创建活动。其中，获评优秀规范化农贸市场 10 处，其余 10 处农贸市场均达标。组织农贸市场负责人"走出去"观摩学习先进管理经验 2 次，

到西海岸新区东街农贸市场、市南区浮山所农贸市场、市南区湛山振业农贸市场等进行现场观摩，倒逼市场形成管理压力。聘请第三方安全生产专家对农贸市场进行全覆盖检查 11轮，联合区建管局、区应急局、区综合执法局、区消防救援大队等部门及相关街道，开展农贸市场安全生产联合检查 2 次，组织 20 处农贸市场定期开展消防、燃气等安全生产培训 3 次，组织灭火器等消防设施演练、疏散演练 20 余次。

流通领域成品油、车用尿素质量监管

2023 年，区市场监管局加强流通领域成品油、车用尿素质量溯源管理，委托第三方检测机构对全区成品油批发零售企业和油库开展成品油质量常规检测，累计抽检车用汽柴油、车用尿素 140 个批次，检测结果全部合格。持续在加油站推行油品质量、计量公示制度和定期报送进货发票、检验报告落实进货查验制度，倒逼企业积极主动保障油品质量。全区34 家加油站已全部进行油品质量公示。

消保维权

消费投诉举报办理

2023 年，区市场监管局

通过全国 12315 互联网平台、12345 政务服务热线等渠道处置消费投诉、举报、咨询等 6.19 万件，按期办结率、反馈率均达 100%。建立专业队伍跟踪处理"李即办"平台反映问题，实现 944 件民生、执法、发展诉求"1 日内日受理、5 日内办结"，办结率达 100%。

放心消费创建

2023 年，区市场监管局培育发展 ODR（在线消费纠纷调解）企业 736 家，促成线下无理由退货 1.2 万件，为消费者挽回经济损失 200 余万元。全区有 11 大类 16 家单位当选 2022 年度青岛市放心消费示范单位，8 家单位获评 2023 年度省级放心消费示范单位。在年度中国消费者协会全国百城消费者满意度调查、放心消费"青岛指数"调查中，李沧区消费者满意度成绩列全市第一位。李沧区作为唯一区级代表在全市"3·15"消费者权益日纪念大会做典型发言。

标准化建设

2023 年，区市场监管局推进标准化战略，鼓励和引导全区各行各业参与标准制修订工作，提高行业"话语权"，新增参与制修订国家标准 7 项、行业标准 4 项。推动企业产品和服务标准公开，全区有 425 家企业累计上报标准 2333 项，涵盖产品 2903 种。国家级"青岛世园景观服务标准化试点"通过国家标准化管理委员会验收，市场监督管理所规范化标准化试点等 4 个市级标准化试点项目通过验收。

市场监督执法

2023 年，区市场监管局深入推进服务型执法，把查处和规范作为推动企业长远发展的落脚点，查办各领域案件 3140 件，罚没金额 114.23 万元，查办的某门诊部将普通食品宣传为疾病预防、治疗功能不正当竞争案，被青岛市市场监督管理局评为 2022 年 5 个反不正当竞争典型案例之一。践行温情执法理念，制订并印发《李沧区市场监督管理局关于推进温情执法的实施方案》，推行包容审慎监管，实施轻微免罚案件 82 件，为当事人免除罚款金额 247.57 万元，形成轻微违法不予处罚典型案例 5 件，通过为市场主体"减负担"放大营商环境"暖效应"。《畅通全链条服务渠道 打造服务型执法李沧模式》入选区十大法治示范项目，在全市市场监管行政执法监督检查中，李沧区服务型执法工作做法被评为"法治建设正面典型案例"。

（区市场监管局）

安　全　生　产

压实安全责任

践行安全发展理念

2023 年，李沧区树牢安全发展理念，健全责任体系，排查整治安全隐患，加强源头管控，强化基础建设，全年未发生生产安全亡人事故，全区安全生产形势持续稳定。全年召开区委常委会会议 1 次、区政府常务会议 5 次、安委会会议 2 次，专题工作会议 10 次，调度、部署春节、两会、"五一"假期等重点时段安全防范工作，协调解决重大问题；加强制度保障，印发《关于进一步推动安全生产制度措施落实落地的通知》，细化工作举措，推动安全生产工作提质增效，印发《李沧区2023年安全生产工作要点》，健全完善区安委会牵头抓总、各专业委员会分线落实的工作机制，提升全区安全生产工作专业性、时效性。

完善责任体系

2023年，李沧区印发《区政府领导班子成员2023年安全生产重点工作清单》，明确区政府领导班子成员年度安全生产工作任务，进一步扛牢"促一方发展、保一方平安"的政治责任。强化协同联动，每月由1～2个专业委员会在区政府常务会议上汇报工作情况，每季度调度各专业委员会"四个一"（每季度1次风险分析、1次工作推进会、1次联合执法、1次总结调度）工作制度落实情况，变"单打独斗"为"集群作战"，形成齐抓共管格局。

安全生产督导检查

2023年，李沧区调整安全生产委员会，形成区领导、安委会、专业委员会"三线"合力督查机制。针对节假日等重点时段，区委、区政府主要负责人及区安委会各副主任亲自带队，常态化督导安全生产工作。李沧区安全生产委员会办公室（简称"区安委办"）成立督导组，督促指导各街道、相关行业部门

履职尽责，落实各项工作要求。区安委会配合上级部门开展了山东省"四进"安全生产专项督导、安全生产联合督导等各类督导检查，倒逼党委政府、部门街道、企业单位压实责任。迎接青岛市安委办二季度安全生产联合督导，督导检查10个部门、1个街道、2家企业的档案和现场安全管理。

安全隐患整治

重大事故隐患排查整治

2023年，李沧区汲取"6·21"银川烧烤店爆炸事故教训，区政府主要负责人组织全区各街道、各部门召开会议，传达贯彻全国安全防范工作视频会议精神及省、市会议要求，开展宁夏银川烧烤店"6·21"燃气爆炸事故警示教育，部署推动重大事故隐患专项排查整治行

动走深走实。区安委办建立"日报告"调度机制，每日调度各单位工作进展，确保专项行动实时推进。李沧区发现重大事故隐患27项，完成整改23项，4项问题推进整改。

信息化监管

2023年，青岛市李沧区应急局（简称"区应急局"）依托数字危化平台，推动信息技术与安全监管深度融合，邀请第三方机构介绍成功案例，开展精准培训，在全区39家危险化学品生产和储存企业完成"数字危化"建设，累计开展线上巡查120余次，帮助企业协调解决各类问题700余项，督促32家企业完成智慧用电安装，促进危险化学品安全监管提质增效。推进机器人巡检技术试点应用，在中国石化青岛石油化工有限责任公司试点上线运行，逐步消除危险场所、恶劣

2023年4月16日，区应急局执法人员在企业开展执法检查。

（区应急局供图）

条件下人工巡检的风险。

优化营商环境

2023 年，区应急局改进行政执法方式，坚持"执法＋服务""差异化"执法，试行前置指导、诊断式监管服务与执法监管融合管理模式。构建"政府＋保险＋专家"三元联动机制，开展"惠企助安"专项服务活动，为重点行业企业提供免费安全诊断服务，对发现的问题建立"一企一档"，分类管理，服务企业 160 余家。

安全生产风险防范

安全生产宣传教育

2023 年，区应急局深化警示教育，坚持"每月一案"制度，让事故造成的严重后果深入人心，时刻警钟长鸣；在央视网、新华社和《大众日报》《青岛日报》等媒体上刊发安全生产宣传相关新闻 20 余篇；组织开展防灾减灾救灾网络知识竞答活动，全区参与答题 6 万余人次，位列全市第一；采用"线上＋线下"形式，开展复工复产企业"开工第一课""大学习大培训大考试"等活动，参与企业 680 余家，惠及 1.4 万余人；推进"安全生产月"活动，组织参与全省安全生产普法知识竞赛 8 万余人次，开展各类安全生产和防灾减灾救灾宣讲 6 次。

有奖举报

2023 年，区应急局综合用好政务热线、公众号、公告牌等方式受理举报信息，筛查安全生产隐患，第一时间现场核查，对其中的违法行为依法依规处理。推进社会共治，发挥安全生产有奖举报作用，鼓励群众举报身边的事故隐患，依法严惩违法行为，有效消除事故隐患。全年组织核查举报 50 余起，对其中 3 条举报查实的违法行为进行立案，奖励举报人金额合计 3 万余元，位列全市第三。

应急处置能力建设

2023 年，区应急局依托打造"1+2+3"全域化立体救援体系，加快推动基层应急综合救援站建设；完善《李沧区自然灾害救助应急预案》《李沧区防汛应急预案》，逐步构建形成"1+35+N"应急预案体系；健全以综合性消防救援队伍为主力、专业抢险队伍为骨干、社会力量为辅助的应急救援力量体系，全区共有应急救援队伍 160 余支，2870 余人保持备勤战备状态，随时投入抢险救援。

（区应急局）

知识产权工作

知识产权保护

专利申请保护

2023 年，青岛市李沧区市场监管局（简称"区市场监管局"）组织开展清理核查 4 批非正常专利申请 656 件，通过政策宣传、行政约谈等方式，申请人主动撤回 629 件，撤回率达 95.88%。

打击侵权

2023 年，区市场监管局组织开展知名运动品牌服装打假专项行动，查处商标侵权案件 5 件，罚没款 0.5 万元。

维权援助

2023 年，区市场监管局为"'李村河底'戳子肉"商标提供商标维权援助，指导其全面开展商标品牌维权行动，助力小微个体工商户知识产权保护。

知识产权服务

2023 年，区市场监管局培育推荐辖区企业申报各类知识产权项目，海卓动力（青岛）能源科技有限公司首次被认定为国家知识产权优势企业，10 家企业开展专利产品备案。截至 2023 年底，李沧区有效注册商标 36097 件，驰名商标 7 件，马德里国际商标 620 件，全区有效发明专利 1066 件。

知识产权融资

2023 年，区市场监管局组织开展"营在李沧"惠企政策公益讲堂宣传活动，邀请青岛市专利权质押保险贷款服务联盟专家宣讲"专利权质押保险贷款工作介绍和申报实务"工作。2022—2023 年，李沧区有 5 家企业通过专利权质押融资 1600 万元，获得质押贷款补贴 24.47 万元。

规范商标代理

2023 年，区市场监管局组织商标代理机构开展备案，在李沧政务网公示区内通过国家知识产权局重新备案的 67 家商标代理机构。开展"蓝天"专项行动，规范辖区知识产权代理行为。开展多部门联合"双随机"检查，规范商标代理机构 29 家、专利代理机构 11 家，对 3 家商标代理机构列入异常经营名录。

行政与司法保护衔接

2023 年，区市场监管局与区法院签订《知识产权协同保护合作框架协议》，成立李沧区知识产权纠纷人民调解委员会，调解知识产权纠纷 20 件，涉案金额 345 万元，对破解目前知识产权保护周期长、成本高等难题提出了新的思路，进一步完善了李沧区知识产权纠纷多元化解机制。

专利侵权纠纷办理

2023 年，区市场监管局受理并办结专利侵权行政裁决、行政调解案件 4 件，1 件行政调解案件首次获青岛市中级人民法院司法确认。海阳启恒环保科技有限公司与青岛路博伟业环保科技有限公司专利侵权纠纷案件行政裁决书获评 2023 年度全市知识产权行政保护工作案卷评查优秀文书。

知识产权培训

2023 年，青岛市知识产权公益培训李沧分会场举办线上知识产权培训 81 场。设立青岛市知识产权事务中心 TISC 李沧联络站。围绕企业需求做好"走出去"和"引进来"相关服务工作。指导帮助青岛琪诺瑞服饰有限公司解决发生在俄罗斯的商标纠纷。组织企业参加海外知识产权维权知识公益培训，提高企业涉外知识产权纠纷应对能力。

知识产权宣传

2023 年，李沧区围绕"3·15""4·26"知识产权宣传周等主题活动，联合青岛第六十三中学开展知识产权进校园活动，让知识产权意识植根校园；通过真假商品辨别等活动，宣传知识产权法律法规及运用保护相关知识。通过局微信公众号、李沧政务网等发布李沧区知识产权相关政策，加强政企沟通，做好辖区企业知识产权政策上传下达服务；参与质量服务驿站"一站式"服务，实现与企业的直接沟通交流，解答企业遇到的问题，为企业发展保驾护航。

（区市场监管局）

工业

概　　况

主要经济指标

2023 年，李沧区 123 家规模以上工业企业累计完成工业总产值 361.02 亿元，比上年（下同）下降 11.3%；实现营业收入 412.39 亿元，下降 10.9%；实现利润总额 14.51 亿元，下降 18.5%。受中国石化青岛石油化工有限责任公司三季度停产检修影响，李沧区规模以上工业企业总产值、营业收入、利润均下降幅度较大。按国民经济行业分析，全区 123 家规模以上工业企业涵盖 28 个行业大类，其中 18 个行业保持增长，增长行业完成产值 138.90 亿元，增长 9.91%。增长较快的行业有：皮革、毛皮、羽毛及其制品和制鞋业增长 46.79%，电气机械和器材制造业增长 27.18%，通用设备制造业增长 24.52%，纺织业增长 22.22%，铁路、船舶、航空航天和其他运输设备制造业增长 20.74%。按经济类型分析，全区股份制经济完成产值 276.42 亿元，下降 16%；外商投资经济完成产值 81.69 亿元，增长 8.9%；国有经济完成产值 2.91 亿元，增长 1%。按企业规模分析，大中型企业完成产值 279.96 亿元，下降 15.3%；小型企业完成产值 81.06 亿元，增长 5.7%。

工业企业培育

企业升规纳统

2023 年，青岛市李沧区工业和信息化局（简称"区工业和信息化局"）联合李沧区科技局，制订全区重点园区和孵化器相关企业升规纳统工作推进方案，成立纳统服务推进小组，对青岛金海牛孵化器园区、青岛现代金融·科技产业园等 15 个园区进行全面摸排，与园区运营方就园区、入驻企业发展过程中出现的问题进行沟通指导，开展惠企政策宣贯。梳理完成园区入驻企业清单 600 余家企业，与全区"四上"企业名录库做比对，建立动态"精准培育库"。全年全区新增中闻集团青岛印务有限公司、青岛绿帆再生建材有限公司等 12 家规模以上工业企业。

企业创新驱动

2023 年，李沧区不断推动传统产业再造升级，提升企业市场竞争力，以发展青岛啤酒股份有限公司青岛啤酒二厂、青岛食品股份有限公司等一批具有李沧特色的先进制造业企业为主攻方向，鼓励企业通过采用新设备、新工艺进行智能化、数字化改造，促进企业转型升级，让老产业焕发新活力，在2022年度（2023年公布结果）发展传统产业工作评估中位列市内三区第1位、十区（市）第4位；青岛海通制动器有限公司等24家企业的97个项目入选青岛市技术创新重点项目；青岛方正机械集团有限公司等9家企业产品入选青岛市创新产品推荐目录；青岛食品股份有限公司入选新一代"青岛金花"培育企业，入选国家工业和信息化部食品工业"三品"专项行动典型成果；中国石化青岛石油化工有限责任公司、青岛啤酒股份有限公司青岛啤酒二厂2家企业获评国家级"水效领跑者"；在2023年第七届"市长杯"青岛工业设计大奖赛中，李沧区7件参赛作品获奖，其中青岛吉青工业设计有限公司的北汽福田图雅诺大麦车型设计和青岛优利泰科电器有限公司的商用超低温深冷柜获金奖，青岛致友机电开发有限公司等2家企业的作品获银奖，青岛品格产品设计有限公司等企业的2件作品获铜奖，青岛洛尚品牌设计有限公司的"猩猩暴走"豆奶全案设计获概念组"未来之星"奖；青岛佳百特新材料科

2023年，青岛方正机械集团有限公司等9家企业产品入选青岛市创新产品推荐目录。图为方正机械公司装配区。

（区工业和信息化局供图）

技有限公司入选山东省新材料领军企业培育库名单；青岛昊川电子科技有限公司入选青岛市机器人典型应用场景名单。

赋能产业转型升级

2023年，李沧区坚持协同推进数字产业化和产业数字化，赋能产业转型升级，培育新产业、新业态、新模式，持续推进"智改数转"，激发企业潜能活力，深入推进工业互联网应用赋能，提升产业创新效率。开展李沧区规模以上工业数字化转型入企诊断深度行活动，完成企业数字化发展水平测评27家，推动企业数字化改造30家，本地企业数字化改造深度进一步深化；乐星汽车电子（青岛）有限公司等4家企业获评"两化"融合项目；中闻集团青岛印务有限公司获评青岛市自动化生产线项目；青岛云

数章鱼纺织科技有限公司入选第一批国家级财政支持中小企业数字化转型试点平台；中国石化青岛石油化工有限责任公司入选山东省数字经济"晨星工厂"培育库。

工业项目建设

服务保障

2023年，李沧区树牢"项目为王"理念，把项目招引建设作为头号发展工程，围绕推进新型工业化、加快智能制造相关产业发展，加快形成重点项目"竣工一批、建设一批、储备一批、谋划一批"的滚动发展格局。坚持上下联动，组建工作专班，明确任务分工，实行全过程包联服务，不断优化营商环境"软实力"、不断优化服务保障，精准帮助企业发

展、项目建设解决土地指标、资金等要素保障难题，为企业提供全流程、全周期"保姆式服务"。

项目建设

2023年，李沧区重点推动乐星汽车电子（青岛）有限公司的自动化生产线、青岛特固德商砼有限公司的绿色环保建材、青岛中建嘉业建材有限公司的智慧建造产业园等在建项目尽快完工、投产达效。帮助企业做好项目设计规划、施工组织等前期工作，推动青岛啤酒股份有限公司青岛啤酒二厂100万千升纯生生产基地、中特科技（青岛）股份有限公司的智能制造基地等项目加快建设，培育新增长点，抢抓发展快车道。依托李沧区"3+2+4"现代产业体系，强化部门、街道、企业联合会等联动，主动出击招项目，密切跟踪意向落地项目，力争未来硬科技智造园等优质项目匹配落地，蓄能增效。

技术改造

2023年，李沧区坚持把技改升级焕新作为延伸产业链条、提升产业能级的重要抓手，大力实施延链、补链、强链工程，指定业务骨干下沉一线，从政策解读、项目立项、备案手续办理、要素保障、事中事后监管、奖补申报等进行全流程服务。持续深化"链万企"供需对接服务，组织青岛路博宏业环保技术开发有限公司等335家企业注册使用"链万企"供需对接平台，推动产业链上下游企业融通发展；指导青岛泰德轴承科技股份有限公司等3家企业继续滚动实施企业技术改造；备案海卓动力（青岛）能源科技有限公司氢燃料电池发动机系统测试技术改造项目等6个工业技改项目，计划投资额9.21亿元。

营商环境优化

助企纾困

2023年，李沧区坚持精细落实惠企纾困政策，深化联企帮扶成效，提升涉企服务水平，持续优化营商环境，为企业发展保驾护航。充分发挥企业服务专员制度的作用，建立规模以上企业重点关注名单，定期摸排企业生产经营情况，滚动收集企业生产经营中遇到的用地、资金、用工、政策等方面的问题，在不干预、不干涉、不干扰企业经营行为的前提下，放下身段，靠上服务，逐个帮助企业谋思路、谋出路、谋项目、办实事、解难题，用心、用情、用力提供"店小二"式服务。

平台服务

2023年，李沧区依托区企业联合会、区企业家协会、区中小企业服务机构联盟和区数字经济产业联盟等平台优势，加强各企业间供需合作，推动传统制造业智能化转型发展。组织召开2次企业家有话说"政企恳谈会"，切实帮助企业解决实际问题。加大企业梯次培育力度，支持企业利用链万企平台拓市场、找订单、促发展，力促工业经济实现质的有效提升和量的合理增长。

政策宣贯

2023年，区工业和信息化局围绕扶持本土企业做大做强，及时转发《工业和信息化部办公厅关于2023年度享受增值税加计抵减政策的先进制造业企业名单制定工作有关事项的通知》，为企业详细解读政策，介绍申报条件、申报流程和注意事项，协助企业完善申报材料，指导李沧区144家先进制造业企业完成年度享受增值税加计抵减政策申报工作；深化落实《李沧区加快先进制造业高质量发展若干政策措施》，持续开展"走一线、送政策、搞帮扶、解难题"活动，"一对一"精准对接企业进行政策解读，让政策内容"看得懂、记得住、用得上"，让惠企政策真正落地见效。

（区工业和信息化局）

民 营 经 济

概 况

主要指标

截至 2023 年底，李沧区实有民营企业（含私营企业、个体工商户、农民专业合作社）17.38 万户，比上年（下同）增长 6.61%。其中私营企业 6.98 万户，增长 5.15%；个体工商户 10.40 户，增长 7.61%；农村合作社 8 户，增长 0%。全区私营企业新吸纳就业 13367 人，占全区城镇新增就业人口总量 25851 人的 51.71%。有限责任公司新吸纳就业 7576 人，占全区城镇新增就业人口总量 25851 人的 29.31%。股份有限公司新吸纳就业 104 人，占全区城镇新增就业人口总量 25851 人的 0.4%。个体经济组织新吸纳就业 1288 人，占全区城镇新增就业人口总量 25851 人的 4.98%。全区扶持创业 4616 人。全区民办养老机构 36 家，床位 4338 张，分别占养老机构和床位总数的 94.74% 和 85.77%。

创新创业发展

2023 年，李沧区共有国家级专精特新"小巨人"企业 7 家，山东省"瞪羚"企业 7 家，"隐形冠军"企业 3 家，省级专精特新企业 14 家，市级专精特新企业 299 家，民营领军标杆企业 5 家，创新型中小企业 96 家，"雏鹰"企业 24 家。

民营经济创新发展

创新环境优化

2023 年，李沧区推进高成长民营企业"金种子"梯度培育工程，助力高成长民营企业发展壮大。建立健全分级培育、分层孵化工作体系，建立"金种子"高成长民营企业培育库，不断完善"创新型中小企业—专精特新中小企业—专精特新'小巨人'企业"培育路线和"雏鹰—瞪羚—独角兽"企业培育体系。支持青岛方天科技股份有限公司等 2 家企业获评山东省"瞪羚"企业，青岛海通制动器有限公司等 22 家企业获评专精特新中小企业，青岛食品股份有限公司等 35 家企业获评创新型中小企业，青岛豪江电子科技有限公司等 10 家企业获评"雏鹰"企业，青岛金海牛科技有限公司等 4 家企业获评青岛市民营领军标杆企业，青岛昊悦机械有限公司获评青岛市"一企一技术"研发中心，金海牛能源环境产业园获评省级小型微型企业创业创新示范

2023 年 7 月 29 日，"聚势新征程 共谱新华章"青岛市李沧区企业联合会一届二次理事大会暨成立一周年年会举行。

（区工业和信息化局供图）

基地，青岛现代金融·科技产业园获评青岛市小微企业创业创新基地。

内生动力强化

2023 年，李沧区组织举办第九届"市长杯"中小企业创新创业大赛李沧区初赛并获评全市优秀组织奖，支持青岛创启信德新能源科技有限公司入围区域赛 25 强。组织企业参加第十二届亚太经合组织中小企业技展会、第五届全球"独角兽"企业 500 强大会、"一起益企"中小企业政策宣贯大会、"百场万企"大中小融通（融链固链）对接、工信系统地市巡回普法、全省专精特新政策宣讲会、青岛市专精特新新赛道企业对标提升等系列活动 30 余场，赋能服务全区专精特新中小企业发展。

服务保障细化

2023 年，李沧区着力搭建企业高质量发展平台，强化李沧区企业联合会和企业家协会、中小企业服务机构联盟平台交流纽带作用。组织召开"聚势新征程 共谱新华章"李沧区企业联合会成立一周年年会活动，表彰作出突出贡献的 30 家会员企业和 10 名企业家，不断提升企业联合会的凝聚力和向心力。常态化举办"企业家有话说"政企恳谈会两期，17 家企业代表提出的 37 项意见建议纳入区委、区政府督办内容，政企沟通成果得到有效转化。开展"益企同行"企业对标考察学习活动，组织 20 余家企业分批赴西安、成都、苏州、无锡等地，到陕西鼓风机、比亚迪、彩虹集团、理想汽车等龙头企业对标学习，提升李沧区民营企业管理和市场竞争能力。

（区工业和信息化局）

重点民营企业选介

山东朝辉自动化科技有限责任公司

概况

山东朝辉自动化科技有限责任公司（简称"山东朝辉自动化"）成立于 2019 年，是一家专业从事工业自动化系统集成（设计和调试）、智能散货流程管控系统、智能可视化堆场系统、智能高精度掺配系统、大型设备远程在线监控及信息化管理系统、港机设备（斗轮堆取料机、卸船机、装船机、火车装车机、调车机、门机等）全自动无人化系统设计、研发、安装、调试、技术服务及相关产品销售的综合性高科技企业。公司成立以来，以发展港口设备自动化改造升级为核心业务，在电厂、矿山、物流等多个干散货作业场景实现应用推广。公司输出的技术产品及服务应用于国内主要码头并取得成效，业主综合作业效率提高 20% 以上，一揽子解决了港口作业效率、生产安全、降低能耗、劳动力短缺等问题，支撑了智慧港口建设。公司获评高新技术企业、山东省"瞪羚"企业、青岛市专精特新中小企业、青岛市高成长性海洋企业、科技型中小企业、青岛市"雏鹰"企业等，获青岛市科学技术进步奖二等奖和 2022 年度中国港口协会科学技术进步奖特等奖、一等奖、二等奖。通过 CMMI 三级及质量、环境、职业健康、信息安全管理体系认证。

市场发展

山东朝辉自动化在青岛港、

烟台港、东营港等落地实施，在国内率先实现散货码头卸船、堆取料、混配、装船、装车等全流程全自动化作业。在国内率先建成基于物联网和5G通用的干散货码头数字堆场感知系统，实现基于3D技术的数字化散货堆场生产调度管控。2021年6月，支撑山东港口渤海湾港研发的全球首台自动化门机在东营港广利港区投入干散货作业，开创性实现了门机作业自动化。其中"门座式起重机智能化控制系统研发及应用"获2022年中国港口协会科学技术进步奖一等奖。完成东营港7台门机全自动化改造，并推广至潍坊港区，升级改造门机6台。同时，东营港、潍坊港智能管控平台一体化项目均进入二期工程，赋能渤海湾港通用干散货码头自动化智能化作业新模式。支撑完成青岛港前港公司首个干散货无人码头示范区，将一座运行了30多年的传统干散货装卸码头升级改造成全国首个全流程、全系统、全机种的干散货智慧绿色码头，实现了智慧管控平台整体流程可视化及自动化，开创全国干散货板块智慧港口建设的新模式。"干散货码头全流程自动化及智能管控关键技术研究与应用"获中国港口协会科学技术奖特等奖，升级改造9种机型32台设备，智能管控一体化平台项目进入二期工程。助力烟

山东朝辉自动化科技有限责任公司在国内率先建成基于物联网和5G通用的干散货码头数字堆场感知系统，实现基于3D技术的数字化散货堆场生产调度管控。
（区工业和信息化局供图）

台港完成首个全系统、全流程、全自动干散货码头升级改造，实现码头卸船、堆取料、装车、混配、装船等全过程作业自动化和智能管控，在国内率先实现多机协同物料混配精度稳定小于千分之二。支撑江苏省煤炭物流靖江基地二期项目（内河码头）实现卸船机无人值守全自动作业，使自动作业率达到人工的95%以上（非清舱阶段）；实现卸船机远程操作；实现堆取料机无人值守全自动作业，实现堆取料机远程操作，优化堆取料机作业流程；实现堆取料机单机精确取料、两机精确混配取料，减少操作人员工作压力，赋能传统煤炭物流智能化作业新模式。截至2023年底，山东朝辉自动化累计改造干散货码头各类港机设备106台，交付后均能按照用户要求开展生产作业，并在后期实际流程自动化改造方面，成长为国内干散货码头全自动化领域持续领跑者、干散货码头自动

化细分领域龙头企业。

科技创新

山东朝辉自动化作为国内最早一批进入干散货作业自动化改造升级领域的企业，掌握远程操作、激光扫描、数字化料场管理、电子防摇、机构定位等几十项干散货自动化作业领域核心技术，软件产品均在Linux平台自主研发，运行稳定，自主可控，技术指标领先。山东朝辉自动化在技术层面呈现以下特点：技术应用覆盖面广，山东朝辉自动化具备斗轮堆料机，取料机，堆取料机、卸船机、装船机、门机、装车机、调车机等全类别干散货作业机械自动化改造升级能力。技术指标精度高，远程操作系统控制延时20毫秒以内、视频延时200毫秒以内；激光扫描技术3D建模精度达到厘米级；智能数字化料场料垛信息实时动态更新；抓斗电子防摇技术运用到卸船机械，在20米摆长幅度下，摆

动幅度可控制在正负 5 厘米以内；作业机械机构定位技术单机定位精度误差不超过 2 厘米，角度定位系统综合误差为 0.05 度。山东朝辉自动化在智能换舱作业、多机协同作业安全防撞、智能视频图像分析等方面也具备明显领先优势。技术稳定性强，山东朝辉自动化实施的自动化改造项目中，软硬件安装调试交付后均能按照用户要求开展生产作业，在后期实际生产作业过程中保持各项指标稳定达标。山东朝辉自动化主营业务收入年均增长率超过 200%，2023 年度成为规模以上企业。拥有干散货码头智能化领域相关的领先技术成果 80 余项，其中发明专利 6 项，实用新型专利 7 项，软件著作权 49 项，登记测试报告 24 项。获批 2022 年青岛市科技计划海洋科技创新专项海洋产业关键技术攻关支持项目企业。

青岛方天科技股份有限公司

概况

青岛方天科技股份有限公司（简称"方天科技公司"）成立于 2000 年，2017 年在"新三板"

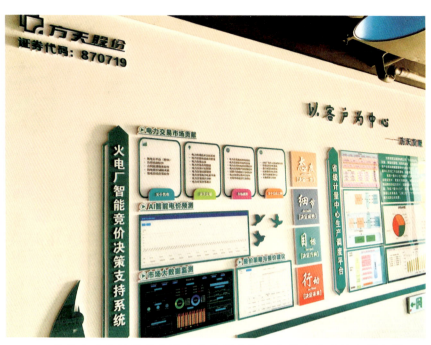

青岛方天科技股份有限公司是国内领先的数字化产品与服务提供商。图为方天科技公司展厅。 （区工业和信息化局供图）

挂牌上市（证券代码：870719），为山东省专精特新企业，现有员工 300 余名，全国设有 10 余家分支机构。方天科技公司作为国内领先的数字化产品与服务提供商，长期致力于政府与企业数字化转型，为全国万余家党政机关、企事业单位提供了档案管理平台、电力交易平台、智慧城市建设等数字化产品和服务。

品牌发展

方天科技公司坚持"以客户为中心"的发展理念，致力于研发投入，紧跟技术发展前沿，不断提升产品和服务，满足客户的最新需求。2009 年参

与编写国家综合数字档案管理功能规范；2010 年完成了全国第一家数字档案馆建设并通过国家验收，获评全国档案管理与服务创新最佳案例奖。方天科技公司申请数字产业相关专利 20 项，获得软件著作权 70 余项，拥有自主知识产权的软件产品系列包括方天数字档案管理平台软件、方天企业数字档案馆（室）系统软件、发电企业竞价辅助决策系统软件、电力市场全景仿真平台软件、电力交易市场合规模块软件以及与智慧城市建设相关的系列数字化产品。

（区工业和信息化局）

现代服务业

概　　　　　况

产业规模

2023 年，李沧区围绕打造全市新旧动能转化示范区，加快推进全区服务业高质量发展，服务业产业规模不断壮大，服务业重点行业提质增效，总体呈现出稳中向好、进中提质的发展态势。全区服务业总量规模不断扩大，整体发展态势良好。全区实现服务业增加值465.01 亿元，比上年增长 5.4%，服务业增加值占生产总值的比重达到 73.4%，拉动地区生产总值 3.9 个百分点，服务业产业呈现稳中有进的发展态势。

载体培育

2023 年，李沧区聚力服务业发展转型升级，全过程服务企业提速发展，为企业争取各类服务业扶持政策，促进服务业企业"个转企、小升规、规改股"不断做大做强。服务业集聚区产业集聚发展效应逐渐显现，以园区、基地为载体集聚了一批优质服务业企业，中艺 1688 商务服务集聚区、恒晟源人力资源共享经济产业园入选 2023 年度市级现代服务业集聚区。众淼创新科技（青岛）股份有限公司、青岛方天科技股份有限公司获评 2023年市级服务业创新型示范企业。山东恒晟源人力资源管理有限公司获评 2023 年市级技术先进型商务服务企业。青岛方天科技股份有限公司（方天软件技术服务创新中心）获评 2023 年青岛市服务业创新中心。山东恒晟源人力资源管理有限公司、山东中筑人力资源有限公司获评 2023 年"支持商务服务企业规模提升"奖励。山东恒晟源人力资源管理有限公司、青岛方天科技股份有限公司获评 2023 年度市级生产性服务业领军企业。

企业发展

2023 年，李沧区现代服务业发展领导小组进行调整，按照"管行业就要管发展""管行业就要管运行"的工作导向，实行服务业行业主管部门企业服务负责制，企业服务专员服务更加到位，推动服务业企业发展量质齐升。通过开展全区"扫楼扫街"高质量纳统工作，2023 年新纳统服务业企业 69家，在库规模以上服务业企业数量达到 269 家，规模以上服务业企业数量不断增长，质量继续提升。

考核指标

2023 年，李沧区全力推进现代服务业增加值及增速、规模以上服务业营业收入利润率及提高幅度、规模以上服务业法人单位新增数量和增速三项"摘星夺旗"、高质量发展考核指标，通过加强指标分析、考核指标调度等措施，全力推进服务业指标进位优先，以考核促产业发展。2023 年，重点服务业指标规模以上营利性服务业企业营业收入全年实现平稳增长，增速高于全市 2.7 个百分点。

（区发展改革局）

现 代 金 融 业

（见第 209 页）

现 代 物 流 业

概　况

2023 年，李沧区规模以上交通运输、仓储和邮政业实现增加值 17.02 亿元，比上年增长 5.4%，规模以上交通运输、仓储和邮政业增加值占生产总值的 2.7%。

规模以上企业培育

2023 年，李沧区通过开展高质量纳统，全区交通运输、仓储和邮政业企业数量达到 59 家。规模以上交通运输、仓储和邮政企业服务专员制度更加完善，处级领导"一对一"开展定期服务走访，建立企业问题台账，逐一落实解决企业困难和诉求，护航企业发展。

产业链培育

2023 年，李沧区深入实施"建链补链延链强链"工程，立足交通枢纽优势，将"3+2+4"产业体系中重点发展的枢纽经济与全市 24 条产业链中的现代物流产业链相结合，进一步整合优化物流运作体系，持续引进优质高效的枢纽型企业平台。打造具有竞争力和品牌影响力的领军企业，支持头部企业天璇物流、顺丰快运等企业快速发展，推荐青岛天璇物流股份有限公司申报 2023 年青岛市现代物流产业链头部企业。

落实快递人员补贴

2023 年，李沧区根据《青岛市财政局关于下达邮政快递企业一线人员上岗补贴市级资金支出预算的通知》，协助李沧区众帮货运代理有限公司、硕安快递有限公司等 6 家企业获邮政快递企业一线人员上岗补贴资金 94.28 万元。

产业创新发展

2023 年，李沧区推动现代物流产业新技术、新产业、新业态、新模式发展，围绕区域性物流枢纽定位，支持物流企业资源整合，推动功能性物流园区向现代化、信息化转型升级。加快多式联运和运输代理业企业发展，举办多式联运和运输代理业企业供需对接会，多家多式联运和运输代理业企业、外贸业企业参加，为企业搭建合作桥梁，多家企业达成合作意向。

（区发展改革局）

现 代 商 贸 业

（见第 215 页）

软件与信息技术服务业

概　况

2023 年，李沧区紧扣数字产业化和产业数字化两条主线，不断稳增长、促转型、增主体、优服务、强对接，推进软件和信息技术服务业等产业健康发展。全年产业整体发展态势良好，依托金水·信联天地、金水·创新产业园加快建设数字经济园区，建设面积超过 100 万平方米，集聚效应初具规模。数字经济园区累计孵化企业 1750 余家，引育高新企业 56 家、主导产业规模以上企业 64 家，全年数字经济实现营业收入 187 亿元。其中规模以上互联网和相关服务、软件和信息技术服务业企业 15 家，全年累计完成营业收入 5.5 亿元，比上年增长 25.8%，高于全市增速 3.2 个百分点。

5G 产业

数字基础设施建设

2023 年，李沧区加快推进数字新基建，推进 5G 基站建设，数字基础设施日趋完善。协调解决 11 处基站建设、拆除、搬迁问题，新开通 5G 基站 230 个，其中涉及民生场景需求 114 个。截至 2023 年底，累计建成 5G 基站 963 个，建设完成率 100%，街道驻地、科研院所、产业园区等重点区域实现 5G 全覆盖，365 个地下停车场、64 座商务楼宇实现 5G 深度覆盖。

光纤网络升级改造

2023 年，李沧区推进光纤网络升级改造，完成 1.64 万个 10G-PON 端口、77 台 OLT 终端升级，智慧城市支撑能力不断提升。完成千兆城市建设，实现光纤网络全覆盖。IPv6（互联网协议第六版，下同）实现规模部署，固定宽带网络、移动网络基本完成 IPv6 升级改造。

数字经济

数字经济产业发展

企业发展 2023 年，李沧区推动数字经济产业加速升级。众淼创新科技（青岛）股份有限公司等 3 家企业研发的软件获评山东省"首版次"高端软件，青岛中瑞车云工业互联网科技有限公司等 2 家企业获评第三批山东省软件产业高质量发展重点项目，青岛方天科技股份有限公司入选 2023 年度山东省 DCMM 贯标试点企业，青岛明思为科技有限公司等 2 家企业入选全省首批"数据赋能"优秀产品培育项目，青岛中弘数字技术有限公司等 3 家企业获评青岛市软件业务收入上规模项目，众淼创新科技（青岛）股份有限公司等 2 家企业获评 2023 年青岛市服务业创新型示范企业，青岛方天科技股份有限公司获评青岛市优秀软件企业。

项目招引 2023 年，李沧区着力打造青岛联合大厦招商平台，利用铜川路绿城一期商务楼 1 万平方米载体，打造集"软件科技园""大宗商品贸易园"和"总部经济园"于一体的青岛联合大厦，利用其中 3000 平方米面向软件开发类企

2023 年，青岛中瑞车云工业互联网科技有限公司等 2 家企业获评第三批山东省软件产业高质量发展重点项目。图为中瑞车云公司展厅。　　　　　　　（区工业和信息化局供图）

业开展招商，累计引进软件企业 97 家。仟象春数字经济产业基地运营金水·创新产业园 1.7 万平方米场地，打造数字经济新业态产业基地，招引 10 余家软件关联企业入驻，其中包括 CCTV 山东省互联网直播运营推广中心、中国农业科学院特产研究所数字经济助农中心和万物视界互联网产业基地等优质项目。粤浦春光新型产业项目等 11 个数字经济项目签约落地，投资额约 80.9 亿元。

产业园区建设 2023 年，金水·创新产业园形成约 100 万平方米数字经济产业载体，获评"省级示范数字经济园区""省级现代服务业集聚区"等，获评山东省优质产品（大数据服务）创建基地。青岛现代金融·科技产业园获评 2023 年青岛市小微企业创业创新基地，园区集聚山东朝辉自动化

科技有限责任公司等重点企业，聚焦港口自动化、海洋监测等细分领域，多点特色化发展，产业初具规模。

产业数字化

工业互联网发展 2023 年，李沧区鼓励企业持续推动新技术、新业态、新模式的市场化应用，培育细分领域工业互联网平台 9 个，累计发布"工业赋能"和"智慧城市"场景需求清单 86 条。鼓励企业面向特定行业、特定领域的产业场景，持续推动新技术、新业态、新模式的市场化应用，中瑞集团打造车联网大数据运营平台，发展"互联网＋智慧出行""商用车安全监管"等新场景，平台实时接入活跃机动车辆约 600 万台。

智能制造升级 2023 年，中国石化青岛石油化工有限责

任公司入选山东省数字经济"晨星工厂"培育项目,累计获评市级以上自动化生产线、数字化车间、"两化"融合项目16个。组织青岛石化检安智能化工程有限公司申报青岛市重点产业数字化转型赋能中心,组织金海牛产业园申报山东省工业互联网数字化转型促进中心,推荐青岛云裳羽衣物联科技有限公司申报山东省工业互联网奖补资金项目。推进"上云用数赋智"服务,助力中小企业上云用云,企业上云用云规模达到650家。

数字李沧建设

一体化统筹 2023年,李沧区成立以区委、区政府主要负责人为组长的数字李沧建设领导小组,将数字化转型作为提升城市发展的一项基础性、战略性、全局性工程来推动,一体化统筹城市数字化转型。

数据共享 2023年,李沧区建成全区一体化大数据平台,整合各个部门和基层的数据资源,实现跨区域、跨部门、跨层级数据资源汇聚融合,汇聚编制政务数据目录超过300条,政务数据需求共享满足率达100%。

数字化治理 2023年,李沧区建成区级城市云脑,初步实现全区城市治理、一体化综合指挥等数字资源跨部门跨层级应用。创新推出"无感审批"等服务模式,一体化政务服务

能力显著提升。依托"山东政务服务网""爱山东"App李沧分厅上线"事项服务"应用模块,集成730条服务事项。全面推进机关标准化、数字化、协同化、智慧化、便捷化改革,实现省、市、区、街道、社区五级机关电子公文运转全覆盖。

数字经济生态优化

人才方面 2023年,李沧区致力于营造数字经济发展生态,重点加强人才、资金、技术、平台集聚。出台《关于实施"李遇人才"计划推动新旧动能转换示范区建设的实施意见》,持续为李沧区积淀高端人才,全年入选国家级高层次人才2名。

资金方面 2023年,李沧区搭建"政企银"沟通桥梁,引导金融机构入园延伸服务,拓宽数字经济企业融资渠道。

技术方面 2023年,李沧区打造重点实验室、专家工作站等各类平台11个,新技术研究能力不断提升。

平台方面 2023年,李沧区成立数字经济产业联盟,吸引青岛方天科技股份有限公司等16家企事业单位入会,搭建"政产学研"合作交流平台。组织专场对接活动,举办李沧区"数实融合 卡位入链"专场场景对接会、"云网赋能 转型升级"对接会等多场线下特色活动,覆盖区内相关企业50余家,推进资源共享、相互赋能。

数字经济重点企业选介

青岛方天科技股份有限公司

该企业主要业务是为国家电网提供配套研发服务以及数字档案服务,2023年营收约8958万元,入选2023年度山东省DCMM贯标试点企业。

青岛中瑞车云工业互联网科技有限公司

该企业主要业务是运营在线车辆大数据平台,2023年营收约8212万元,研发的"商用车主动安全服务运营管理平台"获评第三批山东省软件产业高质量发展重点项目。

众淼创新科技(青岛)股份有限公司

该企业主营业务是智慧保险,2023年营收约4677万元,研发的"车险保单自动识别平台V1.0"软件获评山东省"首版次"高端软件。

山东朝辉自动化科技有限责任公司

该企业主营业务是港口智能化改造,2023年营收约5019万元,研发的"朝辉下舱机械远程操控软件V1.0"软件获评山东省"首版次"高端软件。

(区工业和信息化局)

科 技 服 务 业

创业孵化

孵化服务

2023年，李沧区持续引导创新孵化载体实现专业化、可持续、提质增效地发展，印发《李沧区科技企业孵化器认定管理办法》，鼓励孵化平台围绕全区"3+2+4"现代产业体系发展需求，建立"众创空间—孵化器—加速器—科技园"全链条孵化体系，不断提高服务能力和孵化成效，形成主体性质多元、类型多样、业态丰富的发展格局，促进创新创业资源开放共享，为科技型创业企业营造良好环境，服务实体经济转型升级。金海牛孵化器获评"山东省级科技企业孵化器"，恒星新媒体及应用电子技术孵化器纳入"2023年青岛市级标杆孵化器"，青岛现代金融·科技产业园等孵化器在青岛市科技企业孵化器绩效评价获评优秀等次，李沧区优秀等次孵化器总数占全市的40%，创新孵化载体品质逐年提升。

孵化成果

截至2023年底，李沧区累计认定孵化器22家，其中国家级孵化器3家、省级孵化器1家、市级孵化器3家、区级孵化器15家。全区认定众创空间16家，其中国家级众创空间12家、市级众创空间2家、区级众创空间2家。孵化面积累计30余万平方米，在孵企业1239家、毕业企业113家，近年来累计培育高新技术企业190余家。

科技普及

政策宣讲

2023年，区科技局通过"线上+线下"相结合的方式将政策法规宣传工作做实做细。线上，通过政务网站、官方公众号、企业微信群等途径，对科技政策法规进行广泛宣传，提升政策知晓度；线下，组织开展了"送服务优环境强保障"系列活动，探索建立"企业科技服务联络员"制度，当好助企发展的"店小二"。通过"科技服务进高企"和"青岛市科技企业培育政策宣讲会"等活动，宣传融资政策和技巧、高新技术企业认定、科技型中小企业评价、研发费用加计扣除等内容，累计服务辖区企业500余家，大型专题培训累计受众6500人次。

2023年5月20日，"热爱科学 崇尚科学"2023年青岛市（李沧区）科技活动周在李沧区金海牛能源环境产业园举行。

（区科技局供图）

科普活动

2023 年，区科技局策划举办 2023 年青岛（李沧区）科技活动周，采用"进园区、进校园、进街道"等形式，组织开展"2023 年李沧区科技活动周启动仪式暨'节能有我，绿色共享'节能环保科技交流会""2023 年'世界蜜蜂日'科普宣传活动""山东外贸职业学院民航实训基地航空科普活动日""2023 年全国科技活动周暨李沧区中小学科技智力运动会""青岛海诺学校科技嘉年华活动日"等科技活动 20 余场，占全市科技周活动场次的五分之一。活动期间科普工作人员参与数量约 200 人，科普活动群众参与数量 5000 余人次，累计参与媒体 20 余家、宣传报道 40 余次，营造加快推动自主创新、促进科学发展的良好社会氛围，推动科技创新成果和科学普及活动惠及于民。组织优质高新技术企业参加第十二届中国创新创业大赛（青岛赛区）暨第十届蓝贝国际创新创业大赛，青岛磁源新能检测技术有限公司获评初创组优秀奖。

科技服务

2023 年，李沧区健全科技创新平台体系，逐步完善以重点实验室、新型研发机构、技术创新中心等为主，不同类别、功能齐全、开放高效的科技创新平台体系。重点实验室累计 23 家，其中部级 1 家、省级 2 家、市级 9 家、区级 11 家。新型研发机构累计 15 家，其中省级 8 家、市级 7 家。技术创新中心累计 31 家，其中省级 1 家、市级 30 家。工程技术研究中心累计 3 家，其中国家级 1 家、省级 1 家、市级 1 家。另外，国家星创天地 1 家，山东省科技成果转化中试基地 4 家，山东省院士工作站 5 家，青岛市国际科技合作基地 4 家，青岛市专业技术服务平台 5 家，青岛市规模以上工业企业研发中心备案 55 家。

（区科技局）

2023 年李沧区已备案科技企业孵化器基本情况表

序号	级别	孵化器名称	运营机构名称	地　址	性　质
1	国家级	青岛市模具智造科技企业孵化器	青岛鲁强投资集团有限公司	青岛市李沧区金水路 318 号 ABCD 座楼	民营企业
2	国家级市标杆	恒星新媒体及应用电子技术孵化器	青岛恒星智库投资有限公司	青岛市李沧区九水东路 588 号恒星科技学院双创孵化基地 A15 号楼	民营企业
3	省级	金海牛孵化器	青岛海派特能源科技有限公司	青岛市李沧区青山路 700 号	民营企业
4	市级市标杆	青岛现代金融·科技产业园	青岛华澜加速器管理有限公司	青岛市李沧区金水路 187 号国际院士产业加速器	国有企业
5	市级	青岛托普科技创新工场科技企业孵化器	青岛新起点企业管理咨询有限公司	青岛市李沧区金水路 1577–10 号	民营企业
6	市级	青岛军创园科技企业孵化器	青岛军创孵化器科技有限公司	青岛李沧区金水路 318 号 E 座楼	民营企业
7	区级	中艺 1688 科技产业园	中国抽纱山东进出口公司第二整理加工厂	青岛市李沧区北崂路 1022 号	国有企业

（续表）

序号	级别	孵化器名称	运营机构名称	地　址	性　质
8	区级	青岛常春藤科技企业孵化器	青岛常春藤科技管理有限公司	李沧区四流北路 33 号	民营企业
9	区级	青岛海纳重工科技产业孵化加速器	青岛海纳重工科技产业孵化器加速器有限公司	李沧区瑞金路 29 号	国有企业
10	区级	青岛吉林大学汽车研究院科技企业孵化器	青岛吉青院汽车科技发展有限公司	青岛市李沧区楼山路 1 号	差额拨款事业
11	区级	融惠创新孵化器	青岛融惠创新企业管理有限公司	青岛市李沧区北崂路 1022 号（中艺 1688 创意产业园）E1 楼 1 ~ 4 层	民营企业

2023 年李沧区已备案众创空间基本情况表

序号	级别	众创空间名称	运营机构名称	地址	性质
1	国家备案	托普科技创新工场	青岛新起点企业管理咨询有限公司	青岛市李沧区金水路 1577-10 号	民营企业
2	国家备案	军创园	青岛军创孵化器科技有限公司	青岛市李沧区金水路 318 号	民营企业
3	国家备案	孚瑞众创空间	青岛百特恒基企业管理有限公司	青岛市李沧区楼山支路 6 号	民营企业
4	国家备案	海斯曼创客岛	青岛酒店管理职业技术学院	青岛市李沧区九水东路 599 号	全额拨款事业单位
5	国家备案	模具智造空间	青岛鲁强模具有限公司	青岛市李沧区金水路 318 号	民营企业
6	国家备案	恒星智岭众创空间	青岛恒星智库投资有限公司	青岛市李沧区九水东路 588 号	民营企业
7	国家备案	常春藤众创空间	青岛常春藤科技管理有限公司	青岛市李沧区四流北路 33 号	民营企业
8	国家备案	海牛创客空间	青岛金海牛科技有限公司	青岛市李沧区青山路 700 号 A 楼 501	民营企业
9	国家备案	院士港加速众创空间	青岛国际院士港科创加速器有限公司	青岛市李沧区金水路 187 号 4 号楼 2 层	国有企业
10	市级	海纳创客空间	青岛海纳重工科技产业孵化加速器有限公司	青岛市李沧区瑞金路 29 号	国有企业

（区科技局）

文 化 旅 游 业

概 况

2023年，李沧区有青岛世界园艺博览园、百果山森林公园、竹子庵公园等国家A级景区6个，有广业锦江大酒店、青岛蔚蓝假日大酒店、青岛利客来集团商务酒店等星级酒店5家，金水·信联天地酒店群引入不同特色和定位的住宿品牌，进行差异化运营，满足市民游客的个性化住宿需求。新引入世博园超级飞侠创想中心、王府井喜悦购物中心、王府井世博园小镇等文旅产业项目。

文旅产业融合

2023年，李沧区举办"正合茂杯"首届电子竞技大赛·英雄联盟争霸赛，发挥文、旅、商、体联动效应，深挖李沧文旅资源，促进文化元素与城市消费场景、旅游场景跨界融合，增强文旅场所的市场经营能力，进一步促进产业融合发展。结合李沧文化旅游特色，完成调研报告《李沧区旅游目的地形象塑造研究》，申报山东省文化旅游课题。与青岛酒店管理职业技术学院联合申报的《高职旅游专业群"四协十共、五位一体、六段递进"培养模式》获评省级教学成果一等奖。

文旅招商引资

2023年，世博园超级飞侠创想中心项目引进知名国产动漫IP"超级飞侠"，打造集IP沉浸式游玩、多媒体交互、科普教育、艺术创想为一体的新型室内互动娱乐文旅新景点。项目包含主题街区、超飞广场、体验中心、时光连廊、4D全息互动剧场、超飞控制塔、飞行影院、互动商业共八大主题区域。与北京首都旅游集团有限责任公司旗下王府井集团股份有限公司签署合作协议，推进实施一期王府井喜悦购物中心项目和二期王府井世博园小镇项目，打造涵盖多元化城市功能和优质生活体验的国家4A级微度假文旅商综合体。

文旅品牌打造

2023年，李沧区举办"夜青岛·GO李沧"夜间文旅消费集聚区创建暨李沧区文旅推介大会，全面展示李沧区夜食、夜游、夜购、夜娱、夜宿等丰富多元的"新夜态"。实施《李沧区创建夜间文化和旅游消费集聚区"八个一"行动方案》，全面打造"夜青岛·GO李沧"夜经济品牌。

旅游服务品质提升

2023年，李沧区建设楼山创忆空间，推进工业遗存保护

2023年5月21日，李沧区举办"正合茂杯"首届电子竞技大赛·英雄联盟争霸赛，发挥文、旅、商、体联动效应。

（张晋摄影）

利用，打造以科技体育、科技展览为主要内容的新型文体活动中心。依托百果山精品旅游集聚区，打造百花谷项目，增设百花谷林间牧场、星空营地、花谷漂流、百花谷乐园等文旅业态。青岛世博园新增啤酒花园、房车营地、国潮赏灯会、金秋游园会等业态，全面提升游客游园体验。打造百果山国防教育研学基地、自然生态教育营地，全年研学旅游接待游客达8万余人次。上线"云上李沧"数字文旅服务平台，向公众提供集信息查询、线上导览和公共服务于一体的数字化服务。对李村商圈进行智慧化升级改造，青岛首个户外四面立体裸眼3D大屏亮相维客星城广场。

国家 A 级景区选介

青岛世界园艺博览园

青岛世界园艺博览园（简称"青岛世博园"）是中国2014年青岛世界园艺博览会的遗址公园，国家AAAA级景区，坐落于百果山，占地164万平方米，是首个临海城市山地型特色的世博园景区，主题为"让生活走进自然"。获中国建筑工程质量最高奖"鲁班奖"、中国土木工程最高奖项"詹天佑奖"、"世界设计建造金奖"、"国际花园旅游奖年度最佳展

会"，被授予"全国生态文化示范基地"称号，2015年获评国家生态旅游示范区，成为青岛市首个国字号生态旅游示范区。2022年，被评为省级文明旅游示范单位和精品旅游重点企业。

百果山森林公园

百果山森林公园为国家AAA级景区，位于李沧区东部，南接青岛世界园艺博览园，东临滨海大道，西与青银高速相接，北依石门山脉。百果山属"海上第一名山"崂山余脉，植被茂盛，景色宜人。百果山森林公园以独特的自然景观、人文景观和丰富的文化内涵为传承，是集休闲度假、登山健身、养老、农业观光、果蔬采摘、科普教育、佛教文化于一体的旅游胜地。获评"青岛市农业生态旅游示范点""青岛市级森林公园""生态旅游景区"等。

2022年，百果山森林公园获评青岛市研学旅游示范基地，入选市级现代服务业聚集区。

竹子庵公园

竹子庵又称"玄阳观"，为崂山"九宫八观七十二庵"之一，因其初建时为就地采石垒砌的石头建筑，状如古时铃铛，故民间又称其为"铃铛石屋"，位于李沧区戴家北山东簏半山腰处，分东殿和西殿，始建年代无详细记载，清朝雍正年间重修。为青岛市最大的"竹"主题园区，园区内栽植竹子1万余平方米，其中竹子展示园栽植竹类15种（紫竹、淡竹、早园竹、刚竹、金镶玉竹、黄槽竹、黄秆京竹、箬竹、菲白竹、凤尾竹、孝顺竹、翠竹、小毛竹、大青竹、斑竹）。景区内依托竹子庵道家文化渊源，根据因地制宜、朴实自然、

2023年，青岛世博园引入超级飞侠创想中心项目。

竹子庵公园　　　　　　　　（张鹰摄影）

生态为本的原则，设有"紫竹幽谷"牌坊、"太初门"门亭、"竹子庵"石门三处山门，自下而上有水泽临苑、探幽寻道、三重道、两仪石、道义千古、奇石苑、灯台雅座、灵隐玄阳等一系列文化色彩浓郁的景点，整合养生、休闲运动、文化体验等综合旅游功能，打造一处承载道教文化的生态之山、休闲之山、归真之山，在繁华的城市中开展"探幽寻道"之旅。

青岛梅园

青岛梅园始建于 1991 年，占地面积 53.33 万平方米，1998 年 7 月被国家农业部命名为"中国梅花之乡"，2008 年被评为国家 AAA 级旅游景区。青岛梅园三面环山，一面临水，是中国江北最大的梅园。园内有梅花品种 136 种 1 万余株，盆景 2000 余盆，主要观赏品种有"淡丰后""崂山白""江梅"等。景区内建有赏梅谷、醉香壁、揽梅亭、梅林、摩崖石刻、梅溪、罗汉狮、百梅坡、香风阁等多处景点。初春探梅、赏杜鹃，仲夏观荷，金秋品桂，隆冬踏雪寻蜡梅，形成了梅园的四大景致。

伟东·乐客城

青岛伟东·乐客城是伟东集团打造的世界级河谷主题购物公园，国家 AAA 级景区，总占地面积 6.4 万平方米，建筑面积 22 万平方米，营业面积 13 万平方米，引入崂山峡谷与河流的建筑设计概念，同时融合世界最先进的商业经营理念，将美轮美奂的国际建筑品格、丰富的商品业态以及人性化的休闲元素融合在一起，构筑成青岛一座地标性商业建筑。景区位于李沧区核心交通枢纽位置，毗邻海湾大桥、铁路青岛北站、黑龙江中路、青银高速公路、环湾大道，地铁 2 号、3 号线在此实现换乘交汇。

文旅企业选介

青岛世园国际旅游发展有限公司位于青岛市李沧区天水路 29-1 号，办公面积约 600 平方米，注册资本 2000 万元。公司下设综合管理中心、游客服

2023 年 3 月 16 日，第二十三届中国·青岛梅花节在李沧区十梅庵青岛梅园开幕。　　　　（张鹰摄影）

务中心、市场营销中心、运维保障中心。主要负责世博园景区研学业务、策划营销、票务销售管理等园区工作。公司拥有国家文旅部出境旅行社资质，经营的出境线路有青岛往返国际邮轮、日韩、东南亚、欧美澳非等；国内旅游方面，主要经营云南、贵州、四川等线路。同时承接红色教育、研学旅行、影视接待等相关产业链业务。

节庆活动选介

第二十九届"李沧之春"文化惠民活动

概况 2023 年春节、元宵节期间，李沧区组织举办了第二十九届"李沧之春"文化惠民活动，包括"清廉之岛 福进万家"民俗活动、"李沧之春"元宵节游园会等 10 余项活动。

展示体验中心揭牌 2023 年"黄河大集 手造年集"暨李沧区"山东手造 李沧有礼"展示体验中心揭牌仪式举行，为"山东手造 李沧有礼"展示中心、李沧区青少年非遗手造实践基地授牌，组织古琴演奏、拳法展示等优秀非遗项目展演，邀请小小非遗传承人参观非遗博物馆，参加"吉祥玉兔"手造培训课。

百姓舞台精品展演 李沧区精选社区群众创作及排练的精品节目，在除夕至初四，每天通过李沧区文化馆微信公众号展播一场精彩演出，展示群众文艺风采。组织群文精品合唱展演暨第二十二届社区文化节颁奖典礼，颁发第二十二届社区文化节赛事金奖、银奖和优秀组织奖，展演部分获奖文艺作品，展示李沧区群众文艺创作成果。

书画作品展 活动围绕欢度新春佳节，广泛征集书画作品，精选 120 余幅优秀作品在李沧区美术馆进行展览。举办"玉兔迎春"生肖文化熏画展，以卯年生肖"兔"的形象进行创意设计，用山东手造"熏画"的方式进行创意呈现，满足群众多样化、个性化的观赏体验。

群文团队夺星 PK 赛 活动组织全区 29 支基层群文团队，围绕团队建设、服装设备、艺术质量等方面进行夺星竞赛，评选出五星团队 9 支，四星团队 12 支，三星团队 8 支。

第二十三届青岛梅花节

概况 2023 年 3 月 16 日—4 月 16 日举办，以"来李沧·遇见'梅'好"为主题，主要形式为"启动仪式＋四大主题活动"，涵盖 11 个子板块活动。

梅园主体活动 包含"梅花"市集、"醉美梅花"诗词欣赏、"傲骨迎春·妙笔丹青"书画展、梅花国风打卡等活动。

特色商圈活动 包含 3 个板块，分别是商圈"梅"好绽放、"诗词雅韵话梅花"诗歌朗诵会、"奔向'梅'好未来"电竞大赛。

线上参与活动 包含"记录爱与'梅'好瞬间"、"最美全家福"征集活动、"阅见'梅'好时光"征文活动、"花开青岛·美好生活"摄影作品征集活动以及"童心向党·红梅花开"儿童书画征集活动。

梅花特色产品 手造非遗工坊联合李沧区内企业推出梅花

2023 年 2 月 5 日，"青岛有李·乐享民俗·游购李沧"第二十九届"李沧之春"元宵节游园会举行。　　（韩云龙摄影）

节特色产品，包含梅花宴、梅花酒、梅花酥、梅花文创等。

第十三届茶文化节

2023年6月16日—6月18日举办。主要围绕"品茶""斗茶""礼茶"，组织开展多元化活动。活动现场设置茶道·文化体验区、慢享·品茗体验区、画意·手工体验区、墨韵·书法体验区。在茶道·文化体验区和慢享·品茗体验区设置茶文化历史展板，市民和游客可以了解关于茶的文化和历史，可以自行选茶、洗茶、泡茶、品茶。本次茶文化节首次引入茶文化节专属吉祥物——茶仔，打造李沧区专业茶叶市场的整

2023年6月16日，"来李沧·品茶香"青岛市李沧区第十三届茶文化节开幕。　　　　　　　　　　（区委宣传部供图）

体形象。在画意·手工体验区设置茶仔涂鸦区，体验涂鸦乐趣。在墨韵·书法体验区，茶道与书法两大传统文化相碰撞，

省内外著名书法家现场创作，市民和游客参与其中，共同感受传统文化魅力。

（区文化和旅游局）

商　务　服　务　业

法律服务

"律师诚信共同体"打造

提升诚信形象　2023年，李沧区成立由山东畅海、山东海剑、山东卓润、山东文斌、山东宪越5家律师事务所作为主任单位，20余家律师事务所参加的"李沧区律师诚信共同体"，提高李沧区律师行业的社

会诚信度、认可度，促进公正司法。制定、完善相应工作机制，制定了《李沧区律师诚信共同体章程》《李沧区共同体考评办法》《李沧区律师行业诚信代理承诺书》等，全体成员通过完善机制加强诚信建设，带动共同体全体成员营造"知信、用信、守信"浓厚氛围，在优化法治营商环境中发挥法治先行的基础保障作用。

提升专业水平　2023年，5

家共同体主任单位选派律师参与，以擂台促业务、以比赛促学习，同时针对婚姻、继承等热门法律话题为居民进行现场普法；举办"李沧区优化法治营商环境，展现律师辩论风采——李沧区首届青年律师辩论赛"，山东畅海律师事务所获得李沧区首届青年律师辩论赛冠军，山东海剑律师事务所和山东卓润律师事务所分别获得亚军和季军，8位律师获得最佳辩手

称号。挂牌成立李沧区优化法治营商环境服务站，李沧区司法局联合区行政审批局和区工商联在区行政审批大厅挂牌成立李沧区优化营商环境法律服务工作站，发挥法律服务职能，帮助企业防范化解风险，为企业发展提供更加便利、优质和精准的"一站式"服务，以实际行动助力营商环境服务工作。自共同体成立以来，李沧区律师事务所数量增加11%，律师人数增长23.2%，创收实现稳定、持续增长，为全区经济发展、城市更新和城市建设提供了强有力的法律保障。

法律援助

2023年，李沧区法律援助中心贯彻落实《中华人民共和国法律援助法》《山东省法律援助条例》，开展困难群众、特殊群体依法维权工作。打造特殊群体"优先办"、容缺受理"马上办"、律师指派"点援办"、延时服务"无忧办"、援助申请"网上办"的"暖心五办"服务品牌；举办首届"李沧区法律援助优秀案例"评选活动，评选出10篇优秀案例；加强与司法机关沟通协调，开展刑事案件律师辩护全覆盖工作，保障律师阅卷、会见、辩护等执业权利；主动融入优化营商环境大局，打造消费维权共建品牌，让消费者合法权益得到更多保障。全年受理法律援助案件1030件，办结997件，接待来电来访法律咨询2014人次，举办各类宣讲活动8场，为群众挽回经济损失750余万元，为农民工讨薪560余万元，收到受援人锦旗4面。

公证服务

规范公证行为 2023年，区司法局注重制度建设，坚持用制度约束公证员的执业行为，制订了公证处各类人员岗位责任、考核分配、业务管理、质量监控、学习培训、重大疑难复杂公证事项集体讨论、公证员会议、复查接待和投诉、廉洁执业和执业过错追究、印章管理使用、档案和文书用纸管理、公证收费和财务与资产管理等10余项制度和公证人员守则与服务承诺，基本形成了公证质量保障制度体系。严格依法公证，按照《公证法》和司法部颁发的公证工作的有关规章开展公证业务活动，超出《公证法》和部颁规章规定范围的事项坚决不办，维护了公证工作的公信力。

数字公证服务 2023年，区司法局通过"李沧区政务服务数据应用支撑系统"平台实现数据共享，凭身份证即可通过政务数据资源查询系统查询、核对、打印，实现部分公证事项"零证明"办理，最大限度缩短了办证时限。借助大数据平台，由原来当事人提供证明、公证人员上门进行核查的办证模式向"大数据"检索核查为主的办证模式转变，多数公证事项的办证时限缩短60%左右，在事实清楚的情况下，部分公证事项可实

2023年3月1日，李沧区公证处工作人员到沧口街道紫荆苑社区公共法律服务室坐班，免费为辖区居民提供公证咨询服务。

（区委宣传部供图）

现"立等取证"。

基层公证服务 2023年，区司法局借助各司法所发挥贴近基层的优势，用好用活处所联动工作机制，打造"十五分钟公证法律服务圈"。各司法所确定一名联络员，利用新媒体实现处所双向联动，有效打通公证服务群众"最后一公里"。在紫荆苑社区开展"一社区一公证员"公证法律服务体系试点，每周半天公证员"坐班"，围绕"公证零距离""公证+调解""公证+妇女维权""公证+宣讲"等方面开展深度合作，形成现场公证业务办理、法律法规咨询、法治宣传教育、矛盾纠纷化解等闭环式法律服务，李沧区公证处通过11个司法所向110余家社区发放公证联络卡5万余张，宣传材料3万余册，实现了李沧区公证法律服务全覆盖。

（区司法局）

人力资源服务

概况

2023年，青岛市李沧区人力资源和社会保障局（简称"区人力资源社会保障局"）聚焦为企纾困解难，深化人社服务专员制度，为全区300余家人力资源企业建档，帮助解决问题20余件，助力企业新增营业收入2000余万元。全年有人力资源服务机构327家，比上年增长21%。其中规模以上人力资源服务机构46家，占比14.1%；民营性质机构324家，占比99.1%。年服务用人单位2.3万家次，服务各类人才21万人次，吸纳带动就业8.2万人。

政策扶持

2023年，区人力资源社会保障局全面落实省、市人力资源服务业扶持政策及援企稳岗返还、一次性职业介绍等各类补贴政策，为规模以上人力资源企业逐一指定企业专员，指导恒晟源、中筑人力等符合条件的企业申报市级生产性服务业领军企业奖励、商务服务业企业规模提升奖励等各类资金325万元。建立顶格保障制度，对企业反映的困难问题，区委、区政府主要负责人顶格协调，累计帮助32家人力资源企业妥善协调解决办公用房、政策兑现等问题90余个。

品牌引领

2023年，区人力资源社会保障局实施骨干企业培育计划，当年新增规模以上人力资源企业4家。支持人力资源服务机构开展品牌建设，推荐恒晟源集团创建全国就业与社会保障先进民营企业，涌现出尚诚人力、企源人力、中筑人力等一批具有一定规模和实力的本土机构。加强人力资源市场事中、事后监管，开展诚信机构评选，树立"比、学、赶、超"导向，在年度全市人力资源服务业突出贡献单位评比中，李沧区7家企业上榜，初步形成"头雁领飞、群雁跟随"的新态势。

园区建设

2023年，区人力资源社会保障局支持社会力量建设人力资源共享经济产业园，在园区打造全省首家人力资源共享服务中心。按照国家级考试标准在园区建设考试中心，考试中心启用以来累计举办考试培训活动50余项，服务社会考生约5万人次，获评山东省电子化人事考试标准化考点、青岛市专业技术人员继续教育基地。支持企业开发上线"HR达人"程序，推动构建区域"HR生态圈"，该项工作获评第二届山东人力资源服务创新大赛最佳人气奖。提升现有创业孵化载体运营效能，吸引优质人力资源企业入驻，申报建成省级创业创新示范综合体1个，省、市级创业孵化示范基地3个，区级创业孵化基地2个。其中区就业创业广场设立创业孵化区和加速区2个板块，入驻人力资源企业10家，其中规模以上企业4家，规模以下企业6家，全年人力资源企业主营业务收入1.7亿元，吸纳带动就业人数1700人。

（区人力资源社会保障局）

健 康 养 老 业

医疗服务

老年健康服务

2023年，李沧区注重普及健康知识，提高老年人健康水平。组织全区医疗机构开展全国高血压日宣传活动、慢性病患者健康教育讲座和以"老年人防跌倒核心信息"为主题的健康教育科普讲座。推进老年友善医疗机构创建活动，简化就医流程，优化就医环境，为65岁及以上老年人设置老年人友好服务窗口，优化便民为老服务举措，提高老年人医疗保障服务质量水平。李沧区老年病医院（李沧区中心医院）、李沧区永清路社区卫生服务中心获评第三批市级老年友善医疗机构。

医养结合服务

2023年，李沧区制订《李沧区创建全国医养结合示范省攻坚行动实施方案》，统筹协调各相关部门，高质量完成医养结合示范省创建工作目标。开展医养结合监测季报工作，完善失能老年人数据库，为推进医养结合工作提供数据支撑。

全区有38家医养结合机构，其中"两证"齐全的25家，登记医养结合机构总床位5058张。持续开展医养结合服务质量提升行动，组织辖区医务人员参加全国医养结合人才能力提升线上培训，举办安宁疗护专题培训班，邀请市级安宁疗护专家为公立医疗机构及各医养结合机构现场授课并实地参观市级安宁疗护中心。李沧区老年病医院（李沧区中心医院）、青岛佳家康中医医院、青岛李沧区乐康医院获评青岛市第二批安宁疗护试点基地。组织全区医养结合机构与青岛市第三人民医院签约结成医联体，为养老机构提供预约就诊绿色通道、双向转诊等服务，进一步

提升医养结合服务能力和群众看病就医满意度。在青岛市2023年医养结合技能竞赛中，李沧区获得团体三等奖、个人三等奖。

老年友好型社会构建

2023年，李沧区实施银龄幸福助老工程，为全区符合条件的孤寡、失独独居及高龄独居的银龄老人提供银龄幸福助老服务。开展智慧助老公益行动进社区，在40余个社区举办"智慧助老"公益讲堂200余场次，帮助老年人与信息时代接轨，同时开展打击整治养老诈骗专项行动。春节、重阳节走访慰问百岁老人、医养结合机构，关爱帮扶困难老人。倾

2023年，李沧区组织医养结合机构与青岛市第三人民医院签约结成医联体，为养老机构提供预约就诊绿色通道、双向转诊等服务。

（区卫生健康局供图）

听群众呼声，联合各街道深入基层、精准识别困难老人，全面了解和掌握困难老人情况，确定救助对象747人，发放慰问资金，传递暖心关怀。李沧区3名老人获评第三届"山东健康老人"。李沧区卫生健康局获评第五次中国城乡老年人生活状况抽样调查工作中表现突出单位。

（区卫生健康局）

养老服务

政策引领

统筹谋划 2023年，李沧区坚持以老年人需求为导向，打造"颐养李沧"养老服务特色品牌，从满足老年人最基本、最迫切的需求出发，发展"广覆盖、保基本、可持续"的基本养老服务，重视推进基本养老服务体系建设，印发《李沧区关于推进基本养老服务体系建设的实施意见》，列入2023年区政府重大决策事项，为养老服务指导、监督和管理提供了有力抓手。《实施意见》立足区情，着眼发展全局和民生福祉，以满足老年人多样化、多层次养老服务需求为落脚点，从建立服务制度、加强设施建设、优化服务供给、提高服务水平、完善综合监管、形成整体合力6大方面，提出推进基本养老服务体系建设的20项具

2023年，李沧区建有养老机构38家，养老床位5058张。图为李沧区社会福利院的老人在排练秧歌。 （区委宣传部供图）

体措施。

政策设计 2023年，李沧区出台《李沧区民政局 李沧区财政局关于明确老年人助餐补贴标准的通知》《李沧区养老服务机构备案管理暂行规范》等养老服务政策支持文件，夯实李沧养老服务制度框架的"四梁八柱"，搭建推动全区养老服务发展的政策体系，构建完善居家社区机构相协调、医养康养相结合的养老服务体系，满足广大老年人日益增长的多样化、多层次养老服务需求。

体系建设

多元机构养老 2023年，李沧区从提升养老机构服务质量入手，坚持公办引领、多元发展，当年新备案养老机构1家，全区建有养老机构38家，养老床位5058张，其中五星级机构

5家，数量居全市第一位。区社会福利院和颐福养老院继续发挥政府兜底保障和行业引领作用，优先满足辖区户籍中低收入家庭老人基本养老服务需求。李沧区有圣德、佳家康等知名养老服务品牌。同时，引入中海锦年、万科怡园等高端养老服务项目，引领和带动全区机构养老向高层次、高品质发展。严抓培训提升专业能力，持续打造高质量养老服务专业人才队伍。完成护理员培训850人次，17名院长及护理员获评省、市"最美养老院院长""敬老使者""最美养老护理员"等，3名护理员在山东省养老护理职业技能竞赛青岛市级选拔赛中获优胜奖，区民政局获评优秀组织单位。

居家养老服务 2023年，李沧区完善提升街道综合养老

2023 年，李沧区累计建成街道综合养老服务中心 11 处，社区养老服务站 61 处，为居家老年人提供六大方面专业服务。图为九水街道于家下河社区医生为老人检查眼睛。　　（区委宣传部供图）

服务中心 2 处，建设运营示范性失智老年人日间照护中心 1 处、社区养老服务站 41 处。全区累计建成街道综合养老服务中心 11 处，社区养老服务站 61 处，为居家老年人提供六大方面专业服务。为 31 户困难家庭开展适老化改造，安装门磁、紧急呼叫、红外感知、烟感报警等智能物联设备，提升居家养老的安全指数。推进居家和社区基本养老服务集中提升行动，完成居家上门服务 441 人次。

创新为老助餐　2023 年，李沧区出台 70 周岁以上户籍老年人餐补新政策，在每餐市级补贴 3 元的基础上增加 1 元

区级补贴。精准对接为老助餐服务需求，探索采用"中心带站联点""餐饮企业 + 为老助餐""物业企业 + 社区食堂""慈善 + 助餐"等多种模式，引入青岛绿君源餐饮服务管理有限公司、青岛咱家厨房健康产业有限公司等专业餐饮运营机构开展为老助餐服务，满足老人多样化需求。绿城"悦龄餐厅"作为物业企业发展养老服务的代表，发动社区慈善资源和有爱心的餐饮企业设立"日善堂""敬老小饭桌"作为助餐项目的有益补充。全区建成助餐点 62 处，惠及老年人 4 万余人次。

智慧养老服务　2023 年，李沧区注重科技赋能，利用互联网、物联网、云计算及大数据等打造李沧智慧养老服务平台。优化服务流程，将高龄补贴申请、养老机构综合运营补贴申请等事项通过平台进行在线申办。打造"颐养李沧"小程序，汇集"智慧就餐""养老地图"等养老服务应用场景，让老人足不出户就能获取养老服务信息，办理相关业务。

安全监管

2023 年，李沧区坚持"双随机、一公开"监管与重点监管相结合，聘请第三方专业机构、联合相关部门开展安全生产督导 300 家次。严格落实养老机构安全生产责任制，完善内部管理制度，推进安全警示教育和应急预案演练，开展安全生产排查整治行动，共开展养老机构各类隐患自查自纠 45 轮次。成立养老机构疫情防控工作专班，严格落实疫情防控政策。通过青岛市智慧消防安全云平台每日巡查养老机构重点部位监测数据，排查整改率 100%，有效化解了安全预警难题。

（区民政局）

金 融 业

概　　况

主要指标

2023年,李沧区找准现代金融业作为全区优势产业的工作定位,挖掘金融产业链聚焦效用,提升金融服务实体经济能力。全区金融业增加值45.06亿元,占全区GDP比重7.1%,增速6.0%。金融业区级税收3.52亿元,占全区税收比重的6.88%,比上年增长15.55%。未发生源发性、区域性非法集资风险,全区金融业运行情况整体向好。

金融发展

截至2023年底,李沧区共有各类金融机构115家。其中,公募基金管理公司1家(山东省首家)、另类投资子公司1家、银行机构23家、证券机构8家、期货公司2家、保险机构58家、地方金融组织16家,私募基金管理公司6家。全区私募基金产品40只,产品规模共计139.56亿元。全省首家公募基金管理公司——兴华基金管理规模最高突破100亿元。银行、保险等金融机构多元化矩阵进一步完善,辖区金融业态逐渐丰富。

(区地方金融监管局)

2023年5月12日,李沧区在青岛·全球创投风投大会上签约基金项目。
(区地方金融监管局供图)

监 督 与 管 理

服务实体经济发展

优化金融服务

2023年，青岛市李沧区地方金融监管局（简称"区地方金融监管局"）打造李沧区"金诚所至 融洽无间"链上金融品牌，启动金融服务实体经济"春雨行动"系列活动，依托金融辅导员专业力量，通过"线上＋线下"双模式常态化开展"一对一"企业金融辅导，全年累计举行"金融问诊室"、高层次人才专场等金企对接活动12场。在部分特色产业园区探索设立"金融管家"试点服务模式，依托金融管家队伍深化服务，分领域、分行业对重点企业、潜力企业进行走访对接，与金融机构共同上门服务，推动企业与金融机构的交流互动，满足企业多元化的金融服务诉求，累计对700余家企业提供贷款支持，实现放款60余亿元。创新开展金融服务全产业链工作，从城市更新和城市建设、招商引资、企业经营等方面深入挖掘金融资源，引导辖区金融机构为企业提供属地金融服务，增强企业金融服务黏性。

集聚金融资源

2023年，区地方金融监管局成立招商工作队伍主动上门对接，提供全方位服务，招大引强，以商招商。完善李沧区银行矩阵，北京银行李沧支行、东营银行李沧支行等3家银行机构入驻李沧区，推动潍坊银行李沧支行升级成综合性支行，与建设银行青岛市分行签署战略合作协议，提升银行业务发展空间，为辖区企业提供更全面、更便捷的金融服务。借力创投风投大会，拓宽招商渠道，加大基金招引力度。全年1家私募证券投资基金管理人、3只私募基金产品落户李沧区。其中，李沧区首家省外迁入私募证券投资基金管理人鲲鹏基金于9月开业。

优化资本市场

2023年，李沧区以区金融工作领导小组为依托，采取扎实有效措施，提高各部门对企业上市工作重视程度、支持力度和服务意识，多途径协调相关部门为企业出具无违规证明，全年累计向市级部门及区内、外部门致函约100份，实质性助力众淼创新科技（青岛）股份有限公司

2023年12月26日，"携手李沧 京心相伴"北京银行青岛李沧支行开业盛典举行。
（区地方金融监管局供图）

递表香港交易所并获中国证监会境外发行上市备案通知书，推动中特科技（青岛）股份有限公司在新三板成功挂牌。

防范金融领域风险

守住底线

2023 年，区地方金融监管局持续夯实"处非"工作体系，强化群防群治，成立青岛市首家"防非"阳光工作站，获《人民日报》新媒体平台"人民号"等多家媒体宣传报道。打造全市首家金融机构整建制"防非"宣传队伍，建立防范非法集资社区网格化管理体系，对全区734名专职网格员进行防范和识别非法集资业务培训，充实李沧区基层"防非"宣讲力量，织密非法集资风险防控网络，深入社区、学校、部队开展宣讲170余场，发送"防非"短信24万余条，10个街道无新发非法集资刑事案件，防范关口有效前移。印发《李沧区开展百座重点楼宇涉嫌非法集资风险排查整治工作实施方案》，组织开展重点楼宇"扫楼"行动，累计摸排企业500余家。坚持落实"处非"专班排查机制，联合市场监管、公安、税

2023 年 4 月 14 日，青岛市首家"防非"阳光工作站在李沧区成立。图为志愿者讲解防范非法集资知识。

（区委宣传部供图）

务及辖区街道等单位成立排查专班，开展"点、面结合"的风险排查整治专项行动，累计联合排查风险企业54家次，为李沧区经济发展创造安全稳定金融环境。

提高监管水平

2023 年，区地方金融监管局坚持地方金融组织发展与规范并重，坚守底线，加强日常监管，逐步完善监管体系。立足监管本职，综合运用月季报制度、现场检查、督促整改等多种监管手段开展日常监管工作，持续提升日常监管能力和风险监测水平。依托监管平台、政务服务、证照分离、互

联网＋监管、"双随机、一公开"检查等系统及工作，完善事前事中事后全链条监管机制。与市级部门、行政审批及市场监管部门等形成多维度的协调联动机制，实现信息互通、检查联动、监管高效。分类监管施策，通过年审分类评级、"黑白灰"名单分类处置等措施，对地方金融组织扶优限劣、动态监管。督促整改类商业保理公司加快整改完善，推动纳入第二批监管名单。辖区融资租赁、商业保理、典当行得到进一步规范和发展，小额贷款、民间资本管理公司平稳有序发展。

（区地方金融监管局）

地方金融组织发展

概　况

2023 年，李沧区地方金融组织持续发展壮大，机构类型和业态不断丰富。截至 2023 年底，李沧区有小额贷款公司 1 家，即青岛城乡建设小额贷款有限公司；正常经营民间资本管理公司 2 家，分别是青岛汇泉民间资本管理有限公司、青岛晟融民间资本管理有限公司；正常经营典当行 4 家，分别是青岛吉一典当有限责任公司、青岛居正典当行有限公司、青岛鑫都典当有限公司、青岛合泽兴晟典当有限公司；纳入监管名单的商业保理公司 1 家，即青岛融金商业保理有限公司。上述地方金融组织对传统金融机构做了很好的补充，也为实体经济尤其是中小微企业发展提供了更多样的金融支持。

完善监管体系

2023 年，区地方金融监管局立足监管本职，坚持地方金融组织发展与规范并重，综合运用多种监管手段加强日常监

2023 年，区地方金融监管局综合运用多种监管手段加强日常监管。图为区地方金融监管局走访众森创新科技（青岛）股份有限公司。
（区地方金融监管局供图）

管，完善监管体系，增强金融监管的穿透力和辐射力。严把"准入关"，加强各类地方金融组织新设监管，严格按照监管办法要求从严从细做好初审辅导，严把市场准入。加强日常监管辅导，开展辖区小额贷款、民间资本管理、典当行的初审转报、变更辅导及年审分类评级工作。优化监管机制，依托监管平台、政务服务、证照分离、互联网＋监管、"双随机、一公开"检查等系统及工作，对地方金融组织完善事前、事中、事后全链条监管机制，推进数

字监管，加强重点监管和信用监管。强化检查整改和分类处置，全年开展各类现场检查 30 余次，进行监管谈话 3 次，下发监管提示、整改通知等 15 份。落实"春雷行动"，实施分类监管，劝退 1 家民资公司，对 2 家典当行开展分类处置及信息公示；加快推动 6 家融资租赁公司整改，劝退 2 家"黑名单"企业，加快推动"黑灰名单"清零；对 2 家商业保理公司开展现场验收及持续整改工作，推动行业"减量增质"。

（区地方金融监管局）

金融企业选介

鲲鹏（青岛）私募基金管理有限公司

概况

鲲鹏（青岛）私募基金管理有限公司（简称"鲲鹏基金"）成立于2015年，2023年8月迁入青岛，是一家以债券投资、现金管理、股票投资、宏观配置为特色的私募基金管理公司。2023年末基金管理规模约10亿元。鲲鹏基金秉承"对外经营信任、对内崇尚专业"的经营理念，为客户提供最专业、最高效、最有温度的服务，以业绩为生命线，致力于为客户提供卓越的资产管理服务。

主营业务

鲲鹏基金作为一家规范经营的私募证券投资基金管理人，始终围绕着资本市场上的标准化金融资产开展投资，全力打造纯债基金、固收＋基金、低波权益基金三条产品线，满足不同风险偏好投资者的需求。纯债基金以标准化城投债为主要方向，兼顾性价比较高的中资美元债和点心债，为投资者带来"稳稳的幸福"。"固收＋

2023年9月22日，鲲鹏基金&鲲鹏新经济研究院剪彩仪式举行。
（区地方金融监管局供图）

基金"在城投债投资的基础上，增配可转债、大类资产指数等含权类资产，争取为投资者创造更高的收益。低波权益基金在充分对冲系统风险的前提下，以中性、多空、套利等策略为组合，创造向上具有较高弹性的回报。

业务发展

2023年，鲲鹏基金设立鲲鹏新经济研究院，汇聚经济、金融、会计、法律等领域的专家和业界领袖，形成高效、专业、跨学科的团队，研究范围覆盖了国内外的宏观经济、产业趋势、政策变革、金融科技、技术创新等多个领域，为鲲鹏基金的投资决策提供专业的智库

服务。鲲鹏基金与券商、公募、银行等主要资本市场参与机构者之间保持紧密联系，在策略开发、资产配置、战略协同等方面形成长期业务合作。鲲鹏基金的FOF策略协同国内各类策略的私募机构，这类合作为鲲鹏基金更好地为客户配置资产提供了重要的基础保障。

发展规划

鲲鹏基金紧跟宏观经济形势变化，在坚持专业策略的同时敏锐捕捉市场机会，在债券、权益、商品等大类资产中，运用前沿的资产配置理论及实践，针对不同风险偏好寻求收益风险的最优解，为投资人提供丰富多彩的投资工具选项。

青岛金玉浑璞私募基金管理合伙企业

概况

青岛金玉浑璞私募基金管理合伙企业（有限合伙）（简称"浑璞投资"）成立于 2020 年，位于山东省青岛市，是一家聚焦半导体产业链的股权投资机构，围绕半导体核心装备、核心零部件、材料、设计以及第三代半导体产业链等细分领域进行布局，重点投资具有高技术壁垒、高行业地位、稀缺性等特征的"专精特新"企业，获评中国半导体股权投资百强、中国领先的半导体产业链领域投资机构、中国证券报第七届股权金牛奖——"半导体与集成电路领域卓越投资机构 TOP5"等。浑璞投资在管私募股权基金 29 只，累计管理规模 26 亿元，资产管理规模位列青岛辖区私募基金管理人第一梯队。浑璞投资累计为李沧区纳税 400 余万元。

主营业务

浑璞投资团队成员来自国内知名金融机构高管，具备多年资本市场和半导体产业链的股权投资经验，秉承"长期专注、深入研究"的工匠精神以及"发现价值、创造价值"的投资理念，布局了"EDA 软件—半导体核心零部件—半导体装备、材料—芯片设计—晶圆制造、先进封装、测试"相对完整的产业链条。浑璞投资积累了丰富的半导体领域行业专家资源，包括国家科技 02 重大专项、教育部新一代半导体材料集成攻关大平台、欧洲微电子研究中心、中国科学院、国家集成电路装备零部件联盟等核心资源。浑璞投资投标的大多为半导体各细分领域的龙头企业，如中国模拟芯片集成制造国际化平台型公司——锡产微芯，晶圆厂制造类 EDA 软件龙头企业——全芯智造，中国半导体装备 5 强企业、先进制程薄膜沉积设备供应商——拓荆科技，芯片制造四大核心设备之一的离子注入机龙头企业——烁科中科信，碳化硅衬底龙头企业——南砂晶圆等。

业务发展

浑璞投资在融资上与青岛城投、胶州国大上合、平度城投、融海集团、北岸控股、鲁花道生、中青建安等国有和社会资本展开合作；在投资上投资青岛辖区优秀半导体企业，例如，科技部国家重点研发计划课题承担单位——青岛芯笙微纳，推动联系各级政府招引芯笙微纳等优质项目在李沧区落地，助力李沧区种好招商"梧桐树"、打造引资"吸铁石"。为李沧区国有企业出具海特高新、西安时代基因、嘉拓力展等项目可行性研究报告和招商建议。浑璞投资坚定支持李沧发展，为促进区域经济升级、融资环境改善、招商引资、依法纳税、创造就业作出了应有贡献，成为李沧区创投风投的一张亮丽名片。

发展规划

浑璞投资坚持创投行业服务硬科技发展和产业升级，投资项目承担科技部国家科技重大专项、国家重点研发计划、工业和信息化部国家级"专精特新"小巨人企业占比超过 50%。持续聚焦在半导体产业链赋能投资，致力于国内半导体领域有影响力、青岛有代表性的创投机构，同时为建设"动能强劲、活力迸发、高效便捷、美丽宜居"的新李沧贡献一份力量。

（区地方金融监管局）

国内贸易·开放型经济

国 内 贸 易

市场体系建设

市场运行

社会消费品零售总额　2023年，李沧区完成社会消费品零售额472.2亿元，比上年（下同）增长7%。

主要商品销售额　2023年，李沧区限额以上批发业完成销售额1247.3亿元，增长7.6%；限额以上零售业完成销售额165.8亿元，增长11.8%；限额以上餐饮业完成营业额6.8亿元，增长59.4%。

市场保供

农产品产销对接　2023年，区商务局组织辖区利客来集团、维客商业连锁、家家悦等10余家大型企业参与"产销对接"，让原产地农产品高效"输送"到商超，稳固产销合作关系，保障"菜篮子"市场繁荣稳定。

政府储备商品投放　2023年，区商务局在中秋节、国庆节等节日期间，在辖区16处储备肉投放点和9处储备蔬菜销售投放点累计投放储备肉菜2200余吨，发挥政府储备商品在满足需求、平抑物价、丰富市场等方面作用。

市场运行监测　2023年，区商务局通过"菜篮子"监测系统，每日及时掌握全区各"菜篮子"监测点蔬菜、猪肉价格

2023年节日期间，李沧区在16处储备肉投放点和9处储备蔬菜销售投放点累计投放储备肉菜2200余吨。图为春节期间的利客来超市。
（区商务局供图）

情况，及时与区市场监督管理局落实好食品安全问题。对生活必需品价格异常波动及时预警，在台风、降雪、降温等恶劣天气来临之前，及时引导辖区利客来、维客、华中批发市场扩大储备和投放，确保全区"菜篮子"市场供应充足。

企业服务专员

2023 年，区商务局有规模以上企业 495 家，企业服务专员 319 人，企业涉及行业有限额以上批发业、零售业、餐饮业、会展业、市场管理业，约占全区规模以上企业 50%。区商务局推动联系服务企业工作制度化、专业化、规范化，优化提升全区商贸业营商环境，及时通知各企业服务专员上报所联系企业情况，对企业反馈的问题汇总归纳，配合企业服务专员做好与相关行业主管部门、属地街道办事处等单位的对接协调，各司其职，形成合力，妥善解决企业经营困难。

"平安商务" 建设

安全生产监管

2023 年，区商务局开展商务领域企业安全生产检查 290 余次，发现问题隐患 387 项，全部整改到位。联合安全生产专家开展安全生产事故隐患排查整治行动，督促企业严格落

李村商圈裸眼 3D 大屏 （区商务局供图）

实主体责任，对照安全生产相关法律法规，深入企业仔细排查，建立事故隐患台账清单，对发现的问题隐患跟踪督导，消除隐患，完成闭环管理。

应急演练

2023 年，区商务局督促指导企业按期开展应急演练，采用综合预案和专项预案演练相结合方式，坚持以实战演练为主、桌面演练为辅原则，全方位、多角度开展演练活动，全面提高企业员工应急处置能力。

安全生产宣传

2023 年，区商务局向企业发放法律法规、安全知识、典型案例、警示教育片等资料，到现场宣讲安全生产重要性，普及安全生产知识及逃生自救常识，提升企业人员安全意识和自防自救能力，营造企业安全生产良好氛围。

消费升级

数字化转型

2023 年，区商务局加快线下零售门店与线上平台、新媒体的融合发展。举办"李沧区电商直播传帮带"专题沙龙，围绕传统实体转型战略升级、抖音变现方法论等重点内容，采取"线上＋线下""理论＋实操"方式助力辖区电商企业转型升级。

购物新体验

2023 年，区商务局统筹李村商都文化传承，打造"现代感"和"烟火气"的时尚消费中心。投资 2000 余万元提升改造李村商圈，合理规划布局，完善设施环境，提升街区品质，国庆节假期，青岛首个户外四面立体裸眼 3D 大屏在李村商圈点亮。

商贸流通

刺激消费

2023年，区商务局出台《李沧区关于支持商贸流通行业促进居民消费、大力提振文化和旅游消费的政策措施》，激活李沧区消费市场，推动消费复苏，开展"动能强劲、活力迸发"嗨购促销月活动，协调资金669万元，联合支付宝、建行生活App、银联云闪付App平台，开展春季、"五一"、"6·18"和秋季消费档4批次购物券发放活动，涉及家电、汽车、零售、餐饮、家居等领域，实际核销总额339万元，带动销售额约2.5亿元。在节假日鼓励和支持各大商贸企业推出"一店一策"，持续打造有亮点有特色的消费活动，引导利客来、万达、三联家电、蓝海大饭店等商场超市及餐饮企业线上、线下举办多种多样的促销活动。利用视频号、抖音等网络新媒体，推动新的购物热潮。举办2023年"赏味春天 食在李沧"名菜名店名厨评比播台，传承和弘扬李沧区传统美食文化，打造地方特色美食品牌。举办"李沧区电商直播传帮带"专题沙龙，围绕传统实体转型战略升级、抖音变现方法论等重点内容通过"线上＋线下""理论＋实操"方式助力辖区电商企业转型升级。

建设一刻钟便民生活圈

2023年，区商务局推进青岛市"城市一刻钟便民生活圈"建设试点，协同青岛市商务局于2023年9月22日在上流佳苑社区举办青岛市"城市一刻钟便民生活圈"现场会。现场观摩社区助老大食堂、幸福街、社区人居环境等，围绕"城市一刻钟便民生活圈"建设试点工作，交流经验做法。指导李村、浮山、九水、湘潭4个街道的6个社区开展试点便民生活圈建设摸底调查，以提升居民生活品质为宗旨，调整优化社区商业业态，促进社区商业提档升级，完善便民商业设施和服务功能，向青岛市商务局申报2023年度全市试点。商务部在《人民日报》（海外版）、人民网等平台推广上流佳苑社区建设一刻钟便民生活圈经验做法。

成品油流通

2023年，区商务局完成了辖区34家成品油经营企业年度成品油企业年检，严格把关成品油经营企业资质，确保全区成品油市场经营有序。开展成品油流通企业规范化经营专项检查，对辖区内33个在营加油站进行全覆盖专项检查，重点对成品油零售经营、安全责任制、油品购销台账、散装汽油销售台账、隐患风险点自查自纠台账等制度执行情况进行检查，发现问题立即要求企业整改。

（区商务局）

2023年9月22日，青岛市"城市一刻钟便民生活圈"现场会在上流佳苑社区举行。
（区商务局供图）

开 放 型 经 济

平台建设

搭建活动平台

2023年，区商务局搭建各类活动平台，协助企业开拓国际市场。组织企业参加国内外云展会、培训会60余场，助力企业"出海"拓市场、抢订单。搭建"关—政—企"桥梁，优化营商环境。采取"一企一人"措施，解决中国石化青岛石油化工有限责任公司油船靠泊、报关、商检、通关等问题，确保进口额及时纳统。

项目资金申报

2023年，区商务局做好惠企政策解读和申报工作。组织22家外贸企业申报投保非小微短期出口信用险支持项目补贴150万元，2家企业申报进口贴息补贴15万元，1家企业申报贸易摩擦应对项目专项资金32万元，32家企业申报境外参展补贴118万元，1家企业申报青岛市跨境电商高质量发展若干政策奖励资金10万元，1家高校申报服务外包人才培训补贴30万元，切实降低企业出口风险负担，缓解企业资金周转难题。

服务贸易

平台搭建

2023年，区商务局筑牢服务贸易发展根基，建立李沧区数字经济产业联盟，搭建政产学研合作交流平台。加强科技、数字企业培育速度，加大服务贸易企业招商力度。协调科技、金融、大数据等部门信息共享，联合推动辖区服务贸易企业发展。拥有重点服务贸易及服务外包企业43家，服务贸易以商业服务和维修服务为主，进出口贸易额呈缓慢上升趋势。服务外包业务以知识流程外包（KPO）为主，信息技术外包（ITO）和业务流程外包（BPO）逐渐突破瓶颈。

人才培养

2023年，区商务局注重提升服务外包专业人才培养水平。运用上级专项资金支持青岛恒星科技学院优化专业课程，提升教学品质，打造校企深度融合，树立"先就业，后择业，再创业"的观念，采取"线上宣讲、线下面试"相结合的方式开展招聘，提高校园招聘精准度和有效性。学院连续多次获评省级服务外包人才培训机构。

跨境电商交易

2023年，区商务局加快推进企业跨境电商转型，加大跨境电商重点企业、跨境电商专业人才培育。新引进1家省级海外仓公司——青岛凯莱荟国际仓储物流有限公司，该公司在美国、加拿大、日本、韩国、澳大利亚、德国、英国、法国、荷兰、西班牙、意大利、越南、泰国、阿拉伯联合酋长国等国家和地区形成了完善的跨境电商仓储物流服务体系。组织辖区企业申报2023年度推进跨境电商高质量发展若干政策补贴10万元。鼓励青岛跨境电商孵化基地有限公司开展跨境电商业务孵化、人才培养实训、师资培训等业务。

（区商务局）

城市建设与管理

城市建设

市政设施建设

城市道路建设

2023年，李沧区加大城市道路建设力度，实现枣园路（虎山路—金水路段）等6条道路主线通车，新增道路里程约2.47千米，路网密度达5.3千米每平方千米。

市政公用设施建设

2023年，李沧区为满足新建小区及开发地块排水需求，新建、改建雨污管网13千米。

城市建设规划

2023年，李沧区研究重点地块的城市设计工作，协调对接青岛市自然资源和规划局、青岛市城市规划设计研究院等部门，完成《李沧区楼山河南片区控制性详细规划碱厂片区规划调整》的控规批复，以此指导片区内开发建设工作。李沧区强化国土空间多要素的传导落实，衔接最新政策文件与相关规范标准，统筹完善青岛市控规编制体系，实现详细规划全域全要素精细化编管，支撑后续控规开展。协调对接青岛市自然资源和规划局、青岛市城市规划设计研究院等部门，

2023年10月26日，世园街道戴家社区安置房建设项目举行封顶仪式。
（区委宣传部供图）

2023 年，李沧区永安路 55 号老旧小区完成改造。

（区城市建设管理局供图）

启动《楼山河北片区》《十梅庵片区》《北站北片区》《虎山周边片区》《青岛北站及周边片区》《李村中心片区》6 个控规片区的控规修编工作。

惠民安居工程

安置房建设

戴家社区安置房封顶 2023 年，李沧区世园街道戴家社区安置房全面实现封顶，开展砌体工程施工，计划 2025 年实现回迁。

十梅庵和东南渠完成旧村拆迁 2023 年，李沧区为推进十梅庵和东南渠 2 个城中村改造项目，探索创新"央地联合、四级联动"开发模式，与中国能源建设集团合作打造总投资额 430 亿元的青岛生态创享新城，经验和做法在中央广播电视总台专题播报。年内十梅庵和东南渠完成旧村拆迁，加快办理规划、土地等前期手续。

老旧楼院整治

2023 年，李沧区全力推进西山花苑片区、永安路 55 号片区等 11 个片区老旧小区改造，涉及居民楼 71 栋，居民 4377 户，建筑面积约 25.9 万平方米。改

造内容主要包括道路铺装、海绵化改造、完善公共照明、完善专营设施、管线改造规整、健全安防设施、加强消防安全、完善环卫设施、环境绿化提升、建筑物修缮等基础类改造；完善停车设施、增设健身设施、增设充电设施、设立宣传栏等完善类改造；完善智慧化建设、养老设施等提升类改造。

既有住宅加装电梯

2023 年，李沧区制订《李沧区开展既有住宅加装电梯试点工作实施方案》，完成福临万家、双玉新苑（北区）、百通花园、翰林院等部分小区 20 余部电梯加装项目。

停车设施建设

停车场建设

2023 年，李沧区新建、续

下街停车场

（区城市建设管理局供图）

建公共停车场 15 个，新增停车泊位 2586 个；结合老旧小区改造新改建停车泊位 793 个。

停车场开放共享

2023 年，李沧区实施经营性停车场共享 26 个，共享泊位 5300 个；实施住宅小区停车场共享 12 个，共享泊位 1100 个。

临时经营性停车场联审

2023 年，李沧区依据《青岛市停车场条例》，创新性地建立了属地街道＋建管＋自规＋交警 4 部门关于临时经营性停车场网上联合审定制度，通过网上办理，全面减轻企业手续办理负担，加快推动了一批临时经营性停车场审核落地。

公园城市建设

概况

2023 年，李沧区实施公园城市建设项目 17 个，总投资额 4.07 亿元，推进山头公园整治、绿道建设、口袋公园建设各项攻坚任务开展。截至 2023 年底，除双峰山公园外，均完工并投入使用。

山头公园建设

2023 年，李沧区全面推进双峰山公园整治，完成山体违建拆除 2.5 万平方米，4 千米山体绿道基本贯通，加快推进

东川路口袋公园　　　　　　　（区城市建设管理局供图）

荒山复绿。本次整治结合山体渣土堆、裸露地及采石坑整治进行山体生态修复，解决双峰山多年来历史遗留的毁林占绿、生态破坏等问题，建立完善的防火、行洪体系，完善公园基础设施，打造突显全民健身活动特色的城市综合性山头公园。

口袋公园建设

2023 年，李沧区完成广水路、东川路、常川路、遵义路北等 8 处口袋公园建设。新增市民活动场地约 3 万平方米，口袋公园内增设廊架和特色活动场地，设置彩色透水混凝土游园步道，配套建设无障碍坡道、增加健身活动器材等适老化设施。

城市绿道建设

2023 年，李沧区完成李

村河上游（东川路—青银高速路）、滨海绿道（白泥地公园南端—城阳区李沧区界）市级绿道环线建设，总长度约 9 千米，方便周边居民通勤出行、健身休闲。

立体绿化建设

2023 年，李沧区完成老虎山公园东侧环山路护坡立体绿化、重庆高架路桥下柱体绿化及金水桥公园、晓风湖畔等立体绿化 10 处，新增绿化面积 1.5 万平方米，采用攀缘植物、边坡改造等多种形式，为城市钢筋水泥景观增添绿色。

林荫路建设

2023 年，李沧区优化城区林荫路建设，以"一路一策、一街一景"为原则，打造金水河滨水绿廊、惠水路

金水河林荫路　　　　　（区城市建设管理局供图）

休闲穿行、唐山路花海步径等 8 条特色林荫路 9 千米，营造出赏心悦目的"花园花道"生态景观。

（区城市建设管理局）

城市建设重点项目选介

枣园路(虎山路—金水路段) 打通工程

　　该工程是 2023 年青岛市城市更新和城市建设重点项目，是畅通市民出行环境，提高出行体验的重要民生工程。枣园路南起向阳路，北至金水路，是李村商圈北向的重要通道，与夏庄路、京口路共同组成李村商圈北向对外联系通道。枣园路（虎山路—金水路段）原车行道为 5 米，随着道路西侧保利中央公园小区的开发和入住、道路东侧虎山路第二小学的建成招生，该道路已不能满足周边居民交通出行需求，急需对道路进行拓宽改建。李沧区高度重视，对枣园路（虎山路—金水路段）实施拓宽改建，打通工程道路全长 471 米，宽度 18 米，东侧 10 米景观绿化带，同时结合道路建设实施给排水及架空电力、通信线缆飞线整治下地。枣园路打通工程（虎山路—金水路段）竣工通车,较原定通车计划提前 2 个月,道路通车后有效改善了枣园路、虎山路至金水路段交通拥堵状况，为道路沿线居民正常生产、生活提供了有力保障，提升了李村商圈核心区对外交通出行效率，完善了区域交通"毛细"路网体系。

（区城市建设管理局）

海创·盈丰广场

　　项目位于李沧区金液泉路与枣山路交会处，由 1 栋公寓楼、1 栋办公楼、地上 3 层网点和地下 4 层停车场组成。占地面积约 1.13 万平方米，总建筑面积约 6.33 万平方米。其中，地上建筑面积约 3.4 万平方米，

2023 年，枣园路打通工程（虎山路—金水路段）竣工通车。

（区城市建设管理局供图）

海创·盈丰广场　　（青岛海创开发建设投资有限公司供图）

地下建筑面积约2.93万平方米。项目于2023年8月竣备，计划2024年5月交付使用。该项目位于李沧区商务金融区地段，李沧商圈东南侧，步行至商圈区域距离为1.5千米，是李沧区"一站一圈两区多组团"战略规划中的商业核心区。项目1.5千米内涵盖万达广场、乐客城等集中商业，商业氛围浓厚；步行5分钟可至地铁2号线枣山路站和华楼山路站，周边路网四通八达，交通便捷；临近青岛枣山路小学、青岛浮山路小学、山东省青岛第五十八中学、山东省青岛第六十二中学、青岛艺术学校等，教育资源丰富。项目拥有约1万平方米的沿街商业和约500个地下停车位，可用于商业零售、酒店餐饮、教育服务、商务办公等业态。园区计划打造成为集聚人工智能、虚拟现实、VR一体化的人工智能产业园区。

海创·科创中心

项目位于李沧区永平路78号，占地面积5519.8平方米，总建筑面积约2.8万平方米，由2栋地上5层及地上10层的商业体组成。项目地处沧口中心区域的核心位置，北侧紧邻中联运动公园、北方国贸、维客超市；东侧为青岛永平路小学、青岛唐山路小学、山东省青岛第三中学、青岛第三十三中学等；西接板桥坊河；南临始建于1957年、占地8.8万平方米的沧口公园，可满足生活购物休闲娱乐"一站式"需求。运营方结合项目区位优势打造成集办公、酒店、餐饮、教育、娱乐为一体的区域性商业综合体，极大地丰富了周边居民的生活品质，提升了老沧口区域的时尚消费环境，有力带动了区域城市商业繁荣。

（青岛海创开发建设投资有限公司）

九水东路小学项目

项目位于李沧区九水东路以南，武川路以东，占地面积约2.47万平方米，总建筑面积约4.72万平方米，地下3层建筑面积约2.73万平方米，地上4层建筑面积约1.99万平方米，是一项新建30个班的小学工程。其中主要包括教学楼、综合楼、风雨操场、游泳馆、食堂、地下车库、室外工程等。项目于2023年3月交付。

铜川路幼儿园项目

项目位于李沧区广水路以南、铜川路以东。用地面积6181.7平方米，总建筑面积9324平方米。其中，地上建筑面积4919平方米、地下建筑面积4405平方米、建设一座教学综合楼，规划建设9班幼儿园。配套建设道路、广场、管线、绿化、活动场地等室外工程及地下建筑。项目于2023年4月交付。

李家庵第二小学项目

项目位于李沧区虎山沿山路以东、湖山美地小区以北、黑龙江路以西。规划建筑面积约5.86万平方米，地上面积1.86万平方米；建设综合教学楼、综合楼、风雨操场、游泳馆、报告厅及地下停车场、餐厅、食堂、设备用房等，配套建设运动场地、道路、铺装、绿化、管网等室外工程。项目于 2023 年 8 月交付。

（青岛华澜发展集团有限公司）

李沧区双峰山全民健身活动基地及配套设施建设项目

概况　李沧区双峰山全民健身活动基地及配套设施建设项目为 2023—2024 年青岛市公园城市建设攻坚项目之一，列入 2023 年青岛市办实事。项目位于李沧区和崂山区交界处，北至习水路，南至两区交界处，西至铜川路，东至东川路。项目建设李沧区双峰山全民健身活动基地 1 处，用地面积约 137.3 万平方米。规划建设健身步道、运动球场等户外健身设施，配套建设地下停车场，同步完善园区内道路、铺装、防洪、管网等室外配套设施，总投资额约 6.24 亿元，建设单位为青岛市李沧园林绿化工程有限公司，项目于 2023 年 6 月开工，2024 年 12 月竣工。

建设情况　项目通过合理化利用双峰山，总体打造"1 带、2 线、6 区"的健身活动功能区。1 带即康体运动景观带（慢跑道、自行车骑行道）。2 线即登山健康线结合汉川路东西双峰，利用崂山石、黑松林、刺槐林、观城视线等景观资源，打造集登山运动、赏景观石、运动科普于一体的山体健身动线；休闲

双峰山全民健身活动基地及配套设施建设项目施工现场
（青岛华奕城市建设集团有限公司供图）

健步线串联各林地特色区，形成休闲健步、林间运动活力线。6 区即融入亲子康乐、健体运动、活力休闲、登山赏景等功能打造 6 个特色山林健身区。2023 年双峰山公园建设项目重点是绿道建设及配套地下管线铺设、地形塑造、挡土墙砌筑、冲沟、塘坝施工、驿站施工、地下停车场施工、苗木栽植等工作。全年项目整理绿化用地 10.94 万平方米，种植土回填 563 立方米，挖土石方 14.87 万立方米，余方弃置 10.48 万立方米，栽植乔木 362 株，铺设管道 9573 米，砌筑挡土墙 2353 立方米。

（青岛华奕城市建设集团有限公司）

枣山路打通工程二期市政配套工程

概况　枣山路打通工程二期市政配套工程是青岛市 2023 年城市更新和城市建设重点攻坚项目，是李沧区重点民生工程。项目西起规划一号线、东至铜川路，全长约 1600 米，规划双向八车道，总投资额约 10.9 亿元。

建设情况　2023 年 2 月 25 日，枣山路打通工程二期工程启动仪式举行。2023 年 3 月 8 日，枣山路打通工程二期市政配套工程完成项目纳统工作。2023 年 11 月 11 日，青岛世园（集团）有限公司协调青岛市交通运输局、青岛市交警支队、交警青平高速大队、青岛交通发展集团有限公司等单位封闭青银高速青岛东至东李段，拆除项目跨青银高速桥，完成了道路建设的一个重大节点。2023 年 12 月 29 日，枣山路打通工程二期项目（石牛山路至铜川路段）通车。

［青岛世园（集团）有限公司］

城 市 管 理

国土空间规划

科学编制规划

2023 年，李沧区参与编制完成《青岛市国土空间总体规划》（2021—2035 年），上报国务院审批；完成青岛市辖区李沧国土空间规划分区规划，重庆路、安顺路、唐山路以及李村河下游区域城市设计方案深化，上报青岛市国土空间规划委员会审议，构建城区发展蓝图，不断提升空间品质。完成总体规划涉及李沧区绿线、蓝线、黄线以及工业控制线划定工作，科学预留城市发展空间。完成碱厂片区控制性详细规划上报青岛市政府批复，首次实现李沧区控制性规划覆盖率 100%，批复率 100%，为李沧区城市建设和社会发展提供科学规划依据。

低效片区城市设计

2023 年，青岛市自然资源和规划局李沧分局（简称"市自然资源和规划局李沧分局"）通过国际招标、专家论证、公众参与等方式科学编制各低效片区城市设计，包括青钢片区开工建设的文化公园，碱厂片

区实施的"十字绿轴"，北站核心区结合站前广场规划的"活力云环"等，为市民创造环境优美、尺度宜人的城市公共空间。坚持"项目跟着规划走，要素跟着项目走"，创新开展城市规划和产业策划同步编制、一体化研究，完成铁路青岛北站核心区东西广场地下空间商业项目、已签约的合生汇项目等，增强了城市规划的可实施性，确保更多优质、高端资源导入。前瞻性、高标准配建各项市政和公服配套设施，确保更多优质文化、教育、医疗资源落地，碱厂片区筒仓艺术中心、青钢片区幼儿园、小学等项目已经开工，青岛五十八中

北校区已经签约落地，不断提升片区品质和城市价值。

历史遗留疑难问题化解

2023 年，市自然资源和规划局李沧分局稳妥推进因征地拆迁、规划调整等原因导致的土地、规划历史遗留问题。按照市、区房屋产权确权颁证历史遗留问题处置专班工作部署，协同推进，协助幸福楼院、小枣园社区、秀水花园等 37 个项目 1.6 万余户居民办理不动产首次登记；特事特办、跟踪服务，完成融创观湖、逸山、臻庭项目，中南林樾等"保交楼 稳民生"项目规划核实手续，为 3000 余户居民房屋顺利交付奠定基础。

碱厂片区城市设计效果图

（市自然资源和规划局李沧分局供图）

规划服务

2023 年，李沧区核发规划设计条件 14 件，核发《建设工程规划许可证》127 件，规划审批建筑面积约 225.2 万平方米，核发《建设用地规划许可证》40 件，审批用地面积约 96.8 万平方米，核发《建设工程竣工规划核实合格证》45 件，规划核实面积约 150.4 万平方米，支持了李沧区城市更新和城市建设。

土地集约利用

耕地保护

2023 年，市自然资源和规划局李沧分局坚守耕地保护"国之大者"，根据国土空间规划确定的耕地保护目标，将全区耕地数据矢量落图，绘制全区耕地"一张图"。建立健全耕地保护管理机制，通过日常巡查、数字化监测、联合执法相结合的监管机制，对违法占用耕地现象早发现、早处置，牢牢守住耕地保护红线。全年变更调查外业调查举证 1206 个，面积 35.5 万平方米，变更调查图斑 1473 个，面积 2174.5 万平方米。

土地要素保障

2023 年，李沧区土地供应总量为 87.08 公顷，土地出让金收入共计 41.31 亿元。其中，签订划拨决定书 28 件，划拨面积 39.13 公顷，划拨土地价款 110.09 万元；拍卖出让合同 11 件，出让面积 29.27 公顷，土地出让金 40.21 亿元；协议出让合同 7 件，出让面积 18.69 公顷，土地出让金 1.10 亿元。

批而未供和闲置土地处置

2023 年，李沧区对全区批而未供、闲置地进行全面、系统梳理，矢量化落图绘制了《李沧区批而未供、闲置地工作手册》。市自然资源和规划局李沧分局会同区城市建设管理局等部门逐一实地踏勘，一地一策，拟定处置措施。在形成初步处置意见基础上，多次向区委、区政府进行专题汇报。完成批而未供土地处置 197 亩（1 亩 = 666.67 平方米，下同）、闲置地处置 294 亩，通过加快手续办理、现场督促开工等途径遏制新增闲置土地。

农转用手续办理

2023 年，李沧区编制完成年度成片开发实施方案，拟成片开发土地总面积 82.78 万平方米，涉及金水路北片区、下王埠片区、庄子片区共 3 个片区，拟实施项目 13 个。市自然资源和规划局李沧分局会同区城市建设管理局梳理了李沧区全年需办理农转用和集体土地征收工作的地块，共计 14 地块约 15.77 万平方米。

地质灾害防治

2023 年，市自然资源和规划局李沧分局落实地质灾害防治工作要求，围绕重点部位和重要隐患点，组织拉网式巡查，对已查明的地质灾害隐患点进行实地踏勘和评估，建立《安全隐患整改措施清单》，明确整改时限及风险措施。全年完成 10 处地质灾害隐患点排查和数据更新工作，其中 3 处进行了工程治理。

（市自然资源和规划局李沧分局）

公用事业

市容环境建设

市政设施养护 2023 年，青岛市李沧区城市建设管理局（简称"区城市建设管理局"）完成黑龙江中路、万年泉路等车行道养护维修面积约 11 万平方米，车行道灌缝约 2.69 万米。完成金水路、巨峰路等人行道养护维修 28.36 万平方米，路缘石维修约 8.92 万米。完成无障碍设施口整治 125 处。完成金水路桥、京口路桥等 70 座桥梁养护维修。

开放式楼院网格化管理 2023 年，李沧区划分开放式楼院网格 440 个，配备保洁人员 331 人，垃圾收集人员 139 人。

2023 年，李沧区完成黑龙江中路、万年泉路等车行道养护、维修面积约 11 万平方米。　　　　（区委宣传部供图）

各街道采取定时检查和例会通报的方式，及时掌握全区网格化工作的各项信息，协调、督促相关单位不断落实网格化的各项工作。

城市空间"微更新"　2023 年，区城市建设管理局开展城市空间微更新行动，对社区空间、城市公共空间、城市剩余空间进行更新。累计"微更新"项目 18 处，海诺运动中心和广水路街角公园分别获市级项目评选二等奖和优秀奖。

洁净家园建设　2023 年，李沧区组织机关干部、社区党员、志愿者、驻区部队，开展楼院、旅游景点环境卫生集中整治，解决积存垃圾、废弃家具、枯枝杂草、公共区域种菜、违法小广告等影响居住环境的问题，累计组织 3 万余人开展整治活动 20 次，集中清理垃圾死角 1.8 万余处，清除各类小

广告 5 万余处，清理垃圾杂物 2 万余吨。

供水供气供热

燃气管理　2023 年，区城市建设管理局对液化气站、加气站安全检查 122 家次，发现隐患 68 条，已全部整改。累计排查各类场所 2200 余家，发现各类隐患 1.2 万余处，所有隐患均移交所在行业主管部门或所在街道，督促各相关单位整改到位。根据国家和山东省、青岛市城镇燃气安全专项整治实施方案，李沧区成立区燃气安全专项整治工作专班，专班充分发挥组织协调作用，检查辖区涉燃气领域单位 2115 家，累计排查、检查 3039 次，发现安全隐患 570 处，整改隐患 570 处，行政处罚 11 起，处罚额度 5.42 万元。

水电气热协调　2023 年，

李沧区配合青岛市相关主管部门做好城区供水、供气、供热、用电工作。全年新增供热面积 52.7 万平方米。协调解决市民生活中遇到的供水、燃气、供热、电力问题 50 余件。开展燃气、供热等安全宣传活动 10 余次，累计发放资料 2 万余份。

排水

动态巡查　2023 年，李沧区按照山东省、青岛市"两个清零、一个提标"工作部署，实施动态巡查，追根溯源整治发现问题，实施李村河上游老旧排水管网改造 3544 米、李沧区东部 14 个小区阳台洗衣污水改造工程，李沧区河道水质、城市排水和生态环境得到根本改善，全面实现城市黑臭水体清零、城市雨污合流管网清零，完成山东省住房和城乡建设厅、山东省生态环境厅 2 次核验、抽验。

窨井盖防坠落设施安装　2023 年，李沧区组织区城市建设管理局、区教体局对全区中小学、幼儿园加装排水窨井盖防坠落设施 5202 套，实现中小学、幼儿园排水窨井盖防坠落设施全覆盖。

联合执法　2023 年，李沧区组织区城市建设管理局、各街道、区综合行政执法局对违法排放污水、废水问题进行联合执法。对在建地铁工地等排水问题联合执法 80 余次，办理

2023 年，李沧区落实"两扫三洒一冲"作业频次，辖区主次干道机械化保洁率达到 100%。
（区委宣传部供图）

案件移交 12 次。

城市环卫

道路保洁 2023 年，李沧区落实"两扫三洒一冲"作业频次，辖区主次干道机械化保洁率达到 100%。推行"百米量净"道路达标考核标准，深化巩固 148 条深度保洁道路和精细化保洁示范区域创建成果。

公厕建设管理 2023 年，李沧区新增世园会 3 号门等公厕 4 座，全区环卫公厕增至 173 座。新增全天 24 小时公厕 20 座，全天候开放公厕增至 101 座。管理方面，严格执行"四级管理、三大抓手、二条主线、一套网格"管理体系和"四查、三清、二看、一尘不染"工作模式，进一步擦亮李沧区"如厕如家"公厕服务品牌形象。

垃圾分类 2023 年，李沧区辖区 351 个小区楼院实现垃圾分类设施全覆盖，42 个小区获评市级生活垃圾分类五星小区。强化分类宣传氛围，发动党政机关、街道社区开展垃圾分类宣传活动 260 余场，各级媒体发稿 30 余篇，其中庄子社区、爱回收等经验材料被新华社等媒体刊发。

河道整治养护

李村河流域生态环境综合治理和开发

2023 年，李沧区深入落实市委、市政府关于李村河（张村河）流域生态环境综合治理和开发建设攻坚行动的重要指示，坚持高起点、高标准做好流域综合治理，聚焦城市设计和河道治理方案编制、生态治理等重点要素，从更大视野、更深层次研究开展资源开发利用和沿线旧城旧村、低效片区开发建设等问题，渐次拉开局部生态系统优化和重构、沿线片区开发等流域治理工作的"框架"。启动对李村河（君峰路—重庆路）两岸、李村河（胜利桥至入海口）北岸、张村河（重庆路—黑龙江路）北岸更新、升级，完成李村河（君峰路—重庆路段）水文站和过河热力管线（DN700）建设，完

2023 年，李沧区 42 个小区获评市级生活垃圾分类五星小区。图为社区垃圾分类指导员向居民讲解垃圾分类知识。
（区委宣传部供图）

2023 年 8 月 8 日，市政保洁员在李村河打捞水生藻类植物。

（区委宣传部供图）

成河道清淤 15.2 万立方米，苗木迁移工作完成 30%，推进生态修复工程、儿童驿站工程及人行天桥工程，计划李村河君峰路至重庆路段 2024 年 5 月向市民开放。李沧区秉承"人民城市人民建，人民城市为人民"，以"小切口"改善"大民生"，围绕河道公园设施陈旧、景观效果不佳、慢行道不贯穿、公共活动场所少、小区阳台污水无处排放等群众问卷调查数据反馈，实施一系列改造工程。对李村河流域内的李村河上游、金水河、侯家庄河等大小河流实施了清淤疏浚工程、景观绿化工程、排水工程及配套设施建设工作，完成河道清淤 6.5 万方，提升绿化面积约 3 万平方米，新设座椅、垃圾桶等设施 130 余处，打造城区沿河 2 处绿道，形成"一刻钟步行低碳圈"。

李村河获评幸福河湖"淮河样板"

2023 年 3 月，李村河经山东省、青岛市两级河长办推荐，入围淮河流域幸福河湖建设名单。结合山东省省级美丽幸福示范河湖建设，李沧区编制完成《李村河美丽示范河湖建设实施方案》，围绕责任体系、基础工作、管理保护、空间管控、河湖管护、河湖文化等方面开展全面整治提升，同时搭建李村河智慧管理系统，完善数字孪生河道、流域管网 GIS 等平台建设，所有数据资源纳入智慧管理系统，实现全线数字化、智慧化管理。2023 年 7 月，李村河通过水利部淮河水利委员会和山东省河长办联合验收，获评幸福河湖"淮河样板"。2023 年底，李村河入选生态环境部第二批"美丽河湖"优秀案例。

强化巡河履职

2023 年，李沧区区级、街道级、社区级河长深入所负责河道开展巡河履职工作，及时发现并协调解决影响河道健康的突出问题。针对河道"四乱

2023 年，李村河通过水利部验收，获评幸福河湖"淮河样板"。

（区城市建设管理局供图）

问题"督办责任街道进行整改，督办街道33次，全部及时整改，保障了河道生态面貌。全区各级河长巡河5667次，完成河道垃圾清理、水面漂浮物、水草打捞、淤泥、河道绿化带修剪、清理3万余立方米，清割杂草7万平方米，维修游步路道板和木栈道2000平方米，提升了河道精细化管理水平。

（区城市建设管理局）

城市管理综合执法

违建治理

概况 2023年，青岛市李沧区综合行政执法局（简称"区综合执法局"）坚持"城市建设，治违先行"工作理念，以城市更新和城市建设为目标，围绕"重点项目、重要区域、重要节点"三个重点，与相关部门配合，对"840片区"、插花地区域、桥下空间以及重点建设项目区域内存在的历史遗留和重点难点问题开展集中攻坚，解决了一大批长期积存的违法建设问题。通过"扫楼扫街"方式，对全区28条重要道路和周边楼院可视范围内违建进行全面排查整治，道路两侧环境大幅提升。全年拆除存量违建75.9万平方米，创建1个"无违建"街道、3个"无违建"达标社区，拆除桥下空间违法建设45处2102平方米。

重点项目建设阻点打通 2023年，区综合执法局配合相关部门，深入摸底调查、拆除重庆路、唐山路周边区域违建9.5万平方米，保证项目如期推进。

"840片区"整治 2023年，区综合执法局采取分类梳理、集中发力、逐步消化等措施，对老旧工业园区、城市空闲地带的违法建设进行清理整治，拆除违法建设31.5万平方米。利用拆后场地建设停车场11处，新增车位2000余个，增加绿地3处、面积4.2万平方米，增设健身场所2处，建设口袋公园1处，实现"拆违增效、拆违利民"的成果外延效应。

双峰山遗留违法建设难题解决 2023年，区综合执法局

与街道协作，联合攻关，解决了双峰山公园建设涉及的铜川路47号乙等区域集体土地上6个社区42家业户违法建设2.4万平方米，保证双峰山公园建设顺利实施。

"插花地"综合整治 2023年，区综合执法局采取"因地制宜、分类施策、部门联动、帮拆结合"等措施，与街道配合，拆除无证建筑82处、6.96万平方米，为城市更新、城市边角地块开发利用打下坚实基础。

环保执法

2023年，区综合执法局对油烟噪声污染、扬尘撒漏、露天烧烤等群众反映突出的问题开展集中整治。开展"护航高

2023年，区综合执法局与街道协作，拆除了双峰山公园建设涉及的6个社区42家业户违法建设2.4万平方米，保证双峰山公园建设顺利实施。 （区综合执法局供图）

考"、夏季露天烧烤整治、运输撒漏联合执法等专项整治，查处建筑工地扬尘案件32起、建筑工地噪声扰民72起、餐饮业油烟污染案件10起、建筑垃圾违法案件371件，城区宜居环境逐步优化。在建筑垃圾处置执法工作中，注重源头管理，密切过程控制，严格执法举措，严把渣土处置"审核关""出口关""执法关"。强化监督审核施工、运输单位，严查私填乱倒及运输撒漏等违法行为。办理完成全市首起"一案多查"建筑垃圾处置违法案件，查处李沧区东部和楼山街道徐家社区拆迁区域等多起违法倾倒建筑垃圾行为，取缔东川路、遵义路、文昌路等私自回收建筑垃圾场地4处，实现建筑垃圾"收、运、处"闭环式管理，私填乱倒及运输撒漏现象得到有效遏制。

智慧执法

2023年，区综合执法局运用"非现场执法"模式，利用远程智能监管、全天24小时视频监控系统对占路经营、运输撒漏、违法建设等行为实施常态化监管，为案件查证提供可靠依据，相关领域违章行为比上年下降40%。通过数字化城管系统高效处置热点问题35.6万件，开发利用"慧商云"平台，加强与经营业户沟通互动，保证问题及时发现并处置，执法更加严谨规范。

物业执法

2023年，区综合执法局通过社区工作服务站，与社区、物业保持常态化沟通协调，建立定向联系、及时处置机制，有效解决居民身边存在的乱搭乱建、乱堆乱放、毁坏绿地等社区管理问题。全年清理地桩地锁4000余处次，清理乱堆乱放1.6万处次，整治毁绿占绿问题1300余处，捕捉流浪犬370只，居民居住环境更加安心。

安全生产

2023年，区综合执法局落实市、区安全生产部署要求，全面排查整治广告牌匾坠落、燃气使用安全及低矮楼层场所封堵窗户问题，发放明白纸、"一封信"5万余份，排查户外广告隐患点63处，配合全市"透窗"整治行动，拆除夏庄路聚富苑、上苑路COCO蜜城、君峰路宝龙广场等50余处约3000平方米的临街商铺超大挡窗招牌。开展燃气专项执法行动，制订《李沧区综合行政执法局燃气安全执法行动方案》，全面执法排查违规存放、经营、使用燃气行为，对发现的问题做到"立查立改，坚决清零"，全年查处燃气违法案件303件，罚款39.65万元，为市民生活生产提供安全保障。

便民服务

2023年，区综合执法局开辟快捷通道，提前介入，主动服务，配合审批部门完成建筑垃圾处置申请195件，办理建筑垃圾回填登记55件。优化办事路径，开辟门头招牌咨询、审核通道，通过"爱山东"政务服务小程序和"点靓青岛"小程序等平台受理业户申请，3个工作日内予以回复，实现网上流转，快速办结，方便市民办事。回应市民诉求，通过网上、线下渠道受理咨询投诉，听取市民意见建议，建立追踪、跟进、回复、核查机制，保证市民身边难题得到解决。全年办理政务服务热线投诉问题1.8万件、网上留言、人民来信等800余件，办结率100%，群众满意率较去年提升10%以上。

营商环境改善

2023年，区综合执法局建立双向联系员制度，开展定向走访活动，联系沿街商户3600余家，深入了解企业需求，主动靠前为企业经营提供便利条件，引导符合条件的商场、超市开展"外摆"经营53场；按照"因地制宜不盲从、放开放宽不放任"原则，持续对23处便民摊点群进行疏导和规范，其中乐客城夜市、商圈夜市人气持续升温，成为市民的"网红打卡地"，整体市场环境取得了适度放开、管理到位、便民利民的多赢效果。

（区综合执法局）

城市环境综合整治

精细化管理

2023年，区综合执法局按照青岛市委、市政府《关于建立健全城市精细化管理长效机制的意见》工作部署，专项整治市容秩序和日常管理中的常态化问题。每月确定整治主题及治理重点，注重协调配合、坚持常抓不懈、通过"整治—巩固—提升"方式闭环解决久治不愈和反复回潮问题。开展了非法占路经营、乱贴乱画小广告、护航高考、夜间露天烧烤、焚烧抛撒丧葬祭品、工地噪声污染等多项整治行动，全年开展联合执法行动400余次，清理跨门经营、游商浮贩11万余处次，清理乱拉乱挂8000余处次，清理"小广告"11.7万处，停机423个。

示范路建设

2023年，区综合执法局采取巡查监督先行、宣传引导跟进、商户自管自改的方式，推进卫生责任区管理，提升商户自主管理意识，形成"人人参与、齐抓共管"的氛围。采取宣传、劝导、规范等措施，引导沿街商铺经营店主实施"齐门售货"。推进示范路、示范小区建设，高标准打造建水路、火车北站、商圈步行街等6个市容秩序"亮点工程"，率先在建水路等路段沿街商户周边实现规范化经营，实现管理方式由"强制"向"自治"的转变，为全区精细化管理工作做示范。

门头牌匾整治

2023年，区综合执法局推进广告招牌的常态化、规范化、精细化管理，完成富锦路融创社区段、惠水路伴山星河街区段、延川路绿城汀岚社区段等10段标杆路段建设。制订《李沧区户外广告整治工作计划》，对全区不规范广告、招牌进行拉网式排查清理，拆除各类违规广告招牌1500余处16.4万平方米，其中大型广告招牌80处9000余平方米，更换破损广告招牌105处3200平方米，清理LED外挑牌、横幅、乱贴乱摆等临时广告招牌2500余处，全区广告牌匾品质得到优化提升。

重点区域整治

2023年，区综合执法局重点整治城乡接合部和城中村等管理"空心地带"和城市部件"核心区域"。对农贸市场、学校、医院等城市管理的重点区域及问题多发频发的117个重要点位、3条地铁线路中的16个站点、39处站口周边进行定点值守，不间断巡查，发现问题及时处置，确保社会秩序良性运转。结合拆迁改造和品质升级对废品收购点及周边区域开展集中整治，清理规范废品收购点67个。推进星河湾南片

2023年5月12日，区综合执法局在向阳路步行街开展公众开放日宣传。

（区综合执法局供图）

2023 年，区综合执法局重点整治城乡接合部和城中村等管理"空心地带"和城市部件"核心区域"。图为区综合执法局联合交警李沧大队清理地桩地锁。　　　　（区综合执法局供图）

区综合整治，注重协调配合，开展攻坚，累计拆除临时建设、违法建设 215 处 4070 平方米，清理砂石厂环境脏乱企业 9 家，调离设备 63 处，清理砂石料 32.45 万立方米，协调建设围墙 684 米，硬化路面 2 万余平方米，栽植草皮 8500 平方米，彻底改变城乡接合部区域"脏乱差"状况。

数字化城管

2023 年，区综合执法局优化人员配置，严格工作责任，加强重点点位监控，通过系统数据分析，筛选出高发区域 3 个、高频点位 8 个。加强节假日期间公园广场、商圈周边的信息采集监控，保证案件及时发现、及时处置，做到日产日结。与区文明办对接开展创城专项排查，排查围挡广告、飞线线缆、环境卫生等方面问题 2.4 万件。将"文明青岛随手拍"纳入日常工作重点，每周对数据进行汇总，案件处置更加高效。加快积案处置，与相关部门沟通协调，解决了九水路 132 号乱搭乱建、托普学校前污水冒溢等积存、疑难问题 32 件。全年立案 37.23 万件，结案 37.22 万件，结案率 99.97%。

火车北站管理

2023 年，区综合执法局依托"服务为先、情满北站"品牌，设置"党员先锋岗""便民服务岗"开展志愿服务，建设风雨连廊 190 米，加装便民长椅 56 处，设立"接力驿站"，提供全天 24 小时照护、轮椅、充电等服务，开展帮扶助困志愿服务 200 余人次，带给旅客"家"的温暖。针对重大项目建设，协调职能部门进工地，开展送法律、送安全、送服务"三送"活动，指导工地安装防撒漏、防噪声、防污染设备，最大限度从源头消除扰民因素。协调划设网约车泊车位 240 个，极大缓解交通拥堵状况。坚持联合执法工作机制，查处"黄牛""黑车"等违法行为 66 起，北站交通运营秩序明显改观。全年安全发送和到达旅客 3000 万余人次，全市文明窗口形象更加亮丽。

（区综合执法局）

房产管理

2023 年，区城市建设管理局审核外来务工企业 80 家。11 月，李沧区年度第一批次产权型人才住房配售工作启动，公开配售房源面向李沧区内的企事业单位（含驻地中央、省属单位）、行政机关以及驻区医院和学校引进的各类人才。房源位于青岛市李沧区石牛山路 182 号森林公园项目，房源 88 套。本次人才住房配售经过前期申请登记、单位初审、评分排序、补正复核、查重公示等程序，有 49 名人才符合选房资格。经线上云选房实际售出 11 套。

园林绿化

山头公园建设

（见第 221 页）

口袋公园建设

（见第 221 页）

城市绿道建设

（见第 221 页）

立体绿化建设

（见第 221 页）

裸露土地整治

2023 年，区城市建设管理局开展城区裸露土地整治，对环湾大道、遵义路、李村河上游、广水路等 11 条主次干道及地块进行裸露土地整治，整治面积 2.13 万平方米，完成裸土覆盖

2023 年，区城市建设管理局实施精细化养护，实现了 1100 万平方米绿地、8.9 万株行道树全部按照一级标准管护，保障了城区绿化品质。
（区城市建设管理局供图）

3.49 万平方米，解决了土地长期裸露问题。

精细养护管理

2023 年，区城市建设管理局严格落实青岛市园林和林业局园林绿化精细化养护管理要求，城区养护顶格管理，不分区域，按标准实施精细化养护，实现了 1100 万平方米绿地、8.9 万株行道树全部按照一级标准管护，保障了城区绿化品质。组织业务科室、园林公司科学开展园林病虫害防治工作，实施虫害预警、科学防治、强化管理，杜绝了大面积病虫害发生。

城市物业管理

物业社区共建

2023 年，区城市建设管理局健全街道党工委统一协调、相关部门联动执法、多元力量协同解决问题的常态化联席会议制度，建立信息共享机制，定期通报物业管理信息、安排部署工作，研究解决物业管理工作难题。强化社区物业党建联建，推动社区"两委"成员和物业服务企业"双向进入、交叉任职"，组织物业企业与社区签订共建协议 127 项，认领社区服务项目 156 个。全覆盖挂牌设立"睦邻宜家"工作站 90 处，打造涵盖民情收集、问题处置、应急处突等于一体的民生服务"微阵地"。评选出"睦邻宜家"星级工作站 37 个。

"红管家"服务

2023 年，区城市建设管理局以李沧区红色物业服务中心为载体，构筑集教育培训、法律宣讲、纠纷调解、协商议事等功能于一体的综合性物业服务平台。街道、社区、物业企业、业委会组成"红管家"智囊团，定期为物业管理难度大、问题解决不及时的社区和物业企业"把脉会诊"。组建 20 支"红管家"党员先锋服务队和"红管家"志愿服务队，常态化开展党员示范服务窗口、维修班组和保安队伍创建，参与基层治理志愿服务 24 次。推进物业服务标准化建设，组织小区大检查 260 次，开展业主心声大调研 187 次，组织业主恳谈会 177 次，举办业主开放日 179

次，为业主解决实事 283 件。

服务品质提升

2023 年，区城市建设管理局制订《李沧区物业管理领域服务品质提升攻坚行动方案》。攻坚行动整治乱贴乱画 1.37 万处、乱扯乱挂 1377 处、乱堆乱放 2655 处、卫生死角 2832 处。清理死树枯枝问题 659 处、缺株补植 322 处，查处侵占绿地，破坏绿地、树木，养护管理等问题行为 170 处。完成智慧物业平台注册物业企业 96 家、挂接项目 204 个、线上"三公开"204 家。重点聚焦被青岛市广播电视台《今日》栏目物业服务提升特别节目《出击》曝光、物业企业信用评分较低和"点、线、面"项目清单涉及的 21 个物业项目，推广运用住宅小区物业服务质量综合评价机制，以质价相符为准则，以群众满意为最终标准，强化结果应用。

业主共有资金银行账户开立

2023 年，区城市建设管理局指导李沧区逸景公馆业主委员会开立山东省乃至中国北方城市首个用于存储管理小区公共收益的业主共有资金银行账户。摸底、筛选急需开立业主共有资金银行账户的住宅小区，与青岛市智慧物业管理服务平台工程师、人民银行青岛市分行经理对接，参加市级部门组织的业务培训，熟练掌握业主委员会申请开立和变更业主共有资金银行结算账户以及涉及共有资金公示范围、流程和印章管理等事项。以青岛市智慧物业管理服务平台为基础载体，协助小区业主委员会成员完成身份赋码。同时，指导街道和业主委员会完成网上备案，实现信息多跑腿、办事主体少跑路。

文明物业创建

2023 年，区城市建设管理局指导各街道在具备条件的物业项目建设"党员示范岗"54 个；畅通街道社区、物业企业、业主委员会和业主之间的沟通联系，召开"三会"128 次；落实物业管理联席会议制度，召开联席会 46 次；推动建立由法院、司法、街道等部门协同的物业矛盾纠纷调处机制，启动物业矛盾纠纷调处机制 70 次，降低群众投诉数量；与综合执法、市场监管等部门对接联动，开展物业执法进小区活动 169 次，提高执法效能。

宣传培训

2023 年，区城市建设管理局开展物业管理领域服务品质提升"五个一"宣传活动，发放《致业主的一封信》2 万份，同时推送微信版；组织全区 11 个街道向辖区居民开展一次问卷调查；宣传市级部门印发《青岛市业主共有资金银行结算账户管理工作指导规则（试行）》《加强老旧小区改造后物业管理工作方案》《青岛市住宅物业管理项目服务质量综合评价指导意见》等文件；推送青岛市物业攻坚行动办公室制作的宣传短视频，提升扩大攻坚行动宣传力度。联合街道开展"红管家"物业知识大讲堂进社区活动等培训 11 次，发放《青岛市物业管理条例》等法律法规手册和宣传单页约 12.1 万份。在市、区级媒体和微信平台发布信息 301 篇次。

（区城市建设管理局）

生态环境建设

自然资源保护

林业有害生物防治

2023 年，李沧区坚持"预防为主，科学防控，依法治理，促进健康"的林业有害生物防控方针，采用以飞机施药、地面施药、无人机施药、疫木除治、天敌释放、打孔注药等综合防治手段，取得了良好防控成效。

2023 年，李沧区采用飞机施药、地面施药、无人机施药等方式防控林业有害生物，防控成效明显。

（区城市建设管理局供图）

李沧区林业有害生物问题整体发生较轻，松材线虫病疫情发生面积逐年减少，松材线虫病媒介天牛数量由全年 300 余头下降至 130 余头，美国白蛾由局部偏重发生下降至轻度、零星发生，明显呈逐年下降趋势。

林地变更调查及森林督查

2023 年，李沧区根据《自然资源部 国家林业和草原局关于开展 2023 年全国森林、草原、湿地调查监测工作的通知》、国家林业和草原局《关于开展 2023 年森林督查工作的通知》等文件要求，开展 2023 年林地变更调查和森林督查项目，成果已通过省级核查。

（区城市建设管理局）

环 境 质 量

大气环境

2023 年，李沧区细颗粒物、可吸入颗粒物平均浓度分别为 32 微克 / 立方米、61 微克 / 立方米，空气质量优良天数比例 77.1%，空气质量达到国家二级标准。

水环境

2023 年，李沧区重点河流断面水质年均值均达标，胶州湾李沧段海域水质不断提升，李村河综合整治获评全国美丽河湖优秀案例。

土壤环境

2023 年，李沧区完成山东省首个"异地修复 + 分阶段效果评估"试点地块土壤污染修复工作，全区建设用地安全利用率保持 100%。李沧区获评全国生态文明建设示范区。

污染防治

大气污染防治

2023 年，青岛市生态环境局李沧分局（简称"生态环境李沧分局"）围绕全区 11 个环境空气自动监测子站建立五项机制协同管控，组织各街道以监测子站为中心建立多层防线，组织开展扬尘污染整治"百日攻坚"行动、秋冬季大气污染防治强化攻坚等行动，多方比对完成东部空气子站迁址。坚持源头管控，推动完成能源集团五热、六热"煤改气"，中国石化青岛石油化工有限责任公司储罐密封呼吸阀更换等大气治理项目 400 余个，累计投资 3.2 亿元。加强移动源污染防控，组织开展停放地抽检车辆 155 辆，联合路查车辆 135 辆。非道路移动机械检查 613 辆、抽检 193 辆，新增编码 414 辆。组织开展 34 家加油站、10 家机动车环检机构、80 家汽修行业专项检查。采用雷达扫描、无人机航拍等技术手段，排查解决大气问题 100 余个。

水污染防治

2023 年，生态环境李沧分局严格落实"河长制"，全年累计巡河 5576 次，清淤 3 万余立方米。开展流域水质保障工作，巡查排污口 70 余处，排查及协调处理污水入河等问题 80 余次，处理涉水舆情 38 件。开展流域水质达标保障，李村河入河排污口溯源项目获省级专项资金支持 440 万元。落实"湾长制"，组织巡湾 102 次，开展"净滩 2023 专项行动"，推动整改铁路青岛北站 10 余年未解决的污水溢流问题。开展入海排污口常态化监管，入海河流总氮浓度同比下降 9.3%。在"世界海洋日"首次开展多部门陆海联合演练行动，海湾环境质量稳步提升。

土壤污染防治

2023 年，生态环境李沧分局以推动城市更新和城市建设三年攻坚行动为重点，探索建立土壤监管"查管治护一体推进"基层执法新模式。完成山东省首个"异地修复 + 分阶段效果评估"试点地块土壤污染修复工作，推进 6 个疑似污染地块进行污染状况调查，3 个地块进行风险评估，5 个地块开展土壤修复，对正在修复施工的污染地块开展执法检查 51 处次。建立重点监管单位管理"三本台账"，督促 2 家土壤污染重点监管单位开展隐患排查"回头看"。

环境监管

生态环境监测

2023 年，生态环境李沧分局全面开展各类监测，每日对 11 个街道空气子站监测分析并推送数据，每周对重点流域加密监测，获取有效监测数据 8300 余个，编制各类环境监测报告、简报、通报 20 余份，编制完成《李沧区 2022 年度环境质量报告书》。加强固定污染源自动监控管理，9 家企业 23 个自动监测点位即时传输率和有效传输率均位居全市前列。完成"1·6"中国石化青岛石油化工有限责任公司火灾事故应急监测采样、李村河流域雨后应急监测、督察监测保障、信访监测等重点任务，为环境执法监管和政府决策提供科学依据。

生态环境执法

2023 年，生态环境李沧分局采取合力攻坚方式提升环境执法监管效能。严把项目立项审批关，防止"两高"项目上马。分批次组织涉 VOC（挥发性有机化合物）排放、建材、汽修、加油站、危险废物等多轮次集中执法，检查企业 770 家次，非现场执法帮扶解决环境问题 150 个，查处案件 27 起、罚款 82.9 万元，生态损害赔偿 3 件；落实轻微违法免罚政策，

免罚企业 2 家、金额 4.06 万元；服务中小微企业健康发展，梳理两批次纳入正面清单管理企业 60 家。对重庆高架路、青岛地铁 2 号线、唐山路打通等重点工程开展"敲门行动"，协调解决建设期噪声扰民问题；树立建材行业标杆企业，制作"行业体检单"，促进行业间"比学赶超"，督促企业落实主体责任。推进星河湾南片区环境整治，采取驻厂帮扶和不定期巡查的方式，帮扶企业整改扬尘问题 124 个，取缔散乱污企业 6 家次。

生态环境保护督察整改

2023 年，生态环境李沧分局把生态环境保护督察整改工作作为学习贯彻习近平新时代中国特色社会主义思想主题教育重要抓手，区委书记多次批示，区长专题部署，区政府分管区长靠前督办，环保督察反

馈问题网格化监管长效机制在全区运行并取得实效。每季度召开环委会全体会议，每月召开环境质量改善会议，组织专题会议 20 余次。制发生态环境专报 45 期、正式文件 10 个，制发督办通知 107 个、协调函 23 件，推动解决生态环境问题 600 余个。两轮 5 批次中央、山东省生态环保督察交办的 369 件信访件已全部完成整改销号，涉及李沧区的 60 项中央、山东省生态环保督察反馈意见整改均达到时序进度。

生态环境宣传教育

2023 年，生态环境李沧分局开展环保宣传，促进共创共建。开展世界环境日、"8·15"全国生态日等宣传活动 20 场次，新闻媒体发稿 100 余篇，推送信息 1200 篇，发动群众广泛参与支持环保工作。开展"送

2023 年 8 月 15 日，李沧区兴城路街道沔阳路社区开展首个"全国生态日"环保宣传。
（区委宣传部供图）

2023 年 3 月 10 日，青岛市生态环境局李沧分局执法人员到企业开展执法帮扶工作。 （市生态环境局李沧分局供图）

法入企"普法宣传 20 次，与区法院联合开展"企业环保法律服务日"活动 4 次，推动楼山街道翠湖社区建成市级环保教育基地。妥善处置问政青岛、行风在线、民生在线等问题 20 件，环保舆情 90 余起，均及时作出正确回应，起到良好的社会引导作用。开展正面典型宣传，微视频《至诚守信 照亮未来 做新时代生态环保青年》获山东省"鲁班用工杯"优秀奖，培树先进典型 10 人、青年集体 1 个。

生态环境服务

2023 年，生态环境李沧分局强化环境管理，提升服务能力。贯彻落实山东省、青岛市优化营商环境惠企措施要求，对 53 个建设项目实施环评审批

豁免管理，对符合告知承诺条件的项目采取告知承诺审批。建立环评"绿色通道"，专人联络、主动靠前、服务市区重点项目 74 个；对 6 家环评机构开展全覆盖检查。完成建设项目环评审批 22 个，排污许可证现

场核查 6 家，排污许可证办理审核 127 家次。服务小微医疗机构健康发展，开展专项帮扶行动，审核发放辐射安全许可证 120 个。完成环境统计填报，现场复核帮扶 8 家次。推进重点减排项目建设，挖潜污染减排项目 22 个，推动减污降碳协同增效。不断完善"建、抓、看"信访处理闭环机制，处理生态环境信访 809 件。推动新一轮"四减四增"工作，统筹细化各部门任务分工，推进完成 16 项主要目标、67 项工作任务。

生态环境应急管理

2023 年，生态环境李沧分局加强生态环境应急管理保障环境安全。做好节假日、大活动等敏感时期环境应急值守，实施全天 24 小时三级应急备勤。开展环境安全专项执法、清废行动、危险废物拉网式起底式

2023 年 9 月 20 日，青岛市生态环境局联合李沧区政府在中国石化青岛石油化工有限责任公司举行 2023 年青岛市突发环境事件应急演练。 （市生态环境局李沧分局供图）

排查整治"百日攻坚"、生态环境风险隐患排查整治、放射源安全隐患排查等行动，组织开展突发环境事件应急演练。对中国石化青岛石油化工有限责任公司等8家较大以上环境风险源环境应急预案、防控措施落实情况进行检查。完成85家核技术利用企业现场核查工作，审核137家核技术利用单位的年度评估报告，签订2023年度辐射安全责任书。在全市率先完成"无废城市细胞"创建任务，8类22个"无废城市细胞"全部通过区级审核。全年未发生突发环境事件。

（市生态环境局李沧分局）

防灾减灾

森林防灭火

落实防灭火责任 2023年，李沧区坚持"人民至上，生命至上"的理念，以高标准、严要求、实举措，扎实推进森林防灭火"五个一轮"专项提升行动、拉网式集中排查和"百日攻坚"专项行动、机关干部防火执勤等各项工作，未发生较大及以上森林火灾和人员伤亡事故，全区森林防灭火形势持续稳定。与崂山区、城阳区签订联防联控协议书，进一步强化行政区域边界处森林防灭火联防联控能力。与5个涉林街道签订森林防灭火工作责任书，进一步压实街道、社区森林防灭火工作责任。召开全区元旦、春节森林防灭火工作部署会，根据疫情形势提前谋划部署，确保全区人民群众过个安心年。

加强防灭火督导 2023年，李沧区印发《区森防指成员单位包保督导林区防灭火工作实施方案》，组织区文化和旅游局、区民政局、区城市建设管理局、区应急局、区消防救援大队5个单位对涉林街道开展一对一"蹲点式"督导，共派出督导组73个，派出督导人员200余人次。

严格封山管理 2023年，李沧区开展野外火源治理和查处违规用火行为专项行动，严格实行封山管理，组织70余名区直机关干部节假日每天到涉林街道参与森林防火封山执勤工作，在进山主要路口设立检查站、拉警戒绳等，加强对进山人员的检查，严禁携带火种进入林区。开展"鲜花换烧纸"活动，大力倡导鲜花祭扫、无烟祭扫、植树缅怀等文明祭祀新风尚。共派出446个检查组，设立43个检查站，出动8805人次，共劝阻教育人员657人，收缴火种173个，排查整改隐患38处，制止野外用火现象4起，下达检查通报5期。

开展防灭火演练 2023年，李沧区树立"以人为本、安全第一、科学施救"理念，编制李沧区森林火灾"一区一策"救援方案和重要山体"一山一案"森林灭火方案。组织全区森林灭火队伍在世园会景区开展李沧区森林防灭火演练，进一步检验了森林灭火队伍快速响应时效，提高了森林灭火队

2023年11月2日，李沧区联合崂山区在崂山区北宅街道北涧社区开展跨区域森林防火实战演练。

（区城市建设管理局供图）

伍协同扑救和综合实战能力，确保一旦发生火情即可迅速投入开展灭火救援工作。

防汛工作

健全防汛责任清单 2023年，李沧区聚焦危（旧）漏房、河道、塘坝、内涝积水点等防汛重点区域（部位）以及防汛队伍、防汛物资等应急资源，建立三大类17张重点事项清单，落实防汛责任人750余人，实现责任落实全覆盖、无死角。

强化督导问效 2023年，李沧区委、区政府主要领导和区防指常务副总指挥多次现场调度、督导防汛工作；区防指组织开展"全覆盖式"和专项督导检查6轮次，进一步压紧压实党政领导、行业监管、属地管理责任。

基层防汛能力标准化 2023年，李沧区以基层防汛能力建设工作为契机，打造了沧口街道、枣园社区等基层防汛示范标杆，并"以点带面"全面推广基层防汛能力标准化建设，全区11个街道以及所辖社区均已完成"七有""六有"建设目标。

开展隐患排查 2023年，李沧区建立全过程、全时段、全方位防汛防台风险隐患排查整治机制。全区共派出检查组230余个，出动检查人员960余人次，检查重点部位820余处。对于发现问题隐患，严格落实"一点一策"治理方案，实行

2023年6月19日，李沧区组织相关单位开展防汛紧急拉动。
（区城市建设管理局供图）

动态销号管理，确保汛期不过、检查不停、整改不止。

提升城区排涝能力 2023年，李沧区对各类排水设施进行"拉网式"排查，及时开展清淤疏浚工作。完成易积水点整治8处，清理河道、暗渠等排水设施淤泥、垃圾2万余立方米，加固河道设施400余处、护岸1800余米，整体提升了全区城区排涝能力。

重点部位防汛能力 2023年，李沧区对辖区23处危漏（旧）房、4处地质灾害隐患点、6个A级景区、37座塘坝、22家地下商场、207处地下停车场等重点部位加大隐患排查整改力度，并针对性地强化防汛度汛措施。

防灾减灾保障

风险形势会商 2023年，

李沧区坚持效果导向，定期组织区城市建设管理局、市自然资源规划局李沧分局等部门开展自然灾害风险形势会商，印发会商意见报告12份。

防灾减灾宣传 2023年5月12日，李沧区组织区委宣传部、区科协、区红十字会、区教体局、区消防救援大队、青岛市斑马应急救援队等25家单位举办李沧区2023年"全国防灾减灾日"集中宣传活动。现场设置主题咨询区和宣教展示区两个特色模块。主题咨询区设置了中小学学生教育、幼儿园防灾减灾，大型商超防灾减灾，食品药品、特种设备防灾减灾以及政府综合责任保险等20余个不同主题咨询台，摆放了灾害防范知识、避险自救法则、政府投保解读等知识海报展板。吸引名2000余名市民参

与，发放手册 1000 余册。《人民日报》（人民号）、《大众日报》、腾讯新闻、搜狐网、齐鲁网闪电新闻、李沧融媒等媒体予以宣传报道。

防灾减灾知识普及 2023 年，李沧区组织机关、企业、社区居民参加全市防灾减灾救灾知识网络竞答，提高居民参与度和防灾减灾救灾知识知晓率。李沧区取得全市第一名，区应急局获竞答优秀组织奖，获奖补资金 3 万元。

购买责任保险 2023 年，李沧区为全区居民和居民家庭购买政府综合责任保险，全年出险 311 起，理赔金额 121.57 万元。组织浮山路街道福临万家、福林苑社区，湘潭路街道枣园社区申报青岛市综合减灾示范社区，组织世园街道毕家上流社区申报山东省综合减灾示范社区。

防震减灾

2023 年，李沧区持续推进地震"三网一员"建设，组织全区各街道开展防灾减灾业务培训会，进一步提高社区工作地震工作人员防震减灾业务能力，共计培训 144 人次。会同属地街道对沧口公园、李村文化公园等防震应急避难场所维护情况开展检查，确保做到随启随用。组织区教体局对全区

14 所新建学校抗震设防情况进行自查。组织青岛宾川路小学、青岛东川路小学 3 所学校申报山东省地震科普示范学校。

（区应急局）

节能减排与低碳发展

节能管理

2023 年，青岛市李沧区发展改革局（简称"区发展改革局"）严把项目节能审查关，强化源头控制，扎实抓好能耗"双控"管理。持续走访重点用能企业，密切关注能耗波动，严防违法违规用能行为发生。严格"两高"项目管理，加大违规项目整改力度，完成青岛烟青玛钢厂违规"两高"项目关停工作。同时，深挖存量项目节能潜力，不断提升能效水平。全年全区单位地区生产总值能耗下降位居全市前列，实现区域内在统实物燃煤量为零，非化石能源消费占比不断提升。

"双碳"工作

2023 年，区发展改革局统筹协调区相关单位严格按照市直主管部门的指导和调度，部署实施碳达峰"十大工程"，协同推进降碳、减污、扩绿、增长。实施项目全过程服务管理，推进青岛地铁运营 3 号线

安顺路车辆段 5.93 兆瓦光伏并网运行，加快推进青岛啤酒二厂百万千升纯生啤酒生产基地、青岛绿帆零碳产业园项目建设，全年光伏累计装机容量 17.14 兆瓦。

能源结构优化

2023 年，李沧区热力企业"煤改气"工程全部完成，供热季前青岛能源集团第五、第六热力有限公司全部实行天然气锅炉供热，实现区域内在统实物燃煤量为零。采取政府补贴的办法，持续对全区未实施清洁取暖改造的居民推广使用清洁煤炭，组织各街道加大宣传、精准摸排、统计，实施清洁煤炭配送到户，全年推广清洁煤炭 129.1 吨，保障了辖区群众清洁取暖、温暖过冬。

节能降碳宣传

2023 年 7 月 11 日，区发展改革局组织重点用能企业、大型商超、酒店等企业举行李沧区节能宣传周启动仪式，主题是"节能降碳，你我同行"。节能宣传周期间组织开展建筑行业、工业系统节能、绿色低碳产业园、离散型生产企业高端智能制造、分布式光伏电站碳资开发等别具特色的论坛活动，宣传效果良好。

（区发展改革局）

交　通

概　况

区位优势

　　李沧区区位优越，交通便利，是进出青岛的咽喉之地。国家铁路网一级枢纽站——铁路青岛北站位于李沧区西部，是国家"四纵四横"快速铁路网和沿海快速铁路通道的重要节点。胶州湾大桥青岛端在李沧区落地，出入中心城区的环湾大道、四流中路、重庆中路、黑龙江中路、青银高速公路等6条道路全部经过辖区。青岛市建成的7条地铁线路有5条经过李沧区，其中地铁8号线北段自铁路青岛北站直通青岛胶东国际机场。

铁路青岛北站

　　中国铁路济南局集团有限公司青岛站青岛北站（简称"铁路济南局集团青岛北站"）2010年3月17日动工建设，2013年12月20日完成主体工程，2014年1月10日投入使用。位于李沧区沧海路，环湾大道以东，四流中路以西，连接跨海大桥青岛胶州湾大桥、胶济客专、青荣城际铁路、青连铁路及青岛市地铁，是中国铁路济南局集团有限公司管辖的客货特等站，为中国国家铁路网一级枢纽站。总占地面

胶州湾大桥青岛端　　　　　　　　（张鹰摄影）

积为 9.18 万平方米，采用双向广场设计，站场规模为 8 台 18 线；站房总建筑面积为 6.88 万平方米，建筑主体部分为地上二层、地下三层，局部设置夹层，建筑风格体现"海鸥展翅飞翔"艺术概念。按最高聚集人数 1 万人设计，设计能力为旅客发送量日均 2.53 万人，远期日均 4.93 万人。2023 年发送旅客 1642.75 万人。

重庆高架路

重庆高架路是青岛市主城区"四纵五横"快速路网的重要一纵，是城市发展的中轴线，南起山东路，北至仙山路，总长度 17.7 千米（含跨海大桥高架路立交范围内已建成 2 千米），横跨市北区东北部，纵穿李沧区及城阳区南部，工程总工期为两年。2023 年 12 月 26 日，高架主线及 9 对平行匝道、仙山路立交提前实现通车，高峰时段全程通行时间由原来 50 分钟大幅缩减至 20 分钟，同时串联起胶州湾东岸城区 4 条快速路和 17 条主干路，提升了青岛主城区通行能力和效率。高架主线双向 6 车道，地面辅路双向 8 车道。全线设置雁山、福州路、长沙路、跨海大桥高架路、金水路、唐山路、仙山路 7 处立交节点，设淮安路、长沙路、开平路、书院路、通真宫路、振华路、金水路、十梅庵路、遵义路 9 对上下桥匝道，同步在仙山高架路（重庆北路东侧）设 1 对进出高速系统收费站。重庆高架路正式通车，推动青岛市胶州湾东岸城区"四纵五横"快速路网再升级，主城区南北架起快速立体交通新走廊，市民日常通勤和生活出行迎来跨越式升级改善。

（区委党史研究中心）

铁 路 运 输

运输经营

2023 年，中国铁路济南局集团有限公司青岛站青岛北站（简称"铁路济南局集团青岛北站"）满足旅客出行需求，以标准化规范化建设为抓手，坚持"内实外美，创先争优"，突出基础引领、服务引领、党建引领，打造精品车站。图定办理列车 423 列。其中，始发终到办客 143 列，经停 77 列，通过 80 列，客车车底 106 列，通过 17 列。发送旅客 1642.75 万人，同比增长 150.1%。2023 年 4 月 29 日单日发送旅客 10.8 万人，创铁路济南局集团单日最高发送量新纪录。全年走访客户 696 家，发售团体 642 批、约 3 万人。

精细管理

一体化管理

2023 年，铁路济南局集团青岛北站主要围绕规范管理制度和推动标准落地两个方面夯实管理基础。规范管理制度，优化岗位设置，培养操作岗位多能手，充实现场作业。实行"站区实施一体化管理"，担当站区一体化主体责任，组织驻站单位每日参加生产交班、每月参加站区联劳会，形成制度长期坚持。

网格化管理

2023 年，铁路济南局集团青岛北站实行网格化管理，将站区划分为 19 个区域，对站内

2023 年，铁路济南局集团青岛北站客流量持续高位，爱心服务区工作人员为乘客提供优质服务。

（铁路济南局集团青岛北站供图）

人员、环境卫生、客服设备、房建设施、商业经营等进行定区、定责管理，明确网格区域、责任人、管理职责，确保管理无死角。做到"六同"一体化管理，实现安检员与车站职工同就餐、同休息，创造工作氛围，提高安检质量。

服 务 乘 客

畅通通道

2023 年，铁路济南局集团青岛北站打通进站售票通道，在售票厅与进站厅之间增加安检通道 6 个、实名验票闸机 18 个，高峰时段可实现 50 个实名制验证通道、18 个安检通道和 34 个手检通道。亮化主要标识，优化进站口、检票口、问询台、卫生间、饮水处等标识，各项服务设施醒目，方便旅客需要。

升级客服中心

2023 年，铁路济南局集团青岛北站升级客服中心，12306 客服中心由原有的背向迎客优化为顺向迎客，打造旅客问询、应急改退、遗失物品、客服电话、重点旅客、自助查询六维一体的综合性服务中心，增设四面柱式电子信息屏、80 厘米服务台面和 4 个自助式列车信息查询机，旅客咨询交流便捷、温馨。

升级服务中心

2023 年，铁路济南局集团青岛北站升级售票窗口，将原有的全封闭式售票窗口升级为带有青岛城市特色的开放式综合服务中心，拉近了与旅客间的距离，交流直接、服务便捷、问询前置，提升了旅客服务体验。东进站外设"前置服务台"，方便重点旅客接待、服务咨询、旅客遗失物品领取等，减少了旅客进站程序。在售票厅增设叫号机、座椅，旅客凭号坐等办理人工售票业务。

美化候乘环境

2023 年，铁路济南局集团青岛北站开展六项专项行动，包括扶梯保洁专项行动、站台清洁行动、高空保洁行动、厕所深保行动、斜拉柱保洁行动、座椅清洁行动，全面美化候乘环境。

品 牌 建 设

打造"微芒"品牌

2023 年，铁路济南局集团青岛北站强化党建引领，加强品牌建设和宣传工作，打造"微芒"服务品牌，引领干部职工将"团结、责任、实干、创新"的微芒精神内化于心、外化于行。倡导全员在日常岗位工作中执行标准保安全、优质服务，点滴善事微弱光芒汇聚，如阳光般温暖、明亮，旅客感受出行温馨、美好。"微芒"服务形成了"微芒"客服中心、"微芒"综控、"微芒"售票等阵地，同时向各工种、岗位延伸，品牌文化引领初见成效。多向发

2023 年，铁路济南局集团青岛北站打造"微芒"服务品牌，建设"微芒"先锋团队。　　（铁路济南局集团青岛北站供图）

力推动"微芒"先锋团队建设，《"最热"假期里的"最美"真情》《10 分钟！候车室上演了一场教科书式急救》等新闻报道获较好社会反响。

"微芒"团队服务

2023 年，铁路济南局集团青岛北站客流量持续高位，爱心服务区工作人员日均步数 2.3 万余步，团队客服中心日均接听热线 450 余个，遗失物品交付 200 余件，服务重点旅客 45 人次。服务重点旅客无差错件数 7623 件，累计接到旅客表扬 1103 件，其中 12306 工单表扬 1002 件；表扬信 82 封，锦旗 19 面。重点旅客服务相关报道在中央广播电视总台播出，提升了"微芒"先锋团队社会影响力。获评青岛站优秀党内品牌、青岛市"最美交通人"，客服中心岗位获评山东省总工会"巾帼文明岗"。

（铁路济南局集团青岛北站）

北站周边管理

健全管理体制机制

健全日常管理制度

2023 年，青岛火车北站周边区域管理办公室（简称"火车北站管理办"）注重体制机制建设，进一步完善总值班人、"一日两巡查"、网格化管理等日常管理制度。每天安排一名领导干部担任总值班人，各部门领导轮流带班，建立了总值班人、部门带班领导、值班领导和值班员四级领导体制，形成"一级抓一级、层层抓落实"的干事氛围。

健全联动工作机制

2023 年，火车北站管理办健全"四位一体 +"联动工作机制，以公安、交警、交通执法和综合执法 4 个执法部门为基础，联合铁路、地铁、环卫等驻站企业进行常态化巡查，查处各类违法行为 1.6 万余起。建立了"夏季整治"联合巡查机制，协调铁路、地铁、属地 3 个派出所和综合执法、交通执法五方组建联合巡逻队伍，重点打击"黄牛""黑车"等违法行为；协调青岛市行业主管部门增加驻站交通执法人员 18 名，联合专业执法队伍定期开展出租客运秩序专项整治行动，查处各类违法出租车 256 辆

（次），北站交通运营秩序明显改观。坚持精细化布防、网格化巡查、联动式处突，借助信息处置中心140个高清监控和车辆、人脸识别系统，实施"一键式"处置模式，准确、迅速处置管理盲点存在的问题，确保了北站周边安全稳定。

保障秩序畅通

提前谋划

2023年，火车北站管理办提前筹划应对春运、"五一"、暑运、"十一"等大客流服务保障任务，对接青岛市行业主管部门，督促产权单位按照疫情防控"乙类乙管"要求，在"五一"大客流到来前连夜拆除了北站地下通道20台防疫闸机，及时消除了存在的重大安全隐患。

保障措施

2023年，火车北站管理办规范进站秩序，大客流期间，火车北站管理办各驻站部门全员上岗，协调上级部门增派警力和管理人员85人，确保每个点位都有专人值守。会同铁路部门在东广场进站口安装了10个移动式护栏和50余节固定式栏杆，划分出3个集中进站区和2个临时疏散区，将铁路停车场改为备用疏散区，最大限度地保障进站旅客有序通行。同时，火车北站管理办与市、区交警部门对接，在大客流期间将北站东广场改为送站区域、西广场为接站区域，交警、交通执法等部门在东、西广场站前路设置隔离设施和固定岗，分流接、送站车辆和网约车，引导送站车辆在东广场站前路停靠、接站车辆在西广场站前路停靠，多措并举加大站前路交通调流力度。火车北站管理办在东广场进站区、地下通道出站口和扶梯口等重点防范区域安排专人值守，确保不出现拥堵踩踏事故；会同综合执法、公安等部门在出站口地下通道内设置交通指示牌6个、小喇叭10个，宣传引导出站旅客到东广场乘坐地铁、到西广场乘坐接站车辆；安排50名交通志愿者在交通路口、上下扶梯口等重要部位值守，宣传引导旅客安全通行、选择便捷的交通工具，确保北站交通秩序平稳有序。

处置突发事件

应急保障

2023年，火车北站管理办重视极端天气应对处置，进一步完善了《防汛、防台风、防风暴潮、防洪涝工作应急预案》《冰雪天气应急预案》《列车晚点紧急疏散旅客应急预案》等应急预案。火车北站管理办与环卫公司、建筑工地建立"三个共享"（情报信息共享、物资设施共享、人员力量共享）应急联动机制，环卫部门提前预备融雪剂（液）、黄、除雪车辆等物资机械；环卫工人随时待命，及时扫雪除冰，确保车辆、

2023年1月25日，火车北站管理办组织公安、综合执法等部门执法人员疏散列车晚点滞留旅客。

（区火车北站管理办供图）

旅客顺畅出行；海创公司、青铁置业、中铁二局等9家建设企业服从火车北站管理办统一指挥调配，提供工程车辆、物资和人力保障，协助完成防汛、除雪等应急救援任务，完善共建共治共享治理格局。

应急处置

2023年，火车北站管理办组建了由公安、交警、交通执法、综合执法等部门组成的50人"党员突击队"，加强与铁路、地铁、公交等运输企业对接，经常性开展实战演练，增强风险隐患防范和化解能力，完成扫雪除冰、疏散列车晚点旅客等突发应急任务，确保了北站秩序通畅、平安稳定。1月24日、1月25日连续2日有多趟列车受烟威地区降雪影响晚点至凌晨1时到达，火车北站管理办对接青岛市交通运输部门，建立"火车北站应急保障群"，及时调度24路、207路、603路夜间接驳公交和出租车、网约车等运营车辆，将584名旅客及时引导出站，安全送达目的地。

服务 TOD 建设

解决居民投诉

2023年，火车北站管理办转变工作作风，营造一流的营商环境，靠前一步主动介入，服务辖区企业解难题，助力铁路青岛北站TOD建设。针对北站TOD东广场地下空间项目要求542根超长超深工程桩必须全天24小时不间断钻孔打桩导致周边居民反映强烈的问题，火车北站管理办担当全市TOD一号工程建设项目"护航员"，会同建设企业举办项目开放日，邀请居民代表走进工地观看沙盘、发放《致居民的一封信》、开展联谊活动，增进理解，争取支持；根据周边居民诉求，协调职能部门进工地开展送法律、送安全、送服务"三送"活动，指导工地安装防撒漏、防噪声、防污染设备5套，定期喷洒抑尘剂，最大限度从源头消除扰民因素。相关投诉从日均100余件降至最后"零投诉"，确保了该市级重点工程正常进展。

车辆管理

2023年，火车北站管理办坚持疏堵结合整治出租车乱象，多次召集建设单位（专班）、监理单位和各施工总承方，现场研究解决出租车蓄车区、公交场站易地搬迁事宜，提前完成搬迁工作。火车北站管理办营造公平、规范、有序的网约车营运秩序，提升旅客出行体验，协调青铁置业和滴滴出行、曹操出行等网约车管理平台，在东广场站前路东侧划设了240个泊车位的网约车蓄车区（"电子围栏"）和上下客区，网约车在北站临时停靠更加方便，东广场站前路交通拥堵现状得到缓解。

服务旅客

2023年，火车北站管理办秉持"服务为先、情满北站"工作理念，组织驻站各部门党员、业务骨干设立了"党员先锋岗"、"交警示范岗"、"巾帼红"女子志愿服务队，为乘客提供指路咨询、救助救护、扶老携幼等服务200余人次，救助跳海轻生旅客、帮助寻找离家出走子女、找回丢失手机和行李等。火车北站管理办牵头建设了190米长的风雨连廊，为往来旅客遮风避雨；针对少数低收入旅客在通道过夜的情况，将其疏导至专设的"接力驿站"，提供临时照护、轮椅、充电等服务。群众获得感、安全感和满意度提升，"平安北站、秩序北站、温馨北站、文明北站"成为全市窗口单位的名片。

（火车北站管理办）

教育·科学·文化·卫生·体育

教　　育

综　述

基本情况

2023 年，青岛市李沧区教育和体育局（简称"区教体局"）围绕"办好人民满意的教育"总体目标，立足区域教育实际，以问题为导向，抓住全市基础教育优质资源倍增三年行动计划机遇，推进优质资源扩容等十大行动，实现教育高质量内涵式发展，教育教学质量持续提高。获评全国义务教育学校财务监管工作先行区、山东省智慧教育示范区、山东省家庭教育实验区等，率先通过国家县域义务教育优质均衡发展区专家组实地评估认定和全国县域学前教育普及普惠区督导评估实地考核，成为全市第一个"两县"创建同时成功的区市。李沧区现有公办中小学 56 所。其中，九年一贯制学校 3 所、初中 10 所、普通小学 42 所、特殊教育学校 1 所，在校生约 6.5 万人。民办中小学 7 所。其中，十二年一贯制学校 2 所、九年一贯制学校 3 所、初中 1 所、小学 1 所，在校生 0.6 万余人。全区中小学生总人数为 7.1 万余人。幼儿园园区 128 个，在园幼儿数 2.8 万人，其中公办及公办属性园区 42 个，普惠民办园区 56 个，普通民办园区 30 个。

教育信息化

2023 年，区教体局加强教育数字化建设。完成青岛武川路小学、青岛富文路小学等新建校教育装备配备，完成全区中小学扩班校"班班通"、办公计算机等信息化设备的配备和更新，完成 19 所学校教室灯光照明升级改造工作。区教体局被确定为山东省"智慧教育示范区"。国家中小学智慧教育平台教师注册率约 90%，学生注册用户超过 5.2 万人，其中青岛沧海路小学等 4 所学校平台应用经验和案例获教育部推广分享。青岛枣山小学等 9 所学校获评 2023 年青岛市智慧校园建设应用特色学校，青岛君峰路中学获评青岛市智慧校园建设应用引领校。青岛沧口学校等 3 所学校获评青岛市人工智能示范校。举行李沧区中小学信息科技与人工智能联赛，累计 3200 余人次参加。承办 2023 年青岛市中小学人工智能竞赛活动。青岛宾川路小学等 6 所中小学图书馆获评山东省星级图书馆。青岛浮山路小学等 10 所学校被教育部教育装备研究与发展中心认定为"中小学生阅读素养教育项目应用校"。

素质教育

全环境育人 2023 年，区教体局推进全环境立德树人工作，联合 4 部门印发《李沧区中小学幼儿园全环境立德树人工作方案》，推进"每校一品牌，每月一主题，每师一路径，每生一社团"德育模式建设，引领学校用品牌"领航"、用文化"浸润"、用课程"蓄力"，用评价"提升"，营造全环境育人氛围。

协同育人 2023 年，区教体局以评促育，建好德育阵地，

2023 年，李沧区 3 所学校获评市级心理健康标杆校，6 所学校获评市级心理健康优秀校。图为青岛市东川路小学举办未成年人心理健康公益大集，志愿者指导学生进行曼陀罗心理绘画。

（区委宣传部供图）

抓好德育队伍，累计评选出优秀学校和集体 346 个，新创建各级文明单位 15 个，通过各级文明单位复审 17 个。全区获评 17 个市、区级全环境立德树人优秀德育品牌，获评 32 个市、区级德育优秀案例。1 所学校的案例获评山东省普通中小学"一训三风"优秀案例，5 所学校获评市级家校社协同育人优秀校，3 所学校获评市级心理健康标杆校，6 所学校获评市级心理健康优秀校，6 所学校通过 2022 年市级心理健康标杆校、优秀校的复审。整合校外资源，承办山东广播电视台齐鲁频道《云上思政课》节目，用好校外思政课特聘教师资源。"李沧区有效推进中小学思政德育工作项目"获评青岛市第七届教育改革优秀成果。

劳动教育 2023 年，区教体局实施劳动教育"六个一"行动，创建学校、基地和社会的劳动教育共同体，探索区域劳动教育新模式。在全市劳动

2023 年，区教体局实施劳动教育"六个一"行动，创建学校、基地和社会的劳动教育共同体，探索区域劳动教育新模式。图为青岛市东川路小学劳动实践园，"校园爸妈"爱心团队和学生一起植树。

（区委宣传部供图）

教育技能大赛中，33 所中小学获 125 个单项奖，获奖率位列十区（市）前列。

海洋教育 2023 年，区教体局加强青岛市高水平海洋教育特色学校建设，开展科学探究、社会实践、海洋研学等研究性学习活动，丰富学生海洋知识，提升海洋教育成效。在青岛市第九届中小学海洋节中，220 余名学生在各类比赛中获奖。

发展提升 2023 年，区教体局坚持中小学"寻标对标"工作。统筹高水平、全方位的"引进来"和"走出去"，全年累计 35 所学校到市外对标学校进行实地考察。

多彩教育 2023 年，区教体局实施全面育人，助推多元发展。推进青岛市"十个一"项目"四进四融入"，即进课

2023 年，李沧区中小学开展"普及 + 专项"艺术培养模式，提升学生艺术素养。图为青岛永和路小学教师指导学生绘制创意马勺画。　　　　　　　　　　　　　　　（区教体局供图）

程、进家庭、进社区、进评价，促进全区中小学生德智体美劳全面发展。开展"普及 + 专项"艺术培养模式，以课程教学、社团活动和课余训练为载体，坚持以美育人、以美化人、以美培元，持续打造艺术精品赛事，为学生提供展示平台。举办李沧区第二十五届中小学艺术节器乐、舞蹈、合唱等 7 项展演活动，参加队伍 200 余支，参与学生 6000 余人次。承办青岛市戏剧朗诵（戏曲）展演活动。组织参加山东省、青岛市器乐、舞蹈展演活动。在 2023 年青岛市市民合唱大赛暨第八届合唱节活动中，2 所学校获最佳表演奖，1 所学校获优秀表演奖，区教体局获优秀组织奖。1 所学校参加青岛市教育局、青岛市文化和旅游局组织的 2023 年"馆藏作品进乡校"师生美术作品展。

科学教育 2023 年，区教体局加强科技教育学科融合，构建多元化科技校本课程体系。加强区、校两级科技队伍建设，形成横向联合、纵向联动的专业科技辅导员队伍。坚持普及

2023 年，区教体局加强科技教育学科融合，构建多元化科技校本课程体系。图为青岛徐水路小学课外辅导员为学生讲解无人机飞行原理。　　　　　　　　　　（区委宣传部供图）

与竞赛并举，开展线上线下融合科普体验活动。全区中小学生在市级以上活动中获个人奖项1000余个，团体奖项30余个。

教学研究

教师专业素养提升 2023年，区教体局组织教师参加各级各类教学比赛活动，53人在青岛市一师一优课比赛中获一等奖，48人获二等奖，56人获三等奖；19人在青岛市优质课比赛中获一等奖，24人获二等奖，22人获三等奖；参加青岛市命题大赛，6人获一等奖，14人二等奖，7人三等奖。组织开展李沧区第六届教学节，各学区片组织了专家讲座、示范课、区域大集备、新课标研讨沙龙、命题研讨等活动。

多元教研体系构建 2023年，区教体局促进教研机制转型，开展"3+2"教研员教研跟进工作模式，全体教研员集中沉浸式研教15次，分学科集中

沉浸式研教80余次。学科教研员带领学科教师开展新课标实践研究专题教研活动，通过骨干教师团队大集备、片区大集备、青年教师大集备、学科大集备等分层大集备形式，利用集体智慧促进品质课堂有效落地，提升教研效益。落实强校提质实验校的包靠工作，开展实验校专题活动10次，到校开展教研活动200余次。

深化课标研究 2023年，区教体局探索深度教研，组织寒、暑假两次学科素养专题培训，引领学科教师研究新课程标准、学习先进教学理念。召开初中教学校长会议4次，进行命题、备考、检测数据分析、听评课专题培训，提升教学校长的业务指导能力。

教育科研

课题研究 2023年，区教体局牵头完成《李沧区"十四五"教育体育事业专项规划》中期

评估。4项课题立项为山东省教育教学研究课题，18项课题立项为青岛市教育科学"十四五"规划课题，3项课题立项为青岛市社会科学规划研究项目，53项课题立项为李沧区"十四五"教育科学规划课题，市级及以上课题立项数量居省、市、区前列。1项全国规划课题、1项省级规划课题、1项省教学课题、13项市级规划课题、39项区级规划课题均一次性通过结题。青岛市教育学会课题与各级规划课题进行一体化管理，保证学会课题的研究质量。

科研素养提升 2023年，区教体局推动学习型教师队伍科研素养不断提升，组织第十一、十二届区教师小课题优秀成果认定工作，138项小课题优秀成果获奖。建立优秀成果微视频资源库，在区内平台展示，促进成果在学校和教师层面及时转化。在"滴灌式"服务基础上加强教育科研精准培训，3月开展"课题申报书的撰写"专项培训，8月开展教科研骨干岗位素养专项培训，11月开展"课题成果的提炼"专项培训。为全区公办中小学、幼儿园教师配备了知网学习资源。派出5名教师参加青岛市教育科研访学研修培训。

教师队伍建设

选人用人 2023年，区教体局规范选人用人流程，提高

2023年，李沧区组织开展第六届教学节，促进教师专业素养提升。　　　　　　（区教体局供图）

人才管理服务质量。完成2023年中小学校级干部的选拔任用工作，完成对局属78个单位领导班子和相关领导干部的考察和民主测评工作。注重人才培育，1人获评2023年"青岛拔尖人才"，3人入选青岛市名校长领航工作室主持人，17人入选青岛市领航工作室成员，入选数量均位居全市前列。

公开招聘 2023年，区教体局招聘、安置教师135人。其中，招聘中小学在编教师47人，控制总量幼儿教师及工作人员81人，安置随军家属4人，区外调入3人。

教师队伍管理 2023年，区教体局推进中小学教职工编制核定及岗位设置工作，开展山东省编制实名制登记工作，做好事业单位法人年检工作。重新核准编制库，重新对中小学、幼儿园设岗，将幼儿园编制进行合设。继续推进中小学教师交流工作，对符合条件的207名教师进行区内交流，交流比例占符合条件教师的13.4%，其中骨干教师102人，占交流教师总数的49.3%。

支教工作 2023年，区教体局做好东西部对口交流和教师支教工作。深化东西部协作，完成消费协作31.9万元。推选6所学校与甘肃省陇南康县的学校达成结对协议，协调结对学校开展办学思想、课程体系建设交流、送教援教、帮困助学

2023年。李沧区实施六大工程，迭代更新教师成长机制，构建教师发展的良好生态。图为新教师集中培训。

（区教体局供图）

等活动，捐赠物资价值8.8万余元。承接甘肃省陇南康县、西藏自治区日喀则市22名骨干教师的培训学习活动。选派3名骨干教师到陇南市康县支教，12名骨干教师到即墨区支教，10名骨干教师到胶州市支教，10名骨干教师到青岛西海岸新区支教，2名骨干教师到菏泽市定陶区支教，5名骨干校长到即墨区、胶州市、青岛西海岸新区支教。

教师梯队建设 2023年，区教体局出台《李沧区中小学幼儿园教师队伍梯队发展方案》。持续精准抓好培训项目，区级培训与校本培训互为补充，开展融入课程，创新培训模式，提高培训质量。实施"新教师跟踪培养、菁英教师动态培养、骨干教师示范提升、领航教师进阶培养、名师培养与实践提升、教

师成长协同共生"六大工程，迭代更新教师成长机制，夯实教育人才支撑，构建教师发展的良好生态。11人获评区级"最美教师"，10人获评区级"教书育人楷模"，30人获评李沧区中小学学科（班主任、家庭教育）带头人。3人获评市级"最美教师"，3人获评市级"教书育人楷模"，20人获评青岛市中小学教育教学带头人，26名青年教师入选青岛市"菁英计划"培养工程人选。规范教师培训学分登记管理等工作，完成2023年学分建项、审核等工作。

名师、名班主任工作室 2023年，区教体局以点带面，引领学科教师开展教学研究，促进学科教师成长。研究制订了《李沧区名班主任培养工程实施方案》。全区共有省级名班主任工作室1个、区级名班主

2023 年 7 月 13 日，李沧区统筹做好学生安全教育，筑牢校园安全防线。图为消防救援人员教学生如何正确使用救生圈。
（区委宣传部供图）

任工作室 33 个。在 2023 年青岛市普通中小学班主任能力比赛中，2 人获一等奖、2 人获二等奖、1 人获三等奖。在 2023 年青岛市班主任优质课评选中，1 人获一等奖、3 人获二等奖、4 人获三等奖。入选全国中小学班主任基本功展示交流活动典型案例 1 项。

学校安全

2023 年，区教体局持续强化校园安全稳定工作。以主题教育校园安全隐患问题专项整治为主线，聚焦防范化解重大安全风险，完善工作制度机制，抓实隐患排查整治，守牢底线。落实学校安全工作“一岗双责”，将责任压实，确保无死角、无盲区。开展业务技能培训，提升安全干部、教职工突发事件处置能力和应急意识。加强各部门协作，研判校园安全形势，配合着力抓好校园及周边隐患排查、事故防范，应急处置、信息报送等工作，统筹做好学生安全教育、反恐等各项校园安全工作。深化隐患排查整治，筑牢校园安全防线。探索新检查模式，发挥学校安全干部业务优势，组织校园安全分片区交叉检查，对发现的问题及时通报整改，整改率 100%。强化师生、家长安全事故警示教育，在暑期制作转发防溺水警示信息。开展“生命关爱——‘呵护成长 • 幸福家’主题活动”，持续提升防欺凌工作成效。

教育督导

2023 年，区教体局以“两县”创建为主线，探索推进教育高质量发展的机制保障。开展政府履行教育职责评价，坚持问题导向，紧盯问题整改，李沧区政府履行教育职责评价取得全省第一名，获评优秀等次。率先通过国家县域义务教育优质均衡发展区专家组实地评估认定和全国县域学前教育普及普惠区督导评估实地考核，成为全市第一个“两县”创建同时成功的区市。完善中小学幼儿园综合考核内容，增强考核实效。完善挂牌督导管理办法，强化结果运用，提升为学校发展服务的能力和水平，全面提高教育督导对学校工作监督指导效能。

教育宣传

2023 年，区教体局牢守宣传阵地，加强舆情管理，打造基层政务新媒体标杆账号，用“正能量”作品实现“大流量”宣传，进一步提升李沧教育的社会形象。截至年底，“李沧教育”微信公众号累计粉丝 14.1 万余人，年更新内容约 1000 篇，年平均阅读量 162 万人。“李沧教育”公众号获评“山东省优秀政务新媒体”账号，2 个作品入选“山东教育融媒 • 泰山奖”；6 个作品入选山东省教育厅“正能量 • 大流量”原创作品大型展播活动优秀作品。校园活动在国家和省、市级媒体报道 150 余次。多条政务信息被上级部门采用，区教体局被评为舆情信息工作先进单位。

家校合作

2023 年，区教体局构建李

沧区家校社协同育人新模式，为学生成长赋能。印发《李沧区家校社协同育人三年行动计划》，组织全区网络电话调研家长 19.37 万人次。举办"爸爸专场""首届家长节""全民进校园"等活动 600 余场，16 万余名居民走进李沧校园。选树优秀育子心得 85 篇，111 节家庭教育微视频被青岛市教育局采用，家庭教育课程辐射全区 10 万余名家长。成立区级家庭教育讲师团，10 人入选青岛市家庭教育志愿服务队，3 人入选山东省家庭教育志愿服务总队。全区中小学均成立学校、年级、班级三级家长委员会，高标准，严要求开展家校活动。开展各类家长学校，家庭教育服务站创建工作。李沧区共有全国优秀家长学校实验基地 3 所，山东省家庭教育示范基地 3 所，青岛市家庭教育示范中小学幼儿园 20 所，青岛市家庭教育服务站 23 处，青岛市示范家长学校 12 所。在青岛市家庭教育优质课比赛中，1 人获一等奖、3 人获二等奖、4 人获三等奖。

语言文字

2023 年，区教体局进一步推进语言文字工作，多种途径推进学生"双姿"规范书写习惯养成。有序推进各类特色学校创建，4 所学校获评青岛市书香校园。落实各项经典诵读、推普等工作。"童语同音"学前学会普通话作为区教体局改革项目推进研究。开展语言文字各类业务培训。组织全区参加山东省、青岛市语言文字重点项目和活动，举办"梅花节"书画征文比赛。

团队工作

2023 年，区教体局深化改革创新，重视党团队建设一体化。通过入团具体实施方案，实施三级培训、积分推优等策略，落实新入团团员的发展。推动团建工作健康有序发展。新发展团员 1667 人，智慧团建录入完成率 100%，组织生活会、团员教育评议、对标定级录入率 100%，推优入团率 100%，团员学社衔接率 100%，学习率 100%。区教体局获评市、区级五四红旗团委各 1 个，红旗团支部市级 1 个、区级 10 个。4 人获评李沧区优秀共青团干部，11 人获评李沧区优秀共青团员，

2023 年，区教体局深化改革创新，重视党团队建设一体化。图为地铁李村站成立青岛市首个"红领巾志愿服务岗"。

（区教体局供图）

1 人获评李沧区青年先锋。少先队工作严格落实 4 个"百分百"，1 所学校参评全国"红领巾奖章"五星章大队、6 所学校获评全国红领巾中队，15 所学校获市级以上表彰。地铁李村站成立青岛市首个"红领巾志愿服务岗"。推进理论知识学习，参加全国优质校外少先队互动课交流活动，进行说课展示。参与 2 项省级课题研究。承办青岛市"红色大讲堂"、初一建队仪式、国家公祭日活动。手绘公交车厢活动被中央广播电视总台等多家媒体报道。

（区教体局）

基础教育

学前教育

经费投入 2023 年，李沧区学前教育经费占财政性教育经费的 12.95%，对在园残疾幼

儿、孤儿、户籍内家庭经济困难幼儿予以免保教费补助116人次，补助资金42万余元。

优质普惠发展 2023年，李沧区推进国企办园，新增青岛市李沧区铜川路幼儿园1处公办幼儿园，增加公办学位360余个，全区公办率达到53.2%。普惠覆盖面持续扩增，新增青岛市李沧区富裕童心幼儿园1处普惠性民办幼儿园，新增普惠性民办学位180余个。全区普惠性民办幼儿园达到56所，普惠率达到95%以上。迎接全国普及普惠区创建并顺利通过实地评估。

联盟办园 2023年，区教体局重组"优质园＋优质园"组合，打造区内有知名度的优质园；创新"优质园＋薄弱园"工作模式，各个层面幼儿园均得到多维创新发展。以片区为单位合力推进品牌项目研究，形成片区特色。在青岛市联盟办园考核中获得优秀等次，片区联盟"同心圆"发展模式在全市联盟办园现场会中交流发言。通过联盟办园资源共享，带动19处省一类幼儿园通过省示范幼儿园验收、3处省二类幼儿园通过省一类幼儿园验收。共有省市示范类幼儿园107处，优质率达83.59%，优质率稳步提升。

幼小科学衔接 2023年，区教体局以幼小衔接示范园和幼小衔接联盟小组研究为引领，开展跨学段教研。组织"园长妈妈进小学看我""小学体育老师入园上体育课"等互研互访活动，打破学段壁垒，减缓幼小衔接坡度，解决幼小衔接问题。凝聚教育合力，家、园、校三位一体助力幼小顺利过渡。

游戏研究 2023年，区教体局组织"倾听儿童 相伴成长"李沧区学前教育宣传月暨"童真游戏"嘉年华开幕仪式，展示游戏研究成果，宣传"倾听儿童"的理念，依托11个省市的游戏研究园，打造"童真游戏"游戏品牌，推进学前教育高质量发展。向社会推荐游戏视频100余个，带动家庭陪同幼儿走进童真游戏，培养乐玩、慧玩、趣玩的李沧娃。

教师成长 2023年，李沧区3名教师被评为青岛市教学能手；3名教师在青岛市优质课比赛中获一等奖、2名教师获三等奖；4名教师分别执教青岛市公开课、交流课；10名教师被评为区教学能手。16名教师获得青岛市公开课、名师开放课、城乡交流课；8名教师获评青岛市教学能手；在"2023年山东省幼儿园幼小衔接优秀活动案例评选"中，2所园获评一等奖，2所园获评二等奖。

义务教育

经费投入 2023年，李沧区完善财政性教育经费投入机制，进一步落实教育投入保障政策。中小学生均公用经费拨付标准分别为1700元和1300元。落实教育惠民政策，为一、四、七年级学生免费配发校服，为全区中小学生免费配发作业本。

学校建设 2023年，李沧

2023年，区教体局打造"童真游戏"游戏品牌，推动学前教育高质量发展。图为青岛海湾实业幼儿园家长和孩子体验打地鼠游戏。

（区教体局供图）

区完成青岛李沧路小学改扩建，完成青岛重庆中路学校、青岛富文路小学、青岛武川路小学建设并投入使用。对15所学校的校舍、操场进行维修改造。全面推进垃圾分类工作。

课后服务 2023年，李沧区中小学继续全面推行课后服务"5+2"模式，各学校全面开展"四段式"课后服务，采取"基本服务＋特色辅助"形式，丰富课程超市，为学生提供"订单式供给"。公办初中九年级全面启动晚自习服务，有需求的学生100%参与。区教体局的课后服务经验获评"青岛市中小学校内减负第四批典型案例"。

特殊教育 2023年，李沧区完善特殊教育保障机制，改善特殊教育学校办学条件，加强校园无障碍环境和特殊教育资源中心建设，全力保障残疾儿童少年享受义务教育的权利。提升区域融合教育质量，促进学校融合发展与学生融合成长。青岛沧口学校获评"山东省第三批残疾儿童少年随班就读示范校"。

2023年，李沧区启用青岛武川路小学等3所学校。图为青岛武川路小学。　　　　（区教体局供图）

集团化办学 2023年，李沧区围绕基础教育优质资源倍增重点工作，持续推进集团化办学、强校提质、新校高位发展三大行动。坚持"名带新、强带弱"集团化办学思路，全区集团化办学覆盖率已近70%。支持12所学校试点青岛市新校高位发展，实现"开办即优质"。推动6所初中试点强校提质，以点带面提升区域教育整体水平。李沧区作为区市唯一代表在全市基础教育优质资源倍增工作会议上做典型发言。青岛市李沧区实验小学教育集团获评全市普通中小学教育集团典型。

教育国际化 2023年，李沧区9所中外人文交流特色学校参与项目研究工作。借助特色节日、社团课程、校园特色宣传周等，创新性开展国际人文交流活动，拓宽师生国际视野和国际化素养，提升学校国际化水平。俄罗斯彼尔姆国立研究理工大学的师生代表到青岛文正小学开展中外人文交流活动。

（区教体局）

2023 年李沧区幼儿园基本情况表

序号	教育教学机构名称	负责人	班数	幼儿人数	地址	联系电话
1	青岛市李沧区永宁路幼儿园	张 花	18	562	四流中路 113 号、沧台路 16 号	84632428
2	青岛市李沧区永安路幼儿园	朱咏梅	41	1346	安新路 7 号、灵川路 10 号、大同北路 22 号、汾阳路 28 号	84611587
3	青岛市李沧区夏庄路幼儿园	张 华	46	1660	夏庄路 97 号、青山路 629 号、金水路 805 号、大崂路 1011 号	87896207
4	青岛市李沧区实验幼儿园	包丽菁	12	341	区邢台路 51 号	84633162
5	青岛市李沧区青峰路幼儿园	朱 琳	53	1691	青峰路 74 号、九水东路 195 号、文昌路 378 号、汉川路 798 号	87896741
6	青岛市李沧区君峰路幼儿园	王 开	20	661	少山路 102 号、滨河路 1571 号、天水路 871 号	87896602
7	青岛市李沧区天鹅幼儿园	李 毅	8	290	青峰路 68 号	87899292
8	青岛海湾实业幼儿园	王岩立	6	182	唐山路 91 号	84686301
9	海军航空大学青岛校区幼儿园	梅 红	6	169	四流中路 2 号	51833348
10	中国人民解放军 92635 部队幼儿园	郑 伟	3	67	四流中路 1 号	51851070
11	李沧区雅荷幼儿园	马瑞平	4	96	邢台路 11–19 号	88793152
12	青岛市李沧区育才幼儿园	薛芝君	7	189	九水东路 369 号	84670123
13	青岛市李沧区雅贝幼儿园	张静静	13	334	延寿宫路 77 号、金水路伟东幸福之城 B 区	87601180
14	青岛市李沧区皮卡丘馨苑幼儿园	蔡 蔚	6	187	金水路 751 号	87689166
15	李沧区小红帆幼儿园	王 静	4	112	金水路 1057 号	87977791
16	李沧区戈戈幼儿园	顾 群	6	161	重庆中路 412 号	84667444
17	青岛李沧区智慧树幼儿园	张 娣	26	840	延寿宫路 68 号、黑龙江中路 852 号、虎山路 98 乙、重庆中路 967 号	66871177
18	李沧区阳光苗苗幼儿园	矫伟宏	6	194	正定三路 21 号	84676769
19	青岛李沧区海之星幼儿园	马 晶	9	298	四流中路 187 号翠海宜居小区内	84672516
20	青岛恒星学院幼儿园	王 会	7	168	九水路 588 号	86667001
21	青岛市李沧区大枣园幼儿园	陈艳萍	2	52	大枣园社区 1157 号	87655792
22	李沧区东方蓓蕾幼儿园	刘将将	7	230	兴义支路 9 号	86056981
23	青岛李沧区百合幼儿园	刘秀琴	6	195	宜川路 33 号	68985277
24	青岛市李沧区石沟社区幼儿园	臧贻红	4	119	大枣园社区 1237 号	84830292

（续表）

序号	教育教学机构名称	负责人	班数	幼儿人数	地　　址	联系电话
25	青岛市李沧区黄海幼儿园	曹国红	7	200	升平路 45 号	84651276
26	李沧区曲哥庄幼儿园	朱桂珍	3	65	书院路 257 号	13573809769
27	李沧区海贝儿尚风尚水幼儿园	袁璐	6	182	金水路 1575 号	66087888
28	李沧区达翁幼儿园	潘军	3	94	书院路 127 号	83031238
29	青岛市李沧区星星河幼儿园	李健红	3	81	金水路 2117 号金水翠园小区内	87067987
30	青岛红黄蓝春之都幼儿园	于卉	34	968	书院路 127 号、黑龙江路 2648 号、虎山路 11 号	81932002
31	青岛大苹果幼儿园	罗彩霞	10	270	青山路 265 号	55683691
32	青岛李沧青山绿水儿童之家幼儿园	董笑笑	9	226	黑龙江中路 3184-7 号	18678975568
33	青岛李沧广和幼儿园	矫君玲	9	304	九水东路 496 号 6 号楼	67706566
34	青岛李沧区福临万家幼儿园	冯爱英	8	237	青山路 265 号 26 号楼	80929680
35	青岛李沧五洲佳世幼儿园	刘海燕	11	317	金水路 737 号 1-3 层	58701700
36	青岛李沧区小红帽幼儿园	张锦萍	8	201	沔阳路 1 号 8 号楼	84672558
37	青岛李沧华昱童馨幼儿园	翟伟	13	387	巨峰路 249 号	68071222
38	青岛李沧湾头馨苑幼儿园	纪忠华	9	256	湘潭路 30 号 B 区 35 号楼	55787686
39	青岛李沧金水育贤幼儿园	段涛	9	252	金水路 823 号	87685555
40	青岛李沧区小剑桥中海幼儿园	王媛	22	787	金液泉路 10 号	87068669
41	青岛李沧区音乐之声幼儿园	刘欣	14	470	重庆中路 579 号	13953244008
42	青岛李沧区香蜜湖幼儿园	谷明霞	9	245	重庆中路 690 号	84672123
43	青岛市李沧区百果树幼儿园	顾军	8	244	青山路 618 号 10 号楼	80934566
44	青岛李沧区中海金色摇篮幼儿园	田海燕	14	426	九水路 60-104 号	668776177
45	青岛市李沧区重庆中路幼儿园	侯健健	46	1608	重庆中路 919 号、重庆中路 887 号、文昌路 155 号丙	87695424
46	青岛李沧区智荣幼儿园	栾海峰	11	385	虎山路 77-158 号	87626567
47	青岛市李沧区合水路幼儿园	林云芝	12	395	金川路 216 号	66086077
48	青岛市李沧区金川路幼儿园	孙艳	14	416	金川路 3 号	84670989
49	青岛市李沧区青山路幼儿园	刘伟	22	771	青山路 712 号	58586798
50	青岛市李沧区惠水路幼儿园	吴月芳	9	190	惠水路 626 号甲	84670952
51	青岛市李沧区红黄蓝印象湾幼儿园	周孟鑫	10	294	文昌路 699 号	80929911
52	青岛市李沧区衡水路幼儿园	时吉华	16	582	衡水路 3 号	84670286

（续表）

序号	教育教学机构名称	负责人	班数	幼儿人数	地　址	联系电话
53	青岛市李沧区九水东路幼儿园	张林林	12	434	九水东路 132 号	67707832
54	青岛李沧区孺子佳园幼儿园	姚贵彩	5	120	宜川路 57-1 号	87690367
55	青岛市李沧区华昱金海湾幼儿园	张 雪	12	418	黑龙江中路 482-91 号	87636288
56	青岛市李沧区北大新世纪幼儿园	崔 霞	4	79	东李村 1669 号	87063216
57	青岛市李沧区奇峰路幼儿园	侯 琛	31	924	南崂路 111 号、沐川路 16 号	87690030
58	青岛市李沧区河东幼儿园	袁 征	6	169	台柳路 601 号	84672880
59	青岛市李沧区东川路幼儿园	王 娟	9	337	广水路 90 号	87661707
60	青岛市李沧区汇川路幼儿园	张林林	4	93	汇川路 114 号	87661706
61	青岛市李沧区遵义路幼儿园	车金燕	8	236	文昌路 818 号甲	84679159
62	青岛市李沧区童心万向幼儿园	肖天梅	6	77	天水路 17 号（毕家上流 A 区）	58586088
63	青岛市李沧区智晟幼儿园	刘 霞	9	206	天水路 18 号 2-1 号楼	15621173350
64	青岛市李沧区武川路幼儿园	肖 莉	12	344	武川路 16 号	87661731
65	青岛市李沧区朗文幼儿园	岳 红	10	356	黑龙江中路 512 号 105 幢 512-1 号	80926218
66	青岛市李沧区阳光印象幼儿园	张美玲	11	374	文昌路 701 号	87601177
67	青岛市李沧区苍山路幼儿园	刘秀洁	7	177	文昌路 183 号	87671087
68	青岛市李沧区虎山路幼儿园	张 花	5	183	虎山路 29 号	84670938
69	青岛市李沧区金水路幼儿园	丁元华	11	344	金水路 217 号	68072508
70	青岛市李沧区广水路幼儿园	栾清雅	7	219	广水路 57 号	68987518
71	青岛市李沧区欣思维幼儿园	崔莉莉	8	170	枣山路 168 号秀水花园 4 号楼	87667177
72	青岛市李沧区春风里幼儿园	邢召伟	6	187	重庆中路 745-26 号 1～3 层	80919716
73	青岛市李沧区现代幼儿班	宋 宇	2	60	西山二路 475 号	87619083
74	青岛市李沧区其云幼儿班	翟其云	2	60	永平路 107-2、107-5 户	84621962
75	李沧区小豆丁家庭幼儿班	王 静	1	23	百通馨苑六区 13 号楼 3 单元 101 户	68985143
76	李沧区山泉幼儿班	初颖超	2	50	永清路 75 号	15953380356
77	李沧区智慧家庭幼儿班	孙 娟	1	19	唐山路 82-38 号	13153203027
78	青岛市李沧区向华幼儿班	彭向华	2	27	四流中路 221-11-13	13953263585
79	李沧区瑶瑶家庭幼儿班	刘美妮	2	50	湘潭路 38 号 36 号楼一层	13853247763
80	李沧区翠湖天使幼儿班	刘 赟	4	90	唐山路 87 号平台一楼	18653229637

（续表）

序号	教育教学机构名称	负责人	班数	幼儿人数	地　址	联系电话
81	青岛市李沧区新思源儿童之家幼儿园	胡春梅	3	79	中崂路 969 号	15863085685
82	青岛市李沧区世园幼儿班	吴海卿	3	54	宜川路 37 号绿城百合花园 75-4	13583247205
83	青岛市李沧区小螺号幼儿园	韩　朝	4	105	顺河路 199 号	13854280050
84	李沧区韩德云家庭托儿班	韩德云	1	5	河南庄中小区 12 号楼	13335003261
85	李沧区小葵花家庭托儿班	孙兆华	2	42	兴山路 4 号	13127050693
86	青岛市李沧区赵荣幼儿班	赵　荣	2	32	楼山花园 10 号楼 2-3 号网点	13356895688
87	李沧区赵爱云家庭托儿班	赵爱云	1	20	十梅庵 21 号 -1	15866856815
88	李沧区风云家庭幼儿班	赵风云	2	37	湾头社区湘潭路 50 号 -8 号	83036578
89	青岛市李沧区燕燕凯星幼儿园	王丽香	8	233	金水路 766-26 号	87690800
90	青岛市李沧区春之谷幼儿园	李　新	4	54	广水路 19 号世园美墅 20 号楼	84670828
91	李沧区金囡幼儿班	庄贵霞	1	11	金水路 753 号 -2	13730957059
92	李沧区花果山家庭幼儿班	吴英姬	2	40	兴国路 12-2 号、12-3 号、12-4 号	58729910
93	青岛李沧区乐嘉幼儿班	王秀云	1	28	兴国路 23 号	13156251098
94	李沧区鹤立幼儿班	段素花	2	32	东李村 1210 号	66766667
95	李沧区爱佳蓓幼儿班	郝金锋	2	30	九水东路 193-33	13789853687
96	李沧区华荣幼儿班	宋丽君	3	90	河南庄南小区	31356219777
97	青岛市李沧区蕾蕾幼儿班	孙　莉	1	28	唐山路 87 号翠湖小区 63-1-102	13969622505
98	李沧区金太阳家庭幼儿班	任　洁	1	10	长涧新村 2 号楼 3 单元 102	13153265768
99	青岛市李沧区星宇幼儿园	张　燕	6	101	枣园路 45 号	13658694113
100	李沧区秀芹家庭托儿班	李秀芹	1	7	百通花园 1 号楼 1 单元 101 户	13687659386
101	李沧区小春芽家庭幼儿班	毕秀风	2	35	唐山路翠湖小区 87-12 甲乙	83259899
102	青岛李沧区燕燕家庭托儿班	王丽香	5	116	金水路 753-20 号	84832765
103	李沧区雅韵幼儿班	王　帅	3	76	沧广路 22 号	18661661837
104	青岛市李沧区阿童木幼儿园	王耀东	4	136	合川路 5-41 号至 5-45 号	13583203552
105	青岛市李沧区铜川路幼儿园	王　蕾	4	92	合水路 8 号	87051167
106	青岛市李沧区爱宝星球幼儿园	朱乐乐	3	75	东川路 8-40 号	18254291319
107	青岛市李沧区富裕童心幼儿园	李　瑶	5	120	富裕路 7 号	86785678

2023 年度李沧区中、小学基本情况表

序号	教育教学机构名称	负责人	教师数	在校学生人数	地 址	联系电话
1	青岛永和路小学	尹 君	36	782	邢台路 15 号	84610680
2	青岛升平路小学	赵 宁	48	1037	永昌路 11 号	84631677
3	青岛振华路小学	高春霞	33	699	振华路 59 号	84632786
4	青岛永宁路小学	杨剑英	49	746	永定路 11 号	84656697
5	青岛永安路小学	王俊力	25	441	永平路 26 号	84622205
6	青岛永平路小学	高晓燕	32	645	兴华路 20 号	84639077
7	青岛四流中路第三小学	毕宏君	45	1030	四流中路 221 号甲	84623659
8	青岛安国路小学	庄宗传	25	466	安国路 2 号	84637206
9	青岛汾阳路小学	路 俊	36	701	汾阳路 15 号	84672658
10	青岛唐山路小学	于洪达	51	1044	唐山路 91 号	84696088
11	青岛沧海路小学	于 艳	40	882	沧广路 26 号	84691737
12	青岛沧口学校	李雅慧	156	2462	临汾路 101 号	84672200
13	青岛遵义路小学	江 峰	30	607	湘潭路 86 号	84812844
14	青岛湘潭路小学	董雪梅	67	1505	湘潭路 36 号	84831088
15	青岛大枣园小学	于钦永	85	1936	雨湖路 100 号	84836877
16	青岛文昌小学	相 蔚	65	1366	文昌路 22 号	66870727
17	青岛弘德小学	楚蔚君	93	2101	重庆中路 893 号	58661961
18	青岛市李沧区实验小学	綦 峰	95	2234	东山三路 1 号	66871690
19	青岛北山小学	胡 锐	37	784	枣园路 78 号	87899186
20	青岛李沧区第二实验小学	蒋元年	39	749	银液泉路 256 号	87682302
21	青岛金水路小学	王春蕊	80	1897	金水路 807 号	87693977
22	青岛市第二实验小学	江建华	106	2233	黑龙江中路 472 号	58661608
23	青岛浮山路小学	方 露	54	1069	青山路 627 号	87639598
24	青岛虎山路小学	王文琼	80	1781	虎山路 108 号甲	66879699
25	青岛文正小学	綦 峰	84	1982	中崂路 958 号	68076638
26	青岛王埠小学	蓝 芳	73	1676	巨峰路 260 号	87692377
27	青岛枣山小学	刘岩林	76	1856	华楼山路 11 号	66089188
28	青岛李村小学	翟立敏	35	596	九水路 25 号	87895813

（续表）

序号	教育教学机构名称	负责人	教师数	在校学生人数	地　址	联系电话
29	青岛李沧路小学	王　平	64	1508	君峰路 32 号	87976636
30	青岛书院路小学	王春蕊	53	1125	书院路 148 号	66765787
31	青岛重庆中路第一小学	李　莉	45	908	重庆中路 388 号甲	84632710
32	青岛东川路小学	张惠娆	85	1934	东川路 120 号	58586580
33	青岛铜川路小学	郭振虎	72	1587	铜川路 50 号	67706293
34	青岛徐水路小学	尹　超	49	1148	金川路 57 号	87303271
35	青岛宾川路小学	袁海澜	62	1208	宾川路 46 号	58661602
36	青岛广水路小学	杨月峰	89	2025	柏水路 13 号	58086507
37	青岛青山路小学	车红琳	66	1519	青山路 710	58586287
38	青岛哲范小学	胡红梅	47	1044	玉液泉路 19 号	87616016
39	青岛崇礼小学	臧子正	36	932	赤水路 1 号	87608659
40	青岛秀峰路小学	方建磊	16	342	秀峰路 17 号	68071286
41	青岛虎山路第二小学	崔　磊	22	609	枣园路 101 号	68699005
42	青岛富文路小学（青岛市第二实验小学北校）	江建华	11	288	富文路 17 号	87977944
43	青岛武川路小学	王　倩	14	338	武川路 27 号	87606098
44	青岛世园学校（青岛二中附属李沧学校）	王秀爱	56	1003	东川路 4 号	85715188
45	山东省青岛第二十七中学	张　伟	74	1099	重庆中路 907 号甲	84832359
46	山东省青岛第三十一中学	刘文波	84	1151	永清路 46 号	84628757
47	山东省青岛第三十三中学	王明强	54	710	永平路 107 号甲	84610523
48	山东省青岛第四十九中学	苏明玉	55	516	重庆中路 1043 号	84816430
49	山东省青岛第六十一中学	李　刚	118	1592	东山三路 3 号	87695540
50	山东省青岛第六十二中学	姚长起	94	1230	万年泉路 51 号	66765862
51	山东省青岛第六十三中学	范明星	126	1877	虎山路 1 号	87657118
52	青岛李沧区实验初级中学（青岛实验初中李沧分校）	邓学军	129	1827	合水路 17 号、九水东路 249	58661600
53	青岛君峰路中学	原　红	60	860	君峰路 76 号	87630089
54	青岛枣山中学（青岛五十八中附属初中）	王汩金	38	582	玉液泉路 19 号	87655595
55	青岛重庆中路学校	仇　磊	19	395	普安路 58 号	暂无
56	青岛明心学校	江立省	21	112	永安路 25 号	84624290

（区教体局）

社区教育和民办教育

社区教育

2023 年，李沧区持续推进优质多元的区域终身教育公共服务。建强村居级老年教育工作体系，创建市级社区老年教育示范点 1 个、区级社区老年教育示范点 2 个、市级职继协同老年教育示范点 1 个。抓课程扩大供给，开设社区思政课堂，联合中国海洋大学"同侪互助"项目建智慧助老课堂；开办李沧区社区家庭教育银龄课堂、非遗在社区、高校资源进社区等课程。抓活动丰富多彩，开展全民终身学习活动周、百姓学习之星、终身学习品牌评

选，参加青岛市社区教育书画大赛、剪纸大赛，组织市民进高校参观，接待省外单位考察。成立青岛开放大学李沧分校。参与研究的 2 项市级课题结题，课题成果论文"李沧区校地融合职继协同实践成果"入选《2023 年青岛教育蓝皮书》。6 项工作案例入选《青岛市社区教育优秀案例》并出版。全年获得教育部职成司荣誉 2 项、山东省教育厅荣誉 2 项、青岛市教育局荣誉 6 项。

民办教育

2023 年，李沧区推进全区民办教育规范发展。全区共有中等及以下民办学校 253 所。其中，学历学校 7 所，非学历学校 246 所。聚焦服务、监督、

执法 3 个维度，引导规范民办教育发展，增强校外培训机构治理工作的质量水平、规范程度、发展势能，扎实推进"双减"工作，实现区域民办教育规范化发展。抓服务促质量，找准平台建设"发力点"，实现监管平台全覆盖，强化预收费全流程监管；抓监督促规范，打好综合整治"组合拳"，监督巡查常态化，发挥"双减"工作机制作用，联合行政执法部门，打造良好教育培训生态；抓执法促发展，管好教育培训"责任田"，提升行政执法效能，明确责任边界，开展执法专项行动，抓好执法队伍建设，打造高水平、高素质、高标准的执法队伍。

（区教体局）

2023 年李沧区中等及以下学历民办学校基本情况表

序号	学校名称	地　址	联系电话
1	青岛志远学校	九水东路 7 号	87689566
2	青岛银河学校	铜川路 47 号	88808315
3	青岛李沧智荣小学	虎山路 39 号	87672000
4	青岛市李沧区智荣中学	通真宫路 79 号	88066633
5	青岛启慧双语学校	天水路 17 号	87669866
6	青岛爱迪学校	广水路 777 号	58565556
7	青岛市李沧区海诺学校	龙川路 7 号	81939977

2023 年李沧区中等及以下非学历民办学校基本情况表

序号	学校名称	地 址	联系电话
1	青岛市李沧区知语知乐文化艺术培训学校有限公司	东山四路 36–11 号	17660994022
2	青岛市李沧区首辅艺术培训学校	东山四路 37–13、14 号网点	13165058703
3	青岛沃盈语言培训学校	向阳路 116 号银座和谐广场 6 楼	18669899988
4	青岛市李沧区科琳艺术培训学校有限公司	九水路 60–26 号	17663967727
5	私立青岛盛世兰亭科技培训学校	南崂路 1070 号	15866823900
6	青岛市李沧区广电和而文化艺术培训学校	黑龙江中路 1138–1 号	18653267611
7	青岛翰墨艺术专修学校	京口路 47 号百通大厦 19 楼	13145321738
8	青岛市李沧区百特艺术培训学校	京口路 47 号 10 楼	15166665778
9	青岛华洋科技专修学校	京口路 47 号 21 楼	13505422035
10	私立青岛开天电脑培训学校	京口路 60 号	13668853286
11	私立青岛齐鲁书画篆刻研修学校	振华路 156–26、27、28、29 号	15588636572
12	青岛市李沧区七彩汇文化艺术培训学校	振华路 156 号 11 栋 2 户	17685588686
13	青岛市李沧区韶雅艺术培训学校	升平路 38 号 B2 层	13678852965
14	青岛市李沧区海升考艺艺术培训学校有限公司	振华路 161 号维客广场 3 层东区	15621188719
15	青岛市李沧区日月辉艺术培训学校	升平路 36 号	18561679989
16	青岛市李沧区伴山艺术培训学校	文昌路 41 号甲 –9 号	15066851820
17	青岛市李沧区百越科技艺术培训学校	文昌路 37 号甲 2 号	13854288206
18	青岛市李沧区爱笃语艺术培训学校	文昌路 39 号 1 栋甲 –3 号	18554835570
19	青岛市李沧区星河艺术培训学校有限公司	文昌路 26 号甲 –23 号	18353213159
20	青岛市李沧区正心文化培训学校	文安路 26 号	13210066658
21	青岛市李沧区美朵童画艺术培训学校有限公司	重庆中路 597 号甲 –8、9、10 号	18562762766
22	青岛市李沧区智学园艺术培训学校有限公司	文昌路 37 号甲 –15 号	18363928075
23	青岛市李沧区白雪公主艺术培训学校	宾川路 99–41 号	13573835792
24	青岛市李沧区剑少艺术培训学校	东川路 8 号 B4 号楼 201–204	13335003997
25	青岛市李沧区乐学城艺术培训学校有限公司	东川路 8 号 8–37 号（文体中心）	18562887558
26	青岛市李沧区小象印画艺术培训学校	广水路 771 号	18669711168
27	青岛市李沧区德而学堂艺术培训学校有限公司	宾川路 99 号 –18 号	18253292460
28	青岛市李沧区比克艺术培训学校有限公司	黑龙江中路 287–16、17 号	18663974789
29	青岛市李沧区向望艺术培训学校有限公司	黑龙江中路 287–20 号 2 楼、21 号 1 ～ 2 楼	15095122969
30	青岛市李沧区意象艺术培训学校	黑龙江中路 568–13 号	13953202663

（续表）

序号	学校名称	地　址	联系电话
31	青岛市李沧区文迪艺术培训学校	黑龙江中路 480-2 号	18653206471
32	青岛市李沧区银海艺湛艺术培训学校有限公司	黑龙江中路 480-25、27 号	13605327672
33	青岛市李沧区卓鸿艺术培训学校有限公司	黑龙江中路 482-63、64 号 2 楼	15166676692
34	青岛市李沧区知音艺术培训学校有限公司	黑龙江中路 480-5 号	13395328528
35	青岛李沧区查理语言培训学校	铜川路 216 号 7 号楼 206、207 室	13553065192
36	青岛市李沧区启辰艺术培训学校	宜川路 37 号 A 绿城百合花园 46-3 号网点	18653280766
37	青岛蒲公英艺术培训学校	铜川路 216 号绿城天地 7 号楼 3 楼	13792489673
38	青岛市李沧区弹指间艺术培训学校有限公司	铜川路 216 号绿城丽达购物广场二楼	15764231872
39	青岛市李沧区扑满艺术培训学校有限公司	铜川路 216 号 5 号楼 102 室	15166676876
40	青岛市李沧区立夏小天鹅艺术培训学校有限公司	铜川路 216 号 7 号楼 201	18681888679
41	青岛市李沧区放学大本营艺术培训学校	铜川路 216 号 7 号楼 302、303 室	13573818268
42	青岛丝路协创专修学校	铜川路 216 号 14 楼	18663920002
43	青岛市李沧区育成艺术培训学校	功德坊路 18 号 -27	18954202999
44	青岛市李沧区臻荣天成证券投资专修学校	万年泉路 237 号 20 号楼 2101、2102 室	15376874282
45	青岛市李沧区乐学壹佳艺术培训学校有限公司	万年泉路 237-8 号 2 层	13573831962
46	青岛市李沧区向之望艺术培训学校有限公司	万年泉路 237-155 号	13026580622
47	青岛李沧蓝矾证券投资专修学校	万年泉路 237 号 20 号楼 1902、1910 室	15753658888
48	青岛市李沧区鼎艺文化艺术培训学校	惠水路 618 号甲 10 号、26 号	18661782425
49	青岛市李沧区宜凡艺术培训学校	惠水路 618 号甲 7 号网点 1 ～ 2 层	15666200696
50	青岛市李沧区墨丽央美艺术培训学校有限公司	惠水路 618 号丙 -50 号	15253222818
51	青岛市李沧区一步之遥艺术培训学校有限公司	九水东路 193-25 号	15953260840
52	青岛市李沧区优优学艺术培训学校有限公司	九水东路 195-12 号（1 层）	18660253166
53	青岛市李沧区星贝艺术培训学校有限公司	九水路 193-37 号	13465800666
54	青岛市李沧区睿智艺术培训学校	九水东路 193-30、31 号	18669428370
55	青岛市李沧区小豆豆艺术培训学校有限公司	九水东路 195 号映月公馆 10 号网点	18661782816
56	青岛市李沧区启檬艺术培训学校	万年泉路 141-42、43 号	13336392112
57	青岛市李沧区鸿蒙徕恩艺术培训学校有限公司	虎山路 11 号警苑新居 20 号楼网点二楼	18366210728
58	青岛市李沧区雅轩文化艺术培训学校	上苑路 27-85/86	13792879799
59	青岛市李沧区好师弟文化培训学校有限公司	虎山路 27-23 号	13386421596
60	青岛市李沧区大智功成艺术培训学校有限公司	虎山路 27-56 号	18765228522

序号	学校名称	地 址	联系电话
61	青岛市李沧区咕咚科技培训学校有限公司	虎山路 27-54 号	18653233572
62	青岛市李沧区金博得艺术培训学校有限公司	虎山路 27-66、67 号	13325000996
63	青岛市李沧区韵声艺术培训学校	铜川路 216 号绿城新天地 4 号	13370831308
64	青岛市李沧区童之语艺术培训学校有限公司	宜川路 39-7 号	13969887755
65	青岛市李沧区美英艺术培训学校	灵川路 2 号 10 号楼 2-6	13793290890
66	青岛市李沧区东岳科技文化培训学校	金川路 6-15 号	13869888111
67	青岛市李沧区橡树林科技艺术培训学校有限公司	重庆中路 881 号甲 -18 号	18562780176
68	青岛市李沧区格莱德艺术培训学校有限公司	重庆中路 881 号甲 -8 号	18953257099
69	青岛市李沧区橡树艺术培训学校有限公司	重庆中路 881 号中南世纪城二期商业街甲 -14 户	13853211191
70	青岛市李沧区小马奔腾艺术培训学校有限公司	重庆中路 877 号甲 3 楼 305 室	15963200980
71	青岛市李沧区诚育艺术培训学校有限公司	重庆中路 881 号甲 25、26-2、27-2 号	15653283970
72	青岛市李沧区金学培优艺术培训学校有限公司	功德坊路 18 号 -16 2 层	13730932292
73	青岛市李沧区启育新艺代艺术培训学校有限公司	九水东路 130-63、65、66 号	13678850229
74	青岛市李沧区飞溅艺术培训学校有限公司	九水东路 130 号 24、25、26 号	13869839561
75	青岛市李沧区融学科技培训学校有限公司	九水东路 130 号 3 号楼 7 楼 705、706 室	18653259929
76	青岛市李沧区大拇指艺术培训学校	九水东路 37-21 号	18661956612
77	青岛市李沧区雨琳苑艺术培训学校	九水东路 130-114、115、116 号	15966806739
78	青岛市李沧区乐校艺术培训学校有限公司	巨峰路 173-44	15621187695
79	青岛市李沧区清大文化培训学校	九水东路 37-1 号网点	18978925635
80	青岛市李沧区鲸鱼艺术培训学校	巨峰路 179-3、179-4	13687646665
81	青岛市李沧区丹瑟艺术培训学校	湘潭路 37 号中博国际中心 201 室	13792472765
82	青岛市李沧区博顺艺术培训学校有限公司	巨峰路 199 号新锦华广场南栋 A 区 66、68 号	13780629505
83	青岛市李沧区家有学童艺术培训学校有限公司	中崂路 969 号园内东南侧 2 层	15064236540
84	青岛市李沧区雅虎星飞扬艺术培训学校	大崂路 666 号 5 号楼 40 号网点	15610020735
85	青岛红昇科技培训学校	京口路 78 号	15336427718
86	青岛市李沧区煜天使艺术培训学校	京口路 111 号 A3011 ～ A3013、A3015 ～ A3017	15166666189
87	青岛市李沧区方圆天成艺术培训学校有限公司	金水路 753-1 号 1 层	17685558922
88	青岛市李沧区蓝莓果艺术培训学校	黑龙江中路 797-35、36 号	13808979705

（续表）

序号	学校名称	地　址	联系电话
89	青岛市李沧区铭仁艺术培训学校	黑龙江中路 797-95 号	13573225631
90	青岛市李沧区九鼎艺术培训学校有限公司	黑龙江中路 797-92 号	13658694617
91	青岛市李沧区青大凯心艺术培训学校	黑龙江中路 797-97 号	15589822228
92	青岛市李沧区源新点艺术培训学校	黑龙江中路 797-100 号	13656485766
93	青岛市李沧区安可尔艺术培训学校	黑龙江中路 2688-19 号	13114139913
94	青岛市李沧区尚博艺术培训学校有限公司	黑龙江中路 2688-14、2688-15 号	13792873077
95	青岛市李沧区梦想飞艺术培训学校有限公司	黑龙江中路 2688-9 号	13325002697
96	青岛市李沧区启赋优将艺术培训学校有限公司	黑龙江中路 2688-8 号	13730991752
97	青岛市李沧区皇家伯锐艺术培训学校	黑龙江中路 2688-16 号金秋桂园网点	15066233081
98	青岛市李沧区优壹甲科技培训学校	黑龙江中路 862-16 号 2 层	15095102365
99	私立青岛博帆科技培训学校	黑龙江中路 2688-21 号	13012423832
100	青岛市李沧区启发艺术培训学校有限公司	平顺路 4-2 号 1～2 层	15194235110
101	青岛市李沧区嘉悦艺术培训学校有限公司	临汾路 34 号	13864857560
102	青岛市李沧区艺佳学府科技艺术培训学校有限公司	临汾路 148 号锦云苑 4 号楼 3 楼	13519870226
103	青岛市李沧区赫博科技艺术培训学校有限公司	晋中路 23 号、晋中路 21 号 2 层	18661780123
104	青岛市李沧区大隅艺术培训学校有限公司	九水东路 320 号 1 号楼 2 层	15066790599
105	青岛市李沧区爱沃德科技艺术培训学校	金水路 819-102 号	15763936494
106	青岛市李沧区达米拉艺术培训学校有限公司	金水路 819-112 号	15615283787
107	青岛市李沧区爱美之语艺术培训学校	金水路 819-106 号	13658663958
108	青岛市李沧区启优艺术培训学校有限公司	金水路 817 号 -11	15694431316
109	青岛市李沧区橄榄树艺术培训学校有限公司	九水东路 199 号 3 号楼 199-45-2、199-46-1、199-46-2、199-47-1、199-47-2	18560611131
110	青岛市李沧区至真至成文化培训学校	九水东路 199-64-2、199-65-2、199-66-2 号	13153263526
111	青岛市李沧区天童艺术培训学校	黑龙江中路 629 号 -120 户 1～2 层	15953201267
112	青岛市李沧区新学堂艺术培训学校	黑龙江中路 629 号	18953273106
113	青岛市李沧区音未山青艺术培训学校	青山路 265-108 号网点 1 层	13355311313
114	青岛市李沧区赛尔绘智艺术培训学校有限公司	青山路 265-103 号	15965583199
115	青岛市李沧区帝一文化艺术培训学校	青山路 265-102 号	15954809697
116	青岛市李沧区鸿轩艺术培训学校	青山路 265-96 号	13969861432

（续表）

序号	学校名称	地　址	联系电话
117	青岛市李沧区馨韵艺术培训学校	万年泉路 141 号 -28、29、30	13791813680
118	青岛市李沧区新世源科技文化培训学校有限公司	黑龙江中路 860 号 43 户	18661985949
119	青岛市李沧区晶睿先声艺术培训学校有限公司	九水路 60-113、114 号	13626391006
120	青岛市李沧区拓成经济管理培训学校	京口路 28 号	13361252668
121	青岛市李沧区永济艺术培训学校	通真宫路 168 号 1 ～ 2	13455211577
122	青岛市李沧区正德艺术培训学校	青峰路 60 号 5 幢 2 层	15092158156
123	青岛市李沧区未来卓远文化培训学校有限公司	九水路 60-38 号	18053208702
124	青岛市李沧区智慧星河文化培训学校	九水路 29 号 -1、-2 号网点	15964925028
125	青岛书之香文理培训学校	九水路 7 号 10 网点 2 层、11 网点 2 层	13996220828
126	青岛市李沧区海培文化培训学校有限公司	九水路 17 号 -11/17 号 -12	15953209613
127	青岛市李沧区朗朗童话艺术培训学校有限公司	九水路 60-110 号	18561797188
128	青岛市李沧区朝晨文化艺术培训学校有限公司	九水路 60-21 号	18253271703
129	青岛市李沧区育朗文化艺术培训学校	九水路 60 号 -110 号	15966882667
130	青岛市李沧区尚书科技培训学校	九水路 60 号 -7	18661879606
131	私立青岛李沧区爱心艺术培训学校	重庆中路 903 号丙 -22 号 2 楼、丙 -23 号 2 楼	18661996771
132	青岛市李沧区领创科技培训学校	重庆中路 903 号甲 -85 号	13810566624
133	青岛市李沧区小白杨文化培训学校	重庆中路 903 号丁 -11 号	15314227987
134	青岛市李沧区米色童艺术培训学校有限公司	兴国路 12 号 3 号楼 -4 网点	13505323228
135	青岛市李沧区思锐学能艺术培训学校有限公司	邢台路 77 号丁一层	13153270090
136	青岛市李沧区琴之雅韵艺术培训学校有限公司	兴国路 15 号乙	13505426683
137	青岛现代工业技术培训学校	永年路 25 号	13780688787
138	青岛市李沧区菲丽茜艺术培训学校	正定三路 30-1 号	18661691792
139	青岛市李沧区立立源文化培训学校	永安路 50 号	13589298758
140	青岛市李沧区睿丁艺术培训学校	书院路 37 号奥克莱新天地 3 楼 302 室	18553285008
141	青岛市李沧区柠檬树艺术培训学校	书院路 37 号英煌大厦 3 层	18660296085
142	青岛市李沧区鲁出科技培训学校有限公司	书院路 37 号 -2 英湟大厦 406 室	13361230817
143	青岛市李沧区豆神艺术培训学校有限公司	峰山路 86 号 5 楼 521 号	18765966900
144	青岛市李沧区好思得艺术培训学校有限公司	永昌路 8-3、8-4 号	18562559835
145	青岛市李沧区星河优学文化培训学校	升平路 28 号甲	18353213159

（续表）

序号	学校名称	地　址	联系电话
146	青岛市李沧区淑芳美育艺术培训学校有限公司	升平路 28 号乙、丙	15864721998
147	青岛市李沧区欧美华艺术培训学校	大同北路 28-11、12 号	15254210188
148	青岛市李沧区一禾文化艺术培训学校	青山路 626 号甲 2 楼	13655328347
149	青岛市李沧区舞梦源艺术培训学校有限公司	青山路 626 号甲 2 层	18661750311
150	青岛市李沧区新航艺术培训学校	九水路 227 号宝龙广场 2 楼 M1-L2-002-1-2	18663905589
151	青岛青师知能培训学校	九水路 176 号	15192551295
152	青岛市李沧区昕维艺术培训学校	振华路 151 号 107、203-209	13853276220
153	青岛市李沧区吉赛尔艺术培训学校有限公司	东川路 59-32 号 1 楼西区	15011328696
154	青岛市李沧区光音艺术培训学校	东川路 59 号 35 号楼 2 层	15866864649
155	青岛市李沧区启韵新艺代艺术培训学校有限公司	广水路 19 号 19-1（55 号网点）	15966890991
156	青岛网文创客实践培训学校	金水路 68 号青岛创业大学 2 楼	15689910001
157	青岛市李沧区智诚艺术培训学校有限公司	宾川路 52-16、17、18、19 号	15165259627
158	青岛市李沧区画季艺术培训学校有限公司	九水东路 518 号 1 号楼网点 2 层东户	13165052805
159	青岛市李沧区慧鱼科技培训学校有限公司	九水东路 508-13 号	13969790653
160	青岛市李沧区悦享艺术培训学校	九水东路 488 号和达和城 496-12 室	18669810289
161	青岛市李沧区智云科技培训学校有限公司	金水路 187 号 5 号楼 4 层东南侧	17611221218
162	青岛市李沧区智廷扬清艺术培训学校有限公司	虎山路 77-179 号至 77-197 号	18353238780
163	青岛市李沧区上源文化科技培训学校	铜川路 216 号 -4 号楼 101	17753237767
164	青岛市李沧区艺美童年美学艺术培训学校有限公司	虎山路 27-100 号 2～3 楼	18678966102
165	青岛市李沧区乐屋艺术培训学校有限公司	虎山路 27-85、86 号	18561832300
166	青岛市李沧区艺源艺术培训学校	虎山路 27-137 号	13806426859
167	青岛市李沧区油菜田艺术培训学校有限公司	虎山路 27-106、107 号	15712739539
168	青岛市李沧区世光文化培训学校	顺河路 217-19 号	18765285900
169	私立青岛利泽现代外语专修学校	京口路 88 号	13070822330
170	青岛市李沧区雅虎艺术培训学校	果园路 82 号	15615722998
171	青岛市李沧区米罗拾贝艺术培训学校有限公司	惠水路 518-1 号	13789867744
172	青岛市李沧区创云艺术培训学校	九水东路 369-3 号网点	15698115299
173	青岛六艺学堂文化艺术专修学校	九水东路 195-8 号	13953232093

（续表）

序号	学校名称	地 址	联系电话
174	青岛市李沧区美之乐艺术培训学校有限公司	浏阳路 2 号甲 51-12、13、14、15 号	13210263139
175	青岛市李沧区西鸿文化艺术培训学校有限公司	浏阳路 2 甲 -3 号 1～2 层、2 甲 -4 号 2 层	15908972396
176	青岛市李沧区演艺艺术培训学校有限公司	兴城路 39 号	13305325633
177	青岛市李沧区亦木艺术培训学校	黑龙江中路 629 号 -16 户	17663967732
178	青岛市李沧区儒源缤纷鸟文化艺术培训学校有限公司	黑龙江中路 629 号 -87、88 户	13553056099
179	青岛市李沧区魔画艺术培训学校	黑龙江中路 629 号 -50、51、52 户	15563935906
180	青岛市李沧区博文优学艺术培训学校有限公司	黑龙江中路 629 号 -79	18805325378
181	青岛市李沧区丹丹艺术培训学校	黑龙江中路 629 号 -94 户	15345321283
182	青岛市李沧区艾米空间艺术培训学校有限公司	黑龙江中路中海国际御城西门 629 号 -129 号	18561808667
183	青岛市李沧区美丫儿艺术培训学校有限公司	黑龙江中路 629 号 -122 户	18806420371
184	青岛市李沧区飞学苑艺术培训学校有限公司	黑龙江中路 629 号 -144 户	15153299015
185	私立青岛东海岸科技专修学校	瑞金路 37 号甲	13791940921
186	私立青岛凌海电子技术专修学校	瑞金路 17 号	13864215312
187	青岛市李沧区盛世舞韵艺术培训学校有限公司	青山路 718-18 号 101 户 3 楼	13658662516
188	青岛市李沧区嘟嘟猫艺术培训学校有限公司	青山路 718-12 号	18660264980
189	青岛市李沧区翰林志艺术培训学校有限公司	九水路 60-122 号	15615526786
190	青岛市李沧区咘朗尼科技培训学校有限公司	青山路 716-21 号	15066886790
191	青岛市李沧区鑫小神龙艺术培训学校	金水路 762-6、762-7 号 1 楼下面	18561672836
192	青岛市李沧区蓝港艺术培训学校	黑龙江中路 797-19 号	13188978677
193	青岛市李沧区未来梦文化艺术培训学校	金水路 770 号 3F07	18560456991
194	青岛市李沧区禾畔艺术培训学校有限公司	金水路 735-16 号	13854250269
195	青岛市李沧区大墨蒲公英艺术培训学校有限公司	金水路 1068-137 号	13210860225
196	青岛市李沧区莱顿艺术培训学校有限公司	金水路 1068-22 号	13854268978
197	青岛托普科技培训学校	金水路 1577-10 号	15966937629
198	青岛市李沧区禾颂意象艺术培训学校有限公司	金水路 1068-103 号	13105170313
199	青岛市李沧区半夏星辰艺术培训学校	夏庄路 1 号乐客城 1 楼	18354287905
200	青岛市李沧区瑞思艺术培训学校	夏庄路 7 号乐客城 3 楼	18815366958

（续表）

序号	学校名称	地 址	联系电话
201	青岛市李沧区乐之行科技艺术培训学校	夏庄路 1 号伟东乐客城 L3-C-07	15866850798
202	青岛市李沧区极客晨星科技培训学校有限公司	夏庄路 1 号三楼 L3-D-01A	18053222388
203	青岛市李沧区趣玩科技培训学校有限公司	夏庄路 1 号 L3-D-03	18615400607
204	青岛市李沧区金石艺术培训学校	大崂路 1088 号	18561766113
205	青岛李沧区学大考前辅导学校	京口路 20-42 号 3 楼 302	15263037237
206	青岛市李沧区白石艺术培训学校	滨河路 1017 甲号	17605323539
207	私立青岛华泰科技培训学校	京口路 1 栋 3 层（3016、3017、3018、3020、3022、3024、3048）	15820086311
208	青岛市李沧区鸿之海艺术培训学校	向阳路 98 号	15966876368
209	青岛市李沧区极星虹科技培训学校	峰山路 86 号星光大道时尚购物广场 113 室	16653212820
210	青岛市李沧区北院舞星艺术培训学校有限公司	峰山路 86 号星光大道四层 417、418 号	15020060456
211	青岛市李沧区小白帆艺术培训学校有限公司	峰山路 86 号星光大道购物广场 3 楼 301 户	18863986907
212	青岛市李沧区金喇叭文化艺术培训学校有限公司	峰山路 86 号星光大道时尚购物广场五楼 508-1 号	15264273897
213	青岛市李沧区妙典文化艺术培训学校	峰山路 86 号星光大道 4 楼 406 室	15763967107
214	青岛市李沧区新青苑文化培训学校	京口路 111 号天都锦茶城 A 座 3 楼 3039	18669796188
215	青岛李沧区明星艺术培训学校	峰山路 86 号星光大道 512 室	15266218899
216	青岛国泰教育培训学校	峰山路 86 号星光大道 5 楼	18660279365
217	私立青岛李沧宏成科技人才专修学校	峰山路 111 号	15853278166
218	青岛市李沧区罗兰艺术培训学校	九水路 227 号李沧宝龙广场 MALL 区 3 层 3003-21	13361220222
219	青岛市李沧区英贝艺术培训学校有限公司	九水路 227 号宝龙城市广场 3 楼 M-F3-046/047	18521060401
220	青岛市李沧区小泓私塾艺术培训学校	九水路 227 号宝龙广场 MALL 区 3 层 F3-027/028	13906487591
221	青岛市李沧区木牛牛马艺术培训学校有限公司	九水路 227 号李沧宝龙广场 MALL 区 3 层 M-F3-020/021/022	15376721511
222	青岛市李沧区夏沐尔艺术培训学校有限公司	九水路 227 号李沧宝龙广场 3 层 M-F3-003-1	13864822277

（续表）

序号	学校名称	地　址	联系电话
223	青岛市李沧区优玛客计算机培训学校有限公司	九水路 227 号李沧宝龙广场 M-F3-055/056	13376396651
224	青岛市李沧区翔鹰爱沃德艺术培训学校有限公司	九水路 227 号李沧宝龙广场 M-F2-002-01	18554830197
225	青岛市李沧区启华艺术培训学校	巨峰路 178 号万达广场 2F-015A	13845156589
226	青岛市李沧区极速代码科技培训学校	巨峰路 178 号万达广场室内步行街 5F-02 号	18661727025
227	青岛市李沧区云裳舞艺术培训学校	巨峰路 178 号万达广场四层 F3-2	15563959610
228	青岛市李沧区奇点艺术培训学校	巨峰路 178 号万达广场 F4-9	13061418228
229	青岛市李沧区来高科技培训学校有限公司	巨峰路 178 号万达广场 2F-009 号商铺	13655325980
230	青岛市李沧区佰金键艺术培训学校有限公司	巨峰路 178 号丙 -31、32	17854222220
231	青岛市李沧区摩西未来文化培训学校有限公司	巨峰路 178 号丙 -45	13385424370
232	青岛市李沧区美乐艺术培训学校	巨峰路 178 号万达广场室内步行街 4F 层 4012，4013 号商铺	13969676737
233	青岛市李沧区梵睿艺术培训学校	巨峰路 178 号金街 3058 号	13553019886
234	青岛市李沧区点金艺术培训学校	巨峰路 178 号万达广场 4 层	13698684965
235	青岛市李沧区乔纳艺术培训学校有限公司	巨峰路 199 号新锦华广场南栋 A 区 63 号	18661750311
236	青岛市李沧区文远文化培训学校	京口路 1 栋 3001-3007、3010、3012-3014/3048 号	18561717792
237	青岛市李沧区贝诺艺术培训学校	京口路 20-42 号苏宁生活广场 4 层	15254288728
238	青岛市李沧区儒子轩会计培训学校	京口路 28 号 1 号楼 1502、1504、1508、1509 户	15898867980
239	青岛市李沧区金航道文化艺术培训学校	少山路 30 号 1 幢 2 层 201-205 室	15621000680
240	青岛市李沧区商业职工学校	书院路 52 号	15192791678
241	青岛市李沧区世纪启航文化培训学校	九水路 29-7 号 1 层 1-2	15898818125
242	青岛市李沧区雅逸阁艺术培训学校	临汾路 77 号	17685450836
243	青岛市李沧区天龙艺术培训学校	向阳路桥南头西侧 2 楼网点及 3 楼	13808958920
244	青岛市李沧区明德堂艺术培训学校	万年泉路 237 号 20 号楼 303、304	13668887238
245	青岛市李沧区浩棒艺术培训学校有限公司	黑龙江中路 629 号 -8 户甲	15345321283
246	青岛市李沧区善学文化艺术培训学校	东山四路 17 号院内 1 号网点	13969898565

（区教体局）

李沧区高中、职业学校简介

青岛世园学校（青岛二中附属李沧学校）

概况 青岛世园学校（青岛二中附属李沧学校）于2020年8月启用，建筑总面积3.95万平方米，总投资额2.3亿元。学校是经青岛市教育局批准，由李沧区引进青岛二中优质教育资源设立的一所学校，是青岛二中教育集团成立以后启用的第一所成员校，也是全市历史上第一所涵盖小学、初中、高中三个学段的公办学校。小学段一至四年级16个教学班，初中三个年级6个教学班，高中一年级4个教学班，共1191名学生。2023年，110余名学生在全国和省、市、区科技、人文、艺体比赛中获奖。学校获评全国围棋特色学校、山东省绿色学校、山东省营养与健康学校、山东省卫生单位、青岛市阳光校园、青岛市青少年校园足球特色学校等。

师资情况 2023年，青岛世园学校（青岛二中附属李沧学校）注重教师培养，以《李沧区中小学教学常规》为指南，加强教学过程管理，加强对教师教学业务指导，规范教师教学行为。促进年轻教师成长，组织青年教师开展说课、粉笔字、钢笔字和优质课等基本功比赛。学校有义务段教师56人，其中26人获评省、市、区级优秀教师和市、区级教学能手等。青岛二中本部18名教师在附属李沧学校高中部任教。

教研成果 2023年，青岛世园学校（青岛二中附属李沧学校）重视教育教学与课题研究工作，创新改革试验项目。小学部聚焦主题式教学，通过创设生活化学习情境，培养学生深度学习能力和综合运用知识解决问题能力。开发完成一至三年级19个主题式课程。主题课程"中秋月儿圆"被山东省教科院评为山东省跨学科主题学习优秀案例；"神奇的中医药"被推荐参评全省跨学科主题学习典型案例；市级课题"主题式教学提高学习质量及学生核心素养的机制研究"结题。初中部关注项目式学习，采用学创社区学习模式，将项目式学习与学校育人理念紧密融合，让学生从身、心、灵、学、做、思的角度，调动全身心活力去学习与思考，培养学生的学习意识和能力，提升学生的综合学习素养。学校生物、英语、历史、化学、物理等学科开展了多元化的项目式学习。

教育教学 2023年，青岛世园学校（青岛二中附属李沧学校）注重课堂教学，提高教学质量。小学部在"夯实基础，培养习惯；面向全体，分层管理；激发兴趣，绽放天赋；注重思维，提高能力"32字教学原则指引下，一、二年级为学生培养良好的学习习惯，从课前准备、课堂听讲、课后练习等环节细化要求，规范落实学习常规；三、四年级制定详细的教学反馈机制，摸清学情、梳理重点、突破难点，落实学科素养；初中

2023年，青岛世园学校（青岛二中附属李沧学校）注重五育并举，推进读书工程，打造"三元悦读"读书品牌。图为学生们在三元书屋阅读书籍。

（区教体局供图）

部各年级进行学法指导，助力提升课堂教学。中层以上领导干部深入教研组、备课组参加教研活动，了解各学科教学进展和学生状态，并给予方向性指导建议。

五育并举 2023年，青岛世园学校（青岛二中附属李沧学校）注重五育并举，促进学生全面发展。开展中华传统文化教育，推进读书工程，打造"三元悦读"读书品牌，坚持组织古诗词考级活动；开展"仁义礼智信温良恭俭让"德育主题月活动；开展艺体特色教育，小学、初中、高中三个学段开设艺体选修课20余门，有篮球、排球、橄榄球、健身、武术、足球、合唱、国画、创意美术等；学校挖掘劳动教育育人价值，建立学生自理岗，为每一个孩子量身定制劳动岗位、制定家务劳动清单，引导孩子参与家庭劳动，在校园中开辟劳动种植区——"70号农场"和"百草园"中药种植区；关注学生心理健康发展，建立学生心理健康档案，定期邀请青岛二中专职心理教师对家长、学生进行心理辅导，同时做好特殊人群筛查工作。

青年教师培养 2023年，青岛世园学校（青岛二中附属李沧学校）注重青年教师培养，打造德能兼备充满活力的教师团队。落实超带动计划，为每名青年教师配备教学、德育和成长3位导师，促进青年教师快速成长；实施教师成长"青蓝工程"和小初高发展共同体，加强三个学段教师的交流、教学研讨，加强师徒间相互听评课和业务交流，促进青年教师专业成长；召开青年教师座谈会，鼓励并安排青年教师走出校门，参加区、市教研活动，外出观摩学习。

资源共享 2023年，青岛世园学校（青岛二中附属李沧学校）发挥小初高一体化办学优势，发挥核心校辐射带动作用。以青岛二中本部学科研究室为主体，开展联合教研、听评课等活动，参与青岛二中附属李沧学校小学、初中教研活动，学校高中部与校本部实现覆盖所有学科的联合集备，共享全部集备资源；开展"大手拉小手"活动，每个初中班均安排高中段优秀学生作为学长，定期组织学法指导、经验分享等活动，发挥高中段的榜样示范和引领作用；学校的开学典礼、升国旗仪式、体育节、艺术节、美食节以及"六一"儿童节等德育主题活动，小初高三个学段共同参与、共同展示、共同提升；学生会组织和学生自创社团组织均为融合式，初高学生可自主选择加入。

山东省青岛第五十八中学

概况 山东省青岛第五十八中学建校于1952年，始称为山东省青岛第五中学，1969年改称崂山一中，1994年更名为山东省青岛第五十八中学，为青岛市教育局直属学校。学校本部占地面积6.4万平方米，建筑面积3.72万平方米。有教学班50个，学生2538人。学校获评全国中小学德育工作先进集体、全国中小学平安和谐校园先进单位、全国青少年文明礼仪教育示范基地、国家级节约型公共机构示范单位、全国教育系统先进集体、全国文明单位、首届全国文明校园等。2023年，获评山东省营养与健康学校、山东省优秀考点、山东省平安绿色校园群智联动与协同防控关键技术研究科研示范学校、青岛市五星级阳光校园、青岛市家校社协同育人优秀校等。

师资情况 2023年，山东省青岛第五十八中学有教职工264人，其中专任教师236人，博士、硕士研究生79人，正高级教师5人，146人次被评为全国优秀教师、国务院政府特殊津贴获得者、全国"五一"劳动奖章、齐鲁名校长、齐鲁名师、省市级劳动模范、特级教师、优秀教师、德育先进、学科带头人、教学能手等。

贯通制培养 2023年，山东省青岛第五十八中学依托教育集团优势，统筹小学、初中、高中三个学段课程设置，立足学生长远发展，提升学生学习素养，建立完善贯通制培养模

2023 年 12 月 12 日，山东省青岛第五十八中学承办青岛市"转型升级 全面创优"系列活动。图为学校教师活动论坛发言现场。

（区教体局供图）

式。通过外聘引进和内部培养等方式，打造"尖兵教师"团队；开设数学、物理、化学、生物、信息技术 5 个学科的奥赛课程和强基课程；依托清华大学强基培训课程，开设数学、物理等强基课程，为高校"强基计划"人才筑基；开设精湛培优课程，成立卓越班，着重于思维能力训练、学科素养提升、情境化问题的分析解决，提升学生创新能力。2 名同学在物理和化学奥林匹克竞赛中获山东省一等奖；5 名同学入选全国"英才计划"并取得优异成绩；20 余名同学参加由清华大学、复旦大学、上海交通大学、武汉大学、北京航空航天大学等 9 所顶尖高校近 30 个实验室具体实施的"登峰计划"顺利结营，为今后的学习和发展规划提供了指引和方向。

高效课堂 2023 年，山东省青岛第五十八中学坚持"以人为本 全面发展"办学思想，恪守"追求卓越 报效祖国"校训，推进精细化管理，深化新课程改革，打造了办学目标精准、教师团队精良、学校管理精细、校本课程精彩、教学技能精湛、校园环境精美的学校特色。优化"学案导学 以学定教"的高效课堂教学模式，高考成绩又创新高。山东省特招线达线率超过 95%，考入清华大学 3 人，浙江大学、复旦大学、西北工业大学等高校录取人数均居山东省首位。上海交通大学、浙江大学、香港中文大学（深圳）、北京师范大学、西北工业大学、中国医科大学、大连海事大学、西南财经大学、宁波诺丁汉大学、广东以色列理工学院等 10 余所高校授予山

东省青岛第五十八中学"优秀生源基地"称号，学校成为清华大学、北京大学、浙江大学、中国人民大学等众多"双一流"高校的优秀生源基地，为学生的全面进步和终身发展搭建了优质平台，凸显了"让每个学生的潜质得到最大程度发挥"的办学优势。

德育工作 2023 年，山东省青岛第五十八中学围绕"责任 诚信 感恩 宽容"德育主题，开展了丰富多彩的学生德育活动。合唱节、戏剧节、经典诵读展演、艺术节、校园好声音、运动会晚间开幕式、长途拉练、北京研学、毕业典礼等大型活动成为亮丽名片。山东省青岛第五十八中学合唱社团、朗诵社团、交响乐团获评青岛市特色美育社团；在青岛市第三十三届中小学生艺术节各类活动展演中获得器乐展演、合唱展演、班级舞蹈展演、班级合唱展演 4个一等奖；"金钥匙"交响乐团获评山东省中小学器乐展演一等奖，并受邀参加山东省中小学艺术展演现场启动仪式；教育集团三个校区 3000 余名高一新生徒步沿海 20 千米拉练，被《青岛早报》等媒体报道。

国际教育 山东省青岛第五十八中学先后与德国、英国、美国、澳大利亚、加拿大、日本等国高中名校建立姊妹学校关系，定期进行游学等教育交流活动。2023 年，北美国际课

程班增加英联邦国家方向，与英国高尔中学合作办学。97%的同学被英国剑桥大学、帝国理工大学，美国康奈尔大学、约翰霍普金斯大学、加州大学伯克利分校、加州大学洛杉矶分校，加拿大多伦多大学等世界排名前30的大学录取。

集团化办学　山东省青岛第五十八中学自2019年开启集团化办学以来，不断扩大优质教育资源，杜威实验学校、山东省青岛第五十八中学高新学校、青岛高新区文典路学校先后招生。2023年，青岛枣山中学（青岛五十八中附属初中）正式招生；同年8月，签约在青钢片区共建山东省青岛第五十八中学北校区，并托管片区两所九年一贯制学校，形成了横跨青、红、黄三岛，纵跨小初高各学段的"三地八校一体化"办学模式，成为青岛市最大的教育集团，得到社会各界的高度认可。

山东省青岛第三中学

概况　山东省青岛第三中学始建于1945年，原名市立沧口初级中学，为当时全市仅有的四所公立学校之一。学校是青岛市教育局直属普通高中，毗邻沧口公园，西邻大海，北依楼山，环境优美，交通便利。学校是山东省规范化学校、山东省体育传统项目学校、青岛市花园式单位、青岛市文明校

园、青岛市教育信息化应用创新示范学校、青岛市心理健康教育示范校、青岛市中小学创客教育联盟创始学校、青岛市首批"四星级阳光校园"、首批"劳动教育实验学校"。学校获评首批青岛市教师专业发展学校、首批全市中小学生涯教育实验学校、事业单位人事管理示范点、青岛市普通中小学高水平现代化学校、青岛市校园文化建设示范学校、山东省绿色学校。

师生情况　2023年，山东省青岛第三中学师资力量雄厚，有教职工148人，山东省教学能手3人，青岛市优秀教师5人、教学能手12人、学科带头人5人、青年教师优秀专业人才35人。学校在校学生1847人，高一年级14个教学班，高二年级

12个教学班，高三年级12个教学班。

教学设施　2023年，山东省青岛第三中学新校舍建筑面积扩展到了4.3万平方米。有3座新教学楼，每个级部使用一座楼，教室、教师办公室、集体备课室、师生交流区、功能教室等都在同一教学楼，搭建了师生沟通交流平台。山东省青岛第三中学改扩建是改善学校办学条件，传承青岛北部老校历史业绩，实现学校的跨越式发展。

教育教学　2023年，山东省青岛第三中学党委树立"三融三促"为党建品牌，落实党组织领导下的校长负责制。全校践行教育家精神、勇担新时代教育使命，推动教师梯队建设，教师专业发展成果丰硕，

2023年，山东省青岛第三中学"继往圣古训，听黄河奔流"主题研学课程获评省级优秀研学课程。图为学生参加研学活动。

（区教体局供图）

教师入选齐鲁名师建设工程人选、学科带头人、青岛市教学能手、青岛市"菁英计划"等。学校坚持科学教育与人文教育相结合,以"明德乐学、明德强体、明德启智、明德尚美、明德雅行"五大课程体系,为学生的多元发展、多元成才提供坚实基础,"继往圣古训,听黄河奔流"主题研学课程获评省级优秀研学课程。通过作业教学改革,深化学校办学模式和育人方式改革。以学科培育为抓手,系统构建课程、教学、评价、管理体系;创新教研模式,通过听评课、研磨课、学科教研及相关交流活动,促进教学理论创新和实践应用。

教育合作 学校秉承"真诚交流、优势互补、合作共赢"的宗旨,与平度一中、成都万达中学、杭州师范大学附属中学、甘肃定西三中等学校开展跨地区教研、校际合作,与青岛大学美术学院、青岛美术家协会、青岛大学物理学院、凤凰网青岛新媒体签订合作协议,支持学校建设艺术发展中心和创新人才培养中心。学校与青岛市公安局李沧分局兴华路派出所、青岛大学附属青岛市第三人民医院签订合作协议,在基层党建、家校社协同育人、心理健康指导帮扶等方面共建合作。

青岛财经职业学校

概况 青岛财经职业学校前身为山东省青岛建筑工程学校,1958年9月建校,1962年8月改为青岛师范附属小学,1968年8月改为东方红学校,1975年10月改为崂山四中,1983年开始设立职业高中班,1987年定名为崂山县第一高级职业中学,1991年9月更名为青岛市崂山区职业中等专业学校。1997年7月学校划归青岛市教委直属管理,1999年5月更名为青岛财经职业学校。学校是青岛市教育局直属公办职业学校,被教育部认定为国家级重点职业学校,占地面积2.74万平方米,建筑面积2.51万平方米,具有设备齐全的教学楼、实训实验楼、艺体楼、餐厅、足球场、学生宿舍等建筑,规划科学,布局合理。有教学班45个,学生1681人,教职工109人,其中高级讲师职称35人,讲师职称57人,双师型教师占90%以上。学校抢抓部省共建国家职业教育创新发展高地新机遇,开设会计事务、国际商务、计算机应用技术、数字媒体技术应用、动漫与游戏制作、环境监测技术、电气运行与控制、体育设施管理与经营八大专业。开展"三二连读"大专、普职融通、三年制职业中专、一年制高中起点招生等育人模式。获评青岛市人事管理示范校、青岛市心理健康教育优秀校、青岛市中小学校"一校一品"党建品牌示范校、青岛市中小学校级星级食堂等。

科研课题 2023年,青岛财经职业学校以科研带教研提升育人质量。以人才培养和专业发展为背景,开展多项课题和专利。教育部国家教师科研专项"探讨中职计算机案例教学法的运用""基于人工智能背景下中职'新三教'改革实践

2023年,青岛财经职业学校完成青岛市中学生军训试点任务,获评全市先进单位。图为学生军训现场。 （区教体局供图）

研究——以青岛市计算机专业为例"、山东省青少年教育科学研究院"中职环境监测技术专业工匠精神培养的探索与实践"、青岛市"十四五"规划课题"全面学徒制视域下的环境监测类专业工匠精神培育的研究与实践"立项。发明创造专利"一种防雨型的中流量采样器"投入企业生产。

师资培训 2023年，青岛财经职业学校以需求为导向抓实教师精准培训，组织教师参加各级各类培训，更新教育观念。鼓励教师参加各类培训和学习活动。2022—2023学年培训专项资金20余万元，组织暑期全员培训、2023年度职业院校教师国家级培训项目、学科骨干教师、新入职教师多元化培训。内容涵盖师德、新教材、大三科、信息化、双师型、实训实习等方面，通过不断学习提高自身专业素养。

产教融合 2023年，青岛财经职业学校加强校企合作产教融合，计算机动漫与游戏制作专业与青岛缤纷网络科技有限公司、环境监测技术专业与青岛明华电子有限公司深度合作，参与实施青岛市2023年现代学徒制试点。政校企行合作调整人才培养方案，根据专业发展需求，邀请企业与行业专家共同参与人才培养评价。从培养目标、人才培养模式创新、课程体系完善、实践教学环节、

学生评价等方面，修订完善电气运行与控制、国际商务、环境监测技术、会计事务、体育设施管理与经营、计算机应用技术、动漫与游戏制作和数字媒体应用技术等8个专业人才培养方案。借助行业、企业专家力量，融合行业发展和企业人才需求，完善学生过程性评价，提高教师教学水平。计算机应用专业成功申报山东省中职教育特色化专业，推动了专业建设和内涵发展。学校承办电梯维修保养、虚拟现实（VR）制作与应用、化工生产技术3个青岛市赛项，完成4项赛事并取得优异成绩。

德育工作 2023年，青岛财经职业学校确立"理论学习强素养、调查研究摸实情、问题导向抓攻坚、重点难点求突破"德育工作思路，德育工作品牌"明理勤技"获评青岛市全环境立德树人优秀品牌，在"阳光心理"品牌的引领下，学校获评青岛市心理健康教育优秀校。深化"十个一"活动，提升学生综合素养。通过"节、赛、会、展、演"等形式，参加"文明风采"展示活动。在第33届全市中小学生艺术节比赛中，学校合唱团获评班级合唱展演三等奖，学生参加书画摄影展比赛获评一等奖1个、二等奖2个、三等奖2个，健美操社团获评全市第三名。参加全市中小学生国防教育知识

及技能竞赛获得中职组第二名。举办校园艺术节、主持人风采大赛、十佳歌手大赛、"逐梦芳华 强国有我"元旦文艺汇演等。

高中阶段军训试点 2023年，青岛财经职业学校根据青岛市教育局和青岛警备区工作安排，承接了青岛市中学生军训试点任务，对承训时间和科目内容进行了科学合理的优化，在10天的军训中，开展了队列、战术、体能、射击、战术动作等军事理论和军事技能培训，完成了试点任务。学校获评青岛市2023年度学校军训工作先进单位；教师郝梁获评青岛市2023年度学生军训工作先进个人。

青岛工贸职业学校

概况 青岛工贸职业学校是青岛市教育局直属公办学校，前身为山东省青岛第四十五中学，始建于1965年6月。学校1986年起与企业合作开设职业班；1997年9月10日，学校加挂青岛第十四职业高级中学名称，同时开办普通教育和职业教育；2000年9月，学校完成初中学制分离程序，转为单一职业教育学校，校名变更为青岛工贸职业学校，并确立以发展工科专业为主要办学方向。现发展成为一所以智能制造专业群为核心，以信息技术专业群为骨干，以交通服务专业群为特色的新工科品牌学校。学

校是首批国家数控技术紧缺人才培训基地之一、首批全国机械行业服务先进制造高水平骨干职业院校之一、全国机械行业职业院校师资培训中心和全国机械职业教育高端制造技术应用中心，是全国"机械行业中职智能制造与精密检测技术校企协同创新中心"理事长单位。学校拥有山东省数控职业资格鉴定单位资质，山东省技师、高级技师"金蓝领"培训基地；学校加挂"青岛职业技术学院应用技术学院"校牌，入选青岛市首批五年制贯通培养高职试点单位。

专业设置 2023 年，青岛工贸职业学校开设数控技术、模具设计与制造、广告艺术设计、汽车检测与维修技术、工业机器人技术、高速铁路客运服务 6 个高职专业和工业互联网（智能制造）、机械产品检测技术、新能源汽车维修、增材制造技术应用等 10 个中职专业。其中，数控技术专业为山东省教学改革试点专业、山东省品牌专业、青岛市骨干专业，数控技术应用和模具设计与制造专业为青岛市"对口就业率高、优质就业率高"双高名牌专业。

硬件设施 2023 年，青岛工贸职业学校硬件设施完备，有永年路、兴华路两个办学校区。永年路校区位于李沧区永年路 25 号，占地面积 2.29 万

平方米，建筑面积 1.09 万平方米，教学区域有教学楼、综合楼、实训中心；活动区域有 8500 平方米的塑胶运动场、300 米跑道、篮球场地、排球场地、橄榄球场地、健身场地、乒乓球场地等。兴华路校区位于李沧区兴华路 18 号，占地面积 2.09 万平方米，建筑面积 1.31 万平方米，建有实验楼、办公楼、宿舍楼、食堂、塑胶篮球场、300 米跑道操场等。学校拥有数控加工实训中心、钳工实训车间、车工实训车间、模具制造实训中心、旅游专业实训室、工业互联网数据中心等实训场所，建有 CAD/CAM、CAXA 数控车、CAXA 制造工程师、模具虚拟实训室等专业实训室，构成了功能先进，数量、结构完整，集实践教学、技术服务、职业培训为一体的多功能实践教学环境。

师生情况 2023 年，青岛工贸职业学校学校有教职工 99 人，其中正高级职称教师 2 人，副高级职称教师 23 人，中、高级以上职称教师占专任教师数 82.2%，具有技师以上等级职业资格证书的"双师型"教师占专业教师比例的 66.6%。有国家级教学名师 1 人，省级优秀教学团队 2 个、特级教师 2 人、优秀教师 1 人，省、市级教学能手 18 人，市级优秀教师 5 人、学科带头 7 人，青岛名师 3 人；获评国家和省、市级称号 150 余人次。学校年招生 500 人左

右，有在校生 1400 余人。

教研成果 2023 年，青岛工贸职业学校坚持"三教"改革深化提升行动，成立教学督导组，开展"一法二教三课四维"改革，提升教师课堂教学实效。2 门校本精品课申报市级校本精品课，2 门在线精品课申报省级、国家级在线精品课。主编模具校企合作教材 3 本并在机械工业出版社出版，2 本教材入选首批国家"十四五"规划教材，2 项青岛市"十四五"规划课题结题，在研市级课题 5 项。1 名教师获得教育部职业教育中职学校工科类教学设计"典型案例展示者"表彰，2 名教师分别获评青岛市"五一劳动奖章"、青岛工匠。班主任团队获评市级班主任能力比赛二等奖、于万成名师工作室通过山东省教育厅首批考核、2 个山东省技艺技能传承创新平台通过第二批考核。2 名教师开设市级公开课，青岛市优质课比赛 6 人获奖，青岛市"一师一优课"17 人获奖，青年教师基本功比赛 3 人获奖。学校在青岛市教科院领导下，牵头成立青岛市先进制造业职业教育产教研联盟。

德育工作 2023 年，青岛工贸职业学校坚持立德树人根本任务，结合职校学生成长规律，提出以"红色铸魂、绿色培根、蓝色强技"三色教育，促进"课程融合、实践融合、

校企融合"三融发展的"三色三融"育人方式改革，创新强基固本育人新途径。完善"三全育人"德育工作体系，坚持强基固本，立德树人，学生综合素质提升卓有成效。学校德育品牌"忠孝修身 道义立德"获评青岛市全环境立德树人优秀德育品牌；2022级学生体质检测成绩大幅度提高，合格率超过95%，在青岛市中学生2023年田径运动会比赛中，获得局属职业学校团体总分第6名，男子七项全能第1名，男子5000米第3名等成绩。在青岛市"中国体育彩票杯"中小学生体育联赛乒乓球比赛中取得团体总分第6名和大赛体育道德风尚奖。

产教融合 2023年，青岛工贸职业学校坚持产教融合发展基调，与山东辰榜数控装备有限公司开展校企共建，联合成立青岛市首个中职产教学院——青岛工贸—山东辰榜工业互联网智能制造产教学院，联合打造智能制造业人才培养实训基地。在原有一汽、博世冠名班的基础上新增石化检安冠名班和辰榜冠名班，学校紧密型校企联合冠名班数量达到4个，中职层次实现100%订单培养。与烟台汽车工程职业学院联合开设"三二连读"汽车制造与装配技术专业一汽订单班，推动中高职企一体化人才培养全过程覆盖，推动校企命运共

2023年，青岛工贸职业学校坚持产教融合发展基调，与多家公司开展校企共建。图为学生在青岛海通车桥有限公司实习。

（区教体局供图）

同体建设实现新跨越。

职普融通 2023年，青岛工贸职业学校坚持职普融通育人转型升级，成立学校"职教高考研究中心"，创新制定《高考班班主任及任课教师选聘管理办法》《高考班日常教育教学管理办法》《职教高考绩效考核及奖励办法》等管理制度，实行"资源配置、教研管理、评价推优"相对倾斜政策，职教高考升学率连续第三年提高，22名学生考取本科院校，本科达线率机械专业40%，艺术设计专业50%，2名学生在山东省分别排名第61、第62名；学校工业机器人代表队在山东省"技能兴鲁"职业大赛中2人获评二等奖、4人获评三等奖；"工匠之星"青岛市中等职业学校技能大赛中，19名学生获奖；

学校举办第十八届"工匠杯"技能节；工业机器人"1+X"证书通过率100%。

青岛艺术学校

概况 2023年，青岛艺术学校是市教育局直属公办学校，位于青岛市李沧区九水路176号，1989年被命名为青岛艺术学校，现校舍于2018年3月投入使用，学校占地面积94.56亩（1亩＝666.67平方米），建筑面积5.76万平方米，拥有校内实训室约200个，实训设备总值3133.49万元。学校是国家级重点学校、全国学校艺术教育先进单位、全国中等职业学校德育工作先进集体、省级文明校园、山东省规范化学校、山东省优质特色中等职业学校建设工程项目学校。获评全国

2023 年，青岛艺术学校在 CEFA 第三届"芳华杯"全国艺术职业教育舞蹈教学成果展演中获一等奖。　　（区教体局供图）

德育工作先进集体、山东省中等职业学校教学示范学校、山东省心理健康教育先进单位、山东省职工职业道德标兵单位及富民兴鲁劳动奖状等。学校是中国艺术职业教育学会常务理事单位、音乐专委会秘书长单位、中职工委秘书长单位。

师资情况　2023 年，青岛艺术学校有全日制在校生 1920人，教职工 230 人，专任教师200 人，具有本科及以上学历、硕士及以上学位 65 人，占比32.5%；正高级及高级讲师 61人，占比 30.5%；专业专任教师100 人，双师型教师 91 人、占比 91%。有国家和省、市级荣誉称号者 60 余人，其中全国模范教师 1 人，山东省特级教师 2人、教学能手 5 人，齐鲁名班主任培养工程 1 人，齐鲁名校长培养工程 1 人，青岛名师 7 人，市级拔尖人才、学科带头人、优秀教师和教学能手 36 人。建有青岛市名校长工作室 1 个、青岛市名师工作室 1 个、青岛市家庭教育名师工作室 1 个。

课程体系　2023 年，青岛艺术学校坚持艺术特色办学定位，建立了"一体两翼、三阶递进"的专业发展机制。即围绕"艺术＋"，建设表演类、设计类两大专业群，构建"基础专业＋骨干专业＋特色专业"的专业体系；探索中高职、校行企、国内外密切合作的现代学徒制，建立校、行、企"三元协同"育人机制，案例入选文旅部文化艺术职业教育发展年度报告；结合演艺类专业特点，专业课堂与舞台实践融合，把舞台实践纳入教学体系，创新舞台讲台"两台融合"教学范式；拓宽学生文化基础课

和人文素养课，探索艺术生适合的课程体系，打造专业基础课、核心课、拓展课、实践课体系，开发"1+X"证书课程资源，推进国家课程校本化和校本精品课程建设，搭建青岛艺术学校网络教学平台，打造 5门在线精品课程和数字化课程资源库；开放专业设施场地，建设开放型区域产教融合实践中心、中小学生艺术职业体验基地，校企合作共建校外实习实训基地 18 个，打造"新美业产业学院·社区学院"；开设少儿舞蹈、老年艺术教育培训班次4 个。组建"艺家人"志愿服务队，组织学生利用专业技能开展志愿服务。参加全国和省、市大型文体活动 10 余场。

教师成长　2023 年，青岛艺术学校打造"名师＋大师"教学团队，提高教师的专业素养。学校坚持师德、师能两手抓，通过内培外引实施教师梯队培养，助力教师专业素养提升。落实师德师风第一标准，搭建教师个性化专业成长平台，推进教师精准培训，建立校内培育推荐机制；梯队打造领军教师，深入推进青年教师"一二三五工程"和"双导师"制，加强"双师型"教师培养。实施"教育名家种子"计划，有序推进各专业教学创新团队建设。

教育教学　2023 年，青岛艺术学校教育教学质量稳步提

升，教师获评全国中等职业学校教学设计与展示一等奖 1 人，青岛市优质课一等奖 6 人、青年教师基本功比赛一等奖 2 人、学科带头人 3 人、教学能手 7 人。学生获评全国职业院校技能大赛一等奖 1 项、三等奖 1 项，中华杯、蜂鸟杯、小金钟奖各 1 项。原创舞蹈参加第三届"芳华杯"全国艺术职业教育教学成果展演，音乐表演专业被确定为山东省特色化专业建设项目，"中职艺术类专业在线开放课程教学资源库的建设与使用"获山东省职业教育教学改革研究项目立项，学校牵头制订山东省中等职业教育音乐表演专业教学指导方案，参与制订舞蹈、人物形象设计专业教学指导方案。教师担任副主编的教材正式出版，入选国家"十四五"职业教育规划教材。

创新发展 2023 年，青岛艺术学校推动职业教育创新发展，探索与艺术综合高中办学模式改革相适应的"职普一体—分类模块—分层菜单—定制个性"立美课程体系，打造一流核心课程和优质教材，与世界发型设计家协会 ICD（中国）合作，引进法国拉斐艺术学院美发课程标准，承办中国、法国、日本、马来西亚新美业发展研讨会，建设具有较高国际化水平的学校。完善各学科、专业在线精品课程和专业教学资源库建设。探索人物形象设计专业校企合作典型生产实践项目建设和虚拟仿真实训基地建设。依托综合高中办学模式改革试点，探索"普职一体、双向开放、多样选择、适性发展"的职普融通模式；与青岛第十七中学互为教育集团成员校，开展新型职普融通试点。在人物形象设计专业开展现代学徒制试点；在人物形象设计专业、音乐专业探索产教融合共同体和开放型区域产

教融合实践中心建设；完善马头琴制作工坊功能，探索中职艺术教育"产学研一体化"途径；与济宁演艺集团、青州艺术剧院开展订单培养，与青岛演艺集团、吟飞集团、柏斯钢琴集团等开展校企合作。依托青岛艺术教育集团，采用 7 个"1+X+N"推动联合办学，集团成员单位达到 37 个。

德育教育 2023 年，青岛艺术学校推进全环境立德树人，打造"立美德育"品牌。学校五育并举、德育为先，通过立志、正心、明德、尚礼、雅行 5 项措施，塑造师生心灵美、形象美、语言美、行为美、学业美。"立美"德育品牌获评青岛市全环境立德树人德育品牌，学校获评青岛市家校社协同育人优秀校，连续第 14 年获评山东省心理健康教育先进单位，参加青岛市首届中学校生存教育技能大赛获团体二等奖。

（区教体局）

2023 年李沧区高中、职业学校基本情况表

教育教学机构名称	负责人	地　址	联系电话
山东省青岛第五十八中学	袁国彬	九水路 20 号	87627218
山东省青岛第三中学	张　禹	永平路 57 号	84628922
青岛财经职业学校	兰明传	京口路 78 号	87616555
青岛工贸职业学校	徐积林	永年路 25 号	84620086
青岛艺术学校	王　伟	九水路 176 号	82711012

（区教体局）

驻区高校简介

青岛开放大学

概况 青岛开放大学是青岛市政府直属高校和国家开放大学省级分部，是一所汇聚优质教育资源、以现代信息技术为支撑、以"互联网+"为特征、以服务全民终身学习为使命、面向社会提供学历教育和非学历继续教育培训的新型高等学校，承担服务青岛市全民终身学习，推进青岛市开放教育体系、社区教育体系、老年教育体系建设，承担高等教育、职业教育与继续教育融合发展的职责。青岛开放大学同时加挂青岛创业大学牌子，青岛市社区教育指导服务中心依托青岛开放大学成立，国家老年大学青岛分部依托青岛开放大学成立，分别承担青岛市创业教育、社区教育、老年教育职责。有金水路和大连路两个校区，在各区市设有8个分校、8个学习中心，形成了覆盖青岛市城乡的现代远程教育网络。设有本、专科专业46个，学历教育注册在校生7.4万余人。

专业设置 2023年，青岛开放大学开放教育设金融学、行政管理、会计学、法学、药学、护理学、小学教育、土木工程、书法学等本科专业22个，建筑工程技术、工商企业管理、学前教育、中文、市场营销等专科专业24个。成人高等教育开设电气自动化、工程造价、机电一体化、现代物流管理等脱产和业余专科专业22个。

师生情况 2023年，青岛开放大学学历教育招生2.67万人，其中开放教育2.22万人，本科生占比34%；成人高等学历继续教育招生4505人。学历教育毕业生2.31万人。有教职工138人，含专任教师80人，其中教授5人，副教授19人。

人才培养 2023年，青岛开放大学有开放教育学习中心8家，成人高等学历继续教育校外教学点12家。实现中专首次招生，健全了中专到本科全链条人才培养体系。共建行业企业学院和产教融合人才培养基地14家，以"学历教育+职业技能提升+社会培训"人才培养模式协同育人。"校企合作人才培养新路径"获评高校继续教育特色办学典型案例。青岛政务信息以《青岛开放大学把课堂建在经济社会发展一线》为题刊发专报。

创业教育 2023年，青岛开放大学建立全国首个开放教育创业班，把"双创"融入人才培养全过程。青岛开放大学作为青岛市唯一进入第九届中国国际大学生创新大赛职教赛道全国总决赛的院校，获得3枚金牌、1枚银牌，并首次获评高含金量的红旅赛道金牌，金牌数量居全国高职院校排名第2位，在山东省高职院校、国家开放大学45所省级分部、在青高校排名均居首位。打造青岛市首个中学创业教育项目——"人人都是CEO"，获奖数量居省赛萌芽赛道首位。连续第4年承办"市长杯"创客比赛，推选4个项目入围全国500强。创业培训品牌"精准滴灌行动"继续走进高校，精准指导项目100余个，线上、线下累计培训1万余人。

社会培训 2023年，青岛

2023年，青岛开放大学建立全国首个开放教育创业班，把"双创"融入人才培养全过程。图为创业教育班启动仪式。

（区教体局供图）

开放大学与国家、省、市50多个党政机关合作开展各类培训111期，比2019年最高值增长131%，服务各类人群3.1万余人次，17项培训案例获奖。主办省专业技术人才知识更新工程2023年高级研修项目。上报综合政务信息"新业态灵活就业人员职业技能培训"调研成果被国务院办公厅采用。"一平台两融合五提升"模式获批教育部非学历教育改革项目。

老年教育 2023年，青岛开放大学申办国家开放大学青岛分部。青岛老年开放大学招生1495人次。推动职继融合发展，协助市教育局打造区市老年教育示范点12个，培育17所职业学校参与建设老年教育示范点，与16所职业学校共建"青岛老年开放大学社区（老年）教育学院"。"汇学琴岛"电视课堂汇集课程资源2666个，获评山东省教育厅、联合国教科文组织姊妹大学优秀案例，经验成果在中国教育电视台展播。持续开展"智慧助老"工程，线上、线下培训45万人次。"构建'智慧助老'教育新模式"项目获第七届青岛市教育改革优秀成果，是青岛市老年教育领域首次入围教育改革成果评选，老年教育改革创新建议入选青岛市教育系统改革创新建议"金点子"名单。青岛市人大常委会党组书记、主任王鲁明带队分别视察校本部及莱西分校老年教育工作，

指出"青岛开放大学的老年教育大有前途"。

社区教育 2023年，青岛开放大学发挥市社区教育指导服务中心职能作用，统筹全市社区教育工作。改版后的青岛全民学习网是青岛市最大的免费终身教育学习平台，在线课程资源总计2213门，资源总量8761个，电子图书3.8万册，总点击量超过1700万次。获评全国"百姓学习之星"2人，"终身学习品牌项目"2个。主办2023年青岛市全民终身学习活动周启动仪式暨老年教育文化活动提升行动成果展，受益人群100万以上。

融合发展 2023年，青岛开放大学现代物流管理（国际航运方向）专业顺利通过国家开放大学验收，获批面向全国沿海地区招生，自建专业国际邮轮乘务管理（专科）首次招生，全年培养涉海类实用人才2480人。打造海洋教育特色教室，与青岛海洋技术学院共建全国海洋（邮轮）教育教学实践基地，促进职业教育与开放教育融合发展。

国际交流 2023年，青岛开放大学在青岛市委统战部支持下首次选派并组织12名教师到英国参加"2023年中华文化大乐园——英国伦敦营"，为400余名华裔青少年讲授传统文化课程。成为国家开放大学系统首批海外学习中心（未来学

院）建设联盟成员单位。1名青年骨干教师被国家开放大学推荐到英国剑桥大学研修。

数字化教育 2023年，青岛开放大学的国家数字化学习资源中心青岛分中心连续第7年获评国家数字化学习资源中心"优秀分中心"。"数字化搭建干部教育培训新生态"等3项案例获评"数字化赋能教育信息化建设与应用典型案例"。校长受邀在第一届世界开放大学校长论坛上做主旨演讲，向全世界开放大学推广学校"数字化教育模式改革"经验。青岛干部网络学院形成了教、学、考、研、管等多功能于一体，"一个中心＋三个学习平台"的多终端便利化学习模式，累计注册用户9.3万个，实施培训班次4.3万个，培训157万人次，上线特色课程3522门，累计访问学习2688万次。青岛市委常委、组织部部长于玉对青岛干部网络学院运行10年工作情况做了批示。

山东外贸职业学院

概况 山东外贸职业学院隶属于山东省商务厅，前身是山东省对外贸易学校，创建于1964年，历经山东省对外贸易学校和山东省对外经济贸易职工大学等办学时期，1988年开始招收普通专科学生，是省内同类院校中最早举办普通专科教育的学校。1998年成为山东省首批高职试点学校。2002

2023 年 7 月 13 日，山东外贸职业学院公共英语教师创新团队入选第三批"山东省高校黄大年式教师团队"。　　（区教体局供图）

年经山东省人民政府批准成立全日制普通高等职业院校。有山东省商务技工学校、山东省服务外包泰安基地、山东省商务厅培训中心、山东省服务外包青岛基地、山东省对外经济贸易科学技术研究所并入学院。学院有李沧区、市南区、泰安市 3 个校区，总占地面积 718.72 亩（1 亩 = 666.67 平方米，下同），总建筑面积 17.8 万平方米。学院是国家优质专科高等职业院校、山东省第一批优质高等职业院校建设工程立项单位、山东省技能型人才培养特色名校、青岛市首批品牌职业院校、山东省第一批教育信息化试点单位和山东省教育信息化示范单位、全国职业院校数字校园建设样板校，是全国外经贸职业教育教学指导委员会副主任委员单位、教育部职业院校外语类专业教学指导委员会委员单位、全国外经

贸职业教育教学指导委员会商务外语专业指导委员会主任委员单位，获评山东省依法治校示范校、山东省省直文明单位、青岛市文明校园等。

教育成果　2023 年，山东外贸职业学院开发的"电子商务基地产业建设与运营规范"国家行业标准，商务部发文实施。参与国家级教学标准制定 2 项，牵头省级职业标准、题库建设 2 项。牵头组建全国跨境数字贸易产教融合共同体。获批山东省高水平专业群 1 个。主持建设国家级专业教学资源库 1 个、省级 3 个，获批国家级在线精品课程 3 门。获评山东省高校思政课"萌新磨课总会"特等奖 1 人。引进海内外人才 8 人，其中高层次人才 2 人、海外人才 1 人。获批国家级教师教学创新团队 1 个、山东省高校黄大年式教师团队 1 个。教师获评全省职业院校教学能

力大赛二等奖 2 项、山东省第十届高校青年教师教学比赛一等奖 1 项。学生获评全国职业院校技能大赛二等奖 1 项、山东省职业院校技能大赛一等奖 2 项。获评全省高校辅导员创新工作优秀案例 1 项、精品项目 2 项，2023 届山东省普通高等学校优秀毕业生 214 人。

社科研究　2023 年，山东外贸职业学院成立山东外贸职业学院社科联，获批立项山东省哲学社会科学青年人才团队 1 个、青岛市科普示范工程项目 1 项。获评青岛市社科青年联盟优秀青年社科工作者 4 人。完成纵向项目申报 56 批次，累计立项市级以上科研项目 116 项。

学生培养　2023 年，山东外贸职业学院青岛校区普通类专业录取平均分 431 分，仅低于山东省本科线 12 分，有 8 个专业投档最低位次在山东省同类别高职院校同专业排名居首位，2 个专业最低分超过本科线，5 个专业平均分超过本科线。2023 届毕业生就业去向落实率 96.53%，专业对口就业率为 81.57%，被山东省人力资源和社会保障厅、山东省教育厅推荐为"全国高校毕业生就业创业工作示范单位"。

交流培训　2023 年，山东外贸职业学院完成国家援外培训项目 54 期，有来自 73 个发展中国家的 1693 名学员参加培训。其中，完成由中国同联合国

南南合作办公室共同实施、学院承办的"发展中国家青年跨境电商扶贫和可持续发展能力建设研修项目"培训3期。在几内亚、所罗门群岛新增海外培训中心2个。服务黄河流域生态保护和高质量发展，为沿黄市、县举办培训3期。全年完成各类社会培训22期，培训学员1594人。与巴基斯坦国立纺织大学等院校合作开发的"发展中国家跨境电商技能培训标准"入选山东省2023年具有国际影响力的职业教育标准建设项目。

青岛酒店管理职业技术学院

概况 青岛酒店管理职业技术学院位于青岛市李沧区，是经教育部批准成立的省属公办全日制普通高校。学院办学历史可追溯到1945年成立的私立青岛商科职业学校，2002年经山东省人民政府批复同意，将山东省商业学校改建为青岛酒店管理职业技术学院。学校占地面积660亩，建筑面积25万余平方米，设置有酒店管理学院、文旅学院、烹饪学院等10个二级院部，开设酒店管理与数字化运营、旅游管理、烹饪工艺与营养等39个专业，有教职工650人，全日制在校生1.4万人。学校是全国第一所独立设置的酒店管理职业技术学院，是中国特色高水平高职学校和专业建设计划建设单位，是山东省首批特色名校、山东省首批优质高等职业院校、青岛市首批品牌高职院校、教育部第一批教育信息化试点单位。通过了山东省高职高专院校人才培养工作水平评估、全省高职院校人才培养工作评估、德育与校园文明建设评估，并取得了优秀等级。入选国家文旅部旅游职业教育校企合作示范基地、全国邮政行业人才培养基地，获评全国职业教育先进单位、山东省职业教育先进单位、山东省先进基层党组织、省级文明单位、省级文明校园、青岛市文明校园等。

教育成果 2023年，青岛酒店管理职业技术学院坚持党建引领，以主题教育成效推动学校内涵式高质量发展，聚焦"双高计划收官、蓝谷校区建设"两大工作重点，完成了年度各项工作目标和任务。获评职业教育国家级教学成果奖二等奖3项，6部教材入选"十四五"职业教育国家规划教材，5门课程获评国家在线精品课程。获评全国职业院校技能大赛高职组酒水服务、导游服务、酒店服务等赛项一等奖3个，烹饪赛项二等奖1个。获评第二届全国职业技能大赛优胜奖3个。获评第十三届"挑战杯"中国大学生创业计划竞赛金奖、第十八届"挑战杯"全国大学生课外学术科技作品竞赛一等奖，实现了学校该赛事上的突破。学校在教育部助推"双高计划"顺利实施高级研修班、中国旅游教育论坛等高级别会议上做典型发言，参展2023年全国职业教育活动周主题展览、第60届中国高等教育博览会。《光明日报》《中国教育报》和新华社等媒体对学校办学成绩、典型经验做了专题报道。

"双高计划"建设 2023年，青岛酒店管理职业技术学院启动"双高计划"终期验收。在"双高计划"建设中期绩效评价获得优秀等级的基础上，锚定终期验收"优秀"总目标，

2023年9月8日，青岛酒店管理职业技术学院学生李金珊获得2023年全国职业院校技能大赛高职组"导游服务"赛项一等奖。

（区教体局供图）

制订"双高计划"终期验收工作方案，开展攻坚行动，"双高"建设攻坚效果显著。山东省教育厅、山东省财政厅"双高计划"建设终期评价专家认定，学院高质量完成了所有建设任务，累计取得国家级标志性成果 635 个，为迎接教育部和财政部验收工作做好了准备。

科研成果 2023 年，青岛酒店管理职业技术学院获评国家级教学成果二等奖 3 项。学院主持的"三阶段、项目化、浸润式：高职酒店管理专业学生职业素养培养体系创新与实践""分层进阶 分类发展：高职旅游类专业'双师型'教师培养体系创新与实践""高职旅游专业群'四方联动、五位一体、六段递进'培养模式的构建与实践"3 项成果获评 2022 年职业教育国家级教学成果奖二等奖。立项教育部人文社科规划项目 2 项。"共同富裕愿景下职业教育'精准扩中'的内在逻辑、作用机理与实现路径研究""高等职业教育服务地方数字经济发展的绩效评价与实施路径研究"2 项课题获得 2023 年度教育部人文社会科学研究一般项目立项，立项数量居全国高职院校前列。

发展方向 2023 年 2 月 27 日—28 日，中国共产党青岛酒店管理职业技术学院第二次代表大会举行，确定"全面开启第二次创业新征程、努力创建职业教育本科学校"的目标任务。大会回顾学校第一次党代会以来的工作和新时代十年的成绩，总结办学治校经验，分析学校面临的形势任务，提出今后 5 年乃至更长一段时期学校发展的总体要求、思路举措和重点任务，为今后一段时期的发展奠定基础，提供了坚强保证。

青岛恒星科技学院

概况 青岛恒星科技学院创建于 2000 年，是山东省属应用型普通本科高校，以工学、管理学为主，多学科专业协调发展，实行"行校共建、产教融合"的办学模式，"工学交替、实岗真做"的教学模式。2023 年通过教育部本科教学工作合格评估，获批山东省"智慧教育示范校"创建单位、"山东省绿色校园"和全国爱心托育用人单位。截至 2023 年底，青岛恒星科技学院占地面积 137.15 万平方米，校舍建筑面积 61.75 万平方米。图书馆藏书 293 万册。其中，纸质图书 163 万册，电子图书 130 万册。纸质期刊 771 种，电子期刊 23 万余册，可使用数据库 17 个，阅览座位 2524 个。馆内设有书画院、考研自习室、期刊阅览区、报纸阅览区等，阅读环境舒适，周开放时间为 101 小时。建有校内融媒体教学中心、机器人工程实验中心、大学物理实验中心、未来儿童成长中心、金工实习基地等实践教学中心（基地），涵盖全校 9 个学科门类、44 个本科专业。校内实验室 138 个、实习实训场所 52 个，与洲际、海信、特锐德、中瑞、浪潮等行业知名企业联合共建校外实习实训基地 195 个，同时与特锐德、海信、海尔等企业共建现代产业学院。学校电子信息创客实验室获批青岛市支持地方高校改革发展资金项目。

专业特色 2023 年，青岛恒星科技学院坚持应用型本科建设理念，打造优势特色专业。新增中国语言与文化、网络与新媒体、环境设计和旅游管理 4 个本科专业，本科专业达到 44 个。建有省级一流本科专业 3 个，省级民办本科高校优势特色专业 4 个，省级一流课程 10 门，省级在线开放课程 47 门，培育建设了 8 个校级一流专业和 6 个校级高水平专业。网络工程专业获批 2023 年度青岛市产教融合示范专业，获得经费支持 300 万元。

师资力量 2023 年，青岛恒星科技学院有教职工 1312 人，其中专任教师 975 人，具有硕士及以上学位者 795 人，占比 81.54％；具有副高级及以上职称的占专任教师总数的 30.77%。师资队伍中，有享受国务院政府特殊津贴专家 5 人、山东省有突出贡献中青年专家 2 人、省级教学名师 5 人、青岛市教学名师 3 人。学校"物流工程专业教学团队"获评山东省教学团队类基层教学组织。

学生培养 2023 年，青岛恒星科技学院有在校生 2.37 万人，包括普通本科生 1.71 万人、专科生 6566 人；当年招生人数为本科 6489 人，专科 3991 人。学生承担国家级、省级大学生"双创"训练计划项目 3 项，在大学生"双创"大赛中获国家级奖 36 项、省级奖 186 项。学生获省级及以上学科、文体竞赛奖 1604 项，发表论文约 50 篇，专利授权 58 项。

教育教学 2023 年，青岛恒星科技学院推进数字化赋能教学，全面推动数字化课程资源建设工作，在学校自主开发运行的校内 SPOC 平台上，建设了包括基础通识课、各类专业课程、小型岗位理论课程等 1000 余门线上课程。推动课堂教学改革，加大教改专项经费投入，激励教师开展教学改革研究项目。155 门课程实施考核立项改革，促进学生个性化培养。机械工程实践教学示范中心获批山东省省级实验教学示范中心，实现了教学改革示范

项目的突破。获批省级实习（实训）基地 2 个，李沧区重点实验室 1 个，学校承担市厅级及以上教改研究项目约 60 项，获评山东省第八届和第九届教学成果奖一等奖 1 项、二等奖 3 项。

科研成果 2023 年，青岛恒星科技学院获批国家和省、市级纵向科研项目 146 项；开展横向课题 70 余项，项目经费 300 余万元；发表教科研论文 200 余篇，其中 SCI 等高水平论文 38 篇；申请获得授权专利及软件著作权 115 项；出版专著 7 部；获评山东省文化和旅游厅"黄河流域旅游民宿设计大赛"一等奖 1 项、二等奖 1 项、三等奖 1 项；入选山东省社科联"第三批哲学社会科学青年人才团队暨 2023 年省社科联人文社科课题（智库重点项目）"1 项；获批山东省科普专家工作室 2 个；举办"山东科学大讲堂"；恒星大学生双创基本公共服务标准化试点体系建设项目列入 2023 年度青岛市标准化创新发展试点示范计划项目；恒星大学

生双创基地绩效评价获 A 类等级，获评青岛市标杆孵化器。

学术交流 2023 年，青岛恒星科技学院提升学校国际化教育教学水平，培养具有国际化素养的高层次应用型人才，与美国南康涅狄格州立大学、俄罗斯技术大学、日本北洋大学和韩国国民大学、世宗大学、中部大学、明知大学、大真大学等建立合作交流关系，根据不同高校优势及合作契合点分别开展学生交流、联合培养、学术交流、师资进修等形式的国际交流与合作活动。继续完善在地国际化与跨境交流相结合的国际化人才培养模式，与境外合作院校开展线上双向研学活动，2645 名学生参与，有 55 名学生参与境外线下交流交换活动，其中 3 个月以上国（境）外（含港澳台地区）学习、实习学生 10 人。承办了教育部语合中心"汉语桥"马来西亚教育工作者访华团及青少年冬令营活动，有 33 名马来西亚师生参与。

（区教体局）

2023 年度李沧区驻区高校基本情况表

教育教学机构名称	负责人	地　址	联系电话
青岛开放大学	李明钢	金水路 68 号	58661918
山东外贸职业学院分校	刁建东	巨峰路 201 号	55761138
青岛酒店管理职业技术学院	姜玉鹏	九水东路 599 号	86051688
青岛恒星科技学院	陈昌金	九水东路 588 号	86667103

（区教体局）

科　　学

科技创新

科技企业培育

2023 年，青岛市李沧区科技局（简称"区科技局"）深入实施"沃土计划"，加大科技型企业培育力度，持续完善"科技型中小企业—高企培育—高企认定"工作链条和"高企育苗—高企认定—高企上市"科技企业梯次培育体系。抓好科技型中小企业备案工作，鼓励符合条件企业应备尽备，全区科技型中小企业认定总数达 677 家，创历年新高；健全高新技术企业培育库，遴选优质潜力企业入库培育，全区高新技术企业认定总数为 440 家。

科技人才培养

2023 年，李沧区抓人才引育，加强创新发展智力储备。梳理完善各级各类高层次人才政策，形成"科技人才政策台账"。参照政策台账，对全区各类人才摸底建档，精准画像。通过"以才引才"方式推荐 6 名专家申报高级人才项目，实现该领域申报"零"的突破。共推荐 27 人参与国家和省、市各级人才申报。

自主创新

2023 年，李沧区立足解决企业转型升级中的关键环节和"卡脖子"问题，组织辖区企业进行多种"产学研"精准对接活动，为企业与高校院所提供沟通合作渠道。坚持多元布局，推进不同类别、不同层级平台建设，新获批建设山东省新型研发机构 1 家、青岛市新型研发机构 1 家、青岛市重点实验室 2 家，青岛市技术创新中心 5 家，青岛市规模以上工业企业研发中心备案 18 家。坚持以科技项目为主要抓手推动企业创新发展，青岛方天科技股份有限公司获批山东省科技型中小企业创新能力提升工程项目，国科中子刀（青岛）医疗科技有限公司获批青岛市关键技术攻关及产业化示范类项目，山东丰嘉微藻生物科技有限公司

2023 年，山东丰嘉微藻生物科技有限公司获批青岛市科技惠民示范专项。图为工作人员开展在池微藻培养。

（区科技局供图）

获批青岛市科技惠民示范专项，中子时代（青岛）创新科技有限公司获批青岛市园区培育计划项目，共获得政策配套资金支持770万元。

科技成果转化

科技投入

2023年，李沧区共有150家企业归集研发投入，比上年（下同）净增53家，增长54.64%；共归集研发投入经费7.17亿元，增长36.15%；106家规模以上工业企业填报研发活动，占2023年全部规模以上工业企业的85.48%，增长23.69%。其中，规模以上工业填报研发经费4.71亿元，增长37.98%；规模以上服务业填报研发经费1.07亿元，增长56.51%；资质以上建筑业填报研发经费1.39亿元，增长18.93%。

科技产出

2023年，李沧区高新技术企业达到440家，增长2.33%；营业收入超过2亿元企业11家；工业总产值（当年价格）61.07亿元，增长13.40%；营业收入90.99亿元，其中主营业务收入88.75亿元；技术收入7.21亿元，增长4.07%；产品销售收入81.05亿元。进出口总额6.09亿元，增长3.70%；研发费用

5.51亿元；营业利润1.21亿元，增长1.70%；实际上缴税费总额2.75亿元，增长9.56%。从业人员期末人数1.03万人，其中当年新增从业人员1809人，增长1.86%。机构研究开发人员950人，增长1.28%。累计形成国家或行业标准29件，增长70.59%，其中当年形成国家或行业标准14项，增长250%。

成果转化

2023年，李沧区强化科技成果培育与转化，加强区域合同与交流，加强人才培育与引进。全年累计完成技术合同成交额35.6亿元，增长31%，全区科技创新能力显著提升，产业结构得到优化升级。

驻区科研单位选介

青岛市农业科学研究院

概况　青岛市农业科学研究院挂山东省农业科学院青岛市分院牌子，为青岛市农业农

村局所属副局级公益一类事业单位。内设机构14个，核定编制140人，在编在岗124人。具有专业技术职称者104人。其中，具有正高级任职资格者28人、副高级任职资格者51人，博士研究生18人，硕士研究生37人。享受政府特殊津贴10人，省、市级拔尖人才8人，国家"百千万"工程人才1人。依托建设有农业农村部农产品质量安全风险评估实验室（青岛）、中国科学院遗传发育所—青岛农科院"作物分子育种联合中心"、国家现代农业产业技术体系桃岗位、国家大宗蔬菜产业技术体系青岛综合试验站、国家苹果产业技术体系青岛综合试验站、国家桃产业技术体系青岛综合试验站、国家食用豆产业技术体系青岛综合试验站、山东省果品岗位。

科研成果　2023年，青岛市农业科学研究院承担各级各类科研课题21项。聚焦种源种业，种植各类蔬菜、果树等种质材料2260份，测配各类蔬菜组

青岛市农科院现代农业智能日光温室　　（区科技局供图）

合 851 份，定植鉴定苹果杂交优系 300 余株，定植比较苹果复选组合 325 份。选育出蔬菜、粮食等新品种（系）23 个，超过历史最高水平。新建苹果优系资源圃 100 亩（1 亩 = 666.67 平方米，下同），砧穗组合观察资源圃 100 亩。多点试验示范大白菜品种 15 个、黄瓜砧木品种 2 个、网纹甜瓜品种 6 个。获得授权专利 17 项，获得软件著作权 11 项，发表论文 23 篇；通过市级农业地方标准 3 项；获评山东省农业科学院科技进步奖二等奖 1 项，齐鲁农业科技技术创新奖 1 项。"聚合多抗砧木和高品质番茄新品种选育研究与应用"和"苹果青砧系矮化砧木创制及栽培新模式研发与应用"分别达到国际领先和国际先进水平。自主选育的无融合生殖苹果砧木"青砧 1 号""青砧 2 号""青砧 3 号""青砧 8 号" 4 个品种通过独占实施许可方式实现成果转化，转让费 506 万元。

山东省花生研究所

概况　山东省花生研究所成立于 1959 年 4 月，建所初期隶属于中国农业科学院，同时挂中国农科院花生研究所和山东省花生研究所两块牌子。1962 年后由山东省农业科学院直接领导。山东省花生研究所历经 50 余年发展，成为国内研究规模最大、学科设置齐全、成果

2023 年 9 月 20 日，山东省花生研究所专家对培育的耐盐碱高产优质花生新品种"花育 9307"进行测产。　（区科技局供图）

和效益显著、在国内外花生学术界具有一定影响的科研机构，成为国内外花生科学技术和信息交流中心。有在职职工 121 人，其中博士 68 人，硕士 22 人；正高级职称 17 人，副高级职称 31 人；国家"百千万"人才工程"有突出贡献中青年专家" 1 人，享受国务院政府特殊津贴 1 人，国家"万人计划"青年拔尖人才 1 人，泰山产业领军人才 1 人，泰山学者青年专家 2 人，国家现代农业（花生）产业技术创新体系岗位科学家 3 人，山东省有突出贡献中青年专家 1 人，山东省"泰山学者"特聘专家 1 人，山东省花生产业技术创新体系首席科学家 1 人；研究生导师 11 人。山东省花生研究所聘请 20 余名国内外著名农业科学家为本所顾问或客座研究员。全所设创新团队 12 个，有职能部门 6 个，科研辅助部门 2

个和莱西试验站 1 处。全所总占地面积 785 亩（1 亩 = 666.67 平方米，下同），拥有高标准试验田 600 亩，所内房屋总建筑面积 18.88 万平方米，其中科研办公用房 8829 平方米，实验室 2200 平方米。拥有原子吸收分光光度计、脂肪含量测定仪、高效液相色谱仪、气相色谱仪、近红外光谱仪、PCR 仪等大型仪器设备 100 余台（套），仪器设备总值 1900 余万元。建有花生种质资源常温保存库，保存种质材料 6000 余份。山东省花生研究所是国际花生研究与发展协会（IPRAD）、中国油料作物学会花生学组、中国农业技术推广协会花生分会的挂靠单位。建有国家花生工程技术研究中心、国家花生产业技术研发中心、国家油料作物改良中心花生分中心、国家花生原原种扩繁基地、农业农村部花生

生物学与遗传育种重点实验室、"一带一路"国际花生科技创新院、山东省花生重点实验室、山东省花生工程技术研究中心、山东省（青岛）花生技术创新中心、青岛市花生种业重点实验室等国家和省、市重大科研创新平台。

科研创新 2023年，山东省花生研究所立项各类科研项目35项，其中国家自然科学基金、山东省自然科学基金和青岛市自然科学基金共6项。全年到位科研经费1156.6万元，其中新上项目到位经费750.3万元。获评齐鲁农业科技奖——技术创新奖二等奖2项；山东省农业科学院科技进步奖二等奖2项、科技成果推广奖一等奖2项、青年科技奖1项；第一单位申报山东省科技进步奖二等奖1项，技术发明奖二等奖1项，参与申报科技进步奖一等奖2项；第一单位申报2022—2023年度神农中华农业科技奖2项。花育23号、花育25号入选《国家农作物优良品种推广目录》"骨干型品种"；花育22号、花育25号和花育36号入选《山东省主要粮油作物大面积单产提升行动实施方案（2023—2030年）》"山东省花生单产提升技术路径主推品种"；花育22号、花育36号和花育958入选山东省主要粮油作物主推品种，"高油酸花生病虫害绿色防控技术"入选山东省农业主推技术。在专

业期刊上发表学术论文49篇，其中《科学引文索引》论文18篇，累计影响因子94.325。花生新品种登记11项；获得植物新品种权4项；获得专利授权15项，其中发明专利10项，实用新型专利5项；制定团体标准18项。

成果转化 2023年，山东省花生研究所科技成果转化20项，全年实际到账金额242.21万元，创历史新高。在中央广播电视总台和各级地方媒体宣传报道27次。组织"送科技进村入户（入企）稳粮保供、扩大豆、扩油料"服务活动10次。组织花生产业技术服务队，先后赴山东省费县、郓城县、东营市、荣成市、莱西市、招远市、莱阳市和新疆维吾尔自治区喀什地区等省内外各地开展技术服务130余人次，科技下乡3次41人次。举办线上、线下培

训班8次，培训人员2.37万余人。发放资料3万余份。

青岛市畜牧工作站（青岛市畜牧兽医研究所）

概况 青岛市畜牧工作站（青岛市畜牧兽医研究所）成立于1989年9月，是市农业农村局所属正处级公益一类事业单位，单位内设科室8个，核定编制46人，现有在职职工42人。其中博士研究生2人，硕士研究生17人；具有正高级任职资格者8人，副高级任职资格者17人。单位承担畜牧业技术推广和研究工作。承担畜禽和畜禽微生物种质资源保护及开发利用相关工作，为畜禽品种引进、良种繁育提供技术服务。承担饲草资源保护、开发利用、性能测定工作。承担畜禽养殖废弃物无害化处理与资源化利用技术推广和服务工作。承担养蜂技术的研

2023年11月21日，青岛市畜牧科技推广示范片区建设工作会举行。
（区科技局供图）

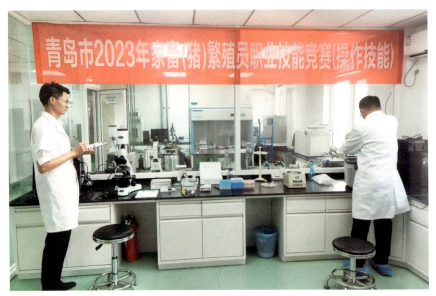

2023 年 8 月 18 日，青岛市畜牧工作站组织开展青岛市 2023 年家畜（猪）繁殖员职业技能竞赛（操作技能）活动。

（区科技局供图）

究、转化和推广工作。为特种动物养殖产业发展提供技术服务。为畜禽养殖、规模场设施装备建设提供技术指导。开展畜牧业技术交流与合作。

科研创新　2023 年，青岛市畜牧工作站把畜牧科技推广和科研创新摆在工作的核心位置，围绕生态绿色畜牧业高质量发展、基层养殖场户急难愁盼、引领行业未来发展三条主线，创新实施了以"体系创新、平台创新、技术创新、人才创新"为重点的青岛市畜牧科技推广"2141"创新计划，重点集成研究与示范推广"精准集约、美丽生态、品优质佳、智慧高效"四大类别的现代畜牧业新技术、新品种、新模式和新装备，为青岛市畜牧业高质量发展提供科技支撑。创新实施"十百千万""扎根计划""科技讲堂"等业务能力提升工程，打造畜牧科技推广试验示范基地 10 处，重点服务综合试验站 100 家，入场入户技术指导 390 余场次，解决实际生产中的技术难题 1000 余个，开展"线上＋线下"、现场观摩会等形式的技术培训 20 余期，培训基层推广骨干和养殖场户 1 万余人次。投入科研及推广经费 500 余万元，实施课题项目 12 个，获得国家发明及实用新型专利 13 项，发布行业、地方及团体标准 5 项，获评山东省农业技术推广优选计划、齐鲁农业科技奖、青岛市科技进步奖等科技奖励 9 项。遴选发布畜牧业主推技术 30 项，入选山东省畜牧业主推技术 1 项。创建畜禽养殖标准化示范场 14 个，其中国家级 1 个，省级 7 个。指导青岛茂华里岔黑猪良种场和青岛鑫河畜禽良种繁育场（五龙鹅）分别获评国家级、省级保种场。畜牧科技推广工作做法得到农业农村部、全国畜牧总站、山东省畜牧总站领导批示肯定，获评山东省畜牧技术推广工作表现突出单位等，涌现出全国农业农村先进工作者、山东省先进工作者等典型。

2023 年李沧区及驻区市级以上科技平台

2023 年，李沧区拥有星创天地 1 家、工程技术研究中心 3 家、科技成果转化中试基地 4 家、国际科技合作基地 4 家、院士工作站 5 家、专业技术服务平台 5 家、重点实验室 12 家、新型研发机构 15 家、技术创新中心 31 家、规模以上工业企业研发中心 55 家。

（区科技局）

2023 年李沧区及驻李沧市级以上科技平台基本情况表

序号	平台类型	认定级别	平台名称	运营单位
1	科研机构（3 家）	–		山东省花生研究所
2		–		青岛市农业科学研究院（山东省农业科学院青岛市分院）
3		–		青岛市畜牧工作站（青岛市畜牧兽医研究所）
4	星创天地（1 家）	国家级	农业农村部花生生物学与遗传育种重点实验室	山东省花生研究所
5	工程技术研究中心（3 家）	国家级	国家花生工程技术研究中心	山东省花生研究所
6		省级	山东省花生工程技术研究中心	山东省花生研究所
7		市级	青岛市汽车悬架弹簧工程技术研究中心	青岛帅潮实业有限公司
8	科技成果转化中试基地（4 家）	省级	山东创启时代成果转化中试基地	创启时代（青岛）科技有限公司
9		省级	青岛德先新能源汽车中试基地	青岛国际院士港 中国工程院钟志华院士团队
10		省级	青岛蛋鸡健康养殖科技成果转化中试基地	青岛山美生态农业有限公司 青岛市畜牧工作站（青岛市畜牧兽医研究所）
11		省级	二次水系电池中试基地	瑞海泊（青岛）能源科技有限公司
12	院士工作站（5 家）	省级	陈璞院士工作站	纳肽得（青岛）生物医药有限公司
13		省级	高伟俊院士工作站	青岛戴姆雷博机器人科技有限公司
14		省级	Seeram Ramakrishna 院士工作站	聚纳达（青岛）科技有限公司
15		省级	左明健院士工作站	青岛明思为科技有限公司
16		省级	Yong Pyo Lim（林容杓）	青岛锦沛生态科技有限公司
17	国际科技合作基地（4 家）	市级	青岛市纳米纤维国际科技合作基地	青岛聚纳达科技有限公司
18		市级	青岛区块链云计算研究国际科技合作基地	铭数科技（青岛）有限公司
19		市级	院士港产业加速器国际科技合作基地	青岛国际院士港产业加速器
20		市级	青岛国际院士港国际科技合作基地	青岛国际院士港综合管理委员会办公室
21	专业技术服务平台（5 家）	市级	青岛海牛暖通节能专业技术服务平台	青岛金海牛科技有限公司
22		市级	青岛 U235 智能制造专业技术服务平台	青岛慧易天管理顾问有限公司

（续表）

序号	平台类型	认定级别	平台名称	运营单位
23		市级	青岛新起点智能硬件专业技术服务平台	青岛托普科技创新工场科技企业孵化器
24		市级	青岛百特恒基汽车散热系统专业技术服务平台	青岛百特恒基企业管理有限公司
25		市级	青岛鲁强冲压模具专业技术服务平台	青岛鲁强投资集团有限公司
26	重点实验室（23家）	部级	农业农村部花生生物学与遗传育种重点实验室	山东省花生研究所
27		省级	山东省花生重点实验室	山东省花生研究所
28		省级筹建	山东省中子科学技术重点实验室	中子科学国际研究院、山东大学
29		市级	青岛市农业生物技术重点实验室	山东省花生研究所
30		市级	青岛市畜禽营养重点实验室	青岛市畜牧工作站（青岛市畜牧兽医研究所）
31		市级筹建	青岛市花生种业重点实验室	山东省花生研究所
32		市级筹建	青岛市中子检测技术重点实验室	中科超睿（青岛）技术有限公司
33		市级筹建	青岛市新能源汽车设计与智能控制重点实验室	吉林大学青岛汽车研究院
34		市级筹建	青岛市汽车精密轴承重点实验室	青岛泰德汽车轴承股份有限公司
35		市级筹建	青岛市氢能源催化剂与膜电极研究重点实验室	创启时代（青岛）科技有限公司、青岛创启信德新能源科技有限公司、青岛创启新能催化科技有限公司
36		市级筹建	青岛市中子能源技术重点实验室	国科中子能（青岛）研究院有限公司
37		市级筹建	青岛市耐盐碱水稻重点实验室	青岛袁策集团有限公司、青岛九天智慧农业集团有限公司、青岛农业大学
38		区级筹建	李沧区激光测风雷达重点实验室	青岛华航环境科技有限责任公司、中国航天科工集团北京华航无线电测量研究所
39		区级筹建	李沧区干散货码头全流程智控技术重点实验室	山东朝辉自动化科技有限责任公司、烟台大学数学与信息科学学院
40		区级筹建	李沧区机器人应用重点实验室	青岛恒星科技学院
41		区级筹建	李沧区旅游大数据新技术研发与应用重点实验室	青岛酒店管理职业技术学院
42		区级筹建	李沧区AGV智能汽车搬运机器重点实验室	青岛昊悦机械有限公司
43		区级筹建	李沧区固碳微藻资源化利用工程重点实验室	山东丰嘉微藻生物科技有限公司、中国科学院青岛能源与过程研究所
44		区级筹建	李沧区百茂药物基因组学重点实验室	山东百茂生物科技有限公司

（续表）

序号	平台类型	认定级别	平台名称	运营单位
45		区级筹建	李沧区新发感染性疾病诊断重点实验室	青岛卓云海智医学检验实验室有限公司
46		区级筹建	李沧区角膜组织工程重点实验室	青岛彩晖生物科技有限公司
47		区级筹建	李沧区金刚石材料重点实验室	青岛国工新钻材料科技有限公司
48		区级筹建	李沧区水环境检测与仪器分析重点实验室	青岛聚创环保集团有限公司
49	新型研发机构（15家）	省级	吉林大学青岛汽车研究院	吉林大学、青岛市科技局、李沧区人民政府
50		省级	青岛大地新能源科技研发有限公司	青岛大地新能源技术研究院 青岛院士港产业园运营管理有限公司
51		省级	铭数科技（青岛）有限公司	铭数科技（青岛）有限公司 青岛院士港产业园运营管理有限公司
52		省级	青岛普美圣医药科技有限公司	青岛普美圣医药科技有限公司 青岛院士港产业园运营管理有限公司
53		省级	纳肽得（青岛）生物医药有限公司	纳肽得（青岛）生物医药有限公司 青岛院士港产业园运营管理有限公司
54		省级	青岛军民融合协同创新研究院	李沧区人民政府、海军工程大学
55		省级	中科超睿（青岛）技术有限公司	中科超睿（青岛）技术有限公司
56		省级	国科中子能（青岛）研究院有限公司	国科中子能（青岛）研究院有限公司
57		市级	青岛永展医药科技有限公司	青岛永展医药科技有限公司
58		市级	国科中子能（青岛）研究院有限公司	国科中子能（青岛）研究院有限公司
59		市级	青岛同清湖氢能源科技有限公司	青岛同清湖氢能源科技有限公司
60		市级	青岛国际院士港同清湖科技协同创新研究院	青岛国际院士港同清湖科技协同创新研究院
61		市级	青岛德先新能源汽车制造有限公司	青岛德先新能源汽车制造有限公司
62		市级	瑞海泊（青岛）能源科技有限公司	瑞海泊（青岛）能源科技有限公司
63		市级	青岛明思为科技有限公司	青岛明思为科技有限公司
64	技术创新中心（31家）	省级	山东省花生技术创新中心	山东省花生研究所
65		市级	青岛市海水淡化超滤与反渗透及浓盐水综合利用技术创新中心	青岛百发海水淡化有限公司

（续表）

序号	平台类型	认定级别	平台名称	运营单位
66		市级	青岛市驱动电机生产设备技术创新中心	中特科技工业（青岛）有限公司
67		市级	青岛市汽车精密滚动轴承制造技术创新中心	青岛泰德汽车轴承股份有限公司
68		市级	青岛市家电冲压模具制造技术创新中心	青岛鲁强模具有限公司
69		市级	青岛市纳米纤维复合材料技术创新中心	聚纳达（青岛）科技有限公司
70		市级	青岛市聚苯乙烯新材料研发与设计技术创新中心	青岛海湾化工设计研究院有限公司
71		市级	青岛市汽车空气悬架及减振系统技术创新中心	青岛方正机械集团有限公司
72		市级	青岛市激光探测技术创新中心	青岛华航环境科技有限责任公司
73		市级	青岛市花生技术创新中心（转建）	山东省花生研究所
74		市级	青岛市智慧物联技术创新中心	山东海智星智能科技有限公司
75		市级	青岛市小核酸药物与靶向逆送系统技术创新中心	纳肽得（青岛）生物医药有限公司
76		市级	青岛市精密汽车模具装备制造技术创新中心	青岛海瑞德模具制品有限公司
77		市级	青岛市火电站高温高压阀门制造技术创新中心	青岛电站阀门有限公司
78		市级	青岛市载重汽车制动转向系统及机械停车设备制造技术创新中心	青岛昊悦机械有限公司
79		市级	青岛市新能源汽车轻量化技术创新中心	吉林大学青岛汽车研究院
80		市级	青岛市制药自动化包装装备技术创新中心	青岛非凡包装机械有限公司
81		市级	青岛市水下作业工程技术创新中心	青岛太平洋水下科技工程有限公司
82		市级	青岛市工程机械行星传动技术创新中心	青岛核工机械有限公司
83		市级	青岛市石化装备智能检修技术创新中心	青岛石化检修安装工程有限责任公司
84		市级	青岛市干散货码头智控系统技术创新中心	山东朝辉自动化科技有限责任公司
85		市级	青岛市教学仿真实训设备制造技术创新中心	青岛昊川电子科技有限公司
86		市级	青岛市氢燃料电池技术创新中心	海卓动力（青岛）能源科技有限公司
87		市级	青岛市电力交易市场软件开发技术创新中心	青岛方天科技股份有限公司
88		市级	青岛市建筑节能数字化设计技术创新中心	青岛沿海建筑设计有限公司
89		市级	青岛市土壤污染治理与修复技术创新中心	山东省核工业二四八地质大队

（续表）

序号	平台类型	认定级别	平台名称	运营单位
90		市级	青岛市智能家电电控系统技术创新中心	青岛豪江电子科技有限公司
91		市级	青岛市数字化合版印刷技术创新中心	青岛彩印之星包装印刷有限公司
92		市级	青岛市区块链及数字产业技术创新中心	铭数科技（青岛）有限公司
93		市级	青岛市体外诊断试剂制造技术创新中心	青岛贝美生物技术有限公司
94		市级	青岛市工业系统智能运维技术创新中心	青岛明思为科技有限公司
95	规模以上工业企业研发中心（55家）	市级	青岛市规模以上工业企业研发中心	青岛元大人防工程防护设备有限公司
96		市级	青岛市规模以上工业企业研发中心	青岛核工机械有限公司
97		市级	青岛市规模以上工业企业研发中心	青岛衡均锻压机械有限公司
98		市级	青岛市规模以上工业企业研发中心	青岛路博建业环保科技有限公司
99		市级	青岛市规模以上工业企业研发中心	青岛非凡包装机械有限公司
100		市级	青岛市规模以上工业企业研发中心	青岛航天红光车桥制造有限公司
101		市级	青岛市规模以上工业企业研发中心	青岛西南渠耐火材料有限公司
102		市级	青岛市规模以上工业企业研发中心	青岛汇天隆工程塑料有限公司
103		市级	青岛市规模以上工业企业研发中心	青岛佳百特新材料科技有限公司
104		市级	青岛市规模以上工业企业研发中心	青岛德泰恒铁塔有限公司
105		市级	青岛市规模以上工业企业研发中心	青岛海瑞德模具制品有限公司
106		市级	青岛市规模以上工业企业研发中心	青岛艾普智能仪器有限公司
107		市级	青岛市规模以上工业企业研发中心	青岛海通制动器有限公司
108		市级	青岛市规模以上工业企业研发中心	青岛海德包装有限公司
109		市级	青岛市规模以上工业企业研发中心	青岛中科汉维实验室装备科技有限公司
110		市级	青岛市规模以上工业企业研发中心	青岛茌森工程有限公司
111		市级	青岛市规模以上工业企业研发中心	青岛德先新能源汽车制造有限公司
112		市级	青岛市规模以上工业企业研发中心	海卓动力（青岛）能源科技有限公司
113		市级	青岛市规模以上工业企业研发中心	青岛红星化工集团天然色素有限公司
114		市级	青岛市规模以上工业企业研发中心	青岛特固德商砼有限公司
115		市级	青岛市规模以上工业企业研发中心	青岛申通机械有限公司
116		市级	青岛市规模以上工业企业研发中心	青岛博世通工业设备有限公司
117		市级	青岛市规模以上工业企业研发中心	青岛冠恒机械模具有限公司
118		市级	青岛市规模以上工业企业研发中心	青岛金仕达电子科技有限公司

（续表）

序号	平台类型	认定级别	平台名称	运营单位
119		市级	青岛市规模以上工业企业研发中心	青岛广大方圆橡塑制品有限公司
120		市级	青岛市规模以上工业企业研发中心	青岛圣本电子科技有限公司
121		市级	青岛市规模以上工业企业研发中心	青岛天顺达塑胶有限公司
122		市级	青岛市规模以上工业企业研发中心	青岛海兴电子有限公司
123		市级	青岛市规模以上工业企业研发中心	青岛荣一五金索具有限公司
124		市级	青岛市规模以上工业企业研发中心	青岛金环汽配制造有限公司
125		市级	青岛市规模以上工业企业研发中心	青岛太平洋化工装备有限公司
126		市级	青岛市规模以上工业企业研发中心	青岛建一混凝土有限公司
127		市级	青岛市规模以上工业企业研发中心	青岛海纳德电气有限公司
128		市级	青岛市规模以上工业企业研发中心	青岛聚创环保集团有限公司
129		市级	青岛市规模以上工业企业研发中心	青岛双利材料科技有限公司
130		市级	青岛市规模以上工业企业研发中心	青岛盛宝林环保科技有限公司
131		市级	青岛市规模以上工业企业研发中心	青岛海达维健康科技有限公司
132		市级	青岛市规模以上工业企业研发中心	青岛岳达新动新能源科技有限公司
133		市级	青岛市规模以上工业企业研发中心	青岛科润德自动化设备有限公司
134		市级	青岛市规模以上工业企业研发中心	山东百茂生物科技有限公司
135		市级	青岛市规模以上工业企业研发中心	青岛聚鑫园工贸有限公司
136		市级	青岛市规模以上工业企业研发中心	青岛绿帆昌运环保建材有限公司
137		市级	青岛市规模以上工业企业研发中心	青岛华超兴业交通设备有限公司
138		市级	青岛市规模以上工业企业研发中心	青岛豪江电子科技有限公司
139		市级	青岛市规模以上工业企业研发中心	青岛永函包装机械有限公司
140		市级	青岛市规模以上工业企业研发中心	禾丰（青岛）家纺有限公司
141		市级	青岛市规模以上工业企业研发中心	青岛九维医学创新研究院有限公司
142		市级	青岛市规模以上工业企业研发中心	青岛宏顺达新型材料有限公司
143		市级	青岛市规模以上工业企业研发中心	青岛爱康环保科技有限公司
144		市级	青岛市规模以上工业企业研发中心	青岛海岸阳光新型建材有限公司
145		市级	青岛市规模以上工业企业研发中心	青岛墨蓝机电有限公司
146		市级	青岛市规模以上工业企业研发中心	青岛旭升印务有限公司
147		市级	青岛市规模以上工业企业研发中心	莱茵化学（青岛）有限公司
148		市级	青岛市规模以上工业企业研发中心	青岛上流建材有限公司
149		市级	青岛市规模以上工业企业研发中心	青岛康泰达汽车零部件有限公司

（区科技局）

文　　化

文化公共服务

2023 年，李沧区升级建设城市书房 5 处，打造非遗实践基地 1 处，提升基层文化设施 5 处。李沧区图书馆进行智慧化升级，上线运行座位预约程序；李沧区博物馆完成智慧化改造，实现藏品数字化管理；李沧区文化馆推出线上直播、线上慕课、线上领票等服务，满足群众的文化需求。承办梅花清廉书画展、精品舞蹈展演等市级文化活动 10 余场。突出文化惠民精准化、普惠性，开展"文化点单""电影点播""你读书·我买单"活动，举办"李沧之春""纳凉晚会""公益电影进社区""社区文化节"等文化惠民活动 800 余场次、公益培训课 1000 余课次，全方位丰富居民的文化体验。依托各类阅读场所借还文献 65 万余册次，读者借还 25 万余人次。开展"李沧阅读生活节"暨全民阅读活动，深入商圈、广场、社区拓展阅读活动空间。常态化开展亲子共读、诗歌朗诵会、读书征文等活动 200 余场次。

（区文化和旅游局）

文化市场监管

2023 年，青岛市李沧区文化和旅游局开展企业"零跑腿"服务，深入企业一线开展审批前指导、现场勘验等工作，定期举办文旅行业重点企业座谈会，优化提升营商环境。青岛市李沧区综合行政执法局持续推进"扫黄打非"工作，严查线上、线下非法有害信息及出版物，做好寒暑假网吧、娱乐场所集中整治工作，严厉打击"不合理低价游"、损坏文物等违法行为。开展春节、清明节、"五一"、端午节等假期及重大活动专项执法检查，检查经营单位 2230 余家次，现场监管营业性演出活动 36 场次，网络巡查 2150 余站次，为全区人民提供了风清气正的文化环境。

（区文化和旅游局　区综合执法局）

文艺创作与演出

2023 年，区文化和旅游局举办"我们的舞台——2023 李沧全民艺术节"群众文艺原创作品大赛，140 件群众原创作品参赛，经公开征集、比赛选拔、专家评审，最终评选出"原创奖""最佳创作奖""优秀表演奖"160 余个。举办小戏小剧创作及展演活动，选送舞蹈作品《信仰的旋律》《纳军鞋》《扇鼓舞韵》、音乐作品《少年

2023 年 11 月 23 日，"美德李沧"李沧区第二十三届社区文化节闭幕暨颁奖文艺演出举行。　　（韩云龙摄影）

青岛市第十一届"海燕奖"群众文艺原创作品大赛（戏剧、曲艺类）（第二场）

2023 年 11 月 9 日，青岛市第十一届"海燕奖"群众文艺原创作品大赛（戏剧、曲艺类）（第二场）举行，李沧区作品《银行惊魂》上演。
（曲志喜摄影）

的岛》《我们都是好邻居》《青岛老字号》《红围巾》《民族团结歌》、曲艺作品《老两口逛幸福街》等 12 个作品参加 2023 年度全市群众文艺作品创作征集活动，舞蹈作品《信仰的旋律》《母亲是中华》分别获"礼赞二十大 舞动新时代"青岛市广场舞展演二等奖、三等奖。成立李沧区文化馆戏剧社，打造《选女婿》《常回家看看》《银行惊魂》等优秀原创小剧小戏作品，作品《选女婿》《常回家看看》《青岛帅爸》分别获青岛市第十一届"海燕奖"群众文艺原创作品大赛（戏剧、曲艺类）暨 2023 群众性小戏小剧"大擂台"活动二等奖、三等奖。举办李沧区"乡村振兴齐鲁样板——村村有好戏"暨小剧小戏"群众演群众看"示范巡演、互动巡演和专题巡演 13 场次。

文化交流与合作

2023 年，区文化和旅游局举办"李沧之春""群文惠四季""社区文化节"等传统文化品牌活动，展现李沧区传统文化魅力和群文团队文艺风采。举办第六届"茅台王子杯"全国广场舞大赛山东省总决赛、第二届青岛市梅花清廉主题书画展、"礼裳中华"国风新秀汉服大赛决赛、青岛市舞蹈精品展演、青岛市文化馆群星合唱团原创作品专场音乐会。李沧区非遗代表性项目"鸟虫篆"亮相上海合作组织国家民间友好与友城交往成果展，鸟虫篆代表性传承人作品《弘扬上海精神 推动友好合作》被青岛市外事办公室收藏。邀请青岛大学国际教育学院 12 名海外留学生参加"走读李沧 感知非遗"体验活动，跟着非遗传承人和民间艺人体验非遗和手造项目。

全民阅读

2023 年，李沧区全民阅读

2023 年 4 月 16 日，市民在李沧区图书馆（金液泉路馆）综合图书室阅读书籍。
（区委宣传部供图）

以"齐鲁书香节""全民阅读大会"为重点，以"悦读·悦心"全民阅读品牌为引领，全年共举办全民阅读活动295场次，线上线下参与读者20万余人次。开展2023年李沧阅读生活节系列活动，包括书香市集、"绿色置换·换书会友""趣读书·阅见美好"朗读声音征集等活动。2023年青岛市第二届全民阅读大会期间，李沧区围绕"悦读'阅'世界 悦心'悦'未来"主题，开展"诗李风雅·文海沧沧"《诗经》讲座、"弘扬国学智慧 争做儒雅少年"国学故事讲座、"趣悦读·慧成长"绘本共读等活动近90场次。通过线上、线下相结合的形式，开展百场国学经典，包括"讲国学""诵国学""展国学""品国学"四大板块。

2023年，李沧区完成大枣园牌坊修缮工程（二期）和明真观修缮工程（一期）。图为明真观修缮现场。 （区文化旅游局供图）

文化遗产

文物保护

2023年，李沧区推进智慧博物馆数字化提升改造，完成馆藏文物管理系统、馆藏文物精品3D数据采集和文物专题瀑布流展示平台建设。对大枣园牌坊、明真观等文物建筑进行维护修缮，完成大枣园牌坊修缮工程（二期）和明真观修缮工程（一期）。全年修复馆藏纱灯画36件/套。举办"玉兔迎春"——生肖文化熏画展，同时开展互动体验活动。举办"档鉴李沧 多彩非遗"——晚清民国剪纸刺绣展。举办美如初见——馆藏民间刺绣展。对存在火灾和汛情风险的22处文物建筑开展专项检查，守住文物安全底线。

非物质文化遗产

2023年，区文化和旅游局组织开展第三批区级非遗代表性传承人、第二批区级非遗工坊认定工作，新增区级非遗代

2023年12月22日，各国青年汉学家在李沧区国学研究会非遗传承基地学习鸟虫篆艺术。 （韩云龙摄影）

表性传承人7人、区级非遗工坊6家。组织开展第二批市级非遗工坊申报工作，新增市级非遗工坊3家。打造"山东手造·李沧有礼"展示体验中心，中心展陈李沧区特色非遗、手造项目20个，展出手造产品50余件。打造李沧区"非遗在社区"实践基地——青萃雅塾，展示"鸟虫篆""古彩戏法""崂山派古琴艺术"等项目。组织开展非遗展览、展示、展演、市集等非遗活动30余场次，"非遗进校园"公益培训课400余课时。非遗代表性项目"鸟虫篆"在上海合作组织国家民间友好与城市交往成果展上展示。

2023 年李沧区新增非物质文化遗产项目表

类别	级别	数量	项目名称	代表性传承人
第二批市级非遗工坊	市级	3	青食钙奶饼干非遗工坊	
	市级		老沧口老面包非遗工坊	
	市级		佳麟佳大虾酥非遗工坊	
第二批区级非遗工坊	区级	6	金陵派古琴非遗工坊	
	区级		青食钙奶饼干非遗工坊	
	区级		老沧口老面包非遗工坊	
	区级		乔家驴肉非遗工坊	
	区级		青岛张氏耳穴非遗工坊	
	区级		佳麟佳大虾酥非遗工坊	
第三批区级非物质文化遗产代表性传承人	区级	7	崂山派琴歌	张 蛟
	区级		金陵派古琴	崔灏晨
	区级		传统陈氏太极拳	魏星亮
	区级		面塑	闫宏宇
	区级		乔家驴肉制作技艺	乔 旭
	区级		立体微雕	董继学
	区级		青岛张氏耳穴	张瀚文

（区文化和旅游局）

卫 生 健 康

概　况

基本情况

2023 年，青岛市李沧区卫生健康局（简称"区卫生健康局"）以推进"健康李沧"建设为引领，以全方位、全生命周期保障人民健康为目标，建设优质高效的医疗卫生服务体系，机构之间从"自主发展"向"整合协作"转变、服务体系从"规模数量增长"向"质量效益提升"转变、推动发展方式从"以治病为中心"向"以健康为中心"转变，提升全民健康水平，增强群众健康获得感，构筑起保护人民生命安全和身体健康的安全屏障。青岛市李沧区卫生健康局及局属单位现有职工 524 人。其中卫生技术人员 404 人，高、中、初级职称分别为 89 人、168 人、147 人，分别占 22%、41.6%、36.4%。下设事业单位 10 家。其中，公益一类事业单位 9 家，分别为区疾病预防控制中心、区卫生计生综合监督执法局、区妇幼保健计划生育服务中心、区计划生育协会发展促进中心、永清路社区卫生服务中心、李村街道社区卫生服务中心、九

水街道社区卫生服务中心、湘潭路街道社区卫生服务中心、沧口街道社区卫生服务中心；公益二类事业单位 1 家，为区中心医院。

医疗卫生体制改革

2023 年 12 月，区委编办制发《关于调整区卫生健康局（区疾病预防控制局）及所属事业单位机构编制事项的批复》，调整区卫生健康局机构职能设置，撤销区卫生健康局人口监测与家庭发展科（法制宣教科），内设机构增设疾病预防控制科，具体负责疾病预防控制相关工作；重组区疾病预防控制中心，整合区疾病预防控制中心、区卫生计生综合监督执法局，重新组建区疾病预防控制中心，挂区卫

生监督所、区健康管理指导中心、区动物卫生检疫中心、区动物疫病预防控制中心牌子，为区卫生健康局所属公益一类事业单位，不再保留区卫生计生综合监督执法局。

集团化发展

2023 年，李沧区成立区城市医疗集团管理委员会，制订《李沧区紧密型城市医疗集团建设实施方案》。2023 年 12 月，"青岛市第八人民医院城市医疗集团"和"青岛市第三人民医院城市医疗集团"挂牌成立，建立特色"双体系"模式。集团制定 71 个分级诊疗服务清单，完成双向转诊 5000 余人次；开展联合门诊 41 次，参与专家 74

2023 年 12 月 22 日，李沧区城市医疗集团揭牌仪式举行。

（区卫生健康局供图）

人次；基层专项培训 11 场，770 余人次参加；建立了四级阶梯式家医（专家）团队模式，组建家医团队 36 个、指导团队 6 个、MDT 专家团队 1 个、资深专家团队 1 个，横向服务可覆盖约 20 万人，慢性病管理 1.43 万余人，居家医疗 700 余人。青岛市第八人民医院城市医疗集团与永清路社区医院设立共管病房，派出"医生＋护理＋医技"整建制团队下沉社区接管病房，实行同质化管理模式，共管病房收治病人 651 人次，为患者节省住院费用 65 万余元；建立名医基层工作室 8 个，派出 10 余名专家坐诊带教，参与家医团队，进行"三高共管 六病同防"、入户体检等工作。

疾病预防控制

食源性疾病监测 2023 年，李沧区食源性疾病监测点由 8 家医疗机构延伸到 63 家，实现全区各级医疗机构全覆盖。投入 130 余万元资金完成 60 家基层机构食源性疾病病例报告信息化升级改造，实现信息自动抓取功能，提升病例报告的及时率和准确率，减少漏报率。建立食源性疾病监测"3 个 1"工作机制，围绕"两率一提升"强化督导力度。召开专题会议 12 次，培训 800 余人次，督导检查 16 次，各级医疗机构报告食源性疾病病例 1.19 万例，比上年增长 753.72%。召开急处

置培训 8 次，规范处置疑似食源性疾病聚集事件 55 起。

健康科普 2023 年，区卫生健康局建强宣传队伍，培育市级健康科普专家 9 人，成立融合多专业专家的宣讲团队。拓宽阵地，探索全区健康教育共建共享，建立李沧区全媒体健康科普知识发布和传播机制，强化部门协同，实现健康科普知识信息广泛覆盖和精准传播。创新形式，创作健康主题宣传日系列健康科普视频，依托李沧融媒、微信公众号、电视台、公共场所"LED 屏＋"等多平台进行发布和传播，在李村商圈、地铁站站厅及轨行区内投放艾滋病宣传灯箱广告，实现线上、线下互动。组织健康教育岗位技能竞赛，通过大练兵全面提升专业本领，锤炼专业技能。制作健康科普视频 22 个，发表健康科普作品 31 篇，开展各类健康知识讲座和科普宣传活动 80 余场次，发布宣传信息 400 余篇，受益群众 40 余万人次。

预防接种服务 2023 年，区卫生健康局提高老年人新冠疫苗个案建档率和随访信息完整率，老年人新冠疫苗个案建档率 98.3%，随访信息完整率 99.96%。1～7 岁适龄儿童国家免疫规划疫苗全程接种率 99.56%，比上年提高 2.89%。启动适龄女生 HPV 疫苗免费接种市办实事项目，摸底 2700 余

人，首剂接种 2200 余剂次。依托"8S"管理试点，成为青岛市预防接种单位"8S"管理首批试点区市，制订《李沧区预防接种单位 8S 管理工作方案》，在全区分批次开展"8S"管理工作。在永清路社区卫生服务中心打造 1 处"全生命周期"一体示范中心，筑牢全区预防接种技术基础。

重大疾病防控 2023 年，区卫生健康局加强各类传染病监测和防控，传染病多点触发预警平台症状信息上报率、及时率均达到 100%，形成"疾控＋学校"双向反馈机制，筑牢学校疫情防控阵地。加强对结核病高危人群和重点人群的主动筛查，完成结核分枝杆菌潜伏感染者筛查项目。创建第五轮国家艾滋病防控示范区，在全省实现社区、高校、重点场所艾滋病自助检测服务全覆盖，艾滋病防控各项指标一直走在全市前列。完成脑卒中高危人群筛查与干预项目、中国慢性病前瞻性研究项目、国家人体生物监测项目等国家级项目年度目标。推进"三减控三高"项目，对机关食堂、超市、饭店、学校等重点场所开展三减综合干预 15 场次。探索居民健康管理新模式，开展以"小积分"兑换"大健康"为主题的健康积分兑换活动，有 10.3 万余名居民参与，健康积分 26.8 万余分，4.5 万余人兑换了

指定医疗服务或生活用品。

健康李沧建设 2023 年，李沧区争创国家营养社区试点，推进世园街道上流佳苑社区、青岛世园学校（青岛二中附属李沧学校）开展国家营养示范社区创建工作。完成首次国家级土源性线虫病监测项目。作为青岛市唯一国家级环境健康监测点，完成 230 余名居民极端天气健康素养调查工作。在全市率先完成工作场所职业病危害因素监测和 2022 年度中小学生体检补检工作。完成 4 家中小微企业职业健康帮扶。具备独立完成蚊幼虫抗药性监测实验能力。

医疗服务

区中心医院迁建 2023 年，李沧区启动并推进青岛市李沧区老年病医院（青岛市李沧区中心医院）（简称"区中心医院"）建设，项目投资额 3.66 亿元，总建筑面积 4.6 万平方米，设置床位 320 张，被列为市、区两级重点项目。项目于 2023 年 2 月完成立项及可研批复，6 月取得施工许可证动工，计划 2024 年下半年投入使用。项目坚持高起点、高标准、高水平举办，以中医、老年病、康复等为特色发展方向，最终计划建成一所"小综合、有特色"的二级甲等医院，以点带面提升全区整体医疗服务能力。

基层医生培训 2023 年，

2023 年 4 月 22 日，首届青岛市基层医师外科能力培训班暨李沧区 2023 年度基层医务人员能力提升培训启动仪式举行。

（区卫生健康局供图）

区卫生健康局制订李沧区基层医疗卫生人才倍增计划。采取"走出去""请进来"相结合模式，依托三级医院设立名医基层工作站，开展基层医生"导师制"带教培训。成立由青岛市第八人民医院作为带教医院、辖区各相关医疗机构学科骨干组成的"学科建设与发展联合团队"，举办基层医师能力培训班 12 次，提高了全区卫生专业技术人员的医疗服务能力和专业水平。

提升医疗服务能力 2023 年，区卫生健康局以清单形式明确全区改善群众看病就医体验工作 10 项举措、30 项内容、50 项要点，建立正负面清单，逐项销号。出台改善群众看病就医感受 10 项举措，召开覆盖全区各街道、各级医疗机构的动员会，对工作进行专项部署。

建立领导包片督导机制，督查专班坚持明察与暗访相结合，督查医疗机构 250 家，发现问题 445 个，倒逼医疗机构强化医疗服务能力，提升群众就医满意度。

中医药事业发展

中医药管理新机制 2023 年，李沧区健全完善全区中医药发展体制机制，调整了以区委主要领导为组长的促进中医药发展工作领导小组。定期召开党组会议研究部署中医药工作，推动具体中医药工作任务落地落实。完善配套政策体系，出台《关于建设中医药强区的若干措施》，系统性、综合性地提出了 7 个方面 14 条具有可行性和可操作性的政策措施，安排部署深化区域中医药综合改革、夯实中医药服务根基，指

2023 年 8 月 18 日，李沧区 2023 年度中国医师节报告会举行。
图为 2023 年度李沧好医生获表彰。　　　　　（区卫生健康局供图）

导建立符合中医药特点的服务体系、服务模式、管理模式、人才培养模式，激发中医药事业活力。

中医药服务新格局　2023 年，李沧区全覆盖建成中医药服务网络。全区有各类中医机构 284 家，中医执业（助理）医师 577 人，每千人口卫生机构中医执业（助理）医师数（人）达到 0.76。在区中心医院新院区开工建设精品国医馆和中医康复中心，推进 15 家社区卫生服务中心中医馆全覆盖；建成省级中医药特色社区卫生服务站 6 家，数量居于全市首位。加强人才培养，新增省级基层名中医 1 人、市级基层名中医 3 人；组织开展山东省第二批中医医术确有专长医师资格报名审核，李沧区报名 39 人；组织 32 人报名参加全省第六批"西学中"培训，新增师承备案人员 18 人，扩大中医药人才队伍。探索中医药便民路径，针

对心脑血管病、糖尿病等慢性病制订中医药康复方案，推广"菜单式"家庭医生中医药个性签约服务活动，满足居民不同需求。完善穴位敷贴技术应用备案管理工作机制，规范开展"冬病夏治三伏贴""冬病冬治三九贴"中医药项目，备案穴位贴敷技术应用医疗机构 79 家。推进中医药文化宣传，打造李村河中医药主题公园，建设中医药特色街区。推进中医药文化进校园，青岛东川路小学获批首批市级中医药文化进校园试点学校。举办全市卫生健康系统践行主题教育"送中医药特色疗法四进四提升"行动宣传义诊活动及"爱眼日"中医推拿防治青少年近视义诊活动；做好中医药传统医学活态传承，崂山点穴、小儿脏腑推拿等 5 项中医药技术入选青岛市非物质文化遗产项目；制作芒种、霜降等节气中医养生宣传片，点击量约 1 万次。宣传、弘扬中

医药健康养生文化，营造中医生活化、生活中医化的中医药文化氛围。

中医药发展新思路　2023 年，李沧区以项目建设引领创新发展，创新开展二十四节气中医药养生保健等 6 项中医药强市"揭榜挂帅"项目。完善李沧区中医药特色服务电子地图，推动"互联网+"智慧中药房项目建设，青岛市第八人民医院、区中心医院和 5 家公立中心开通智慧中药房系统。以资源整合促进优质发展，推动与青岛市第三人民医院、青岛市第八人民医院、青岛市海慈医院中医医联体建设，实现中医优质医疗资源下沉。在 15 家社区卫生服务中心设立"名医基层工作站"，开展导师制带教培训和学经典用经典活动，突破人才共用共育。以人才培育促进持续发展，在李沧区永清路社区卫生服务中心建成市区首家区级中医药适宜技术培训推广中心，采取线上线下相结合方式培训"能中会西"的实用型中医药人才 27 批次 1000 余人次。承办 2023 年省级中医药继续教育项目——崂山点穴手法治疗青少年特发性脊柱侧弯培训班，240 余人参加，扩大区域中医药事业建设影响力。

爱国卫生运动

巩固国家卫生城市创建成果　2023 年，李沧区召开全区

常态化巩固国家卫生城市创建成果工作会议及推进会议4次，举办李沧区巩固国家卫生城市创建成果培训班1次，对全区重点区域督查并通报16次，查找各类问题166个。2023年9月20日，国家复审工作组对青岛市巩固国家卫生城市工作进行暗访，对李沧区主次干道、背街小巷、居民小区、农贸市场等点位进行抽查，李沧区通过国家卫生城市复审。

爱国卫生月活动　2023年，区卫生健康局开展以"宜居靓家园 健康新生活"为主题的爱国卫生月宣传和卫生整治活动。联合相关单位及10余家医疗机构在李沧文化广场开展第35个爱国卫生月集中宣传活动，发放杀蟑药1000支、蚂蚁药1000支、粘鼠板1000张、购物袋1000个及各类宣传单页2万余份。集中印制除四害（蚊、蝇、鼠、蟑）、禁烟宣传单页和除害防病手册共3万份发至各街道，各街道在辖区内设立1～3个社区宣传点，现场发放宣传单页，及时将健康保健和病媒防制知识送进社区。组织各街道集中开展城区环境卫生整治30余次，清理卫生死角1000余处，清除垃圾50余吨。组织各农贸市场及业户开展市场环境整治，清理卫生死角及病媒孳生地200余处，有效预防媒介传染病发生。

病媒生物防治　2023年，区卫生健康局组织开展冬、春季集中灭鼠工作，召开灭鼠工作会议，组织清理孳生地3000余处，发动人员3000余人次。更新和规范全区各开放式楼院灭鼠毒饵站2500余个，向各街道办事处和重点部门配发电动喷雾器200余台，消杀药品1万余千克，投放鼠药7300千克，放置粘鼠板1.35万余份，张贴发放宣传材料5000余份。组织全区开放式楼院实施免费蚊蝇消杀，清除蚊蝇孳生地，投放灭蚊幼药物。组织各街道办事处集中开展灭蚊活动，对孳生地集中清理，统一实施蚊蝇消杀和投药。4月下旬起每日组织6人3车消杀队伍对全区公共区域、河道周边和所有开放式居民楼院实施夏、秋季蚊蝇消杀，做到每个开放式居民楼院每月消杀2次，消杀面积约713万平方米。

无烟环境创建　2023年，区卫生健康局围绕"无烟 为成长护航"主题，组织开展第36个"世界无烟日"控烟工作。在东山社区东山二路活动广场开展大型控烟宣传活动，发放控烟宣传材料1000余份。组织创建1527个青岛市"无烟"家庭。控烟检查各类公共场所、医疗机构、学校200余家，商场、超市、餐饮店、药店等1900余处，网吧、娱乐场所等170余处，出动执法人员2715人次，出具监督意见书10份。

健康青岛行动　2023年，区卫生健康局定期召开健康青岛行动推进会议，组织专题宣传活动，提升全民健康素养。组织各责任单位和部门对健康青岛行动16项专项行动开展监测评估。创建省级卫生先进单位30家，完成全区50个健康细胞建设。2023年12月通过健康中国行动青岛推进委员会对李沧区健康青岛行动落实情况的督查。

（区卫生健康局）

卫生服务机构选介

青岛市李沧区疾病预防控制中心

概况　青岛市李沧区疾病预防控制中心（简称"区疾控中心"）主要承担全区疾病预防控制，突发公共卫生事件应急处置，疫情及健康相关因素信息管理，免疫规划及生物制品使用管理，基本公共卫生指导与病媒生物防制，健康危害因素监测、评价干预，实验室监测检验与评价，健康教育与健康促进等工作。有职工68人，其中卫生技术人员55人，占职工总数的80.88%；其他专业技术人员6人，占职工总数的8.82%。有高、中、初级职称的分别为11人、18人、26人。争创国家营养社区试点，推进李沧区世园街道上流佳苑社区、青岛二中附属李沧学校开展国家营养示范社区创建工作。完成首次国家级土源性线虫病监测项目。作为青岛市唯一国家级环境健康监测点，完成230余名居民极端天气健康素养调查工作。在全市率先完成工作场所职业病危害因素监测和2022年度中小学生体检补检工作。完成4家中小微企业职业健康帮扶。获评山东省卫生健康工作先进集体、青岛市爱国卫生运动70周年表现突出集体、青岛市"三八"红旗集体、国家食品安全示范城市复审工作突出贡献单位、2023年市级健康教育基地和全省地方病防治机构碘、氟检测实验室控制考核工作先进单位。

医防融合服务 2023年，区疾控中心按照"一网三层六板块"总体架构建设，搭建区域医防融合平台，不断完善疾控机构与医疗机构分工协作、优势互补医防融合工作机制。以家庭医生签约服务为切入点，增加疾控元素，形成"3+X+1"创新签约服务模式。以医防融合队伍建设为切入点，遴选38名临床专家和疾控督导员，组建3支医防融合技术指导团队，区疾控中心对各级医疗机构累计培训800余人次。以医防融合流程改造为切入点，加快推进一体化服务模式，9家社区卫生服务中心完成医防融合流程改造。以案例交流为切入点，实现疾控机构与医疗机构业务

能力双提升，举办李沧区医防融合创新竞赛，择优选取参加市级竞赛。

社会心理服务 2023年，区疾控中心探索建立覆盖"基层、行业、专业"的社会心理服务网络，从不同层面选取6家机构安装社会心理服务智能管理平台，为社会心理服务体系建设与发展提供有力保障。构建摸排管控、救治救助、创新服务"三位一体"管理模式，形成排查、登记、救助、治疗、监护、家属咨询为一体的高效工作模式。成立李沧区社会心理健康服务协会，引入王冠军、石卉等多位岛城名家，为全区社会心理服务体系建设做好人才储备。

食源性疾病监测 2023年，区疾控中心设置的食源性疾病监测点由8家医疗机构延伸到63家，实现全区各级医疗机构全覆盖。投入资金130余万元完成60家基层机构食源性疾病病例报告信息化升级改造，实现信息自动抓取功能，提升病例报告的及时率和准确率，减少漏报率。建立食源性疾病监测"3个1"工作机制，围绕"两率一提升"强化督导力度。召开专题会议12次，培训800余人次，督导检查16次，各级医疗机构食源性疾病病例上报平均数均提前超额完成，累计报告食源性疾病病例1.19万例，比上年（下同）同期（1398

例）上升753.72%。召开紧急处置培训8次，规范处置疑似食源性疾病聚集事件55起。

健康科普 2023年，区疾控中心建强宣传队伍，为全区健康科普"添动力"，培育市级健康科普专家9人，成立融合多专业人员的宣讲团队。拓宽阵地，让全区健康科普"接地气"，探索全区健康教育共建共享，建立李沧区全媒体健康科普知识发布和传播机制，强化部门协同，实现健康科普知识信息广泛覆盖和精准传播。创新形式，让全区健康科普"增活力"。创作健康主题宣传日系列健康科普视频，依托李沧融媒、微信公众号、电视台、公共场所"LED屏+"等多平台进行发布和传播，在李村商圈、地铁站站厅及轨行区内投放艾滋病宣传灯箱广告，实现线上、线下互动。以赛促练，让全区健康科普"聚合力"，精心组织健康教育岗位技能竞赛，通过大练兵全面提升专业本领，锤炼专业技能。制作健康科普视频22个，发表健康科普作品31篇，开展各类健康知识讲座和科普宣传活动80余场次，制作宣传信息400余篇，累计受益群众40余万人次。

预防接种服务 2023年，区疾控中心围绕高质量发展综合考核指标，提高老年人新冠疫苗个案建档率和随访信息完整率，全区老年人新冠疫苗个

案建档率为98.3%，随访信息完整率为99.96%，超额完成青岛市高质量发展考核指标95%的要求。适龄儿童1～7岁国家免疫规划疫苗全程接种率99.56%，比上年增长2.89%，超额完成96.4%的指标任务。启动适龄女生HPV（人乳头瘤病毒）疫苗免费接种市办实事项目，摸底2764人，首剂接种2280剂次，接种完成率约82.49%。依托"8S"管理试点，助力提升预防接种水平，成为青岛市预防接种单位"8S"管理首批试点区市，制订《李沧区预防接种单位8S管理工作方案》，召开部署动员会议，在全区分批次开展"8S"管理工作。在永清社区卫生服务中心打造1处"全生命周期"一体示范中心，筑牢全区预防接种技术基础。

重大疾病防控 2023年，区疾控中心加强各类传染病监测和防控，传染病多点触发预警平台症状信息上报率、及时率均达到100%，形成"疾控＋学校"双向反馈机制，筑牢学校疫情防控阵地。加强对结核病高危人群和重点人群的主动筛查，完成结核分枝杆菌潜伏感染者筛查项目。创建第五轮国家艾滋病防控示范区，率先在全省实现社区、高校、重点场所艾滋病自助检测服务全覆盖，艾滋病防控各项指标走在全市前列。完成脑卒中高危人

群筛查与干预项目、中国慢性病前瞻性研究项目、国家人体生物监测项目等国家级项目年度目标任务。推进"三减控三高"项目，对机关食堂、超市、饭店、学校等重点场所开展"三减"综合干预15场次。探索居民健康管理新模式，开展以"小积分"兑换"大健康"为主题的健康积分兑换活动，有10.3万余名居民参与，健康积分26.8万余分，4.5万余人通过健康积分兑换了指定的医疗服务或生活用品。

青岛市李沧区卫生计生综合监督执法局

概况 2023年，青岛市李沧区卫生计生综合监督执法局（简称"区卫生计生综合监督执法局"）办公场所建筑面积634.27平方米。编制13人，职工总数11人。其中，卫生技术人员7人，占职工总数的64%；管理岗位人员2人，占职工总数的18%；实习期未定岗人员2人，占职工总数的18%。在职卫生技术人员中，高级职称2人，占28.6%；中级职称4人，占57.1%；初级职称1人，占14.3%。启动职业卫生分级分类监管工作，完成辖区89家建立本底档案的企业监督检查，确定第一批试点企业15家，开展职业卫生分级分类专题培训1次，完成用人单位分类监督执法17家。完成7家发证医疗美

容机构和全部口腔机构的卫生监督量化分级管理工作，量化分级评定结果均公示。"创新卫生监督管理模式，规范中医养生保健行为"项目获评青岛市中医药强市建设"揭榜挂帅"中医药监督执法服务创新项目。执法案例"李沧区某口腔诊所超出批准范围从事放射诊疗工作案"入选2023年全市卫生健康行政处罚十大优秀典型案例，"李沧区某养生保健中心未取得医疗机构执业许可证擅自执业案》入选2023年度全市卫生健康行政处罚优秀案例。1人获2023年青岛市卫生健康监督执法技能大赛个人三等奖，2人分别获评2022年度卫生监督执法办案能手市级办案能手、十佳办案能手。

卫生监督 2023年，区卫生计生综合监督执法局开展医疗机构、公共场所等经常性卫生监督工作，监督覆盖率为100%。开展卫生行政处罚116起；行政诉讼、复议各1起，均维持处罚决定。受理群众投诉举报298件。接收国家"双随机"卫生监督检查任务249件（含抽检单位87家），任务完成率、完结率均为100%，立案20起，罚款金额8.6万元。首次对检测不合格的3家学校进行了处罚，完成全省联合"双随机"监督检查61家。

专项整治 2023年，区卫生计生综合监督执法局完成青

岛市"蓝盾行动"专项整治。开展病历书写与管理监督执法320户次，处罚6起；开展医疗美容机构监督执法8户次，处罚1起，受理非法医美投诉举报10余起，对非法行医的生活美容机构和个人立案处罚；完成辖区33家备案托育机构全覆盖检查，立案1起；开展游泳场所监督检查及抽检33家，立案处罚2家；将2022年度新发职业病及职业病危害严重的10家用人单位纳入职业健康权益保护监督执法范围，采取线上启动、自查自纠、现场检查等方式逐一落实并督促整改；监督检查中医医疗机构、中医养生保健机构136家，立案处罚16起。

普法宣传 2023年，区卫生计生综合监督执法局落实普法宣传职责，开展精准普法。开展卫生监督"六进"活动，印制宣传材料，免费发放给经营业户及群众；开展以案说法，通过政务网站、微信等途径，科普卫生法律法规和健康知识；组织分类培训，结合全区医疗机构会议、暖民行动和各种集中宣传，组织召开各专业经营业户培训与宣传活动20余场，受众2000余人次。采取"先普法再执法"举措，避免经营者因不知情而违法情况发生。

青岛市李沧区妇幼保健计划生育服务中心

概况 青岛市李沧区妇幼保健计划生育服务中心（简称"区妇幼中心"）在职职工49人，其中专业技术人员40人，占职工总数的81.6%。高级职称7人，占专业技术人员总数的17.5%；中级职称19人，占专业技术人员总数47.5%；初级职称14人，占专业技术人员总数的35%。设行政职能及业务科室9个。开展0～6岁儿童孤独症筛查干预项目，获批山东省0～6岁儿童孤独症筛查干预项目试点地区，承办了青岛市儿童孤独症筛查项目启动暨推进会。在18家社区卫生服务机构实现儿童体检、系统管理和项目筛查"一站式"、全覆盖，落实跟踪随访、专案管理、信息直报、转诊绿色通道等制度。获评李沧区2022年度五星级基层党组织、青岛市妇幼健康职业技能竞赛团体二等奖。

母婴安全 2023年，区妇幼中心实施"母婴安全行动提升计划"，全面推进五项制度落实。组织开展母婴安全管理及评审会议、培训、"四不两直"督导30余次，管理重点高危孕产妇1200余例，救治危重孕产妇3例，全区母婴安全形势总体稳定，母婴安全管理工作在全市专题会议上做经验介绍。

新生儿安全 2023年，区妇幼中心加强出生缺陷综合防控，新生儿疾病筛查、听力筛查和先天性心脏病筛查率均保持在99%以上。首批创建青岛市婚前保健特色专科，不断完善婚孕前保健"一站式"服务，婚检率逐年上升。

母婴阻断工作 2023年，区妇幼中心细化母婴阻断工作流程，全面落实相关免费或补助政策，规范提供综合干预服务，早检率超过70%目标要求，预防母婴传播精细管理工作被市级业务专报肯定和推广。规范开展低保适龄妇女"两癌"检查项目，检查任务完成率100%。

基本公共卫生服务 2023年，区妇幼中心全面规范落实国家基本公共卫生服务孕产妇和0～6岁儿童健康管理相关要求，开展项目培训7次，工作指导80余次。推进基本避孕服务工作，发放避孕药具9.6万盒，服务育龄人群2.83万人。组织实施健康儿童行动提升计划。开展"爱眼日"健康宣教和眼保健专题竞赛；组织开展新生儿复苏专题培训及技能竞赛，提高综合救治能力；开展母乳喂养日（周）宣教活动，加强爱婴医院管理力度。

托幼机构卫生管理 2023年，区妇幼中心规范托幼（托育）机构卫生保健管理，组织开展"三员"培训1700余人次，完成88处托幼机构三年卫生保健评估、14处新备案托育机构卫生评价。组织完成托幼（托育）机构工作人员年度体检3700余人、在园儿童年度体检

3.5万余人。加强《出生医学证明》精细化管理，组织开展业务培训督导及质控12次，办理换发补发等180余例、线上办理1500余人次。

李沧区永清路社区卫生服务中心

概况 青岛市李沧区永清路社区卫生服务中心（简称"永清路社区卫生服务中心"）业务用房面积6878平方米。现有职工34人。其中，卫生技术人员26人，占职工总数76%；其他专业技术人员8人，占职工总数24%。中级以上职称18人，占职工总数53%。内设行政职能科室和业务科室共19个，全面实施基本药物零差率销售政策。免费为李沧区从业人员进行预防性健康查体7317人次。在巩固山东省中医药特色社区卫生服务中心的基础上，建成多种中医药方法和手段综合使用、中医药文化氛围浓郁的国医馆与国药坊。发挥中医药"简、便、廉、验"优势，推广社区中医药适宜技术。培养了马明昌、于东辉、李振等李沧区"名中医"。其中于东辉的中医治疗带状疱疹被确定为青岛市"中医专病（专技）特色门诊"，李振的孙重三小儿推拿被确定为青岛市"中医特色基层专科"。获评市级健康教育基地、李沧区关心下一代工作先进集体。

卫生改革 2023年，永清路社区卫生服务中心发挥基层医院分级诊疗的作用，缓解上级医院就诊压力，提升群众的满意度和幸福感。获得良好社会效益。接收住院患者219人次，医保报销减免费用54.7万元，影像远程诊断1823人次。

基本公共卫生服务 2023年，永清路社区卫生服务中心完成居民健康档案2.55万人，合格管理建档人数达到2.5万人。社区人口建档率79%，档案使用率60%。管理65岁以上老年人3500余人，规范管理1800余人，规范管理率51%。实施传染病防控、突发公共卫生事件处置、卫生监督协管等项目，传染病上报率100%。管理服务0～6岁儿童2300余人次。新生儿访视210余人。产前管理服务880人次，产后管理服务210余人。60～64岁免费查体320余人，比上年（下同）增长133%。65岁及以上老年人查体数1800余人，增长54%。完成65岁及以上老年人中医体质辨识服务3100余人，老年人中医药健康管理服务率89%。

"三高一慢"工作 2023年，永清路社区卫生服务中心完成"三高"易患人群指尖血采集2700余人，"三高"易患人群空腹血糖检测1400余人，"三高共管"签约并规范管理230余人，"六病"筛查1500余人。慢阻肺问卷调查5500余人，肺功能检测730余人。

健康教育 2023年，永清路社区卫生服务中心设置健康教育宣传栏3个，更新12次。利用各种世界健康主题日或节假日组织专题宣传活动9次。发放健康教育印刷资料24种1.68万余份，其中中医内容宣传材料6种。

家庭医生签约 2023年，永清路社区卫生服务中心家庭医生团队签约居民1.8万余人，其中老年人、儿童、计划生育特殊家庭、残疾人等群体签约率65%，提供家庭医生履约服务1万余人次。

精神文明建设 2023年，永清路社区卫生服务中心打击医药领域腐败现象，通过加强制度监管和人员教育，确保医疗服务公正透明。落实廉洁从业九项准则，强化医德医风建设，营造风清气正工作环境。提升患者就诊满意度，不断优化服务流程，提高服务质量。通过增设便民设施、完善预约制度、加强医患沟通等措施，让患者感受到更加便捷、高效、温馨的医疗服务。践行雷锋精神，组织志愿者深入社区，为居民提供健康咨询和义诊服务，用实际行动传递温暖与关爱。

李沧区李村街道社区卫生服务中心

概况 青岛市李沧区李村

街道社区卫生服务中心（简称"李村街道社区卫生服务中心"）有在职职工 53 人。其中，卫生技术人员 46 人，占职工总数的 87%；其他专业技术人员 7 人，占职工总数的 13%。中级以上职称 26 人，占 49%。内设行政科室和业务科室 22 个。获评青岛市新时代职工信赖的职工之家、李沧区关心下一代工作先进集体。

重点人群服务 2023 年，李村社区卫生服务中心做好重点人群及肺炎支原体感染健康管理、医疗救治和日常医疗服务保障工作，将抗病毒、对症治疗药物及相关设施设备配备到位。拓展口腔、中医药、治未病等诊疗科目，更新口腔牙椅 2 台及消毒设备 1 套，完成"西学中"培训并取得证书 2 人，中医全科医生培训 1 人，参与青岛市第八人民医院学科建设与发展联合团队培训 2 人 4 场次，全科医生规范化及骨干培训各 1 人。年门诊量 11.55 万人次，中小学生体检 2.79 万人次，托幼机构查体 2474 人，从业人员预防性体检 2.19 万人次，比上年增长 30%。

家庭医生服务 2023 年，李村社区卫生服务中心将公共卫生人员与家庭医生有效结合，10 个家庭医生团队签约 2 万人，签约率达到 56.53%，家庭医生团队开展家庭医生签约服务宣传，为活动不便的老年人提供上门体检，10 支团队入户 26 次，为 72 名老年人提供彩超、心电图、血生化等检验检查履约服务。开展入户大走访宣教活动 11 场次，发放《致居民的一封信》到户 1.34 万户。

基本公共卫生服务 2023 年，李村社区卫生服务中心完成居民规范化电子档案覆盖 2.53 万人，覆盖率 71.43%。利用门诊统筹签约、患者就诊、健康教育活动、健康查体、慢病随访、疫苗接种等形式及时进行档案复核，档案复核率 100%；辖区内孕妇孕 12 周之前建册 200 余人，早孕建册率 91%；0～6 岁儿童管理 3400 余人，完成新生儿访视 190 余人，访视率 99%；承担辖区新冠疫苗接种任务和 4000 余名儿童预防接种工作，严格执行预约登记制度，为适龄女生免费接种 HPV（人乳头瘤病毒）疫苗 410 余人；完成 60～64 岁老年人健康管理 330 余人，65 岁以上老年人健康管理 3200 余人，中医辨识 2200 余人。

医防融合服务 2023 年，李村社区卫生服务中心优化门诊服务流程，提供"标准化、一体化"医防融合服务。新增糖化血红蛋白、尿微量白蛋白 / 尿肌酐、CRP（心肺复苏）等检验项目及免散瞳眼底镜检查，建立了"三高共管患者登记表"及慢性病医防融合表，家庭医生结合工作台账对"三高"患者进行有效管理。"三高"规范管理 280 余人，"六病"筛查 1800 余人，糖尿病易患人群普查指尖血完成 3400 余人、糖尿病易患人群普查空腹血糖完成 2200 余人。完成筛查慢阻肺调查问卷 6800 余份，肺功能检测人数 830 余人。

名医基层工作站 2023 年，李村社区卫生服务中心与医联体青岛市第八人民医院内分泌科、消化内科、老年医学科、普外科、特检科、中医科合作建立"名医基层工作站"，满足居民就近享有高水平医疗服务的实际需求。配合"三高一慢"等重点工作，联合建立了"心律失常患者自我管理小组""糖尿病（高脂血症）患者自我管理小组""高血压病患者自我管理小组""慢阻肺患者自我管理小组"等。为门诊、体检等环节发现的相关患者提供健康教育、用药指导、家庭护理、在线咨询、跟踪随访等健康管理服务。组织共管交流活动 9 场次。

开发数据采集系统 2023 年，李村社区卫生服务中心开发李沧区第一个老年人体检线上查询系统和"三高共管，六病同防"数据采集系统。实现老年人体检报告微信公众号查询功能，数据采集系统将"三高共管，六病同防"工作集成到老年人体检和健康证体检中，居民跑一趟腿就可以享受国家基本公共卫生服务和青岛市市办实事的优惠政策。以上两个系统均在全区公立社区卫生服务中心投入使用。

李沧区九水街道社区卫生服务中心

概况 青岛市李沧区九水街道社区卫生服务中心（简称"九水街道社区卫生服务中心"）业务用房面积 1500 平方米。编制 27 人，在职职工 25 人。其中，卫生技术人员 21 人，占职工总数的 84%；管理及其他专业技术人员 4 人，占职工总数的 16%。中级职称 10 人、初级职称 11 人。内设科室 16 个。年服务人数 10.05 万人次，其中门诊人数 4.05 万人次、中医科接诊 1.38 万人次（含基本公共卫生服务）、疫苗接种 8800 余人次、妇保科服务 1800 余人次、儿保科服务 1800 余人次、社区科服务 3.37 万人次。基本药物品种 294 种、中草药 386 种、中成药 162 种。获评李沧区卫生健康系统优秀单位。

基本公共卫生服务 2023 年，九水街道社区卫生服务中心加强基本公共卫生服务，让居民收获更多满足感。居民活动档案 2.17 万份，建档率为 74.6%；65 岁以上老年人健康管理数 1700 余人，规范管理率 73.5%；高血压患者年内管理 1400 余人；糖尿病患者年内管理 680 余人；0～3 岁儿童实管 1000 余人，开展服务 1800 余

人次；4～6 岁实管 2500 余人，新生儿入户访视 240 余人；儿童中医指导 840 余人次；孕产妇新建册数 260 余人，访视 340 人次；产后随访 280 余人次，产后 42 天健康管理 400 余人次，高危随访 420 人次；预防接种管理人数 2900 余人，接种针次 8800 余针。开展健康教育讲座 14 次，受益居民 520 余人次。开展社区公共咨询 10 次，受益居民 1270 人次。发放各类居民健康教育材料 15 种 2.12 万份。

特色中医服务 2023 年，九水街道社区卫生服务中心精品国医馆全年门诊量逐步提升，馆内设立了中医脾胃病门诊、结节病门诊、穴位埋线门诊、无极玄灸门诊 4 个特色门诊并设有浮针特色专科。基于居民对中医药的认可和对健康的需求，增设药膳项目，将药食同源名录中的中药材，经科学调制配比为可常态化食用的优质养生膳食，主要产品有 4 类，包括养生鸡汤和中药茶饮。受到居民一致好评，提升了九水街道社区卫生服务中心的知名度。

医疗服务提升 2023 年，九水街道社区卫生服务中心与山东医科大学齐鲁医院、青岛市海慈医疗集团、青岛市中心医院等三甲医院签订了医联体协议，邀请上级医院开展专业培训 7 场；派出 2 名医生到青岛市第八人民医院、青岛市立医

院、青岛市海慈医疗集团脱产进修，促进医务人员业务能力和服务水平提升。

李沧区湘潭路街道社区卫生服务中心

概况 青岛市李沧区湘潭路街道社区卫生服务中心（简称"湘潭路街道社区卫生服务中心"）业务用房面积 1400 平方米，有在职职工 28 人。其中，卫生技术人员中有高级职称 6 人，占 21%；中级职称 9 人，占 32%。内设科室 13 个。覆盖服务人口 2.5 万余人，主要提供医疗、预防、保健、康复、健康教育和计划生育服务指导"六位一体"的基本医疗卫生服务。与青岛市第三人民医院签订紧密型城市医疗集团，将医疗和预防有效融合，为群众提供高水平医疗服务。2 名医护人员分别获评山东省新冠病毒疫苗接种工作表现突出个人、青岛好护士。

基本公共卫生服务 2023 年，湘潭路街道社区卫生服务中心主要承担社区基本医疗和基本公共卫生服务工作。建立居民档案数约 2 万份；老年人健康体检 2000 余人次，高血压病患者健康随访 4200 余人次，糖尿病患者健康随访 2100 余人次；门诊接诊 1.8 万余人次，家庭医生签约 1.45 万人。全科门诊日常诊疗人次比上年（下同）增长 243%，其中针灸推拿理疗

人次增长 386%，中西医处方治疗人次增长 198%。新增盆底肌修复仪、眼底筛查仪、碳 13 呼气检测仪、健康体检一体机及触摸自助查询服务设备 5 项。

精神文明建设 2023 年，湘潭路街道社区卫生服务中心坚持疾病预防、健康促进，打造"精诚服务，健康万家"服务品牌，以"我为群众办实事"为主线，将党史学习教育与日常工作相结合，满足群众需求，突出问题导向，推动基层医疗卫生工作进展。选派 1 名副主任护师到山东省菏泽市单县开展医疗帮扶。

中医药服务 2023 年，湘潭路街道社区卫生服务中心设有国医馆颈肩腰腿痛特色门诊，推出中医专家门诊、小儿推拿门诊及多种理疗康复服务，持续推进建设颈肩腰腿痛特色门诊。开展中药饮片、中成药、针灸、浮针、推拿、穴位贴敷、红外线局部照射、中频治疗等多种中医药服务，优化常见病中医药诊疗方案，疗效显著。

新设口腔科 2023 年，湘潭路街道社区卫生服务中心口腔科开诊，医师对口腔常见病多发病有丰富的临床经验，能够进行牙体牙髓治疗、龋齿充填、各类固定义齿修复、可摘局部义齿及全口义齿修复、牙齿拔除、儿童窝沟封闭和乳牙的拔除及治疗。

李沧区沧口街道社区卫生服务中心

概况 青岛市李沧区沧口街道社区卫生服务中心（简称"沧口街道社区卫生服务中心"）业务用房面积 2500 平方米。在编在岗职工 50 人，其中卫生技术人员 44 人，占职工总数的 88%。高级职称 10 人，占职工总数的 20%；中级职称 22 人，占职工总数的 44%。内设行政科室和业务科室 16 个。获评青岛市"优质服务基层行"推荐标准创建机构。

基本公共卫生服务 2023 年，沧口街道社区卫生服务中心全科门诊接诊 6 万人次，比上年增长 15.2%。新办理大病 50 余人次，共有大病人员 1250 人次。家庭医生签约 2.1 万余人次，新签约 2000 余人。全科门诊接受微信电话咨询 1200 余人次。"三高"规范管理 290 余人，"六病"筛查 1800 余人，"三高"指尖血筛查 3200 余人，"三高"空腹血糖检测 1600 余人。新建查体档案 1500 余份，累计建档 2.65 万份。老年人建档 3400 余人，规范管理 2100 余人。高血压建档 2600 余人，糖尿病建档 1100 余人。妇保科建立《孕产妇保健手册》230 余人，实际管理 260 余人。接种一类疫苗 8300 余剂次，比上年（下同）增长 0.38%；二类疫苗接种 3900 余剂次，增长 3.23%；

建证建卡 290 余人，新转入 90 人，0～7 岁儿童建证建卡率达到 100%，档案基本信息及接种信息完整率达到 100%；金苗宝绑定率 90% 以上，均达到指标要求。政府新增实事项目为适龄初一女生免费接种 HPV 疫苗 150 余剂次。

延伸便民服务 2023 年，沧口街道社区卫生服务中心提高基层医疗服务水平，将优质医疗服务资源覆盖到更广泛区域，改善群众看病就医不够便利问题，在安顺路社区居委会辖区设立了延伸便民服务门诊，12 月开诊营业，把健康惠民落实到"最后一公里"。延伸服务点总面积 350 余平方米，配备了全科、预防保健科、中医科、口腔科、小儿推拿科等多个科室，保障周边群众日常需求，开诊以来为周边居民提供医疗服务 400 余人次。

（区卫生健康局）

主要医疗机构选介

青岛市第三人民医院

概况 青岛市第三人民医院始建于 1931 年，前身为"信义会医院"，是青岛市卫生健康委直属医院、青岛大学直属附属医院，是一所集医疗、教学、科研、预防保健、康复于一体的三级综合医院。医院占地面积 5.9 万平方米，一期建筑面积

青岛市第三人民医院　　　　　　（区卫生健康局供图）

8.1万平方米，编制床位800张。2023年门、急诊量60余万人次，出院人数2万余人次，手术量1万余例。有职工1200余人。其中高级职称154人、硕博士250人，拥有包括享受国务院政府特殊津贴专家，省、市学术协会主委、副主委，青岛市优秀学科带头人、青岛市优秀人才、青岛市优秀青年医学人才等人才队伍。设47个临床医技科室，耳鼻咽喉头颈外科、结石病中心、重症医学科、消化内科为青岛市重点专科。医院为中华医学会心血管病学分会精准心血管病学学组合作基地、中国医师协会内镜保胆培训基地、国家级急性上消化道出血救治快速通道"五星级救治基地"、山东省结石病微创治疗技术联盟成员单位、青岛市"三高"指导中心、青岛市高血压防治临床基地。医院是国家远程医疗与互联网医学中心协作单位、青岛市首家基于"全景

医疗数据平台"的互联网医院，获评山东省智慧服务品牌"智慧门诊"，全面推进智慧医疗、智慧服务、智慧管理"三位一体"智慧医院建设。

业务工作　2023年，青岛市第三人民医院通过三级乙等综合医院评审、国家级胸痛中心评审，成立青岛市医学会微创外科结石病学组，获批青岛市结石病诊疗中心。市级临床重点专科建设成效明显，引进国家优秀青年、泰山学者等6人作为学科带头人，学科能力显著提升，手术量、微创手术占比、CMI等关键指标总体向好。市办实事青岛市"三高"指导中心工作推进顺利，牵头制订《青岛市"三高"中心建设标准》《青岛市六病筛查技术方案》，指导建立"三高"中心20家、"三高"基地169家、"三高"之家1866家，"三高"共管一体化服务模式全面落地。"三高"共管案例获评山东省研

究型医院协会首届患者服务优秀案例擂台赛铜奖，"'三高'指导中心管理体系构建"案例获评青岛市首届质量创新大赛优秀奖，与青岛市疾控中心医防融合团队获"2023年全省医防融合创新竞赛省级决赛"团体二等奖，"三高"共管课题获青岛市深化医改研究课题二等奖。成立青岛市第三人民医院城市医疗集团，与佳家康集团探索建立政府办医与社会办医紧密合作模式，首批落实71个病种分级服务清单，组建"家医团队＋家医指导团队＋院内MDT专家团队＋国内资深专家团队"四阶梯专家团队，实行网格化管理，提供多层级诊疗服务，满足群众不同就医需求。

信息化建设　2023年，青岛市第三人民医院建设完成"5G＋急救三大中心"院前院内一体化急救平台，加入山东国家智能社会治理实验特色基地，通过了山东省组织的卫生健康行业国家智能社会治理实验基地项目验收现场答辩，获山东省三等奖。通过了国家医疗健康信息互联互通标准化成熟度"四级甲等"测评，上线"一体化系统"且运行稳定，通过了山东省五级电子病历文审。智慧医院建设全面展开，开展智能自助化服务，实现床旁结算，建设CDSS决策支持系统，完成医保改造、五行卡适配改造、全市一家医院上下转诊功

能，达到智慧管理2级、实现智慧服务功能水平3级。"互联网＋医疗健康"便民惠民服务实现体检预约、检查预约功能，对接率达90%以上。

青岛市第八人民医院

概况 青岛市第八人民医院始建于1951年，是一所集医疗、教学、科研、预防、保健、康复、急救于一体的大型综合三级公立医院，是青岛市北部重要的区域性医疗中心。医院编制床位1100张，职工1681人。其中，卫生技术人员1503人，占职工总数的89.41%；行政工勤人员178人，占职工总数的10.59%。卫生技术人员中，高级职称235人，占卫生技术人员的15.64%；中级职称734人，占卫生技术人员的48.83%；初级职称534人，占卫生技术人员的35.53%，医生与护士之比

1：1.5。设有职能科室28个，临床科室40个，医技科室11个。年门诊量62.95万人次，比上年（下同）下降7.67%，其中急诊12.54万人次，增长21.98%。获批省、市级课题立项30项，发表科技核心期刊50余篇。获评青岛市继续医学教育先进单位、青岛市医疗机构法治建设评估市级优秀单位、青岛市无偿献血突出贡献集体等。

设施设备更新 2023年，青岛市第八人民医院本部完成老旧公共卫生间修缮改造、增设制氧机、更换门诊电梯等工程项目。东院区完成屋面停机坪、五方责任主体竣工验收备案等工作。购置数字减影血管造影机、荧光腹腔镜、关节镜、胸腔镜、步态训练机器人、高清电子胃肠镜等100万元以上设备6台件。

卫生改革 2023年，青岛

2023年，青岛市第八人民医院"崂山点穴疗法"获批中医药强市建设"揭榜挂帅"项目、中央财政支持中医药传承创新发展示范试点项目。图为半岛中医联盟"崂山点穴手法治疗青少年特发性脊柱侧弯培训班"在李沧区举行。 （区卫生健康局供图）

市第八人民医院优化管理机制，激活高质量发展活力。成立专班，聚焦关键绩效指标出台系列改革措施，"国考"提级晋档显著。强化学科培育机制，实施"551"学科提升计划，遴选5个临床特色专科，对标国内领先专科进行培育。以急诊大平台为纽带，构建"一拖四"学科群，医院整体服务大幅提升。加大信息化投入，再造取药、检查流程，实现诊间、床旁自助结算，群众就医满意度持续提升。

医疗特色 2023年，青岛市第八人民医院获批青岛市临床重点专科示范项目建设5个，当选青岛市医学会学科分会主委单位2个、市级质控中心主委单位1个，参编专家共识2个、团体标准5个。开展新技术、新项目58项，技术创新赋能医疗质量发展。卒中中心通过省级认证，成立青岛市手足外科诊疗中心、青岛市动物致伤防治联盟。"崂山点穴疗法"获批中医药强市建设"揭榜挂帅"项目、中央财政支持中医药传承创新发展示范试点项目。

继续教育 2023年，青岛市第八人民医院申办并完成省级继续教育项目7项、市级继续教育项目11项。外出进修人员106人次，外出参加学术会议190余人次，提升了医护人员医疗和服务水平。

对口帮扶 2023年，青岛

市第八人民医院强化医联体建设，牵头成立紧密型城市医疗集团，下沉专家1040余人次，诊疗8600余人次。派出5名医务人员到甘肃省陇西县第二人民医院、陇南徽县人民医院开展精准帮扶。

青岛市中心医院北部院区（青岛市胸科医院）

概况　青岛市中心医院北部院区（青岛市胸科医院）是青岛市结核病、耐多药结核病治疗归口定点单位。占地面积2万平方米，建筑面积1.5万平方米，其中业务用房面积1.3万平方米。职工总数368人，其中卫生技术人员307人，占职工总数的83%。卫生技术人员中，中、高级职称占65%。开放床位280张。设职能科室20个、临床科室12个、医技科室6个。2023年门诊、急诊量4.19万人次，其中急诊5334人次。获评2022年度青岛市文明单位。

结核病诊治　2023年，青岛市中心医院北部院区（青岛市胸科医院）以"结核病综合治疗中心"重点专科为抓手，利用现有资源，强化结核性脑膜炎、耐药结核病、内镜、非结核分枝杆菌、骨关节结核与感染等亚专科建设。作为青岛市结核病质控中心挂靠单位，修订了《青岛市结核病质控中心质控标准》，完成对所有区（市）结核病防治机构的培训指

导工作和质控工作检查。同时针对结核病聚集性疫情发展情况，协调专家力量配合疾控部门做好处置。发挥市级结核病定点医院的资源优势，指导区（市）结核病防治机构业务工作。针对莱西市结核病定点医院变更，派出人员指导交流30余人次，提升了青岛市结核病诊治总体水平。

中医诊疗结核病　2023年，青岛市中心医院北部院区（青岛市胸科医院）发挥中医在结核病诊疗中的优势，开展中医适宜技术8项，在全院7个病区全面推广，病房覆盖率达到100%，服务60%以上患者。

卫生改革　2023年12月，青岛市卫生健康委员会确定整合全市传染性疾病救治优质医疗资源，将青岛市中心医院北部院区（青岛市胸科医院）由山东省公共卫生临床中心青岛分中心整体托管。医院在临床中心带领下调整优化医疗资源布局，打造"强专科、精综合""两翼双中心"高质量发展格局。

人才发展　2023年，青岛市中心医院北部院区（青岛市胸科医院）柔性引进4名全国知名专家对医院学科发展进行指导，有北京胸科医院教授逄宇、丁为民，深圳市第三人民医院教授卢水华，青岛大学附属医院教授西永明。医院参与科研合作课题5项，获评青岛

市拔尖人才2人、青岛市优秀青年医师1人、青岛市领军人物1人。与国内知名医院及公司开展科研合作，发挥优势互补、资源共享作用，促进科研能力提升。

宣传教育　2023年，青岛市中心医院北部院区（青岛市胸科医院）实施遏制结核病行动计划和健康教育"六进"活动，协助学校做好结核病防治工作。与中国海洋大学、青岛科技大学等建立结核病防控联系，组织召开《学校结核病防治规范》学习讨论会，开展健康教育培训，做好学校结核病筛查管理。

基础设施建设　2023年，青岛市中心医院北部院区（青岛市胸科医院）完成外科楼、急诊楼、手术室及办公楼装修改造，合理配置内部优质资源，优化院区功能布局，推进同质化管理，改进院容院貌，提高群众就医感受。

青岛市李沧区老年病医院（青岛市李沧区中心医院）

概况　青岛市李沧区老年病医院（青岛市李沧区中心医院）始建于1953年，建筑面积1.05万平方米，是李沧区唯一的公立二级医院。医院开放床位150张，内设行政科室和业务科室38个。在职职工227人，其中卫生技术人员196人，其他专业技术人员6人；高级职称

2023 年，青岛市李沧区老年病医院（青岛市李沧区中心医院）对原国医馆进行全面改造升级，完善中医临床科室设置和设施配备。

（区卫生健康局供图）

41 人，中级职称 56 人。门诊、急诊量 16.4 万人次，比上年（下同）增长 25%；出院 1400 余人次，增长 106%；入院与出院诊断符合率 100%。承办全市卫生健康系统"送中医药特色疗法四进四提升"主题活动。获全市中西医结合急危重症救治技能竞赛团体三等奖、青岛市卫生健康系统职业技能竞赛中药调剂职业技能竞赛团体三等奖。

卫生改革 2023 年，青岛市李沧区老年病医院（青岛市李沧区中心医院）对原"国医馆"进行全面改造升级，完善中医临床科室设置和设施配备。"一站式"服务中心发挥门面作用，推行夜间、节假日延时服务。儿保科、妇保科、计免科、从业查体科等多科室常态化推行"周一至周日"全天诊疗服务。

推进信息化建设，启用门诊电子病历，实现检查检验结果互认，打通"互联网＋护理"服务，实现诊间结算及床旁出入院办理。内一科、内二科绩效考核试运行取得明显成效，拟全面实行绩效考核。

医联体建设 2023 年，青岛市李沧区老年病医院（青岛市李沧区中心医院）与青岛大学附属医院签订医联体协议，成立"青岛大学附属医院老年病专科联盟毛拥军（团队）工作站""青岛大学附属医院康复专科联盟王强（团队）工作站"。医院与多家三级医院签订医联体，创建多个"名中医工作室"，"请进来"专家常年定期到院坐诊，同时派遣内科、中医科专家"走出去"下沉社区坐诊，开展健康教育讲座。

与中国铁路济南局青岛客运段签订协议设置医疗服务延伸点，助力青岛客运段成为国铁济南局首家职工在单位即可享受诊疗服务的单位。

疾病预防 2023 年，青岛市李沧区老年病医院（青岛市李沧区中心医院）承担李沧区 320 名特扶家庭人员查体工作；完成小学生健康体检 1.12 万人；完成小学生护齿 1000 余人；为育龄妇女开展"两癌"筛查 560 余人，"四术"免费服务 100 余人，计划生育孕环检测 2500 余人，完成孕产妇管理 520 余人次；完成 0～6 岁儿童管理及儿童预防接种管理 4300 余人；完成教师资格、公务员、高考查体 6000 余人；完成从业人员查体 2.3 万余人；开展社区健康知识讲座及义诊，惠及社区居民 800 余人次。

医院迁建（见第 307 页）

医护水平提升 2023 年，青岛市李沧区老年病医院（青岛市李沧区中心医院）选派优秀医护人员到三甲级医院重点科室进修学习，借力与青岛大学附属医院"医联体"合作，引进高质量专家学者，在学科建设、人才培养、互联网远程医疗、危重疑难病例救治等方面开展更深层次、更加紧密的联系与合作，解决基层老百姓看病难问题，推动李沧区医疗卫生事业实现跨越式发展。

（区卫生健康局）

体　　育

学校体育

概况

2023年，李沧区全面推进学校体育和群众体育工作。坚持多彩教育发展理念，持续推进"阳光体育"工程，做好项目布局，注重体教融合，开展形式多样、普及与提高相结合的体育活动和赛事。秉承"办人民满意体育"宗旨，加大投入、夯实措施、强力推进，全民健身公共服务体系建设取得新成效，多举措提升群众体育运动技能水平和体质水平。

课程设置

2023年，青岛市李沧区教育和体育局（简称"区教体局"）严格执行新的国家课程标准，开足开齐上好体育课。优化学校课程方案，调整设置比例，完成全区基础教育阶段学校每天开设1节体育课的总体目标。狠抓体育工作，推进全员强基优质化，持续推进体教融合，根据不同年龄段学生的身心发展规律，在全区范围内推广乒乓球、足球、游泳、跳绳等大众化、参与度高的体育项目，结合"确保

大多数学生在基础教育阶段掌握2～3项体育技能"的要求，推动学校特色项目发展，提升校园体育质量。

体育赛事

2023年，区教体局科学设置体育赛事，优化竞赛形式，提升学校办赛能力。全区举办区级阳光体育赛事14场，参加市级比赛30项，参加竞赛5000余人次。在"奔跑吧，少年"区级中小学生健美操啦啦操比赛中，有52支队伍500余人次参加。以山东省青岛第三十三中学的"绳操"为代表的李沧区中小学特色大课间活

动被中国政府网报道。青岛铜川路小学举办李沧区首届中小学生围棋比赛，有230余人次参加。李沧区"区长杯"中小学生足球赛在青岛市李沧区海诺学校、青岛实验初中李沧分校北校区、青岛王埠小学、青岛文正小学同步举行，81支队伍1000余名学生参赛。青岛弘德小学举办区级"奔跑吧，少年"中小学生三人制篮球比赛。青岛哲范小学举办青岛市帆船知识竞赛。

特色体育项目

2023年，区教体局深入推进以赛促训，提升体育赛事质

2023年，李沧区"区长杯"中小学生足球赛在青岛实验初中李沧分校北校区等4所学校同步举行，81支队伍1000余名学生参赛。

（区教体局供图）

2023年，李沧区中小学生体质健康水平稳步提高。图为2023年上半年李沧区小学生体质监测抽测现场。　　（区教体局供图）

量。学校在深化普及区级项目的同时，结合自身优势，发展学校特色项目。以青岛沧口学校为代表的女排项目、以青岛湘潭路小学等为代表的足球项目在各级比赛中数次获得优异成绩。李沧区乒乓球代表队获得青岛市"体彩杯"乒乓球比赛小学团体总分第一名。组织全区9所初中足球后备人才招生考试工作，被录取足球后备人才100人。

学生体质提升

2023年，李沧区中小学生体质健康水平稳步提高，组织全区小学四、五年级学生8700余人次开展两次体质监测抽测。完成全区1.6万余名初中生体质普测，优良率41.4%，合格率94.99%，分别比上年上升7.68%和4.45%。统一开展初中学校

全体学生体育中考过程评价的体质健康测试，全区学生体质健康水平显著提升。全区有54所公办中、小学校参与了室外运动场地开放，有40所中、小学开展了亲子健步行活动。

社会体育

场地设施提质

2023年，区教体局实施场地设施提质行动。投资2000余万元建成上臧山和大枣园体育公园，总占地面积12.1万平方米。更新、新建健身场地62处，安装健身器材472件。

赛事活动

2023年，区教体局推进多元赛事供给行动。"体育大篷车"走进127个社区举办运动会193场次；举办篮球、乒乓球、滑雪等赛事活动20余项；承办全国国际象棋棋协大师赛、全国啦啦操俱乐部联赛等国家级赛事；获得第四届全国老年人体育健

2023年，李沧区有40所中小学开展亲子健步行活动。

（区教体局供图）

身大会突出贡献奖、山东省第五届老年人运动会最佳组织奖等奖项 65 项。

健身服务

2023 年，区教体局开展健身服务提升行动。织密社会体育服务网络，建设全民健身站点 153 处，培育社会体育指导员 2502 人（每千人达到 3.29 人），志愿服务超过 5.5 万小时。采取"线上＋线下"相结合、"定期巡检＋日常巡查"相结合、"专业公司＋街道社区"相结合等方式，常态化维护，保障健身设施安全使用。

体彩工作

概况

2023 年，李沧区体彩工作坚持"强党建、防风险、转方式、增后劲、促发展"的工作方针，从"风险、品牌、渠道"三个维度谋划工作，加强合规管理，完善安全运营，提高服务水平。有体育彩票销量门店 230 个，其中专营店 106 个、单体兼营店 6 个、一类社会渠道 13 个、规模性兼营店 117 个。李沧区体彩办亮化体彩形象，提高网点存活率，发展展示体验中心体彩网点，是青岛市首个单个商超开拓 2 家以上展示体验中心的区（市）。全年按照新标准增加展示体验中心 8 家，是全市展示体验中心最多的区（市）。

管理服务

2023 年，李沧区体彩办严格落实目标奖惩责任制，将每项目标考核责任到人。实行业务人员月度销量任务考核，及时掌握销量动态，更好地完成销量任务。全年销售额 3.96 亿元，比上年增长 19.28%。延续采用线上、线下相结合的方式培训站点工作人员，创新开展 10 人小场培训会，实现了精细化管理，增强了网点交流。全年组织开展各类培训 48 场次，培训人员 2378 人次，平均到会率 98% 以上。

安全运营

2023 年，李沧区体彩办加强安全运营管理，定期开展全体业主安全运营培训，不定期排查销量异常网点，防微杜渐。对疑似违规站点，第一时间现场排查，如实反馈，保证辖区站点安全合法合规运营。组织学习山东省、青岛市体彩管理中心组织的法制法规教育，做到知法懂法、依法办事，杜绝安全隐患。全年体彩责任事故为零。

（区教体局）

社会事务·人民生活

社　会　事　务

人口家庭服务

概况

2023 年，青岛市李沧区卫生健康局（简称"区卫生健康局"）依法实施"三孩"生育政策，加强人口监测和分析研究，落实生育登记网上办理、异地通办。全区出生 2317 人，出生率 5.01‰，出生人口性别比 107，生育登记覆盖率达到 80% 以上。

计划生育政策落实

2023 年，李沧区落实各项计划生育奖励政策及特殊困难家庭救助资金 1857.08 万元，涉及 1.12 万人次。持续推进"为计划生育特殊家庭购买住院

陪护险"区办实事，累计赔付 2059 人次，赔付金额 387.63 万元。重大节日期间走访慰问特殊家庭，开展个性化服务，为特殊家庭送去温暖。

婴幼儿照护服务

2023 年，李沧区加强统筹规划和政策协调，出台《李沧区优化生育政策促进人口长期均衡发展实施意见》。全区通过备案托育机构 24 家，托位总数达到 2620 个，每千人口 3 岁以下婴幼儿托位数达 3.4 个。有省级示范托育机构 1 家，市级示范机构 3 家。李沧区工人文化宫、青岛恒星科技学院获评山东省爱心托育用人单位。依托全区资源，发展多种形式托育服务。推进托幼一体化，34 家幼儿园将 3 岁以下婴幼儿纳入

托育招生范围；依托李沧区工人文化宫建成职工子女爱心托育中心；依托社区资源开设宾川路社区普惠托育点；依托驻区高校"产学研"一体资源，共同探讨前沿托育教育理念，探索专业、精准托育服务解决方案。对普惠托育机构实施奖励补贴，为 11 家托育机构发放补贴 19.27 万元，降低机构运营成本，减小机构运营风险。

计生协会改革

2023 年，李沧区推进区计生协会综合改革、组织机构和网络队伍建设。出台《青岛市李沧区计划生育协会改革实施方案》，组织网络得到进一步巩固；将青岛市李沧区卫生健康宣传教育中心更名为青岛市李沧区计划生育协会发展促进中心。

通过更名，统一名称和职能职责，规范机构设置；召开会员代表大会，组织开展区级计划生育协会换届工作，组成了新一届领导集体。

全民健康素养提升

2023年，区卫生健康局组织开展健康暖民行动，走进社区、企业、市场、学校、机关等，全年开展活动120余场次，受益人群5000余人。在开展线下讲座的基础上，又创新开播"名医专家直播课堂""党建直播间""党史故事我来讲"等活动，拓展线上宣教阵地。

计生协会作用发挥

2023年，区卫生健康局借助"5·29"计生会员活动日，开展家庭亲子趣味运动会，共有130余个家庭参与，活动信息入选中国计生协会"最受网友喜爱的随手拍"优秀作品；开展"春暖三月"系列宣传活动、基层工作者演讲比赛、最美天使报告会等活动，组织开展"健康家风"系列评选活动，举办家庭指导员队伍培训班，发挥计生协会与群众间的桥梁纽带作用。

（区卫生健康局）

妇女儿童事务

妇联组织

组织建设　2023年，李沧区成立新联会妇联等新领域妇女组织16家，顺丰同城新业态新就业群体妇女小组等5个，建设妇女微家15个。落实《李沧区妇联执委联系制》，与执委联系走访困难妇女儿童120余人次，访妇情、听意见。举办纪念"三八"国际妇女节113周年系列活动。举办全区妇联干部"头雁"履职能力提升培训班、工作交流会、亮绩赛绩等，组织妇联干部、执委走进李沧区和其他区（市）先进社区和"两新"组织，通过看、听、议、讲，提升专业化水平。

巾帼建功　2023年，李沧区选树青岛市"三八红旗手（集体）""最美巾帼科创人""巾帼工匠"，李沧区"最美基层妇联人""最美执委"等44人。探索建立"妇女微家+家政企业+巾帼服务站"模式，举办家政服务进社区活动，促进培训就业，惠及更多家庭。

好家风弘扬

家庭服务　2023年，李沧区承办青岛市庆祝"5·15"国际家庭日暨"最美家庭"发布活动。获评山东省"最美家庭"1户、青岛市"十大最美家庭""最美家庭"等17户，命名区级"最美家庭"等60户。组建家庭教育指导专家团、"李沧好家风"宣讲团，参加全市家庭家教家风巡讲、全环境立德树人家教家风主题宣讲22场次，3个家庭分获青岛市第十届家庭美文诵读大赛三等奖和优秀奖。举办"书香润万家 悦读'悦'成长"李沧区"明德阳光"杯首届家庭诵读大赛，有2组家庭获一等奖，5组家庭获二等奖，

2023年，李沧区开展健康暖民行动，走进社区、企业、市场、学校、机关等开展活动120余场次，受益人群5000余人。图为九水街道于家下河社区医务人员为老人测血压。（区委宣传部供图）

7组家庭获三等奖，24组家庭获优秀奖，14个单位获优秀组织奖。创新开展"心陪伴 新成长"家庭教育进社区主题活动，采取社区点单、妇联派单模式，举办公益讲座等19场次，让好家风成为社会治理的"稳定器"。

儿童服务 2023年，李沧区开展关爱暑期儿童服务活动，举办各类托管班36期。打造"青岛市家庭家教家风建设教育基地"1处、区级家校社共育基地1处，选树市级最受欢迎家长学校6个、区级8个。承办"赓续雷锋精神 巾帼与爱同行"青岛市暨李沧区巾帼志愿服务大集活动。打造青岛市儿童友好图书馆1个、儿童友好项目5个。实施"益"家"童"行——儿童友好社区综合服务项目，开展亲子活动55场，服务社区儿童6700余人次。

妇女儿童权益维护

2023年，李沧区开展婚姻家庭隐患大排查，逐一建档回访。区婚姻家庭辅导中心开展婚姻矛盾调解1500余人次、宣讲80余场次。畅通"12338"维权服务热线，接待调处来电、来访50余起。选树市级法律明白人10名。为贫困"两癌"妇女发放救助金1万元。关心关爱困难妇女和春蕾女童，筹集救助款7.64万元，走访慰问困难妇女、春蕾女童268人次、

发放救助物资价值9.05万元。联合快乐沙社会组织为22名春蕾女童实现了微心愿，联合女企业家协会看望孤独症儿童并送去"六一"儿童节礼物。

（区妇联）

老龄事务

医养结合示范省创建验收

2023年，青岛市李沧区卫生健康局（简称"区卫生健康局"）高度重视医养结合示范省创建验收工作，制订《李沧区创建全国医养结合示范省攻坚行动实施方案》，统筹协调各相关部门，高质量完成创建工作目标。对照《省级医养结合示范先行县（市、区）创建工作评估表》自评得分99分，筛选青岛中海锦年养老服务有限公司和李村街道长岭路社区养老服务中心作为验收迎检备

选现场。

"老年友善医疗机构"创建

2023年，区卫生健康局从创建文化、强化管理、完善服务、改善环境、创新方式五个方面，多措并举推进老年友善医疗机构创建活动。设立"老人爱心岗"提供就医指引服务、开设老年人就医绿色通道等便捷措施，简化就医流程，优化就医环境，做实做细老年人医疗服务工作，提高老年人医疗保障服务质量水平。指导李沧区中心医院、永清路社区卫生服务中心完成市级老年友善医疗机构创建工作。

示范性老年友好型社区创建

2023年，区卫生健康局开展示范性老年友好型社区创建工作。在全区范围内围绕居住环境安全整洁、出行设施完善便捷、社区服务便利可及、社

2023年10月12日，李沧区社会福利院的老人在下象棋。

（区委宣传部供图）

会参与广泛充分、孝亲敬老氛围浓厚、科技助老智慧创新、管理保障到位有力及相关重点创建领域开展工作，深入挖掘前期全国及李沧区示范性老年友好型社区的先进典型，广泛宣传推广，发挥示范作用，为推动创建工作高质量发展提供参考借鉴。

医养结合融合发展

2023年，区卫生健康局开展医养结合监测季报工作，完善失能老年人数据库，为推进医养结合工作提供数据支撑。组织全区医养结合机构与青岛第三人民医院签约结成医联体，为养老机构提供预约就诊绿色通道、双向转诊等服务，进一步提升医养结合服务能力和群众看病就医满意度。佳家康医养集团居家医养服务模式在全省居家社区医养结合服务能力提升专题培训班上进行经验推广，枣庄市等地区到李沧区考察学习医养结合先进工作经验。在青岛市2023年医养结合技能竞赛中分别获团体三等奖、个人三等奖。

疗护服务培训

2023年，区卫生健康局完成安宁疗护服务培训及医养结合人才能力培训。根据山东省卫生健康委《关于进一步做好老年健康服务工作的通知》和青岛市卫健委相关要求，组织

安宁疗护服务专题培训，邀请青岛市安宁疗护专家为全区公立医疗机构、市级安宁疗护试点基地及医养结合机构医务人员授课。组织全区医务人员完成全国医养结合人才能力提升线上培训。提升辖区内医疗机构老年健康服务能力，扩大医养结合机构安宁疗护服务供给能力，增加了医养结合人才储备。

老年心理关爱行动

2023年，区卫生健康局统筹协调安排，明确专人负责，选取侯家庄社区作为关爱点，指导基层按照国家方案要求和进度安排，组织参加线上培训班，学习《老年心理关爱行动（2022）工作手册》等资料，动员街道、社区参与，统筹推进老年心理关爱行动。根据调查中掌握的情况，鼓励身体健康的老人保持乐观生活态度，参与社区各类文娱活动，对有轻微抑郁及身体有病的老人，建议其实施心理干预咨询、心理治疗等，或到综合医院的心理门诊就医，做到老年人疾病尽可能实现早发现、早诊断、早治疗。获评第五次中国城乡老年人生活状况抽样调查工作表现突出单位。

开展"敬老月"活动

2023年，区卫生健康局普及健康知识，提高老年人健康

水平。组织社区卫生服务机构为65岁及以上老年人设置老年人友好服务窗口，不断优化便民为老服务举措。联合各社区卫生服务中心开展全国高血压日宣传活动、慢性病患者健康教育讲座和以"老年人防跌倒核心信息"为主题的健康教育科普讲座，协调各社区卫生服务机构通过微信公众号、宣传栏、播放电子宣传片、张贴海报、健康教育讲座等方式开展宣传活动。

（区卫生健康局）

社会救助

概况

2023年，青岛市李沧区民政局（简称"区民政局"）聚焦"六个民政"，开展全方位多层次救助服务工作，不断提升困难群众的获得感、幸福感、安全感。"善政惟民"服务品牌获评山东省优秀社会救助品牌，因病致贫重病患者认定档案获全省社会救助"一招鲜"，李沧区电视界面救助政策宣传展示获评全省社会救助领域政策宣传优秀成果。

多元社会救助

基层力量夯实 2023年，区民政局制定《关于进一步做好最低生活保障等社会救助兜底保障工作的通知》《关于进一

步完善最低生活保障"渐退"政策的通知》，成年无业重度残疾人可以参照"单人户"提出低保申请，只核算其本人的收入、财产。制作社会救助工作手册，每季度面向区街居三级业务骨干举办"政策学习＋实操考核"培训，参训人数350余人次，有效提升基层工作人员服务能力。实施区街居楼四级网格化服务机制，构建"一张网"服务，11个街道均设立"一门受理、协同办理"综合服务窗口，依托"社会救助综合管理信息平台"统一受理。加强低保对象、特困人员、低保边缘家庭认定工作的衔接，建立审核确认工作"三合一"工作机制，实行一次申请授权、一次调查核对、一次审核确认，避免群众申请信息重复采集。遵循"救急难"的工作理念，加大临时救助力度，为因火灾、重病、意外伤害等紧急状况造成生活困难的对象开通"绿色通道"，实施全天24小时紧急救助，为困难群众排忧解难。

主动救助 2023年，区民政局推动救助领域由"人找政策"向"政策找人"转变。结合大兴调查研究"兜底解忧暖民心"暨社会帮扶领域群众满意度提升攻坚月活动，开展"双百走访"，进行4轮摸排，通过入户调查、数据比对、邻里走访等方式排查"沉默少数"，主动告知救助政策、开展信息比对、收集申请材料、了解民生诉求，及时将排查认定的符合条件的对象纳入保障范围。创新"党建＋社会救助"新模式，街道层面均成立由街道党工委书记任组长的社会救助工作领导小组，社区层面成立社会救助服务小分队，配合街道开展入户察访、政策宣传、帮办代办等救助工作。打造"党员在身边 温暖千万家"服务品牌，开展政策宣讲进社区活动，面对面向居民、志愿者、网格员等宣讲、解答救助政策。打造"社区云＋精准帮扶"，在上流佳苑社区首创"政策推广＋政民互动"智慧型救助模式，居民足不出户即可查看有线电视提供的救助政策信息，视频连线社区服务专员解答、协助办理业务，实现救助"零"距离。

多维救助 2023年，区民政局通过"大数据＋铁脚板"方式，运用"多元＋多维"的救助理念，制作"暖心历"，发放"暖心卡"，形成"物质＋服务＋其他"的综合救助方式，让救助服务更精准、更暖心。牵头制作救助政策"暖心指南"，以"政策名称＋条件简介＋咨询电话"方式提供8个部门28项救助政策解读和联系电话，让救助的打开方式变简单、易操作。发挥社会工作专业优势，建立政府、慈善、公益组织、爱心企业等"幸福合伙人"联盟，开展"幸福来敲门"活动。收集困难群众"微心愿""微梦想"，摸排困难老年人照护需求，采取"评榜—发榜—揭榜—承榜—考榜"项目认领机制，为困难群众提供助餐送餐、助医助行、精神慰藉等多维救助服务。协调区慈善总会开展"慈善春风暖千家"活动，为困难家庭发放慰问金和爱心物资。

儿童福利

部门协同 2023年，区民政局本着统筹联动的原则，充实力量，形成合力，做儿童成长的引路人。建立未保工作协调机制，整合教育、卫健、妇联等39个部门资源，解决分类保障、检查督查等重要事项，出台涵盖监护评估、强制报告等20余个配套文件，架构政策双重发力。用活社会力量，引进孵化16家社会组织、公益慈善力量共同参与未保工作，协调推进落实家庭、学校、社会、网络、政府、司法"六大保护"。发放各类助学、助医、助康资金140余万元，撬动社会慈善资金20余万元，开展服务活动3600余场，惠及未成年人24万人次。李沧区获评2023—2024年度山东省维护青少年权益岗创建单位，全国未成年人保护示范区通过公示。

构建未保阵地 2023年，区民政局本着强基固本原则，配强队伍，因地制宜，做儿童未来的筑梦人。发挥区未保中心辐射带动作用，构建"西部补弱、中部融合、东部提升"的未保阵地新格局，实现社区儿童阵地全覆盖，常态化关爱困境儿童300余人，增强1.2万名新市民家庭子女的归属感和幸福感，培育出以"童心向党""党小萌"为主题的红色教育项目，1.8万名儿童参与受益。开展志愿服务活动1000余次，惠及未成年人2.33万人次。高标准配置儿童主任，127个社区的儿童主任均由社区副职或"两委"成员担任，从服务保障、协调配合、自我提升等10个方面进行考核，确保工作有人干、能干好。"有梦有为"关爱项目和湘潭路街道儿童督导员获评山东省"十佳"称号，湘东社区儿童主任应邀在山东省、内蒙古自治区等省级培训会上授课。

儿童福利规范管理 2023年，区民政局本着精准保障的原则，优化档案，分类施策，做儿童权益的守护人。定制儿童福利审批档案，将审批表、动态管理记录、助学申请表和监护协议等有机融合，实现儿童福利档案"一本通"。加强能力建设，举办未保骨干"政策学习＋实操考核"培训，印发"六位一体"工作手册，助力基层易学、易懂、易用。依托区街居楼四级网络，实现困境儿童"全走访、全评估、全保障、全建档、全监测"闭环管理，确保各项儿童福利政策精准落

地。开展线上、线下业务培训3次，受训人员600余人次，发放基本生活费181.1万元，惠及困境儿童1200余人次。

（区民政局）

基层社会治理

社区资源保障

物力资源保障 2023年，青岛市李沧区民政局（简称"区民政局"）实施社区综合服务设施提升工程，累计补齐14个社区用房短板，社区用房平均面积达到1126平方米，社区综合服务能力稳步提升。以上流佳苑社区邻里中心、延川路社区邻里中心等为代表的16处示范性新型邻里中心覆盖辖区各街道，"幸福里"邻里中心品牌矩阵初步形成。其中，上流佳苑社区建成集助餐购物、便民服务、养老托幼、医疗功能于一体的"幸福街"，让"幸福就在楼下"成为"一刻钟便民生活圈"典范，仅幸福街茶馆年度累计服务老年居民3.6万人次。

人力资源优化 2023年，李沧区换届后的社区"两委"成员平均年龄下降3.1岁，本科及研究生学历分别提高8.7和1.1个百分点。新招聘专职社工114人充实社区工作队伍。每年遴选年轻社区干部30～40人参与骨干人才培训，投入专项

资金支持846名社区工作者通过社工师考试，社区工作从业者更加专业化。推动社区志愿服务力量作用发挥，注册志愿者超过14万人。整合管理社区专职工作者、公益岗、网格员等人员队伍，社区服务效能进一步提升。

财力资源倾斜 2023年，李沧区民生支出比重连续第4年保持在76%以上，社区治理基本保障坚实有力。累计办理区办实事243项，"一老一小一残一困"群体得到优先关爱。定期梳理可统筹用于社区发展的专项经费清单，每年拨付社区党组织服务群众专项经费约3800万元，拨付人员及运转经费8000万元以上，不断加强为民服务的财力保障。

社区便民服务

倾听服务需求 2023年，区民政局把优先办事选择权交给群众，创新"幸福来敲门""民情日记"等居民需求收集制度，每年走访辖区80%的居民，累计收集各类建议4.7万条，以此作为区办实事确定依据，实现"需求"与"服务"闭环管理。举办社区供需服务大集42期，完成居民供需对接4600件，提升社区精准化、精细化服务水平。

创新服务方式 2023年，李沧区建成智慧社区35个，在小区范围内实现人脸识别、车

辆管控、居家老人摔倒报警等功能，让居民享受便利智慧化服务。上流佳苑社区获评全省首批标杆型智慧社区。打造"李即办"诉求解决平台，协同12345政务服务热线回应群众、企业关切问题27.6万个，问题解决率、满意率居全市前列。

优化服务流程　2023年，李沧区完善民生服务下放机制，社区综合办事窗口、政务服务自助终端实现100%覆盖，将群众需求较为集中、需常年办理的128项民生事项下沉到街道、社区，68个事项实现统一受理、现场出证。全区127个社区全部实现"一窗受理、全科服务"模式，为办事群众提供"一门式""一站式"服务，推行社区服务"一次办好"，推动基层便民服务提质增效。

社区治理效能

完善推进机制　2023年，李沧区出台《关于加强和完善社区治理的若干意见》等文件22个，制度化赋予社区综合管理、规划参与、考核评价等"五项权力"，不断提升社区管理自主权。持续整治社区"牌子多"问题，共清理各类牌子4070块。实施行政事务进社区准入制度，厘清社区与职能部门、街道职责边界，明确社区工作事项，改进社区出具证明工作，深化拓展社区减负工作成果。

开展民主协商　2023年，李沧区把群策群力作为重要抓手，出台《李沧区街道协商目录》《李沧区社区协商目录》，搭建民情恳谈会、网上议事厅等民主协商平台，创新"有事来商量""居民说理"等议事模式，释放群众自治活力。延川路社区"五融"工作法、湘东社区"促融合343"工作法等4个工作法被评为山东省优秀工作法，群众自我管理实效不断增强。全区信访总量年均下降23.1%，实现了"小事不出社区，大事不出街道"。

多方参与治理　2023年，李沧区推进社区群众自治与网格化服务管理有效衔接，形成集结多方力量的社会共治圈。326名处级以上干部、214个机关企事业单位干部，全覆盖下沉127个社区734个网格。升级"汇益港湾"社会组织创新园，带动社会组织激增945家，发动爱心人士900余人，链接企业单位1200余家，募集物资价值1650万元，受益居民17万人次，社区居民的获得感、幸福感、安全感显著增强。

（区民政局）

社会组织管理

社会组织党建

2023年，李沧区引导社会组织深入学习贯彻习近平新时代中国特色社会主义思想和党的二十大精神，扎实开展主题教育，617家社会组织党建入章率为100%。加强对李沧区社会组织综合党委下设的党员管理、"三会一课"情况进行常态化检查。"青岛汇益港湾社会组织创新园""李沧区快乐沙爱心帮扶中心"分别获评青岛市五星级党群服务中心、青岛市五星级基层党支部。

社会组织综合监管

2023年，区民政局开展社会组织年检工作，年报率为91.51%。查处行业协会商会乱收费行为，引导和鼓励行业协会商会减轻企业负担96.6万元，惠及企业330家。持续开展打击整治非法社会组织专项行动，与区教体局等部门联合对乐悠悠等15家非法机构进行联合执法检查。开展"双随机、一公开"执法检查，抽查社会组织31家。聘请社会组织领域专家学者，开展社会组织等级评估，评选5A级4家、4A级2家、3A级2家。

慈善力量作用发挥

2023年，李沧区组织全区"慈善一日捐"活动，募集资金361.30万元，动员区慈善总会、青岛心海公益服务中心等参与东西协作，投入资金135万元。发挥先进示范带动作用，李存业和林风谦获评青岛市公益慈善推广大使。寻找幸福合伙人——

荷田水铺为全区 95 名困境未成年人实现喝一杯奶茶的"微心愿"。借力青岛市未成年人保护中心认领台灯 80 盏，照亮困难学子求学路。争取市级福彩公益金"幸福来敲门"项目，摸排全区困难群众"微心愿"140 个，解决其共性化及部分个性化需求，提升群众满意度。

社会工作队伍打造

2023 年，区民政局打造"兴福里""楼光溢彩"等服务品牌，沧口社工站获评首届省级优秀社工站。打造专业社工队伍，完成 114 名社工招聘。线上、线下组织 750 余人参加社会工作者职业水平考试培训，157 人取得社会工作师证书。推荐 2 名社工入选"李遇人才"菁英库。举办国际社工宣传日，评选"李沧区社区治理优秀社工"7 人，增强人才荣誉感、归属感。

社会组织示范带动

2023 年，李沧区引导各类社会组织发挥自身人才和技术优势，助力全区经济社会发展。汇益港湾社会组织创新园作为青岛市唯一代表，赴东营市参加全省社区社会组织研讨会并现场做典型发言。李沧区培育的 3 家社会组织入选首届"青岛市社会组织风云榜"。

社区慈善基金筹备

2023 年，区民政局发挥"五

2023 年 3 月 13 日，区民政局在青岛汇益港湾社会组织创新园举行国际社工日活动，评选出"李沧区社区治理优秀社工"7 人。
（区民政局供图）

社"联动作用，探索"社会组织＋慈善"融合实践，联合区委组织部、区慈善总会起草《关于推动设立李沧区社区慈善基金的意见》，指导慈善总会制定相关实施办法，与街道、区慈善总会共同筛选符合条件的优秀社区，通过社区摸排辖区居民实际需求，链接公益慈善力量，着力解决社区居民的急难愁盼问题，形成项目化、品牌化亮点，打造社区慈善基金李沧经验。

（区民政局）

慈善事业

慈善募捐

2023 年 7 月 19 日，李沧区举行"慈善一日捐"活动动员大会。2023 年 8 月 4 日，李沧区机关举行"慈善一日捐"捐款仪式。区委、政府机关 60 余个部门和单位参加，活动当日募集资金 103 万余元。截至 2023 年底，接收"慈善一日捐"捐款资金 361.30 万元（含社区冠名基金等定向捐赠），全年募集资金 397.60 万元。

慈善救助

概况 2023 年，李沧区慈善总会（简称"区慈善总会"）组织实施助困、助医、助学、助老、助孤、助残等救助项目。全年救助困难群众 7000 余人，救助支出 275.41 万元。

慈善助学 2023 年，区慈善总会助学支出 21.38 万元，救助学生 155 人。通过"慈善春风助学系统工程"资助困难家庭大学生，救助李沧区域内困难家庭应届、往届大学生 36 人9.9 万元；与区妇联联合开展"春蕾女童"项目，救助困难

2023 年 7 月 19 日，李沧区"慈善一日捐"活动动员大会举行。
（区慈善总会供图）

女童 99 人 7.08 万元；心海公益冠名基金救助山东省菏泽市单县（简称"单县"）困难学生 20 人，救助金额 4.4 万元。

慈善助医 2023 年，区慈善总会助医支出 9.65 万元，救助患者 28 人。其中，救助李沧辖区内居民大病临时救助 27 人 8.65 万元；心海公益冠名基金救助 1 人，救助金额 1 万元。

慈善助困 2023 年，区慈善总会临时困难支出 22.37 万元，救助 1210 人。其中，2023 年春节期间，青岛宏超亮食品商贸有限公司定向捐赠青岛市李沧区民政局（简称"区民政局"）大米、挂面 1205 份，价值 10.67 万元，救助困难家庭 1205 户；卓润律师事务所冠名基金司法救助 2 人，救助金额 0.8 万元；王忠於个人冠名基金救助 1 人，救助金额 0.5 万元；街道临时救助 1 人，救助金额 0.5

万元；心海公益冠名救助 1 人，救助金额 0.9 万元；区民政局牵头，区慈善总会出资帮扶单县龙王庙镇刘土城村生态养老公园配套设施，帮扶资金 1 万元；帮助甘肃省陇南市康县白杨镇维修南城沟和元曲河村五保家园，帮扶维修资金 8 万元。

慈善助老 2023 年，区慈善总会安老支出 174.17 万元。出资 5.15 万元帮扶李沧区老年摄影家协会举办摄影展；为振华路街道助老食堂购买送餐电动车 3 辆，价值 0.9 万元；重阳节向辖区 3 家敬老院捐赠秋月梨 120 箱，价值 0.92 万元；捐助李沧区社会福利院 10 万元，用于更换养老设备、房间电器等；捐助李沧区颐福养老院 10 万元，用于更换餐饮设备、房间电器、供暖供冷设备、电费补贴等，入住的 170 余位老人受益；大枣园社区冠名基金 100

万元，救助本社区老人及贫困家庭；区民政局牵头，捐助青岛绿君源和李沧区养护院助老餐点花生油 280 桶，价值 4.2 万元；青岛圣润锋机电设备有限公司定向捐赠李沧区社会福利院史密斯净水机 2 台，价值 7.16 万元；为入住慈善养老院的 4 位 60 岁以下低保老人补贴 11.81 万元；为入住慈善养老院的 12 位 60 岁以上低保老人补贴 10.66 万元；拨付 10 万元专项资金补贴慈善养老院；给慈善养老院更换养老设备，价值 3.35 万元。

慈善助残 2023 年，区慈善总会慈善助残支出 10 万元。为残疾人教育培训和关爱服务中心装修改造，出资 10 万元。

慈善公益 2023 年，区慈善总会公益建设支出 15.26 万元。区民政局牵头，为沧口街道邻里中心更换净水器 3 台，更换滤芯 9 套，价值 9.62 万元；为振华路街道便民服务中心捐赠净水器 2 台，更换滤芯 6 套，价值 5.64 万元。

宣传活动 2023 年，区慈善总会慈善宣传活动支出筹资费用 22.59 万元。其中，青岛市广播电视台宣传费 5 万元；开展"慈善一日捐"活动给各街道慈善分会印制、发放宣传品，价值 17.59 万元。

慈善宣传

2023 年，区慈善总会在"慈

善一日捐"期间编发《慈善简报》4 期，对募捐活动及时报道。编印《李沧慈善》年刊，全面、生动、真实地反映李沧区慈善工作、慈善典型、慈善成果，推动李沧特色慈善文化建设，扩大李沧区慈善工作社会影响力。在第八个"中华慈善日"组织义工以"携手参与慈善，共创美好生活"为主题，在各社区慈善工作站和公共场所宣传《中华人民共和国慈善法》，通过开展主题党日、印发宣传册等方式，多渠道、多层次、多维度宣传展示全区慈善事业惠民生、暖民心做法。在青岛市第八个"中华慈善日"主题宣传暨公益慈善项目推广启动仪式上，李沧区李存业、林凤谦获评青岛公益慈善推广大使。在青岛市慈善总会"青岛慈善十佳"活动评选中，李沧区大枣园社区慈善工作站获评青岛慈善工作奖。

规范管理

2023 年 8 月 4 日，区慈善总会召开第二届理事会第五次会议。会上审议通过《李沧区慈善总会 2022 年工作报告》《2022 年度财务工作情况和2023 年度财务预算安排意见》，传达 2023 年李沧区"慈善一日捐"活动动员大会会议精神。学习贯彻《中华人民共和国慈善法》和《山东慈善条例》等法律、法规，提高依法助善、

依法行善能力。严格按照《青岛市李沧区慈善总会章程》要求，健全规范、公开、透明的财务管理制度。抓好救助公示工作，全区各慈善工作站严格按照救助规定，对申请救助的每一个人、每一户家庭在公示栏进行公示，确保需要救助的对象能够及时得到救助，提高慈善公信力。

（区慈善总会）

婚姻管理

规范登记服务

2023 年，青岛市李沧区民政局（简称"区民政局"）贯彻落实《中华人民共和国民法典》《婚姻登记条例》《婚姻登记工作规范》等法律法规，办理婚姻登记业务 7690 件。其中，结婚登记 3706 件，受理离婚申请 1991 件，离婚登记 1322 件，

补发婚姻登记证 671 份。办理"跨省通办"类婚姻登记 1553件。其中，跨省 333 件，跨市681 件，跨区 539 件。办理涉外婚姻登记 16 件。协助公安、检察院、法院、律师及相关单位查询婚姻登记档案 100 余人次。婚姻登记合格率 100%。

婚姻家庭辅导

2023 年，区民政局为营造婚姻美满、家庭幸福的良好氛围，联手区妇联打造婚姻家庭辅导中心，配备专业的心理咨询师、婚姻家庭咨询师，面向有需求的群体和家庭提供免费婚前辅导、婚姻家庭关系辅导、离婚调试辅导等服务，回应社会对婚姻家庭辅导服务的需求，通过调解疏导"让爱回家，为爱护航"。辅导中心现场服务家庭 65 场次，其中离婚干预辅导 58 场次，成功干预 37 场次；家庭关系辅导7 场次，满意率 100%。

2023 年，区婚姻登记处办理婚姻登记业务 7690 件。图为工作人员向新人颁发结婚证。　　　　（区委宣传部供图）

推动婚俗改革

2023 年，李沧区婚姻登记处弘扬文明婚俗社会新风，进一步推动婚俗改革，在"情人节""5·20""七夕节"等登记高峰期开展婚礼式颁证服务，将传统婚礼的核心内容融入颁证礼仪，引导新人摒弃大操大办、铺张奢华的旧婚俗观念，倡导简约适度的婚俗礼仪。发放文明婚俗宣传单页 2000 余份，征集《青岛市婚俗改革婚礼习俗调查问卷》600 余份，发放并签署《新时代文明婚俗倡议书》《李沧区文明婚俗承诺书》1000 余份，多渠道开展优秀家风、文明婚俗文化宣传，倡导和谐家庭新风尚。

（区民政局）

民族与宗教事务

民族事务

概况　2023 年，中共青岛市李沧区委统战部（简称"区委统战部"）以铸牢中华民族共同体意识为主线，深入推进民族团结进步创建工作，打造"品茶论李"民族工作服务品牌，持续推动李沧区民族团结进步事业创新发展。截至 2023 年底，全区有回族、朝鲜族等少数民族 44 个，少数民族常住人口 9344 人，流动人口 7665 人。全区有清真食品经营单位 92 家。

宣传教育　2023 年，区委统战部以深入学习贯彻党的二十大精神为重点，持续深化铸牢中华民族共同体意识宣传教育，组建"党校教师骨干+专业宣讲团""基层党组织+乡贤+社工+志愿者+社区能人""区级文体协会、文艺志愿者、民间文艺团队力量"三支队伍，充分发挥作用，开展宣讲展演，累计开展活动 50 余场，服务群众 2000 余人，青岛弘德小学"民族团结"主题公交装扮活动被中央广播电视总台新闻栏目专题报道，推动铸牢中华民族共同体意识宣传教育"精准滴灌"浸润人心。

基地建设　2023 年，李沧区按照"科学化选点、特色化培育、多元化推进"思路，将铸牢中华民族共同体意识主题元素的景观小品融入群众日常生活当中，打造山东省、青岛市铸牢中华民族共同体意识教育实践基地各 1 个；创建大枣

园社区红石榴主题公园、李家上流社区幸福家园、翠湖社区民族团结进步环湖长廊等 23 个区级铸牢中华民族共同体意识宣传阵地，实现李沧区东、中、西部阵地串珠成线、以线扩面、聚面成体的"花开李沧石榴红"局面。

品牌建设　区委统战部坚持"融"的工作导向，把民族工作与居民乐在其中的品茶和议事融合在一起，精心打造具有李沧辨识度的"品茶论李"红石榴品牌。青岛市铸牢中华民族共同体意识教育实践"互观互鉴"暨打造城市民族工作"红石榴"品牌经验交流会在李沧区召开，李沧区做典型发言；在全区设立各具特色的"品茶论李"茶室 40 余处，省级以上媒体刊发相关经验和做法 6 次。

社会服务　2023 年，李沧区组建少数民族特色文艺演出队伍 4 支 80 余人，在端午节、

2023 年 9 月 13 日，青岛市铸牢中华民族共同体意识教育实践"互观互鉴"暨打造城市民族工作"红石榴"品牌经验交流会在李沧区举行。

（区委统战部供图）

中秋节等传统节日开展少数民族文艺汇演80余次。对92家清真食品经营场所开展民族政策法规宣传,助其更好地生产经营清真食品。在每年6月份民族宗教政策法规学习月、9月份民族团结进步宣传月集中开展民族政策法规宣传,让铸牢中华民族共同体意识厚植群众内心。

典型培树 2023年,李沧区上流佳苑社区获评全省民族团结进步示范单位。青岛弘德小学获评全市民族团结进步示范单位,浮山路街道"石榴花开·同心润德"红石榴驿站获评全市民族团结进步示范岗位,李延清、张玉文家庭获评全市民族团结进步和美家庭。推荐民族舞《野蔷薇》、民族团结剪纸、书法团扇等4个作品参评山东省"弘扬优秀传统文化 建设共有精神家园"主题文创作品征集活动。

宗教事务

概况 2023年,李沧区有基督教教堂5个、基督教固定活动处所3个、天主教堂1个。全区宗教教职人员16人。其中,天主教1人,基督教15人。除王埠基督教固定活动处所异地重建外,李沧区所有教堂及公共活动点均被山东省民族宗教委员会评为省级和谐宗教活动场所,王家下河基督教堂被确定为全省民族宗教法治宣传教育基地。

队伍建设 2023年,区委统战部完善宗教工作"三级网络两级责任制",街道党工委副书记担任统战委员、负责宗教工作,社区副书记担任宗教工作联络员,将基层宗教工作纳入城乡综合治理网格职能,明确全区734个网格员宗教工作职责。建设由基督教爱党、爱国、爱社会主义的教职人员和骨干信教群众组成的"阳光守望"志愿者队伍,发挥宗教团体在党和政府、信教群众间的桥梁纽带作用,指导"阳光守望"志愿者引导信教群众开展爱国主义和革命传统教育,弘扬爱国主义精神,增进"五个认同",开展社会公益服务,推进基督教中国化方向李沧实践。"阳光守望"志愿者队伍建设相关做法被青岛市委统战部在全市推广。

联动机制 2023年,区委统战部以"坚决抵御境外利用宗教对驻区高校进行渗透,实现宗教和顺和社会稳定"为总体目标,成立由区委统战部(区民族宗教局)、区委宣传部、公安李沧分局、高校属地街道、各驻区高校组成的五方重点单位常规架构联动主体责任体系,建立会商研判、沟通协调、快速处置三个机制,实时将N个宗教工作联席成员单位纳入处置联动主体。校地"153+N"联动机制促使高校抵御境外宗教渗透由"被动反应"向"主动作为"转变,推进关口前移,实现联动治理抵御境外宗教渗透一体化治理目标。

学习宣传 2023年,区委统战部在山东省民族宗教政策法规学习月期间,组织33个区民族宗教联席会议成员单位开展宗教政策法规宣传学习活动,提升统战干部做好宗教工作的能力。联合区委政法委、区司法局、区妇联等举办宣传教育活动5次,累计发放宣传册1300余册,服务群众1.5万余人次。

隐患整治 2023年,区委统战部加强宗教活动场所安全隐患排查整治工作,制订《李沧区宗教活动场所和民间信仰场所消防安全隐患排查整治专项行动工作方案》,制定落实宗教活动场所安全管理"四个一"检查制度,即教堂每天、教会每周、街道社区每月、区民族宗教局每季度在重点时期检查安全领域重点问题,化解风险、消除隐患,解决宗教活动场所安全工作中存在的问题和薄弱环节,落实场所安全责任,增强宗教活动场所和信教群众的安全意识,确保宗教领域和谐稳定。

(区委统战部)

人 民 生 活

就业保障

概况

2023 年，李沧区聚焦高质量充分就业目标要求和惠民富区行动部署，强化就业优先政策，大力实施"乐业李沧"十大行动，以改革的思路稳就业、优服务、促发展，全区新增城镇就业 2.58 万人，完成全年目标任务的 105.5%。坚持创业带动就业，扶持创业 4616 人，完成率 135.76%，发放创业补贴 362.4 万元、创业担保贷款 4551 万元。全年开展补贴性技能培训 4628 人次，发放补贴资金 117.6 万元。聚焦构建和谐稳定劳动关系，强化就业环境保障，处理各类劳动纠纷 1420 余件，为劳动者追回各类劳动报酬 1530 余万元。

用工服务保障

2023 年，青岛市李沧区人力资源和社会保障局（简称"区人力资源社会保障局"）组织人社服务专员定期摸排企业用工需求，全年摸排企业 3000 余家，开发就业岗位 4.5 万余个，开展大型综合现场招聘会、校园招聘、社区"小精灵"招聘、招聘夜市等招聘活动 198 场次。开发上线"乐业李沧"招聘求职云平台，开展直播探企活动 7 期，招聘对接效能大幅跃升。建立"政校企协"四方协同机制，启动"乐业李沧日"主题活动，面向全区重点园区、专精特新企业提供点对点、定制化服务 60 次，为规模以上人力资源机构和劳动密集型企业牵线搭桥促对接。

重点群体就业

2023 年，区人力资源社会保障局完善"跟进式"就业帮扶体系，为 851 名离校未就业高校毕业生、7900 名失业人员逐一建立实名帮扶台账。实施"就业近享"行动，在全区布局"就享家"乐业服务站 10 个，让老百姓实现家门口就业。持续健全公益性岗位使用管理体系，累计有效开发安置城镇公益性岗位 3975 个，选聘综合素质高的人员充实到全区 734 个网格，从事政策宣讲、岗位推介等工作，推动公益性岗位管理与基层治理深度融合。全年审核发放用人单位吸纳就业社保补贴、家庭服务业等就业补助资金 4072.78 万元，惠及企业 5443 户次；发放高校毕业生小微企业就业补贴 252.08 万元，惠及 2497 人次；发放各类失业保险基金 1.83 亿元，惠及 15.5

2023 年 2 月 10 日，李沧区跨境电商人才专场招聘会现场，求职者了解岗位信息。

（区委宣传部供图）

万人次。

创业带动就业

2023年，区人力资源社会保障局把扶持创业作为助力区域经济高质量发展、创业带动就业的有效抓手，打造"创业有李""一站式"服务品牌，整合创业资源，编制《创服微手册》、创业地图，搭建线上"创YOU汇"平台和线下"创YOU家"阵地，从源头上提供创业帮扶。实施创业陪跑行动，选聘创业导师30人，以"师带徒"形式提升创业成功率。启动"源来好创业"青年创业资源对接服务季活动，举办青岛市首届青年创业市集，发布《"李"想说创业访谈》8期，开展各类创业活动37场，相关活动情况被《人民日报》《光明日报》等媒体报道。李沧区获评市级创业型城区，全年扶持创业4616人，发放创业补贴362.4万元、创业担保贷款4551万元。

就业能力提升

2023年，区人力资源社会保障局实施重点群体专项培训计划，打造全市首家园区职业指导工作室，面向失业人员、企业在职职工等重点群体，推行就业技能培训、企业新录用人员岗前技能培训等项目，不断提升职工技能水平。累计开展补贴性技能培训4628人次，发放补贴资金117.6万元。指

导自主评价企业组织职工开展考核认定，全区有32家自主评价备案企业，通过开展自主评价考核认定完成高级工以上技能等级取证306人，其中技师、高级技师取证98人。发挥赛事引领作用，举办李沧区中式烹调师职业技能竞赛暨"鲁菜师傅"创业创新竞赛、李沧区磨工职业技能竞赛。开展东西部协作技能培训，高质量完成2023年度甘肃省陇南市康县202名脱贫人员培训任务。

就业环境营造

2023年，区人力资源社会保障局聚焦劳动维权保障，深化劳动纠纷"一站式"化解服务模式，强化劳动争议仲裁院和劳动保障监察局协同作战。联动处理各类劳动纠纷210余件，为劳动者追回各类劳动报酬230余万元，劳动纠纷"一站式"劳动纠纷化解机制获评"李沧区十大法治示范项目"。联合总工会、司法局构建"三位一体"联动维权机制，农民工维权周期缩短6个月。开展根治欠薪专项行动3次，发放"安全帽欠薪维权二维码"2万余个，"劳动保障维权服务卡"5000余份，受理案件1420件，为劳动者追回工资1530余万元。处理12345政务服务热线、"李即办"转办问题2.5万余件，化解信访案件96件，妥善将矛盾化解在当地，劳动用

工环境不断优化。组建劳动政策法规"外卖团队"，提供服务27次，精准为企业解决用工问题103个，拍摄"仲裁说法"短视频11期，累计播放量超过1万次，李沧区重点企业获评全省金牌调解组织。

（区人力资源社会保障局）

住房保障

概况

截至2023年底，李沧区累计筹集公共租赁住房项目25个、6025套。实物配租保障家庭5900余户，累计发放补贴1.68亿元。

住房保障审核

2023年，共审核李沧区11个街道办事处上报公共租赁住房申请及日常年审卷2220卷，符合保障资格2182户，发放准予登记通知书1871份，受理审核公共租赁住房实物配租年审卷1400卷。核查市统筹产权型、配租型人才住房6个批次，共149人。审核李沧区企事业单位75家，确保核查的及时性、准确性。外来务工年度审核59人，通过审核55人，新就业无房职工年度审核5人，通过审核5人。

住房补贴发放

2023年，李沧区新增公租

房补贴家庭 560 户，全年累计发放公租房租赁补贴 2.54 万户次、1792.88 万元；新增环卫一线外来务工补贴家庭 3 户，累计发放补贴 783 户次、33.53 万元；发放全区新就业无房职工阶段性住房补贴 60 户次、2.4 万元。

公租房实物配租

2023 年，李沧区公共租赁住房实物配租发布房源 261 套，全部配租到位。2023 年 4 月 27 日，261 户配租家庭领取新房钥匙入住新家。此次配租房源均为精装修房屋，配租项目周边公交车站、地铁、超市、幼儿园等配套设施齐全，生活方便快捷。

困难家庭公租房房租减免

2023 年，李沧区办理困难家庭公租房房租减免 25 户，共减免 4.26 万元。

政策宣传

2023 年，李沧区面向街道一窗式受理住房保障相关事项，对街道综合受理新进人员进行业务培训。结合青岛市住房保障审核系统并轨，召开 11 个街道办事处全区住房保障工作会议，布置新旧审核系统并轨试点工作，并成立系统讲解小组，走访街道办事处，指导新系统操作。为外来务工、新就业无房职工讲解保障性租赁住房政策。

房产证办理

2023 年，李沧区召开房屋产权确权颁证历史遗留问题专项整治专题调度会 10 余次，以区政府名义发函 80 余件，为"农转非"项目完善土地和规划手续；推进转移登记工作，协调青岛市不动产登记部门、李沧区税务局利用周末、节假日设置专窗、绿色通道，实现"愿办尽办"，安排工作人员全程驻场，及时为群众答疑解惑、应对各类突发事件。截至 2023 年底，李沧区纳入台账的 37 个项目已全部化解，办证 5500 户。

（区城市建设管理局）

教育保障

教育基础设施保障

2023 年，李沧区新增公办幼儿园青岛市李沧区铜川路幼儿园 1 处，新增普惠性民办幼儿园青岛市李沧区富裕童心幼儿园 1 处；完成青岛李沧路小学改扩建。完成青岛重庆中路学校、青岛富文路小学、青岛武川路小学 3 所学校的建设并投入使用。

义务教育招生学位保障

2023 年，李沧区直面小学入学人数历史最高峰的挑战，通过加快推进新建、改扩建学校，持续保障学位供给，全区中小学挖潜扩容教学班 137 个，约 1.3 万名小学新生全部顺利入学。李沧区回应老百姓对家门口好学校的向往，调整李沧区中片小升初招生政策，优化生源配置均衡度，受到家长社会认可。初中学校安排约 0.6 万人入学。

学校安全制度保障

2023 年，李沧区落实学校安全工作"一岗双责"，压实责任，确保无死角、无盲区。有

2023 年，李沧区启用青岛重庆中路学校等 3 所学校。图为青岛重庆中路学校校园。 （区教体局供图）

针对性地开展业务技能培训，提升安全干部、教职工突发事件处置能力和应急意识。加强各部门协作，研判校园安全形势，配合抓好校园及周边隐患排查、事故防范、应急处置、信息报送等工作，统筹做好学生安全教育、反恐等各项校园安全工作。

教育经费保障

2023 年，李沧区完善财政性教育经费投入机制，落实教育投入保障政策。中、小学生均公用经费拨付标准分别为 1700 元和 1300 元。落实教育惠民政策，为一、四、七年级学生免费配发校服，为全区中小学生免费配发作业本。

（区教体局）

医疗保障

改善群众看病就医体验

2023 年，青岛市李沧区卫生健康局（简称"区卫生健康局"）以清单形式明确全区改善群众看病就医体验工作 10 项举措、30 项内容、50 项要点，建立正负面清单，逐项销号。出台改善群众看病就医感受 10 项举措，举行覆盖全区各街道、各级医疗机构的动员会，对工作进行专项部署。建立领导包片督导机制，督查专

2023 年，李沧区开展卫生应急宣传教育活动 3 次，提升应急知识普及度。图为志愿者指导市民掌握应急知识。

（区委宣传部供图）

班坚持明察与暗访相结合，督查医疗机构 250 家，发现问题 445 个，倒逼医疗机构强化医疗服务能力，群众就医满意度显著提升。

卫生应急能力提升

2023 年，区卫生健康局开展行业应急业务培训 8 次，线上线下参训 2000 余人次，提升基层医疗机构卫生应急能力。开展应急宣传教育活动 3 次，提升应急知识普及度。组织院前急救质控 4 次，提升院前急救服务水平。出动院前救护车 1.6 万余次，做好各类紧急医疗救援保障工作。

医疗对口帮扶

2023 年，区卫生健康局开展

甘肃省陇南市康县（简称"康县"）、山东省菏泽市单县（简称"单县"）对口帮扶工作，派出 2 批 6 名优秀医务人员到康县、单县开展为期 1—6 个月的医疗驻点帮扶，带动当地医疗技术水平提高。派出 2 支医疗队伍到康县、单县开展义诊与培训工作，义诊当地群众 600 余人次，培训当地医务人员 400 余人次，满足当地百姓疑难杂症就医需求并做好人才培养。做好康县 10 名医务人员的学习培训，依托驻区三级医院做好对口培训。捐赠卫生扶助资金 8 万元，做好医疗物资援助。组织卫生健康系统购买扶贫物资价值 31 万元，促进消费扶贫，实现互利共赢。

（区卫生健康局）

街 道 概 况

李 村 街 道

党建工作

党建引领基层治理

2023年，李村街道成立街道商会红色诚信联盟，每季度召开区域化党建联席会，组织42家会员企业签订《诚信公约》，开展诚信经营示范店和党员先锋岗评选，闭环解决投诉300余件，获评青岛市"诚信街道"。依托"红色新锋"服务驿站孵化"流动网格员"队伍，吸纳快递员、外卖员等200余人，依托"新新向党"平台上报随手拍918条，及时发现治理"死角"。鼓励"三新"党员参与"我为群众办实事"活动，认领"微心愿"21条，联合开展志愿服务大集、洁净家园等活动32场，收集李村商圈发展建议30余条。开展城乡联建共建，建立店埠镇鲜食果蔬"直通车"供应链，依托便民服务大集、农产品进夜市等，实现10余吨蔬菜从产地直达终端。

基层党建基础夯实

2023年，李村街道严密组织主题教育，组织开展专题读书班4次，班子成员讲党课，开展调研成果交流会等，推动主题教育真正入脑入心。加强政治理论教育，提升干部队伍整体素质，加强党员教育管理，依托"行走的党课"、初心课堂等特色载体，开展党员培训19期，培训党员8000余人次。抓实基层党组织建设，建强社区党组织"两委"成员队伍，组织18个社区开展"擂台比武"活动，南山社区获评青岛市五星级基层党组织。开展"双报到"党员志愿服务活动，惠及居民6万余人次。配合做好山东省委巡视工作，对巡视反馈的问题进行动态管理、扎实整改。

打造红色新锋品牌

2023年，李村街道坚持党建引领、成长赋能、发展融合，培育打造"红色新锋"党建品牌，在李村商圈探索出一条独具李沧特色的商圈新业态新就业群体党建新路径。围绕新业态新就业群体"怎么管""怎么聚"，持续深化对新业态新就业群体的党建引领，优化管理机制、健全服务体系，激发新业态新就业群体内

2023年，李村街道打造"红色新锋"党建品牌，依托"红色新锋"服务驿站孵化"流动网格员"队伍。　（李村街道供图）

生动力。坚持问题导向和需求导向，探索更加适合商圈新业态、新就业群体的服务模式，以一系列暖"新"举措破题，为商圈治理注入"新"动能。探索"联系、联心、联合""三联"工作法，传播"社会服务小哥，小哥反哺社会"理念，形成"以服务换服务、以服务促治理"的循环体系。李村街道获评山东省卫生单位、青岛市第二批诚信镇街、青岛市征兵工作先进单位、青岛市美好家园小区、青岛市五星级基层党组织等。

经济发展

做强实体经济

2023年，李村街道成立"扫楼扫街"纳统工作专班，形成由班子成员带队、党员干部配合、社区书记带头抓的工作体系。专班深入企业宣讲"四上"企业纳统政策，确保奖励政策、纳统标准到企、到人、到位，提高企业入库成功率，深入走访企业200余家次，实现"四上"企业纳统28家，其中月度纳统8.5家，年度纳统19.5家。发挥双地铁商圈优势，服务管理好乐客城夜市、少山路夜市等，打造特色鲜明、活力时尚的李村商圈网红打卡地，推动商圈实体经济由进展明显到蓬勃发展，将"李村商圈"招牌越擦越亮。

招商引资

2023年，李村街道发布"双招双引"工作手册，打造"星耀万家·幸福李村"招商品牌，通过街道牵线搭桥，引来新项目进驻，培植新税源，引进超过1亿元项目2家，到位资金

5300万元，新注册企业主体1500余家，到位外资20.4万美元。规模以上工业企业完成产值2.8亿元，比上年（下同）增长3.2%；规模以上批发业完成销售额173.35亿元，增长20.3%；规模以上零售业完成销售额73.48亿元，增长10.8%；规模以上住宿业完成营业额0.88亿元，增长20.6%；规模以上餐饮业完成营业额1.41亿元，增长46.4%。财政收入完成5.25亿元。固定资产投资完成5.07亿元。

推进"五经普"

2023年，李村街道抓住青岛市统计局包干包联直线督导的有利条件，以全链式服务高质量推进"五经普"工作。划分普查区18个，普查小区118个，标绘建筑物2250座。选调"两员"245名。其中，普查指导员43名，普查员202名。街道底册总数34356家。其中，单位13507家，个体经营户20849家。通过"地毯式"单位清查及后续查遗补漏，清查出单位9300余家，个体经营户1.46万余家，完成全部底册单位及个体核实工作，提供科学准确的统计信息支持，充实了李村街道企业数据库，为李村商圈链接了优质要素资源。

优化营商环境

2023年，李村街道召开

"深化作风能力 优化营商环境"专项行动动员会,推进"放管服"改革,逐条梳理街道级便民服务事项 89 项,可直接进行网上申请审批办理。举办李村商圈元宵会"兔"个好彩头活动,制作《李村商圈 大有可为》中、英文宣传片,凸显商圈时尚活力。开展"进现场、解难题、促发展"专项行动,解决企业、群众办事创业面临的困难问题,由街道主要负责人带队到企业一线听取意见、发现问题、解决问题,走访企业 300 余家次,增强企业、群众办事便利度和满意度,打造李村商圈更有吸引力、更具竞争力的营商环境。

民生事业

群众兜底保障

2023 年,李村街道以老年人需求为导向,重点引进社会力量,依托辖区佳家康养老机构,提升打造街道养老服务中心。中心入住长短期托养老人 10 余人,举办社会公益活动 20 次,义诊人数 1500 人,助老餐签约人数 1121 人,上门服务 3000 余次。提升兜底保障水平,为高龄老人、残疾人、低保家庭等群体发放各项补贴。全年为辖区 8199 名 70 岁以上老人发放高龄补贴 170 余万元,为 2581 名 80 岁以上老人发放体

检补贴 38 万余元,为 12 名百岁老人发放长寿补贴 3 万余元,为重度残疾人发放护理补贴 131 万余元,为低保家庭发放临时救助金 16 万余元。

群众文化生活

2023 年,李村街道整合资源,办好"星耀李村·乐在万家"第二十届社区文化艺术节,将村村有好戏、黄河大集与文化展演、趣味运动会、商家义卖等活动相结合,开展黄河大集活动 100 余场,开展戏曲、歌舞、趣味运动会、观影等文化巡演活动 100 余场。元宵节、梅花节期间与李沧商圈企业联动,做好李沧区旅游品质提升。传承多彩非遗文化,在各社区引入剪纸、送福、衍纸制作等非遗公益课程 300 余场,打好传统文化振兴牌,丰富辖区居

民精神文化生活。

社会治理

创新文明实践路径

2023 年,李村街道加快推动美德和信用建设互促共融,以服务群众为目标,以倡树美德健康新生活为着力点,以诚信建设为切入点,街道新时代文明实践所与油菜花生活福利平台签约共建,开启新时代文明实践建设向企业、社会组织等横向拓展延伸的新模式,李村街道被授予李沧区美德信用积分管理试点街道,开展了文明实践志愿积分兑换胶州大白菜等活动,将美德和信用建设融入日常工作中,延伸文明实践"触角",以"美德+信用"齐赋能的方式,共同激发基层

2023 年,李村街道"老房有喜拉拉呱 有事邀您来商量"老旧楼院改造座谈会举行。

(李村街道供图)

治理新动能。

文明阵地服务

2023 年，李村街道全面提升新时代文明实践阵地建设成效，打造凝聚民心的"强磁场"、思想文化的"主阵地"。街道新时代文明实践所依托重要节庆活动，开展红色教育和家庭教育。开展抗美援朝老兵进社区、进校园活动，向未成年人宣传和普及爱国主义精神等。开展七夕金婚文明家庭礼赞庆典、百家宴中秋欢动季，邀请外国留学生一同体验中国传统文化习俗等。各社区累计开展各类活动约 2000 场次，覆盖群众约 4 万人次，打通宣传群众、引导群众、教育群众、服务群众"最后一公里"。

矛盾纠纷化解

2023 年，李村街道聚力打造"一站式"矛盾纠纷多元化解中心。建立起由街道党工委统一领导指挥、业务部门协调联动、社会力量密切协同的基层"一站式"矛盾纠纷多元化解工作机制。统筹公安、信访、司法等力量资源，采取常驻、轮驻、随驻方式，推动调解资源向基层下沉、矛盾纠纷在一线化解。依托调解组织，组建矛盾纠纷调解员队伍。辖区有人民调解员 54 人，特色调解组织 4 个，律师 17 人，采取"独立调解""参与调解""合作调解" 3 种模式无缝衔接，联动调处纠纷 389 起，帮扶救济、法律咨询 422 件，矛盾化解率达到 94%。

城市管理

优化居住环境

2023 年，李村街道在辖区 583 个老旧开放楼院、100 余条背街小巷常态化开展保洁服务及"洁净家园"活动 48 次。清理乱堆乱放 3000 余处、清理卫生死角 900 余处。更换破损下水道盖 100 余处、修补路面塌陷 50 余处、整改辖区杂乱飞线 1000 余米。为开放式楼院施划非机动车停车位 600 余个，处理无主线杆 5 处，清理枯树死树 40 余棵。绿地香颂、康太源尚誉小区获评 2023 年度山东省卫生单位。创建垃圾分类五星小区 3 个，在辖区内 5 个五星小区开展厨余垃圾提质工作。

推进城市更新

2023 年，李村街道统筹推进老旧小区改造工作，涵盖东山一路、大崂路、西山花苑、书院路等 4 个片区，涉及居民楼 33 栋、居民 2166 户。推进自建房排查 2200 余户，全部录入"自建房排查系统"，完成 4 处自建房隐患整治。助力老旧楼院改造，拆除居民楼院内违法建设 2059 平方米。全面摸排房屋产权确权颁证，纳入历史遗留专项整治台账 11 项，涉及居民 2211 户。不断拓展城市功能，提升城市品质，让辖区居民安居更宜居。

推进征迁拆违

2023 年，李村街道提高站位、创新思路、迎难而上，建立"边促拆边清点、先拆迁后评估"征迁模式，打好重点项目"征迁战"，为全区城市更新和城市建设服务。逐户动员、妥善安置，强化担当、精准发力，用 3 天时间完成重庆中路周边约 3000 平方米征迁清点确认工作，为后续重点项目建设争取时间。拆除违法建设 222 处、2.79 万平方米，其中拆除《亮剑》节目曝光的达翁市场违法建设 23 处、300 余平方米，拆除主要道路两侧违法建设 1.25 万平方米，拆除"840 重点片区"违法建设 1.1 万平方米。

（李村街道）

虎 山 路 街 道

党建工作

筑牢思想根基

2023 年，虎山路街道坚持将党建工作与街道整体工作同谋划、同部署，组织召开党建专题会议 6 次，领导干部带头宣讲党课 30 余场。扎实推进主题教育，街道班子成员调研课题 9 项、解决民生实事 20 余件，开展"集中课""专题课""实践课"470 余次，依托街道党工委党校培训党员 3800 余人次。创新开展社区季度工作评议，将基层党建作为重要评议内容，开展实地观摩 3 次、擂台评比 4 次，营造比学赶超的浓厚氛围。

增强党建活力

2023 年，虎山路街道注重经济社会重高质量发展，立足辖区亿元汽车街区，打造"红聚 XIANG 链"汽车商贸服务产业链党建品牌，引进比亚迪旗下中高端品牌方程豹及东营银行青岛分行，形成区域高质量发展新优势。实施创建市级党建引领基层治理示范街道提升工程，形成"i 上虎山"党建

品牌矩阵，深化做实"红色新锋""汇心惠益"等党建品牌，举办社会组织嘉年华、区域化党建联席共建、夏格庄城乡结对共建等系列党建活动 23 次，不断推进资源力量向基层下沉。两新组织快乐沙联合党支部以全市第一的成绩获评"青岛市五星级基层党组织"。

强化党建引领

2023 年，虎山路街道强化党建引领，夯实"红聚一网 幸福满格"网格化治理，完善以党组织为核心、多元力量下沉的工作体系，走访居民 6 万余户，解决民生诉求 860 余件，街道在全区科学发展观考核前三季度满意度调查中均列第 1 名。探索社区党组织、物业、业委会协同共治新路径，在全区率先推行由社区党员业主组成的物业监理会，切实提升物业服务质量。破解历时 10 余年的上王埠社区、石沟社区安置房项目回迁难题，惠及 300 余户居民，实现经济效益和社会效益的双赢。化解石沟、李家庵、上王埠、西大村房产确权颁证历史遗留问题，圆满完成 5 个项目共 1199 套房屋产权确权颁证工作。

经济发展

优化营商环境

2023 年，虎山路街道开展"深化作风能力优化营商环境"专项行动，首创"发展合伙人"制度及服务企业"1% 工作法"，建立资源共享联动机制，大力开展招商引资。组建"i 上虎山·梧桐树"经济发展攻坚团队，机关干部、社区干部、党员居民齐上阵，全面开展"扫楼扫街"。引进超过 1 亿元项目 3 个、企业总部 1 个、重点企业 110 余家，总投资额 1.5 亿元的上王埠商业街区项目开工建设，维也纳国际酒店项目开门营业，东营银行青岛分行落户虎山路街道。

经济活动丰富

2023 年，虎山路街道实现固定资产投资 9.99 亿元，重点项目投资 7.67 亿元，财政收入实现 1.82 亿元（完成全年引导目标的 90.70%），引进外资 1033.38 万美元（来自伟东集团、吉希尔福贸易），外贸进出口额 6.22 亿元，社会消费品零售总额 30.13 亿元，"四上"企

业纳统 20 个，完成高新技术企业认定 20 家，技术合同成交额 9.7 亿元；东西部协作消费帮扶 104 万元，捐款、捐物价值 20 万元，为山东省菏泽市单县捐款、捐物价值 2 万元。开展第五次全国经济普查工作，抽调骨干力量成立专班，率先完成 9724 家企业核查工作。

实体经济发展

2023 年，虎山路街道立足区位特色优势，打造汽车特色街区，汇集雷克萨斯、比亚迪等 50 多个汽车品牌，年销售额超过 30 亿元；吸纳全区银行保险公司、二手车交易市场、加油站、汽车养护、物流运输等 40 余家企业，汇集形成汽车商贸服务产业链，达成物流运输、售后服务等合作 60 余项，推动产业链要素资源加速聚集；聚拢金水路、虎山路、上苑路餐饮资源，打造特色美食街区，为辖区发展注入新活力。

民生事业

社区治理

2023 年，虎山路街道加快推进政务服务标准化、规范化、便利化，推动更多政务服务事项"就近办"，围绕老年人、残疾人等特殊群体需求，创新"三个一"服务模式，为辖区特殊群体提供便利贴心的"入户办"政务服务，畅通基层政务服务"最后一公里"，在青岛市政务服务管理办公室统筹推进镇（街道）便民服务中心高标准建设工作中，被评为标杆型便民服务中心。完成金水路、文昌苑社区居委会成员补选工作，保障社区工作正常运转。探索居民议事协商工作，虎山路街道"有事来商量"居民议事协商工作经验材料"议事解民忧 协商聚人心"被中央党校《党的基层建设和思想政治工作成果汇编》收录，获评优秀理论成果一等奖。贯彻落实全国优化生育政策，在青岛市首创"医育联盟"，开创医育合作发展新模式，通过搭建"四联四共"服务平台，切实改善婴幼儿养育照护社区支持环境，保障 0～3 岁婴幼儿健康成长，推动现代社区建设和治理创新实践。

社会保障

2023 年，虎山路街道按照"应保尽保"原则全面落实民生保障和社会救助工作，市、区、街走访慰问低保及困难家庭 300 余户，为 68 户困难家庭发放临时救助金 22.01 万元，为 96 户 133 人低保家庭发放低保金 143.68 万元，为 5 名特困人员发放供养金 16.57 万元，为 7 名困境未成年人发放基本生活费 12.74 万元；为 45 名困难残疾人发放生活补贴 19.2 万元，为 24 名残疾人申请发放居家托养服务补贴 13.9 万元，为 14 名残疾人申请发放个体户养老保险和医疗保险补贴 18.5 万元，为 50 名残疾儿童康复训练资助补贴 86.5 万元，为残疾人个体户申请扶持金 2400 元；为 71 名低保残疾人发放生活补贴

2023 年，虎山路街道立足区位特色优势，打造汽车特色街区，年销售额超过 30 亿元。图为李沧区汽车特色街区。

（虎山路街道供图）

41.5 万元，为 322 名重度残疾人发放护理补贴 78.17 万元，为 9 名经济困难低保老人发放补贴 0.69 万元，为 3 名经济困难特困老人发放补贴 0.22 万元；为 3949 名 70～89 岁老人、113 名 90～99 岁老年人、2 名百岁老人发放高龄补贴合计 78.71 万元；为 988 名 80 岁以上老人发放体检补助 14.82 万元。

文化惠民

2023 年，虎山路街道依托 23 个社区居委会的 69 支文化志愿者队伍、12 支文化特色队伍、4 支群团基层巡演艺术团，带动辖区文化志愿者近千人，以文化惠民为出发点和落脚点，丰富居民的文化生活，增加虎山路街道居民文化底蕴。以"我们的舞台——2023 李沧全民文化艺术节"系列活动、2023 年青岛市红色文化主题月"我把红色歌曲唱给你听"音乐角系列活动、虎山路街道第二十届社区文化艺术节、第七届青岛够级文化节"非遗在社区 时尚够级乐"够级扑克大赛虎山路街道海选赛和青岛市全民健身登山节李沧分会场暨老虎山登山节启动仪式等活动为载体，在各社区文化广场举办综合性文化活动 400 余场次；开展猜灯谜、书画展、读书活动、够级比赛、趣味运动会、科普培训等文化活动 800 余场次；发挥社区文艺队伍和街道艺术团力量，

各类艺术节目获评区级一等奖 4 项、二等奖 7 项、三等奖 13 项；街道 4 支艺术团送文化演出 11 场次，将文化活动送到百姓身边。推广全民健身，辖区每个社区均举办运动会 1 场；为社区更换健身器材 79 件。

社会治理

2023 年，虎山路街道以创新思维推进基层社会治理，强化党建引领、实行"一网多元精治"网格化服务管理，联动职能部门多元化解风险隐患，实现"小事不出网格，大事不出街道"，开创基层社会治理新思路。强化党建引领"一面旗"，发挥党建总揽全局、协调各方的核心作用，形成"街道党工委—社区党委—网格党支部—网格员"全链条社会治理体系。编织纵横交错"一张网"，以小区楼栋为基础区域，按照"横向到边、纵向到底"思路科学划分基础网格，街道 23 个社区划分为网格 129 个。打造多元共治"一队伍"，按照"1+N+X"模式配齐"地网"力量，街道共配备网格支部书记 129 人、专职网格员 129 人，为网格化治理提供保障。搭建科技支撑"一平台"，建立"云网"智能综治指挥调度平台，依托"云网"指挥调度功能，对于网格员上报的事件实行分级管理。用好数字赋能"一

终端"，网格员依托综治平台智能联动终端 App，一键上报事件，推进数据互联互通、共享共用，打造"群众张嘴、干部跑腿、信息跑路"的服务机制。画好工作流程"一张图"，实施"信息采集—分析研判—催办督办—结果反馈—核查结案"全流程闭环管理，实现基层事务上报、分派、处置、督办、核查、办结全流程规范化闭环管理。记好责任清单"一本账"，制定网格化服务管理工作实施办法，细化网格员工作职责清单，将纳入网格的事项划分为七大类、13 项、42 小项工作职责。练就知行并举"一身技"，定期组织网格员集中培训，安排社区"两委"成员担任培养联系人，通过"以干代训"等形式加强在岗培训，不断提升工作能力和业务水平。下好基层治理"一盘棋"，深入网格内部开展政策宣传、信息采集、文明督导、治安防控、社情民意表达等工作，搭起干群"连心桥"。

城市管理

规范物业管理

2023 年，虎山路街道按照城市精细化管理的要求和"全域、全责、全员"工作模式，以规范提升物业管理为重点，探索规范提升物业管理新路径，研究制定《关于规范提升物业

管理的指导意见》，促进物业服务质效提升。建立物业管理约谈评价退出机制，对物业小区实施"红黄蓝"亮灯管理，规范督办问效流程，加强协调联动，对服务效果不佳的物业企业启动分级约谈、考核清退机制，依法依规组织清退业主不满意、服务水平差的物业公司，约谈物业企业5家，3个物业项目更换物业经理。辖区润华物业获评2023年度市级"红色物业"党建工作示范点。

规范资金使用

2023年，虎山路街道规范住宅小区公共收益和房屋维修资金使用，按照《青岛市物业管理条例》和《青岛市房屋专项维修资金管理办法》相关规定，充分落实、规范物业小区公共收益和房屋维修资金使用，明确社区居委会全流程指导参与，按照相关规定做好公开公示、征求意见，确保资金使用合法、规范、透明。

基层共同治理

2023年，虎山路街道建立"物业监理会"基层治理共同体。在未成立业委会的46个小区组建物业监理会，通过业主党员自荐、党组织推荐的方式选好监理会成员，推荐小区党员担任物业义务监督员，及时掌握业主需求，直面业主关心的难点、堵点和痛点，深入参

与物业管理与社区治理，帮助物业提升服务水平。

安全生产

安全意识提升

2023年，虎山路街道把警示教育作为提升安全意识的切入点，用"代入感"的教育培训方式，增强全员安全素质。将典型事故案例等警示教育内容纳入季度安委会议程。通过分析研判，把握季节、气候特点，在燃气、防汛、消防等方面以干条式内容发布提醒文件4个，开展燃气使用、防溺水等主题安全讲座、集中宣传活动43场，提升全民的安全防范意识和处置能力。建立问题隐患治理责任追究机制，通过考核巡查、逐级约谈、进展通报等方式，推动各责任单位严格履职、严格监管。排查整治各类问题隐患1253处，重大事故隐患11处。

动态监测管理

2023年，虎山路街道通过建立"一企一档"，摸清企业人数、工艺、设备及高风险作业等信息。按行业、风险、领域等类别建立台账4类，分类开展高危行业和机械、商贸行业讲座5次，专项整治有限空间、特种作业问题隐患15处。立足企业基础信息台账，落实分类分级管理。通过指导服务、重点关注、加大检

查、严管严查等措施，实现精细化、差异化监督。分析基础设施差，安全投入小等共性问题3项，逐项整改。自动化减人，技术化防范，实现动态管理2家。在燃气、高层建筑等领域对应细化出4个清单，开展检查。同时完善处理流程，建立社区上报，科室协助，执法受理，销号闭环管理模式。收集问题隐患46处。

隐患排查整治

2023年，虎山路街道针对企业安全隐患进行诊断并提出整改措施。将8项共性内容、6类常见问题、3部专家授课视频推送至企业对照自查。突出"一类企业"，聘请第三方服务开展现场指导问题整改，街道跟进督查检查。企业上报自查整改隐患33处，专家指导整改隐患51处。根据青岛市执法队伍标准化建设内容，打造一支政治坚定、业务精通的高素质执法队伍。承接李沧区安全生产执法队伍标准化建设试点任务，建立队伍管理、学习培训、案件办理等8个管理制度和流程。构建街道安委会平台，坚持安委会部署安全大检查、专项整治，研究重要问题。理清主体责任和配合责任，与区直部门密切合作，发挥业务指导和资源优势，在消防、燃气领域开展联合检查。发现现场类问题隐患170余处。处罚企业4家，处罚金额累计1.6万元。

（虎山路街道）

浮 山 路 街 道

党建工作

党员管理

2023 年，浮山路街道深入学习贯彻落实党的二十大精神，推动主题教育走深走实，举办 2023 年度党员轮训、2023 年度入党积极分子培训班、2023 年度党务工作者培训班、2023 年度社区党员示范培训班共 15 期，覆盖党员 4000 余人次，组织各基层党组织开展"庆七一、强党性、践初心"主题党日活动，推出"红色套餐"3 个，引导党员志愿者积极参与全国文明典范城市创建、安全生产政策宣传等志愿活动。以"党旗红"引领"夕阳红"，搭建老干部议事会平台，打造徐安雷老党员工作室，帮助解决邻里纠纷等问题。

理论宣讲

2023 年，浮山路街道注重理论宣讲工作，组织开展理论学习中心组集中学习 12 次，组织各层次宣讲 500 余场，受众 2 万余人，街道获评青岛市基层理论宣讲先进集体；街道新时代文明实践所获评青岛市新时代党的创新理论宣讲基地；1 人获评市级宣讲专家。学习强国工作获评市级优秀投稿员 1 人，学习达人 2 人，"学习强国"山东、青岛平台采用稿件 14 篇。

经济发展

项目引进

2023 年，浮山路街道制订"双招双引"及重点企业走访工作方案，建立街道、社区、辖区 163 家重点企业的联动工作机制，引进重点企业 8 家，在谈超过 1 亿元项目 4 个。中汇信达汽车广场项目、臻爱儿童卓越发展中心、浦发银行等优质项目落户浮山路街道。

营商环境

2023 年，浮山路街道制订《浮山路街道"深化作风能力优化营商环境"专项行动方案》，组建"深化作风能力优化营商环境"专项行动指挥部办公室及工作专班。持续深化"放管服""一窗受理·一次办好"改革，办理个体工商业务 6557 户，帮助 21 家注册有困难的企业、个体户完成主体注册，有效激发市场主体活力。

民生事业

房产证办理

2023 年，浮山路街道将

2023 年 5 月 26 日，位于浮山路街道的中汇信达汽车广场开门纳客。该项目是高端二手车集聚地，填补了李沧区大型二手车交易市场的空白。

（浮山路街道供图）

不动产权证办理工作列为主题教育民生实事清单，创新"盘清—疏通—长效"模式，打造历史遗留不动产权证办理新样板，在全市首次采用"证缴分离"办证模式，破解回迁房产证办理难题。制定"一案一策"化解路径，化解辖区3个项目涉及4779户房屋产权问题。

为民办实事

2023年，浮山路街道系统梳理辖区文化生活、基础教育、基本医疗等资源，制作有浮山特色的"暖心服务卡"，印制《致居民的一封信》，广泛开展入户摸排，完成走访5.56万余户。组织各基层党组织开展"为民办事我承诺"活动，梳理民生实事事项80余项。持续聚焦"一老一小一困"重点群体，建成社区养老服务站5处，打造"家门口的少年宫""乐哉银龄""衣旧有爱"等项目品牌。开展各类文化活动，完成综合活动86场次，组织培训、讲座、书画、阅读等各类单项活动300余场次。

社会治理

公共收益管理创新

2023年，浮山路街道辖区逸景公馆业主委员会开设业主共有资金银行账户，用于存储管理小区公共收益，成为山东省首个通过共有资金账户存储、管理、公开公共收益的小区。该资金接受政府部门监管，通过青岛市智慧物业服务平台向逸景公馆842户业主同步推送收支信息，接受广大业主共同监督。

社会治理创新

2023年，浮山路街道建立"居民说理工作室"，在辖区广泛开展"居民说理、专业人讲理、相关部门办理、辖区人大代表政协委员评理"的"四理"活动，同时，建立"资源清单""需求清单""服务清单"，通过双向认领、双向服务，推动党员干部和小区治理有效融合，打造共建共治共享的小区治理共同体。

城市管理

居住环境改善

2023年，浮山路街道完成大崂路打通工程基础路段拆除工作；拆除九水路188号楼院违章板房和占道经营13年的甘泉路市场。解决了制约长达5年的老鸦岭水库西侧项目选址问题，引入青山湖岸重点项目，激发城市再生活力。完成九水路103号院，万年泉路80号院老旧小区改造工作，为两个小区700余户居民改善了居住环境，同时增设停车位200余个，电动车充电棚2处，健身场地1处，加装电梯1部，改变了老旧小区"脏乱差"的形象。

"插花地"整治

2023年，浮山路街道推进3处插花地整治提升。青山路以南无证建筑6.32万平方米，拆除6.03万平方米；拆除海尔立交桥西侧工业园区无证建筑6000平方米；协调推进青银高速路东侧插花地整治。

（浮山路街道）

振 华 路 街 道

党建工作

学习教育

2023 年，振华路街道聚焦党建引领基层治理、经济发展、社会治理等惠民生、促发展关键问题，明确处级以上领导班子成员"小切口"调研课题 10 个，在听群众"唠叨话"、记居民"抱怨言"中办好群众关心事。坚持把自己摆进去发现问题、把职责摆进去直面问题、把工作摆进去认领问题，形成问题清单 12 条，明确整改措施 25 个。围绕"解决一件事"推动"解决一类事"，基层党组织检视问题 32 个，提出整改措施 64 条。

理论武装

2023 年，振华路街道着力加强理论武装，组织专题学习和专题研讨 3 次，开展理论学习中心组学习 14 次，理论学习中心组成员研讨发言 30 余人次，撰写学习体会 50 余篇。开展庆"七一"等主题党日 12 次。始终把党的政治建设放在首要位置，深入推进新时代党的建设新的伟大工程。召开全面从严治党专题会议 1 次，观看廉政警示教育片

4 次、开展廉政谈话提醒 40 余人次，领导干部讲廉政党课 1 次。

经济发展

经济指标

2023 年，振华路街道严格落实区委、区政府工作部署要求，抓紧抓实经济考核指标，全面开展"扫楼扫街"，落实企业纳统。1—12 月完成区级税收 1.4 亿元，新增 500 万以上固定资产投资纳统项目 5 个，固定资产投资总额 2.6 亿元，规模以上工业总产值 5.5 亿元，限额以上批发业销售额 9.4 亿元，限额以上商贸业零售额增速 109.7%。

招商引资

2023 年，振华路街道把招商引资作为重要任务，抓实项目招引和经济发展，挖掘"存量"、引进"增量"，招引重点企业 30 余家，其中包括注册资本 670 万元的宁德时代旗下时代绿色能源有限公司全资持股的青岛润超新能源有限公司、注册资本 5000 万元的青岛洁神生物科技有限公司以及注册资本 500 万元的洁神洗衣有限公司。聚焦企业园区培育工作，

重点打造洁神智慧产业园，以"产城一体，便利生活"为整体定位，聚力打造集现代工业、酒店、餐饮、休闲、文化体验于一体的综合性园区。引进园区重点企业 24 家，拟招引企业 8 家，培育园区纳统企业 6 家。

营商环境

2023 年，振华路街道开展"深化作风能力优化营商环境"专项行动，健全"五心"（情感上暖心、行动上贴心、措施上用心、机制上顺心、关系上无私心）企业服务制度，为企业提供"一企一策"服务包，对企业诉求做到有诉即应、有诉必办、有诉即办。成立街道"助企联盟"，组建 4 支助企服务小分队，加强招商引资、服务企业、事项办理"三个统筹"，成为服务企业"实干家"和助力企业发展"贴心人"。组织 14 名助企专员深入园区，对"势头好、劲头足、潜力大"的企业实行"保姆式"服务，建立资源台账 34 家，记录企业发展需求 30 余条，为企业协调注册、立项、临时办公场地等事项 40 余件，通过电子化完成营业执照注册、变更等各项业务 3300 余次，在优化营商环境、提升服务质量中助力企业纾

困解难、稳步发展。

城市管理

"大物管"试点

2023 年，振华路街道将"大物管"共建共享服务模式与"三长一站"、网格化管理深度融合，加快建设以"大物管"服务中心为阵地、以睦邻宜家工作站为平台、以党群服务大厅咨询台为窗口、以"阳光 365+ 物管先锋"为品牌、以 3 支"红管家"服务队为主力，面向 N 户家庭的物业管理服务体系，打造"15 分钟综合服务圈"，提升居民获得感。完成永平家园小区、弘信家园小区业主委员会换届选举，强化无物业小区自治共管效能。

铁路沿线整治

2023 年，振华路街道采用网格化管理模式，建立铁路巡查网格员日常监督和定期调度机制，重点围绕铁路两侧 100 米范围内飘浮物和 500 米范围内防尘网、塑料垃圾等进行全面排查整治，立查立清，严防飘浮物安全隐患。及时发现、处理弘信家园小区东侧、太原路 83 号、安顺路、大同南路、沧台南路沿线铁路区域偷倒垃圾问题 9 起，联系铁路区域施工单位清理轻型建筑废料 4 次，约谈铁路区域工地负责人 5 人，防范轻飘物挂网事件。

拆违治乱

2023 年，振华路街道开展"840"低效片区整治工作，拆除北站片区物流区（金水路以南）违法建筑 1.62 万平方米、北站周边物流区（太原路以北）违法建筑 2.76 万平方米，按期完成重点低效片区环境品质提升任务。完成四流中路物流园区搬迁腾地任务，拆除违法建筑 200 余处、1.76 万平方米，保障土地招拍挂顺利进行。集中开展四流中路沿线楼院平台私搭乱建和乱堆乱放整治行动，腾退圈占空间 1600 余平方米，拆除违建 6 处、110 平方米，有序完成善后工作。

城市"微更新"

2023 年，振华路街道将城市"微更新"与老旧小区改造、拆违治乱紧密结合，坚持先治理、后改造，整治永平家园小区长期圈占杂乱空间 300 余平方米，在腾出空地上打造花园景观，增设"百善孝为先"雕塑和木桥造景，铺设约 100 米石板路，拉设短木栅栏，增设景观灯装饰，打造小区绿地环境榜样，还绿于民、还景于民。

社会治理

平安建设

2023 年，振华路街道全面摸排辖区风险隐患并登记造册，发挥社会稳定风险评估作用，完成稳评项目 30 个。抓牢安全生产，开展执法检查 80 家次，发现隐患 226 条，下达责令整改文书 65 份，全部按要求完成整改。常态化开展扫黑除恶工作，"三书一函"全部整改反馈。通过悬挂横幅、LED 屏滚动播放、居民微信群等方式宣传电信诈骗相关知识，提升居民防范意识和反诈能力。联合公安等部门开展社会治安和各类犯罪专项整治，举办大型平安建设现场宣传活动 5 场，发放宣传材料 1000 余份，提高居民的知晓率和满意度。

党建引领基层治理

2023 年，振华路街道聚焦精准化、精细化治理，深化"街道党工委—社区党委—网格党支部—楼院党小组—党员中心户"五级网格组织体系，打造网格党群服务站 5 个，建立网格党支部 20 个、楼院党小组 40 个、党员中心户 90 个，将"组织、人、地、事、物"全要素纳入辖区 17 个网格。推进"1+1+N+X"网格员团队建设模式，形成由 17 名网格长、17 名专职网格员、68 名网格志愿者、党员骨干等红色力量和社会组织等专业力量，以及群团组织成员、居民等群众力量 220 余人组成的网格治理队伍。依托"李即办"诉求解决平台，推进数字技术与基层治理深度融合，实现居民"一键

2023 年 10 月 12 日，青岛市第四届社区运动会暨振华路街道振华路社区运动会举行。
（振华路街道供图）

上传"民生诉求、发展诉求、执法诉求，解决群众诉求 2589 件，办结 2580 件。

多元调解

2023 年，振华路街道"一站式"矛盾纠纷多元调解中心实体化运行，调配接待及调解场所 6 间、200 余平方米，制定制度文件 8 个，引入区司法局、公安李沧分局振华路派出所等常驻单位 9 个，配备工作及调解人员 38 人。建立以党建引领为核心、"服务前移、网格助力、全民普法、心理疏导"为手段的"振心调解，茅塞顿开"服务品牌，发现处置居民诉求 50 余件、解决率 100%，满意率 98.21%，居民幸福感、获得感、安全感、满意度提升。

民生服务保障

2023 年，振华路街道聚焦群众"急难愁盼"问题，从解决老年人最关心、最迫切的为老助餐问题入手，采取"食在振华、青春赋能"助餐模式，街道青年党员每天保障送餐工作。打造四流中路第一社区新型邻里中心，发挥平台枢纽作用，开展国学讲堂、法律知识进社区、手工课程等系列活动，丰富社区居民生活。确立"助力弱势群体 闪耀阳光振华"特色帮扶项目，以未成年人、老年人、残疾人等群体为服务对象，提供政策解答、点对点帮扶、心理疏导等暖心服务，走访慰问残疾人 200 余人次、困难家庭 60 余户，开展困境未成年人"微心愿"圆梦行动 2 次，覆盖 3 个辖区老年人群体 300 余人次。做好群众满意度民生服务工作，第一时间成立专项工作小组，开展各类培训 8 次，建立入户走访、工作 AB 角、工作督查、责任通报、事例宣传等

工作制度，制作暖心服务卡、一封信共 8000 余张。依托"政务热线""李即办"平台，收集群众反映路面硬化、飞线整治、文体设施、停车位划分、老旧楼体扶手安装、小区微更新等各类问题 878 个，解决率为 98%。

精神文明建设

文明实践活动

2023 年，振华路街道完善新时代文明实践所、站工作档案，围绕"我们的节日"和街道重点工作，制定志愿服务活动清单，保证志愿服务活动每月不少于 8 场、每周不少于 2 场。推选山东省"山东好人"1 人，青岛市"文明市民"1 人。

宣传文化活动

2023 年，振华路街道设立 22 支各具特色的文化队伍，组建专兼职文化队员 260 余人、文化活动志愿者 400 余人，开展大型文艺活动 20 余场，组织开展"我们的节日""乐龄有为·妙手生花""心灵手巧·创意无限"等文化活动 80 余场。围绕"阳光 365"服务品牌，对街道改革创新好做法、好经验、好成效进行宣传。在各级媒体发文 150 余条，政务新媒体发布信息 530 余条，展示文化建设成果和群众文化风采，提升群众满意度。

（振华路街道）

沧 口 街 道

党建工作

党员教育

2023年，沧口街道深入开展理论学习，组织召开专题读书班4期、理论学习中心组学习4次、专题宣讲33场，班子成员及党组织书记带头讲专题党课126次；高精度推进调查研究，深入基层开展调研90余次，累计收集居民诉求276条，形成调研报告8篇、正负面案例报告2篇，召开调研成果及典型案例剖析会，协调解决群众急难愁盼问题115项。办好基层党校"源课堂"，依托街道党工委党校（党员教育中心）开展各类党员教育培训20期，采取"五学"模式对党员进行培训提升，对5193名党员2轮全覆盖轮训。依托党校"源课堂"打造"网格学堂"，构建1个街道党校、14个社区教学点、部分微党校的"1+14+N"网格员教育培训阵地，助力队伍教育常学常新。围绕"加强社区党建工作 增强政治功能和组织功能"主题承办"李想汇·书记说"社区书记论坛第6期，开展"亮绩""赛绩"社区

党组织书记擂台赛4次，提升基层精细化治理水平。持续加强党员教育阵地建设，打造首个街道级"灯塔书屋"，承办青岛市"灯塔·领读"主题分享交流会，丰富基层党员教育载体，打通党员教育培训"最后一公里"。

党建引领基层治理

2023年，沧口街道以"六有街道"（头脑有思想、定位有方向、服务有形象、发展有质量、安全有保障、队伍有力量）品牌创建为抓手，探索党建引领基层治理新举措。聚焦辖区群众"急难愁盼"问题，发挥街道便民服务中心前沿优势，创建"7×24小时"不打烊"随

时办"服务机制，设立全区首个街道级便民服务中心"暖心驿站"并对全社会开放，快递员、外卖员等新业态、新就业群体可以随时进入驿站，享受休息、饮水、阅读等便民服务，把党的组织优势转化为治理优势、服务优势，让党组织的关怀深层次融入基层治理的最前线。深化做实"红蕴心生，聚力沧口"区域化党建品牌，以居民需求为导向，整合辖区多方资源，凝聚共建力量，组织110余家共建单位参与基层治理，召开区域化党建联席会4次，开展便民服务大集等共建活动10余场。深化城乡基层党建工作融合，与莱西市院上镇签署联建共建协议书，开展"院

2023年，沧口街道与院上镇在紫荆苑社区举行"院上有礼 情谊满沧"共建共富大集活动。
（沧口街道供图）

上有礼 情谊满沧"共建共富大集活动 3 次，销售总额约 10 万元。通过搭建"农产品进社区"平台，拓宽"社区居民进乡镇"通道，形成互带互动、优势互补、资源共享、共同发展的基层党建工作新格局。街道在全区党建引领基层治理擂台比武中，获得街道组第一名，相关经验在《青岛通讯》上刊发。

全面从严治党

2023 年，沧口街道落实全面从严治党主体责任，组织召开专项部署类会议 19 次，警示教育类会议 11 次，撰写调研报告 13 篇，发放廉洁提醒信 1 封。支持和配合区委巡察组做好街道巡察工作，贯彻落实巡察组反馈意见，推进反馈问题整改。巡察期间，完成 5 项立行立改问题。严抓制度建设，制订并印发《李沧区沧口街道贯彻 2023 年度全面从严治党、党风廉政建设和反腐败工作任务落实方案》及《2023 年度街道清廉建设工作计划》，通过监督检查、工作提醒、纪检监察建议等形式督促相关科室强化职能定位，以"全周期管理"推动作风建设新成效。推出"随堂明纪"常态化培训品牌及"沧风颂廉"清廉文化品牌，促进党员干部加强作风建设，激发担当作为动力。

老干部融合共建

2023 年，沧口街道打造老

干部融合共建工作站街道级 1 个、社区级 13 个。打造区级老党员工作室 1 个，培育老党员先锋岗 1 个。在党群服务中心设立"爱心银行"分行，每周集中半天进行奖品兑换。2 名党员获评李沧区社区离退休干部党组织优秀"领航书记"、3 名老干部获评优秀老干部志愿者、2 个社区获评李沧区离退休干部示范党支部。

经济发展

经济指标

2023 年，沧口街道全力以赴抓经济，把准招商方向，突出招商重点，多项经济指标超额完成，区域经济活力不断增强。引进企业 63 家，增加区级税收 12.78 万元。其中注册资金 1000 万元以上的 10 家，注册资本 5000 万元内资企业 2 家——青岛环海娱乐传媒有限公司和中州铝业（山东）有限公司。完成财政收入 1.17 亿元，完成率 104.8%，完成固定资产投资 2.34 亿元，完成率为 100.43%，均超额完成全年任务。完成高质量纳统企业 10 家。其中，批发业 1 家、零售业 1 家、服务业 3 家、建筑业 5 家。

优化营商环境

2023 年，沧口街道重视打造和优化辖区营商环境，成立

营商环境清风护航工作组，探索建立"优、育、护、创"四位一体的营商环境"全周期护航"机制，推动职能科室履职尽责、优化服务，以清廉作风赋能辖区经济高质量发展。建立服务企业专员制度，每名班子成员平均负责 13 家重点企业，定期到企业开展走访工作，详细了解企业发展现状和存在问题，协助解决企业生产经营中的实际困难 11 件。打造专业企业服务队伍，构建完善的培训体系，安排专人帮助企业选址、办理注册、联系业务，提供"一条龙"服务，帮助辖区新注册企业青岛蓝茵数字科技有限公司 20 天落户沧口街道。完善街道服务平台内容，组建以辖区执法中队、市场监管所、税务所和派出所为主体的企业服务平台，提供针对性高效服务。发挥街道商会平台"以商招商、以商促商"桥梁纽带作用，定期召开政企、银企座谈会和政策讲解会，及时传达各级政策给企业，并与外地商会积极对接。以监督整治打通堵点，以自查自纠助推营商环境优化，开展明察暗访 10 余次，发现并督促整改问题 2 个，打通"中梗阻"，织密企业发展"防护网"。

推进扶贫协作

2023 年，沧口街道推进对口支援和扶贫协作工作，挖掘

辖区资源，发动爱心企业、社会组织、爱心人士，通过捐款、捐物等方式，全力以赴助力对口帮扶地区巩固脱贫攻坚成果同全面推进乡村振兴有效衔接。累计消费帮扶价值116.6万元、社会帮扶20万元，振华苑社区与甘肃省陇南市康县太石乡水口村签订东西协作框架协议，完成了各项扶贫任务。

民生事业

民生保障

2023年，沧口街道全面落实民生保障和社会救助工作，为318户低保家庭441人、14户特困供养家庭，发放低保、特困等保障金557.83万元，办理临时救助140户次，发放临时救助金47.7万元，救助困难群众220人次，实现对低保、特困、临时救助家庭100%入户走访。落实各项儿童福利政策，发放困境儿童基本生活费等资金10万余元，先后开展"幸福暑期""特色夏令营""益路童行圆梦成长"等活动，街道获评2023年青岛市困境儿童关爱服务系列先进典型，街道未成年人保护工作站被授予青岛市五星级未成年人保护工作站，1名工作人员被授予青岛市最美乡镇（街道）儿童督导员。做好残疾人救助保障，为23名0~18岁贫困家庭儿童办理康复救助补贴资金56万余元，为43名残疾人办理困难重度残疾人补贴7.5万元，为53名残疾人办理个体户养老医疗补贴63万元。推进老龄工作，建设完成助老大食堂3处、社区养老服务站5处，辐射辖区14个社区养老助餐点，实现为老助餐全覆盖，解决辖区老人就餐难问题。为1.02万名70岁以上老年人发放高龄补贴252.15万元，为14名百岁老人发放百岁补贴约4.96万元，为3413名80岁及以上老人发放体检补助51.21万元。走访慰问辖区困难老人及银龄幸福助老工程老人67名，发放补贴2.01万元。紫荆苑社区获评2023年度"李沧区示范性老年友好型社区"。

便民服务

2023年，沧口街道以"为民、便民、利民"为目标，按照便民高效、科学合理原则在创新服务方式上下功夫。对便民服务大厅进行全面改造升级，设立政务公开区、等候区、休息区等亲民化功能区域，提升为民服务效能，增强办事群众归属感。街道便民服务中心全年累计办理业务8562件次，收到办事群众感谢信10余封、锦旗7面，办件满意率100%。作为区"入户办"试点单位，共为群众入户办理94项，受到企业和群众好评。相关经验做法被《大众日报》《齐鲁晚报》等媒体报道。街道便民服务大厅获评青岛市"标杆型"服务大厅、李沧区五星级服务大厅。联合李沧区公证处设立全市首个社区级"公证便民服务站"，公证员每周社区坐班，除提供养老、继承等公证服务外，还向群众提供全方位法律咨询服务，累计为300余名群众提供公证咨询服务，解决群众实际困难140余件次，服务成果赢得群众认可。矛盾纠纷"三级预警、三级处置、多元化解"工作机制获评李沧区十大法治示范项目。

文化生活

2023年，沧口街道群众性文体活动蓬勃发展，举办"我们的节日""邻里守望相助 共建幸福沧口"2023年邻居节、趣味运动会、黄河大集、文化进万家、村村有好戏、我们的舞台等文化活动340场次、体育活动57场次，参与人数2万余人次。在2023李沧区群众文艺原创作品大赛中，街道获评最佳组织奖，选送作品获评歌曲、朗诵类最佳创作奖8个；舞蹈、时装、健身操等最佳创作奖3个。在"美德李沧"第二十三届社区文化节中，街道获评优秀组织奖等多个奖项。原创节目《一条通往大海的家》在李沧融媒等平台以"舞台背后的故事——记住下街"专题推介。

社会治理

环境整治提升

2023年，沧口街道做实城市管理"三长一站"工作模式，推动电子责任书签订工作，打牢精细化管理制度基础。整治辖区环境卫生，开展振华路片区、升平路3号、永定路10号、升平路61号、永安路55号楼院等老旧小区环境整治提升项目5个。为文安路社区、永宁路社区维修楼院地面4500平方米。开展"洁净家园"及环境卫生"百日攻坚"活动20余场次，集中清理整治辖区环境卫生重点、难点卫生死角650余处，累计清理辖区小广告1万余处，维修下水管道、更换下水道盖190余处，更换配备垃圾桶280个，清理杂草8500余平方米。完成辖区停车场建设项目4个。清理占路经营8900余起、露天烧烤40余起、门店乱摆乱放290余起，拆除违法建设106处、1.3万平方米。完成自建房安全专项整治排查20余套，维修加固风险性住房10余套，危旧房摸排11套，迎接山东省"四进"工作队、青岛市市区自建房督导10余次。严格落实河长湾长巡查制度，完成率连续保持100%。

安全风险防范

2023年，沧口街道加大安全执法检查力度，开展燃气安全检查420余次，开展安全生产执法83家次，出具责改文书41家次，立案处罚1家。组建12支、165人应急救援队伍，修订完善街道防汛应急预案及人员疏散方案，组织开展防汛应急演练3次，3次全力迎战台风、暴雨，出动人员300余人次，守护人民群众生命财产安全。开展高层民用建筑消防设施隐患排查工作，对辖区内111幢高层民用建筑进行隐患排查，排查上报各类隐患13条。落实食品安全包保责任制，对辖区内779家在产在营食品包保主体督导检查2500余次，食品安全责任清单与承诺书上传率、督导完成率均为100%。开展消防安全进社区、进校园、进机关等活动，发放宣传品2000余份、宣传海报20余张，联合社区、物业开展消防应急演练7次，提高街道、社区、物业消防应急处置能力。修复部分社区监控约100路，提高视频监控应用成效，增强群众安全感、获得感、幸福感。

基层网格治理

2023年，沧口街道发挥街道党工委、社区党组织"动力轴心"作用，健全网格组织体系，将全街道14个社区划分为107个微网格，形成横到边、纵到底、深层次、全覆盖的网格化管理工作体系。利用"党建+综治"工作模式，把党组织建在网格上，构建"党工委—社区、党组织—小区、党支部—网格、党小组—楼栋"社会治理四级组织体系，发动党员、社区民警、工作人员、居民群众参与基层社会治理工作，形成"党组织主抓+网格力量力推+各方积极参与"的基层治理大格局，推进党建引领基层社会治理综合网格管理服务。对现有社会信息治理平台和"李即办"PC端的功能进行拓展，将13大类、30小类事项纳入网格工作清单，网格员可以在手机端将采集的信息实时记录，实现网格内"人、事、物"等要素信息全面性常态化管理，记录应急管理、环保巡查、社情民意等走访排查情况，实现数据汇总式展现，从"多头管理"变"综合治理"，以"全科网格"贯通基层治理末梢。"李即办"平台累计受理处置居民诉求6390条，办结率100%，满意率99.7%。

（沧口街道）

兴 华 路 街 道

党建工作

全面从严治党

2023年，兴华路街道坚持全面从严治党，秉持严管就是厚爱理念，研究出台"兴华四条"，推动全体干部"讲政治、讲程序、讲规矩、讲血性"，摒弃好人思想，推动全面从严治党不断从"宽松软"向"严紧实"转变。街道纪检监察工委立案审查2起，恢复党员权利2人，约谈提醒31人次，督查重点工作26次，对履职不力的相关科室负责人停职1人，形成了风清气正、干事创业的浓厚氛围。

加强党建引领

2023年，兴华路街道深化"红色兴华、服务到家"党建品牌，开展"党的二十大精神学习实践年"活动，每月专题调度党建工作，研究解决健全联建共建机制等问题15项。加强区域化党建"红色联盟"建设，整合5家党建共建单位资源优势，成立"红色志愿服务队"11支，"有事找支部"红色链条进一步延伸。以网格服务为切入点，打造"红色网格党群服务站"66个，开通"民意直通车"，协调解决老楼加装电梯、文体广场整治等问题115项。邢台路社区党委获评青岛市五星级基层党组织。

经济发展

招商引资

2023年，兴华路街道优化招商工作机制，提高招商引资工作主动性、针对性、灵活性和实效性，加快招商引资活动。引进企业240余家，其中注册资本5000万元以上9家，新增规模以上纳统企业16家。

固定资产投资

2023年，兴华路街道开展"扫楼扫街"行动，逐门逐户与社区、企业座谈对接，新增东小庄社区俪都苑小区增设电梯工程、李沧区重要节点提升工程两个项目，总计完成固定资产投资额3753万元。完成王府井喜悦购物中心项目立项及纳统，总投资额达到15.2亿元。

新旧动能转换

2023年，兴华路街道着力打造3个特色产业园区作为新旧动能转换载体，实现腾笼换鸟、蝶变重生。其中，国源通创意产业园由原青岛人民印刷厂的老厂区改造而成，引进深广传媒入驻，"双十一"带货交易额约11.2亿元。中升汽车智慧产业园沿重庆中路布局，有奔驰、宝马、路虎等汽车品牌4S店，11家规模以上汽车品牌4S店实现销售额26.3亿元，比上年增长55.17%。易联兴华新型经济产业园由老沧口区政府建筑改造升级而成，园区打造"产业园区＋专业公司"招商模式，重点招引医疗器械、数字经济等项目，2023年7月开园运转，入驻企业200余家。

营商环境优化

2023年，兴华路街道注重优化营商环境，建章立制，多措并举，全方位提升服务企业质效。根据企业实际情况，出台服务企业"约法三章"，明确"企业有求、我必有应""企业有难、专人陪办代办""企业有惑、专家帮您答疑"，实现平均一个工作日解决90%以上的企业诉求，专人代办服务覆盖率达到95%以上。

民生事业

为民办实事

2023年，兴华路街道全力推进房屋产权确权颁证历史遗留问题解决。把为居民办房产证作为一项重要任务，采取"责任压实到人、工作推进到底"方式，在各社区大力支持下，完成坊子街新禧苑项目房屋产权首次登记工作；解决兴国路10号历时20多年的办证问题；邢台路10号甲48户居民自发为街道送来锦旗。7个月时间办证率达到86.36%，位于全区前列。

民意走访

2023年，兴华路街道加强政务服务工作，开展区五星级大厅、青岛市标杆大厅创建工作，实现政务服务可视化，让群众享受"看得见"的服务。每周三、每月第三周周五为"民意集中走访日"，深入社区了解居民需求，明确了社区重点突破项目10项，全部解决到位，街道群众满意度工作名列前茅。

社会保障

2023年，兴华路街道新办理低保10户，低保停发19户、调整46户、批量核对128户。新办理重点困境儿童2人，办理转入事实无人抚养儿童1人，年审重点困境儿童13人。新增困难残疾人补贴4人，变更1人。落实各项专项救助政策，为128户困难家庭办理临时救助，办理困难大学生救助10人。新办理保障房61户，办理公租房租金减免1户，发放廉租房补贴2891户。打造"如康家园"残疾人之家，根据不同区域定位进行功能性划分，配备主要的办公和服务设施，服务基层群众能力不断增强。

社会治理

源头治理

2023年，兴华路街道打造"一站式"矛盾纠纷多元调解中心，融合人民调解、司法调解和行政调解等优势资源，打造社会治理领域综合性服务平台，为群众提供"一站式"化解矛盾、"一扇门"为民解忧、"一揽子"调处矛盾、"全链条"解决矛盾的优质服务。中心成立后，一次性矛盾调解成功率显著提升，一次性办结率100%。

安全稳定

2023年，兴华路街道严格落实、扎实推进安全生产责任制、食品安全责任制、生态文明建设和环境保护相关工作，在重要节点、百日攻坚期间，化解各类矛盾隐患30余起，确保了辖区形势安全稳定。

城市更新

2023年，兴华路街道成立工作专班，完成各项拆迁任务。完成重庆高架路工程征迁工作，逐户上门摸清底数，提前完成辖区重庆中路沿线集体土地非住宅房屋全部拆除工作，拆除非住宅房屋6处、建筑面积1317平方米，为重庆高架路通车赢得时间。完成全市单体面积最大的违章建筑——青岛易嘉诚建材市场腾迁工作，腾迁面积4万多平方米，驳运车辆1000余台。完成双子星城项目周边4条规划道路征迁工作，拆除地上附着物30余处、厂房3处，总面积4700余平方米。完成区内重点项目施工，拆迁阻碍市区重点项目施工10余年的棚子户1处。

（兴华路街道）

兴 城 路 街 道

党建工作

主题教育

2023 年，兴城路街道把学习贯彻习近平新时代中国特色社会主义思想和党的二十大精神作为首要政治任务，严格落实"第一议题"制度，党工委会议专题学习 27 次，理论学习中心组集体学习 13 次。扎实推进主题教育，组织读书班 4 期、机关大讲堂 2 期，对 1382 名党员开展轮训，开展研讨交流、主题党日等活动 50 余次，相关经验在《光明日报》客户端刊发。

党建品牌

2023 年，兴城路街道打造"兴星之火"党建品牌体系，构建"1+5+X"党建矩阵，落实班子成员挂钩帮带，示范带动基层党建全域提升。开展"星火接力"红色矩阵联建共建，与 21 家共建单位达成培训指导、关爱帮扶等合作意向 40 余项，组织"李遇'兴'福，温暖相伴""非遗在社区"等系列活动 100 余场次，以组织大联合、党建大融合、资源大整合

汇聚各方力量融入基层治理和民生服务。

全面从严治党

2023 年，兴城路街道落实全面从严治党主体责任，召开党政联席会议 18 次，把党的建设与业务工作同部署、同推进。开展经常性警示教育、年轻干部定制化警示教育等 11 次。开展日常主动约谈 109 人次，日常廉政谈话 22 人次，进一步强化了干部队伍作风和廉洁意识。

经济发展

经济运行

2023 年，兴城路街道对辖区 72 家重点企业和 230 余家新增企业进行过筛式联系走访，深入了解企业发展情况和困难需求，宣传惠企政策，助力企业发展，培育新纳统企业 16 家，申报市级总部企业 1 家，实现税收 1.4 亿元，完成全年引导目标 108%，排名全区第一。如期完成固定资产投资、工业产值、餐饮业营业额、批发业销售额等引导目标，实现规模以上工业产值 14.56 亿元，排名

全区第二。

招商引资

2023 年，兴城路街道按照区委、区政府强化招商引资要求，聚焦区"3+2+4"产业体系，以"平台经济、数字经济、循环经济"为切入点，深化全员招商、全域招商、以商招商工作成效，招商引税备案企业 97 家，引进超过 1 亿元企业 9 家。蓝海云联创新服务平台、新矿网交易平台等新经济集聚效能持续释放，累计注册商户 230 余家，完成交易额 3.7 亿元，实现当年全口径税收 600 余万元。

项目服务

2023 年，兴城路街道做好从项目招引、落地到开工、纳统、建设、运营、税收、规模以上培育全流程帮办，加强重点区域执法巡查，拆除违法建设面积 7200 余平方米。7 个省、市重点项目顺利推进，青岛粤浦春光科技项目到位资金 7.5 亿元，被青岛市认定为 24 条产业链大项目；百发海水淡化二期竣工，成为全国最大海水淡化市政供水示范项目。累计完成固定资产投资 9.2 亿元，排名全区

第一，街道获评"深化作风能力 优化营商环境"专项行动先进集体。

民生事业

便民服务

2023 年，兴城路街道按照"1+2+N"标准，优化便民服务窗口设置，设立业务办理区、咨询导办区等 7 个功能区域，硬件设置更加完善。完善便民服务中心首问负责、延时服务等 9 项工作制度，开展首席员轮岗值班，便民服务机制更加健全。建立服务事项清单 128 项，成立"红飘带"健康守护联盟，持续做好残疾人帮扶救助，民生服务保障更有温度。街道便民服务大厅获评"青岛市标杆型服务大厅"。

基层治理

2023 年，兴城路街道以"兴享事成"议事协商工作品牌创建为契机，健全街道与社区议事协商工作制度 7 项，围绕民事民议、民事民决，构建 8 类 90 余项协商场景，探索"党组织领导、多方参与、部门联动"的治理协商路径，相关经验做法被民政部《社区》杂志刊发。

民生实事

2023 年，兴城路街道开展"听民声、察民情、解民忧、暖

2023 年 10 月 20 日，兴城路街道开展"汉文化·聚重阳·中外友邻喜乐兴福里"主题活动，5 名外国友人与社区老年人、儿童一起扭秧歌、剪纸、写书法，感受中华优秀传统文化的魅力。

（兴城路街道供图）

民心"实践活动，建立入户走访、问题反馈等工作机制，办好社区健身器材更换等民生实事 24 件，群众满意度稳步提升。实行"党委领责、书记领衔、委员领办"党建责任清单制度，开展社区"危墙改造""智慧停车"等书记领航项目，打造党建文化长廊，新增临时停车场 3 个、机动车位 550 余组。

文化活动

2023 年，兴城路街道结合"我们的节日""黄河大集"等主题，主动链接李沧剧院等文化资源，开展迎春书法展、"七一"文艺演出、非遗体验等文化惠民活动 80 场次，举办李沧区首届夜间公益集市，受惠群众约 5000 人。利用街道新时代文明实践所站、社区图书室等阵地，开展书香家园阅读活动 20 场次，播放公益电影 5 场。

退役军人服务

2023 年，兴城路街道成立退役军人就业创业工作室，打造"荣军筑梦"就业创业课堂，为退役军人提供就业创业指导服务。成立全区首家退役军人"服务驿站"，落地退役军人"家政服务进社区"项目，实现退役军人就业与社区居民需求的双向融合。加强"五室"建设，完善退役军人服务阵地，持续提升服务能力。

城市管理

城市精细化管理

2023 年，兴城路街道以创

建文明城市为契机，全力做好城市"微治理""微更新"工作，累计为社区安装户外座椅50组，硬化铺装地面面积800余平方米，整理飞线5800余米。发挥"三长一站"城市治理品牌作用，累计处理卫生死角、占路经营、数字化城管等问题1.4万余件，处理率100%，汾阳路2号院获评"青岛市垃圾分类五星小区"。

城市更新

2023年，兴城路街道完成海洋化工宿舍老旧小区改造验收，增设汾阳路西临时停车场、町好临时停车场、兴城路农贸市场临时停车场等一批便民停车区域。推进板桥坊企业总公司自建楼确权颁证工作，组织摸排328户，接待群众来访30余次，为群众解释回复政策80余次，协助144户居民办理房产证。

环境保护

2023年，兴城路街道全面摸排辖区污染点源，采取"街道巡查＋部门联合执法检查"的方式，对无主裸露土地进行覆盖，实施洒水降尘100余次。

严格开展环湾保护，组织开展"我为环保加一分""净化滩涂、保护海洋"等主题活动，被《科技日报》《大众日报》等媒体报道。推进铁路沿线环境综合整治，出动200余人次、机械车辆30余车次，清理铁路沿线树枝杂物、建筑渣土10处、40余吨，清理轻漂浮物50余处，保障了铁路运输安全畅通。

行政执法

2023年，兴城路街道开展行政执法温情执法，优先采取教育、劝诫、疏导等方式执法。在农贸市场周边，针对路边小贩、流动摊位等实施"首违不罚"和引导服务1200余次。坚持齐抓共管，在汾阳路2号、4号等沿街违法建设拆除过程中，发动社区居委会成员做好劝说工作，劝导16户涉事业主配合拆除30多年的私搭乱建100余平方米，营造了文明有序的环境氛围。

社会治理

社会稳定

2023年，兴城路街道加

强信访隐患排查，聚焦"五类风险"，及时发现苗头性、倾向性问题隐患，突出重点管控，及时做好风险评估，完成重要时期安保任务，主动对接相关部门，化解信访积案4件。关注建筑工地、金融、欠薪欠费、非法集资等重点领域，及时掌握重点人群思想动态，确保动向实时掌控，隐患及早处置。建设"一站式"矛盾纠纷多元化解中心，招募"五老"、调解员等9支"明白人"队伍参与纠纷调处，开展疏导、说服和教育工作，调解矛盾120余件、化解邻里纠纷56起。

安全生产

2023年，兴城路街道落实安全生产闭环管理，开展安全生产月、企业安全生产有奖举报等活动，做好山东省"四进"工作组检查保障，聘请安全专家检查企业57家，发现整改安全隐患30余处，未发生安全生产事故。做好食品安全包保、自建房排查、燃气安全整治、防范一氧化碳中毒等工作。

（兴城路街道）

楼 山 街 道

党建工作

主题教育

2023 年，楼山街道抓实主题教育任务。召开领导干部专题读书班 4 期，讲授专题党课 8 场，举办基层党员集中培训班 9 期，覆盖党员 1457 名，采取"书记讲给书记听"等方式，开展研学活动约 120 场。通过"立足岗位作贡献"等活动平台，组织机关党员到社区报到 48 人次，参与网格化治理、党建联建帮扶共建，认领群众"微心愿" 68 个，建立家庭医生签约等民生项目 4 个。强化检视整改，台账式梳理问题，整改问题 5 条，将老旧房屋产权确权颁证历史遗留问题作为专项整治任务，采取"一社区一方案"、试点办理等措施，完成 3 个社区 2921 套房产初始登记。

党建引领网格融合

2023 年，楼山街道实施"街道党工委—社区党委—网格党支部—网格党小组—党员中心户"五级网格管理体系，与综治网格、平安建设网格等职能网格相融合，吸纳公益性岗位、骨干

党员充实网格员队伍，实行网格员"望、闻、问、切"工作法，收集居民诉求 62 条，协助解决问题 52 项，直接服务居民 2700 人次。实施"三联三百三亮"行动，引导机关党员、社区"两委"，以及两新组织、共建"双报到"单位认领支部网格，每季度开展网格共建议事会，确立科普宣讲、定向"微聘会"、银行绿色通道等常态化共建项目 8 个，组建健康义诊、科普宣讲等 14 支共建服务团队，开展网格共建服务活动 30 余场，实现"共谋、共建、共管、共评、共享"治理目标。

"党建+产业"发展模式

2023 年，楼山街道通过整合区域党建资源、创新组织设置、打造平台载体等途径，以党建组织力赋能企业发展力，成立汽车产业链党建联盟"红盟会"，覆盖 6 家汽车产业链企业，出台《联盟章程》，建立联席会议、轮值主席、活动联动机制 3 项，每季度就党建工作思路、产业形势分析、企业发展破题进行交流研讨，签订党建共建合作协议、产业发展战略合作协议 9 个，推动物流联合运输、技术联合攻关等 4 项

2023 年，楼山街道实开展党建网格共建服务活动 30 余场，实现"共谋、共建、共管、共评、共享"治理目标。图为共建单位开展健康义诊惠民活动。

（楼山街道供图）

合作项目取得阶段性进展,举办特色主题党日、汽车产业沙龙等活动4场,形成"联盟搭台、组织联动、业务唱戏"工作格局,着力实现党建引领、组织过硬、产业链接、互促互赢。

党建引领营商环境

2023年,楼山街道以党建引领优化营商环境,优化便民服务"前台受理、后台审核"一网通办流程,形成政务"云"服务89项,率先打造首个街道党群服务中心全天24小时自助服务区,创新延时办理、帮办代办服务2项,提升线上办结满意度至98%;组建21人党员干部"服务专员"队伍,对口包联176家企业并建立服务台账,实施联系服务促效行动25次,实现总投资额2亿余元的青岛绿帆零碳产业园项目和医疗器械产业园等成果落地。将党旗插在城市更新建设一线,以保稳定为前提,采取"一线工作法""保姆式跟进",打破20年老村未拆迁僵局,腾空新旧动能转换产业示范片区土地1500亩(1亩=666.67平方米),加速重点低效片区"腾笼换鸟"。

经济工作

招商引税

2023年,楼山街道完成

区级财政收入1.84亿元,完成全年计划任务1.74亿元的105%。全年服务20余家企业进行招商引税备案登记。完成中建嘉业智慧建造产业园项目土地招拍挂契税入库。服务街道辖区重点企业"聚链成势",搭建产业链企业沟通和成长平台,举办首场"企聚楼山"产业发展论坛活动,促进区域经济"回升向好",推动可持续高质量发展。

项目投资申报

2023年,楼山街道完成李沧区智慧建造产业园项目等3个项目共计5.66亿元的固定资产投资项目的申报工作。督促在库10个固定资产投资项目按时上报、应报尽报,共完成固定资产投资8亿元。完成青岛建豪建材有限公司等11家四上企业纳统申报工作,为下年度经济运行工作做好铺垫。

开展"五经普"

2023年,楼山街道推进第五次全国经济普查正式登记工作,做好数据采集,确保源头数据真实准确可靠。完成辖区2191家普查对象登记工作,定期召开"五经普"工作专题部署会。建立以领导小组总牵头,包联社区处级领导带队与社区"两员"一同入户普查登记工作机制,组织"两员"全员行动,对

辖区法人单位、产业活动单位和抽样个体户进行登记,确保各项数据"应统尽统"。

打击非法集资

2023年,楼山街道加强宣传力度,联合李沧区金融监管局、银行、证券保险、社区等单位,利用楼山后大集、社区活动等场合组织多场"打非"宣传活动。通过朋友圈发布"打非"宣传信息50余次,线上解答居民疑惑100余人次。多角度宣传非法集资特点和形式,提高辖区居民对非法集资风险的防范意识和辨别能力。发挥社会治理网格化优势,动员街道、社区等基层人员力量,深入排查非法集资和涉稳风险,引导群众自觉远离非法集资。

环境治理

星河湾南片区环境提升

2023年,楼山街道对星河湾南片区1800亩(1亩=666.67平方米)土地中的无证企业下发综合整治通告,对未依法批准或逾期整改不到位的建筑物进行清理、取缔、拆除。集装箱、板房、设备等全部清理、拆除,累计拆除集装箱等违法建设215处,面积4070平方米。整修内部道路,对片区内部临时道路进行修整、压实、硬化,

定期清扫，洒水抑尘。完成片区道路绿化整治工作，草皮栽植面积 8500 平方米。

大气污染防治

2023 年，楼山街道加大对重点区域巡查力度，及时发现问题，协调相关职能部门推动问题解决。加强建设工地管理，联合李沧区综合行政执法局督促施工单位做好工地扬尘管控，拆除作业时做好降尘措施，拆迁场地实施覆盖。加大巡查检查力度，重点防止"散乱污"等违规问题回潮。协调李沧区城市建设管理局，加强重点道路扬尘管控，对易产生扬尘路段每日高频清扫洒水降尘。

铁路沿线环境整治

2023 年，楼山街道重点围绕铁路两侧 100 米范围内彩钢房、集装箱房汽车维修点等硬飘浮物进行排查整治，对安顺路广宇鑫物流院内 20 余处集装箱房和维修点堆放进行全面清理，加固厂房 20 余处，协调加固、维修粉刷安顺路华裕公司、铁塔公司老旧厂房。重视铁路沿线施工作业，整改安顺路 22 处施工现场，撤除防尘网，要求 3 处废品回收站规范分类、加固压实存放。规范铁路两侧厂区物料摆放，沟通协调中铁二十五局、东达公司、海德公司、财通等相关问题单位，消除物料堆积安全隐患，解决中铁二十五局铁路桥下物料"脏乱差"问题，清理海德公司楼山河以南部分集装箱和物料，改善铁路安全及环境。

安全生产

专项整治

2023 年，楼山街道开展"工贸企业岁末年初安全生产重大隐患专项整治""违规电气焊作业和违规施工专项整治""有限空间作业安全专项整治""预防高处坠落专项整治"等专项整治，对重点场所、重点部位、重点环节开展隐患排查治理工作。采取重点监督检查与"双随机"一般检查方式，检查企业 105 家；采用联合执法、使用第三方安全专家等方式检查企业 30 余次。排查各类安全隐患 400 余处、重大安全事故隐患 35 处，查处消防领域隐患 5 处，检查辖区涉及有限空间场所的企业 8 家，提报整改隐患 3 处。雨雪寒潮季节，按照青岛市、李沧区安全生产委员会防范一氧化碳中毒工作通知要求，成立专项工作推进督导组，整合多方资源力量统筹推进，社区攻坚组发挥网格化机制优势，错时入户宣传安全防范知识，做到"不漏社区、不漏一户""一户一个明白人"。辖区 4 个社区入户 500 余户，实现任务清零。

应急管理

2023 年，楼山街道立足"防大汛、抗大灾、抢大险"，层层落实防汛责任制，开展防汛备汛工作。突出防御重点，对地质灾害点、塘坝、危漏房、建筑工地等部位进行巡查检查。组建 8 支、165 人应急救援队伍，3 次全力迎战台风、暴雨，出动 100 余人次，全力守护人民群众生命财产安全。在三季度"七下八上"关键防汛期，着眼于防汛应急体制建立和防汛应急救援方案落实，调整街道应急救援值班制度。排查辖区防汛重点隐患 20 余处，督促街道相关科室、社区抓好防汛"七有""六有"规范化建设，对该项工作个别落实不力的社区进行约谈。

民生安全保障

2023 年，楼山街道协助李沧区消防救援大队做好消防安全宣传工作，通过社区微信群、发放宣传页等方式宣传消防安全，开展消防安全进社区、进企业、进机关活动，发放宣传品 2000 余份，宣传海报 20 余张。联合社区、物业开展消防应急演练 7 次，提高街道、社区、物业消防应急处置能力。落实食品安全包保责任制，协助李沧区市场监督管理局对辖区内食品包保主题进行督导检查，完成街道平台内 457 家包保主体食品安全检查 1800 余次，食品安全责任清单与承诺书上传率、督导完成率均为 100%。联合辖区内交警中队进行交通安全宣传进社区活动，利用社区微信群、大屏幕不定期宣传交通安全，利用学校放学时间进行"一带一盔"安全宣传，加强家长和孩子的安全意识。

城市建设

低效片区开发

2023 年，楼山街道聚焦新旧动能转换产业示范区、青钢片区建设，创新方式方法，破解征迁难题。实行多部门现场集中办公，逐项制定工作清单，倒排工期明确职责，采取测量、评估、定量、认定、签约、补偿、交房、拆除等一体化推进工作模式，全力推进签约征迁工作。新旧动能转换示范片区拆除非住宅区域 20 万平方米。住宅区域完成全部入户促签，完成单户评估报告送达工作，拆除建筑面积 2073.09 平方米，腾空土地面积 4516.69 平方米。青钢更新片区中刘家社区非住宅区域完成全部拆除，西南渠社区非住宅区域完成 8 处拆除，拆除面积约 1.85 万平方米。楼山街道打好征迁促拆攻坚战，在李沧区 2023 年度第一、二季度摘星夺旗考核中连续取得第

2023 年，楼山街道推进解决居民房屋产权确权颁证历史遗留问题。图为楼山后社区居民排队办理不动产权证书。

（楼山街道供图）

一名。

腾空土地

2023 年，楼山街道对市政设施建设攻坚行动征迁工作组建攻坚小组，街道处级干部、社区干部带头分组包户，发挥党员先锋模范作用。拆除青钢片区时，创新"小马扎"工作法，街道党员领导干部带着小马扎靠上服务，随时解决业户搬迁中提出的问题并妥善安置。重庆高架路工程征迁涉及楼山街道约 1.21 万平方米拆迁任务全部完成。楼山二支路打通工程（规划四号线—南岭三路）约 2150 平方米拆除任务于 2023 年 5 月底完成全部拆除。

房屋确权

2023 年，楼山街道加快

推进百姓"办证难"问题，摸底调查辖区内刘家、楼山后、西南渠 3 个社区 2921 套房屋，推进解决房屋产权确权颁证历史遗留问题。3 个社区均已办结居民房产初始登记，列入街道专项整治台账推进。协调李沧区城市建设管理局、李沧区税务局、李沧区房产交易中心等单位明确房产证办理政策，制订《工作方案》《告知书》模板等文件。开展模拟演练，发现实际工作中可能存在的问题，及时修正方案，为进场办证做好准备。截至 2023 年底，楼山后、刘家、西南渠 3 个社区提报台账明细 846 户。畅通办证路径，约 350 户居民办理居民转移登记，拿到不动产权证。

（楼山街道）

湘 潭 路 街 道

党建工作

理论武装

2023 年，湘潭路街道开展学习贯彻习近平新时代中国特色社会主义思想主题教育，讲专题党课 2 次，开展学习研讨 16 次，深入调研联系点 25 次，推动十梅庵片区旧村改造在 20 天之内实现签约 1890 户。构建"红领带"党校工作品牌，依托点单、指尖等"五间课堂"，全覆盖开展党员培训 8 期，培训党员 1700 余人次。大枣园党史教育基地、南岭村史馆、湘东社区党群服务中心等 6 项入选市级党员教育资源库。

党建引领

2023 年，湘潭路街道探索党建引领纯城市社区"聚治理"模式，通过链接资源、放权赋能等方式破解"新市民"融入难题。通过下沉服务，创新打造"一网情深 梅好湘遇"网格党群服务站，所辖南岭社区、湘东社区党委获评全市五星基层党组织，南岭社区为全区唯一参选全国老年友好型社区。开展"深化作风能力优化营商

环境"专项行动，依托区域化党建成员单位力量，建立"政策通"社区网格化企业服务专员队伍，引进优质税源企业 10 余家，新增纳统企业 15 家，将"严真细实快"工作作风转化为高质量发展内生动力。

联建共建

2023 年，湘潭路街道创新开展组织联动、资源共享的联建共建、共管共享聚合发展模式。与青岛市中心医院、青岛娄山河水务资源有限公司、青岛交运集团青岛温馨巴士有限公司通达分公司、光正新视界眼科集团青岛新视界眼科医院 4 家单位建立"红色合伙人"关系，持续开展共建活动。与莱西市马连庄镇城乡结对，建立"红色湘连共建共富"幸福供销市集，马连庄农产品社区直通车直达湘潭路街道，搭建优质农产品供需对接合作平台，常态化开展幸福供销集市、果蔬直通车，累计销售额 8 万余元。

多元融合

2023 年，湘潭路街道坚持"亲商""安商""活商""兴商"四轮驱动赋能优化营商环境，以"深化作风能力优化营商环

境"专项行动为抓手推动干部队伍高质量发展。做好基层党组织评星定级工作，11 个基层党组织获评李沧区五星级基层党组织。开展流动党员管理突出问题专项整治，以"一三三"工作法确保流动党员管理"不掉链"。走访慰问新中国成立前老党员、困难党员，颁发 2023 年度"光荣在党 50 年"纪念章。推进"两新扩覆盖"工程，指导辖区 14 家企业建立党组织，为两新组织发展注入"红色动能"。打造老干部"爱心银行"湘潭兑换点，童城驿站—戴秀丽工作室获评市级示范工作室。

经济发展

项目建设

2023 年，湘潭路街道挖掘新旧动能转换潜力，规模以上工业产值及增速、社会消费品零售总额等经济指标持续向好，实现快速增长，完成固定资产投资 7.11 亿元，完成全年引导预期的 126%。引进中博国鑫供应链、青岛矿峰建设工程、盛邦文化产业园等超过 1 亿元项目 5 个，省级重点建设项目盛邦文化产业园落地开工。聚力

推动大枣园商业综合体建设、招商。完成中博国际中心、众益顺酒店改建项目、青岛大百福智慧农贸市场改建等8个项目立项，其中中博国际中心、华梅足球场内部基础设施建设、青岛大百福智慧农贸市场、众益顺酒店改建4个项目完成投资额8130万元；中博、汇众平台引进成长型企业190余家，推动经济社会高质量发展。

招商引资

2023年，湘潭路街道贯彻"全域招商、全员招商、全力招商"，引进内资在谈项目4个，其中中博国鑫供应链项目、青岛矴峰建设工程项目实现落地，市外投资款到位3930万元；落地招商引税企业40家，依托汇众双创产业园、中博国际中心等招商载体，引进响石电器安装有限公司、青岛福民医药等优质税源企业10余家，预计本年度实现地方税收300万元。

民生事业

民生服务

2023年，湘潭路街道打造"情益湘潭"公益性岗位特色品牌，托底安置公益性岗位221人，提升公益性岗位服务基层管理、保障民生作用。画好"未成年人保护"同心圆，打造未成年人保护阵地10个，

搭建湘东社区儿童之家等常态化开放交流平台3个、戴秀丽工作室等儿童工作室4个，保护未成年人成长。以"李即办"诉求解决平台为信息化支撑，精准响应居民诉求，建立"1+3+N"党员平急转化机制，整合志愿者、公益性岗位力量，开拓惠民服务20项，推动"李即办"诉求解决平台满意率达99%。

退役军人服务

2023年，湘潭路街道指导各社区退役军人服务站在组织建设、档案管理、矛盾化解等方面进行提升，街道、社区积极推进"五室工作法"，退役军人服务范围日臻完善；完成荣军联盟54家企业、服务机构信息

更新；开展退役军人优待证办理及发放工作，已完成1000余人次；开展春节、"八一"走访活动，在辖区营造了拥军、崇军的良好氛围；指导并发动退役军人积极参与社区治理、志愿服务等活动，发扬退役不褪色的优良作风。

便民服务

2023年，湘潭路街道加强调查研究，深入社区走访征集意见建议，结合大枣园、枣园、统建、雨湖路、湘南、南岭社区实际情况，分别开展了"大枣园社区老年人赋能小屋""枣园社区惠民托管班""统建社区结对关爱老年人""雨湖路社区春雨服务队""湘南社区便民燃气代充点""琴岛通充值服务网

2023年5月4日，湘潭路街道下沉服务，创新打造"一网情深 梅好湘遇"网格党群服务站，为居民提供周到服务。

（湘潭路街道供图）

点"等惠民便民服务。大枣园社区赋能小屋以失能失智筛查、口腔康复服务、肌体强化训练 3 项业务为主，开展活动 123 场次，服务居民 2578 人次。枣园社区免费托管班累计托管服务社区适龄儿童 1100 余人次。统建社区常态化结对帮扶独居老人 6 户。雨湖路社区"楼下邻里集市"组织开展活动 6 场次，服务居民 1000 余人次。南岭社区琴岛通服务网点为居民办卡 645 张，充值 918 人次。

社会治理

安全生产

2023 年，湘潭路街道抓实辖区企业晨会、安全责任制等工作落实情况，突出机械、人员密集、粉尘涉爆等重点领域，结合季节性特点抓紧安全生产落实。加大十梅庵路 55、57 号青钢宿舍等重点区域排查力度，定期检修电缆和抽水泵等应急设备，扩挖低矮区域路面暗沟并安装大口径水管。

"清廉湘潭"建设

2023 年，湘潭路街道加大监督执纪问责力度，以"零容忍"态度严查社区层面违规违纪违法行为，筑牢社区微腐败防线。在经常和长期上下功夫，开展廉政谈话，增强日常督查力度，以严明纪律、清正廉洁、务

实高效的作风推动政风行风转变。在街道办事处便民服务大厅窗口增设了"办不成事"反映窗口，制定"办不成事"反映窗口实训工作职责，完善"办不成事"反映窗口工作台账。

矛盾纠纷化解

2023 年，湘潭路街道创新工作机制，整合多方资源创建"梅好调解"工作品牌，提升街道"一站式"矛盾纠纷多元化解的能力水平。湘潭路街道"一站式"矛盾纠纷调解中心按照"1+1+4+N"模式，着力构建"一条龙受理、全链条解决"综合服务模式。以"法治+"思维，探索形成"1231"工作模式（即坚持党的领导一个中心、主动做到两个融入、组建矛盾化解三支队伍、打造"一站式"矛盾化解平台），破解基层治理难题，用法治保障辖区居民安居乐业，化解矛盾纠纷 349 起，维护了社会环境平安和谐稳定。街道大枣园社区被续评为"全国民主法治示范社区"，获评"山东省先进基层党组织"。

优秀社区工作法

2023 年，湘潭路街道辖区湘东社区坚持问题导向和居民需求导向，畅通和规范群众诉求表达、利益协调、权益保障通道，打造了"三合力四步走三平台"的"促融合 343"社区工作法，将新市民组织起来，

让其融入社区治理，破解新建社区居民参与率低和融合难的问题，建设"人人有责、人人尽责、人人享有"的社会治理共同体，打造新时代"幸福社区"。湘潭路街道湘东社区促融合"343"工作法获评山东省第二批优秀社区工作法。

城市管理

环境保护

2023 年，湘潭路街道督导规划八号线、十号线、南岭化工厂、十梅庵回收站和辖区工地遮盖裸露土地，减少扬尘，及时清理建筑垃圾，保持环境整洁。邀请第三方和区环卫部门对街道主要道路进行洒水作业，减少扬尘；推广蓝碳环保煤使用，减少污染物排放。加强环境和河长制工作宣传，树立保护意识，加强巡河，做好防溺水宣传工作。联合市生态环境局李沧分局和城阳分局共同做好楼山后河上游排污治理工作。督导社区和企业做好耕地图斑、林地图斑复耕工作。

垃圾分类

2023 年，湘潭路街道督导垃圾分类指导员按时上岗，指导居民做好垃圾分类投放工作。打造以南岭社区、大枣园社区为中心点，辐射中南世纪城、鑫水家园、南岭风情小区的南

部垃圾分类示范片区，争创垃圾分类五星级小区规模。辖区环境整洁，实现垃圾分类定时定点投放全覆盖。推广垃圾分类宣传，改造或更新垃圾分类箱体及照明设施。新创建东南渠小区为垃圾分类五星级小区。

物业服务

2023 年，湘潭路街道对辖区 12 个物业服务单位进行督导检查，发现薄弱环节并对问题进行整改。督导社区和物业及时更新电梯老旧部件、正确申请使用公维基金，确保居民乘坐电梯安全。中南世纪城物业公司对接日立电梯公司，要求其按时对电梯进行维保，确保小区电梯安全运行。中南世纪城一期补充消防器材 1800 套，中南地产筹措资金 60 万元对四期车库地面破损维修。对照"点、线、面"物业管理领域发现的共性问题，在街道辖区开展自查自改，对居民反映的服务质量不满意、设施设备损坏等问题重点关注，注重物业领域服务品质提升，开展六方评价物业管理工作。

文明建设

2023 年，湘潭路街道精心研究、严格落实创城实地和入户测评考核标准，利用和发挥好新时代文明实践所站、公益广告宣传栏、微信、微博、居民联络群等阵地营造创城氛围，做好入户问卷调查准备工作。确保"十乱"问题整改到位，发挥辖区 35 支、3000 余人志愿服务队伍作用，开展洁净家园、"迎中秋、庆国庆"环境卫生集中清理行动活动 90 余场、"文明青岛随手拍"宣传推广活动 80 余场。

文化活动

2023 年，湘潭路街道组织各类理论宣讲、文体活动、志愿服务等新时代文明实践志愿服务活动 480 余场，承办市、区级"我们的节日"、第二十三届中国·青岛梅花节开幕式及系列活动、"我们的舞台"等主题活动 25 场。挖掘辖区新闻和典型，找角度、抓载体、出亮点，呈现精品宣传作品，在《光明日报》《大众日报》《青岛日报》和大众网、半岛网等媒体发稿 170 篇。

重点项目

城市更新

2023 年，湘潭路街道以城市更新建设为载体，大力提升辖区综合功能品质，整治存量违法建设 12 万平方米。完成唐山路隧道、重庆高架路、文昌路高压线下地等 3 个青岛市重点项目涉及面积约 2.57 万平方米征迁工作，保障市级重点项目顺利推进。推动东南渠、十梅庵社区旧村改造，完成 2 个社区签约工作，东南渠社区用时 1 个月实际签约率达到 98%，十梅庵社区用时 20 天实际签约率达到 97%。东南渠社区完成安置区房屋拆除工作。

房屋产权确权

2023 年，湘潭路街道开展房屋产权确权颁证历史遗留问题专项整治工作，摸排项目 20 个，涉及楼栋 407 栋、居民 2.92 万户。纳入整治台账项目 5 个，涉及 2763 户。根据上级要求及专班规定完成化解时限，各社区都完成各项目首次登记。湾头社区 A、B 区部分房屋项目完成 1 户缴纳土地出让金等待通知办理转移登记，其他 4 个"农转非"项目分别完成 3 户转移登记（小证办理），各化解项目有序推进。

（湘潭路街道）

九　水　街　道

党建工作

学习教育

2023 年，九水街道分批开展党员集中培训 20 期，实现 2095 名党员分类教育全覆盖，推动习近平新时代中国特色社会主义思想入脑入心。领导班子研究确定涵盖发展瓶颈和群众急难愁盼问题调研课题 9 个。街道班子成员开展调研座谈 37 次，收集意见建议 160 余条。现场研究解决问题 9 个，开展党员志愿服务 69 次，完成"微心愿"23 个，形成调研报告 9 篇，调研成果转化 1 个。丰富红色电影党课、联建共建"三同"实训等形式，组织高质量主题党日、基层党组织书记培训班、全体党员集中培训班、党务工作培训等活动 240 余次。重视大学生一线学习，提供社会实践岗位 5 个。

作风能力

2023 年，九水街道机关创新"六抓六治"作风建设新模式，将"工作到位八大标准""重视执行力，警惕 3 种伪执行"等内容张贴上墙，确保全员"抬头能看、对照可做"。坚持问题导向，抓住作风建设关键环节，坚持刀刃向内，要求领导干部当好"指挥员"，做出主意、想办法、善协调的标杆；科级干部当好"指挥员＋战斗员"，做凝聚团队、推动落实的模范；工作人员当好"战斗员"，做无私奉献、高效执行的典型，整顿散漫松弛等作风问题，助推街道干部面貌新、营商环境优、发展质量好，塑成街道高质量发展"新优势"，为全区发展大局作出贡献。

经济发展

招商引资

2023 年，九水街道完善招商引资责任体系，健全"班子—科室—社区"三级工作责任制，实现"人人扛指标、全员抓经济"。创新"1+3+3"招商引资组织保障体系，即建立 1 个《九水街道企业服务专员分工台账》，将辖区企业分组，从分管负责人、科室、工作人员 3 个层面压实责任、分配任务，每人定点联系至少 3 家企业。承办"来李沧·品茶香"——李沧区第十三届茶文化节，参展商户 100 余家，接待游客 1 万余人，现场成交额 500 余万元，中国农业银行李沧支行现场签约茶商 e 贷 41.7 万元。

经济指标

2023 年，九水街道完成区级财政收入 1.9 亿元，月度纳统企业 6 家，年度纳统企业 7.5 家；有博银企业运营管理有限公司等 180 多家公司注册在辖区，到账注册资本金 5090 万元，投资额超过 1 亿元项目 2 个；有铜川路生态区建设一期项目、庄子社区综合服务中心项目、福瑞达数字展厅改建项目等项目 17 个，完成固定资产投资 3.07 亿元；完成高新技术企业认定 22 家。在全国第五次经济普查清查工作中，普查清查登记阶段完成登记单位 5797 家、登记个体 8244 家。向甘肃省陇南市康县白杨镇对口帮扶捐物价值 20 万元，消费扶贫价值 100 万元。

民生事业

社区治理

2023 年，九水街道围绕"深化'四聚'社区治理机制，成立由山东大学等驻青高校专家教授、优秀社工人才组成的专家智库，优化社区服务体系"实验课题，推行"互联网+""项目+""标准+""品牌+"等先进社区治理理念和方法，取得明显实验成效。青岛市城乡社区治理工作现场会观摩九水街道延川路社区，九水街道在山东省基层治理实验区（点）交流观摩工作会议上做经验介绍，实验课题结项，被山东省民政厅评为优秀；多次承接上级单位调研街道社区治理、养老以及青年志愿者等工作。携手中国海洋大学、延川路社区三方共建延川路蔚蓝社区教育学院，以全民终身学习为主线，以海洋科普与艺体素养教育为特色，围绕"人人皆学、处处能学、时时可学"，以"智"+"治"+"制"打造全民学习型终身社区，构建家校政社相协同的社区治理高质量发展新生态，重点建设"四馆两社十中心"，满足居民不断发展的多元需求。

服务保障

2023 年，九水街道做好辖区内退役军人信息采集登记工作，摸清底数，掌握情况，为辖区退役士兵发放优待证 180 个，为 56 名优抚对象发放体检卡。建筑面积 1000 平方米的万科如园居家社区养老服务中心集助医、助餐、助娱等 6 大功能于一体，投入使用；刘家下河、惠水书院等 5 个 300 平方米的居家养老服务站点投入使用。

社区老党员、老干部发挥自身政治优势、经验优势、特长优势，参与社区管理、和谐建设等工作。结合辖区老干部特点和需求，在"老党员工作室"内加入老兵医护工作室、心理咨询室、法律援助工作室等功能，成立"银发志愿服务队"、老兵医护志愿服务队等多支服务队，搭建服务群众连心桥。"陈明工作室"项目获评李沧区三星级老干部志愿服务项目，3 名老干部获评优秀老干部志愿者。

社会治理

矛盾纠纷调解

2023 年，九水街道打造"一站式"矛盾纠纷调解中心，完善"4+N"功能体系和人才力量库，形成"红领"退役军人服务站、"九和谐"信访调解工作室等 5 个服务品牌，涵盖妇儿权益、法律咨询等方面，迎接全区三季度政法工作观摩会和山东省"四进"工作现场调研会，工作经验被青岛市政法委采用。依托"12345 政务服务热线"等平台及社区网格管理平台，建立矛盾预处理分类台账，超前研判，创新"三预"工作机制，变被动接诉为主动化解，排查隐患 200 余件，主动化解 150 余件，处理各类纠纷 400 余件，居民满意度提升。挖掘培育见义勇为典型，上报

见义勇为 3 人。联合公安部门开展"夏季行动"，联合开展道路交通隐患大排查，组织召开恒星学院门前摊贩占路隐患调研座谈 2 次，联合公安、交警、城管执法中队开展集中清理行动 3 次。做好开学季护学护校，护航小学、初中周边道路交通安全，开展校车运行情况调研，设置护学岗 20 余个，参与护学 300 余次，为学生开学提供交通安全保障。

安全生产

2023 年，九水街道围绕重大事故隐患排查整治行动任务，组织巡查 240 余次，排查重大事故隐患 15 条，隐患整改突出"两个根本"，整改闭环销号，切实排查出、管控住、改到位。组织企业负责人 100 余人次参加 2 期安全生产培训，组织企业 400 余人次参加安全生产应急演练。推进社区、企业安全生产宣传教育，发放宣传资料 1300 余份。加大燃气安全、电气安全、消防安全、自建楼安全等隐患排查，检查"九小场所" 1200 余家，联合执法 400 余人次，发放安全知识手册 5000 余份，整改安全隐患 60 余项。成立森林防灭火领导小组，制订春节、元宵节、清明节、寒衣节等护林防火实施方案，定期召开社区分管负责人和全体护林员会议，总结阶段性工作，查找自身问题隐患，布置

阶段工作任务。街道、社区包村包山，参与值班人数 500 余人次，封山路口 12 处，部署王家下河、刘家下河、庄子等社区备勤值班消防车 3 辆，山东省"四进"工作组多次给予肯定。组织 30 余家物业企业开展防汛演练，汛前、汛中全面巡查塘坝、河道、低洼易涝处，对地质灾害点未雨绸缪，针对米罗湾小区南侧山体滑坡风险，街道筹集资金 3 万余元，整修导洪渠 20 余米，新修排水渠 100 余米。落实防汛队伍，配足防汛物资，成立由各科室业务骨干组成的应急救援队；与 2 家物资销售点建立联系，确保沙、石、编织袋等物资随用随到，与 1 家生活用品企业签订协议，确保发生灾情生活物资能迅速保障。

城市管理

生态环境保护

2023 年，九水街道贯彻落实精细化城市管理要求，持续推进垃圾分类工作，开展巡查 16 轮，举办垃圾分类主题宣传活动 40 场。持续培树新习惯新风尚，打造垃圾分类五星示范小区 6 处，迎接外省市考察团观摩垃圾分类工作 3 次，试点使用万涓智能垃圾分类云平台，申报省级生活垃圾分类示范创建街道和社区。处理区数字化城市管理监督指挥中心各

2023 年 4 月 21 日，九水街道首届"好生活·九有约"文化休闲节系列活动启动仪式举行。　　　　（张鹰摄影）

类信访件 1.9 万件，清理卫生死角 1000 余处，整治杂物堆放和毁绿现象 60 余处，清理各类非法小广告 800 余张，清理各类垃圾 100 余车。保护辖区生态环境，推进全国文明城市创建，承接完成中央测评工作。

精神文明建设

2023 年，九水街道整合各类资源，印制"九水街道美好生活指南"宣传地图，制作九水街道招商资源宣传片 2 个；在中央级媒体发稿 33 篇，省级媒体 60 篇，市级媒体 102 篇，区级媒体 66 条。在"青岛宣传"公众号发布合作文稿 1 篇，区"沧海青城"发稿 1 篇。承办市级"反对浪费 崇尚节约"文明餐桌活动，打造完成辖区符合条件的实践站 13 个，全方位提升新时代文

明实践活动水平。承办第二十三届青岛国际梅花节李沧东部分会场，举办首届"好生活·九有约"文化休闲节系列活动，承办李沧区第十三届茶文化节，推荐 1 个节目参加市级中秋晚会。打造"李村河青年跑团志愿服务队"，被中国日报网报道。打造延川路社区新时代文明实践品牌，多次获得省、市奖项。推选居民何恰恰获评 9 月份"青岛市文明市民"。盘活公共区域资源，在广场、长廊等地打造美德信用"微空间"，让"美德之风"浸润李村河沿岸。

重点项目

城市更新建设

2023 年，九水街道全力推

进双峰山公园项目建设，解决历史遗留问题，42 天拆除违法建设 2.32 万平方米，赶超节点完成拆迁工作，保障了双峰山公园项目建设推进；双峰山拆违过程中协助企业解决经营厂房等问题，保障 20 余家企业不间断生产经营，实现推进城市更新与优化营商环境叠加效应。针对九水东路城市更新项目拆迁难题调动各方积极性，完成 17 处厂房、1 栋自建楼工作共计 10.4 万平方米的拆除任务。推进习水路、龙水路打通工程。毛公地社区惠水路以南地块项目开工建设。

帮扶工作

2023 年，九水街道推进王家下河社区和莱西市日庄镇淤场村联建共建，建设"荣旺"生态农业公司，建成现代化大棚 26 个和 20 亩（1 亩 = 666.67 平方米）连体大棚 2 个，另建设千亩生态农业基地 1 个，产品销售额 500 余万元，进一步扩大效益、提升影响力，实现居民"菜篮子""钱袋子"双赢，打造全市联建共建标杆。

（九水街道）

世 园 街 道

党建工作

落实指示精神

2023 年，世园街道深化落实习近平总书记视察上流佳苑社区重要指示精神，完善幸福街服务功能，打造居家养老服务站，形成幸福积分管理兑换办法，总结形成上流佳苑社区党建引领"幸福社区"治理经验，在《光明日报》、共产党员网等媒体宣发，上流佳苑社区获评全省基层治理实验点"优秀"等次。承办山东省第二十届社会科学普及周开幕式等市级以上活动 4 场次，承接中共中央组织部调研、山东省委书记林武视察、山东省民政厅调研等 5 次，完成上流佳苑民族团结阵地和"品茶论李"议事品牌打造，推荐上流佳苑社区获评省级民族团结示范单位。

党建引领共建服务

2023 年，世园街道完善街道联席、社区联建、网格联动、党员联户机制，统筹辖区内外 32 家单位结成"红色联盟"，开展"幸福课堂""健康家园"等共建活动 145 场次。在网格内成立退伍老兵、"邻里守望"等红色志愿者队伍，激发治理活力。社区"两委"成员带头组织党员常态化开展"敲门行动"，走访居民 2 万余户，确定"世园微实事"113 项，解决了房产证办理等居民关心关注事项 98 项。

党建引领基层治理

2023 年，世园街道制定《网格党群服务站规范化建设标准》，明确"十有标准"和"五大职能"，组织社区党组织书记开展实地验收及观摩评比，推动互学互促。形成"有事找支部、邻里共商量"议事品牌及"提、议、办、督、评"五步工作法，搭建以网格党支部为核心，以党员、网格员、志愿者、业委会成员、物业工作人员五方力量为主体的"五员共治"基层治理平台，依托党群服务中心及网格党群服务站打造"红石榴"服务驿站 13 处，破解停车难、路面硬化等民生难题 16 项。

经济发展

招商引资

2023 年，世园街道结合辖区生态环境好、新建载体多的实际情况，依托一楼（智慧大厦）、一街（上流文化街）、一圈（松乐汀商圈）、一园（医药物流产业园）等资源，开展特色招商，引进信息技术、金融服务、文化创新、大宗贸易、产业互联网平台等带动力强的轻资产企业。新招引企业 100 余家，引进超过 5000 万及超过 1 亿元项目各 1 个。漱玉药业综合体项目等 5 个区级重点项目施工建设，潍坊银行李沧支行、抖音巨量引擎数字营销实训实践基地、2 家大宗贸易公司落地世园街道。

经济指标

2023 年，世园街道完成区级税收 2.96 亿元，总量居全区第二。新纳入规模以上企业 13 家。规模以上工业企业比上年（下同）增长 17.7%，批发业增长 64.9%，零售业累计增长 48%，住宿业增长 35.1%，餐饮业增长 63.8%，固定资产投资完成任务数的 111.7%，高技术投资占比进一步提高。

重点建设

2023 年，世园街道完成上臧社区 1 宗、戴家社区 2 宗、南北王社区 2 宗共 5 宗居住用地出让，总面积约 205 亩（1 亩＝666.67 平方米），获得土地出让金 24.87 亿元；北王社区完成回迁，3 月初进行钥匙发放；完成上臧社区、南王社区、炉房社区、毕家社区房产证办理工作，惠及居民 6200 余户；戴家社区 12 栋安置房主体结构完成封顶，接待市、区级观摩调研 10 余次；完成佛耳崖、麦坡社区 30 亩部队置换地拆迁净地工作；南王社区加装电梯 72 部。

民生事业

社会保障服务

2023 年，世园街道辖区有城市最低生活保障 51 户，年度新增低保户 8 户，发放补贴 77 万余元。办理临时救助 13 户，救助金额 7.8 万余元。特别扶助家庭新申请 8 户 14 人，审核复核 42 户 67 人，发放扶助金 67 万余元；发放 70 岁以上老年人高龄补贴人数 2472 人，比上年增加 182 人，发放金额 51.8 万元；辖区有残疾人 465 人，办理重度残疾人就业生活补贴 50 户，申报居家托养 31 户，申请残疾儿童培训补贴 49 人次，各项补贴合计发放 47 万余元；新申请保障性住房 16 户，年审 54 户，发放住房补贴 59 万余元；辖区退役军人办理荣军卡 910 余人，申领优待证 867 人；完成街道居家养老服务中心室内装修，新打造居家养老服务站 3 处，就近满足老年群体居家养老需求，提升幸福感。

卫生健康管理

2023 年，世园街道户籍育龄妇女 4030 人，全年办理生育服务手册 331 本，办理育龄妇女分娩补助 415 人，出生登记信息 220 人；做好育龄妇女"三筛"报销工作，报销 318 人次、18.99 万元，迎接区妇幼及青岛市药具站检查，发放药具 2.4 万只。

文化优街活动

2023 年，世园街道举办第四届邻里文化节、第四届邻里文化节开幕式暨全民健身运动和文艺展演、"践行二十大·勇攀新高峰"全民登山等活动；与地铁单位达成文化共建协议，合作开展"出彩地铁人·共筑世园梦""文化进万家"惠民巡演 16 场；与区文化旅游局合作开展"围幕夜话"公益电影进社区 11 场，组织阅读活动 212 场；与区教体局共同开展体育大篷车进社区活动 13 场次；打造"幸福世园"公益课项目，链接辖区优质教育资源，在融水、金水东、毕家、上臧、炉房、上流佳苑等社区开设国际象棋、硬笔书法、传统国画、中医保健等公益课180课时；选送上流佳苑说唱舞蹈《老两口逛幸福街》参与全区群众文艺原创作品大赛，作品获最佳创作奖、原创奖，街道获优秀指导奖、优秀组织奖；参加李沧区文化节各项赛事，龙川路社区居民张健宇、炉房社区居民张明峰、南王社区锣鼓队在各自比赛中获得一等奖，总获奖数19个。

新时代文明实践

2023年，世园街道争取承办上级活动，承办省级活动1场，市级活动2场。"一月一主题"组织主题活动10场，组织社区"我们的节日"活动16场，新时代文明实践活动约1000场，推荐上流佳苑"好幸福"志愿服务项目参加山东省"五为"文明实践志愿服务展示交流活动，完成山东省委宣传部调研任务，文明实践幸福街经验材料在《光明日报》《大众日报》刊发；在青岛市第三方模拟实地测评和入户问卷调查工作中，位列全市街道第一名。全国文明城市创建指标在全区一、二季度"摘星夺旗"考核中排名第一；深挖典型，培育"山东好人""青岛市文明市民"1人，市级最佳志愿服务项目1个，区级最美志愿服务社区1个，区级最美志愿者1名。"爱在百果山"志愿服务项目获评李沧

区首届新时代文明实践志愿服务项目创益大赛一等奖。上流佳苑社区获评山东省新时代文明实践示范站，毕家上流社区新时代文明实践站成为青岛市首批青少年志愿服务活动基地；戴志磊李村河公园营救失足落水儿童的事迹被中央、省级媒体及网络媒体报道，获评李沧区见义勇为模范和青岛市见义勇为模范，代表李沧区在市级模范表彰活动上发言。

基层治理

2023年，世园街道以上流佳苑社区为范本，探索打造"三放两化"新时代社区治理共同体，开辟社区治理新路径，承办2023年6月10日城乡社区治理、服务和发展座谈会，做好2023年6月11日全市城乡社区治理工作现场会保障工作，

以上流佳苑社区获评全国先进基层群众性自治组织为契机，总结提升社区治理相关经验，迎接山东省民政厅一行参观调研，打造社区治理"青岛品牌"和"青岛样板"。

民生服务

2023年，世园街道坚持群众需求为导向，推动便民服务中心标准化、规范化建设，新增全天24小时自助服务区和母婴室，街道便民服务大厅获评青岛市标杆型便民服务中心。联合辖区医疗机构，成立街道"健康家园"医疗服务志愿队，让群众在家门口享受到优质医疗服务；加强未成年人保护工作，组织开展"最美儿童主任"评选并获评二、三等奖；调研形成"智慧社区在社会救助领域的应用研究"创新实践案例，

2023年6月10日，"牢记总书记嘱托　建设人民群众满意的幸福家园座谈会"在世园街道上流佳苑社区举行。

（世园街道供图）

成为全区唯一入选市级创新工作案例。

社会稳定

生产安全

2023年，世园街道迎接山东省安全生产督导组对街道、社区及企业安全检查10余次，深入企业开展现场检查30余次。依托山东省执法监管平台对100家次企业开展安全生产执法，出动检查人员500余人次，检查生产经营单位1000余家次；协助做好消防宣传工作，组织消防安全培训21场，发放张贴宣传材料3500余份；完成食品安全包保工作1700余次，食品安全责任清单与承诺书上传率100%；做好一氧化碳中毒预防工作，发放宣传页6000余份。

治安安全

2023年，世园街道针对辖区治安突出问题，开展打击多发性侵财犯罪"春季攻势""飓风行动"，落实"1、3、5分钟"快速反应机制，确保核心部位警情快速响应、妥善处置；开展禁毒宣传"进学校、进单位、进家庭、进场所、进社区"活动4次。组织罂粟种植清查清

理行动17次；有社区级群防群治队伍11支，启动一级巡防8次、二级巡防3次，组织群防群治力量600余名、服务时长超过1.2万小时。

防汛防火

2023年，世园街道开展防汛备汛，出动700余人次，排查重点点位50余处，排除险情10余处，配合勘察塘坝隐患1处；落实保障，确保物资队伍到位。街道有应急队员40人，各社区成立应急队伍165人。筑牢森林防火屏障，完善"街道—社区—护林员"三级网格管理体系，在重要进山路口设置进出山"防火码"18个，精准管控进山人员，67名护林员每天深入重点部位开展拉网式巡查、地毯式清理，重要节点机关干部400余人值班值守，安全应急底线不断夯实。

城市管理

精细化管理

2023年，世园街道开展学校周边、背街小巷、卫生死角等专项整治行动，办结各类督察件120余期，涉及问题2200余件，办结率100%。清理"小

广告"2.5万余张，完成垃圾分类桶、点升级改造165个；对汉川路西侧、天水路上臧大集、世园广场南路南北两侧等7处围挡进行规范化提升，整治面积约2000平方米；处理各类物业投诉2000余件，各物业企业线上"三公开"完成率达到100%；组织各物业企业开展"六个一"活动148次。4人获评李沧区最美物业人"红管家"，街道获评最佳组织奖；海诺运动中心项目获评全市2023年城市"微更新"优秀项目二等奖。

环境保护

2023年，世园街道完成佛耳崖老村区域、天水路打通区域、广水路以南汉川路以西等13处"840重点片区"整治；完成2个小区停车位共享，2处新建经营性停车场进行手续办理；打好"蓝天""碧水"保卫战。全面摸排辖区污染点源，洒水车对大气子站周边区域常态化洒水降尘，开展建筑工地扬尘联合执法8次，裸露土地整治约1万平方米，抓好各社区级河长巡河工作落实，办结创城督察件120余期，涉及问题2200余件，办结率100%。

（世园街道）

人　　　物

2023 年李沧区退役、接收安置的荣立二等功及以上退役军人

2023 年李沧区退役、接收安置的荣立二等功及以上退役军人名录

序号	姓名	性别	民族	出生年月	政治面貌	立功等次	立功时间	时任职务
1	姜广毅	男	汉	1988-4	中共党员	二等功	2022.12	连长
2	郑　毅	男	汉	1983-5	中共党员	二等功	2023.09	仪表师

（区退役军人局）

2023 年李沧区"山东省五一劳动奖章"获得者

2023 年李沧区"山东省五一劳动奖章"获得者名录

姓名	单位及职务
张　甡	青岛绿帆再生建材有限公司 技术负责人

2023 年李沧区"山东省新时代岗位建功劳动竞赛标兵个人"称号获得者

2023 年李沧区"山东省新时代岗位建功劳动竞赛标兵个人"称号获得者名录

姓名	单位及职务
王 彪	中诚祥建设集团有限公司 防水工
王权晟	青岛石化检修安装工程有限责任公司 焊接副班长

2023 年李沧区"青岛市五一劳动奖章"获得者

2023 年李沧区"青岛市五一劳动奖章"获得者名录

姓名	单位及职务
周 轲	青岛市李沧市政工程建设养护有限公司 道路养护施工员
石忠宝	青岛石化检修安装工程有限责任公司 首席技师
李恩娜	青岛虎山路小学 教师
张红燕	李沧区卫生健康局 副局长
徐立忠	李沧区世园街道毕家上流社区 书记、主任
陈相华	中诚祥建设集团有限公司 董事长

2023 年李沧区"青岛市五一劳动奖状"称号获得者

2023 年李沧区"青岛市五一劳动奖状"称号获得者名录

单位名称
青岛利客来集团股份有限公司购物中心 A 座超市

2023 年李沧区"青岛工匠"称号获得者

2023 年李沧区"青岛工匠"称号获得者名录

姓名	单位及职务
李明伟	中诚祥建设集团有限公司 镶贴工长

（区总工会）

2023 年李沧区"山东好人"

2023 年李沧区"山东好人"名录

姓名	单位及职务
陈瑞云	李沧区兴华路街道营子社区居民
戴志磊	李沧区世园街道戴家社区两委成员
董述飞	李沧区退役军人
冷俊梅	李沧区振华路街道永平路社区居民
刘潇逸	中国石化青岛石油化工有限公司职工
陈国震	生前青岛市李沧区兴城路街道城市更新办负责人
石忠珠	李沧区兴城路街道汾阳路社区居民
刘锡武	青岛市畜牧工作站高级兽医师

2023 年李沧区"感动青岛"道德模范称号获得者

2023 年李沧区"感动青岛"道德模范称号获得者名录

姓名	单位及职务
董述飞	李沧区退役军人

2023 年李沧区"青岛市文明市民"

2023 年李沧区"青岛市文明市民"名录

姓名	单位及职务
俞钧文	李沧区李村街道玉清宫路第一社区居民
杨翀	李沧区人民检察院第四检察部二级员额检察官
陈瑞云	李沧区兴华路街道营子社区居民
戴志磊	李沧区世园街道戴家社区两委成员
王孔清	李沧区湘潭路街道大枣园社区居民
董述飞	李沧区退役军人
冷俊梅	李沧区振华路街道永平路社区居民
刘潇逸	中国石化青岛石油化工有限公司职工
李倩	李沧区一念日善堂志愿者
陈国震	生前青岛市李沧区兴城路街道城市更新办负责人
何恰恰	李沧区九水街道惠水书院社区居民
刘锡武	青岛市畜牧工作站高级兽医师
俞钧文	李沧区李村街道玉清宫路第一社区居民

2023 年李沧区"青岛市新时代好少年"

2023 年李沧区"青岛市新时代好少年"名录

姓名	学校
王子天	青岛第六十一中学
王泰懿	青岛沧口学校

（区委宣传部）

2023 年李沧区"青岛市三八红旗手"称号获得者

2023 年李沧区"青岛市三八红旗手"称号获得者名录

姓名	单位及职务
吴 娜	李沧区委政法委督察督导科科长
孙丽云	李沧区民政局党组成员、副局长
逄 晓	李沧区初心社会工作服务中心主任
郭腾徽	李沧区开发建设推进中心企业服务科科长
王 娟	李沧区卫生计生综合监督执法局局长
陈洁萍	李沧区人民检察院第二检察部负责人
张 华	青岛石油化工有限责任公司企业管理部副经理
姜丽萍	青岛洁神智慧园管理有限公司织补技师

2023 年李沧区"青岛市三八红旗集体"

2023 年李沧区"青岛市三八红旗集体"名录

单位名称
李沧区兴城路街道沔阳路社区居委会
青岛市公安局李沧分局人口管理服务大队二中队
李沧区行政审批服务局
李沧区工人文化宫
李沧区图书馆
李沧区档案馆

2023 年李沧区"青岛市十大最美家庭"

2023 年李沧区"青岛市十大最美家庭"名录

入选家庭
刘爽、王本生家庭

2023 年李沧区"青岛市十大最美绿色家庭"

2023 年李沧区"青岛市十大最美家庭"名录

入选家庭
徐菊、李洋家庭

2023 年李沧区"青岛市最美家庭"

2023 年李沧区"青岛市最美家庭"名录

入选家庭	
崔强先、马　英家庭	王春华、孙丽英家庭
逄　晓、马　杰家庭	周　磊、田金花家庭
栾　肖、史　鹏家庭	纪巧艳、罗建全家庭
辛　宁、王　忠家庭	李　娜、杨　成家庭
李小凡、季春蕾家庭	祁天君、林治琴家庭
王珍华、张　明家庭	李昆本、王翠英家庭

（区妇联）

统 计 资 料

2023 年青岛市李沧区国民经济和社会发展统计公报

2023 年是全面贯彻党的二十大精神的开局之年，是实施"十四五"规划承前启后的关键一年，也是新冠疫情防控转段后经济持续恢复发展的一年。一年来，全区上下坚持以习近平新时代中国特色社会主义思想为指导，深入贯彻落实党的二十大、二十届二中全会精神和习近平总书记对山东工作的重要指示要求，全面落实国家和省、市各级部署要求，牢牢把握高质量发展这个首要任务，持续用力推进实体经济和招商引资、城市更新和城市建设、提升作风能力和优化营商环境等重点工作，推动经济实现质的有效提升和量的合理增长，全区经济运行持续回升向好，全市新旧动能转换示范区建设迈出坚实步伐。

一、综合

根据区市生产总值统一核算结果，2023 年全年，全区生产总值 633.5 亿元，按不变价格计算，比上年增长 4.5%。其中，第二产业增加值 168.49 亿元，比上年增长 2%；第三产业增加值 465.01 亿元，比上年增长 5.4%。全区二、三产业结构比为 26.6∶73.4。

2023 年全区分行业增加值及增速

行业	总量 / 亿元	增长 / %
全区生产总值	633.50	4.5
农林牧渔业	–	–
工业	120.30	-0.2
建筑业	48.66	7.8
批发和零售业	100.02	6.6
交通运输、仓储和邮政业	17.02	5.4
住宿和餐饮业	19.13	28.4
金融业	45.06	6.0
房地产业	95.81	-0.6
其他服务业	187.50	6.2

全年新发展各类市场主体 3.09 万户，同比增长 5.26%。其中，新发展企业 9509 户，同比减少 2.7%；新发展个体工商户 21346 户，同比增长 9.25%。至 2023 年末，全区登记在册市场主体 17.38 万户，相较于 2022 年底市场主体总数增长

李村商圈一角　　　　　　　　　　　（丁之摄影）

6.61%。其中，企业 6.98 万户，个体工商户 10.4 万户。

二、财政和金融

全年完成一般公共预算收入 58.71 亿元，同比增长 14.9%；其中区级税收收入 51.14 亿元，同比增长 41.5%，税比 87.1%。（2022 年同期为落实国家增值税留抵退税政策原因，导致同期基数较低，2023 年增幅相对较高。）

全年完成一般公共预算支出 40.31 亿元，同比下降 4.8%。一般公共预算支出中，卫生文教事业经费 16.63 亿元，其中教育经费 13.42 亿元。

全区共有各类金融机构 115 家，其中公募基金管理公司 1 家、私募基金管理公司 6 家、证券公司另类投资子公司 1 家、银行机构 23 家、证券机构 8 家、保险机构 58 家、期货公司 2 家、地方金融组织 16 家。

三、工业和建筑业

规模以上工业累计完成总产值 361.02 亿元，同比下降 11.3%。全区 28 个行业大类中，18 个行业保持增长，增长行业完成产值 138.9 亿元，同比增长 9.9%。其中，增长较快的行业有：电气机械和器材制造业同比增长 27.2%；通用设备制造业同比增长 24.5%；酒、饮料和精制茶制造业同比增长 9.9%。

全年有总承包和专业承包资质的建筑业法人单位实现建筑业总产值 127.2 亿元，同比增长 7%。签订合同额 336.1 亿元，同比增长 5.2%。

四、服务业

全区服务业实现增加值 465.01 亿元，增长 5.4%，占 GDP 比重为 73.4%，对经济增长贡献率为 87.7%。

全区规模以上服务业实现营业收入 111.13 亿元，同比增长 10.1%。10 个行业门类中有 7 个行业同比实现增长，信息传输、软件和信息技术服务业，租赁和商务服务业，科学研究和技术服务业，居民服务、修理和其他服务业，文化、体育和娱乐业，水利、环境和公共设施管理业，房地产业（不含房地产开发经营）营业收入分别增长 18.7%、14.7%、20.5%、36.8%、35.5%、6.7%、2.9%。

五、固定资产投资

全区固定资产投资同比增长 3.1%，其中在建第二产业投资项目 48 个，完成投资额占全区投资总额的 5.8%，同比下降 54.7%；在建第三产业投资项目 217 个，完成投资占全区投资总额的 94.2%，同比增长 9.5%。第三产业投资中，房地产开发项目 50 个，累计完成投资 114.9 亿元，同比增长 17.7%。

房地产开发项目房屋施工面积 411.6 万平方米，同比增长 5%；其中住宅面积 300.6 万平方米，同比增长 14%。房屋竣工面积 29.2 万平方米，同比下降 53.1%。

六、国内贸易

全区实现社会消费品零售总额 472.2 亿元，同比增长 7%。

全区 556 家限额以上批发零售和住宿餐饮企业销售额（营业额）1423.4 亿元，同比增长 8.3%。其中，限额以上批发业销售额 1247.1 亿元，同比增长 7.6%；限额以上零售业销售额 165.8 亿元，同比增长 11.8%；限额以上住宿业营业额 3.6 亿元，同比增长 24.8%；限额以上餐饮业营业额 6.8 亿元，同比增长 59.6%。

七、对外经济

全年实现货物贸易进出口总额 228.8 亿元，其中出口 95.4 亿元、进口 133.4 亿元。货物贸易进出口中，加工贸易进出口 1.6 亿元，一般贸易进出口 216.1 亿元。

全年新批准外资项目 26 个，全年实现到账外资（商务部 FDI 数据）12009 万美元。

引进注册落地超过 1 亿元内资项目 118 个，签约引进超过 100 亿元项目 2 个、过 50 亿元项目 3 个。实际利用内资 86.2 亿元。

八、城市建设和环境保护

全区年末道路总长度（当年养护）339.07 千米，铺装人行道板（当年养护）28.36 万平方米，养护路面（当年养护）11 万平方米。公园个数 37 个，面积 853.59 公顷，绿地总面积 4335.76 公顷，绿化覆盖面积 4448.47 公顷，绿化覆盖率为 45.2%。公共绿地面积 853.59 公顷，人均占有公共绿地 11.5 平方米，当年植树 0.5 万株。

全区大气可吸入颗粒物（PM10）年平均值 61 微克 / 立方米，细颗粒物（PM2.5）年平均值 32 微克 / 立方米，二氧化硫年日平均值 9 微克 / 立方米，二氧化氮年日平均值 34 微克 / 立方米，区域环境噪声平均值（昼间）53.2dB(A)，交通干线噪声平均值（昼间）71.8dB(A)。

九、科学技术、文化和卫生

全年累计科技企业孵化器 22 个，在孵企业 1239 家。年末全区累计职称评定人员 25061 人。其中，高级职称 1782 人，中级职称 7720 人，初级职称 15559 人。

全区共有街道综合文化站 11 处，建筑面积 21960 平方米，组织文化活动 1250 次，举办培训班 135 次。区图书馆藏书 67.53 万册，图书室 109 个。

全区共有卫生机构（含诊所）585 处。其中，医院 30 处，社区卫生服务中心（站）65 处，门诊部、诊所、卫生所、医务室 477 处，妇幼保健和计划生育服务中心 1 处，疾病预防控制中心 1 处，卫生监督所（中心）1 处。全区拥有医疗床位 4155 个，各类卫生技术人员 8105 人，全年诊疗 814 万人次。

十、教育和体育

全区共有教育部门办初中学校 10 所，九年一贯制学校 3 所，289 个教学班，在校学生 13102 人、同比增长 3.93%；教育部门办小学 42 所，1198 个教学班，在校学生 49360 人、同比增长 7.69%。托幼园所 107 所，1010 个班，在园人数 28535 人、同比下降 12.09%。

全区共有省、市级体育传统项目教练员 50 人，

2023 年，全区有教育部门办小学 42 所，1198 个教学班，在校学生 49360 人。
（区委宣传部供图）

运动员 562 人；业余运动队教练员 91 人，业余运动员 1527 人；组织参加国家和省、市级比赛 44 次。群众体育活动丰富，全区共有老年体育协会、各类辅导站、老年人球队 159 个。

十一、人口和人民生活

年末全区常住人口 77.22 万人，城镇居民人均可支配收入 69965 元，增长 5.2%。人均消费支出 43208 元，增长 5.7%。

注：

1.本公报中数据均为初步统计数，部分数据因四舍五入影响，存在总计与分项合计不等情况。

2.全区生产总值、各产业增加值按现价计算，增长速度按可比价格计算。

3.规模以上工业企业指年主营业务收入 2000 万元及以上的工业法人企业。

4.规模以上服务业企业指：辖区内年营业收入 2000 万元及以上服务业法人单位，包括：交通运输、仓储和邮政业，信息传输、软件和信息技术服务业，水利、环境和公共设施管理业三个门类和卫生行业大类；辖区内年营业收入 1000 万元及以上服务业法人单位，包括：租赁和商务服务业，科学研究和技术服务业，教育三个门类，以及物业管理、房地产中介服务、房地产租赁经营和其他房地产业四个

行业小类；辖区内年营业收入 500 万元及以上服务业法人单位，包括：居民服务、修理和其他服务业，文化、体育和娱乐业两个门类，以及社会工作行业大类。

5.固定资产投资（不含农户）包括城镇和农村各种登记注册类型的企业、事业、行政单位以及城镇个体户计划总投资 500 万元及以上的建设项目投资，有开发经营活动的全部房地产开发经营业法人单位开发项目投资。

6.限额以上批发业企业指年主营业务收入 2000 万元及以上的批发业企业，限额以上零售业企业指年主营业务收入 500 万元及以上的零售业企业，限额以上住宿和餐饮业企业指年主营业务收入 200 万元及以上的住宿和餐饮业企业。

7.资料来源：本公报中市场主体相关数据来自区行政审批服务局；对外经济、利用外资和利用内资相关数据来自区商务局；财政相关数据来自区财政局；金融相关数据来自区地方金融监督管理局；科技相关数据来自区科技局；教育、体育相关数据来自区教体局；文化相关数据来自区文化和旅游局；卫生相关数据来自区卫生健康局；城市建设相关数据来自区城市建设管理局；环境污染质量相关数据来自市生态环境局李沧分局；常住人口相关数据为市统计局反馈数；其他相关数据来自区统计局。

（区统计局）

附　　　录

机　构　设　置

中共青岛市李沧区委员会

工作部门基本情况表

名　　称	地　　址	电　话
区委办公室［区档案局、区委机要保密局（区密码管理局）、区委保密委员会办公室（区国家保密局）］	青岛市李沧区黑龙江中路615号	（0532）51983156
区委组织部（区公务员局、区委非公有制经济组织和社会组织工作委员会）	青岛市李沧区黑龙江中路615号	（0532）51983705
区委宣传部（区政府新闻办公室、区精神文明建设委员会办公室、区互联网信息办公室）	青岛市李沧区黑龙江中路615号	（0532）87618800
区委统一战线工作部（区民族宗教事务局、区政府台港澳事务办公室、区政府侨务办公室）	青岛市李沧区黑龙江中路615号	（0532）51983610
区委政法委员会	青岛市李沧区黑龙江中路615号	（0532）51983730
区委机构编制委员会办公室	青岛市李沧区黑龙江中路615号	（0532）51983778
区委军民融合发展委员会办公室	青岛市李沧区黑龙江中路615号	（0532）51983336
区委区直机关工作委员会	青岛市李沧区黑龙江中路615号	（0532）51983831
区委巡察工作领导小组办公室	青岛市李沧区黑龙江中路615号	（0532）51983690
区委老干部局	青岛市李沧区夏庄路128号	（0532）87685451

青岛市李沧区人民代表大会常务委员会

工作部门基本情况表

名　称	地　址	电　话
办公室	青岛市李沧区黑龙江中路 615 号	（0532）51983268
人事代表工作委员会	青岛市李沧区黑龙江中路 615 号	（0532）51983272
监察和司法工作委员会	青岛市李沧区黑龙江中路 615 号	（0532）51983275
财政经济工作委员会	青岛市李沧区黑龙江中路 615 号	（0532）51983279
预算工作委员会	青岛市李沧区黑龙江中路 615 号	（0532）51983281
城市建设和环境资源保护工作委员会	青岛市李沧区黑龙江中路 615 号	（0532）51983283
教科文卫工作委员会	青岛市李沧区黑龙江中路 615 号	（0532）51983285
社会建设工作委员会	青岛市李沧区黑龙江中路 615 号	（0532）51983287

青岛市李沧区人民政府

工作部门基本情况表

名　称	地　址	电　话
区政府办公室	青岛市李沧区黑龙江中路 615 号	（0532）51983156
区发展和改革局（区新旧动能转换综合实验区建设办公室、区国防动员办公室、区人民防空办公室、区乡村振兴局）	青岛市李沧区黑龙江中路 615 号	（0532）87895541
区教育和体育局（区委教育工作委员会）	青岛市李沧区黑龙江中路 615 号	（0532）87614300
区科学技术局	青岛市李沧区黑龙江中路 615 号	（0532）87610792
区工业和信息化局（区民营经济发展局）	青岛市李沧区黑龙江中路 615 号	（0532）51983323
区民政局	青岛市李沧区黑龙江中路 615 号	（0532）87615477
区司法局	青岛市李沧区黑龙江中路 615 号	（0532）87624516
区财政局	青岛市李沧区黑龙江中路 615 号	（0532）87612645
区人力资源和社会保障局	青岛市李沧区黑龙江中路 615 号	（0532）87613767
区城市建设管理局	青岛市李沧区书院路 62 号	（0532）87639111
区商务局	青岛市李沧区黑龙江中路 615 号	（0532）51983219
区文化和旅游局（区新闻出版局、区文物局）	青岛市李沧区黑龙江中路 615 号	（0532）87610793
区卫生健康局（区中医药管理局、区疾病预防控制局）	青岛市李沧区黑龙江中路 615 号	（0532）87627622
区退役军人事务局	青岛市李沧区果园路 9 号	（0532）67707977
区应急管理局（区地震局）	青岛市李沧区黑龙江中路 617 号	（0532）51983858
区审计局	青岛市李沧区黑龙江中路 615 号	（0532）87610791
区行政审批服务局（区政务服务管理办公室）	青岛市李沧区黑龙江中路 617 号	（0532）66088308

（续表）

名　称	地　址	电　话
区市场监督管理局	青岛市李沧区夏庄路 127 号	（0532）87660872
区综合行政执法局（青岛火车北站周边区域管理办公室）	青岛市李沧区九水东路 3 号	（0532）84651186
区统计局	青岛市李沧区黑龙江中路 615 号	（0532）51983800
区地方金融监督管理局（区金融工作办公室）	青岛市李沧区黑龙江中路 615 号	（0532）87636618
区大数据发展管理局	青岛市李沧区黑龙江中路 617 号	（0532）87630311
区信访局	青岛市李沧区黑龙江中路 615 号	（0532）87610732

中国人民政治协商会议青岛市李沧区委员会

工作部门基本情况表

名　称	地　址	电　话
办公室	青岛市李沧区黑龙江中路 615 号	（0532）87610003
社会和法制工作办公室	青岛市李沧区黑龙江中路 615 号	（0532）51983311
经济和人口资源环境工作办公室	青岛市李沧区黑龙江中路 615 号	（0532）51983297
教科卫体工作办公室	青岛市李沧区黑龙江中路 615 号	（0532）51983303
提案与委员活动工作办公室	青岛市李沧区黑龙江中路 615 号	（0532）51983299
港澳台侨外事和民族宗教工作办公室	青岛市李沧区黑龙江中路 615 号	（0532）51983314
文化文史和学习工作办公室	青岛市李沧区黑龙江中路 615 号	（0532）51983306

中共青岛市李沧区纪律检查委员会李沧区监察委员会

中共青岛市李沧区纪律检查委员会李沧区监察委员会基本情况表

名　称	地　址	电　话
区纪律检查委员会区监察委员会机关	青岛市李沧区黑龙江中路 615 号	（0532）51983662

李沧区人民法院、李沧区人民检察院

李沧区人民法院、李沧区人民检察院基本情况表

名　称	地　址	电　话
区人民法院	青岛市李沧区金水路 1303 号	（0532）66878988
区人民检察院	青岛市李沧区金水路 1305 号	（0532）83012108

群 众 团 体

群众团体基本情况表

名 称	地 址	电 话
区总工会	青岛市李沧区黑龙江中路 615 号	（0532）87610781
共青团青岛市李沧区委员会	青岛市李沧区黑龙江中路 615 号	（0532）87610779
区妇女联合会	青岛市李沧区黑龙江中路 615 号	（0532）51983318
区科学技术协会	青岛市李沧区黑龙江中路 615 号	（0532）51983209
区工商业联合会	青岛市李沧区黑龙江中路 615 号	（0532）51983508
区残疾人联合会	青岛市李沧区永年路 20 号	（0532）87630816
区红十字会	青岛市李沧区黑龙江中路 615 号	（0532）87637530
区法学会	青岛市李沧区黑龙江中路 615 号	（0532）51983729
区文学艺术界联合会	青岛市李沧区黑龙江中路 615 号	（0532）87616636

李沧区直属事业单位

李沧区直属事业单位基本情况表

名 称	地 址	电 话
区委党校（区社会主义学院）	青岛市李沧区金水路 1501 号	（0532）87066895
区委党史研究中心（区地方史志研究中心）	青岛市李沧区黑龙江中路 615 号	（0532）51983718
区档案馆	青岛市李沧区金液泉路 8 号	（0532）51983956
区社会治理中心（区网格化管理服务中心、区社会治安综合治理中心）	青岛市李沧区黑龙江中路 615 号	（0532）51983735
区新旧动能转换促进中心	青岛市李沧区黑龙江中路 615 号	（0532）87637716
区新动能发展服务中心	青岛市李沧区金水路 185 号	（0532）68987600
区招商投资促进中心	青岛市李沧区黑龙江中路 615 号	（0532）51983972
区机关事务服务中心	青岛市李沧区黑龙江中路 615 号	（0532）51983809
区国有企业服务中心	青岛市李沧区黑龙江中路 615 号	（0532）87630219

街 道 办 事 处

街道办事处基本情况表

名 称	地 址	电 话
李村街道办事处	青岛市李沧区果园路 11 号	（0532）87895459
虎山路街道办事处	青岛市李沧区金水路 1317 号	（0532）87067636
浮山路街道办事处	青岛市李沧区万年泉路 237 号 –160	（0532）87895220
振华路街道办事处	青岛市李沧区隆昌路 8 号	（0532）66081770
沧口街道办事处	青岛市李沧区升平东路 16 号	（0532）84632671

（续表）

名　称	地　址	电　话
兴华路街道办事处	青岛市李沧区兴华路 30 号	（0532）84633482
兴城路街道办事处	青岛市李沧区兴城路 9 号	（0532）84681186
楼山街道办事处	青岛市李沧区楼山路 13 号	（0532）84816711
湘潭路街道办事处	青岛市李沧区十梅庵路 19 号	（0532）84831057
世园街道办事处	青岛市李沧区长水路 27 号	（0532）68076276
九水街道办事处	青岛市李沧区衡水路 77 号	（0532）87603728

（区委编办）

李沧区属国有企业

李沧区属国有企业基本情况表

名　称	地　址	电　话
青岛海创开发建设投资有限公司	青岛市李沧区沧安路 1 号	（0532）84695109
青岛金水集团有限公司	青岛市李沧区巨峰路 176 号信联天地 1 号楼 F3、F4	（0532）55692520
青岛融海国有资本投资运营有限公司	青岛市李沧区九水东路 266 号 10 号楼	（0532）87687700
青岛华澜发展集团有限公司	青岛市李沧区东川路 120 号 8 号楼华澜集团	（0532）87695810
青岛华奕城市建设集团有限公司	青岛市李沧区永平路 51 号	（0532）84655508
青岛世园（集团）有限公司	青岛市李沧区天水路	（0532）58703720

（区国有企业服务中心）

2023 年李沧区政府部门规范性文件

2023 年李沧区政府部门规范性文件目录

序号	文件名称	发文单位	文号	发文日期	有效期
1	《李沧区加快清洁能源供热发展若干政策措施》	区政府办公室	青李沧政办发〔2023〕26 号	2023-08-18	2028-10-16
2	《李沧区重点实验室认定管理办法》	区科技局	李沧科发〔2023〕3 号	2023-10-31	2026-11-19
3	《李沧区科技企业孵化器认定管理办法》	区科技局	李沧科发〔2023〕3 号	2023-11-30	2026-04-03

（区司法局）

2023 年李沧区重大行政决策事项

2023 年李沧区重大行政决策事项目录

序号	重大行政决策事项名称	文　号	责任单位
1	关于李沧区国民经济和社会发展第十四个五年规划纲要实施情况的中期评估报告	—	区发展改革局
2	关于推进基本养老服务体系建设的实施意见	青李沧政办发〔2023〕45 号	区民政局
3	李沧区"十四五"城市管理专项规划	青李沧政发〔2023〕28 号	区城市建设管理局
4	李沧区中心医院建设项目	—	区卫生健康局
5	李沧区优化生育政策促进人口长期均衡发展实施意见	青李沧政发〔2023〕29 号	区卫生健康局
6	数字李沧发展规划（2023—2025 年）	—	区大数据局

（区政府办公室）

2023 年李沧区获市级及市级以上主要荣誉和称号

荣誉和称号
2023 年 2 月，中央信访工作联席会议办公室、国家信访局授予李沧区 2022 年度全国信访工作示范县（市、区）
2023 年 10 月，生态环境部授予李沧区国家生态文明建设示范区

（区政府办公室）

2023 年国内媒体关于李沧区的重要报道索引

序号	时间	媒体	版面/栏目	标题
1	1月6日	《中国新闻周刊》	—	青岛市李沧区：老旧厂房"凤凰涅槃"助力产业园区高质量发展
2	1月6日	《中国新闻周刊》	—	青岛李沧建设新旧动能转换示范区 2023年预期区内生产总值增长6%
3	1月8日	《人民日报》	客户端	青岛市李沧区跑出园区高质量发展加速度
4	1月9日	《光明日报》	第9版	烟火气归来！青岛百年大集红火迎新春
5	1月9日	《经济参考报》	—	青岛市李沧区多举措"保交楼稳民生"
6	1月10日	《经济参考报》	—	山东青岛李沧启动2023年志愿服务关爱行动
7	1月19日	《经济日报》	客户端	青岛市李沧区：超期未回迁项目全面清零
8	1月19日	《光明日报》	客户端	青岛李沧：1095户居民"喜提"安置房
9	1月19日	《经济参考报》	—	青岛市李沧区四个超期未回迁项目完成回迁工作
10	1月20日	中国新闻网	—	青岛李沧：文明宣传让"文明"成为"自觉"
11	1月20日	中国新闻网	—	青岛李沧：用心用情办民生实事 四个超期未回迁社区春节前迎新居
12	2月3日	中国新闻网	—	青岛李沧：低效地变"金土地"城市更新按下"快进键"
13	2月13日	《经济参考报》	—	青岛市李沧：实体经济全力谋发展 冲刺开门红
14	2月18日	中国新闻网	—	青岛市李沧区盘活城市闲置空间缓解"停车难"
15	2月18日	中国新闻网	—	青岛李沧：按下生产"加速键"助力经济高质量发展
16	2月25日	中国新闻网	—	青岛李沧建设数字"引擎"筑产业聚集新高地
17	3月1日	中国新闻网	—	青岛李沧举办手造市集 传承传统技艺
18	3月1日	中国新闻网	—	青岛李沧举行房地产行业企业座谈会 春季房展启动
19	3月5日	《经济日报》	客户端	青岛市李沧区：各显神通强力招商
20	3月16日	中国新闻网	—	青岛梅花节："中国梅花之乡"暗香浮动
21	3月18日	央视频	客户端	最美赏花路丨早春青岛遇见"梅"好
22	3月20日	新华社	客户端	瞭望丨中国科学院院士 吴宜灿：做有用的科研打造国际中子名片
23	3月21日	新华社	客户端	新华全媒+丨山东青岛：海水淡化成为淡水资源有效补给
24	3月23日	《中国新闻周刊》	—	青岛市李沧区多措并举助力创建全国文明典范城市
25	3月31日	中国新闻网	—	青岛李沧挖掘本土资源优势加快培育手造产业
26	4月1日	中国新闻网	—	青岛市李沧区多领域发力助推民生提质
27	4月14日	中国新闻网	—	青岛李沧聚焦营商环境优化"护航"现代产业集群

（续表）

序号	时间	媒体	版面 / 栏目	标题
28	4 月 28 日	《经济参考报》	—	青岛市李沧区广东招商专场推介会成功举办
29	4 月 28 日	中国新闻网	—	青岛市李沧区举行"粤美好，赢满沧"广东招商专场推介会
30	4 月 28 日	人民网	—	"牡丹"绽放"佳苑"香——沈阳市牡丹社区与青岛市上流佳苑社区结对共建
31	5 月 14 日	中国新闻网	—	青岛李沧：时尚生活"焕新"为李村商圈注入消费新活力
32	5 月 14 日	中国新闻网	—	青岛李沧投资 3 亿元建设产业园"加码"全生态汽车生活消费项目
33	5 月 14 日	中国新闻网	—	青岛李沧构建产融结合生态圈助推产业转型升级
34	6 月 1 日	《经济参考报》	—	青岛市李沧区：以一流营商环境打造现代产业集群
35	6 月 6 日	新华社	客户端	山东青岛：智能化可回收物循环体系引领环保新时尚
36	6 月 10 日	中国新闻网	—	青岛市李沧区成立三支队伍助力营商环境持续优化
37	6 月 10 日	中国新闻网	—	青岛李沧用好工业遗产 延续城市文化脉络
38	6 月 16 日	《经济参考报》	—	青岛市李沧区将合作打造青岛创智中心
39	6 月 17 日	《光明日报》	第 5 版	幸福，在民意汇聚的沃土上绽放——青岛市李沧区探索基层社会治理新路径
40	6 月 21 日	中国新闻网	—	青岛市李沧区第十三届茶文化节启幕 首次引入专属吉祥物"茶仔"
41	6 月 21 日	中国新闻网	—	李沧举行"金融、科技、实业"重点项目签约仪式
42	7 月 7 日	中国新闻网	—	青岛李沧开通"个转企"绿色通道 精准提供"一站式"政务服务
43	7 月 7 日	中国新闻网	—	青岛李沧加快低效片区基础设施建设与生态环境改善
44	7 月 19 日	新华财经	—	青岛创新创业活力区建设再进一步"青铁·超极合生汇"品牌发布
45	7 月 21 日	中国新闻网	—	青岛李沧李村夜市日均客流量超六万人次
46	7 月 21 日	中国新闻网	—	青岛创新创业活力区迎新进展 李沧区等携手共绘蓝图
47	7 月 24 日	新华网	—	青岛李沧：厚植文明沃土 共建幸福之城
48	7 月 24 日	新华社	客户端	青岛李沧交警：让新校园师生不再为交通发愁
49	7 月 26 日	中国新闻社	—	青岛世博园啤酒狂欢嘉年华盛大开幕，一起来感受青岛李沧的热情吧
50	7 月 26 日	《光明日报》	客户端	青岛李沧："好人"凝聚尚善力量
51	7 月 27 日	《经济日报》	客户端	青岛市李沧区：新时代文明实践"提档升级"
52	8 月 4 日	《中国日报》中文网	—	青岛市李沧区：夜市"烟火"最浓时
53	8 月 4 日	《中国日报》中文网	—	山东青岛：外国留学生近距离体验文物修复
54	8 月 4 日	《光明日报》	客户端	青岛李沧：校园场地暑期全开放 市民健身有了好去处
55	8 月 9 日	《经济日报》	客户端	青岛市李沧区：公布餐饮"红黑榜"确保舌尖上的安全

（续表）

序号	时间	媒体	版面/栏目	标题
56	8月9日	《光明日报》	客户端	青岛李沧："小李帮帮团"群众点单我来办
57	8月14日	《经济日报》	客户端	青岛市李沧区：推动纳税信用体系建设 促营商环境提升
58	8月16日	《经济日报》	客户端	青岛市李沧区：打造人力资源共享服务中心 实现HR"共享"
59	8月18日	《光明日报》	客户端	青岛李沧：厚植营商"沃土"激发市场活力
60	8月18日	中国新闻网	—	青岛市李沧区公布餐饮"红黑榜"确保舌尖上的安全
61	8月23日	新华网	—	青岛夜间文旅消费集聚区创建暨李沧区文旅推介大会举办
62	8月28日	《经济日报》	客户端	青岛市李沧区：文旅商共融促进消费共振
63	8月30日	《光明日报》	客户端	青岛李沧：将中华优秀传统文化与文明新风尚紧密结合
64	9月1日	《光明日报》	第7版	山东青岛市李沧区崇礼小学学生在体验模拟驾驶器。
65	9月1日	《经济日报》	客户端	青岛市李沧区：营商效能督办直通车促营商环境提升
66	9月2日	新华网	山东频道	青岛市"礼乐青城 囍缔良缘"新时代文明实践集体婚礼在李沧区举办
67	9月5日	《经济日报》	客户端	青岛市李沧区：创建夜间文旅消费集聚区 挖掘夜间文旅消费潜力
68	9月5日	《光明日报》	客户端	青岛李沧：推进质量基础设施"1+N"一站式服务
69	9月7日	《经济日报》	客户端	青岛李沧：整治头顶"蜘蛛网"城区面貌换新颜
70	9月12日	《人民日报》	第7版	让生活出行更加"无障有爱"
71	9月15日	中国新闻网	—	青岛市李沧区举行文明家庭故事分享会 宣讲交流家风传承经验
72	9月21日	《经济日报》	客户端	青岛市李沧区与王府井集团正式签约 世博园片区打造文旅商游新地标
73	9月21日	《光明日报》	客户端	青岛李沧：打造文旅商游新地标
74	9月22日	《光明日报》	客户端	青岛李沧："三圈"联动共绘养老"同心圆"
75	9月23日	《中国日报》中文网	—	青岛市李沧区：厚植营商"沃土"持续深化"放管服"
76	9月25日	《经济参考报》	—	青岛世博园片区将打造文旅商游新地标
77	9月28日	中国新闻网	—	青岛李沧：提升营商环境法治化水平护航企业行稳致远
78	10月8日	《光明日报》	客户端	青岛李沧：老城活化建设破解群众停车难题
79	10月10日	《光明日报》	第5版	扩增优质资源 提升育人质量——山东青岛全力打造"美好教育"新样板
80	10月11日	《经济日报》	客户端	山东青岛市李沧区：政务服务"掌上办"群众办事更方便
81	10月13日	中国新闻网	—	青岛李沧推行城市精细化管理 让背街小巷成为"最美街巷"
82	10月17日	人民网	—	青岛李沧："办不成事"窗口帮群众办成事
83	10月17日	《光明日报》	客户端	青岛李沧：以"融合式"服务撬动政务服务能力大提升
84	11月2日	《光明日报》	客户端	青岛市首届青年创业市集在李沧区启动
85	11月10日	《经济日报》	客户端	青岛市李沧区：全周期推进项目招引

（续表）

序号	时间	媒体	版面/栏目	标题
86	11月13日	人民网	—	青岛市李沧区：抓好引才育才留才"三个提升"
87	11月14日	《经济日报》	客户端	青岛李沧区：回应群众关切 答好"民生答卷"
88	11月15日	《经济日报》	客户端	青岛市李沧区：老厂房焕发"新活力"
89	11月15日	《光明日报》	客户端	青岛李沧：公开透明稳步推进城中村改造
90	11月24日	《经济日报》	客户端	青岛市李沧区首推"融合式"政务服务新模式
91	12月2日	人民网	—	青岛李沧：设立物业管理"红黑榜"，打出基层治理"组合拳"
92	12月4日	《光明日报》	客户端	青岛李沧：以干部敢当善为助力优化营商环境
93	12月4日	人民网	—	青岛李沧世园街道：回应群众关切，破解急难愁盼
94	12月4日	新华社	客户端	青岛李沧区：外国友人感受中国非遗技艺和传统文化魅力
95	12月5日	人民网	—	青岛李沧：开展营商环境"护航行动"
96	12月8日	《中国日报》中文网	—	青岛李沧：打响"攻坚战"再创"新佳绩"房屋产权确权颁证工作正当时
97	12月8日	《经济日报》	客户端	青岛市李沧区：加快推进质量基础设施"一站式"服务
98	12月10日	人民网	—	青岛李沧：优化政务服务环节，让群众感受主题教育成效
99	12月10日	人民网	—	青岛李沧：以主题教育实效推动招商引资
100	12月11日	《光明日报》	客户端	青岛李沧："小岗位"迸发"大能量"
101	12月13日	人民网	—	青岛李沧：爱心敲门点亮困难群众"微心愿"
102	12月13日	人民网	—	青岛李沧：坚持问题导向和目标导向，推动主题教育检视整改见行见效
103	12月15日	《经济日报》	客户端	青岛李沧：构筑氢能产业链发展高地
104	12月15日	《光明日报》	客户端	青岛李沧：打通养老服务"最后一公里"
105	12月15日	《光明日报》	客户端	青岛李沧：多措并举把主题教育成果"送到家"
106	12月15日	中国新闻网	—	山东青岛：外国友人体验中国皮影戏感受传统文化魅力
107	12月19日	人民网	—	青岛李沧：把实事办实，让主题教育成果惠及群众
108	12月20日	《光明日报》	客户端	青岛李沧：为群众建设城市书房
109	12月22日	人民网	—	青岛李沧：打造美德信用建设新路径
110	12月22日	《经济日报》	客户端	青岛金海牛：打造美德信用示范园区
111	12月25日	《光明日报》	客户端	青岛李沧：以实干实绩书写百姓幸福答卷
112	12月28日	《光明日报》	客户端	青岛李沧：重庆高架路"当年开工、当年通车"
113	12月28日	《经济日报》	客户端	青岛李沧：一桥贯南北，众路疏行畅
114	12月28日	人民网	—	青岛开放大学李沧分校揭牌成立
115	1月4日	《大众日报》	第12版	李沧区智慧助老行动进社区
116	1月8日	山东广播电视台	闪电大视野	青岛李村大集：鱼肥虾美为"年味"添鲜
117	1月11日	《大众日报》	第9版	李沧区公益岗托稳幸福民生

（续表）

序号	时间	媒体	版面/栏目	标题
118	1月11日	《大众日报》	第10版	李沧区今年全力推进15项区办实事
119	1月11日	《大众日报》	第10版	李沧区建成"智慧危化"监管系统
120	1月16日	《大众日报》	第5版	提升产业"含绿量"，发展更有"含金量"
121	1月19日	《大众日报》	第9版	过新年，1095户居民"喜提"安置房
122	2月1日	《大众日报》	第9版	李村商圈消费强势复苏
123	2月8日	《大众日报》	第7版	李沧区大数据服务基地被认定为省优质产品创建基地
124	2月15日	《大众日报》	第7版	李沧区聚焦重点项目打造现代产业体系
125	2月22日	《大众日报》	第7版	2022年度"感动青岛"道德模范颁奖典礼举行
126	2月27日	山东广播电视台	山东新闻联播	牢记嘱托 书写不负人民的民生答卷【新时代新征程新伟业·坚定不移推动高质量发展】
127	3月1日	《大众日报》	第8版	李沧区"老"字号志愿服务绽芳华
128	3月8日	《大众日报》	第17版	李沧聚焦城市更新攻坚项目招商引资
129	3月18日	《大众日报》	第5版	"创城"让李沧市民感受到城市文明的温度
130	3月22日	《大众日报》	第15版	人间好物"沧"在这"李"
131	3月26日	《大众日报》	第7版	梅迎八方客，李沧文旅市场"春意盎然"
132	4月5日	《大众日报》	第7版	李沧区今年整治提升27条市政道路
133	4月12日	《大众日报》	第7版	李沧区个体工商户注销业务实现"一链办理"
134	4月12日	《大众日报》	第8版	李沧区"15分钟健康服务圈"基本形成
135	4月19日	《大众日报》	第8版	李沧区联合执法排查校园燃气隐患
136	5月3日	《大众日报》	第6版	"李即办"诉求解决平台助力提升服务群众能力水平
137	5月3日	山东广播电视台	新闻午班车	下水救人！青岛戴志磊，你可太帅了！
138	5月17日	《大众日报》	第7版	李沧区今年新开发城镇公益性岗位1250个
139	5月24日	《大众日报》	第7版	李沧区"微更新"推动民生提质
140	5月24日	《大众日报》	第7版	青岛市"道德模范在行动"首场活动启动
141	6月1日	《大众日报》	第11版	青岛恒星科技学院2万余名学子15年献血超607万毫升
142	6月21日	《大众日报》	第7版	李沧区第十三届茶文化节举办
143	7月19日	《大众日报》	第9版	李沧区开展市容环境和安全隐患综合整治行动
144	7月20日	《大众日报》	第3版	青岛横跨三区城市快速路紧张有序施工
145	7月26日	《大众日报》	第8版	李沧区启动雨水斗专项清挖行动
146	8月2日	《大众日报》	第7版	李沧区打造"3+3N+互联网"老专家创新创业服务平台
147	8月9日	《大众日报》	第8版	李沧区推进11个片区71栋老楼改造
148	8月9日	《大众日报》	第7版	李沧区探索利用社会养老资源为离休干部提供服务
149	8月30日	《大众日报》	第9版	李沧区：弘扬传统文化 践行文明新风

（续表）

序号	时间	媒体	版面 / 栏目	标题
150	9 月 6 日	《大众日报》	第 7 版	李沧莱西城乡结对共建共享共富
151	9 月 13 日	《大众日报》	第 7 版	李沧区在"六个环境"上求突破促提升
152	9 月 13 日	《大众日报》	第 7 版	李沧区打造现代化人工智能科技产业园区
153	9 月 20 日	《大众日报》	第 8 版	李沧区首家"非遗在李沧"实践基地启动
154	10 月 4 日	《大众日报》	第 4 版	李沧区委老干部局已培育 28 个志愿服务项目
155	10 月 11 日	《大众日报》	第 8 版	李沧区实施银领人才行动
156	10 月 25 日	《大众日报》	第 7 版	李沧区破解群众停车难题
157	11 月 1 日	《大众日报》	第 6 版	李沧区老年大学颐福养老院分校揭牌
158	11 月 1 日	《大众日报》	第 7 版	李沧区精细化整治扮靓背街小巷
159	11 月 8 日	《大众日报》	第 8 版	李沧区"金融问诊室"正式"开诊"
160	11 月 15 日	《大众日报》	第 9 版	李沧社区家庭教育银龄学堂系列活动举办
161	11 月 22 日	《大众日报》	第 9 版	李沧区探索全生命周期绩效评价
162	11 月 22 日	《大众日报》	第 10 版	李沧区"软硬兼施"推动党员教育走深走实
163	11 月 29 日	《大众日报》	第 10 版	李沧区首次开展老年教育领域财政重点绩效评价
164	11 月 30 日	《大众日报》	头版	低效片区变身产业发展集聚区
165	12 月 6 日	《大众日报》	第 14 版	李沧区"法润兵心"品牌前置服务模式初见成效
166	12 月 6 日	《大众日报》	第 14 版	李沧区开展"兜底解忧暖民心"活动
167	12 月 20 日	《大众日报》	第 8 版	李沧区代表委员对 6 个重点民生项目监督评价
168	12 月 20 日	《大众日报》	第 8 版	青岛虎山路小学教育集团构建"三融"工作体系
169	1 月 3 日	《大众日报》	客户端	李沧宣传片《LICANG 这么拼》发布
170	1 月 6 日	《大众日报》	客户端	青岛市李沧区两会闭幕 2023 年将全力推进 15 件政府实事
171	1 月 7 日	《大众日报》	客户端	黄河大集｜李村大集：被收入非遗的百年大集
172	1 月 7 日	《大众日报》	客户端	保交楼稳民生！李沧融创·都会中心逸山项目顺利交付
173	1 月 8 日	《大众日报》	客户端	李沧区启动 2023 年志愿服务关爱行动暨"文明有李"新时代文明实践暖冬行动
174	1 月 12 日	《大众日报》	客户端	李沧上王埠社区迎来安置房（二期）回迁
175	2 月 3 日	《大众日报》	客户端	热气腾腾！李村商圈花式迎春闹元宵
176	2 月 3 日	《大众日报》	客户端	李沧区今年将加快推进 132 个项目建设
177	2 月 5 日	《大众日报》	客户端	汉唐风韵、绝美古风，在李沧体验不一样的元宵节游园会
178	2 月 21 日	《大众日报》	客户端	李沧区召开城市更新和城市建设动员大会暨一季度开工项目现场观摩会
179	2 月 25 日	《大众日报》	客户端	李沧区召开房地产行业企业座谈会，春季房展同步启动

（续表）

序号	时间	媒体	版面 / 栏目	标题
180	2 月 25 日	《大众日报》	客户端	全力以赴抢进度！李沧区枣山路打通工程启动
181	2 月 25 日	《大众日报》	客户端	齐鲁春之声丨青岛上流佳苑社区：创新社区治理服务，让居民更加方便、更加满意
182	2 月 27 日	《大众日报》	客户端	点赞！从一封感谢信看李沧的营商环境
183	3 月 1 日	《大众日报》	客户端	李沧区举办城市更新和城市建设招商推介会暨全市社会组织发展大会
184	3 月 25 日	《大众日报》	客户端	聚焦旅发大会，"志愿蓝"带你看青春李沧
185	4 月 27 日	《大众日报》	客户端	李沧区"粤美好，赢满沧"广东招商专场推介会举办
186	5 月 10 日	《大众日报》	客户端	世园集团与中铁金租举行签约仪式
187	5 月 21 日	《大众日报》	客户端	"正合茂杯"李沧区首届电子竞技大赛落幕
188	5 月 31 日	《大众日报》	客户端	8.42 万平方米！李沧区重庆路快速路非住宅征迁全部清零
189	5 月 31 日	《大众日报》	客户端	李沧区成立三支队伍，助力营商环境"优"无止境
190	6 月 2 日	《大众日报》	客户端	李沧区青少年法治教育主题公园正式启用
191	6 月 16 日	《大众日报》	客户端	政企银联动，李沧区重点项目集中签约
192	7 月 1 日	《大众日报》	客户端	我们的舞台！李沧全民文化艺术节暨上流佳苑庆祝中国共产党成立 102 周年文艺晚会举办
193	7 月 3 日	《大众日报》	客户端	提前 3 个月！李沧区三个老旧小区片区改造基本完工
194	7 月 4 日	《大众日报》	客户端	李沧区着力构建高质量大数据产业"人才生态"
195	7 月 6 日	《大众日报》	客户端	李沧区开通"个转企"绿色通道，精准化提供"一站式"政务服务
196	7 月 21 日	《大众日报》	客户端	李沧区推出大型户外广告"地图引导"审批新模式
197	8 月 8 日	《大众日报》	客户端	青岛五十八中北校区落地青钢片区
198	8 月 11 日	《大众日报》	客户端	提前 2 个月！李沧区枣园路正式通车，完善商圈"毛细"路网
199	8 月 22 日	《大众日报》	客户端	"夜青岛·GO 李沧"青岛市夜间文旅消费集聚区创建暨李沧区文旅推介大会举办
200	9 月 22 日	《大众日报》	客户端	李沧区与王府井集团正式签约
201	9 月 22 日	《大众日报》	客户端	新增泊位 270 余个！李沧区"老沧口"片区两处停车场即将投入使用
202	9 月 28 日	《大众日报》	客户端	李沧区新时代文明实践中秋欢动季热闹开幕
203	10 月 6 日	《大众日报》	客户端	金风送爽，"趣"山头公园打卡，李沧区山头公园迎来客流高峰
204	10 月 31 日	《大众日报》	客户端	李沧区选聘首批"营在李沧护航员"
205	11 月 1 日	《大众日报》	客户端	信用惠民出实招！李沧区美德信用积分管理试点平台上线

（区委宣传部）

索　引

说　明

1. 本索引依照国家标准《地方志索引编制规则》编制。

2. 本索引采取主题分析索引方法，正文（包括条目、图片、表格等）中凡具有独立检索意义的完整资料，都可以通过本索引进行检索。索引按主题词首字汉语拼音字母顺序排列。

3. 索引词后的数字表示内容所在页码，数字后的英文字母表示栏别。索引词后有多个页码的，则表示相关信息在这些页码中均出现。图表及通栏文字提取的索引词只注明页码。

4. 数字和字母开头的索引项排在前面。

2023年，李沧区优化布局15个特色产业园区。图为华澜·数智港。（张鹰摄影）